CYRILLE HERBY

APPRENEZ À PROGRAMMER EN JAVA

LA PROGRAMMATION PROFESSIONNELLE À LA PORTÉE DE TOUS !

le Livre du Zéro

www.siteduzero.com

DANS LA MÊME COLLECTION

APPRENEZ À PROGRAMMER EN C

MATHIEU NEBRA

ISBN : 978-2-9535278-0-3

CONCEVEZ VOTRE SITE WEB AVEC PHP ET MYSQL

MATHIEU NEBRA

ISBN : 978-2-9535278-1-0

RÉDIGEZ DES DOCUMENTS DE QUALITÉ AVEC LATEX

NOËL-ARNAUD MAGUIS

ISBN : 978-2-9535278-4-1

REPRENEZ LE CONTRÔLE À L'AIDE DE LINUX

MATHIEU NEBRA

ISBN : 978-2-9535278-2-7

CYRILLE HERBY

APPRENEZ À PROGRAMMER EN JAVA

LA PROGRAMMATION PROFESSIONNELLE À LA PORTÉE DE TOUS !

le Livre du Zéro
www.siteduzero.com

zCorrecteurs.fr

Cet ouvrage a bénéficié des relectures attentives des zCorrecteurs.

Simple IT 2011 - ISBN : 978-2-9535278-3-4

Avant-propos

Si vous lisez ces lignes, c'est que nous avons au moins deux choses en commun : l'informatique vous intéresse et vous avez envie d'apprendre à programmer. Enfin, quand je dis en commun, je voulais dire en commun avec moi au moment où je voulais apprendre la programmation.

Pour moi, tout a commencé sur un site maintenant très connu : le Site du Zéro. Étant débutant et cherchant à tout prix des cours adaptés à mon niveau, je suis naturellement tombé amoureux de ce site qui propose des cours d'informatique accessibles au plus grand nombre. Vous l'aurez sans doute remarqué, trouver un cours d'informatique simple et clair (sur les réseaux, les machines, la programmation...) est habituellement un vrai parcours du combattant.

Je ne me suis pas découragé et je me suis professionnalisé, via une formation diplômante, tout en suivant l'actualité de mon site préféré... Au sein de cette formation, j'ai pu voir divers aspects de mon futur métier, notamment la programmation dans les langages PHP, C#, JavaScript et, bien sûr, Java. Très vite, j'ai aimé travailler avec ce dernier, d'une part parce qu'il est agréable à manipuler, souple à utiliser en demandant toutefois de la rigueur (ce qui oblige à structurer ses programmes), et d'autre part parce qu'il existe de nombreuses ressources disponibles sur Internet (mais pas toujours très claires pour un débutant).

J'ai depuis obtenu mon diplôme et trouvé un emploi, mais je n'ai jamais oublié la difficulté des premiers temps. Comme le Site du Zéro permet d'écrire des tutoriels et de les partager avec la communauté, j'ai décidé d'employer les connaissances acquises durant ma formation et dans mon travail à rédiger un tutoriel permettant d'aborder mon langage de prédilection avec simplicité. J'ai donc pris mon courage à deux mains et j'ai commencé à écrire. Beaucoup de lecteurs se sont rapidement montrés intéressés, pour mon plus grand plaisir.

De ce fait, mon tutoriel a été mis en avant sur le site et, aujourd'hui, il est adapté dans la collection « Livre du Zéro ». Je suis heureux du chemin parcouru, heureux d'avoir pu aider tant de débutants et heureux de pouvoir vous aider à votre tour !

Et Java dans tout ça ?

Java est un langage de programmation très utilisé, notamment par un grand nombre de développeurs professionnels, ce qui en fait un langage incontournable actuellement.

Voici les caractéristiques de Java en quelques mots.

- Java est un langage de programmation moderne développé par Sun Microsystems, aujourd'hui racheté par Oracle. Il ne faut surtout pas le confondre avec JavaScript (langage de script utilisé sur les sites Web), car ils n'ont rien à voir.
- Une de ses plus grandes forces est son excellente portabilité : une fois votre programme créé, il fonctionnera automatiquement sous Windows, Mac, Linux, etc.
- On peut faire de nombreux types de programmes avec Java :
  - des applications, sous forme de fenêtre ou de console ;
  - des applets, qui sont des programmes Java incorporés à des pages Web ;
  - des applications pour appareils mobiles, comme les smartphones, avec J2ME (Java 2 Micro Edition) ;
  - des sites web dynamiques, avec J2EE (Java 2 Enterprise Edition, maintenant JEE) ;
  - et bien d'autres : JMF (Java Media Framework), J3D pour la 3D...

Comme vous le voyez, Java permet de réaliser une très grande quantité d'applications différentes ! Mais... comment apprendre un langage si vaste qui offre tant de possibilités ? Heureusement, ce livre est là pour tout vous apprendre sur Java à partir de zéro.

Java est donc un langage de programmation, un langage dit compilé : il faut comprendre par là que ce que vous allez écrire n'est pas directement compréhensible et utilisable par votre ordinateur. Nous devrons donc passer par une étape de compilation (étape obscure où votre code source est entièrement transformé). En fait, on peut distinguer trois grandes phases dans la vie d'un code Java :

- la phase d'écriture du code source, en langage Java ;
- la phase de compilation de votre code ;
- la phase d'exécution.

Ces phases sont les mêmes pour la plupart des langages compilés (C, C++..). Par contre, ce qui fait la particularité de Java, c'est que le résultat de la compilation n'est pas directement utilisable par votre ordinateur.

Les langages mentionnés ci-dessus permettent de faire des programmes directement compréhensibles par votre machine après compilation, mais avec Java, c'est légèrement différent. En C++ par exemple, si vous voulez faire en sorte que votre programme soit exploitable sur une machine utilisant Windows et sur une machine utilisant Linux, vous allez devoir prendre en compte les spécificités de ces deux systèmes d'exploitation dans votre code source et compiler une version spéciale pour chacun d'eux.

Avec Java, c'est un programme appelé **la machine virtuelle** qui va se charger de retranscrire le résultat de la compilation en langage machine, interprétable par celle-ci. Vous n'avez pas à vous préoccuper des spécificités de la machine qui va exécuter votre programme : la machine virtuelle Java s'en charge pour vous !

Qu'allez-vous apprendre en lisant ce livre ?

Ce livre a été conçu en partant du principe que vous ne connaissez rien à la programmation. Voilà le plan en quatre parties que nous allons suivre tout au long de cet ouvrage.

1. **Les bases de Java** : nous verrons ici ce qu'est Java et comment il fonctionne. Nous créerons notre premier programme, en utilisant des variables, des opérateurs, des conditions, des boucles... Nous apprendrons les bases du langage, qui vous seront nécessaires par la suite.
2. **Java et la Programmation Orientée Objet** : après avoir dompté les bases du langage, vous allez devoir apprivoiser une notion capitale : l'objet. Vous apprendrez à encapsuler vos morceaux de code afin de les rendre modulables et réutilisables, mais il y aura du travail à fournir.
3. **Les interfaces graphiques** : là, nous verrons comment créer des interfaces graphiques et comment les rendre interactives. C'est vrai que jusqu'à présent, nous avons travaillé en mode console. Il faudra vous accrocher un peu car il y a beaucoup de composants utilisables, mais le jeu en vaut la chandelle ! Nous passerons en revue différents composants graphiques tels que les champs de texte, les cases à cocher, les tableaux, les arbres ainsi que quelques notions spécifiques comme le *drag'n drop*.
4. **Interactions avec les bases de données** : de nos jours, avec la course aux données, beaucoup de programmes doivent interagir avec ce qu'on appelle des *bases de données*. Dans cette partie, nous verrons comment s'y connecter, comment récupérer des informations et comment les exploiter.

Comment lire ce livre ?

Suivez l'ordre des chapitres

Lisez ce livre comme on lit un roman. Il a été conçu de cette façon.

Contrairement à beaucoup de livres techniques où il est courant de lire en diagonale et de sauter certains chapitres, ici il est très fortement recommandé de suivre l'ordre du cours, à moins que vous ne soyez déjà un peu expérimentés.

Pratiquez en même temps

Pratiquez régulièrement. N'attendez pas d'avoir fini la lecture de ce livre pour allumer votre ordinateur et faire vos propres essais.

Utilisez les codes web !

Afin de tirer parti du Site du Zéro dont est issu ce livre, celui-ci vous propose ce qu'on appelle des « codes web ». Ce sont des codes à six chiffres à entrer sur une page du Site du Zéro pour être automatiquement redirigé vers un site web sans avoir à en recopier l'adresse.

Pour utiliser les codes web, rendez-vous sur la page suivante[1] :

`http://www.siteduzero.com/codeweb.html`

Un formulaire vous invite à rentrer votre code web. Faites un premier essai avec le code ci-dessous :

▷ Tester le code web
Code web : 123456

Ces codes web ont deux intérêts :

- vous faire télécharger les codes source inclus dans ce livre, ce qui vous évitera d'avoir à recopier certains codes un peu longs ;
- vous rediriger vers les sites web présentés tout au long du cours.

Ce système de redirection nous permet de tenir à jour le livre que vous avez entre les mains sans que vous ayez besoin d'acheter systématiquement chaque nouvelle édition. Si un site web change d'adresse, nous modifierons la redirection mais le code web à utiliser restera le même. Si un site web disparaît, nous vous redirigerons vers une page du Site du Zéro expliquant ce qui s'est passé et vous proposant une alternative.

En clair, c'est un moyen de nous assurer de la pérennité de cet ouvrage sans que vous ayez à faire quoi que ce soit !

Ce livre est issu du Site du Zéro

Cet ouvrage reprend le cours Java présent sur le Site du Zéro dans une édition revue et corrigée, avec de nombreuses mises à jour.

Il reprend les éléments qui ont fait le succès des cours du site, c'est-à-dire leur approche progressive et pédagogique, le ton décontracté et léger, ainsi que les TP vous permettant de réellement pratiquer de façon autonome.

Ce livre s'adresse donc à toute personne désireuse d'apprendre les bases de la programmation en Java, que ce soit :
- par curiosité ;
- par intérêt personnel ;
- par besoin professionnel.

1. Vous pouvez aussi utiliser le formulaire de recherche du Site du Zéro, section « Code Web ».

Remerciements

Comme pour la plupart des ouvrages, beaucoup de personnes ont participé de près ou de loin à l'élaboration de ce livre et j'en profite donc pour les en remercier.

- Ma compagne, Manuela, qui me supporte et qui tolère mes heures passées à écrire les tutoriels pour le Site du Zéro. Un merci spécial à toi qui me prends dans tes bras lorsque ça ne va pas, qui m'embrasses lorsque je suis triste, qui me souris lorsque je te regarde, qui me donnes tant d'amour lorsque le temps est maussade : pour tout ça et plus encore, je t'aime ;
- Agnès HAASSER (Tûtie), Damien SMEETS (Karl Yeurl), Mickaël SALAMIN (micky), François GLORIEUX (Nox), Christophe TAFANI-DEREEPER, Romain CAMPILLO (Le Chapelier Toqué), Charles DUPRÉ (Barbatos), Maxence CORDIEZ (Ziame), Philippe LUTUN (ptipilou), zCorrecteurs m'ayant accompagné dans la correction de cet ouvrage ;
- Mathieu NEBRA (alias M@teo21), père fondateur du Site du Zéro, qui m'a fait confiance, soutenu dans mes démarches et qui m'a donné de précieux conseils ;
- Tous les Zéros qui m'ont apporté leur soutien et leurs remarques ;
- Toutes les personnes qui m'ont contacté pour me faire des suggestions et m'apporter leur expertise.

Merci aussi à toutes celles et ceux qui m'ont apporté leur soutien et qui me permettent d'apprendre toujours plus au quotidien, mes collègues de travail :

- Thomas, qui a toujours des questions sur des sujets totalement délirants ;
- Angelo, mon chef adoré, qui est un puits de science en informatique ;
- Olivier, la force zen, qui n'a pas son pareil pour aller droit au but ;
- Dylan, discret mais d'une compétence plus que certaine dans des domaines aussi divers que variés ;
- Jérôme, que j'ai martyrisé mais qui, j'en suis persuadé, a adoré... :-)

Sommaire

Première partie

Les bases de Java

Chapitre 1

Installer les outils de développement

Difficulté :

L'un des principes phares de Java réside dans sa machine virtuelle : celle-ci assure à tous les développeurs Java qu'un programme sera utilisable avec tous les systèmes d'exploitation sur lesquels est installée une machine virtuelle Java. Lors de la phase de compilation de notre code source, celui-ci prend une forme intermédiaire appelée **byte code** : c'est le fameux code inintelligible pour votre machine, mais interprétable par la machine virtuelle Java. Cette dernière porte un nom : on parle plus communément de **JRE** (**J**ava **R**untime **E**nvironment). Plus besoin de se soucier des spécificités liées à tel ou tel OS (*Operating System*, soit système d'exploitation). Nous pourrons donc nous consacrer entièrement à notre programme.

Afin de nous simplifier la vie, nous allons utiliser un outil de développement, ou **IDE** (**I**ntegrated **D**evelopment **E**nvironment), pour nous aider à écrire nos futurs codes source... Nous allons donc avoir besoin de différentes choses afin de pouvoir créer des programmes Java : la première est ce fameux JRE !

Installer les outils nécessaires

JRE ou JDK

Téléchargez votre environnement Java sur le site d'Oracle.

▷ Télécharger JRE
Code web : 924260

Choisissez la dernière version stable (figure 1.1).

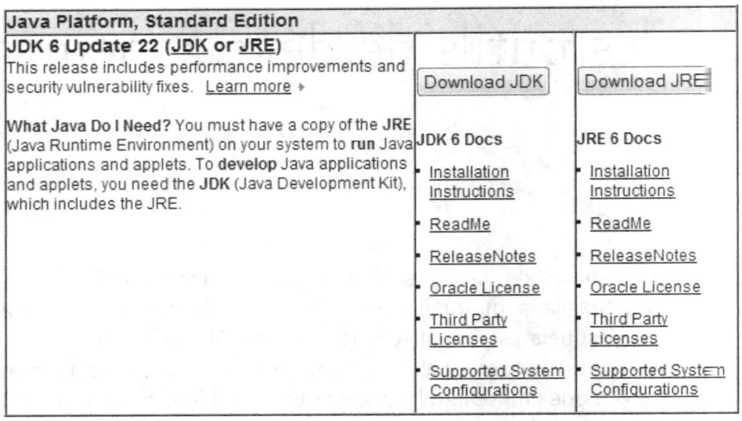

FIGURE 1.1 – Encart de téléchargement

Vous avez sans doute remarqué qu'on vous propose de télécharger soit le JRE, soit le **JDK**[1]. La différence entre ces deux environnements est écrite, mais pour les personnes fâchées avec l'anglais, sachez que le JRE contient tout le nécessaire pour faire en sorte que vos programmes Java puissent être exécutés sur votre ordinateur ; le JDK, en plus de contenir le JRE, contient tout le nécessaire pour développer, compiler...

L'IDE contenant déjà tout le nécessaire pour le développement et la compilation, nous n'avons besoin que du JRE. Une fois que vous avez cliqué sur « `Download JRE` », vous arrivez sur la page correspondante (figure 1.2).

Sélectionnez votre système d'exploitation et cochez la case : « `I agree to the Java SE Development Kit 6 License Agreement` ». Lorsque vous serez à l'écran correspondant (figure 1.3), sélectionnez celui de votre choix puis validez.

Je vous ai dit que Java permet de développer différents types d'applications : il y a donc des environnements permettant de créer des programmes pour différentes plates-formes.

- `J2SE`[2] : permet de développer des applications dites « client lourd », par exemple

1. **J**ava **D**evelopment **K**it.
2. Java 2 Standard Edition, celui qui nous intéresse dans cet ouvrage.

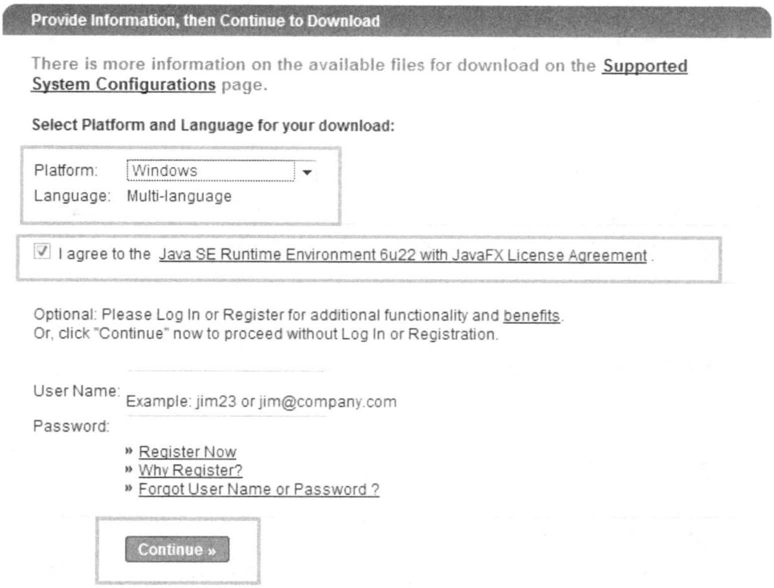

FIGURE 1.2 – Page de choix de votre système d'exploitation

FIGURE 1.3 – Choix de l'exécutable

Word, Excel, la suite OpenOffice.org... Toutes ces applications sont des « clients lourds ». C'est ce que nous allons faire dans ce livre.

- `J2EE`[3] : permet de développer des applications web en Java. On parle aussi de clients légers.
- `J2ME`[4] : permet de développer des applications pour appareils portables, comme des téléphones portables, des PDA...

Eclipse IDE

Avant toute chose, quelques mots sur le projet Eclipse.

Eclipse IDE est un environnement de développement libre permettant de créer des programmes dans de nombreux langages de programmation (Java, C++, PHP...). C'est en somme l'outil que nous allons utiliser pour programmer.

Eclipse IDE est lui-même principalement écrit en Java.

Je vous invite donc à télécharger Eclipse IDE.

▷ Télécharger Eclipse
Code web : 395144

Accédez à la page de téléchargement puis choisissez « `Eclipse IDE for Java Develope` en choisissant la version d'Eclipse correspondant à votre OS[5] (figure 1.4).

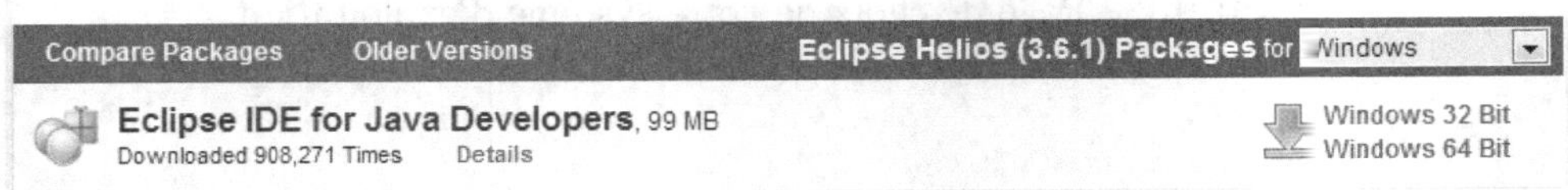

FIGURE 1.4 – Version d'Eclipse IDE

Sélectionnez maintenant le miroir que vous souhaitez utiliser pour obtenir Eclipse. Voilà, vous n'avez plus qu'à attendre la fin du téléchargement.

Pour ceux qui l'avaient deviné, Eclipse est le petit logiciel qui va nous permettre de développer nos applications ou nos applets, et aussi celui qui va compiler tout ça. Notre logiciel va donc permettre de traduire nos futurs programmes Java en langage **byte code**, compréhensible uniquement par votre JRE, fraîchement installé.

La spécificité d'Eclipse IDE vient du fait que son architecture est totalement développée autour de la notion de **plug-in**. Cela signifie que toutes ses fonctionnalités sont développées en tant que plug-ins. Pour faire court, si vous voulez ajouter des fonctionnalités à Eclipse, vous devez :

3. Java 2 Enterprise Edition.
4. Java 2 Micro Edition.
5. Operating System = système d'exploitation.

- télécharger le plug-in correspondant ;
- copier les fichiers spécifiés dans les répertoires spécifiés ;
- démarrer Eclipse, et ça y est !

Lorsque vous téléchargez un nouveau plug-in pour Eclipse, celui-ci se présente souvent comme un dossier contenant généralement deux sous-dossiers : un dossier « plugins » et un dossier « features ». Ces dossiers existent aussi dans le répertoire d'Eclipse. Il vous faut donc copier le contenu des dossiers de votre plug-in vers le dossier correspondant dans Eclipse (`plugins` dans `plugins`, et `features` dans `features`).

Vous devez maintenant avoir une archive contenant Eclipse. Décompressez-la où vous voulez, puis entrez dans ce dossier (figure 1.5). Cela fait, lancez Eclipse.

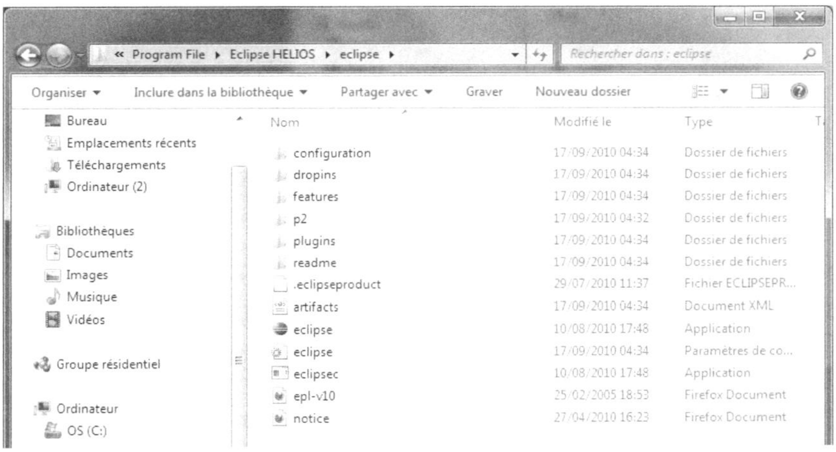

FIGURE 1.5 – Contenu du dossier Eclipse

Ici (figure 1.6), Eclipse vous demande dans quel dossier vous souhaitez enregistrer vos projets ; sachez que rien ne vous empêche de spécifier un autre dossier que celui proposé par défaut.

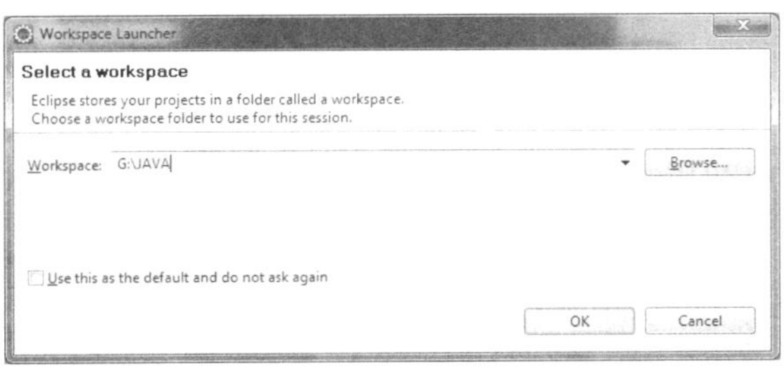

FIGURE 1.6 – Première fenêtre Eclipse

Une fois cette étape effectuée, vous arrivez sur la page d'accueil d'Eclipse. Si vous avez envie d'y jeter un œil, allez-y.

Présentation rapide de l'interface

Je vais maintenant vous faire faire un tour rapide de l'interface d'Eclipse.

Le menu « File » (figure 1.7)

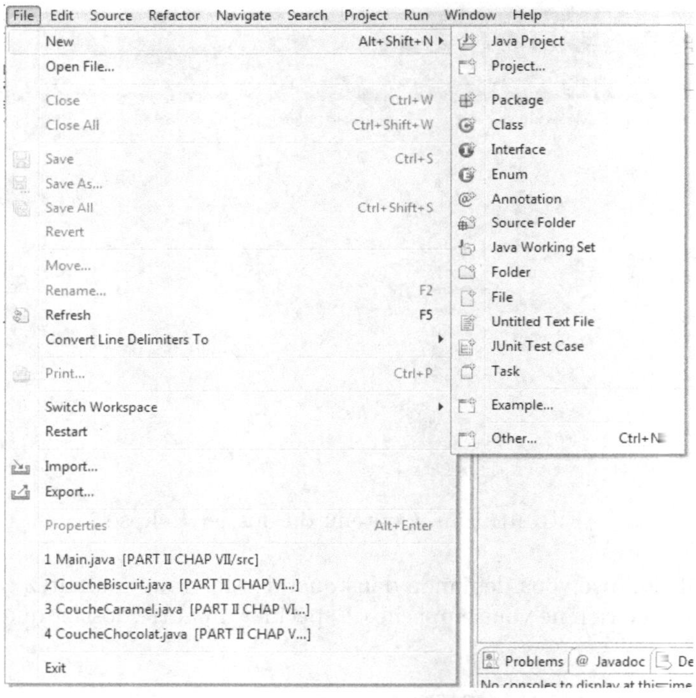

FIGURE 1.7 – Menu « File »

C'est ici que nous pourrons créer de nouveaux projets Java, les enregistrer et les exporter le cas échéant. Les raccourcis à retenir sont :

- ALT + SHIFT + N : nouveau projet ;
- CTRL + S : enregistrer le fichier où l'on est positionné ;
- CTRL + SHIFT + S : tout sauvegarder ;
- CTRL + W : fermer le fichier où l'on est positionné ;
- CTRL + SHIFT + W : fermer tous les fichiers ouverts.

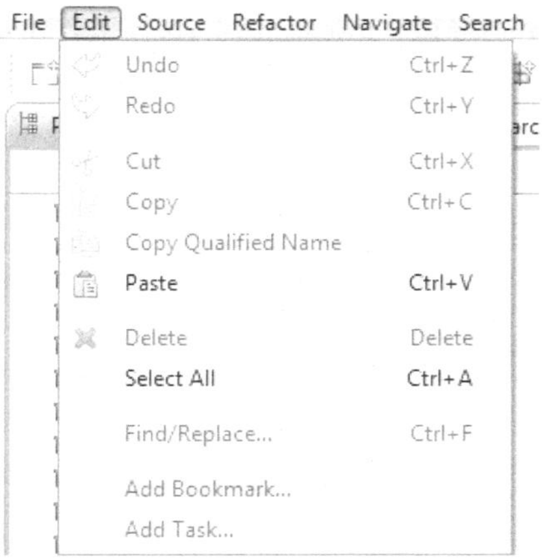

FIGURE 1.8 – Menu « Edit »

Le menu « `Edit` » (figure 1.8)

Dans ce menu, nous pourrons utiliser les commandes « `copier` », « `coller` », etc. Ici, les raccourcis à retenir sont :

- `CTRL + C` : copier la sélection ;
- `CTRL + X` : couper la sélection ;
- `CTRL + V` : coller la sélection ;
- `CTRL + A` : tout sélectionner ;
- `CTRL + F` : chercher-remplacer.

Le menu « `Window` » (figure 1.9)

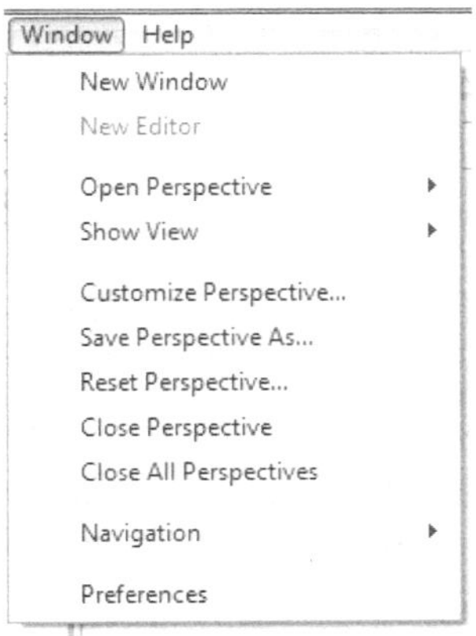

FIGURE 1.9 – Menu « Window »

Dans celui-ci, nous pourrons configurer Eclipse selon nos besoins.

La barre d'outils (figure 1.10)

FIGURE 1.10 – Barre d'outils

Nous avons dans l'ordre :

1. nouveau général. Cliquer sur ce bouton revient à faire « `Fichier / Nouveau` » ;
2. enregistrer. Revient à faire `CTRL + S` ;
3. imprimer ;
4. exécuter la classe ou le projet spécifié. Nous verrons ceci plus en détail ;
5. créer un nouveau projet. Revient à faire « `Fichier / Nouveau / Java Project` » ;
6. créer une nouvelle classe, c'est-à-dire en fait un nouveau fichier. Revient à faire « `Fichier / Nouveau / Classe` ».

Maintenant, je vais vous demander de créer un nouveau projet Java (figures 1.11 et 1.12).

FIGURE 1.11 – Création de projet Java - étape 1

Renseignez le nom de votre projet comme je l'ai fait (encadré 1). Vous pouvez aussi voir où sera enregistré ce projet (encadré 2). Un peu plus compliqué, maintenant : vous avez donc un environnement Java sur votre machine, mais dans le cas où vous en auriez plusieurs, vous pouvez aussi spécifier à Eclipse quel JRE [6] utiliser pour ce projet.

Vous devriez avoir un nouveau projet dans la fenêtre de gauche (figure 1.13).

6. Vous pourrez changer ceci à tout moment dans Eclipse en allant dans « `Window / Preferences` », en dépliant l'arbre « `Java` » dans la fenêtre et en choisissant « `Installed JRE` ».

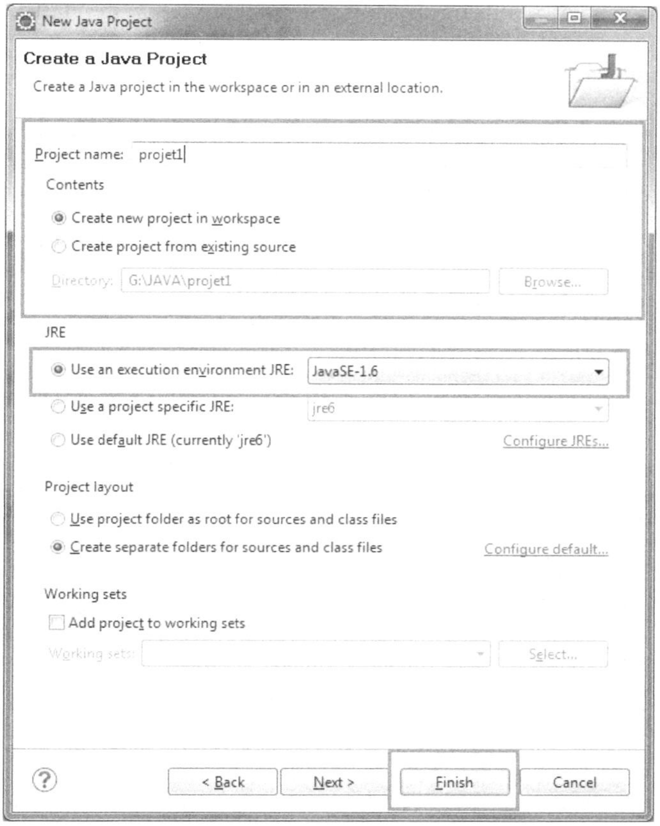

FIGURE 1.12 – Création de projet Java - étape 2

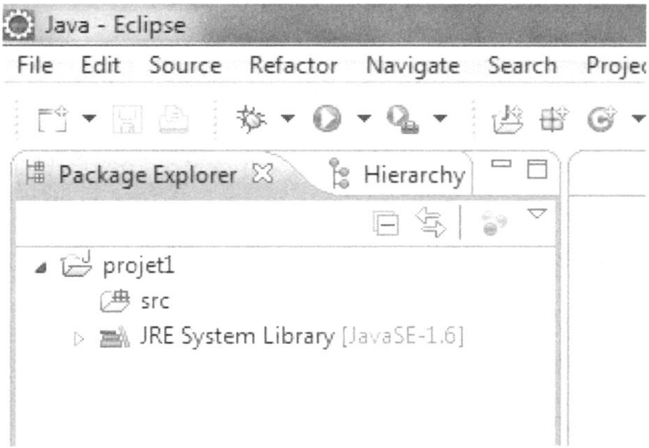

FIGURE 1.13 – Explorateur de projet

Pour boucler la boucle, ajoutons dès maintenant une nouvelle classe dans ce projet comme nous avons appris à le faire plus tôt.
Voici la fenêtre sur laquelle vous devriez tomber : figure 1.14.

> Une classe est un ensemble de codes contenant plusieurs instructions que doit effectuer votre programme. Ne vous attardez pas trop sur ce terme, nous aurons l'occasion d'y revenir.

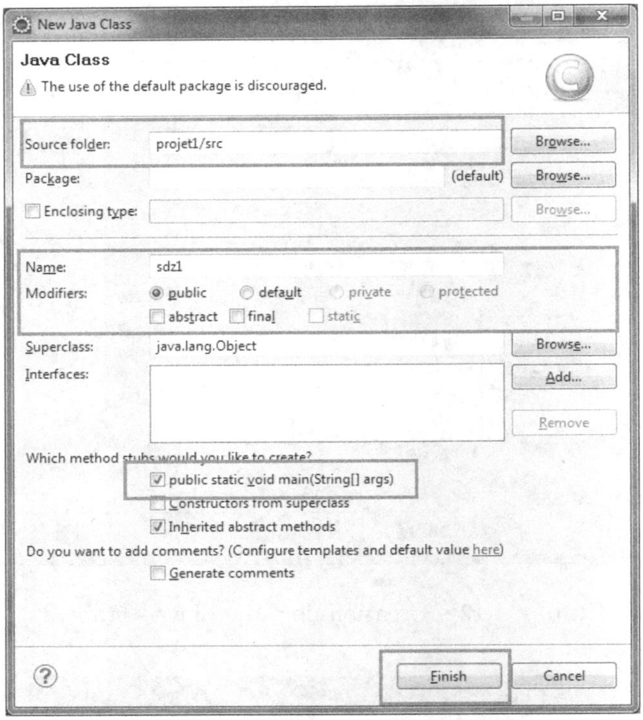

FIGURE 1.14 – Création d'une classe

Dans l'encadré 1, nous pouvons voir où seront enregistrés nos fichiers Java. Dans l'encadré 2, nommez votre classe Java ; moi, j'ai choisi **sdz1**. Dans l'encadré 3, Eclipse vous demande si cette classe a quelque chose de particulier. Eh bien oui ! Cochez « `public static void main(String[] args)` [7] », puis cliquez sur « `Finish` ».

Avant de commencer à coder, nous allons explorer l'espace de travail (figure 1.15).

Dans l'encadré de gauche, vous trouverez le dossier de votre projet ainsi que son contenu. Ici, vous pourrez gérer votre projet comme bon vous semble (ajout, suppression...).

Dans l'encadré positionné au centre, je pense que vous avez deviné : c'est ici que nous

7. Nous reviendrons plus tard sur ce point.

FIGURE 1.15 – Fenêtre principale

allons écrire nos codes source.

Dans l'encadré du bas, c'est là que vous verrez apparaître le contenu de vos programmes... ainsi que les erreurs éventuelles !

Et pour finir, c'est dans l'encadré de droite, dès que nous aurons appris à coder nos propres fonctions et nos objets, que la liste des méthodes et des variables sera affichée.

Votre premier programme

Comme je vous l'ai maintes fois répété, les programmes Java sont, avant d'être utilisés par la machine virtuelle, précompilés en byte code (par votre IDE ou à la main). Ce byte code n'est compréhensible que par une JVM, et c'est celle-ci qui va faire le lien entre ce code et votre machine.

Vous aviez sûrement remarqué que sur la page de téléchargement du JRE, plusieurs liens étaient disponibles :

- un lien pour Windows ;
- un lien pour Mac ;
- un lien pour Linux.

Ceci, car la machine virtuelle Java se présente différemment selon qu'on se trouve sous Mac, sous Linux ou encore sous Windows. Par contre, le byte code, lui, reste le même quel que soit l'environnement avec lequel a été développé et précompilé votre programme Java.

Conséquence directe : quel que soit l'OS sous lequel a été codé un programme Java, n'importe quelle machine pourra l'exécuter si elle dispose d'une JVM !

Tu n'arrêtes pas de nous rabâcher byte code par-ci, byte code par-là... Mais c'est quoi, au juste ?

Eh bien, un byte code[8] n'est rien d'autre qu'un code intermédiaire entre votre code Java et le code machine. Ce code particulier se trouve dans les fichiers précompilés de vos programmes ; en Java, un fichier source a pour extension `.java` et un fichier précompilé a l'extension `.class` : c'est dans ce dernier que vous trouverez du byte code. Je vous invite à examiner un fichier `.class` à la fin de cette partie (vous en aurez au moins un), mais je vous préviens, c'est illisible !

Par contre, vos fichiers `.java` sont de simples fichiers texte dont l'extension a été changée. Vous pouvez donc les ouvrir, les créer ou encore les mettre à jour avec le Bloc-notes de Windows, par exemple. Cela implique que, si vous le souhaitez, vous pouvez écrire des programmes Java avec le Bloc-notes ou encore avec Notepad++.

8. Il existe plusieurs types de byte code, mais nous parlons ici de celui créé par Java.

Reprenons. Vous devez savoir que **tous les programmes Java sont composés d'au moins une classe.**

Cette classe doit contenir une méthode appelée `main` : ce sera le point de démarrage de notre programme.

Une méthode est une suite d'instructions à exécuter. C'est un morceau de logique de notre programme. Une méthode contient :

- un en-tête : celui-ci va être en quelque sorte la carte d'identité de la méthode ;
- un corps : le contenu de la méthode, délimité par des accolades ;
- une valeur de retour : le résultat que la méthode va retourner.

Vous verrez un peu plus tard qu'un programme n'est qu'une multitude de classes qui s'utilisent l'une l'autre. Mais pour le moment, nous n'allons travailler qu'avec une seule classe.

Je vous avais demandé de créer un projet Java ; ouvrez-le (figure 1.16).

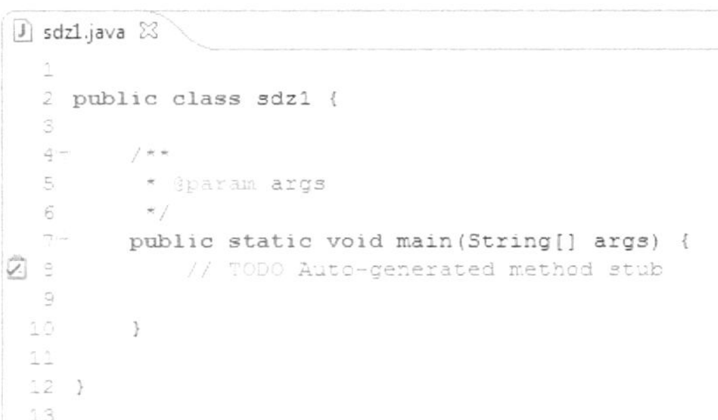

FIGURE 1.16 – Méthode principale

Vous voyez la fameuse classe dont je vous parlais ? Ici, elle s'appelle « sdz1 ». Vous pouvez voir que le mot `class` est précédé du mot `public`, dont nous verrons la signification lorsque nous programmerons des objets.

Pour le moment, ce que vous devez retenir, c'est que votre classe est définie par un mot clé (`class`), qu'elle a un nom (ici, sdz1) et que son contenu est délimité par des accolades ({}).

Nous écrirons nos codes sources entre la méthode `main`. La syntaxe de cette méthode est toujours la même :

```
public static void main(String[] args){
//Contenu de votre classe
}
```

Ce sera entre les accolades de la méthode `main` que nous écrirons nos codes source.

Excuse-nous, mais... pourquoi as-tu écrit « //Contenu de votre classe » et pas « Contenu de votre classe » ?

Bonne question ! Je vous ai dit plus haut que votre programme Java, avant de pouvoir être exécuté, doit être précompilé en byte code. Eh bien, la possibilité de forcer le compilateur à ignorer certaines instructions existe ! C'est ce qu'on appelle des **commentaires**, et deux syntaxes sont disponibles pour commenter son texte.

- Il y a les commentaires unilignes : introduits par les symboles //, ils mettent tout ce qui les suit en commentaire, du moment que le texte se trouve sur la même ligne que les //.

```
public static void main(String[] args){
//Un commentaire
//Un autre
//Encore un autre
Ceci n'est pas un commentaire !
}
```

- Il y a les commentaires multilignes : ils sont introduits par les symboles /* et se terminent par les symboles */.

```
public static void main(String[] args){

/*
Un commentaire
Un autre
Encore un autre
*/
Ceci n'est pas un commentaire !
}
```

D'accord, mais ça sert à quoi ?

C'est simple : au début, vous ne ferez que de très petits programmes. Mais dès que vous aurez pris de la bouteille, leurs tailles et le nombre de classes qui les composeront vont augmenter. Vous serez contents de trouver quelques lignes de commentaires au début de votre classe pour vous dire à quoi elle sert, ou encore des commentaires dans une méthode qui effectue des choses compliquées afin de savoir où vous en êtes dans vos traitements...

Il existe en fait une troisième syntaxe, mais elle a une utilité particulière. Elle permettra de générer une documentation pour votre programme : une Javadoc (Java Documentation). Je n'en parlerai que très peu, et pas dans ce chapitre. Nous verrons cela lorsque nous programmerons des objets, mais pour les curieux, je vous conseille le très bon cours de dworkin sur ce sujet disponible sur le Site du Zéro.

▷ Présentation de la Javadoc
Code web : 478278

À partir de maintenant et jusqu'à ce que nous programmions des interfaces graphiques, nous allons faire ce qu'on appelle des programmes procéduraux. Cela signifie que le programme s'exécutera de façon procédurale, c'est-à-dire qui s'effectue de haut en bas, une ligne après l'autre. Bien sûr, il y a des instructions qui permettent de répéter des morceaux de code, mais le programme en lui-même se terminera une fois parvenu à la fin du code. Cela vient en opposition à la programmation événementielle (ou graphique) qui, elle, est basée sur des événements (clic de souris, choix dans un menu...).

Hello World

Maintenant, essayons de taper le code suivant :

```
public static void main(String[] args){
    System.out.print("Hello World !");
}
```

N'oubliez surtout pas le " ; " à la fin de la ligne ! **Toutes les instructions en Java sont suivies d'un point-virgule.**

Une fois que vous avez saisi cette ligne de code dans votre méthode `main`, il vous faut lancer le programme. Si vous vous souvenez bien de la présentation faite précédemment, vous devez cliquer sur la flèche blanche dans un rond vert (figure 1.17).

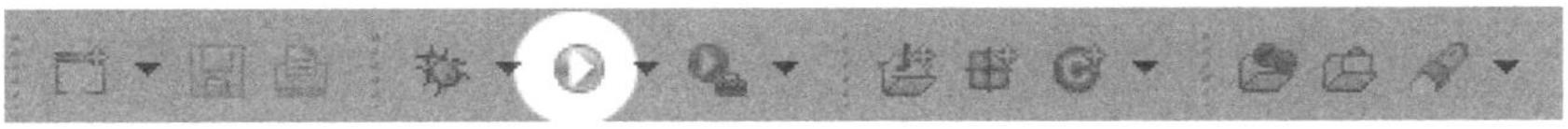

FIGURE 1.17 – Bouton de lancement du programme

Si vous regardez dans votre console, dans la fenêtre du bas sous Eclipse, vous devriez voir la figure 1.18.

Expliquons un peu cette ligne de code. Littéralement, elle signifie « la méthode `print()` va écrire **Hello World !** en utilisant l'objet `out` de la classe `System` ».

- `System` : ceci correspond à l'appel d'une classe qui se nomme « `System` ». C'est une classe utilitaire qui permet surtout d'utiliser l'entrée et la sortie standard, c'est-à-dire la saisie clavier et l'affichage à l'écran.
- `out` : objet de la classe `System` qui gère la sortie standard.

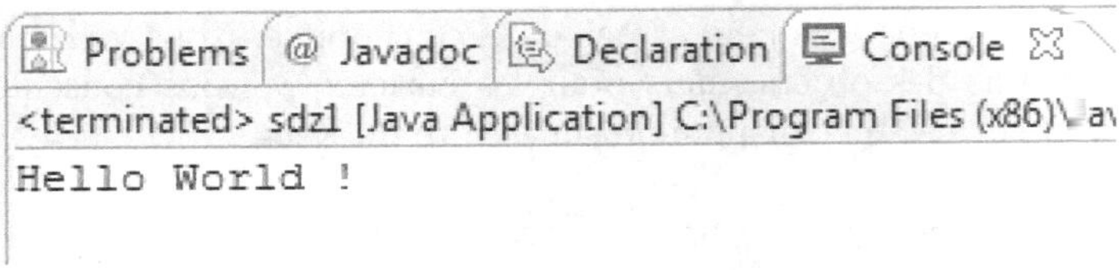

FIGURE 1.18 – Console d'Eclipse

– print : méthode qui écrit dans la console le texte passé en paramètre.

Si vous mettez plusieurs System.out.print, voici ce qui se passe. Prenons ce code :

```
System.out.print("Hello World !");
System.out.print("My name is");
System.out.print("Cysboy");
```

Lorsque vous l'exécutez, vous devriez voir des chaînes de caractères qui se suivent sans saut de ligne. Autrement dit, ceci s'affichera dans votre console :

```
Hello World !My name isCysboy
```

Je me doute que vous souhaiteriez insérer un retour à la ligne pour que votre texte soit plus lisible... Pour cela, vous avez plusieurs solutions :

– soit vous utilisez un caractère d'échappement, ici \n ;
– soit vous utilisez la méthode println() à la place de la méthode print().

Donc, si nous reprenons notre code précédent et que nous appliquons cela, voici ce que ça donnerait :

```
System.out.print("Hello World ! \n");
System.out.println("My name is");
System.out.println("\nCysboy");
```

Le résultat :

```
Hello World !
My name is

Cysboy
```

Vous pouvez voir que :

– lorsque vous utilisez le caractère d'échappement \n, quelle que soit la méthode appelée, celle-ci ajoute immédiatement un retour à la ligne à son emplacement ;
– lorsque vous utilisez la méthode println(), celle-ci ajoute automatiquement un retour à la ligne à la fin de la chaîne passée en paramètre ;
– un caractère d'échappement peut être mis dans la méthode println()

J'en profite au passage pour vous mentionner deux autres caractères d'échappement :

– `\r` va insérer un retour chariot, parfois utilisé aussi pour les retours à la ligne ;
– `\t` va faire une tabulation.

Vous avez sûrement remarqué que la chaîne de caractères que l'on affiche est entourée de "<chaîne>". En Java, les guillemets doubles[9] sont des délimiteurs de chaînes de caractères ! Si vous voulez afficher un guillemet double dans la sortie standard, vous devrez « l'échapper[10] » avec un \, ce qui donnerait : `System.out.println("Coucou mon \"chou\" ! ");`.

Je vous propose maintenant de passer un peu de temps sur la compilation de vos programmes en ligne de commande. Cette section n'est pas obligatoire, loin de là, mais elle ne peut être qu'enrichissante.

Compilation en ligne de commande (Windows)

Bienvenue donc aux plus curieux ! Avant de vous apprendre à compiler et à exécuter un programme en ligne de commande, il va vous falloir le JDK (**J**ava SE **D**evelopment **K**it). C'est avec celui-ci que nous aurons de quoi compiler nos programmes. Le nécessaire à l'exécution des programmes est dans le JRE... mais il est également inclus dans le JDK.

Je vous invite donc à retourner sur le site d'Oracle et à télécharger ce dernier. Une fois cette opération effectuée, il est conseillé de mettre à jour votre variable d'environnement `%PATH%`.

Euh... quoi ?

Votre **variable d'environnement**. C'est grâce à elle que Windows trouve des exécutables sans qu'il soit nécessaire de lui spécifier le chemin d'accès complet. Vous — enfin, Windows — en a plusieurs, mais nous ne nous intéresserons qu'à une seule. En gros, cette variable contient le chemin d'accès à certains programmes.

Par exemple, si vous spécifiez le chemin d'accès à un programme X dans votre variable d'environnement et que, par un malheureux hasard, vous n'avez plus aucun raccourci vers X : vous l'avez définitivement perdu dans les méandres de votre PC. Eh bien vous pourrez le lancer en faisant « `Démarrer` → `Exécuter` » et en tapant la commande « `X.exe` » (en partant du principe que le nom de l'exécutable est `X.exe`).

D'accord, mais comment fait-on ? Et pourquoi doit-on faire ça pour le JDK ?

9. Il n'est pas rare de croiser le terme anglais *quote* pour désigner les guillemets droits. Cela fait en quelque sorte partie du jargon du programmeur.
10. Terme désignant le fait de désactiver : ici, désactiver la fonction du caractère « " ».

J'y arrive. Une fois votre JDK installé, ouvrez le répertoire **bin** de celui-ci, ainsi que celui de votre JRE. Nous allons nous attarder sur deux fichiers.

Dans le répertoire `bin` de votre JRE, vous devez avoir un fichier nommé **java.exe**. Fichier que vous retrouvez aussi dans le répertoire `bin` de votre JDK. C'est grâce à ce fichier que votre ordinateur peut lancer vos programmes par le biais de la JVM. Le deuxième ne se trouve que dans le répertoire `bin` de votre JDK, il s'agit de **javac.exe** [11]. C'est celui-ci qui va précompiler vos programmes Java en byte code.

Alors, pourquoi mettre à jour la variable d'environnement pour le JDK ? Eh bien, compiler et exécuter en ligne de commande revient à utiliser ces deux fichiers en leur précisant où se trouvent les fichiers à traiter. Cela veut dire que si l'on ne met pas à jour la variable d'environnement de Windows, il nous faudrait :

- ouvrir l'invite de commande ;
- se positionner dans le répertoire `bin` de notre JDK ;
- appeler la commande souhaitée ;
- préciser le chemin du fichier `.java` ;
- renseigner le nom du fichier.

Avec notre variable d'environnement mise à jour, nous n'aurons plus qu'à :

- nous positionner dans le dossier de notre programme ;
- appeler la commande ;
- renseigner le nom du fichier Java.

Allez dans le « `Panneau de configuration` » de votre PC ; de là, cliquez sur l'icône « `Système` » ; choisissez l'onglet « `Avancé` » et vous devriez voir en bas un bouton nommé « `Variables d'environnement` » : cliquez dessus. Une nouvelle fenêtre s'ouvre. Dans la partie inférieure intitulée « `Variables système` », cherchez la variable `Path`. Une fois sélectionnée, cliquez sur « `Modifier` ». Encore une fois, une fenêtre, plus petite celle-ci, s'ouvre devant vous. Elle contient le nom de la variable et sa valeur.

Ne changez pas son nom et n'effacez pas son contenu ! Nous allons juste ajouter un chemin d'accès.

Pour ce faire, allez jusqu'au bout de la valeur de la variable, ajoutez-y un point-virgule (;) s'il n'y en a pas, et ajoutez alors le chemin d'accès au répertoire `bin` de votre JDK, en terminant celui-ci par un point-virgule !

Chez moi, ça donne ceci : « `C:\Sun\SDK\jdk\bin` ».

Auparavant, ma variable d'environnement contenait, avant mon ajout :

```
%SystemRoot%\system32;%SystemRoot%;%SystemRoot%\System32\Wbem;
```

Et maintenant :

```
%SystemRoot%\system32;%SystemRoot%;%SystemRoot%\System32\Wbem;C:\Sun\SDK\jdk\bi
```

11. **Java** compiler.

Validez les changements : vous êtes maintenant prêts à compiler en ligne de commande.

Pour bien faire, allez dans le répertoire de votre premier programme et effacez le `.class`. Ensuite, faites « `Démarrer > Exécuter`[12] » et tapez « `cmd` ».

> Pour rappel, dans l'invite de commande, on se déplace de dossier en dossier grâce à l'instruction `cd`. `cd <nom du dossier enfant>` : pour aller dans un dossier contenu dans celui dans lequel nous nous trouvons. `cd ..` : pour remonter d'un dossier dans la hiérarchie.

Par exemple, lorsque j'ouvre la console, je me trouve dans le dossier `C:\toto\titi` et mon application se trouve dans le dossier `C:\sdz`, je fais donc :

```
cd ..
cd ..
cd sdz
```

Après de la première instruction, je me retrouve dans le dossier `C:\toto`. Grâce à la deuxième instruction, j'arrive à la racine de mon disque. Via la troisième instruction, je me retrouve dans le dossier `C:\sdz`. Nous sommes maintenant dans le dossier contenant notre fichier Java !

Cela dit, nous pouvions condenser cela en :

```
cd ../../sdz
```

Maintenant, vous pouvez créer votre fichier `.class` en exécutant la commande suivante :

```
javac <nomDeFichier.java>
```

Si, dans votre dossier, vous avez un fichier `test.java`, compilez-le en faisant : `javac test.java`. Et si vous n'avez aucun message d'erreur, vous pouvez vérifier que le fichier `test.class` est présent en utilisant l'instruction `dir` qui liste le contenu d'un répertoire.

Cette étape franchie, vous pouvez lancer votre programme Java en faisant ce qui suit :

```
java <nomFichierClassSansExtension>
```

Ce qui nous donne : `java test`. Et normalement, le résultat de votre programme Java s'affiche sous vos yeux ébahis !

> Attention : il ne faut pas mettre l'extension du fichier pour le lancer, mais il faut la mettre pour le compiler.

Donc voilà : vous avez compilé et exécuté un programme Java en ligne de commande... Vous avez pu voir qu'il n'y a rien de vraiment compliqué et, qui sait, vous en aurez peut-être besoin un jour.

12. Ou encore touche Windows + R.

En résumé

- La JVM est le cœur de Java.
- Elle fait fonctionner vos programmes Java, précompilés en byte code.
- Les fichiers contenant le code source de vos programmes Java ont l'extension `.java`.
- Les fichiers précompilés correspondant à vos codes source Java ont l'extension `.class`.
- Le byte code est un code intermédiaire entre celui de votre programme et celui que votre machine peut comprendre.
- Un programme Java, codé sous Windows, peut être précompilé sous Mac et enfin exécuté sous Linux.
- Votre machine NE PEUT PAS comprendre le byte code, elle a besoin de la JVM.
- Tous les programmes Java sont composés d'au moins une classe.
- Le point de départ de tout programme Java est la méthode `public static void main(String[] args)`.
- On peut afficher des messages dans la console grâce à ces instructions :
  - `System.out.println`, qui affiche un message avec un saut de ligne à la fin ;
  - `System.out.print`, qui affiche un message sans saut de ligne.

Chapitre 2

Les variables et les opérateurs

Difficulté :

Nous commençons maintenant sérieusement la programmation. Dans ce chapitre, nous allons découvrir les variables. On les retrouve dans la quasi-totalité des langages de programmation.

Une variable est un élément qui stocke des informations de toute sorte en mémoire : des chiffres, des résultats de calcul, des tableaux, des renseignements fournis par l'utilisateur...

Vous ne pourrez pas programmer sans variables. Il est donc indispensable que je vous les présente !

Les différents types de variables

Nous allons commencer par découvrir comment créer des variables dans la mémoire. Pour cela, il faut les déclarer.

Une déclaration de variable se fait comme ceci :
<Type de la variable> <Nom de la variable> ;
Cette opération se termine toujours par un point-virgule (« ; ») [1]. Ensuite on l'initialise en entrant une valeur.

En Java, nous avons deux types de variables :

- des variables de type simple ou « primitif » ;
- des variables de type complexe ou des « objets ».

Ce qu'on appelle des *types simples* ou *types primitifs*, en Java, ce sont tout bonnement des nombres entiers, des nombres réels, des booléens ou encore des caractères, et vous allez voir qu'il y a plusieurs façons de déclarer certains de ces types.

Les variables de type numérique

- Le type `byte` (1 octet) peut contenir les entiers entre -128 et $+127$.

```
byte temperature;
temperature = 64;
```

- Le type `short` (2 octets) contient les entiers compris entre -32768 et $+32767$.

```
short vitesseMax;
vitesseMax = 32000;
```

- Le type `int` (4 octets) va de -2×10^9 à 2×10^9 (2 et 9 zéros derrière... ce qui fait déjà un joli nombre).

```
int temperatureSoleil;
temperatureSoleil = 15600000;
```

Remarquez qu'ici, la température est exprimée en kelvins.

- Le type `long` (8 octets) peut aller de -9×10^{18} à 9×10^{18} (encore plus gros...).

```
long anneeLumiere;
anneeLumiere = 9460700000000000;
```

- Le type `float` (4 octets) est utilisé pour les nombres avec une virgule flottante.

```
float pi;
pi = 3.141592653f;
```

1. Comme toutes les instructions de ce langage.

Ou encore :

```
float nombre;
nombre = 2.0f;
```

Vous remarquerez que nous ne mettons pas une virgule, mais un **point** ! Et vous remarquerez aussi que même si le nombre en question est rond, on écrit .0 derrière celui-ci, le tout suivi de « `f` ».

- Le type **double** (8 octets) est identique à `float`, si ce n'est qu'il contient plus de chiffres derrière la virgule et qu'il n'a pas de suffixe.

```
double division;
division = 0.333333333333333333333333333333333333333333334;
```

Nous avons aussi des variables stockant un caractère

- Le type `char` contient UN caractère stocké entre apostrophes (« `' '` »), comme ceci :

```
char caractere;
caractere = 'A';
```

Des variables de type booléen

- Le type `boolean`, lui, ne peut contenir que deux valeurs : `true` (vrai) ou `false` (faux), sans guillemets [2].

```
boolean question;
question = true;
```

Et aussi le type String

Le type `String` permet de gérer les chaînes de caractères, c'est-à-dire le stockage de texte.

Il s'agit d'une variable d'un type plus complexe que l'on appelle *objet*. Vous verrez que celle-ci s'utilise un peu différemment des variables précédentes :

```
String phrase;
phrase = "Titi et Grosminet";
//Deuxième méthode de déclaration de type String
String str = new String();
str = "Une autre chaîne de caractères";
//La troisième
```

2. Ces valeurs sont natives dans le langage. Il les comprend directement et sait les interpréter.

```
String string = "Une autre chaîne";
//Et une quatrième pour la route
String chaine = new String("Et une de plus !");
```

Attention : `String` commence par une majuscule ! Et lors de l'initialisation, on utilise ici des guillemets doubles (« " " »).

Cela a été mentionné plus haut : `String` n'est pas un type de variable mais un objet. Notre variable est un objet, on parle aussi d'une instance : ici, une instance de la classe `String`. Nous y reviendrons lorsque nous aborderons les objets.

On te croit sur parole, mais pourquoi `String` commence par une majuscule et pas les autres ?

C'est simple : il s'agit d'une convention de nommage. En fait, c'est une façon d'appeler nos classes, nos variables, etc. Il faut que vous essayiez de la respecter au maximum. Cette convention, la voici :

- tous vos noms de classes doivent commencer par une majuscule ;
- tous vos noms de variables doivent commencer par une minuscule ;
- si le nom d'une variable est composé de plusieurs mots, le premier commence par une minuscule, le ou les autres par une majuscule, et ce, sans séparation ;
- tout ceci sans accentuation !

Je sais que la première classe que je vous ai demandé de créer ne respecte pas cette convention, mais je ne voulais pas vous en parler à ce moment-là... Donc, à présent, je vous demanderai de ne pas oublier ces règles !
Voici quelques exemples de noms de classes et de variables :

```
public class Toto{}
public class Nombre{}
public class TotoEtTiti{}
String chaine;
String chaineDeCaracteres;
int nombre;
int nombrePlusGrand;
//...
```

Donc, pour en revenir au pourquoi du comment, je vous ai dit que les variables de type `String` sont des objets. Les objets sont définis par une ossature (un squelette) qui est en fait une classe. Ici, nous utilisons un objet `String` défini par une classe qui s'appelle « `String` » ; c'est pourquoi `String` a une majuscule et pas `int`, `float`, etc., qui eux ne sont pas définis par une classe.

Chose importante : veillez à bien respecter la casse (majuscules et minuscules), car une déclaration de CHAR à la place de `char` ou autre chose provoquera une erreur, tout comme une variable de type string à la place de `String` !

Faites donc bien attention lors de vos déclarations de variables... Une petite astuce quand même (enfin deux, plutôt) : on peut très bien compacter les phases de déclaration et d'initialisation en une seule phase ! Comme ceci :

```
int entier = 32;
float pi = 3.1416f;
char carac = 'z';
String mot = new String("Coucou");
```

Et lorsque nous avons plusieurs variables d'un même type, nous pouvons résumer tout ceci à une déclaration :

```
int nbre1 = 2, nbre2 = 3, nbre3 = 0;
```

Ici, toutes les variables sont des entiers, et toutes sont initialisées.

Avant de nous lancer dans la programmation, nous allons faire un peu de mathématiques avec nos variables.

Les opérateurs arithmétiques

Ce sont ceux que l'on apprend à l'école primaire...

- « + » : permet d'additionner deux variables numériques (mais aussi de concaténer des chaînes de caractères ! Ne vous inquiétez pas, on aura l'occasion d'y revenir).
- « - » : permet de soustraire deux variables numériques.
- « * » : permet de multiplier deux variables numériques.
- « / » : permet de diviser deux variables numériques (mais je crois que vous aviez deviné).
- « % » : permet de renvoyer le reste de la division entière de deux variables de type numérique ; cet opérateur s'appelle le **modulo**.

Quelques exemples de calcul

```
int nbre1, nbre2, nbre3;  //déclaration des variables

nbre1 = 1 + 3;            //nbre1 vaut 4
nbre2 = 2 * 6;            //nbre2 vaut 12
nbre3 = nbre2 / nbre1;    //nbre3 vaut 3
nbre1 = 5 % 2;            //nbre1 vaut 1, car 5 = 2 * 2 + 1
nbre2 = 99 % 8;           //nbre2 vaut 3, car 99 = 8 * 12 + 3
nbre3 = 6 % 3;            //là, nbre3 vaut 0, car il n'y a pas de reste
```

Ici, nous voyons bien que nous pouvons affecter des résultats d'opérations sur des nombres à nos variables, mais aussi affecter des résultats d'opérations sur des variables de même type.

Je me doute bien que le modulo est assez difficile à assimiler. Voici une utilisation assez simple : pour vérifier qu'un entier est pair, il suffit de vérifier que son modulo 2 renvoie 0.

Maintenant, voici quelque chose que les personnes qui n'ont jamais programmé ont du mal à intégrer. Je garde la même déclaration de variables que ci-dessus.

```
int nbre1, nbre2, nbre3;          //déclaration des variables
nbre1 = nbre2 = nbre3 = 0;        //initialisation

nbre1 = nbre1 + 1;       //nbre1 = lui-même, donc 0 + 1 => nbre1 = 1
nbre1 = nbre1 + 1;       //nbre1 = 1 (cf. ci-dessus), maintenant, nbre1 = 1 + 1
↪ = 2
nbre2 = nbre1;           //nbre2 = nbre1 = 2
nbre2 = nbre2 * 2;       //nbre2 = 2 => nbre2 = 2 * 2 = 4
nbre3 = nbre2;           //nbre3 = nbre2 = 4
nbre3 = nbre3 / nbre3;   //nbre3 = 4 / 4 = 1
nbre1 = nbre3;           //nbre1 = nbre3 = 1
nbre1 = nbre1 - 1;       //nbre1 = 1 - 1 = 0
```

Et là aussi, il existe une syntaxe qui raccourcit l'écriture de ce genre d'opérations. Regardez bien :

```
nbre1 = nbre1 + 1;
nbre1 += 1;
nbre1++;
++nbre1;
```

Les trois premières syntaxes correspondent exactement à la même opération. La troisième sera certainement celle que vous utiliserez le plus, mais elle ne fonctionne que pour augmenter d'une unité la valeur de `nbre1` ! Si vous voulez augmenter de 2 la valeur d'une variable, utilisez les deux syntaxes précédentes. On appelle cette cela l'**incrémentation**. La dernière fait la même chose que la troisième, mais il y a une subtilité dont nous reparlerons dans le chapitre sur les boucles.

Pour la soustraction, la syntaxe est identique :

```
nbre1 = nbre1 - 1;
nbre1 -= 1;
nbre1--;
--nbre1;
```

Même commentaire que pour l'addition, sauf qu'ici, la troisième syntaxe s'appelle la **décrémentation**.

Les raccourcis pour la multiplication fonctionnent de la même manière ; regardez plutôt :

```
nbre1 = nbre1 * 2;
nbre1 *= 2;
nbre1 = nbre1 / 2;
nbre1 /= 2;
```

TRÈS IMPORTANT : on ne peut faire du traitement arithmétique que sur des variables de même type sous peine de perdre de la précision lors du calcul. On ne s'amuse pas à diviser un `int` par un `float`, ou pire, par un `char` ! Ceci est valable pour tous les opérateurs arithmétiques et pour tous les types de variables numériques. Essayez de garder une certaine rigueur pour vos calculs arithmétiques.

Voici les raisons de ma mise en garde. Comme je vous l'ai dit plus haut, chaque type de variable a une capacité différente et, pour faire simple, nous allons comparer nos variables à différents récipients. Une variable de type :

- `byte` correspondrait à un dé à coudre, elle ne peut pas contenir grand-chose ;
- `int` serait un verre, c'est déjà plus grand ;
- `double` serait un baril. Pfiou, on en met là-dedans...

À partir de là, ce n'est plus qu'une question de bon sens. Vous devez facilement constater qu'il est possible de mettre le contenu d'un dé à coudre dans un verre ou un baril. Par contre, si vous versez le contenu d'un baril dans un verre... il y en a plein par terre ! Ainsi, si nous affectons le résultat d'une opération sur deux variables de type `double` dans une variable de type `int`, le résultat sera de type `int` et ne sera donc pas un réel mais un entier.

Pour afficher le contenu d'une variable dans la console, appelez l'instruction `System.out.println(maVariable);`, ou encore `System.out.print(maVariable);`.

Je suppose que vous voudriez aussi mettre du texte en même temps que vos variables... Eh bien sachez que l'opérateur « + » sert aussi d'opérateur de concaténation, c'est-à-dire qu'il permet de mélanger du texte brut et des variables.

Voici un exemple d'affichage avec une perte de précision :

```
double nbre1 = 10, nbre2 = 3;
int resultat = (int)(nbre1 / nbre2);
System.out.println("Le résultat est = " + resultat);
```

Sachez aussi que vous pouvez tout à fait mettre des opérations dans un affichage, comme ceci : `System.out.print("Résultat = " + nbre1/nbre2);` (le plus joue ici le rôle d'opérateur de concaténation) ; ceci vous permet d'économiser une variable et par conséquent de la mémoire.

Cependant, pour le bien de ce chapitre, nous n'allons pas utiliser cette méthode. Vous allez constater que le résultat affiché est 3 au lieu de 3.33333333333333... Et je pense que ceci vous intrigue : `int resultat = (int)(nbre1 / nbre2);`.

Avant que je ne vous explique, remplacez la ligne citée ci-dessus par :
`int resultat = nbre1 / nbre2;`.

Vous allez voir qu'Eclipse n'aime pas du tout ! Pour comprendre cela, nous allons voir **les conversions**.

Les conversions, ou « cast »

Comme expliqué plus haut, les variables de type `double` contiennent plus d'informations que les variables de type `int`.

Ici, il va falloir écouter comme il faut... heu, pardon : lire comme il faut ! Nous allons voir un truc super important en Java. Ne vous en déplaise, vous serez amenés à convertir des variables.

D'un type `int` en type `float` :

```
int i = 123;
float j = (float)i;
```

D'un type `int` en `double` :

```
int i = 123;
double j = (double)i;
```

Et inversement :

```
double i = 1.23;
double j = 2.9999999;
int k = (int)i; //k vaut 1
k = (int)j;     //k vaut 2
```

Ce type de conversion s'appelle une conversion d'ajustement, ou ***cast*** de variable.

Vous l'avez vu : nous pouvons passer directement d'un type `int` à un type `double`. L'inverse, cependant, ne se déroulera pas sans une perte de précision. En effet, comme vous avez pu le constater, lorsque nous *castons* un `double` en `int`, la valeur de ce `double` est tronquée, ce qui signifie que l'`int` en question ne prendra que la valeur entière du `double`, quelle que soit celle des décimales.

Pour en revenir à notre problème de tout à l'heure, il est aussi possible de caster le résultat d'une opération mathématique en la mettant entre « `()` » et en la précédant du type de cast souhaité. Donc :

```
double nbre1 = 10, nbre2 = 3;
int resultat = (int)(nbre1 / nbre2);
System.out.println("Le résultat est = " + resultat);
```

Voilà qui fonctionne parfaitement. Pour bien faire, vous devriez mettre le résultat de l'opération en type `double`.

Et si on fait l'inverse : si nous déclarons deux entiers et que nous mettons le résultat dans un `double` ? Voici une possibilité :

```
int nbre1 = 3, nbre2 = 2;
double resultat = nbre1 / nbre2;
System.out.println("Le résultat est = " + resultat);
```

Vous aurez **1** comme résultat. Je ne caste pas ici, car un `double` peut contenir un `int`. En voici une autre :

```
int nbre1 = 3, nbre2 = 2;
double resultat = (double)(nbre1 / nbre2);
System.out.println("Le résultat est = " + resultat);
```

Idem... Afin de comprendre pourquoi, vous devez savoir qu'en Java, comme dans d'autres langages d'ailleurs, il y a la notion de **priorité d'opération** ; et là, nous en avons un très bon exemple !

Sachez que l'affectation, le calcul, le cast, le test, l'incrémentation... toutes ces choses sont des opérations ! Et Java les fait dans un certain ordre, il y a des priorités.

Dans le cas qui nous intéresse, il y a trois opérations :

- un calcul ;
- un cast sur le résultat de l'opération ;
- une affectation dans la variable `resultat`.

Eh bien, Java exécute notre ligne dans cet ordre ! Il fait le calcul (ici 3/2), il caste le résultat en `double`, puis il l'affecte dans notre variable `resultat`.

Vous vous demandez sûrement pourquoi vous n'avez pas 1.5... C'est simple : lors de la première opération de Java, la JVM voit un cast à effectuer, mais sur un résultat de calcul. La JVM fait ce calcul (division de deux `int` qui, ici, nous donne 1), puis le cast (toujours 1), et affecte la valeur à la variable (encore et toujours 1). Donc, pour avoir un résultat correct, il faudrait caster chaque nombre avant de faire l'opération, comme ceci :

```
int nbre1 = 3, nbre2 = 2;
double resultat = (double)(nbre1) / (double)(nbre2);
System.out.println("Le résultat est = " + resultat);
//affiche : Le résultat est = 1.5
```

Je ne vais pas trop détailler ce qui suit[3] ; mais vous allez maintenant apprendre à transformer l'argument d'un type donné, `int` par exemple, en `String`.

```
int i = 12;
String j = new String();
j = j.valueOf(i);
```

`j` est donc une variable de type `String` contenant la chaîne de caractères `12`. Sachez que ceci fonctionne aussi avec les autres types numériques. Voyons maintenant comment faire marche arrière en partant de ce que nous venons de faire.

```
int i = 12;
String j = new String();
j = j.valueOf(i);
int k = Integer.valueOf(j).intValue();
```

Maintenant, la variable `k` de type `int` contient le nombre **12**.

Il existe des équivalents à `intValue()` pour les autres types numériques : `floatValue()`, `doubleValue()`...

En résumé

- Les variables sont essentielles dans la construction de programmes informatiques.
- On affecte une valeur dans une variable avec l'opérateur égal (« = »).
- Après avoir affecté une valeur à une variable, l'instruction doit se terminer par un point-virgule (« ; »).
- Vos noms de variables ne doivent contenir ni caractères accentués ni espaces et doivent, dans la mesure du possible, respecter la convention de nommage Java.
- Lorsque vous effectuez des opérations sur des variables, prenez garde à leur type : vous pourriez perdre en précision.
- Vous pouvez caster un résultat en ajoutant un type devant celui-ci : `(int)`, `(double)`, etc.
- Prenez garde aux priorités lorsque vous castez le résultat d'opérations, faute de quoi ce dernier risque d'être incorrect.

3. Vous verrez cela plus en détail dans la partie sur la programmation orientée objet.

Chapitre 3

Lire les entrées clavier

Difficulté :

Après la lecture de ce chapitre, vous pourrez saisir des informations et les stocker dans des variables afin de pouvoir les utiliser a posteriori.

En fait, jusqu'à ce que nous voyions les interfaces graphiques, nous travaillerons en mode console. Donc, afin de rendre nos programmes plus ludiques, il est de bon ton de pouvoir interagir avec ceux-ci.

Par contre, ceci peut engendrer des erreurs (on parlera d'exceptions, mais ce sera traité plus loin). Afin de ne pas surcharger le chapitre, nous survolerons ce point sans voir les différents cas d'erreurs que cela peut engendrer.

La classe `Scanner`

Je me doute qu'il vous tardait de pouvoir communiquer avec votre application... Le moment est enfin venu ! Mais je vous préviens, la méthode que je vais vous donner présente des failles. Je vous fais confiance pour ne pas rentrer n'importe quoi n'importe quand...

Je vous ai dit que vos variables de type `String` sont en réalité des objets de type `String`. Pour que Java puisse lire ce que vous tapez au clavier, vous allez devoir utiliser un objet de type `Scanner`.

Cet objet peut prendre différents paramètres, mais ici nous n'en utiliserons qu'un : celui qui correspond à l'entrée standard en Java.
Lorsque vous faites `System.out.println();`, je vous rappelle que vous appliquez la méthode `println()` sur la sortie standard ; ici, nous allons utiliser l'entrée standard `System.in`. Donc, avant d'indiquer à Java qu'il faut lire ce que nous allons taper au clavier, nous devrons instancier un objet `Scanner`. Avant de vous expliquer ceci, créez une nouvelle classe et tapez cette ligne de code dans votre méthode main :

```
Scanner sc = new Scanner(System.in);
```

Vous devez avoir une jolie vague rouge sous le mot `Scanner`. Cliquez sur la croix rouge sur la gauche et faites un double-clic sur « `Import 'Scanner' java.util` »(figure 3.1). Et là, l'erreur disparaît !

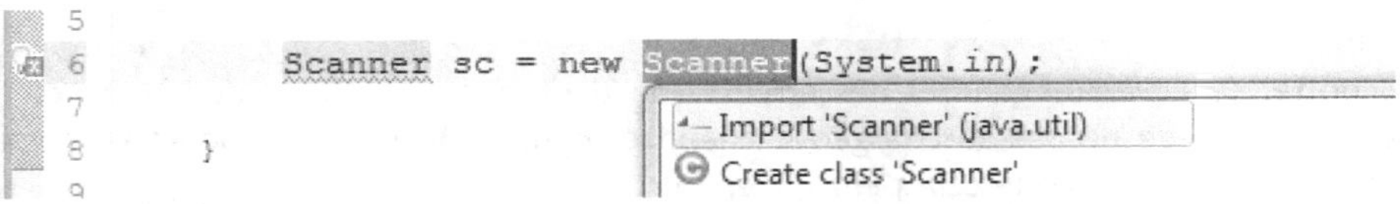

FIGURE 3.1 – Importer la classe `Scanner`

Maintenant, regardez au-dessus de la déclaration de votre classe, vous devriez voir cette ligne :

```
import java.util.Scanner;
```

Voilà ce que nous avons fait. Je vous ai dit qu'il fallait indiquer à Java où se trouve la classe `Scanner`. Pour faire ceci, nous devons importer la classe `Scanner` grâce à l'instruction `import`. La classe que nous voulons se trouve dans le package `java.util`.

Un package est un ensemble de classes. En fait, c'est un ensemble de dossiers et de sous-dossiers contenant une ou plusieurs classes, mais nous verrons ceci plus en détail lorsque nous ferons nos propres packages.

Les classes qui se trouvent dans les packages autres que `java.lang`[1] sont à importer à la main dans vos classes Java pour pouvoir vous en servir. La façon dont nous avons

1. Package automatiquement importé par Java. On y trouve entre autres la classe `System`.

importé la classe `java.util.Scanner` dans Eclipse est très commode. Vous pouvez aussi le faire manuellement :

```
//Ceci importe la classe Scanner du package java.util
import java.util.Scanner;
//Ceci importe toutes les classes du package java.util
import java.util.*;
```

Récupérer ce que vous tapez

Voici l'instruction pour permettre à Java de récupérer ce que vous avez saisi pour ensuite l'afficher :

```
Scanner sc = new Scanner(System.in);
System.out.println("Veuillez saisir un mot :");
String str = sc.nextLine();
System.out.println("Vous avez saisi : " + str);
```

Une fois l'application lancée, le message que vous avez écrit auparavant s'affiche dans la console, en bas d'Eclipse. Pensez à cliquer dans la console afin que ce que vous saisissez y soit écrit et que Java puisse récupérer ce que vous avez inscrit (figure 3.2) !

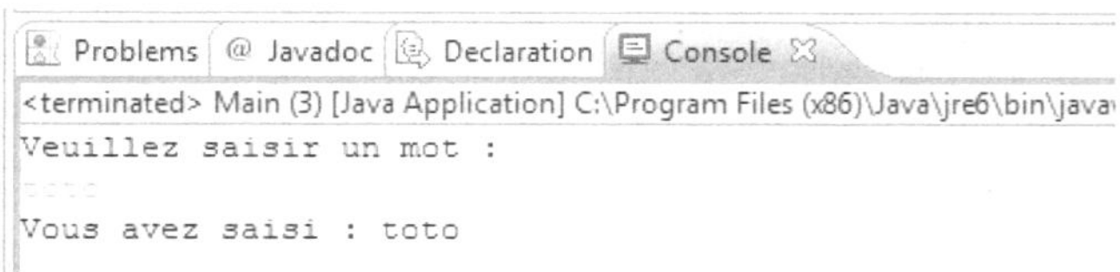

FIGURE 3.2 – Saisie utilisateur dans la console

Si vous remplacez la ligne de code qui récupère une chaîne de caractères comme suit :

```
Scanner sc = new Scanner(System.in);
System.out.println("Veuillez saisir un nombre :");
int str = sc.nextInt();
System.out.println("Vous avez saisi le nombre : " + str);
```

... vous devriez constater que lorsque vous introduisez votre variable de type `Scanner` et que vous introduisez le point permettant d'appeler des méthodes de l'objet, Eclipse vous propose une liste de méthodes associées à cet objet [2] ; de plus, lorsque vous commencez à taper le début de la méthode `nextInt()`, le choix se restreint jusqu'à ne laisser que cette seule méthode.

Exécutez et testez ce programme : vous verrez qu'il fonctionne à la perfection. Sauf... si vous saisissez autre chose qu'un nombre entier !

2. Ceci s'appelle l'autocomplétion.

Vous savez maintenant que pour lire un `int`, vous devez utiliser `nextInt()`. De façon générale, dites-vous que pour récupérer un type de variable, il vous suffit d'appeler `next<Type de variable commençant par une majuscule>` [3].

```
Scanner sc = new Scanner(System.in);
int i = sc.nextInt();
double d = sc.nextDouble();
long l = sc.nextLong();
byte b = sc.nextByte();
//Etc.
```

Attention : il y a un type de variables primitives qui n'est pas pris en compte par la classe `Scanner` : il s'agit du type `char`. Voici comment on pourrait récupérer un caractère :

```
System.out.println("Saisissez une lettre :");
Scanner sc = new Scanner(System.in);
String str = sc.nextLine();
char carac = str.charAt(0);
System.out.println("Vous avez saisi le caractère : " + carac);
```

Qu'avons-nous fait ici ? Nous avons récupéré une chaîne de caractères, puis utilisé une méthode de l'objet `String` (ici, `charAt(0)`) afin de récupérer le premier caractère saisi. Même si vous tapez une longue chaîne de caractères, l'instruction `charAt(0)` [4] ne renverra que le premier caractère. Jusqu'à ce qu'on aborde les exceptions, je vous demanderai d'être rigoureux et de faire attention à ce que vous attendez comme type de données afin d'utiliser la méthode correspondante.

Une précision s'impose, toutefois : la méthode `nextLine()` récupère le contenu de toute la ligne saisie et replace la « tête de lecture » au début d'une autre ligne. Par contre, si vous avez invoqué une méthode comme `nextInt()`, `nextDouble()` et que vous invoquez directement après la méthode `nextLine()`, celle-ci ne vous invitera pas à saisir une chaîne de caractères : elle videra la ligne commencée par les autres instructions. En effet, celles-ci ne repositionnent pas la tête de lecture, l'instruction `nextLine()` le fait à leur place. Pour faire simple, ceci :

```
import java.util.Scanner;

public class Main {
    public static void main(String[] args){
        Scanner sc = new Scanner(System.in);
        System.out.println("Saisissez un entier : ");
        int i = sc.nextInt();
        System.out.println("Saisissez une chaîne : ");
        String str = sc.nextLine();
```

3. Rappelez-vous de la convention de nommage Java !

4. Vous devez vous demander pourquoi `charAt(0)` et non `charAt(1)` : nous aborderons ce point lorsque nous verrons les tableaux...

```
        System.out.println("FIN ! ");
    }
}
```

... ne vous demandera pas de saisir une chaîne et affichera directement « Fin ». Pour pallier ce problème, il suffit de vider la ligne après les instructions ne le faisant pas automatiquement :

```
import java.util.Scanner;

public class Main {
    public static void main(String[] args){
        Scanner sc = new Scanner(System.in);
        System.out.println("Saisissez un entier : ");
        int i = sc.nextInt();
        System.out.println("Saisissez une chaîne : ");
        //On vide la ligne avant d'en lire une autre
        sc.nextLine();
        String str = sc.nextLine();
        System.out.println("FIN ! ");
    }
}
```

En résumé

- La lecture des entrées clavier se fait via l'objet `Scanner`.
- Ce dernier se trouve dans le package `java.util` que vous devrez importer.
- Pour pouvoir récupérer ce vous allez taper dans la console, vous devrez initialiser l'objet `Scanner` avec l'entrée standard, `System.in`.
- Il y a une méthode de récupération de données pour chaque type (sauf les `char`) : `nextLine()` pour les `String`, `nextInt() pour les int`...

Chapitre 4

Les conditions

Difficulté :

Nous abordons ici l'un des chapitres les plus importants : les conditions sont une autre notion fondamentale de la programmation. En effet, ce qui va être développé ici s'applique à énormément de langages de programmation, et pas seulement à Java.

Dans une classe, la lecture et l'exécution se font de façon séquentielle, c'est-à-dire ligne par ligne. Avec les *conditions*, nous allons pouvoir gérer différents cas de figure sans pour autant lire tout le code. Vous vous rendrez vite compte que tous vos projets ne sont que des enchaînements et des imbrications de conditions et de boucles (notion que l'on abordera au chapitre suivant).

Assez de belles paroles ! Entrons tout de suite dans le vif du sujet.

La structure `if... else`

Avant de pouvoir créer et évaluer des conditions, vous devez savoir que pour y parvenir, nous allons utiliser ce qu'on appelle des opérateurs logiques. Ceux-ci sont surtout utilisés lors de conditions (si [test] alors [faire ceci]) pour évaluer différents cas possibles. Voici les différents opérateurs à connaître :

- « == » : permet de tester l'égalité.
- « != » : permet de tester l'inégalité.
- « < » : strictement inférieur.
- « <= » : inférieur ou égal.
- « > » : strictement supérieur.
- « >= » : supérieur ou égal.
- « && » : l'opérateur ET. Il permet de préciser une condition.
- « || » : le OU. Même combat que le précédent.
- « ? : » : l'opérateur ternaire. Pour celui-ci, vous comprendrez mieux avec un exemple qui sera donné vers la fin de ce chapitre.

Comme je vous l'ai dit dans le chapitre précédent, les opérations en Java sont soumises à des priorités. Tous ces opérateurs se plient à cette règle, de la même manière que les opérateurs arithmétiques...

Imaginons un programme qui demande à un utilisateur d'entrer un nombre entier relatif (qui peut être soit négatif, soit nul, soit positif). Les structures conditionnelles vont nous permettre de gérer ces trois cas de figure. La structure de ces conditions ressemble à ça :

```
if(//condition)
{
... //Exécution des instructions si la condition est remplie
}
else
{
... //Exécution des instructions si la condition n'est pas remplie
}
```

Cela peut se traduire par « SI... SINON... ». Le résultat de l'expression évaluée par l'instruction `if` sera un `boolean`, donc soit `true`, soit `false`. La portion de code du bloc `if` ne sera exécutée que si la condition est remplie. Dans le cas contraire, c'est le bloc de l'instruction `else` qui le sera. Mettons notre petit exemple en pratique :

```
int i = 10;

if (i < 0)
   System.out.println("le nombre est négatif");
else
   System.out.println("le nombre est positif");
```

Essayez ce petit code, et vous verrez comment il fonctionne. Dans ce cas, notre classe affiche que « le nombre est positif ». Expliquons un peu ce qui se passe.

- Dans un premier temps, la condition du `if` est testée (elle dit SI `i` est strictement inférieur à 0)...
- Dans un second temps, vu que celle-ci est fausse, le programme exécute le `else`.

Attends un peu ! Lorsque tu nous as présenté la structure des conditions, tu as mis des accolades et là, tu n'en mets pas...

Bien observé. En fait, les accolades sont présentes dans la structure « normale » des conditions, mais lorsque le code à l'intérieur de l'une d'entre elles n'est composé que d'une seule ligne, les accolades deviennent facultatives.

Comme nous avons l'esprit perfectionniste, nous voulons que notre programme affiche « le nombre est nul » lorsque `i` est égal à 0 ; nous allons donc ajouter une condition. Comment faire ? La condition du `if` est remplie si le nombre est strictement négatif, ce qui n'est pas le cas ici puisque nous allons le mettre à 0. Le code contenu dans la clause `else` est donc exécuté si le nombre est égal ou strictement supérieur à 0. Il nous suffit d'ajouter une condition à l'intérieur de la clause `else`, comme ceci :

```
int i = 0;
if (i < 0)
{
     System.out.println("Ce nombre est négatif !");
}
else
{
     if(i == 0)
          System.out.println("Ce nombre est nul !");

     else
          System.out.println("Ce nombre est positif !");

}
```

Maintenant que vous avez tout compris, je vais vous présenter une autre façon d'écrire ce code, avec le même résultat : on ajoute juste un petit SINON SI.

```
int i = 0;
if (i < 0)
    System.out.println("Ce nombre est négatif !");

else if(i > 0)
    System.out.println("Ce nombre est positif !");

else
    System.out.println("Ce nombre est nul !");
```

Alors ? Explicite, n'est-ce pas ?

- SI `i` est strictement négatif → exécution du code.
- SINON SI `i` est strictement positif → exécution du code.
- SINON `i` est forcément nul → exécution du code.

Il faut absolument donner une condition au `else if` pour qu'il fonctionne.

Ici, je vais très fortement insister sur un point : regardez l'affichage du code et remarquez le petit décalage entre le test et le code à exécuter. On appelle cela **l'indentation** !

Pour vous repérer dans vos futurs programmes, cela sera très utile. Imaginez deux secondes que vous avez un programme de 700 lignes avec 150 conditions, et que tout est écrit le long du bord gauche. Il sera difficile de distinguer les tests du code. Vous n'êtes pas obligés de le faire, mais je vous assure que vous y viendrez.

Avant de passer à la suite, vous devez savoir qu'**on ne peut pas tester l'égalité de chaînes de caractères !** Du moins, pas comme je vous l'ai montré ci-dessus. Nous aborderons ce point plus tard.

Les conditions multiples

Derrière ce nom barbare se cachent simplement plusieurs tests dans une instruction `if` (ou `else if`). Nous allons maintenant utiliser les opérateurs logiques que nous avons vus au début en vérifiant si un nombre donné appartient à un intervalle connu. Par exemple, on va vérifier si un entier est compris entre 50 et 100.

```
int i = 58;
if(i < 100 && i > 50)
    System.out.println("Le nombre est bien dans l'intervalle.");
else
    System.out.println("Le nombre n'est pas dans l'intervalle.");
```

Nous avons utilisé l'opérateur `&&`. La condition de notre `if` est devenue : si `i` est inférieur à 100 ET supérieur à 50, alors la condition est remplie.

Avec l'opérateur `&&`, la clause est remplie si et seulement si les conditions la constituant sont toutes remplies ; si l'une des conditions n'est pas vérifiée, la clause sera considérée comme fausse.

Cet opérateur vous initie à la notion d'intersection d'ensembles. Ici, nous avons deux conditions qui définissent un ensemble chacune :

- `i < 100` définit l'ensemble des nombres inférieurs à 100 ;
- `i > 50` définit l'ensemble des nombres supérieurs à 50.

L'opérateur && permet de faire l'intersection de ces ensembles. La condition regroupe donc les nombres qui appartiennent à ces deux ensembles, c'est-à-dire les nombres de 51 à 99 inclus. Réfléchissez bien à l'intervalle que vous voulez définir. Voyez ce code :

```
int i = 58;
if(i < 100 && i > 100)
    System.out.println("Le nombre est bien dans l'intervalle.");
else
    System.out.println("Le nombre n'est pas dans l'intervalle.");
```

Ici, la condition ne sera jamais remplie, car je ne connais aucun nombre qui soit à la fois plus petit et plus grand que 100 ! Reprenez le code précédent et remplacez l'opérateur && par || [1]. À l'exécution du programme et après plusieurs tests de valeur pour i, vous pourrez vous apercevoir que tous les nombres remplissent cette condition, sauf 100.

La structure switch

Le switch est surtout utilisé lorsque nous voulons des conditions « à la carte ». Prenons l'exemple d'une interrogation comportant deux questions : pour chacune d'elles, on peut obtenir uniquement 0 ou 10 points, ce qui nous donne au final trois notes et donc trois appréciations possibles, comme ceci.

- 0/20 : tu peux revoir ce chapitre, petit Zéro !
- 10/20 : je crois que tu as compris l'essentiel ! Viens relire ce chapitre à l'occasion.
- 20/20 : bravo !

Dans ce genre de cas, on utilise un switch pour éviter des else if à répétition et pour alléger un peu le code.

Je vais vous montrer comment se construit une instruction switch ; puis nous allons l'utiliser tout de suite après.

Syntaxe

```
switch (/*Variable*/)
{
    case /*Argument*/:
        /*Action*/;
        break;
    default:
        /*Action*/;
}
```

Voici les opérations qu'effectue cette expression.

- La classe évalue l'expression figurant après le switch (ici /*Variable*/).
- Si la première languette (case /*Valeur possible de la variable*/:) correspond à la valeur de /*Variable*/, l'instruction figurant dans celle-ci sera exécutée.

1. Petit rappel, il s'agit du OU.

- Sinon, on passe à la languette suivante, et ainsi de suite.
- Si aucun des cas ne correspond, la classe va exécuter ce qui se trouve dans l'instruction `default:/*Action*/;`. Voyez ceci comme une sécurité.

Notez bien la présence de l'instruction `break;`. Elle permet de sortir du `switch` si une languette correspond[2]. Voici un exemple de `switch` que vous pouvez essayer :

```
int note = 10; //On imagine que la note maximale est 20

switch (note)
{
    case 0:
        System.out.println("Ouch !");
        break;
    case 10:
        System.out.println("Vous avez juste la moyenne.");
        break;
    case 20:
        System.out.println("Parfait !");
        break;
    default:
        System.out.println("Il faut davantage travailler.");
}
```

Je n'ai écrit qu'une ligne de code par instruction case, mais rien ne vous empêche d'en mettre plusieurs.

Si vous avez essayé ce programme en supprimant l'instruction `break;`, vous avez dû vous rendre compte que le `switch` exécute le code contenu dans le `case 10:`, mais aussi dans tous ceux qui suivent ! L'instruction `break;` permet de sortir de l'opération en cours. Dans notre cas, on sort de l'instruction `switch`, mais nous verrons une autre utilité à `break;` dans le chapitre suivant.

L'instruction `switch` ne prend que des entiers ou des caractères en paramètre. Il est important de le remarquer.

La condition ternaire

Les conditions ternaires sont assez complexes et relativement peu utilisées. Je vous les présente ici à titre indicatif.

2. Pour mieux juger de l'utilité de cette instruction, enlevez tous les `break;` et compilez votre programme. Vous verrez le résultat...

La particularité des conditions ternaires réside dans le fait que trois opérandes (c'est-à-dire des variables ou des constantes) sont mis en jeu, mais aussi que ces conditions sont employées pour affecter des données à une variable. Voici à quoi ressemble la structure de ce type de condition :

```
int x = 10, y = 20;
int max = (x < y) ? y : x ; //Maintenant, max vaut 20
```

Décortiquons ce qu'il se passe.

- Nous cherchons à affecter une valeur à notre variable `max`, mais de l'autre côté de l'opérateur d'affectation se trouve une condition ternaire...
- Ce qui se trouve entre les parenthèses est évalué : `x` est-il plus petit que `y` ? Donc, deux cas de figure se profilent à l'horizon :
  - si la condition renvoie `true` (vrai), qu'elle est vérifiée, la valeur qui se trouve après le `?` sera affectée ;
  - sinon, la valeur se trouvant après le symbole `:` sera affectée.
- L'affectation est effective : vous pouvez utiliser votre variable `max`.

Vous pouvez également faire des calculs (par exemple) avant d'affecter les valeurs :

```
int x = 10, y = 20;
int max = (x < y) ? y * 2 : x * 2 ; //Ici, max vaut 2 * 20 donc 40
```

N'oubliez pas que la valeur que vous allez affecter à votre variable doit être du même type que votre variable. Sachez aussi que rien ne vous empêche d'insérer une condition ternaire dans une autre condition ternaire :

```
int x = 10, y = 20;
int max = (x < y) ? (y < 10) ? y % 10 : y * 2 : x ; //Max vaut 40
//Pas très facile à lire...
//Vous pouvez entourer votre deuxième instruction ternaire
//de parenthèses pour mieux voir
max = (x < y) ? ((y < 10) ? y % 10 : y * 2) : x ; //Max vaut 40
```

En résumé

- Les conditions vous permettent de n'exécuter que certains morceaux de code.
- Il existe plusieurs sortes de structures conditionnelles :
  - la structure `if... elseif... else` ;
  - la structure `switch... case... default` ;
  - la structure `? :`.
- Si un bloc d'instructions contient plus d'une ligne, vous devez l'entourer d'accolades afin de bien en délimiter le début et la fin.
- Pour pouvoir mettre une condition en place, vous devez comparer des variables à l'aide d'opérateurs logiques.

- Vous pouvez mettre autant de comparaisons renvoyant un `boolean` que vous le souhaitez dans une condition.
- Pour la structure `switch`, pensez à mettre les instructions `break;` si vous ne souhaitez exécuter qu'un seul bloc `case`.

Chapitre 5

Les boucles

Difficulté :

Le rôle des boucles est de répéter un certain nombre de fois les mêmes opérations. Tous les programmes, ou presque, ont besoin de ce type de fonctionnalité.

Nous utiliserons les boucles pour permettre à un programme de recommencer depuis le début, pour attendre une action précise de l'utilisateur, parcourir une série de données, etc.

Une boucle s'exécute tant qu'une condition est remplie. Nous réutiliserons donc des notions du chapitre précédent !

La boucle while

Décortiquons précisément ce qui se passe dans une boucle. Pour ce faire, nous allons voir comment elle se construit.

Une boucle commence par une déclaration : ici while. Cela veut dire, à peu de chose près, « tant que ». Puis nous avons une condition : c'est elle qui permet à la boucle de s'arrêter. Une boucle n'est utile que lorsque nous pouvons la contrôler, et donc lui faire répéter une instruction un certain nombre de fois. C'est à ça que servent les conditions. Ensuite nous avons une ou plusieurs instructions : c'est ce que va répéter notre boucle[1] !

```
while (/* Condition */)
{
    //Instructions à répéter
}
```

Un exemple concret étant toujours le bienvenu, en voici un...

D'abord, réfléchissons à « comment notre boucle va travailler ». Pour cela, il faut déterminer notre exemple. Nous allons afficher « Bonjour, <un prénom> », prénom qu'il faudra taper au clavier ; puis nous demanderons si l'on veut recommencer. Pour cela, il nous faut une variable qui va recevoir le prénom, donc dont le type sera String, ainsi qu'une variable pour récupérer la réponse. Et là, plusieurs choix s'offrent à nous : soit un caractère, soit une chaîne de caractères, soit un entier. Ici, nous prendrons une variable de type char. C'est parti !

```
//Une variable vide
String prenom;
//On initialise celle-ci à O pour oui
char reponse = 'O';
//Notre objet Scanner, n'oubliez pas l'import de java.util.Scanner !
Scanner sc = new Scanner(System.in);
//Tant que la réponse donnée est égale à oui...
while (reponse == 'O')
{
    //On affiche une instruction
    System.out.println("Donnez un prénom : ");
    //On récupère le prénom saisi
    prenom = sc.nextLine();
    //On affiche notre phrase avec le prénom
    System.out.println("Bonjour " +prenom+ ", comment vas-tu ?");
    //On demande si la personne veut faire un autre essai
    System.out.println("Voulez-vous réessayer ? (O/N)");
    //On récupère la réponse de l'utilisateur
    reponse = sc.nextLine().charAt(0);
}
```

1. Il peut même y avoir des boucles dans une boucle.

```
System.out.println("Au revoir...");
//Fin de la boucle
```

Vous avez dû cligner des yeux en lisant « `reponse = sc.nextLine().charAt(0);` ». Rappelez-vous comment on récupère un `char` avec l'objet `Scanner` : nous devons récupérer un objet `String` et ensuite prendre le premier caractère de celui-ci ! Eh bien cette syntaxe est une contraction de ce que je vous avais fait voir auparavant.

Détaillons un peu ce qu'il se passe. Dans un premier temps, nous avons déclaré et initialisé nos variables. Ensuite, la boucle évalue la condition qui nous dit : tant que la variable `reponse` contient « O », on exécute la boucle. Celle-ci contient bien le caractère « O », donc nous entrons dans la boucle. Puis l'exécution des instructions suivant l'ordre dans lequel elles apparaissent dans la boucle a lieu. À la fin, c'est-à-dire à l'accolade fermante de la boucle, le compilateur nous ramène au début de la boucle.

Cette boucle n'est exécutée que lorsque la condition est remplie : ici, nous avons initialisé la variable `reponse` à « O » pour que la boucle s'exécute. Si nous ne l'avions pas fait, nous n'y serions jamais entrés. Normal, puisque nous testons la condition avant d'entrer dans la boucle !

Voilà. C'est pas mal, mais il faudrait forcer l'utilisateur à ne taper que « O » ou « N ». Comment faire ? C'est très simple : avec une boucle !
Il suffit de forcer l'utilisateur à entrer soit « N » soit « O » avec un `while` ! Attention, il nous faudra réinitialiser la variable `reponse` à « `' '` »[2].
Il faudra donc répéter la phase « Voulez-vous réessayer ? » tant que la réponse donnée n'est pas « O » ou « N » : voilà, tout y est.

Voici notre programme dans son intégralité :

```
String prenom;
char reponse = 'O';
Scanner sc = new Scanner(System.in);
while (reponse == 'O')
{
   System.out.println("Donnez un prénom : ");
   prenom = sc.nextLine();
   System.out.println("Bonjour " +prenom+ ", comment vas-tu ?");
   //Sans ça, nous n'entrerions pas dans la deuxième boucle
   reponse = ' ';

   //Tant que la réponse n'est pas O ou N, on repose la question
   while(reponse != 'O' && reponse != 'N')
   {
      //On demande si la personne veut faire un autre essai
      System.out.println("Voulez-vous réessayer ? (O/N)");
      reponse = sc.nextLine().charAt(0);
```

2. Caractère vide.

```
    }
}
System.out.println("Au revoir...");
```

▷ Copier ce code
Code web : 856542

Vous pouvez tester ce code (c'est d'ailleurs vivement conseillé) : vous verrez que si vous n'entrez pas la bonne lettre, le programme vous posera sans cesse sa question (figure 5.1) !

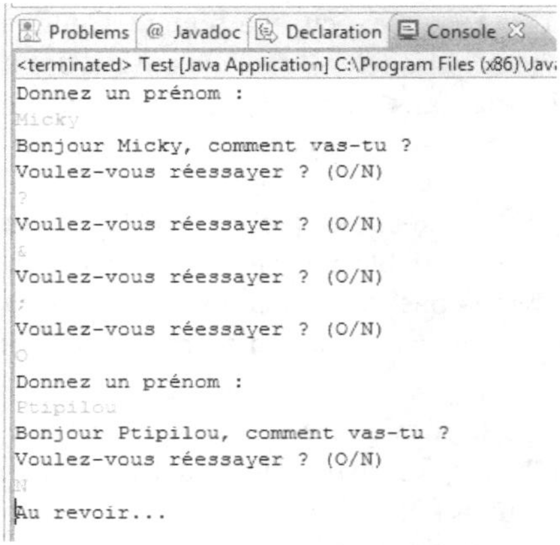

FIGURE 5.1 – Test de la boucle

Attention à écrire correctement vos conditions et à bien vérifier vos variables dans vos `while`, et dans toutes vos boucles en général. Sinon c'est le drame ! Essayez d'exécuter le programme précédent sans la réinitialisation de la variable `reponse`, et vous verrez le résultat... On n'entre jamais dans la deuxième boucle, car `reponse = 'O'` (puisque initialisée ainsi au début du programme). Là, vous ne pourrez jamais changer sa valeur... le programme ne s'arrêtera donc jamais ! On appelle ça une **boucle infinie**, et en voici un autre exemple.

```
int a = 1, b = 15;
while (a < b)
{
    System.out.println("coucou " +a+ " fois !!");
}
```

Si vous lancez ce programme, vous allez voir une quantité astronomique de `coucou 1 fois !!`. Nous aurions dû ajouter une **instruction** dans le **bloc d'instructions** de notre `while` pour changer la valeur de `a` à chaque tour de boucle, comme ceci :

```
int a = 1, b = 15;
while (a < b)
```

```
{
    System.out.println("coucou " +a+ " fois !!");
    a++;
}
```

Ce qui nous donnerait comme résultat la figure 5.2.

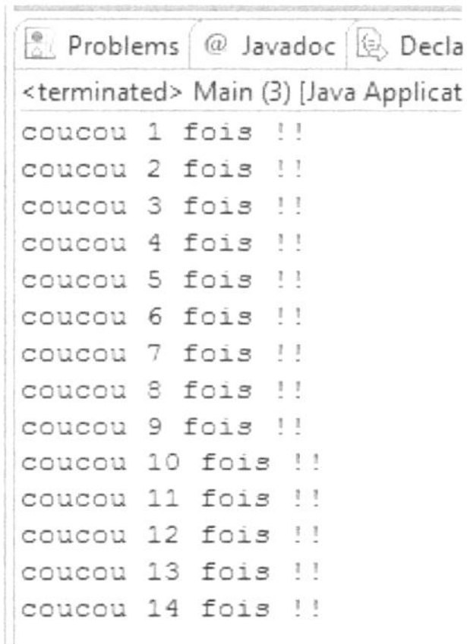

FIGURE 5.2 – Correction de la boucle infinie

Une petite astuce : lorsque vous n'avez qu'une instruction dans votre boucle, vous pouvez enlever les accolades, car elles deviennent superflues, tout comme pour les instructions `if`, `else if` ou `else`.

Vous auriez aussi pu utiliser cette syntaxe :

```
int a = 1, b = 15;
while (a++ < b)
   System.out.println("coucou " +a+ " fois !!");
```

Souvenez-vous de ce dont je vous parlais au chapitre précédent sur la priorité des opérateurs. Ici, l'opérateur « < » a la priorité sur l'opérateur d'incrémentation « ++ ». Pour faire court, la boucle `while` teste la condition et ensuite incrémente la variable `a`. Par contre, essayez ce code :

```
int a = 1, b = 15;
while (++a < b)
   System.out.println("coucou " +a+ " fois !!");
```

Vous devez remarquer qu'il y a un tour de boucle en moins ! Eh bien avec cette syntaxe, l'opérateur d'incrémentation est prioritaire sur l'opérateur d'inégalité (ou d'égalité), c'est-à-dire que la boucle incrémente la variable `a`, et ce n'est qu'après l'avoir fait qu'elle teste la condition !

La boucle do... while

Puisque je viens de vous expliquer comment fonctionne une boucle while, je ne vais pas vraiment m'attarder sur la boucle do... while. En effet, ces deux boucles ne sont pas cousines, mais plutôt sœurs. Leur fonctionnement est identique à deux détails près.

```
do{
    //blablablablablablablabla
}while(a < b);
```

Première différence

La boucle do... while s'exécutera **au moins une fois**, contrairement à sa sœur. C'est-à-dire que la phase de test de la condition se fait à la fin, car la condition se met après le while.

Deuxième différence

C'est une différence de syntaxe, qui se situe après la condition du while.

Vous voyez la différence ? Oui ? Non ?
Il y a un « ; » après le while. C'est tout ! Ne l'oubliez cependant pas sinon le programme ne compilera pas.

Mis à part ces deux éléments, ces boucles fonctionnent exactement de la même manière. D'ailleurs, refaisons notre programme précédent avec une boucle do... while.

```
String prenom = new String();
//Pas besoin d'initialiser : on entre au moins une fois dans la boucle !
char reponse = ' ';

Scanner sc = new Scanner(System.in);

do{
    System.out.println("Donnez un prénom : ");
    prenom = sc.nextLine();
    System.out.println("Bonjour " +prenom+ ", comment vas-tu ?");

    do{
        System.out.println("Voulez-vous réessayer ? (O/N)");
        reponse = sc.nextLine().charAt(0);
    }while(reponse != 'O' && reponse != 'N');

}while (reponse == 'O');

System.out.println("Au revoir...");
```

Vous voyez donc que ce code ressemble beaucoup à celui utilisé avec la boucle while, mais il comporte une petite subtilité : ici, plus besoin de réinitialiser la variable `reponse`, puisque de toute manière, la boucle s'exécutera au moins une fois !

La boucle `for`

Cette boucle est un peu particulière puisqu'elle prend tous ses attributs dans sa condition et agit en conséquence. Je m'explique : jusqu'ici, nous avions fait des boucles avec :

- déclaration d'une variable avant la boucle ;
- initialisation de cette variable ;
- incrémentation de celle-ci dans la boucle.

Eh bien on met tout ça dans la condition de la boucle `for` [3], et c'est tout. Mais je sais bien qu'un long discours ne vaut pas un exemple, alors voici une boucle `for` sous vos yeux ébahis :

```
for(int i = 1; i <= 10; i++)
{
    System.out.println("Voici la ligne "+i);
}
```

Ce qui donne la figure 5.3.

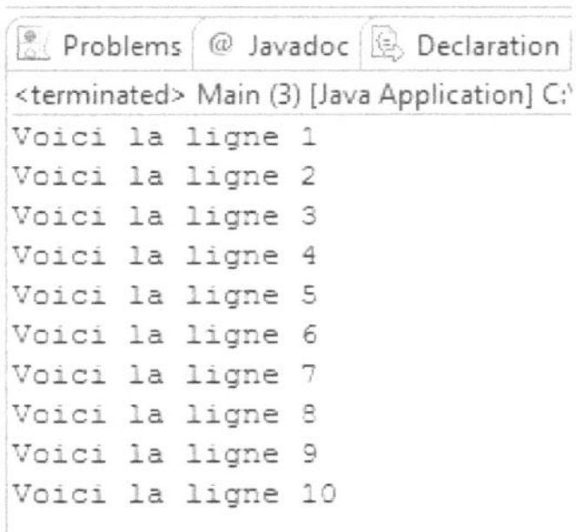

FIGURE 5.3 – Test de boucle `for`

Vous aurez sûrement remarqué la présence des « ; » dans la condition pour la séparation des champs. Ne les oubliez surtout pas, sinon le programme ne compilera pas.

Nous pouvons aussi inverser le sens de la boucle, c'est-à-dire qu'au lieu de partir de 0 pour aller à 10, nous allons commencer à 10 pour atteindre 0 :

```
for(int i = 10; i >= 0; i--)
    System.out.println("Il reste "+i+" ligne(s) à écrire");
```

3. Il existe une autre syntaxe pour la boucle `for` depuis le JDK 1.5. Nous la verrons lorsque nous aborderons les tableaux.

On obtient la figure 5.4.

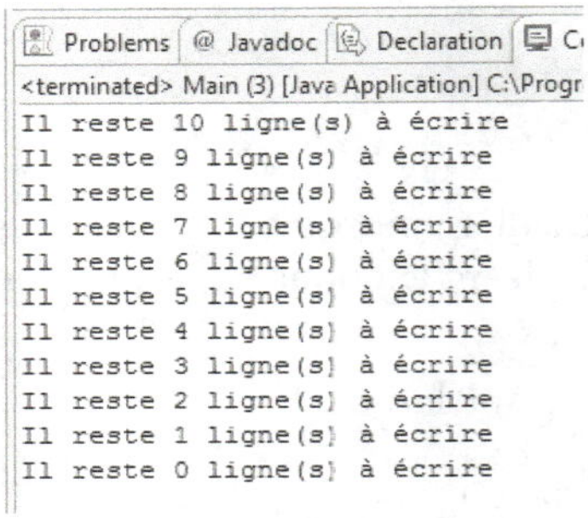

FIGURE 5.4 – Boucle `for` avec décrémentation

Pour simplifier, la boucle `for` est un peu le condensé d'une boucle `while` dont le nombre de tours se détermine via un incrément. Nous avons un nombre de départ, une condition qui doit être remplie pour exécuter une nouvelle fois la boucle et une instruction de fin de boucle qui incrémente notre nombre de départ. Remarquez que rien ne nous empêche de cumuler les déclarations, les conditions et les instructions de fin de boucle :

```
for(int i = 0, j = 2; (i < 10 && j < 6); i++, j+=2){
   System.out.println("i = " + i + ", j = " + j);
}
```

Ici, cette boucle n'effectuera que deux tours puisque la condition `(i < 10 && j < 6)` est remplie dès le deuxième tour, la variable `j` commençant à 2 et étant incrémentée de deux à chaque tour de boucle.

En résumé

- Les boucles vous permettent simplement d'effectuer des tâches répétitives.
- Il existe plusieurs sortes de boucles :
  - la boucle `while(condition){...}` évalue la condition puis exécute éventuellement un tour de boucle (ou plus) ;
  - la boucle `do{...}while(condition);` fonctionne exactement comme la précédente, mais effectue un tour de boucle quoi qu'il arrive ;
  - la boucle `for` permet d'initialiser un compteur, une condition et un incrément dans sa déclaration afin de répéter un morceau de code un nombre limité de fois.
- Tout comme les conditions, si une boucle contient plus d'une ligne de code à exécuter, vous devez l'entourer d'accolades afin de bien en délimiter le début et la fin.

Chapitre 6

TP : conversion Celsius - Fahrenheit

Difficulté :

Voilà un très bon petit TP qui va vous permettre de mettre en œuvre toutes les notions que vous avez vues jusqu'ici :

- les variables ;
- les conditions ;
- les boucles ;
- votre génial cerveau.

Accrochez-vous, car je vais vous demander de penser à des tonnes de choses, et vous serez tout seuls. Lâchés dans la nature... Mais non je plaisante, je vais vous guider un peu. ;-)

Élaboration

Voici le programme que nous allons devoir réaliser :

- le programme demande quelle conversion nous souhaitons effectuer, Celsius vers Fahrenheit ou l'inverse ;
- on n'autorise que les modes de conversion définis dans le programme (un simple contrôle sur la saisie fera l'affaire) ;
- enfin, on demande à la fin à l'utilisateur s'il veut faire une nouvelle conversion, ce qui signifie que l'on doit pouvoir revenir au début du programme !

Avant de vous lancer dans la programmation à proprement parler, je vous conseille fortement de réfléchir à votre code... sur papier. Réfléchissez à ce qu'il vous faut comme nombre de variables, les types de variables, comment va se dérouler le programme, les conditions et les boucles utilisées...

À toutes fins utiles, voici la formule de conversion pour passer des degrés Celsius en degrés Fahrenheit : $F = \frac{9}{5} \times C + 32$; pour l'opération inverse, c'est comme ceci : $C = \frac{(F-32)\times 5}{9}$.

Voici un aperçu de ce que je vous demande (figure 6.1).

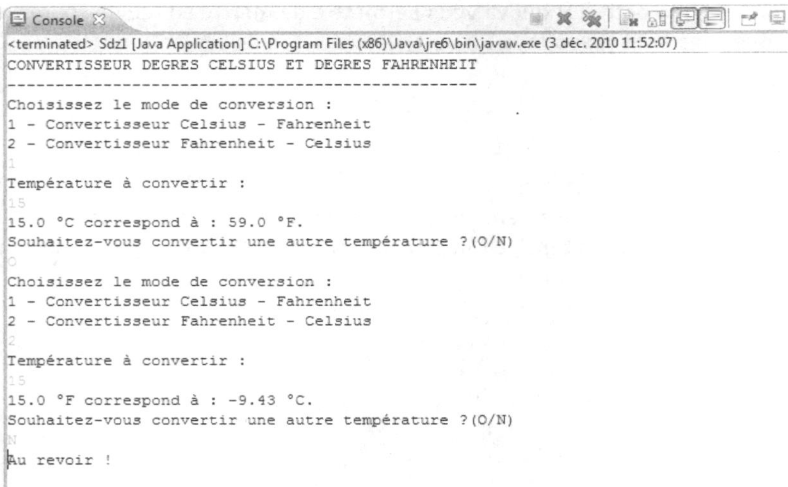

FIGURE 6.1 – Rendu du TP

Je vais également vous donner une fonction toute faite qui vous permettra éventuellement d'arrondir vos résultats. Je vous expliquerai le fonctionnement des fonctions dans deux chapitres. Tant qu'à présent, c'est facultatif, vous pouvez très bien ne pas vous en servir. Pour ceux qui souhaitent tout de même l'utiliser, la voici :

```
public static double arrondi(double A, int B) {
    return (double) ( (int) (A * Math.pow(10, B) + .5)) / Math.pow(10, B);
}
```

Elle est à placer entre les deux accolades fermantes de votre classe (figure 6.2).

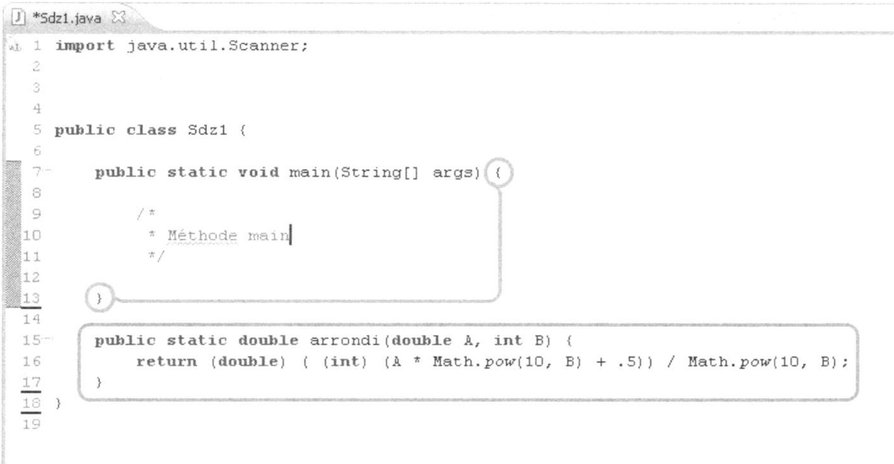

FIGURE 6.2 – Emplacement de la fonction

Voici comment utiliser cette fonction : imaginez que vous avez la variable `faren` à arrondir, et que le résultat obtenu est enregistré dans une variable `arrondFaren` ; vous procéderez comme suit :

```
arrondFaren = arrondi(faren,1); //Pour un chiffre après la virgule
arrondFaren = arrondi(faren, 2);//Pour deux chiffres après la virgule, etc.
```

Quelques dernières recommandations : essayez de bien **indenter** votre code ! Prenez votre temps. Essayez de penser à tous les cas de figure...

Maintenant à vos papiers, crayons, neurones, claviers... et bon courage !

Correction

STOP ! C'est fini ! Il est temps de passer à la correction de ce premier TP. Ça va ? Pas trop mal à la tête ? Je me doute qu'il a dû y avoir quelques tubes d'aspirine vidés... Vous allez voir qu'en définitive, ce TP n'était pas si compliqué que ça. Surtout, n'allez pas croire que ma correction est parole d'évangile... Il y avait différentes manières d'obtenir le même résultat. Voici tout de même une des solutions possibles.

```
import java.util.Scanner;

class Sdz1 {
  public static void main(String[] args) {
   //Notre objet Scanner
   Scanner sc = new Scanner(System.in);
```

```
//initialisation des variables
double aConvertir, convertit=0;
char reponse=' ', mode = ' ';

System.out.println("CONVERTISSEUR DEGRÉS CELSIUS ET DEGRÉS FAHRENHEIT");
System.out.println("-------------------------------------------------");

do{//tant que reponse = O//boucle principale

  do{//tant que reponse n'est pas O ou N
   mode = ' ';
    System.out.println("Choisissez le mode de conversion : ");
    System.out.println("1 - Convertisseur Celsius - Fahrenheit");
    System.out.println("2 - Convertisseur Fahrenheit - Celsius ");
    mode = sc.nextLine().charAt(0);

    if(mode != '1' && mode != '2')
       System.out.println("Mode inconnu, veuillez réitérer votre choix.");

  }while (mode != '1' && mode != '2');

  //saisie de la température à convertir
  System.out.println("Température à convertir :");
  aConvertir = sc.nextDouble();
  //Pensez à vider la ligne lue
  sc.nextLine();

  //Selon le mode, on calcule différemment et on affiche le résultat
  if(mode == '1'){
    convertit = ((9.0/5.0) * aConvertir) + 32.0;
    System.out.print(aConvertir + " °C correspond à : ");
        System.out.println(arrondi(convertit, 2) + " °F.");
  }
  else{
    convertit = ((aConvertir - 32) * 5) / 9;
    System.out.print(aConvertir + " °F correspond à : ");
        System.out.println(arrondi(convertit, 2) + " °C.");
  }

  //On invite l'utilisateur à recommencer ou à quitter
  do{
    System.out.println("Souhaitez-vous convertir une autre température ?(O/N)
    reponse = sc.nextLine().charAt(0);

  }while(reponse != 'O' && reponse != 'N');

}while(reponse == 'O');

System.out.println("Au revoir !");
```

```
    //Fin de programme
    }

  public static double arrondi(double A, int B) {
    return (double) ( (int) (A * Math.pow(10, B) + .5)) / Math.pow(10, B);
  }
}
```

▷ Copier la correction
Code web : 499371

Expliquons un peu ce code

- Tout programme commence par une phase de déclaration des variables.
- Nous affichons le titre de notre programme.
- Ensuite, vous voyez 2 `do{` consécutifs correspondant à deux conditions à vérifier :
  - la volonté de l'utilisateur d'effectuer une nouvelle conversion ;
  - la vérification du mode de conversion.
- Nous affichons les renseignements à l'écran, et récupérons la température à convertir pour la stocker dans une variable.
- Selon le mode sélectionné, on convertit la température et on affiche le résultat.
- On invite l'utilisateur à recommencer.
- FIN DU PROGRAMME !

Ce programme n'est pas parfait, loin de là. La vocation de celui-ci était de vous faire utiliser ce que vous avez appris, et je pense qu'il remplit bien sa fonction.

J'espère que vous avez apprécié ce TP. Je sais qu'il n'était pas facile, mais avouez-le : il vous a bien fait utiliser tout ce que vous avez vu jusqu'ici !

Chapitre 7

Les tableaux

Difficulté :

Comme tout langage de programmation qui se respecte, Java travaille avec des tableaux. Vous verrez que ceux-ci s'avèrent bien pratiques...

Vous vous doutez (je suppose) que les tableaux dont nous parlons n'ont pas grand-chose à voir avec ceux que vous connaissez ! En programmation, un tableau n'est rien d'autre qu'une variable un peu particulière. Nous allons en effet pouvoir lui affecter plusieurs valeurs ordonnées séquentiellement que nous pourrons appeler au moyen d'un indice (ou d'un compteur, si vous préférez). Il nous suffira d'introduire l'emplacement du contenu désiré dans notre variable tableau pour la sortir, travailler avec, l'afficher...

Assez bavardé : mettons-nous joyeusement au travail !

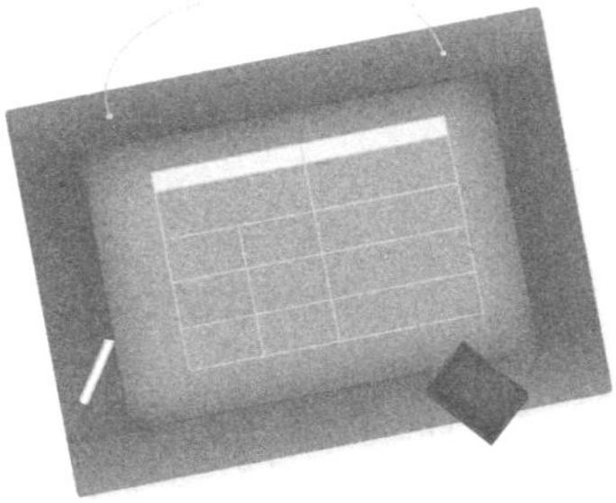

Tableau à une dimension

Je viens de vous expliquer grosso modo ce qu'est un tableau en programmation. Si maintenant, je vous disais qu'il y a autant de types de tableaux que de types de variables ? Je crois voir quelques gouttes de sueur perler sur vos fronts... Pas de panique ! C'est très logique : comme nous l'avons vu auparavant, une variable d'un type donné ne peut contenir que des éléments de ce type : une variable de type `int` ne peut pas recevoir une chaîne de caractères. Il en va de même pour les tableaux. Voyons tout de suite comment ils se déclarent :

`<type du tableau> <nom du tableau> [] = { <contenu du tableau>};`

La déclaration ressemble beaucoup à celle d'une variable quelconque, si ce n'est la présence de crochets [] après le nom de notre tableau et d'accolades {} encadrant l'initialisation de celui-ci. Dans la pratique, ça nous donnerait quelque chose comme ceci :

```
int tableauEntier[] = {0,1,2,3,4,5,6,7,8,9};
double tableauDouble[] = {0.0,1.0,2.0,3.0,4.0,5.0,6.0,7.0,8.0,9.0};
char tableauCaractere[] = {'a','b','c','d','e','f','g'};
String tableauChaine[] = {"chaine1", "chaine2", "chaine3" , "chaine4"};
```

Vous remarquez bien que la déclaration et l'initialisation d'un tableau se font comme avec une variable ordinaire : il faut utiliser des ' ' pour initialiser un tableau de caractères, des " " pour initialiser un tableau de `String`, etc. Vous pouvez aussi déclarer un tableau vide, mais celui-ci devra impérativement contenir un nombre de cases bien défini. Par exemple, si vous voulez un tableau vide de six entiers :

```
int tableauEntier[] = new int[6];
//Ou encore
int[] tableauEntier2 = new int[6];
```

Cette opération est très simple, car vraiment ressemblante à ce que vous faisiez avec vos variables ; je vous propose donc tout de suite de nous pencher sur une belle variante de ces tableaux...

Les tableaux multidimensionnels

Ici, les choses se compliquent un peu, car un tableau multidimensionnel n'est rien d'autre qu'un tableau contenant au minimum deux tableaux... Je me doute bien que cette notion doit en effrayer plus d'un, mais en réalité, elle n'est pas si difficile que ça à appréhender. Comme tout ce que je vous apprends en général !

Je ne vais pas vous faire de grand laïus sur ce type de tableau, puisque je pense sincèrement qu'un exemple vous en fera beaucoup mieux comprendre le concept. Imaginez un tableau avec deux lignes : la première contiendra les premiers nombres pairs, et le deuxième contiendra les premiers nombres impairs.

Ce tableau s'appellera `premiersNombres`. Voilà ce que cela donnerait :

```
int premiersNombres[][] = { {0,2,4,6,8},{1,3,5,7,9} };
```

Nous voyons bien ici les deux lignes de notre tableau symbolisées par les doubles crochets **[][]**. Et comme je l'ai dit plus haut, ce genre de tableau est composé de plusieurs tableaux. Ainsi, pour passer d'une ligne à l'autre, nous jouerons avec la valeur du premier crochet. Exemple : `premiersNombres[0][0]` correspondra au premier élément de la ligne paire, et `premiersNombres[1][0]` correspondra au premier élément de la ligne impaire.

Voici un petit schéma en guise de synthèse (figure 7.1).

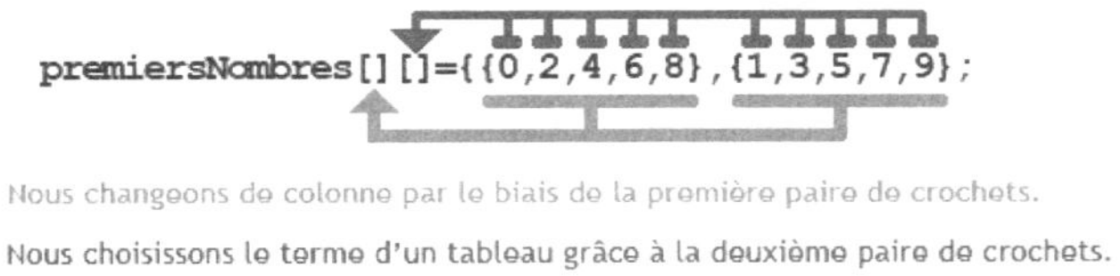

FIGURE 7.1 – Comprendre un tableau bidimensionnel

Maintenant, je vais vous proposer de vous amuser un peu avec les tableaux...

Utiliser et rechercher dans un tableau

Avant d'attaquer, je dois vous dire quelque chose de primordial : un tableau débute toujours à l'indice 0 ! Je m'explique : prenons l'exemple du tableau de caractères contenant les lettres de l'alphabet dans l'ordre qui a été donné plus haut. Si vous voulez afficher la lettre « a » à l'écran, vous devrez taper cette ligne de code :

```
System.out.println(tableauCaractere[0]);
```

Cela implique qu'un tableau contenant 4 éléments aura comme indices possibles **0, 1, 2 ou 3**. Le 0 correspond au premier élément, le 1 correspond au 2e élément, le 2 correspond au 3e élément et le 3 correspond au 4e élément.

> Une très grande partie des erreurs sur les tableaux sont souvent dues à un mauvais indice dans celui-ci. Donc prenez garde...

Ce que je vous propose, c'est tout simplement d'afficher un des tableaux présentés ci-dessus dans son intégralité. Sachez qu'il existe une instruction qui retourne la taille d'un tableau : grâce à elle, nous pourrons arrêter notre boucle (car oui, nous allons utiliser une boucle). Il s'agit de l'instruction `<mon tableau>.length`. Notre boucle `for` pourrait donc ressembler à ceci :

```
char tableauCaractere[] = {'a','b','c','d','e','f','g'};

for(int i = 0; i < tableauCaractere.length; i++)
{
   System.out.println("A l'emplacement " + i +" du tableau nous avons = "
                                          + tableauCaractere[i]);
}
```

Cela affichera :

```
A l'emplacement 0 du tableau nous avons = a
A l'emplacement 1 du tableau nous avons = b
A l'emplacement 2 du tableau nous avons = c
A l'emplacement 3 du tableau nous avons = d
A l'emplacement 4 du tableau nous avons = e
A l'emplacement 5 du tableau nous avons = f
A l'emplacement 6 du tableau nous avons = g
```

Maintenant, nous allons essayer de faire une recherche dans un de ces tableaux. En gros, il va falloir effectuer une saisie clavier et regarder si celle-ci est présente dans le tableau… Gardez la partie de code permettant de faire plusieurs fois la même action ; ensuite, faites une boucle de recherche incluant la saisie clavier, un message si la saisie est trouvée dans le tableau, et un autre message si celle-ci n'est pas trouvée. Ce qui nous donne :

```
char tableauCaractere[] = {'a', 'b', 'c', 'd', 'e', 'f', 'g'};
int i = 0, emplacement = 0;
char reponse = ' ',carac = ' ';
Scanner sc = new Scanner(System.in);

do {//Boucle principale
  do {//On répète cette boucle tant que l'utilisateur n'a pas rentré
↪  une lettre figurant dans le tableau
   i = 0;
   System.out.println("Rentrez une lettre en minuscule, SVP ");

   carac = sc.nextLine().charAt(0);
   //Boucle de recherche dans le tableau
   while(i < tableauCaractere.length && carac != tableauCaractere[i])
         i++;

   //Si i < 7 c'est que la boucle n'a pas dépassé le nombre de cases du tableau
   if (i < tableauCaractere.length)
      System.out.println(" La lettre " +carac+ "
      ↪ se trouve bien dans le tableau !");
   else //Sinon
      System.out.println(" La lettre " +carac+ "
      ↪ ne se trouve pas dans le tableau !");
```

```
    }while(i >= tableauCaractere.length);

    //Tant que la lettre de l'utilisateur
    //ne correspond pas à une lettre du tableau
    do{
        System.out.println("Voulez-vous essayer à nouveau ? (O/N)");
        reponse = sc.nextLine().charAt(0);
    }while(reponse != 'N' && reponse != 'O');
}while (reponse == 'O');

System.out.println("Au revoir !");
```

Le résultat de ce code est sur la figure 7.2.

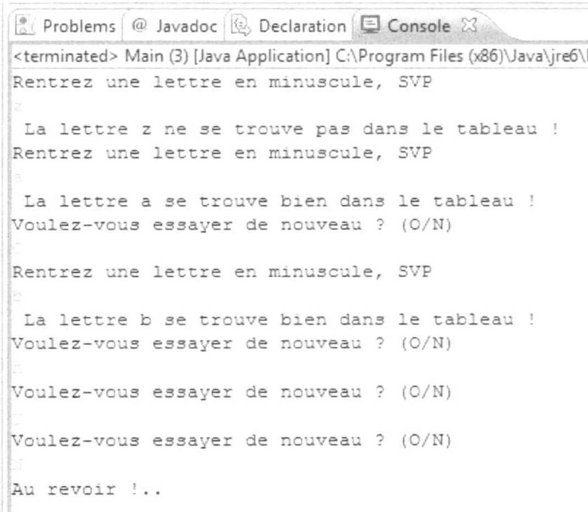

FIGURE 7.2 – Résultat de la recherche

Explicitons un peu ce code, et plus particulièrement la recherche

Dans notre `while`, il y a deux conditions.

La première correspond au compteur : tant que celui-ci est inférieur ou égal au nombre d'éléments du tableau, on l'incrémente pour regarder la valeur suivante. Nous passons ainsi en revue tout ce qui se trouve dans notre tableau. Si nous n'avions mis que cette condition, la boucle n'aurait fait que parcourir le tableau, sans voir si le caractère saisi correspond bien à un caractère de notre tableau, d'où la deuxième condition.

La deuxième correspond à la comparaison entre le caractère saisi et la recherche dans le tableau. Grâce à elle, si le caractère saisi se trouve dans le tableau, la boucle prend fin, et donc `i` a une valeur inférieure à 7.

À ce stade, notre recherche est terminée. Après cela, les conditions coulent de source ! Si nous avons trouvé une correspondance entre le caractère saisi et notre tableau, `i` prendra une valeur inférieure à 7 (vu qu'il y a 7 éléments dans notre tableau, l'indice maximum étant 7-1, soit 6). Dans ce cas, nous affichons un message confirmant la présence de l'élément recherché. Dans le cas contraire, c'est l'instruction du **else** qui s'exécutera.

Vous avez dû remarquer la présence d'un `i = 0;` dans une boucle. Ceci est *primordial*, sinon, lorsque vous reviendrez au début de celle-ci, `i` ne vaudra plus 0, mais la dernière valeur à laquelle il aura été affecté après les différentes incrémentations. Si vous faites une nouvelle recherche, vous commencerez par l'indice contenu dans `i` ; ce que vous ne voulez pas, puisque le but est de parcourir l'intégralité du tableau, donc depuis l'indice 0.

En travaillant avec les tableaux, vous serez confrontés, un jour ou l'autre, au message suivant : `java.lang.ArrayIndexOutOfBoundsException`. Ceci signifie qu'une erreur a été rencontrée, car vous avez essayé de lire (ou d'écrire dans) une case qui n'a pas été définie dans votre tableau ! Voici un exemple[1] :

```
String[] str = new String[10];
//L'instruction suivante va déclencher une exception
//car vous essayez d'écrire à la case 11 de votre tableau
//alors que celui-ci n'en contient que 10  (ça commence à 0 !)
str[10] = "Une exception";
```

Nous allons maintenant travailler sur le tableau bidimensionnel mentionné précédemment. Le principe est vraiment identique à celui d'un tableau simple, sauf qu'ici, il y a deux compteurs. Voici un exemple de code permettant d'afficher les données par ligne, c'est-à-dire l'intégralité du **sous-tableau de nombres pairs**, puis le **sous-tableau de nombres impairs** :

Avec une boucle `while`

```
int premiersNombres[][] = { {0,2,4,6,8},{1,3,5,7,9} }, i = 0, j = 0;

while (i < 2)
{
  j = 0;
  while(j < 5)
  {
    System.out.print(premiersNombres[i][j]);
    j++;
  }
  System.out.println("");
  i++;
}
```

Et voilà le résultat (figure 7.3).

1. Nous verrons les exceptions lorsque nous aborderons la programmation orientée objet.

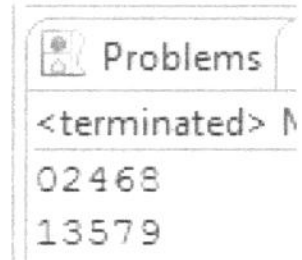

FIGURE 7.3 – Affichage du tableau

Détaillons un peu ce code

- Dans un premier temps, on initialise les variables.
- On entre ensuite dans la première boucle (qui s'exécutera deux fois, donc `i` vaut 0 la première fois, et vaudra 1 pendant la deuxième), et on initialise `j` à 0.
- On entre ensuite dans la deuxième boucle, où `j` vaudra successivement 0, 1, 2, 3 et 4 pour afficher le contenu du tableau d'indice 0 (notre premier `i`).
- On sort de cette boucle ; notre `i` est ensuite incrémenté et passe à 1.
- On reprend le début de la première boucle : initialisation de `j` à 0.
- On entre à nouveau dans la deuxième boucle, où le processus est le même que précédemment (mais là, `i` vaut 1).
- Enfin, nous sortons des boucles et le programme termine son exécution.

Le même résultat avec une boucle `for`

```
int premiersNombres[][] = { {0,2,4,6,8},{1,3,5,7,9} };

for(int i = 0; i < 2; i++)
{
   for(int j = 0; j < 5; j++)
   {
     System.out.print(premiersNombres[i][j]);
   }
   System.out.println("");
}
```

Je vous avais parlé d'une nouvelle syntaxe pour cette boucle, la voici :

```
String tab[] = {"toto", "titi", "tutu", "tete", "tata"};

for(String str : tab)
   System.out.println(str);
```

Ceci signifie qu'à chaque tour de boucle, la valeur courante du tableau est mise dans la variable `str`. Vous constaterez que cette forme de boucle `for` est particulièrement adaptée aux parcours de tableaux !

Attention cependant, il faut *impérativement* que la variable passée en premier paramètre de la boucle `for` soit de même type que la valeur de retour du tableau [2].

2. Une variable de type `String` pour un tableau de `String`, un `int` pour un tableau d'`int`...

Concernant les tableaux à deux dimensions, que va retourner l'instruction de la première boucle `for` ? Un **tableau**.

Nous devrons donc faire une deuxième boucle afin de parcourir ce dernier !
Voici un code qui permet d'afficher un tableau à deux dimensions de façon conventionnelle et selon la nouvelle version du JDK 1.5 [3] :

```
String tab[][]={{"toto", "titi", "tutu", "tete", "tata"}, {"1", "2", "3", "4"}};
int i = 0, j = 0;

for(String sousTab[] : tab)
{
   i = 0;
   for(String str : sousTab)
   {
      System.out.println("La valeur de la nouvelle boucle est  : " + str);
      System.out.println("La valeur du tableau à l'indice ["+j+"]["+i+"] est : "
      ↪ + tab[j][i]);
      i++;
   }
   j++;
}
```

Je vous laisse le soin d'essayer ce code. Vous pourrez voir que nous récupérons un tableau au cours de la première boucle et parcourons ce même tableau afin de récupérer les valeurs de celui-ci dans la deuxième. Simple, non ? En tout cas, je préfère nettement cette syntaxe ! Après, c'est à vous de voir...

En résumé

- Un tableau est une variable contenant plusieurs données d'un même type.
- Pour déclarer un tableau, il faut ajouter des crochets `[]` à la variable ou à son type de déclaration.
- Vous pouvez ajouter autant de dimensions à votre tableau que vous le souhaitez, ceci en cumulant des crochets à la déclaration.
- Le premier élément d'un tableau est l'élément 0.
- Vous pouvez utiliser la syntaxe du JDK 1.5 de la boucle `for` pour parcourir vos tableaux : `for(String str : monTableauDeString)`.

3. Cette syntaxe ne fonctionnera pas sur les versions antérieures à JDK 1.5.

Chapitre 8

Les méthodes de classe

Difficulté :

Maintenant que vous commencez à écrire de vrais programmes, vous vous rendez sûrement compte qu'il y a certaines choses que vous effectuez souvent. Plutôt que de recopier sans arrêt les mêmes morceaux de code, vous pouvez écrire une méthode...

Ce chapitre aura pour but de vous faire découvrir la notion de *méthode* (on l'appelle « fonction » dans d'autres langages). Vous en avez peut-être déjà utilisé une lors du premier TP, vous vous en souvenez ? Vous avez pu voir qu'au lieu de retaper le code permettant d'arrondir un nombre décimal, vous pouviez l'inclure dans une méthode et appeler celle-ci.

Le principal avantage des méthodes est de pouvoir factoriser le code : grâce à elles, vous n'avez qu'un seul endroit où effectuer des modifications lorsqu'elles sont nécessaires. J'espère que vous comprenez mieux l'intérêt de tout cela, car c'est ce que nous allons aborder ici. Cependant, ce chapitre ne serait pas drôle si nous ne nous amusions pas à créer une ou deux méthodes pour le plaisir... Et là, vous aurez beaucoup de choses à retenir !

Quelques méthodes utiles

Vous l'aurez compris, il existe énormément de méthodes dans le langage Java, présentes dans des objets comme `String` : vous devrez les utiliser tout au long de cet ouvrage (et serez même amenés à en modifier le comportement). À ce point du livre, vous pouvez catégoriser les méthodes en deux « familles » : les natives et les vôtres.

Des méthodes concernant les chaînes de caractères

`toLowerCase()`

Cette méthode permet de transformer tout caractère alphabétique en son équivalent minuscule. Elle n'a aucun effet sur les chiffres : ce ne sont pas des caractères alphabétiques. Vous pouvez donc l'utiliser sans problème sur une chaîne de caractères comportant des nombres. Elle s'emploie comme ceci :

```
String chaine = new String("COUCOU TOUT LE MONDE !"), chaine2 = new String();
chaine2 = chaine.toLowerCase();   //Donne "coucou tout le monde !"
```

`toUpperCase()`

Celle-là est simple, puisqu'il s'agit de l'opposé de la précédente. Elle transforme donc une chaîne de caractères en capitales, et s'utilise comme suit :

```
String chaine = new String("coucou coucou"), chaine2 = new String();
chaine2 = chaine.toUpperCase();   //Donne "COUCOU COUCOU"
```

`length()`

Celle-ci renvoie la longueur d'une chaîne de caractères (en comptant les espaces).

```
String chaine = new String("coucou ! ");
int longueur = 0;
longueur = chaine.length();   //Renvoie 9
```

`equals()` Cette méthode permet de vérifier (donc de tester) si deux chaînes de caractères sont identiques. C'est avec cette fonction que vous effectuerez vos tests de condition sur les `String`. Exemple concret :

```
String str1 = new String("coucou"), str2 = new String("toutou");

if (str1.equals(str2))
   System.out.println("Les deux chaînes sont identiques !");

else
   System.out.println("Les deux chaînes sont différentes !");
```

Vous pouvez aussi demander la vérification de l'inégalité grâce à l'opérateur de négation... Vous vous en souvenez ? Il s'agit de « ! ». Cela nous donne :

```
String str1 = new String("coucou"), str2 = new String("toutou");

if (!str1.equals(str2))
   System.out.println("Les deux chaînes sont différentes !");

else
   System.out.println("Les deux chaînes sont identiques !");
```

Ce genre de condition fonctionne de la même façon pour les boucles. Dans l'absolu, cette fonction retourne un booléen, c'est pour cette raison que nous pouvons y recourir dans les tests de condition.

`charAt()`

Le résultat de cette méthode sera un caractère : il s'agit d'une méthode d'extraction de caractère. Elle ne peut s'opérer que sur des `String` ! Par ailleurs, elle présente la même particularité que les tableaux, c'est-à-dire que, pour cette méthode, le premier caractère sera le numéro 0. Cette méthode prend un entier comme argument.

```
String nbre = new String("1234567");
char carac = nbre.charAt(4);   //Renverra ici le caractère 5
```

`substring()`

Cette méthode extrait une partie d'une chaîne de caractères. Elle prend deux entiers en arguments : le premier définit le premier caractère (**inclus**) de la sous-chaîne à extraire, le second correspond au dernier caractère (**exclu**) à extraire. Là encore, le premier caractère porte le numéro 0.

```
String chaine = new String("la paix niche"), chaine2 = new String();
chaine2 = chaine.substring(3,13);   //Permet d'extraire "paix niche"
```

`indexOf()` — `lastIndexOf()`

`indexOf()` explore une chaîne de caractères à la recherche d'une suite donnée de caractères, et renvoie la position (ou l'index) de la sous-chaîne passée en argument. `indexOf()` explore à partir du début de la chaîne, `lastIndexOf()` explore en partant de la fin, mais renvoie l'index à partir du début de la chaîne. Ces deux méthodes prennent un caractère ou une chaîne de caractères comme argument, et renvoient un `int`. Tout comme `charAt()` et `substring()`, le premier caractère porte le numéro 0. Je crois qu'ici, un exemple s'impose, plus encore que pour les autres fonctions :

```
String mot = new String("anticonstitutionnellement");
int n = 0;

n = mot.indexOf('t');             //n vaut 2
n = mot.lastIndexOf('t');         //n vaut 24
n = mot.indexOf("ti");            //n vaut 2
n = mot.lastIndexOf("ti");        //n vaut 12
n = mot.indexOf('x');             //n vaut -1
```

Des méthodes concernant les mathématiques

Les méthodes listées ci-dessous nécessitent la classe Math, présente dans java.lang. Elle fait donc partie des fondements du langage. Par conséquent, aucun import particulier n'est nécessaire pour utiliser la classe Math qui regorge de méthodes utiles :

```
double X = 0.0;
X = Math.random();
//Retourne un nombre aléatoire
//compris entre 0 et 1, comme 0.0001385746329371058

double sin = Math.sin(120);      //La fonction sinus
double cos = Math.cos(120);      //La fonction cosinus
double tan = Math.tan(120);      //La fonction tangente
double abs = Math.abs(-120.25); //La fonction valeur absolue (retourne
↪ le nombre sans le signe)
double d = 2;
double exp = Math.pow(d, 2);     //La fonction exposant
//Ici, on initialise la variable exp avec la valeur de d élevée au carré
//La méthode pow() prend donc une valeur en premier paramètre,
//et un exposant en second
```

Ces méthodes retournent toutes un nombre de type double.

Je ne vais pas vous faire un récapitulatif de toutes les méthodes présentes dans Java, sinon j'y serai encore dans mille ans... Toutes ces méthodes sont très utiles, croyez-moi. Cependant, les plus utiles sont encore celles que nous écrivons nous-mêmes ! C'est tellement mieux quand cela vient de nous...

Créer sa propre méthode

Voici un exemple de méthode que vous pouvez écrire :

```
public static double arrondi(double A, int B) {
    return (double) ( (int) (A * Math.pow(10, B) + .5)) / Math pow(10, B);
}
```

Décortiquons un peu cela

- Tout d'abord, il y a le mot clé public. C'est ce qui définit la portée de la méthode, nous y reviendrons lorsque nous programmerons des objets.
- Ensuite, il y a static. Nous y reviendrons aussi.
- Juste après, nous voyons double. Il s'agit du type de retour de la méthode. Pour faire simple, ici, notre méthode va renvoyer un double !
- Vient ensuite le **nom de la méthode**. C'est avec ce nom que nous l'appellerons.
- Puis arrivent **les arguments de la méthode**. Ce sont en fait les paramètres dont la méthode a besoin pour travailler. Ici, nous demandons d'arrondir le double A avec B chiffres derrière la virgule.

- Finalement, vous pouvez voir une instruction `return` à l'intérieur de la méthode. C'est elle qui effectue le renvoi de la valeur, ici un `double`.

Nous verrons dans ce chapitre les différents types de renvoi ainsi que les paramètres que peut accepter une méthode.

Vous devez savoir deux choses concernant les méthodes :

- elles ne sont pas limitées en nombre de paramètres ;
- il en existe trois grands types :
  - les méthodes qui ne renvoient rien. Les méthodes de ce type n'ont pas d'instruction `return`, et elles sont de type `void` ;
  - les méthodes qui retournent des types primitifs (`double`, `int`...). Elles sont de type `double`, `int`, `char`... Celles-ci possèdent une instruction `return` ;
  - les méthodes qui retournent des objets. Par exemple, une méthode qui retourne un objet de type `String`. Celles-ci aussi comportent une instruction `return`.

Jusque-là, nous n'avons écrit que des programmes comportant une seule classe, ne disposant elle-même que d'une méthode : la méthode `main`. Le moment est donc venu de créer vos propres méthodes. Que vous ayez utilisé ou non la méthode `arrondi` dans votre TP, vous avez dû voir que celle-ci se place à l'extérieur de la méthode `main`, mais tout de même dans votre classe !

Pour rappel, jetez un œil à la capture d'écran du TP 1 sur la figure 8.1.

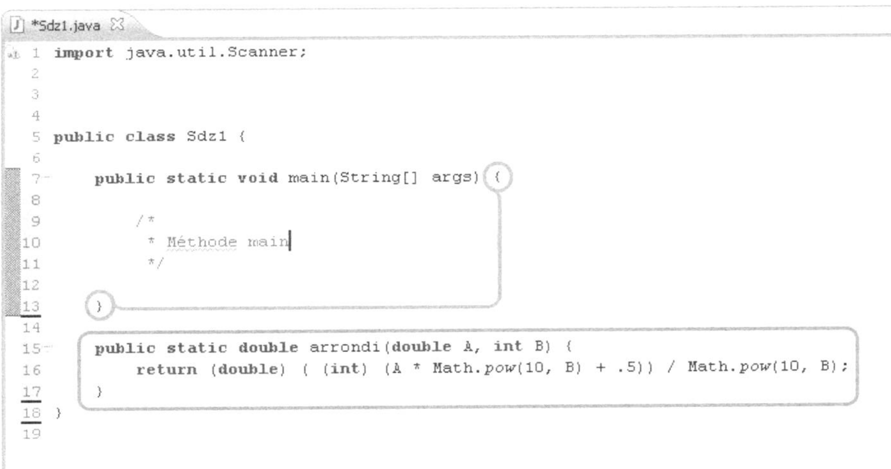

FIGURE 8.1 – Emplacement des méthodes

Si vous placez une de vos méthodes à l'intérieur de la méthode `main` ou à l'extérieur de votre classe, le programme ne compilera pas.

Puisque nous venons d'étudier les tableaux, nous allons créer des méthodes pour eux. Vous devez certainement vous souvenir de la façon de parcourir un tableau... Et si nous faisions une méthode qui permet d'afficher le contenu d'un tableau sans que nous soyons obligés de retaper la portion de code contenant la boucle ? Je me doute que vous n'en voyez pas l'intérêt maintenant, car exception faite des plus courageux d'entre vous, vous n'avez utilisé qu'un ou deux tableaux dans votre `main` du chapitre précédent. Si je vous demande de déclarer vingt-deux tableaux et que je vous dis « Allez, bande de Zéros ! Parcourez-moi tout ça ! », vous n'allez tout de même pas écrire vingt-deux boucles `for` ! De toute façon, je vous l'interdis. Nous allons écrire une méthode.

Celle-ci va :

- prendre un tableau en paramètre ;
- parcourir le tableau à notre place ;
- effectuer tous les `System.out.println()` nécessaires ;
- ne rien renvoyer.

Avec ce que nous avons défini, nous savons que notre méthode sera de type `void` et qu'elle prendra un tableau en paramètre. Voici un exemple de code complet :

```
public class Sdz1
{
   public static void main(String[] args)
   {
      String[] tab = {"toto", "tata", "titi", "tete"};
      parcourirTableau(tab);
   }

   static void parcourirTableau(String[] tabBis)
   {
      for(String str : tabBis)
        System.out.println(str);
   }
}
```

Je sais que cela vous trouble encore, mais sachez que les méthodes ajoutées dans la classe `main` doivent être déclarées `static`. Fin du mystère dans la partie sur la programmation orientée objet !

Bon. Vous voyez que la méthode parcourt le tableau passé en paramètre. Si vous créez plusieurs tableaux et appelez la méthode sur ces derniers, vous vous apercevrez que la méthode affiche le contenu de chaque tableau !

Voici un exemple ayant le même effet que la méthode `parcourirTableau`, à la différence que celle-ci retourne une valeur : ici, ce sera une chaîne de caractères.

```
public class Sdz1 {

        public static void main(String[] args)
        {
              String[] tab = {"toto", "tata", "titi", "tete"};
```

```
            parcourirTableau(tab);
            System.out.println(toString(tab));
        }

        static void parcourirTableau(String[] tab)
        {
            for(String str : tab)
            System.out.println(str);
        }

        static String toString(String[] tab)
        {
           System.out.println("Méthode toString() !\n----------");
           String retour = "";

           for(String str : tab)
               retour += str + "\n";

           return retour;
        }
}
```

Vous voyez que la deuxième méthode retourne une chaîne de caractères, que nous devons afficher à l'aide de l'instruction `System.out.println()`. Nous affichons la valeur renvoyée par la méthode `toString()`. La méthode `parcourirTableau`, quant à elle, écrit au fur et à mesure le contenu du tableau dans la console. Notez que j'ai ajouté une ligne d'écriture dans la console au sein de la méthode `toString()`, afin de vous montrer où elle était appelée.

Il nous reste un point important à aborder. Imaginez un instant que vous ayez plusieurs types d'éléments à parcourir : des tableaux à une dimension, d'autres à deux dimensions, et même des objets comme des `ArrayList` (nous les verrons plus tard, ne vous inquiétez pas). Sans aller aussi loin, vous n'allez pas donner un nom différent à la méthode `parcourirTableau` pour chaque type primitif !

Vous avez dû remarquer que la méthode que nous avons créée ne prend qu'un tableau de `String` en paramètre. Pas un tableau d'`int` ou de `long`, par exemple.

Si seulement nous pouvions utiliser la même méthode pour différents types de tableaux...

C'est là qu'entre en jeu ce qu'on appelle *la surcharge.*

La surcharge de méthode

La surcharge de méthode consiste à garder le nom d'une méthode (donc un type de traitement à faire : pour nous, lister un tableau) et à changer la liste ou le type de ses paramètres.

Dans le cas qui nous intéresse, nous voulons que notre méthode `parcourirTableau` puisse parcourir n'importe quel type de tableau. Nous allons donc surcharger notre méthode afin qu'elle puisse aussi travailler avec des `int`, comme le montre cet exemple :

```
static void parcourirTableau(String[] tab)
{
      for(String str : tab)
         System.out.println(str);
}

static void parcourirTableau(int[] tab)
{
      for(int str : tab)
         System.out.println(str);
}
```

Avec ces méthodes, vous pourrez parcourir de la même manière :

- les tableaux d'entiers ;
- les tableaux de chaînes de caractères.

Vous pouvez faire de même avec les tableaux à deux dimensions. Voici à quoi pourrait ressembler le code d'une telle méthode (je ne rappelle pas le code des deux méthodes ci-dessus) :

```
static void parcourirTableau(String[][] tab)
{
      for(String tab2[] : tab)
      {
         for(String str : tab2)
           System.out.println(str);
      }
}
```

La surcharge de méthode fonctionne également en ajoutant des paramètres à la méthode. Cette méthode est donc valide :

```
static void parcourirTableau(String[][] tab, int i)
{
      for(String tab2[] : tab)
      {
         for(String str : tab2)
           System.out.println(str);
      }
}
```

En fait, c'est la JVM qui va se charger d'invoquer l'une ou l'autre méthode : vous pouvez donc créer des méthodes ayant le même nom, mais avec des paramètres différents, en nombre ou en type. La machine virtuelle fait le reste. Ainsi, si vous avez bien défini toutes les méthodes ci-dessus, ce code fonctionne :

```
String[] tabStr = {"toto", "titi", "tata"};
int[] tabInt = {1, 2, 3, 4};
String[][] tabStr2 = {{"1", "2", "3", "4"}, {"toto", "titi", "tata"}};

//La méthode avec un tableau de String sera invoquée
parcourirTableau(tabStr);
//La méthode avec un tableau d'int sera invoquée
parcourirTableau(tabInt);
//La méthode avec un tableau de String à deux dimensions sera invoquée
parcourirTableau(tabStr2);
```

Vous venez de créer une méthode qui vous permet de centraliser votre code afin de ne pas avoir à retaper sans arrêt les mêmes instructions. Dans la partie suivante, vous apprendrez à créer vos propres objets. Elle sera très riche en informations, mais ne vous inquiétez pas : nous apprendrons tout à partir de zéro. ;-)

En résumé

- Une méthode est un morceau de code réutilisable qui effectue une action bien définie.
- Les méthodes se définissent dans une classe.
- Les méthodes ne peuvent pas être imbriquées. Elles sont déclarées les unes après les autres.
- Une méthode peut être surchargée en modifiant le type de ses paramètres, leur nombre, ou les deux.
- Pour Java, le fait de surcharger une méthode lui indique qu'il s'agit de deux, trois ou X méthodes différentes, car les paramètres d'appel sont différents. Par conséquent, Java ne se trompe jamais d'appel de méthode, puisqu'il se base sur les paramètres passés à cette dernière.

Deuxième partie

Java et la Programmation Orientée Objet

Chapitre 9

Votre première classe

Difficulté :

Dans la première partie de cet ouvrage sur la programmation en Java, nous avons travaillé avec une seule classe. Vous allez apprendre qu'en faisant de la programmation orientée objet, nous travaillerons en fait avec de nombreuses classes.

Rappelez-vous la première partie : vous avez déjà utilisé des objets... Oui ! Lorsque vous faisiez ceci : `String str = new String("tiens... un objet String");`

Ici `str` est un objet `String`. Vous avez utilisé un objet de la classe `String` : on dit que vous avez créé une instance de la classe `String()`. Le moment est venu pour vous de créer vos propres classes.

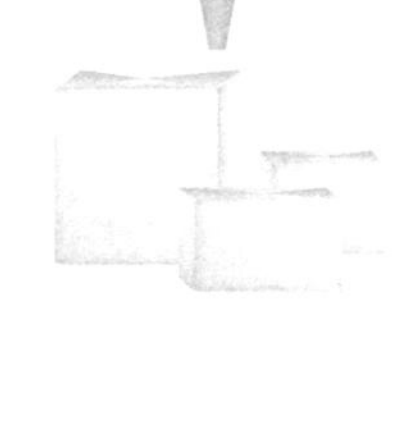

Commençons par une définition. Une classe est une structure informatique représentant les principales caractéristiques d'un élément du monde réel grâce :

- à des variables, qui représentent les divers attributs de l'élément que vous souhaitez utiliser ;
- à des méthodes, qui permettent de définir les comportements de vos éléments.

Une classe contient donc des variables et des méthodes, qui forment un tout. Voyons comment en créer une de toutes pièces !

Structure de base

Une classe peut être comparée à un moule qui, lorsque nous le remplissons, nous donne un objet ayant la forme du moule ainsi que toutes ses caractéristiques. Comme quand vous étiez enfants, lorsque vous vous amusiez avec de la pâte à modele .

Si vous avez bien suivi la première partie de ce livre, vous devriez savoir que notre classe contenant la méthode `main` ressemble à ceci :

```
class ClasseMain{

    public static void main(String[] args){
        //Vos données, variables, différents traitements...
    }//Fin de la méthode main
}//Fin de votre classe
```

Créez cette classe et cette méthode `main` (vous savez le faire, maintenant . Puisque nous allons faire de la POO [1], nous allons créer une seconde classe dans ce fameux projet ! Créons sans plus tarder une classe `Ville`. Allez dans `File/New/Class` ou utilisez le raccourci dans la barre d'outils, comme sur la figure 9.1.

FIGURE 9.1 – Nouvelle classe Java

Nommez votre classe : `Ville` [2]. Cette fois, vous ne devez pas y créer la méthode `main`.

> Il ne peut y avoir qu'une seule méthode `main` active par projet ! Souvenez-vous que celle-ci est le point de départ de votre programme. Pour être tout à fait précis, plusieurs méthodes `main` peuvent cohabiter dans votre projet, mais une seule sera considérée comme le point de départ de votre programme !

Au final, vous devriez avoir le rendu de la figure 9.2.

1. Programmation Orientée Objet.
2. Avec un « V » : convention de nommage oblige !

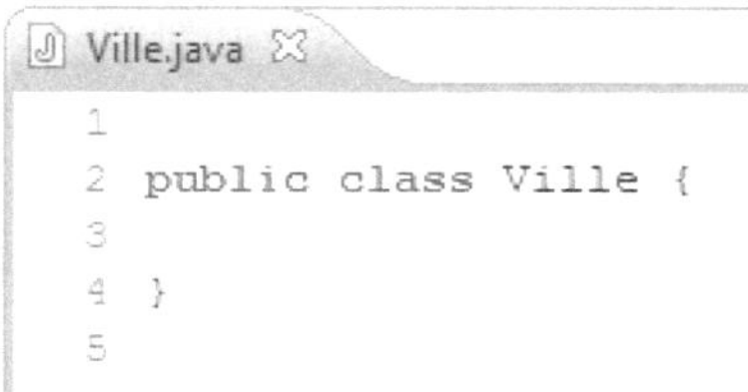

FIGURE 9.2 – Classe `Ville`

Ici, notre classe `Ville` est précédée du mot clé `public`. Vous devez savoir que lorsque nous créons une classe comme nous l'avons fait, Eclipse nous facilite la tâche en ajoutant automatiquement ce mot clé, qui correspond à la portée de la classe [3].

En programmation, la portée détermine *qui* peut faire appel à une classe, une méthode ou une variable. Vous avez déjà rencontré la portée `public` : cela signifie que tout le monde peut faire appel à l'élément [4].

Nous allons ici utiliser une autre portée : `private`. Elle signifie que notre méthode ne pourra être appelée que depuis l'intérieur de la classe dans laquelle elle se trouve ! Les méthodes déclarées `private` correspondent souvent à des mécanismes internes à une classe que les développeurs souhaitent « cacher » ou simplement ne pas rendre accessibles de l'extérieur de la classe...

Il en va de même pour les variables. Nous allons voir que nous pouvons protéger des variables grâce au mot clé `private`. Le principe sera le même que pour les méthodes. Ces variables ne seront alors accessibles que dans la classe où elles seront nées...

Bon. Toutes les conditions sont réunies pour commencer activement la programmation orientée objet ! Et si nous allions créer notre première ville ?

Les constructeurs

Vu que notre objectif dans ce chapitre est de construire un objet `Ville`, il va falloir définir les données qu'on va lui attribuer. Nous dirons qu'un objet `Ville` possède :

- un nom, sous la forme d'une chaîne de caractères ;
- un nombre d'habitants, sous la forme d'un entier ;
- un pays apparenté, sous la forme d'une chaîne de caractères.

Nous allons faire ceci en mettant des variables d'instance [5] dans notre classe. Celle-ci va contenir une variable dont le rôle sera de stocker le nom, une autre stockera le

3. Retenez pour l'instant que `public class UneClasse{}` et `class UneClasse{}` sont presque équivalents !

4. Ici dans le cas qui nous intéresse il s'agit d'une méthode. Une méthode marquée comme `public` peut donc être appelée depuis n'importe quel endroit du programme.

5. Ce sont de simples variables identiques à celles que vous manipulez habituellement.

nombre d'habitants et la dernière se chargera du pays ! Voici à quoi ressemble notre classe `Ville` à présent :

```
public class Ville{
   String nomVille;
   String nomPays;
   int nbreHabitants;
}
```

Contrairement aux classes, les variables d'instance présentes dans une classe sont `public` si vous ne leur spécifiez pas de portée. Alors, on parle de variable d'instance, parce que dans nos futures classes Java qui définiront des objets, il y aura plusieurs types de variables (nous approfondirons ceci dans ce chapitre). Pour le moment, sachez qu'il y a trois grands types de variables dans une classe objet.

- Les variables d'instance : ce sont elles qui définiront les caractéristiques de notre objet.
- Les variables de classe : celles-ci sont communes à toutes les instances de votre classe.
- Les variables locales : ce sont des variables que nous utiliserons pour travailler dans notre objet.

Dans l'immédiat, nous allons travailler avec des variables d'instance afin de créer des objets différents. Il ne nous reste plus qu'à créer notre premier objet pour ce faire, nous allons devoir utiliser ce qu'on appelle des **constructeurs**.

Un constructeur est une méthode d'instance qui va se charger de créer un objet et, le cas échéant, d'initialiser ses variables de classe ! Cette méthode a pour rôle de signaler à la JVM [6] qu'il faut réserver de la mémoire pour notre futur objet et donc par extension, d'en réserver pour toutes ses variables.

Notre premier constructeur sera ce qu'on appelle communément **un constructeur par défaut**, c'est-à-dire qu'il ne prendra aucun paramètre, mais permettra tout de même d'instancier un objet, et vu que nous sommes perfectionnistes, nous allons y initialiser nos variables d'instance. Voici votre premier constructeur :

```
public class Ville{
   //Stocke le nom de notre ville
   String nomVille;
   //Stocke le nom du pays de notre ville
   String nomPays;
   //Stocke le nombre d'habitants de notre ville
   int nbreHabitants;

   //Constructeur par défaut
   public Ville(){
      System.out.println("Création d'une ville !");
      nomVille = "Inconnu";
      nomPays = "Inconnu";
```

6. Java Virtual Machine.

```
        nbreHabitants = 0;
    }
}
```

Vous avez remarqué que le constructeur est en fait une méthode qui n'a aucun type de retour (`void`, `double`...) et qui porte le même nom que notre classe ! Ceci est une règle immuable : **le (les) constructeur(s) d'une classe doit (doivent) porter le même nom que la classe !**

Son corollaire est qu'un objet peut avoir plusieurs constructeurs. Il s'agit de la même méthode, mais surchargée ! Dans notre premier constructeur, nous n'avons passé aucun paramètre, mais nous allons bientôt en mettre.

Vous pouvez d'ores et déjà créer une instance de `Ville`. Cependant, commencez par vous rappeler qu'une instance d'objet se fait grâce au mot clé `new`, comme lorsque vous créez une variable de type `String`. Maintenant, vu que nous allons créer des objets `Ville`, nous allons procéder comme avec les `String`. Vérifions que l'instanciation s'effectue comme il faut. Allons dans notre classe contenant la méthode `main` et instancions un objet `Ville`. Je suppose que vous avez deviné que le type de notre objet sera `Ville` !

```
public class Sdz1{
 public static void main(String[] args){
     Ville ville = new Ville();
 }
}
```

Exécutez ce code, vous devriez avoir l'équivalent de la figure 9.3 sous les yeux.

FIGURE 9.3 – Création d'un objet `Ville`

Maintenant, nous devons mettre des données dans notre objet, ceci afin de pouvoir commencer à travailler... Le but sera de parvenir à une déclaration d'objet se faisant comme ceci :

```
Ville ville1 = new Ville("Marseille", 123456789, "France");
```

Vous avez remarqué qu'ici, les paramètres sont renseignés : eh bien il suffit de créer une méthode qui récupère ces paramètres et initialise les variables de notre objet, ce qui achèvera notre constructeur d'initialisation. Voici le constructeur de notre objet `Ville`, celui qui permet d'avoir des objets avec des paramètres différents :

```
public class Ville {

  //Stocke le nom de notre ville
  String nomVille;
  //Stocke le nom du pays de notre ville
  String nomPays;
  //Stocke le nombre d'habitants de notre ville
  int nbreHabitants;

  //Constructeur par défaut
  public Ville(){
          System.out.println("Création d'une ville !");
          nomVille = "Inconnu";
          nomPays = "Inconnu";
          nbreHabitants = 0;
  }

  //Constructeur avec paramètres
  //J'ai ajouté un « p » en première lettre des paramètres.
  //Ce n'est pas une convention, mais ça peut être un bon moyen de les repérer.
  public Ville(String pNom, int pNbre, String pPays)
  {
          System.out.println("Création d'une ville avec des paramètres !");
          nomVille = pNom;
          nomPays = pPays;
          nbreHabitants = pNbre;
  }
}
```

▷ Copier ce code
Code web : 215266

Dans ce cas, l'exemple de déclaration et d'initialisation d'un objet `Ville` que je vous ai montré un peu plus haut fonctionne sans aucun souci ! Mais il vous faudra respecter scrupuleusement l'ordre des paramètres passés lors de l'initialisation de votre objet : sinon, c'est l'erreur de compilation à coup sûr ! Ainsi :

```
//L'ordre est respecté → aucun souci
Ville ville1 = new Ville("Marseille", 123456789, "France");
//Erreur dans l'ordre des paramètres → erreur de compilation au final
Ville ville2 = new Ville(12456, "France", "Lille");
```

Par contre, notre objet présente un gros défaut : les variables d'instance qui le caractérisent sont accessibles dans votre classe contenant votre `main` ! Ceci implique que vous pouvez directement modifier les attributs de la classe. Testez ce code et vous verrez que le résultat est identique à la figure 9.4 :

```
public class Sdz1 {

        public static void main(String[] args)
        {
                Ville ville =  new Ville();
                System.out.println(ville.nomVille);
                ville.nomVille = "la tête à toto ! ! ! !";
                System.out.println(ville.nomVille);

                Ville ville2 = new Ville("Marseille", 123456789, "France");
                ville2.nomPays = "La tête à tutu ! ! ! ! ";
                System.out.println(ville2.nomPays);
        }

}
```

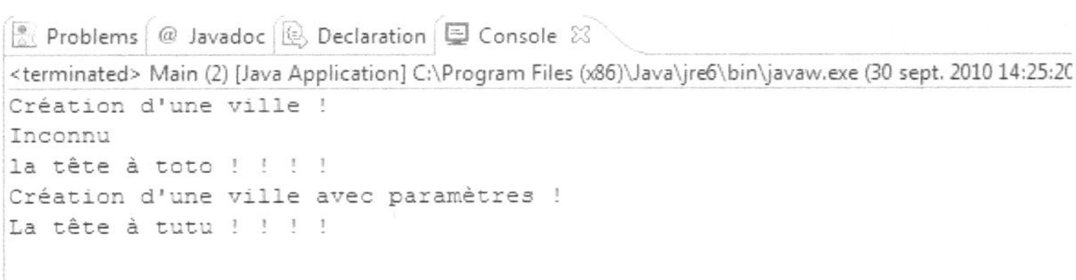

FIGURE 9.4 – Modification des données de notre objet

Vous constatez que nous pouvons accéder aux variables d'instance en utilisant le « . », comme lorsque vous appelez la méthode `subString()` de l'objet `String`. C'est très risqué, et la plupart des programmeurs Java vous le diront. Dans la majorité des cas, nous allons contrôler les modifications des variables de classe, de manière à ce qu'un code extérieur ne fasse pas n'importe quoi avec nos objets ! En plus de ça, imaginez que vous souhaitiez faire quelque chose à chaque fois qu'une valeur change ; si vous ne protégez pas vos données, ce sera impossible à réaliser...

C'est pour cela que nous protégeons nos variables d'instance en les déclarant `private`, comme ceci :

```
public class Ville {

  private String nomVille;
  private String nomPays;
  private int nbreHabitants;

```

```
  // ...
}
```

Désormais, ces attributs ne sont plus accessibles en dehors de la classe où ils sont déclarés ! Nous allons maintenant voir comment accéder tout de même à nos données.

Accesseurs et mutateurs

Un accesseur est une méthode qui va nous permettre d'accéder aux variables de nos objets en lecture, et un mutateur nous permettra d'en faire de même en écriture ! Grâce aux accesseurs, vous pourrez afficher les variables de vos objets, et grâce aux mutateurs, vous pourrez les modifier :

```
public class Ville {

 //Les variables et les constructeurs n'ont pas changé...

 //*************   ACCESSEURS *************

 //Retourne le nom de la ville
 public String getNom()  {
         return nomVille;
 }
 //Retourne le nom du pays
 public String getNomPays()
 {
         return nomPays;
 }
 // Retourne le nombre d'habitants
 public int getNombreHabitants()
 {
        return nbreHabitants;
 }

 //*************   MUTATEURS   *************
 //Définit le nom de la ville
 public void setNom(String pNom)
 {
         nomVille = pNom;
 }
 //Définit le nom du pays
 public void setNomPays(String pPays)
 {
         nomPays = pPays;
 }
 //Définit le nombre d'habitants
 public void setNombreHabitants(int nbre)
 {
```

```
        nbreHabitants = nbre;
 }
}
```

Nos accesseurs sont bien des méthodes, et elles sont `public` pour que vous puissiez y accéder depuis une autre classe que celle-ci : depuis le `main`, par exemple. Les accesseurs sont du même type que la variable qu'ils doivent retourner. Les mutateurs sont, par contre, de type `void`. Ce mot clé signifie « rien » ; en effet, ces méthodes ne retournent aucune valeur, elles se contentent de les mettre à jour.

Je vous ai fait faire la différence entre accesseurs et mutateurs, mais généralement, lorsqu'on parle d'accesseurs, ce terme inclut également les mutateurs. Autre chose : il s'agit ici d'une question de convention de nommage. Les accesseurs commencent par get et les mutateurs par set, comme vous pouvez le voir ici. On parle d'ailleurs parfois de **Getters** et de **Setters**.

À présent, essayez ce code dans votre méthode `main` :

```
Ville v = new Ville();
Ville v1 = new Ville("Marseille", 123456, "France");
Ville v2 = new Ville("Rio", 321654, "Brésil");

System.out.println("\n v = "+v.getNom()+" ville de
↪ "+v.getNombreHabitants()+ " habitants se situant en "+v.getNomPays());
System.out.println(" v1 = "+v1.getNom()+" ville de
↪ "+v1.getNombreHabitants()+ " habitants se situant en "+v1.getNomPays());
System.out.println(" v2 = "+v2.getNom()+" ville de
↪ "+v2.getNombreHabitants()+ " habitants se situant en
↪ "+v2.getNomPays()+"\n\n");

/*
   Nous allons interchanger les Villes v1 et v2
   tout ça par l'intermédiaire d'un autre objet Ville.
*/
Ville temp = new Ville();
temp = v1;
v1 = v2;
v2 = temp;

System.out.println(" v1 = "+v1.getNom()+" ville de
↪ "+v1.getNombreHabitants()+ " habitants se situant en "+v1.getNomPays());
System.out.println(" v2 = "+v2.getNom()+" ville de
↪ "+v2.getNombreHabitants()+ " habitants se situant en
↪ "+v2.getNomPays()+"\n\n");
/*
   Nous allons maintenant interchanger leurs noms
   cette fois par le biais de leur accesseurs.
*/
v1.setNom("Hong Kong");
```

```
v2.setNom("Djibouti");

System.out.println(" v1 = "+v1.getNom()+" ville de
↪ "+v1.getNombreHabitants()+ " habitants se situant en "+v1.getNomPays());
System.out.println(" v2 = "+v2.getNom()+" ville de
↪ "+v2.getNombreHabitants()+ " habitants se situant en
↪ "+v2.getNomPays()+"\n\n");
```

À la compilation, vous devriez obtenir la figure 9.5.

```
<terminated> Main (2) [Java Application] C:\Program Files (x86)\Java\jre6\bin\javaw.exe (30 sept. 2010 14:58:22)
Création d'une ville !
Création d'une ville avec paramètres !
Création d'une ville avec paramètres !

 v = Inconnu ville de 0 habitants se situant en Inconnu
 v1 = Marseille ville de 123456 habitants se situant en France
 v2 = Rio ville de 321654 habitants se situant en Brésil


Création d'une ville !
 v1 = Rio ville de 321654 habitants se situant en Brésil
 v2 = Marseille ville de 123456 habitants se situant en France


 v1 = Hong Kong ville de 321654 habitants se situant en Brésil
 v2 = Djibouti ville de 123456 habitants se situant en France
```

FIGURE 9.5 – Essai des accesseurs

Vous voyez bien que les constructeurs ont fonctionné, que les accesseurs tournent à merveille et que vous pouvez commencer à travailler avec vos objets `Ville`. Par contre, pour afficher le contenu, on pourrait faire plus simple, comme par exemple créer une méthode qui se chargerait de faire tout ceci... Je sais ce que vous vous dites : « Mais les accesseurs, ce ne sont pas des méthodes ? ». Bien sûr que si, mais il vaut mieux bien distinguer les différents types de méthodes dans un objet :

- les constructeurs → méthodes servant à créer des objets ;
- les accesseurs → méthodes servant à accéder aux données des objets ;
- les méthodes d'instance → méthodes servant à la gestion des objets.

Avec nos objets `Ville`, notre choix est un peu limité par le nombre de méthodes possibles, mais nous pouvons tout de même en faire une ou deux pour l'exemple :

- faire un système de catégories de villes par rapport à leur nombre d'habitants (<1000 → A, <10 000 → B...). Ceci est déterminé à la construction ou à la redéfinition du nombre d'habitants : ajoutons donc une variable d'instance de type `char` à notre classe et appelons-la `categorie`. Pensez à ajouter le traitement aux bons endroits ;
- faire une méthode de description de notre objet `Ville` ;
- une méthode pour comparer deux objets par rapport à leur nombre d'habitants.

Nous voulons que la classe `Ville` gère la façon de déterminer la catégorie elle-même, et non que cette action puisse être opérée de l'extérieur. La méthode qui fera ceci sera donc déclarée `private`.

Par contre, un problème va se poser ! Vous savez déjà qu'en Java, on appelle les méthodes d'un objet comme ceci : `monString.subString(0,4);`. Cependant, vu qu'il va falloir qu'on travaille depuis l'intérieur de notre objet, vous allez encore avoir un mot clé à retenir... Cette fois, il s'agit du mot clé `this`. Voici tout d'abord le code de notre classe `Ville` en entier, c'est-à-dire comportant les méthodes dont on vient de parler :

▷ La classe `Ville`
Code web : 570853

```
public class Ville {

  private String nomVille;
  private String nomPays;
  private int nbreHabitants;
  private char categorie;

  public Ville(){
          System.out.println("Création d'une ville !");
          nomVille = "Inconnu";
          nomPays = "Inconnu";
          nbreHabitants = 0;
          this.setCategorie();
  }

  public Ville(String pNom, int pNbre, String pPays)
  {
          System.out.println("Création d'une ville avec des paramètres !");
          nomVille = pNom;
          nomPays = pPays;
          nbreHabitants = pNbre;
          this.setCategorie();
  }

  //Retourne le nom de la ville
  public String getNom()  {
          return nomVille;
  }
  //Retourne le nom du pays
  public String getNomPays()
  {
          return nomPays;
  }
  // Retourne le nombre d'habitants
  public int getNombreHabitants()
  {
         return nbreHabitants;
  }

  //Retourne la catégorie de la ville
  public char getCategorie()
```

```
{
        return categorie;
}

//Définit le nom de la ville
public void setNom(String pNom)
{
         nomVille = pNom;
}
//Définit le nom du pays
public void setNomPays(String pPays)
{
         nomPays = pPays;
}
//Définit le nombre d'habitants
public void setNombreHabitants(int nbre)
{
        nbreHabitants = nbre;
        this.setCategorie();
}

//Définit la catégorie de la ville
private void setCategorie() {

    int bornesSuperieures[] = {0, 1000, 10000, 100000, 500000, 1000000,
↪ 5000000, 10000000};
      char categories[] = {'?', 'A', 'B', 'C', 'D', 'E', 'F', 'G', 'H'};

      int i = 0;
      while (i < bornesSuperieures.length &&
               this.nbreHabitants >= bornesSuperieures[i])
             i++;

      this.categorie = categories[i];
}

//Retourne la description de la ville
public String decrisToi(){
    return "\t"+this.nomVille+" est une ville de "+this.nomPays+
               ", elle comporte : "+this.nbreHabitants+
               " habitant(s) => elle est donc de catégorie : "+this.categorie
}


//Retourne une chaîne de caractères selon le résultat de la comparaison
public String comparer(Ville v1){
    String str = new String();

    if (v1.getNombreHabitants() > this.nbreHabitants)
        str = v1.getNom()+" est une ville plus peuplée que "+this.nomVille;
```

```
        else
            str = this.nomVille+" est une ville plus peuplée que "+v1.getNom();

        return str;
    }
}
```

Pour simplifier, `this`[7] fait référence à l'objet courant !

Pour expliciter le fonctionnement du mot clé `this`, prenons l'exemple de la méthode `comparer(Ville V1)`. La méthode va s'utiliser comme suit :

```
Ville V = new Ville("Lyon", 654, "France");
Ville V2 = new Ville("Lille", 123, "France");

V.comparer(V2);
```

Dans cette méthode, nous voulons comparer le nombre d'habitants de chacun des deux objets `Ville`. Pour accéder à la variable `nbreHabitants` de l'objet `V2`, il suffit d'utiliser la syntaxe `V2.getNombreHabitants()` ; nous ferons donc référence à la propriété `nbreHabitants` de l'objet `V2`. Mais l'objet `V`, lui, est l'objet appelant de cette méthode. Pour se servir de ses propres variables, on utilise alors `this.nbreHabitants`, ce qui a pour effet de faire appel à la variable `nbreHabitants` de l'objet exécutant la méthode `comparer(Ville V)`.

Explicitons un peu les trois méthodes qui ont été décrites précédemment.

La méthode `categorie()`

Elle ne prend aucun paramètre, et ne renvoie rien : elle se contente de mettre la variable de classe `categorie` à jour. Elle détermine dans quelle tranche se trouve la ville grâce au nombre d'habitants de l'objet appelant, obtenu au moyen du mot clé `this`. Selon le nombre d'habitants, le caractère renvoyé changera. Nous l'appelons lorsque nous construisons un objet `Ville` (que ce soit avec ou sans paramètre), mais aussi lorsque nous redéfinissons le nombre d'habitants : de cette manière, la catégorie est automatiquement mise à jour, sans qu'on ait besoin de faire appel à la méthode.

La méthode `decrisToi()`

Celle-ci nous renvoie un objet de type `String`. Elle fait référence aux variables qui composent l'objet appelant la méthode, toujours grâce à `this`, et nous renvoie donc

7. Bien que la traduction anglaise exacte soit « ceci », il faut comprendre « moi ». À l'intérieur d'un objet, ce mot clé permet de désigner une de ses variables ou une de ses méthodes.

une chaîne de caractères qui nous décrit l'objet en énumérant ses composants.

La méthode comparer(Ville V1)

Elle prend une ville en paramètre, pour pouvoir comparer les variables `nbreHabitants` de l'objet appelant la méthode et de celui passé en paramètre pour nous dire quelle ville est la plus peuplée ! Et si nous faisions un petit test ?

```
Ville v = new Ville();
Ville v1 = new Ville("Marseille", 1236, "France");
Ville v2 = new Ville("Rio", 321654, "Brésil");

System.out.println("\n\n"+v1.decrisToi());
System.out.println(v.decrisToi());
System.out.println(v2.decrisToi()+"\n\n");
System.out.println(v1.comparer(v2));
```

Ce qui devrait donner le résultat de la figure 9.6.

```
        Marseille est une ville de France, elle comporte : 1236 habitant(s) => elle est donc de catégorie : B
        Inconnu est une ville de Inconnu, elle comporte : 0 habitant(s) => elle est donc de catégorie : A
        Rio est une ville de Brésil, elle comporte : 321654 habitant(s) => elle est donc de catégorie : D


Rio est une ville plus peuplée que Marseille
```

FIGURE 9.6 – Test des méthodes

Je viens d'avoir une idée : et si nous essayions de savoir combien de villes nous avons créées ? Comment faire ? Avec une variable de classe !

Les variables de classes

Comme je vous le disais au début de ce chapitre, il y a plusieurs types de variables dans une classe. Nous avons vu les variables d'instance qui forment la carte d'identité d'un objet ; maintenant, voici les variables de classe.

Celles-ci peuvent s'avérer très utiles. Dans notre exemple, nous allons compter le nombre d'instances de notre classe `Ville`, mais nous pourrions les utiliser pour bien d'autres choses (un taux de TVA dans une classe qui calcule le prix TTC, par exemple).

La particularité de ce type de variable, c'est qu'elles seront communes à toutes les instances de la classe !

Créons sans plus attendre notre compteur d'instances. Il s'agira d'une variable de type `int` que nous appellerons `nbreInstance`, et qui sera `public` ; nous mettrons aussi son homologue en `private` en place et l'appellerons `nbreInstanceBis` (il sera nécessaire de mettre un accesseur en place pour cette variable). Afin qu'une variable soit une variable de classe, elle doit être précédée du mot clé `static`. Cela donnerait dans notre classe `Ville` :

```
public class Ville {

  //Variables publiques qui comptent les instances
  public static int nbreInstances = 0;
  //Variable privée qui comptera aussi les instances
  private static int nbreInstancesBis = 0;

  //Les autres variables n'ont pas changé

  public Ville(){
          //On incrémente nos variables à chaque appel aux constructeurs
          nbreInstances++;
          nbreInstancesBis++;
          //Le reste ne change pas.
  }

  public Ville(String pNom, int pNbre, String pPays)
  {
        //On incrémente nos variables à chaque appel aux constructeurs
          nbreInstances++;
          nbreInstancesBis++;
          //Le reste ne change pas
  }
  public static int getNombreInstancesBis()
  {
          return nbreInstancesBis;
  }
  //Le reste du code est le même qu'avant
}
```

Vous avez dû remarquer que l'accesseur de notre variable de classe déclarée privée est aussi déclaré `static` : ceci est une règle ! Toutes les méthodes de classe n'utilisant que des variables de classe doivent être déclarées `static`. On les appelle des méthodes de classe, car il n'y en a qu'une pour toutes vos instances. Par contre ce n'est plus une méthode de classe si celle-ci utilise des variables d'instance en plus de variables de classe...

À présent, si vous testez le code suivant, vous allez constater l'utilité des variables de classe :

```
Ville v = new Ville();
System.out.println("Le nombre d'instances de la classe Ville est :
↪ " + Ville.nbreInstances);
System.out.println("Le nombre d'instances de la classe Ville est :
↪ " + Ville.getNombreInstancesBis());

Ville v1 = new Ville("Marseille", 1236, "France");
```

```
System.out.println("Le nombre d'instances de la classe Ville est :
↪ " + Ville.nbreInstances);
System.out.println("Le nombre d'instances de la classe Ville est :
↪ " + Ville.getNombreInstancesBis());

Ville v2 = new Ville("Rio", 321654, "Brésil");
System.out.println("Le nombre d'instances de la classe Ville est :
↪ " + Ville.nbreInstances);
System.out.println("Le nombre d'instances de la classe Ville est :
↪ " + Ville.getNombreInstancesBis());
```

Le résultat en figure 9.7 montre que le nombre augmente à chaque instanciation.

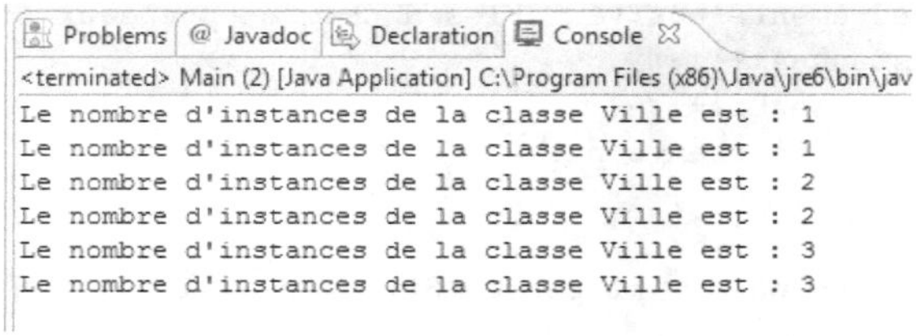

FIGURE 9.7 – Utilisation de variables de classe

Lorsque vous avez vu les méthodes, vous les avez déclarées `public`. Vous auriez également pu les déclarer `private`, mais attention, dans les deux cas, il faut aussi qu'elles soient `static`, car elles sont exécutées dans un contexte `static` : la méthode `main`.

Le principe d'encapsulation

Voilà, vous venez de construire votre premier objet « maison ». Cependant, sans le savoir, vous avez fait plus que ça : vous avez créé un objet dont les variables sont protégées de l'extérieur. En effet, depuis l'extérieur de la classe, elles ne sont accessibles que via les accesseurs et mutateurs que nous avons défini. C'est le principe d'encapsulation !

En fait, lorsqu'on procède de la sorte, on s'assure que le fonctionnement interne à l'objet est intègre, car toute modification d'une donnée de l'objet est maîtrisée. Nous avons développé des méthodes qui s'assurent qu'on ne modifie pas n'importe comment les variables.

Prenons l'exemple de la variable `nbreHabitants`. L'encapsuler nous permet, lors de son affectation, de déduire automatiquement la catégorie de l'objet `Ville`, chose qui n'est pas facilement faisable sans encapsulation. Par extension, si vous avez besoin d'effectuer des opérations déterminées lors de l'affectation du nom d'une ville par exemple, vous n'aurez pas à passer en revue tous les codes source utilisant l'objet `Ville` : vous n'aurez qu'à modifier l'objet (ou la méthode) en question, et le tour sera joué.

Si vous vous demandez l'utilité de tout cela, dites-vous que vous ne serez peut-être pas seuls à développer vos logiciels, et que les personnes utilisant vos classes n'ont pas à savoir ce qu'il s'y passe : seules les fonctionnalités qui leurs sont offertes comptent. Vous le verrez en continuant la lecture de cet ouvrage, Java est souple parce qu'il offre beaucoup de fonctionnalités pouvant être retravaillées selon les besoins, mais gardez à l'esprit que certaines choses vous seront volontairement inaccessibles, pour éviter que vous ne « cassiez » quelque chose.

En résumé

- Une classe permet de définir des objets. Ceux-ci ont des attributs (variables d'instance) et des méthodes (méthodes d'instance + accesseurs).
- Les objets permettent d'encapsuler du code et des données.
- Le ou les constructeurs d'une classe doivent porter le même nom que la classe et n'ont pas de type de retour.
- L'ordre des paramètres passés dans le constructeur doit être respecté.
- Il est recommandé de déclarer ses variables d'instance `private`, pour les protéger d'une mauvaise utilisation par le programmeur.
- On crée des accesseurs et mutateurs (méthodes getters et setters) pour permettre une modification sûre des variables d'instance.
- Dans une classe, on accède aux variables de celle-ci grâce au mot clé `this`.
- Une variable de classe est une variable devant être déclarée `static`.
- Les méthodes n'utilisant que des variables de classe doivent elles aussi être déclarées `static`.
- On instancie un nouvel objet grâce au mot clé `new`.

Chapitre 10

L'héritage

Difficulté :

Je vous arrête tout de suite, vous ne toucherez rien. Pas de rapport d'argent entre nous... :-) Non, la notion d'héritage en programmation est différente de celle que vous connaissez, bien qu'elle en soit tout de même proche. C'est l'un des fondements de la programmation orientée objet !

Imaginons que, dans le programme réalisé précédemment, nous voulions créer un autre type d'objet : des objets `Capitale`. Ceux-ci ne seront rien d'autre que des objets `Ville` avec un paramètre en plus... disons un monument. Vous n'allez tout de même pas recoder tout le contenu de la classe `Ville` dans la nouvelle classe ! Déjà, ce serait vraiment contraignant, mais en plus, si vous aviez à modifier le fonctionnement de la catégorisation de nos objets `Ville`, vous auriez aussi à effectuer la modification dans la nouvelle classe... Ce n'est pas terrible. Heureusement, l'héritage permet à des objets de fonctionner de la même façon que d'autres.

Le principe de l'héritage

Comme je vous l'ai dit dans l'introduction, la notion d'héritage est l'un des fondements de la programmation orientée objet. Grâce à elle, nous pourrons créer des classes héritées[1] de nos classes mères[2]. Nous pourrons créer autant de classes dérivées, par rapport à notre classe de base, que nous le souhaitons. De plus, nous pourrons nous servir d'une classe dérivée comme d'une classe de base pour élaborer encore une autre classe dérivée.

Reprenons l'exemple dont je vous parlais dans l'introduction. Nous allons créer une nouvelle classe, nommée `Capitale`, héritée de `Ville`. Vous vous rendrez vite compte que les objets `Capitale` auront tous les attributs et toutes les méthodes associés aux objets `Ville` !

```
class Capitale extends Ville {

}
```

C'est le mot clé `extends` qui informe Java que la classe `Capitale` est héritée de `Ville`. Pour vous le prouver, essayez ce morceau de code dans votre `main` :

```
Capitale cap = new Capitale();
System.out.println(cap.decrisToi());
```

Vous devriez avoir la figure 10.1 en guise de rendu.

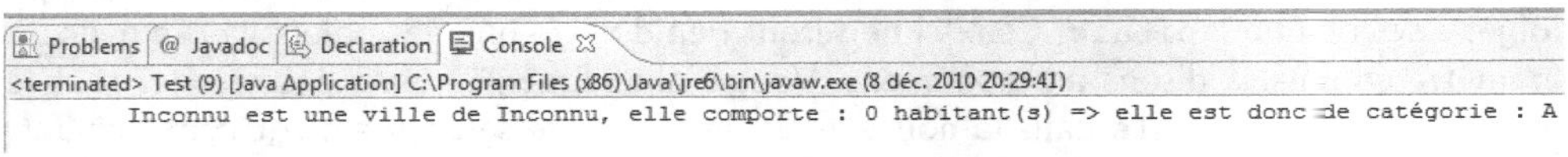

FIGURE 10.1 – Objet `Capitale`

C'est bien la preuve que notre objet `Capitale` possède les propriétés de notre objet `Ville`. Les objets hérités peuvent accéder à toutes les méthodes `public`[3] de leur classe mère, dont la méthode `decrisToi()` dans le cas qui nous occupe.

En fait, lorsque vous déclarez une classe, si vous ne spécifiez pas de constructeur, le compilateur[4] créera, au moment de l'interprétation, le constructeur par défaut. En revanche, dès que vous avez créé un constructeur, n'importe lequel, la JVM ne crée plus le constructeur par défaut.

Notre classe `Capitale` hérite de la classe `Ville`, par conséquent, le constructeur de notre objet appelle, de façon tacite, le constructeur de la classe mère. C'est pour cela que les variables d'instance ont pu être initialisées ! Par contre, essayez ceci dans votre classe :

1. Les classes héritées sont aussi appelées classes *dérivées*.
2. Les classes mères sont aussi appelées classes *de base*.
3. Ce n'est pas tout à fait vrai... Nous le verrons avec le mot clé `protected`.
4. Le compilateur est le programme qui transforme vos codes sources en byte code.

```
public class Capitale extends Ville{
   public Capitale(){
      this.nomVille = "toto";
   }
}
```

Vous allez avoir une belle erreur de compilation ! Dans notre classe `Capitale`, nous ne pouvons pas utiliser directement les attributs de la classe `Ville`.

Pourquoi cela ? Tout simplement parce les variables de la classe `Ville` sont déclarées `private`. C'est ici que le nouveau mot clé `protected` fait son entrée. En fait, seules les méthodes et les variables déclarées `public` ou `protected` peuvent être utilisées dans une classe héritée ; le compilateur rejette votre demande lorsque vous tentez d'accéder à des ressources privées d'une classe mère !

Remplacer `private` par `protected` dans la déclaration de variables ou de méthodes de la classe `Ville` aura pour effet de les protéger des utilisateurs de la classe tout en permettant aux objets enfants d'y accéder. Donc, une fois les variables et méthodes privées de la classe mère déclarées en `protected`, notre objet `Capitale` aura accès à celles-ci ! Ainsi, voici la déclaration de nos variables dans notre classe `Ville` revue et corrigée :

```
public class Ville {

  public static int nbreInstances = 0;
  protected static int nbreInstancesBis = 0;
  protected String nomVille;
  protected String nomPays;
  protected int nbreHabitants;
  protected char categorie;

  //Tout le reste est identique.
}
```

Notons un point important avant de continuer. Contrairement au C++, Java ne gère pas les héritages multiples : une classe dérivée[5] ne peut hériter que d'une seule classe mère ! Vous n'aurez donc **jamais** ce genre de classe :

```
class AgrafeuseBionique extends AgrafeuseAirComprime, AgrafeuseManuelle{
}
```

La raison est toute simple : si nous admettons que nos classes `AgrafeuseAirComprime` et `AgrafeuseManuelle` ont toutes les deux une méthode `agrafer()` et que vous ne redéfinissez pas cette méthode dans l'objet `AgrafeuseBionique`, la JVM ne saura pas quelle méthode utiliser et, plutôt que de forcer le programmeur à gérer les cas d'erreur, les concepteurs du langage ont préféré interdire l'héritage multiple.

5. Je rappelle qu'une classe dérivée est aussi appelée classe fille.

À présent, continuons la construction de notre objet hérité : nous allons agrémenter notre classe `Capitale`. Comme je vous l'avais dit, ce qui différenciera nos objets `Capitale` de nos objets `Ville` sera la présence d'un nouveau champ : le nom d'un monument. Cela implique que nous devons créer un constructeur par défaut et un constructeur d'initialisation pour notre objet `Capitale`.

Avant de foncer tête baissée, il faut que vous sachiez que nous pouvons faire appel aux variables de la classe mère dans nos constructeurs grâce au mot clé `super`. Cela aura pour effet de récupérer les éléments de l'objet de base, et de les envoyer à notre objet hérité. Démonstration :

```
class Capitale extends Ville {

  private String monument;

  //Constructeur par défaut
  public Capitale(){
    //Ce mot clé appelle le constructeur de la classe mère
    super();
    monument = "aucun";
  }
}
```

Si vous essayez à nouveau le petit exemple que je vous avais montré un peu plus haut, vous vous apercevrez que le constructeur par défaut fonctionne toujours... Et pour cause : ici, `super()` appelle le constructeur par défaut de l'objet `Ville` dans le constructeur de `Capitale`. Nous avons ensuite ajouté un monument par défaut.

Cependant, la méthode `decrisToi()` ne prend pas en compte le nom d'un monument... Eh bien le mot clé `super()` fonctionne aussi pour les méthodes de classe, ce qui nous donne une méthode `decrisToi()` un peu différente, car nous allons lui ajouter le champ `president` pour notre description :

```
class Capitale extends Ville {
  private String monument;

  public Capitale(){
    //Ce mot clé appelle le constructeur de la classe mère
    super();
    monument = "aucun";
  }
   public String decrisToi(){
      String str =  super.decrisToi() + "\n \t ==>>" +
                    this.monument+ " en est un monument";
      System.out.println("Invocation de super.decrisToi()");
      System.out.println(super.decrisToi());
      return str;
   }
}
```

Si vous relancez les instructions présentes dans le `main` depuis le début, vous obtiendrez quelque chose comme sur la figure 10.2.

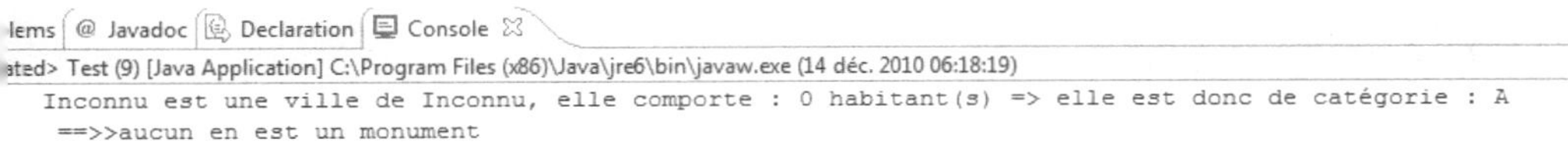

FIGURE 10.2 – Utilisation de `super`

J'ai ajouté les instructions `System.out.println` afin de bien vous montrer comment les choses se passent.

Bon, d'accord : nous n'avons toujours pas fait le constructeur d'initialisation de `Capitale`. Eh bien ? Qu'attendons-nous ?

```
public class Capitale extends Ville {

   private String monument;

   //Constructeur par défaut
   public Capitale(){
     //Ce mot clé appelle le constructeur de la classe mère
     super();
     monument = "aucun";
   }

   //Constructeur d'initialisation de capitale
   public Capitale(String nom, int hab, String pays, String monument){
    super(nom, hab, pays);
    this.monument = monument;
   }

   /**
    * Description d'une capitale
    * @return String retourne la description de l'objet
    */
   public String decrisToi(){
     String str = super.decrisToi() + "\n \t ==>>" +
         this.monument + "en est un monument";
     return str;
    }

   /**
     * @return le nom du monument
     */
   public String getMonument() {
      return monument;
   }

   //Définit le nom du monument
```

```
    public void setMonument(String monument) {
        this.monument = monument;
    }
}
```

▷ Copier ce code
Code web : 403242

Les commentaires que vous pouvez voir sont ce que l'on appelle des commentaires JavaDoc[6] : ils permettent de créer une documentation pour votre code. Vous pouvez faire le test avec Eclipse en allant dans le menu `Project/Generate JavaDoc`.

Dans le constructeur d'initialisation de notre `Capitale`, vous remarquez la présence de `super(nom, hab, pays);`. Difficile de ne pas le voir... Cette ligne de code joue le même rôle que celui que nous avons précédemment vu avec le constructeur par défaut. Sauf qu'ici, le constructeur auquel `super` fait référence prend trois paramètres : ainsi, `super` doit prendre ces paramètres. Si vous ne lui mettez aucun paramètre, `super()` renverra le constructeur par défaut de la classe `Ville`.

Testez le code ci-dessous, il aura pour résultat la figure 10.3.

```
Capitale cap = new Capitale("Paris", 654987, "France", "la tour Eiffel");
    System.out.println("\n"+cap.decrisToi());
```

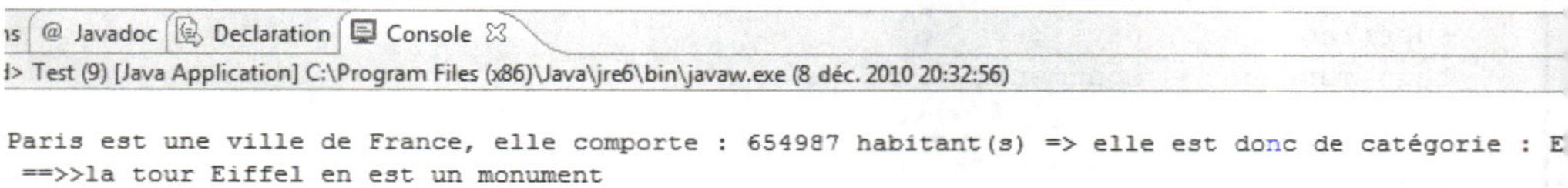

FIGURE 10.3 – Classe `Capitale` avec constructeur

Je vais vous interpeller une fois de plus : vous venez de faire de la méthode `decrisToi()` une méthode polymorphe, ce qui nous conduit sans détour à ce qui suit.

Le polymorphisme

Voici encore un des concepts fondamentaux de la programmation orientée objet : le polymorphisme. Ce concept complète parfaitement celui de l'héritage, et vous allez voir que le polymorphisme est plus simple qu'il n'y paraît. Pour faire court, nous pouvons le définir en disant qu'il permet de manipuler des objets sans vraiment connaître leur type.

6. Souvenez-vous, je vous en ai parlé dans le tout premier chapitre de ce livre.

Dans notre exemple, vous avez vu qu'il suffisait d'utiliser la méthode `decrisToi()` sur un objet `Ville` ou sur un objet `Capitale`. On pourrait construire un tableau d'objets et appeler `decrisToi()` sans se soucier de son contenu : villes, capitales, ou les deux.

D'ailleurs, nous allons le faire. Essayez ce code :

```
//Définition d'un tableau de villes null
Ville[] tableau = new Ville[6];

//Définition d'un tableau de noms de villes et un autre de nombres d'habitants
String[] tab = {"Marseille", "lille", "caen", "lyon", "paris", "nantes"};
int[] tab2 = {123456, 78456, 654987, 75832165, 1594, 213};

//Les trois premiers éléments du tableau seront des villes,
//et le reste, des capitales
for(int i = 0; i < 6; i++){
     if (i <3){
       Ville V = new Ville(tab[i], tab2[i], "france");
       tableau[i] = V;
     }

     else{
       Capitale C = new Capitale(tab[i], tab2[i], "france", "la tour Eiffel");
       tableau[i] = C;
     }
}

//Il ne nous reste plus qu'à décrire tout notre tableau !
for(Ville v : tableau){
     System.out.println(v.decrisToi()+"\n");
}
```

▷ Copier ce code
Code web : 269087

Résultat : la figure 10.4.

Nous créons un tableau de villes contenant des villes et des capitales[7] grâce à notre première boucle `for`. Dans la seconde, nous affichons la description de ces objets... et vous voyez que la méthode **polymorphe** `decrisToi()` fait bien son travail !

Vous aurez sans doute remarqué que je n'utilise que des objets `Ville` dans ma boucle : on appelle ceci la **covariance des variables** ! Cela signifie qu'une variable objet peut contenir un objet qui hérite du type de cette variable. Dans notre cas, un objet de type `Ville` peut contenir un objet de type `Capitale`. Dans ce cas, on dit que `Ville` est la **superclasse** de `Capitale`. La covariance est efficace dans le cas où la classe héritant redéfinit certaines méthodes de sa superclasse.

7. Nous avons le droit de faire ça, car les objets `Capitale` sont aussi des objets `Ville`.

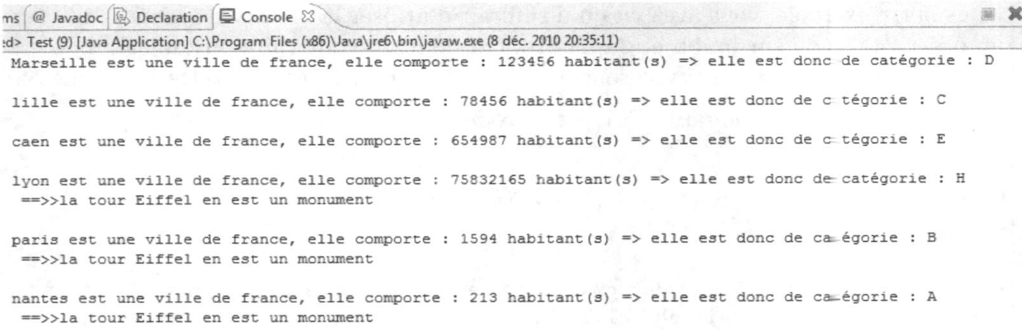

FIGURE 10.4 – Test de polymorphisme

Attention à ne pas confondre la surcharge de méthode avec une méthode polymorphe.

- Une méthode surchargée diffère de la méthode originale par le nombre ou le type des paramètres qu'elle prend en entrée.
- Une méthode polymorphe a un squelette identique à la méthode de base, mais traite les choses différemment. Cette méthode se trouve dans une autre classe et donc, par extension, dans une autre instance de cette autre classe.

Vous devez savoir encore une chose sur l'héritage. Lorsque vous créez une classe (`Ville`, par exemple), celle-ci hérite, de façon tacite, de la classe `Object` présente dans Java. Toutes nos classes héritent donc des méthodes de la classe `Object`, comme `equals()` qui prend un objet en paramètre et qui permet de tester l'égalité d'objets. Vous vous en êtes d'ailleurs servis pour tester l'égalité de `String()` dans la première partie de ce livre. Donc, en redéfinissant une méthode de la classe `Object` dans la classe `Ville`, nous pourrions utiliser la covariance.

La méthode de la classe `Object` la plus souvent redéfinie est `toString()` : elle retourne un `String` décrivant l'objet en question (comme notre méthode `decrisToi()`). Nous allons donc copier la procédure de la méthode `decrisToi()` dans une nouvelle méthode de la classe `Ville` : `toString()`.

Voici son code :

```
public String toString(){
  return "\t"+this.nomVille+" est une ville de "+this.nomPays+
            ", elle comporte : "+this.nbreHabitant+
            " => elle est donc de catégorie : "+this.categorie;
}
```

Nous faisons de même dans la classe `Capitale` :

```
public String toString(){
```

```
    String str = super.toString() + "\n \t ==>>" +
                    this.monument + " en est un monument";
    return str;
  }
```

Maintenant, testez ce code :

```
//Définition d'un tableau de villes null
Ville[] tableau = new Ville[6];

//Définition d'un tableau de noms de Villes et un autre de nombres d'habitants
String[] tab = {"Marseille", "lille", "caen", "lyon", "paris", "nantes"};
int[] tab2 = {123456, 78456, 654987, 75832165, 1594, 213};

//Les trois premiers éléments du tableau seront des Villes
//et le reste des capitales
for(int i = 0; i < 6; i++){
     if (i <3){
       Ville V = new Ville(tab[i], tab2[i], "france");
       tableau[i] = V;
     }

     else{
       Capitale C = new Capitale(tab[i], tab2[i], "france", "la tour Eiffel");
       tableau[i] = C;
     }
}

//Il ne nous reste plus qu'à décrire tout notre tableau !
for(Object obj : tableau){
     System.out.println(obj.toString()+"\n");
}
```

Vous pouvez constater qu'il fait exactement la même chose que le code précédent ; nous n'avons pas à nous soucier du type d'objet pour afficher sa description. Je pense que vous commencez à entrevoir la puissance de Java !

Attention : si vous ne redéfinissez pas ou ne « polymorphez » pas la méthode d'une classe mère dans une classe fille (exemple de `toString()`), à l'appel de celle-ci avec un objet fille, c'est la méthode de la classe mère qui sera invoquée !

Une précision s'impose : si vous avez un objet `v` de type `Ville`, par exemple, que vous n'avez pas redéfini la méthode `toString()` et que vous testez ce code :

```
System.out.println(v);
```

... vous appellerez automatiquement la méthode `toString()` de la classe `Object` ! Mais ici, comme vous avez redéfini la méthode `toString()` dans votre classe `Ville`, ces deux instructions sont équivalentes :

```
System.out.println(v.toString());
//Est équivalent à
System.out.println(v);
```

Pour plus de clarté, je conserverai la première syntaxe, mais il est utile de connaître cette alternative. Pour clarifier un peu tout ça, vous avez accès aux méthodes `public` et `protected` de la classe `Object` dès que vous créez une classe objet (grâce à l'héritage tacite). Vous pouvez donc utiliser lesdites méthodes ; mais si vous ne les redéfinissez pas, l'invocation se fera sur la classe mère avec les traitements de la classe mère.

Si vous voulez un exemple concret de ce que je viens de vous dire, vous n'avez qu'à retirer la méthode `toString()` dans les classes `Ville` et `Capitale` : vous verrez que le code de la méthode `main` fonctionne toujours, mais que le résultat n'est plus du tout pareil, car à l'appel de la méthode `toString()`, la JVM va regarder si celle-ci existe dans la classe appelante et, comme elle ne la trouve pas, elle remonte dans la hiérarchie jusqu'à arriver à la classe `Object`...

Vous devez savoir qu'une méthode n'est invocable par un objet QUE si celui-ci définit ladite méthode.

Ainsi, ce code ne fonctionne pas :

```
public class Sdz1 {

    public static void main(String[] args){

        Ville[] tableau = new Ville[6];
        String[] tab = {"Marseille", "lille", "caen", "lyon", "paris", "nantes"};
        int[] tab2 = {123456, 78456, 654987, 75832165, 1594, 213};

        for(int i = 0; i < 6; i++){
            if (i <3){
                Ville V = new Ville(tab[i], tab2[i], "france");
                tableau[i] = V;
            }

            else{
                Capitale C = new Capitale(tab[i], tab2[i], "france",
                ↪ "la tour Eiffel");
                tableau[i] = C;
            }
        }

        //Il ne nous reste plus qu'à décrire tout notre tableau !
        for(Object v : tableau){
```

```
            System.out.println(v.decrisToi()+"\n");
        }
    }
}
```

Pour qu'il fonctionne, vous devez dire à la JVM que la référence de type `Object` est en fait une référence de type `Ville`, comme ceci : `((Ville)v).decrisToi();`. Vous transtypez la référence `v` en `Ville` par cette syntaxe. Ici, l'ordre des opérations s'effectue comme ceci :

- vous transtypez la référence `v` en `Ville` ;
- vous appliquez la méthode `decrisToi()` à la référence appelante, c'est-à-dire, ici, une référence `Object` changée en `Ville`.

Vous voyez donc l'intérêt des méthodes polymorphes : grâce à elles, vous n'avez plus à vous soucier du type de variable appelante. Cependant, n'utilisez le type `Object` qu'avec parcimonie.

Il y a deux autres méthodes qui sont très souvent redéfinies :

- **`public boolean equals(Object o)`**, qui permet de vérifier si un objet est égal à un autre ;
- **`public int hashCode()`**, qui attribue un code de hashage à un objet. En gros, elle donne un identifiant à un objet. Notez que cet identifiant sert plus à catégoriser votre objet qu'à l'identifier formellement.

Il faut garder en tête que ce n'est pas parce que deux objets ont un même code de hashage qu'ils sont égaux[8] ; par contre, deux objets égaux ont forcément le même code de hashage !

Voilà à quoi pourraient ressembler ces deux méthodes pour notre objet `Ville` :

```
public int hashCode(){
     //On utilise ici la méthode hashCode de l'objet String
     return (this.nomPays.hashCode()+this.nomVille.hashCode());
}

public boolean equals(Ville v){
    return (this.hashCode() == v.hashCode() &&
               this.getNombreHabitant() == v.getNombreHabitant());
}
```

Nous avons donc défini que le code de hashage de nos objets `Ville` est fonction du nom du pays et du nom de la ville, que la méthode **`equals`** doit prendre en paramètre des objets `Ville`[9] et que deux objets `Ville` sont égaux s'ils ont le même code de hashage ainsi que le même nombre d'habitants.

8. En effet, deux objets peuvent avoir la même « catégorie » et être différents...
9. Elle peut également recevoir des classes filles de `Ville`.

Il existe encore un type de méthodes dont je ne vous ai pas encore parlé : le type `final`. Une méthode signée `final` est figée, vous ne pourrez **jamais** la redéfinir [10].

```
public final int maMethode(){
     //Méthode ne pouvant pas être surchargée
}
```

Il existe aussi des classes déclarées `final`. Vous avez compris que ces classes sont immuables... Et vous ne pouvez donc pas faire hériter un objet d'une classe déclarée `final` !

En résumé

- Une classe hérite d'une autre classe par le biais du mot clé `extends`.
- Une classe ne peut hériter que d'une seule classe.
- Si aucun constructeur n'est défini dans une classe fille, la JVM en créera un et appellera automatiquement le constructeur de la classe mère.
- La classe fille hérite de toutes les propriétés et méthodes `public` et `protected` de la classe mère.
- Les méthodes et les propriétés `private` d'une classe mère ne sont pas accessibles dans la classe fille.
- On peut redéfinir une méthode héritée, c'est-à-dire qu'on peut changer tout son code.
- On peut utiliser le comportement d'une classe mère par le biais du mot clé `super`.
- Grâce à l'héritage et au polymorphisme, nous pouvons utiliser la covariance des variables.
- Si une méthode d'une classe mère n'est pas redéfinie ou « polymorphée », à l'appel de cette méthode par le biais d'un objet enfant, c'est la méthode de la classe mère qui sera utilisée.
- Vous ne pouvez pas hériter d'une classe déclarée `final`.
- Une méthode déclarée `final` n'est pas redéfinissable.

10. La méthode `getClass()` de la classe `Object` est un exemple de ce type de méthode : vous ne pourrez pas la redéfinir.

Chapitre 11

Modéliser ses objets grâce à UML

Difficulté :

Dans ce chapitre, nous allons découvrir le principe de modélisation d'objet.
Le sigle UML signifie ***U**nified **M**odeling **L**anguage* : traduisez par « langage de modélisation unifié ». Il ne s'agit pas d'un langage de programmation, mais plutôt d'une méthode de modélisation. La méthode `Merise`, par exemple, en est une autre.

En fait, lorsque vous programmez en orienté objet, il vous sera sans doute utile de pouvoir schématiser vos classes, leur hiérarchie, leurs dépendances, leur architecture, etc.

L'idée est de pouvoir, d'un simple coup d'œil, vous représenter le fonctionnement de votre logiciel : imaginez UML un peu comme une partition de musique pour le musicien. Le but de ce chapitre n'est pas de vous transformer en experts UML, mais de vous donner suffisamment de bases pour mieux appréhender la modélisation et ensuite bien cerner certains concepts de la POO.

Présentation d'UML

Je sais que vous êtes des Zéros avertis en matière de programmation, ainsi qu'en informatique en général, mais mettez-vous dans la peau d'une personne totalement dénuée de connaissances dans le domaine. Il fallait trouver un langage commun aux commerciaux, aux responsables de projets informatiques et aux développeurs, afin que tout ce petit monde se comprenne. Avec UML, c'est le cas.

En fait, avec UML, vous pouvez modéliser toutes les étapes du développement d'une application informatique, de sa conception à la mise en route, grâce à des diagrammes. Il est vrai que certains de ces diagrammes sont plus adaptés pour les informaticiens, mais il en existe qui permettent de voir comment interagit l'application avec son contexte de fonctionnement... Et dans ce genre de cas, il est indispensable de bien connaître l'entreprise pour laquelle l'application est prévue. On recourt donc à un mode de communication compréhensible par tous : UML.

Il existe bien sûr des outils de modélisation pour créer de tels diagrammes. En ce qui me concerne, j'utilise argoUML [1].

▷ Télécharger argoUML
Code web : 547686

Cependant, il en existe d'autres, comme :

- boUML,
- Together,
- Poseidon,
- Pyut...

Avec ces outils, vous pouvez réaliser les différents diagrammes qu'UML vous propose :

- le diagramme de *use case* [2] permet de déterminer les différents cas d'utilisation d'un programme informatique ;
- le diagramme de classes ; c'est de celui-là que nous allons nous servir. Il permet de modéliser des classes ainsi que les interactions entre elles ;
- les diagrammes de séquences, eux, permettent de visualiser le déroulement d'une application dans un contexte donné ;
- et d'autres encore...

La figure 11.1 représente un exemple de diagramme de classes.

Vous avez dû remarquer qu'il représente les classes que nous avons rencontrées dans les chapitres précédents. Je ne vous cache pas qu'il s'agit d'une version simplifiée... En effet, vous pouvez constater que je n'ai pas fait figurer les méthodes déclarées `public` de la classe `Object`, ni celles des classes que nous avons codées. Je ne vais pas vous apprendre à utiliser argoUML, mais plutôt à lire un diagramme. En effet, dans certains cas, il est utile de modéliser les classes et l'interaction entre celles-ci, ne serait-ce que pour disposer de plus de recul sur son travail. Une autre raison à cela est que certains concepts de programmation sont plus faciles à expliquer avec un diagramme qu'avec

1. Il a le mérite d'être gratuit et écrit en Java... donc multi-plates-formes.
2. Cas d'utilisation.

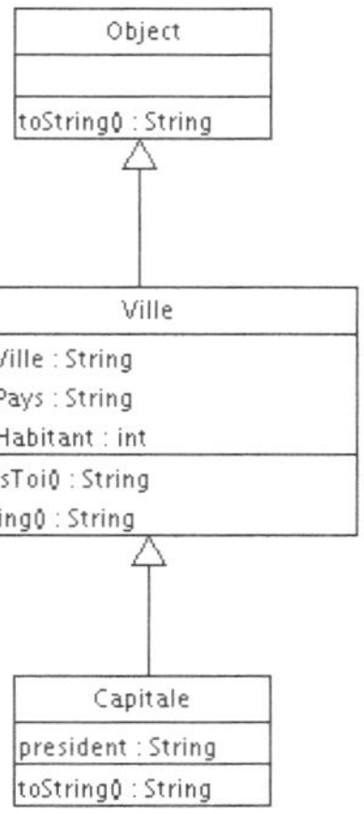

FIGURE 11.1 – Exemple de diagramme de classes

de longs discours...

Modéliser ses objets

À présent, nous allons apprendre à lire un diagramme de classes. Vous avez deviné qu'une classe est modélisée sous la forme représentée sur la figure 11.2.

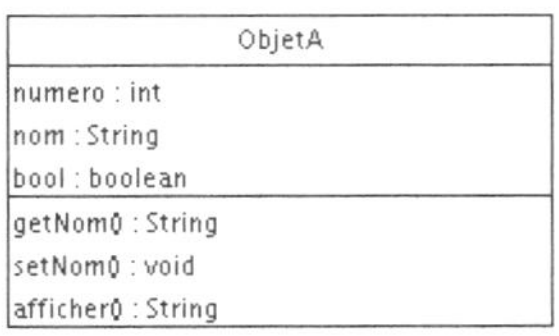

FIGURE 11.2 – Classe en UML

Voici une classe nommée `ObjetA` qui a comme attributs :

- `numero` de type `int` ;
- `nom` de type `String` ;
- `bool` de type `boolean`.

Ses méthodes sont :

- `getNom()` qui retourne une chaîne de caractères ;
- `setNom()` qui ne renvoie rien ;
- `afficher()` qui renvoie également une chaîne de caractères.

La portée des attributs et des méthodes n'est pas représentée ici. Vous voyez, la modélisation d'un objet est toute simple et très compréhensible !

Maintenant, intéressons-nous aux interactions entre objets.

Modéliser les liens entre les objets

Vous allez voir : les interactions sont, elles aussi, très simples à modéliser. En fait, comme vous l'avez vu avec l'exemple, les interactions sont modélisées par des flèches de plusieurs sortes. Nous aborderons ici celles dont nous pouvons nous servir dans l'état actuel de nos connaissances (au fur et à mesure de la progression, d'autres flèches apparaîtront).

Regardez la figure 11.3.

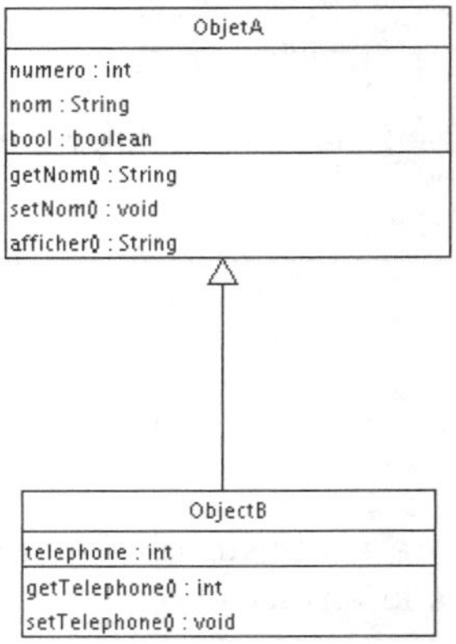

FIGURE 11.3 – Représentation de l'héritage

Sur ce diagramme, vous remarquez un deuxième objet qui dispose, lui aussi, de paramètres. Ne vous y trompez pas, `ObjetB` possède également les attributs et les méthodes de la classe `ObjetA`. D'après vous, pourquoi ? C'est parce que la flèche qui relie nos deux objets signifie « **`extends`** ». En gros, vous pouvez lire ce diagramme comme suit : l'`ObjetB` **hérite de** l'`ObjetA`, ou encore `ObjetB` **est un** `ObjetA`.

Nous allons voir une autre flèche d'interaction. Je sais que nous n'avons pas encore rencontré ce cas de figure, mais il est simple à comprendre.

De la même façon que nous pouvons utiliser des objets de type `String` dans des classes que nous développons, nous pouvons aussi utiliser comme variable d'instance, ou de classe, un objet que nous avons codé. La figure 11.4 modélise ce cas.

Dans cet exemple simpliste, nous avons toujours notre héritage entre un objet A et un objet B, mais dans ce cas, l'`ObjetA` (et donc l'`ObjetB`) possède une variable de classe de type `ObjetC`, ainsi qu'une méthode dont le type de retour est `ObjetC` (car la méthode retourne un `ObjetC`). Vous pouvez lire ce diagramme comme suit : l'`ObjetA` **a un** `ObjetC` (donc **une seule** instance d'`ObjetC` est présente dans `ObjetA`).

Voici le code Java correspondant à ce diagramme.

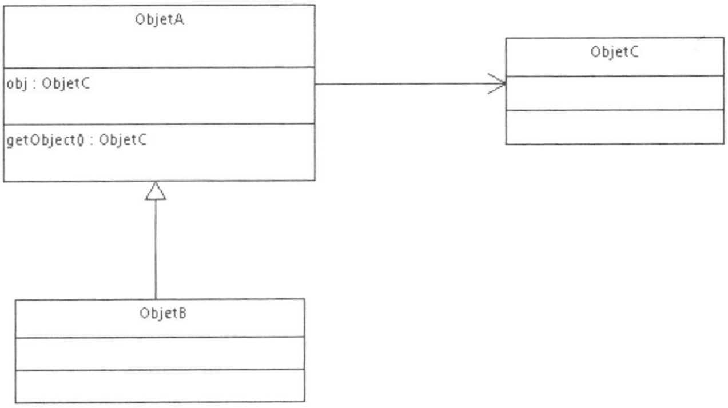

FIGURE 11.4 – Représentation de l'appartenance

Fichier ObjetA.java

```
public class ObjetA{
   protected ObjetC obj = new ObjetC();

   public ObjetC getObject(){
      return obj;
   }
}
```

Fichier ObjetB.java

```
public class ObjetB extends ObjetA{

}
```

Fichier ObjetC.java

```
public class ObjetC{

}
```

Il reste une dernière flèche que nous pouvons mentionner, car elle ne diffère que légèrement de la première. Un diagramme la mettant en œuvre est représenté sur la figure 11.5.

Ce diagramme est identique au précédent, à l'exception de l'`ObjetD`. Nous devons le lire comme ceci : l'`ObjetA` **est composé de plusieurs instances d'**`ObjetD`. Vous pouvez d'ailleurs remarquer que la variable d'instance correspondante est de type tableau...

Voici le code Java correspondant.

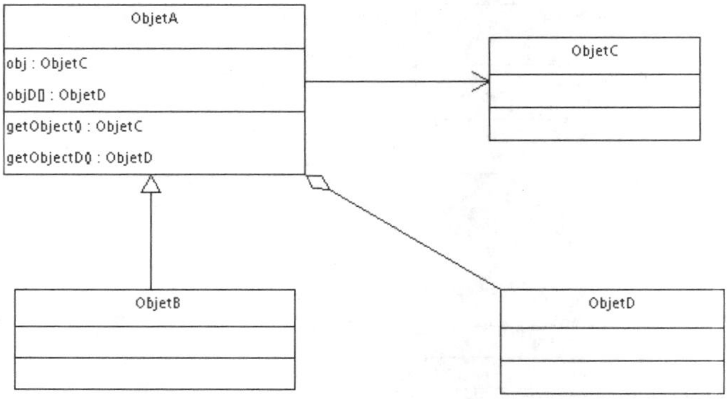

FIGURE 11.5 – Représentation de la composition

Fichier ObjetA.java

```
public class ObjetA{
   protected ObjetC obj = new ObjetC();
   protected ObjetD[] objD = new ObjetD[10];

   public ObjetC getObject(){     return obj;   }
   public ObjectD[] getObjectD(){      return objD;    }
}
```

Fichier ObjetB.java

```
public class ObjetB extends ObjetA{ }
```

Fichier ObjetC.java

```
public class ObjetC{ }
```

Fichier ObjetD.java

```
public class ObjetD{ }
```

Il est bien évident que ces classes ne font strictement rien. Je les ai utilisées à titre d'exemple pour la modélisation...

Voilà, c'en est fini pour le moment. Attendez-vous donc à rencontrer des diagrammes dans les prochains chapitres...

En résumé

- UML vous permet de représenter les liens entre vos classes.
- Vous pouvez y modéliser leurs attributs et leurs méthodes.
- Vous pouvez représenter l'héritage avec une flèche signifiant « est un ».
- Vous pouvez représenter l'appartenance avec une flèche signifiant « a un ».
- Vous pouvez représenter la composition avec une flèche signifiant « est composé de ».

Chapitre 12

Les packages

Difficulté :

Lorsque nous avons été confrontés pour la première fois aux packages, c'était pour importer la classe `Scanner` via l'instruction `import java.util.Scanner;`. Le fonctionnement des packages est simple à comprendre : ce sont comme des dossiers permettant de ranger nos classes. Charger un package nous permet d'utiliser les classes qu'il contient.

Il n'y aura rien de franchement compliqué dans ce chapitre si ce n'est que nous reparlerons un peu de la portée des classes Java.

Création d'un package

L'un des avantages des packages est que nous allons y gagner en lisibilité dans notre package par défaut, mais aussi que les classes mises dans un package sont plus facilement transportables d'une application à l'autre. Pour cela, il vous suffit d'inclure le dossier de votre package dans un projet et d'y importer les classes qui vous intéressent ! Pour créer un nouveau package, cliquez simplement sur cette icône[1] (figure 12.1).

FIGURE 12.1 – Nouveau package

Une boîte de dialogue va s'ouvrir et vous demander le nom de votre package (figure 12.2).

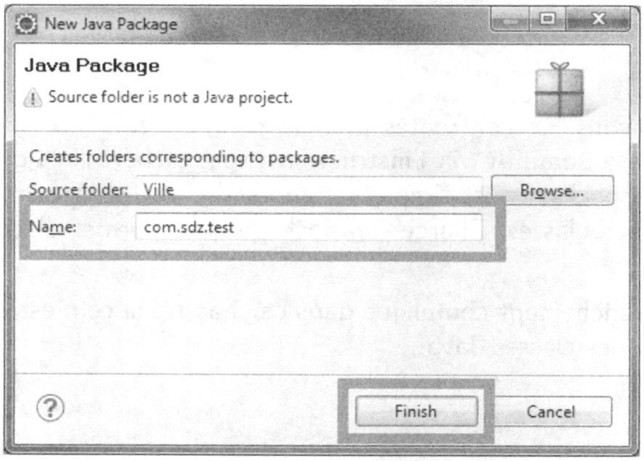

FIGURE 12.2 – Nom du package

Il existe aussi une convention de nommage pour les packages :

- ceux-ci doivent être écrits entièrement en minuscules ;
- les caractères autorisés sont alphanumériques (de a à z, de 0 à 9) et peuvent contenir des points (.) ;
- tout package doit commencer par *com*, *edu*, *gov*, *mil*, *net*, *org* ou les deux lettres identifiant un pays[2], **fr** correspond à France, **en** correspond à England...
- aucun mot clé Java ne doit être présent dans le nom, sauf si vous le faites suivre d'un « _ », ainsi :
  - `com.sdz.package` n'est pas un nom de package valide,
  - `com.sdz.package_` est un nom de package valide.

1. Vous pouvez aussi effectuer un clic droit puis `New` → `Package`.
2. ISO Standard 3166, 1981.

Comme cet ouvrage est la version papier du cours présent sur le Site du Zéro, j'ai pris le nom à l'envers : **sdz.com** nous donne com.sdz. Autre exemple, mes packages ont tendance à s'appeler com.cysboy.<nom>.

Pour le cas qui nous occupe, appelons-le com.sdz.test.
Cliquez sur « Finish » pour créer le package. Et voilà : celui-ci est prêt à l'emploi.

Je vous invite à aller voir dans le dossier où se trouvent vos codes sources : vous constaterez qu'il y a l'arborescence du dossier com/sdz/test dans votre dossier src.

Vous conviendrez que la création d'un package est très simple. Cependant, je ne peux pas vous laisser sans savoir que la portée de vos classes est affectée par les packages...

Droits d'accès entre les packages

Lorsque vous avez créé votre première classe, vous avez vu qu'Eclipse met systématiquement le mot clé « public » devant la déclaration de la classe. Je vous avais alors dit que public class Ville et class Ville étaient sensiblement différents et que le mot clé « public » influait sur la portée de notre classe. En fait, une classe déclarée avec le mot clé « public » sera visible même à l'extérieur de son package, les autres ne seront accessibles que depuis l'intérieur du package : on dit que leur portée est default.

Afin de vous prouver mes dires, je vous invite à créer un second package : je l'ai appelé com.sdz.test2. Dans le premier package, com.sdz.test, créez une classe A de portée public et une classe B de portée default, comme ceci[3] :

```
package com.sdz.test;

class B {
        public String str ="";
}
```

```
package com.sdz.test;

public class A {
        public B b = new B();
}
```

Vous aurez remarqué que les classes contenues dans un package ont en toute première instruction la déclaration de ce package.

Maintenant que cela est fait, afin de faire le test, créez une classe contenant la méthode main, toujours dans le même package, comme ceci :

3. J'ai volontairement déclaré les variables d'instance public afin d'alléger l'exemple.

```
package com.sdz.test;

public class Main {
        public static void main(String[] args){
                A a = new A();
                B b = new B();
                //Aucun problème ici
        }
}
```

Ce code, bien qu'il ne fasse rien, fonctionne très bien : aucun problème de compilation, entre autres.
Maintenant, faites un **copier-coller** de la classe ci-dessus dans le package `com.sdz.test2`. Vous devriez avoir le résultat représenté sur la figure 12.3.

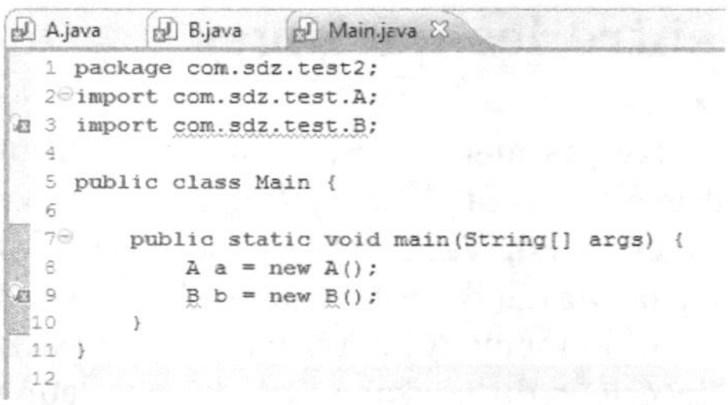

FIGURE 12.3 – Problème de portée de classe

Vous pouvez constater qu'Eclipse n'aime ni l'instruction `import com.sdz.test.B`, ni l'instruction `B b = new B();` : cela est dû à la déclaration de notre classe. J'irai même plus loin : si vous essayez de modifier la variable d'instance de l'objet `A`, vous aurez le même problème. Donc, ceci : `a.b.str = "toto";` n'est pas non plus autorisé dans ce package !
La seule façon de corriger le problème est de déclarer la classe `B` `public`. Rappelez-vous que seule la classe `A` avait été déclarée ainsi.

En résumé

- Un package est un ensemble de dossiers et de sous-dossiers.
- Le nom du package est soumis à une convention de nommage.
- Si vous voulez utiliser un mot clé Java dans le nom de votre package, vous devez le faire suivre d'un « _ ».
- Les classes déclarées `public` sont visibles depuis l'extérieur du package qui les contient.
- Les classes n'ayant pas été déclarées `public` ne sont pas visibles depuis l'extérieur du package qui les contient.
- Si une classe déclarée `public` dans son package a une variable d'un type ayant une portée `default`, cette dernière ne pourra pas être modifiée depuis l'extérieur de son package.

Chapitre 13

Les classes abstraites et les interfaces

Difficulté :

Nous voilà de retour avec deux fondements du langage Java. Je vais essayer de faire simple : derrière ces deux notions se cache la manière dont Java vous permet de structurer votre programme.

Grâce aux chapitres précédents, vous vous rendez compte que vos programmes Java regorgeront de classes, avec de l'héritage, des dépendances, de la composition... Afin de bien structurer vos programmes (on parle d'*architecture logicielle*), vous allez vous creuser les méninges pour savoir où ranger des comportements d'objets :

- dans la classe mère ?
- dans la classe fille ?

Comment obtenir une structure assez souple pour pallier les problèmes de programmation les plus courants ? La réponse est dans ce chapitre.

Les classes abstraites

Une classe **abstraite** est quasiment identique à une classe normale. Oui, identique aux classes que vous avez maintenant l'habitude de coder. Cela dit, elle a tout de même une particularité : **vous ne pouvez pas l'instancier !**

Vous avez bien lu. Imaginons que nous ayons une classe A déclarée **abstraite**. Voici un code qui ne compilera pas :

```
public class Test{
   public static void main(String[] args){
       A obj = new A(); //Erreur de compilation !
   }
}
```

Pour bien en comprendre l'utilité, il vous faut un exemple de situation (de programme, en fait) qui le requiert. Imaginez que vous êtes en train de réaliser un programme qui gère différents types d'animaux[1].

Dans ce programme, vous aurez des loups, des chiens, des chats, des lions et des tigres. Mais vous n'allez tout de même pas faire toutes vos classes bêtement : il va de soi que tous ces animaux ont des points communs ! Et qui dit points communs dit **héritage**. Que pouvons-nous définir de commun à tous ces animaux ? Le fait qu'ils aient une couleur, un poids, un cri, une façon de se déplacer, qu'ils mangent et boivent quelque chose.

Nous pouvons donc créer une classe mère : appelons-la Animal. Avec ce que nous avons dégagé de commun, nous pouvons lui définir des attributs et des méthodes. Voici donc ce à quoi ressemblent nos classes tant qu'à présent (figure 13.1).

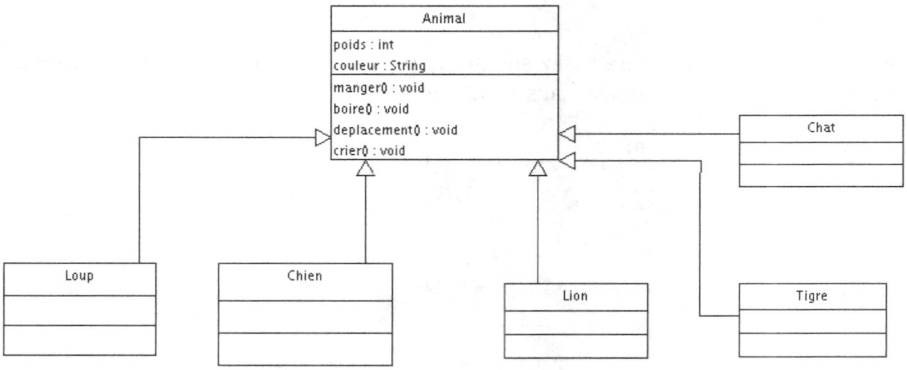

FIGURE 13.1 – Classe Animal

Nous avons bien notre classe mère Animal et nos animaux qui en héritent. À présent, laissez-moi vous poser une question.

1. Oui, je sais : l'exemple est bête, mais il a le mérite d'être simple à comprendre.

Vu que notre classe `Animal` est `public`, qu'est censé faire un objet `Animal` ? Quel est son poids, sa couleur, que mange-t-il ?

Si nous avons un morceau de code qui ressemble à ceci :

```
public class Test{
   public static void main(String[] args){
      Animal ani = new Animal();
      ((Loup)ani).manger(); //Que doit-il faire ?
   }
}
```

... personnellement, je ne sais pas ce que mange un objet `Animal`... **Vous conviendrez que toutes les classes ne sont pas bonnes à être instanciées !**

C'est là qu'entrent en jeu nos classes abstraites. En fait, ces classes servent à définir une *superclasse* : par là, vous pouvez comprendre qu'elles servent essentiellement à créer un nouveau type d'objets. Voyons maintenant comment créer une telle classe.

Une classe `Animal` très abstraite

En fait, il existe une règle pour qu'une classe soit considérée comme abstraite. Elle doit être déclarée avec le mot clé `abstract`. Voici un exemple illustrant mes dires :

```
abstract class Animal{ }
```

Une telle classe peut contenir la même chose qu'une classe normale. Ses enfants pourront utiliser tous ses éléments déclarés[2] (attributs et méthodes). Cependant, ce type de classe permet de définir des méthodes abstraites... méthodes qui présentent une particularité : elle n'ont pas de corps !

En voici un exemple :

```
abstract class Animal{
   abstract void manger(); //Une méthode abstraite
}
```

Vous voyez pourquoi on dit « **méthode abstraite** » : difficile de voir ce que cette méthode sait faire...

Retenez bien qu'une méthode abstraite n'est composée que de l'en-tête de la méthode suivie d'un point-virgule « ; ».

2. Éléments déclarés `public` ou `protected`, nous sommes d'accord.

Il faut que vous sachiez qu'une méthode abstraite ne peut exister que dans une classe abstraite. Si, dans une classe, vous avez une méthode déclarée abstraite, vous **devez déclarer cette classe comme étant abstraite**.

Voyons à quoi cela peut servir. Vous avez vu les avantages de l'héritage et du polymorphisme. Eh bien nos classes enfants hériteront aussi des méthodes abstraites, mais étant donné que celles-ci n'ont pas de corps, nos classes enfants seront **obligées de redéfinir ces méthodes !** Elles présentent donc des méthodes polymorphes, ce qui implique que la covariance des variables pointe à nouveau le bout de son nez :

```
public class Test{
   public static void main(String args[]){
     Animal loup = new Loup();
     Animal chien = new Chien();
     loup.manger();
     chien.crier();
   }
}
```

Attends ! Tu nous as dit qu'on ne pouvait pas instancier de classe abstraite !

Et je maintiens mes dires : nous n'avons pas instancié notre classe abstraite. Nous avons instancié un objet `Loup` que nous avons mis dans un objet de type `Animal`[3]. Vous devez vous rappeler que l'instance se crée avec le mot clé `new`. En aucun cas, le fait de déclarer une variable d'un type de classe donné – ici, `Animal` – n'est une instanciation ! Ici, nous instancions un `Loup` et un `Chien`.

Vous pouvez aussi utiliser une variable de type `Object` comme référence à un objet `Loup`, à un objet `Chien`... Vous saviez déjà que ce code fonctionne :

```
public class Test{
  public static void main(String[] args){
     Object obj = new Loup();
     ((Loup)obj).manger();
  }
}
```

En revanche, ceci pose problème :

```
public static void main(String[] args){
   Object obj = new Loup();
   Loup l = obj; //Problème de référence
}
```

3. Il en va de même pour l'instanciation de la classe `Chien`.

Eh oui ! Vous essayez de mettre une référence de type `Object` dans une référence de type `Loup` : pour avertir la JVM que la référence que vous voulez affecter à votre objet de type `Loup` est un `Loup`, vous devez utiliser le transtypage ! Revoyons notre code :

```
public static void main(String[] args){
    Object obj = new Loup();
    Loup l = (Loup)obj;
   //Vous prévenez la JVM que la référence que vous passez est de type Loup.
}
```

Vous pouvez bien évidemment instancier directement un objet `Loup`, un objet `Chien`, etc.

Pour le moment, nous n'avons de code dans aucune classe ! Les exemples que je vous ai fournis ne font rien du tout, mais ils fonctionneront lorsque nous aurons ajouté des morceaux de code à nos classes.

Étoffons notre exemple

Nous allons donc ajouter des morceaux de code à nos classes. Tout d'abord, établissons un bilan de ce que nous savons.

- Nos objets seront probablement tous de couleur et de poids différents. Nos classes auront donc le droit de modifier ceux-ci.
- Ici, nous partons du principe que tous nos animaux mangent de la viande. La méthode `manger()` sera donc définie dans la classe `Animal`.
- Idem pour la méthode `boire()`. Ils boiront tous de l'eau[4].
- Ils ne crieront pas et ne se déplaceront pas de la même manière. Nous emploierons donc des méthodes polymorphes et déclarerons les méthodes `deplacement()` et `crier()` **abstraites** dans la classe `Animal`.

La figure 13.2 représente le diagramme des classes de nos futurs objets. Ce diagramme permet de voir si une classe est abstraite : son nom est alors en italique.

Nous voyons bien que notre classe `Animal` est déclarée abstraite et que nos classes filles héritent de celle-ci. De plus, nos classes filles ne redéfinissent que deux méthodes sur quatre, on en conclut donc que ces deux méthodes doivent être abstraites. Nous ajouterons deux constructeurs à nos classes filles : un par défaut et un autre comprenant les deux paramètres d'initialisation. À cela, nous ajouterons aussi les accesseurs d'usage. Mais dites donc... nous pouvons améliorer un peu cette architecture, sans pour autant rentrer dans les détails !

Vu les animaux présents, nous aurions pu faire une sous-classe `Carnivore`, ou encore `AnimalDomestique` et `AnimalSauvage`... Ici, nous allons nous contenter de faire deux sous-classes : `Canin` et `Felin`, qui hériteront d'`Animal` et dont nos objets eux-mêmes hériteront !

4. Je vous voyais venir...

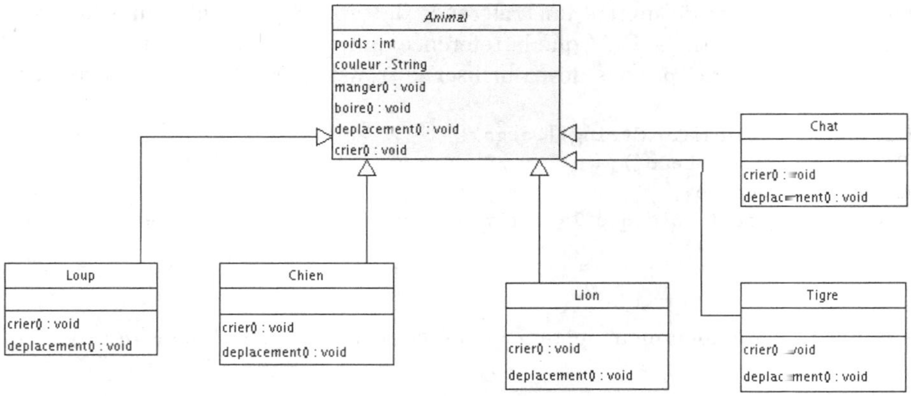

FIGURE 13.2 – Hiérarchie de nos classes

Nous allons redéfinir la méthode `deplacement()` dans cette classe, car nous allons partir du principe que les félins se déplacent d'une certaine façon et les canins d'une autre. Avec cet exemple, nous réviserons le polymorphisme... La figure 13.3 correspond à notre diagramme mis à jour [5].

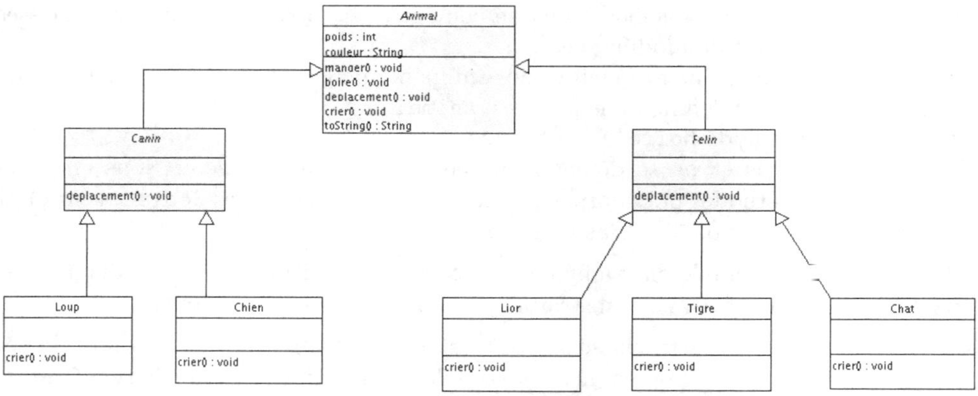

FIGURE 13.3 – Nouvelle architecture des classes

Voici les codes Java correspondants.

▷ Copier ces classes
Code web : 571397

5. Vous avez remarqué ? J'ai ajouté une méthode `toString()`.

Animal.java

```
abstract class Animal {

        protected String couleur;
        protected int poids;

        protected void manger(){
                System.out.println("Je mange de la viande.");
        }

        protected void boire(){
                System.out.println("Je bois de l'eau !");
        }

        abstract void deplacement();

        abstract void crier();

        public String toString(){
                String str = "Je suis un objet de la " + this.getClass() +
                ↪ ", je suis " + this.couleur + ", je pèse " + this.poids;
                return str;
        }
}
```

Felin.java

```
public abstract class Felin extends Animal {
         void deplacement() {
                System.out.println("Je me déplace seul !");
        }
}
```

Canin.java

```
public abstract class Canin extends Animal {
         void deplacement() {
                System.out.println("Je me déplace en meute !");
        }
}
```

Chien.java

```
public class Chien extends Canin {

        public Chien(){
```

```
	}

	public Chien(String couleur, int poids){
		this.couleur = couleur;
		this.poids = poids;
	}

	void crier() {
		System.out.println("J'aboie sans raison !");
	}
}
```

Loup.java

```
public class Loup extends Canin {

	public Loup(){

	}
	public Loup(String couleur, int poids){
		this.couleur = couleur;
		this.poids = poids;
	}

	void crier() {
		System.out.println("Je hurle à la Lune en faisant ouhouh !");
	}
}
```

Lion.java

```
public class Lion extends Felin {

	public Lion(){

	}
	public Lion(String couleur, int poids){
		this.couleur = couleur;
		this.poids = poids;
	}

	void crier() {
		System.out.println("Je rugis dans la savane !");
	}
}
```

Tigre.java

```
public class Tigre extends Felin {

        public Tigre(){

        }
        public Tigre(String couleur, int poids){
                this.couleur = couleur;
                this.poids = poids;
        }

        void crier() {
                System.out.println("Je grogne très fort !");
        }
}
```

Chat.java

```
public class Chat extends Felin {

       public Chat(){

        }
        public Chat(String couleur, int poids){
                this.couleur = couleur;
                this.poids = poids;
        }

        void crier() {
                System.out.println("Je miaule sur les toits !");
        }
}
```

Dis donc ! Une classe abstraite ne doit-elle pas comporter une méthode abstraite ?

Je n'ai jamais dit ça ! Une classe déclarée abstraite n'est pas instanciable, mais rien ne l'oblige à comprendre des méthodes abstraites. **En revanche, une classe contenant une méthode abstraite doit être déclarée abstraite !** Je vous invite maintenant à faire des tests :

```
public class Test {
        public static void main(String[] args) {
                Loup l = new Loup("Gris bleuté", 20);
                l.boire();
                l.manger();
```

```
                l.deplacement();
                l.crier();
                System.out.println(l.toString());
        }
}
```

Le jeu d'essai de ce code correspond à la figure 13.4.

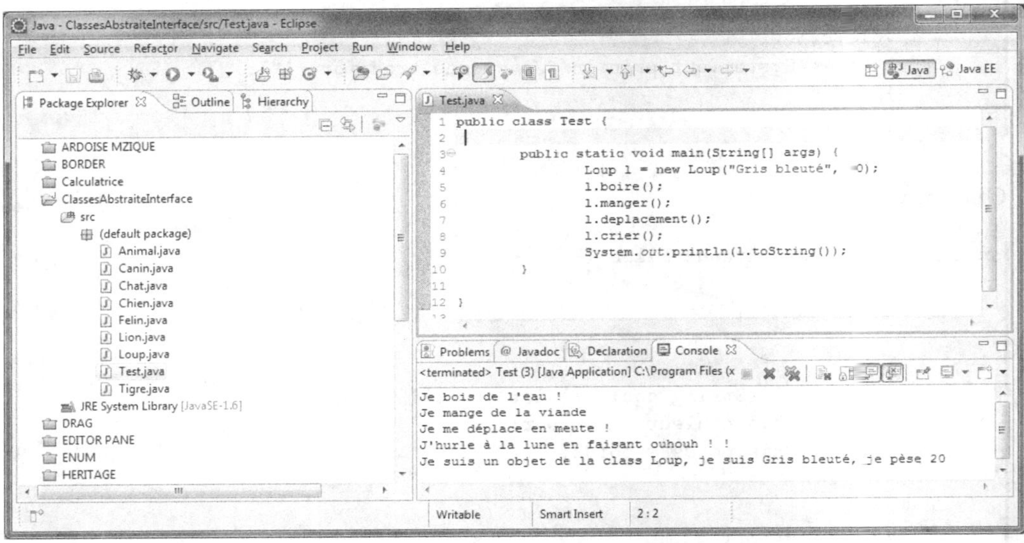

FIGURE 13.4 – Test d'une classe abstraite

> Dans la méthode `toString()` de la classe `Animal`, j'ai utilisé la méthode `getClass()` qui — je vous le donne en mille — se trouve dans la classe `Object`. Celle-ci retourne « `class <nom de la classe>` ».

Dans cet exemple, nous pouvons constater que nous avons un objet `Loup`.

- À l'appel de la méthode `boire()` : l'objet appelle la méthode de la classe `Animal`.
- À l'appel de la méthode `manger()` : idem.
- À l'appel de la méthode `toString()` : idem.
- À l'appel de la méthode `deplacement()` : c'est la méthode de la classe `Canin` qui est invoquée ici.
- À l'appel de la méthode `crier()` : c'est la méthode de la classe `Loup` qui est appelée.

Remplacez le type de référence (ici, `Loup`) par `Animal`, essayez avec des objets `Chien`, etc. Vous verrez que tout fonctionne.

Les interfaces

L'un des atouts majeurs — pour ne pas dire l'atout majeur — de la programmation orientée objet est la ***réutilisabilité*** de vos objets. Il est très commode d'utiliser un objet (voire une architecture) que nous avons déjà créé pour une nouvelle application.

Admettons que l'architecture que nous avons développée dans les chapitres précédents forme une bonne base. Que se passerait-il si un autre développeur vous demandait d'utiliser vos objets dans un autre type d'application ? Ici, nous ne nous sommes occupés que de l'aspect générique des animaux que nous avons créés. Cependant, la personne qui vous a contacté, elle, développe une application pour un chenil.

La contrainte principale, c'est que vos chiens devront apprendre à faire de nouvelles choses telles que :

- faire le beau ;
- faire des câlins ;
- faire une « léchouille ».

Je ne vois pas le problème... Tu n'as qu'à ajouter ces méthodes dans la classe `Animal` !

Ouh là ! Vous vous rendez compte que vous obtiendrez des lions qui auront la possibilité de faire le beau ? Dans ce cas, on n'a qu'à mettre ces méthodes dans la classe `Chien`, mais j'y vois deux problèmes :

- vous allez devoir mettre en place une convention de nommage entre le programmeur qui va utiliser vos objets et vous... Vous ne pourrez pas utiliser la méthode `faireCalin()`, alors que le programmeur oui ;
- si vous faites cela, ADIEU LE POLYMORPHISME ! Vous ne pourrez pas appeler vos objets par le biais d'un supertype. Pour pouvoir accéder à ces méthodes, vous devrez obligatoirement passer par une référence à un objet `Chien`. Pas terrible, tout ça...

Tu nous as dit que pour utiliser au mieux le polymorphisme, nous devions définir les méthodes au plus haut niveau de la hiérarchie. Alors du coup, il faut redéfinir un supertype pour pouvoir utiliser le polymorphisme !

Oui, et je vous rappelle que l'héritage multiple est interdit en Java. Et quand je dis *interdit*, je veux dire que Java ne le gère pas ! Il faudrait pouvoir développer un nouveau supertype et s'en servir dans nos classes `Chien`. Eh bien nous pouvons faire cela avec des **interfaces**.

En fait, les interfaces permettent de créer un nouveau supertype ; on peut même en ajouter autant que l'on le veut dans une seule classe ! Quant à l'utilisation de nos objets, la convention est toute trouvée... Pourquoi ? Parce qu'une interface n'est rien d'autre qu'une classe 100 % abstraite ! Allez : venons-en aux faits !

Votre première interface

Pour définir une interface, au lieu d'écrire :

```
public class A{ }
```

... il vous suffit de faire :

```
public interface I{ }
```

Voilà : vous venez d'apprendre à déclarer une interface. Vu qu'une interface est une classe 100 % abstraite, il ne vous reste qu'à y ajouter des méthodes abstraites, mais sans le mot clé `abstract`. Voici des exemples d'interfaces :

```
public interface I{
   public void A();
   public String B();
}
```

```
public interface I2{
   public void C();
   public String D();
}
```

Et pour faire en sorte qu'une classe utilise une interface, il suffit d'utiliser le mot clé `implements`. Ce qui nous donnerait :

```
public class X implements I{
    public void A(){
      //.......
    }
    public String B(){
      //.......
    }
}
```

C'est tout. **On dit que la classe X implémente l'interface I**. Comme je vous le disais, vous pouvez implémenter plusieurs interfaces, et voilà comment ça se passe :

```
public class X implements I, I2{
    public void A(){
      //.......
    }
    public String B(){
      //.......
    }
    public void C(){
```

```
        //.......
    }
    public String D(){
        //.......
    }
}
```

Par contre, lorsque vous implémentez une interface, vous **devez obligatoirement** redéfinir les méthodes de l'interface ! Ainsi, le polymorphisme vous permet de faire ceci :

```
public static void main(String[] args){
    //Avec cette référence, vous pouvez utiliser les méthodes de l'interface I
    I var = new X();
    //Avec cette référence, vous pouvez utiliser les méthodes de l'interface I2
    I2 var2 = new X();
    var.A();
    var2.C();
}
```

Implémentation de l'interface `Rintintin`

Voilà où nous en sommes

- Nous voulons que nos chiens puissent être amicaux.
- Nous voulons définir un supertype pour utiliser le polymorphisme.
- Nous voulons pouvoir continuer à utiliser nos objets comme avant.

Comme le titre de cette sous-partie le stipule, nous allons créer l'interface `Rintintin` pour ensuite l'implémenter dans notre objet `Chien`.

Sous Eclipse, vous pouvez faire `File` → `New` → `Interface`, ou simplement cliquer sur la flèche noire à côté du « `C` » pour la création de classe, et choisir `interface` (figure 13.5).

Voici son code :

```
public interface Rintintin{

    public void faireCalin();
    public void faireLechouille();
    public void faireLeBeau();

}
```

À présent, il ne nous reste plus qu'à implémenter l'interface dans notre classe `Chien` :

```
public class Chien extends Canin implements Rintintin {

```

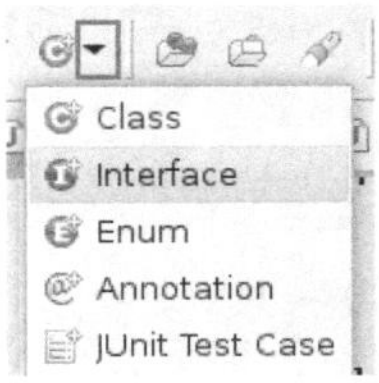

FIGURE 13.5 – Création d'une nouvelle interface

```
        public Chien(){ }
        public Chien(String couleur, int poids){
                this.couleur = couleur;
                this.poids = poids;
        }
        void crier() {
                System.out.println("J'aboie sans raison !");
        }
        public void faireCalin() {
                System.out.println("Je te fais un GROS CÂLIN");
        }
        public void faireLeBeau() {
                System.out.println("Je fais le beau !");
        }
        public void faireLechouille() {
                System.out.println("Je fais de grosses léchouilles...");
        }
}
```

L'ordre des déclarations est **primordial**. Vous devez mettre l'expression d'héritage avant l'expression d'implémentation, sinon votre code ne compilera pas.

Voici un code que vous pouvez utiliser pour tester le polymorphisme de notre implémentation :

```
public class Test {

        public static void main(String[] args) {
            //Les méthodes d'un chien
            Chien c = new Chien("Gris bleuté", 20);
            c.boire();
            c.manger();
            c.deplacement();
            c.crier();
            System.out.println(c.toString());

            System.out.println("--------------------------------------------");
```

```
            //Les méthodes de l'interface
            c.faireCalin();
            c.faireLeBeau();
            c.faireLechouille();

            System.out.println("--------------------------------------------");
            //Utilisons le polymorphisme de notre interface
            Rintintin r = new Chien();
            r.faireLeBeau();
            r.faireCalin();
            r.faireLechouille();

        }
}
```

Objectif atteint ! Nous sommes parvenus à définir deux superclasses afin de les utiliser comme supertypes et de jouir pleinement du polymorphisme.

Dans la suite de ce chapitre, nous verrons qu'il existe une façon très intéressante d'utiliser les interfaces grâce à une technique de programmation appelée *pattern strategy*. Sa lecture n'est pas indispensable, mais cela vous permettra de découvrir à travers un cas concret comment on peut faire évoluer au mieux un programme Java.

Le pattern strategy

Nous allons partir du principe que vous avez un code qui fonctionne, c'est-à-dire un ensemble de classes liées par l'héritage, par exemple. Nous allons voir ici que, en dépit de la toute-puissance de l'héritage, celui-ci atteint ses limites lorsque vous êtes amenés à modifier la hiérarchie de vos classes afin de répondre à une demande (de votre chef, d'un client...). Le fait de toucher à votre hiérarchie peut amener des erreurs indésirables, voire des absurdités : tout cela parce que vous allez changer une structure qui fonctionne à cause de contraintes que l'on vous impose.

Pour remédier à ce problème, il existe un concept simple (il s'agit même d'un des fondements de la programmation orientée objet) : **l'encapsulation !**

Nous allons parler de cette solution en utilisant un **design pattern**[6]. Un design pattern est un patron de conception, une façon de construire une hiérarchie des classes permettant de répondre à un problème. Nous aborderons le **pattern strategy**, qui va nous permettre de remédier à la limite de l'héritage. En effet, même si l'héritage offre beaucoup de possibilités, il a ses limites.

Posons le problème

Mettez-vous dans la peau de développeurs jeunes et ambitieux d'une toute nouvelle société qui crée des jeux vidéo. Le dernier titre en date, Z-Army, un jeu de guerre très

6. Ou *modèle de conception.*

réaliste, a été un succès international ! Votre patron est content et vous aussi. Vous vous êtes basés sur une architecture vraiment simple afin de créer et utiliser des personnages (figure 13.6).

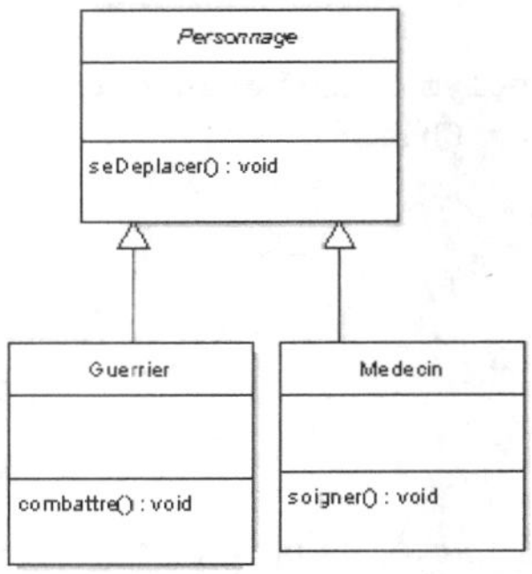

FIGURE 13.6 – Hiérarchie des classes

Les guerriers savent se battre tandis que les médecins soignent les blessés sur le champ de bataille ! Les ennuis commencent maintenant...

Votre patron vous a confié le projet **Z-Army2 « The return of the revenge »**, et vous vous dites : *« Yes ! Mon architecture fonctionne à merveille, je la garde. »* Un mois plus tard, votre patron vous convoque dans son bureau et vous dit : *« Nous avons fait une étude de marché, et il semblerait que les joueurs aimeraient se battre aussi avec les médecins ! »* Vous trouvez l'idée séduisante et avez déjà pensé à une solution : déplacer la méthode `combattre()` dans la superclasse `Personnage`, afin de la redéfinir dans la classe `Medecin` et jouir du polymorphisme (figure 13.7) !

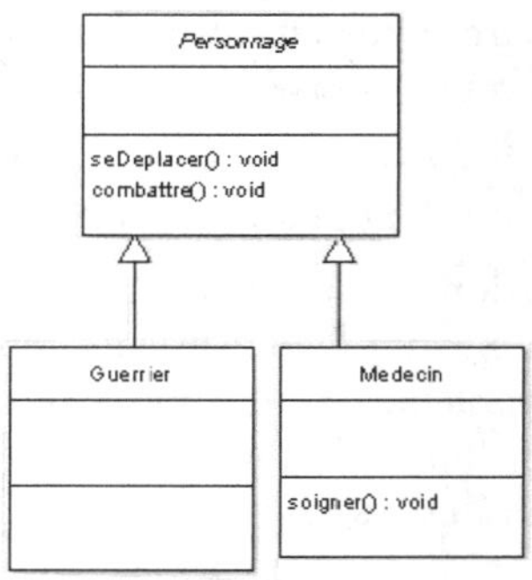

FIGURE 13.7 – Déplacement de la méthode `combattre()`

À la seconde étude de marché, votre patron vous annonce que vous allez devoir créer des civils, des *snipers*, des chirurgiens... Toute une panoplie de personnages spécialisés dans leur domaine (figure 13.8) !

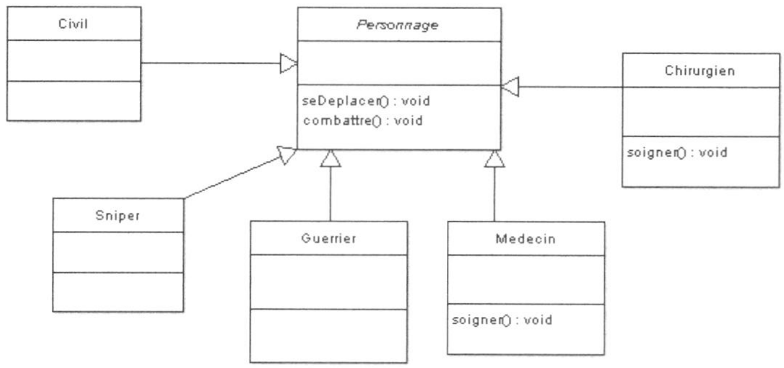

FIGURE 13.8 – Nouveaux personnages

Le code source de ces classes

▷ Copier les classes
Code web : 777033

Personnage.java

```
public abstract class Personnage {

        /**
         * Méthode de déplacement de personnage
         */
        public abstract void seDeplacer();
        /**
         * Méthode que les combattants utilisent
         */
        public abstract void combattre();
}
```

Guerrier.java

```
public class Guerrier extends Personnage {

        public void combattre() {
                System.out.println("Fusil, pistolet, couteau ! Tout ce que tu
↪ veux !");
        }

        public void seDeplacer() {
                System.out.println("Je me déplace à pied.");
        }
}
```

Medecin.java

```
public class Medecin extends Personnage{
        public void combattre() {
                System.out.println("Vive le scalpel !");
        }

        public void seDeplacer() {
                System.out.println("Je me déplace à pied.");
        }

        public void soigner(){
                System.out.println("Je soigne les blessures.");
        }
}
```

Civil.java

```
public class Civil extends Personnage{
        public void combattre() {
                System.out.println("Je ne combats PAS !");
        }

        public void seDeplacer() {
                System.out.println("Je me déplace à pied.");
        }
}
```

Chirurgien.java

```
public class Chirurgien extends Personnage{
        public void combattre() {
                System.out.println("Je ne combats PAS !");
        }

        public void seDeplacer() {
                System.out.println("Je me déplace à pied.");
        }

        public void soigner(){
                System.out.println("Je fais des opérations.");
        }
}
```

Sniper.java

```
public class Sniper extends Personnage{
        public void combattre() {
```

```
                System.out.println("Je me sers de mon fusil à lunette !");
        }

        public void seDeplacer() {
                System.out.println("Je me déplace à pied.");
        }
}
```

À ce stade, vous devriez remarquer que :

- le code contenu dans la méthode `seDeplacer()` est dupliqué dans toutes les classes ; il est identique dans toutes celles citées ci-dessus ;
- le code de la méthode `combattre()` des classes `Chirurgien` et `Civil` est lui aussi dupliqué !

La duplication de code est une chose qui peut générer des problèmes dans le futur... Je m'explique. Pour le moment, votre chef ne vous a demandé que de créer quelques classes supplémentaires. Qu'en serait-il si beaucoup de classes avaient ce même code dupliqué ? Il ne manquerait plus que votre chef vous demande de modifier à nouveau la façon de se déplacer de ces objets, et vous courrez le risque d'oublier d'en modifier un ! Et voilà les incohérences qui pointeront le bout de leur nez...

No problemo ! Tu vas voir... Il suffit de mettre un comportement par défaut pour le déplacement et pour le combat dans la superclasse `Personnage`.

Effectivement, votre idée se tient. Donc, cela nous donne ce qui suit...

Personnage.java

```
public abstract class Personnage {
        public void seDeplacer(){
                System.out.println("Je me déplace à pied.");
        }

        public void combattre(){
                System.out.println("Je ne combats PAS !");
        }
}
```

Guerrier.java

```
public class Guerrier extends Personnage {
        public void combattre() {
                System.out.println("Fusil, pistolet, couteau ! Tout ce que tu
↪ veux !");
        }
}
```

Medecin.java

```
public class Medecin extends Personnage{
        public void combattre() {
                System.out.println("Vive le scalpel !");
        }

        public void soigner(){
                System.out.println("Je soigne les blessures.");
        }
}
```

Civil.java

```
public class Civil extends Personnage{   }
```

Chirurgien.java

```
public class Chirurgien extends Personnage{
        public void soigner(){
                System.out.println("Je fais des opérations.");
        }
}
```

Sniper.java

```
public class Sniper extends Personnage{
        public void combattre() {
                System.out.println("Je me sers de mon fusil à lunette !");
        }
}
```

Voici une classe contenant un petit programme afin de tester nos classes :

```
public static void main(String[] args) {
   Personnage[] tPers = {new Guerrier(), new Chirurgien(),
                         new Civil(), new Sniper(), new Medecin()};
        for(Personnage p : tPers){
                System.out.println("\nInstance de " + p.getClass().getName());
                System.out.println("***************************************");
                p.combattre();
                p.seDeplacer();
        }
}
```

Et le résultat correspond à la figure 13.9.

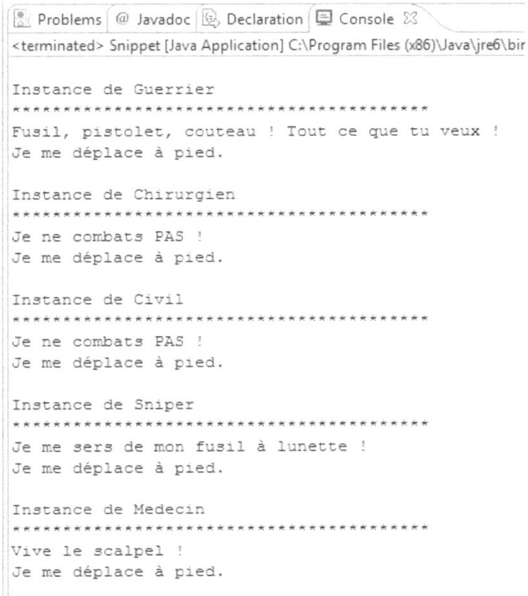

FIGURE 13.9 – Résultat du code

Apparemment, ce code vous donne ce que vous voulez ! Plus de redondance... Mais une chose me chiffonne : vous ne pouvez pas utiliser les classes `Medecin` et `Chirurgien` de façon polymorphe, vu que la méthode `soigner()` leur est propre ! On pourrait définir un comportement par défaut (ne pas soigner) dans la superclasse `Personnage`, et le tour serait joué.

```
public abstract class Personnage {
        public void seDeplacer(){
                System.out.println("Je me déplace à pied.");
        }
        public void combattre(){
                System.out.println("Je ne combats PAS !");
        }
        public void soigner(){
                System.out.println("Je ne soigne pas.");
        }
}
```

Au même moment, votre chef rentre dans votre bureau et vous dit :
« Nous avons bien réfléchi, et il serait de bon ton que nos guerriers puissent administrer les premiers soins. »

À ce moment précis, vous vous délectez de votre capacité d'anticipation ! Vous savez que, maintenant, il vous suffit de redéfinir la méthode `soigner()` dans la classe concernée, et tout le monde sera content !

Seulement voilà ! Votre chef n'avait pas fini son speech :
« Au fait, il faudrait affecter un comportement à nos personnages en fonction de leurs armes, leurs habits, leurs trousses de soin... Enfin, vous voyez ! Les comportements figés pour des personnages de jeux, de nos jours... c'est un peu ringard ! »

Vous commencez à voir ce dont il retourne : vous devrez apporter des modifications à votre code, encore et encore... Bon : pour des programmeurs, cela est le train-train quotidien, j'en conviens. Cependant, si nous suivons les consignes de notre chef et que nous continuons sur notre lancée, les choses vont se compliquer... Voyons cela.

Un problème supplémentaire

Attelons-nous à appliquer les modifications dans notre programme. Selon les directives de notre chef, nous devons gérer des comportements différents selon les accessoires de nos personnages : il faut utiliser des variables d'instance pour appliquer l'un ou l'autre comportement.

> Afin de simplifier l'exemple, nous n'allons utiliser que des objets `String`.

La figure 13.10 correspond au diagramme des classes de notre programme.

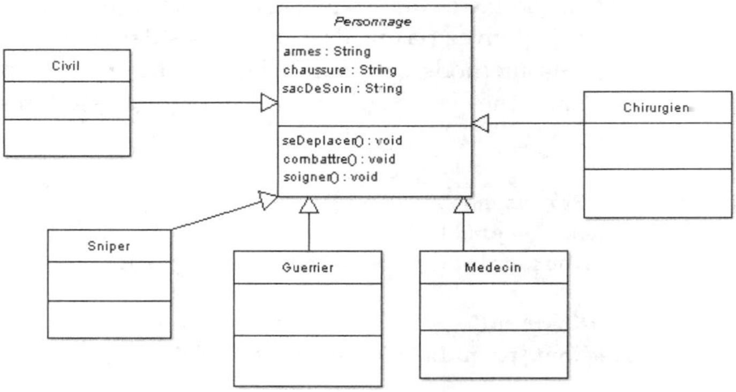

FIGURE 13.10 – Modification de nos classes

Vous avez remarqué que nos personnages posséderont des accessoires. Selon ceux-ci, nos personnages feront des choses différentes. Voici les recommandations de notre chef bien-aimé :

- le guerrier peut utiliser un couteau, un pistolet ou un fusil de sniper ;
- le sniper peut utiliser son fusil de sniper ainsi qu'un fusil à pompe ;
- le médecin a une trousse simple pour soigner, mais peut utiliser un pistolet ;
- le chirurgien a une grosse trousse médicale, mais ne peut pas utiliser d'arme ;
- le civil, quant à lui, peut utiliser un couteau seulement quand il en a un ;

– tous les personnages hormis le chirurgien peuvent avoir des baskets pour courir.

Il va nous falloir des accesseurs [7] pour ces variables, insérons-les dans la superclasse ! Bon ! Les modifications sont faites, les caprices de notre cher et tendre chef sont satisfaits ? Voyons cela tout de suite.

▷ Hiérarchie des classes
Code web : 959825

Personnage.java

```
public abstract class Personnage {

        protected String armes = "", chaussure = "", sacDeSoin = "";

        public void seDeplacer(){
                System.out.println("Je me déplace à pied.");
        }

        public void combattre(){
                System.out.println("Je ne combats PAS !");
        }

        public void soigner(){
                System.out.println("Je ne soigne pas.");
        }

        protected void setArmes(String armes) {
                this.armes = armes;
        }
        protected void setChaussure(String chaussure) {
                this.chaussure = chaussure;
        }
        protected void setSacDeSoin(String sacDeSoin) {
                this.sacDeSoin = sacDeSoin;
        }
}
```

Guerrier.java

```
public class Guerrier extends Personnage {

        public void combattre() {
                if(this.armes.equals("pistolet"))
                        System.out.println("Attaque au pistolet !");
                else if(this.armes.equals("fusil de sniper"))
                        System.out.println("Attaque au fusil de sniper !");
```

7. Inutile de mettre les méthodes de renvoi (`getXXX`), nous ne nous servirons que des mutateurs !

```
			else
				System.out.println("Attaque au couteau !");
		}
}
```

Sniper.java

```
public class Sniper extends Personnage{
	public void combattre() {
		if(this.armes.equals("fusil à pompe"))
			System.out.println("Attaque au fusil à pompe !");
		else
			System.out.println("Je me sers de mon fusil à lunette
			↪ !");
	}
}
```

Civil.java

```
public class Civil extends Personnage{
	public void combattre(){
		if(this.armes.equals("couteau"))
			System.out.println("Attaque au couteau !");
		else
			System.out.println("Je ne combats PAS !");
	}
}
```

Medecin.java

```
public class Medecin extends Personnage{
	public void combattre() {
		if(this.armes.equals("pistolet"))
			System.out.println("Attaque au pistolet !");
		else
			System.out.println("Vive le scalpel !");
	}

	public void soigner(){
		if(this.sacDeSoin.equals("petit sac"))
			System.out.println("Je peux recoudre des blessures.");
		else
			System.out.println("Je soigne les blessures.");
	}
}
```

Chirurgien.java

```
public class Chirurgien extends Personnage{
        public void soigner(){
                if(this.sacDeSoin.equals("gros sac"))
                        System.out.println("Je fais des merveilles.");
                else
                        System.out.println("Je fais des opérations.");
        }
}
```

Voici un programme de test :

```
public static void main(String[] args) {
        Personnage[] tPers = {new Guerrier(), new Chirurgien(),
                                new Civil(), new Sniper(), new Medecin()};
        String[] tArmes = {"pistolet", "pistolet", "couteau",
                                "fusil à pompe", "couteau"};

        for(int i = 0; i < tPers.length; i++){
                System.out.println("\nInstance de " + tPers[i].getClass().
                ↪ getName());
                System.out.println("*****************************************");
                tPers[i].combattre();
                tPers[i].setArmes(tArmes[i]);
                tPers[i].combattre();
                tPers[i].seDeplacer();
                tPers[i].soigner();
        }
}
```

Le résultat de ce test se trouve sur la figure 13.11.

Vous constatez avec émerveillement que votre code fonctionne très bien. Les actions par défaut sont respectées, les affectations d'actions aussi. Tout est parfait !

Vraiment ? Vous êtes sûrs de cela ? Pourtant, je vois du code dupliqué dans certaines classes ! En plus, nous n'arrêtons pas de modifier nos classes... Dans le premier opus de Z-Army, celles-ci fonctionnaient pourtant très bien ! Qu'est-ce qui ne va pas ? Je ne comprends pas.

Là-dessus, votre patron rentre dans votre bureau pour vous dire :
« Les actions de vos personnages doivent être utilisables à la volée et, en fait, les personnages peuvent très bien apprendre au fil du jeu... »

Les changements s'accumulent, votre code devient de moins en moins lisible et réutilisable, bref c'est l'enfer sur Terre.

Faisons un point de la situation :

- du code dupliqué s'insinue dans votre code ;

```
Instance de Guerrier
*****************************************
Attaque au couteau !
Attaque au pistolet !
Je me déplace à pied.
Je ne soigne pas.

Instance de Chirurgien
*****************************************
Je ne combats PAS !
Je ne combats PAS !
Je me déplace à pied.
Je fais des opérations.

Instance de Civil
*****************************************
Je ne combats PAS !
Attaque au couteau !
Je me déplace à pied.
Je ne soigne pas.

Instance de Sniper
*****************************************
Je me sers de mon fusil à lunette !
Attaque au fusil à pompe !
Je me déplace à pied.
Je ne soigne pas.

Instance de Medecin
*****************************************
Vive le scalpel !
Vive le scalpel !
Je me déplace à pied.
Je soigne les blessures.
```

FIGURE 13.11 – Résultat du test d'accessoires

- à chaque modification du comportement de vos personnages, vous êtes obligés de retoucher le code source de la (ou des) classe(s) concernée(s) ;
- votre code perd en **réutilisabilité** et du coup, il n'est pas extensible du tout !

Une solution simple et robuste : le pattern strategy

Après toutes ces émotions, vous allez enfin disposer d'une solution à ce problème de modification du code source ! Si vous vous souvenez de ce que j'ai dit, un des fondements de la programmation orientée objet est **l'encapsulation.**

Le **pattern strategy** est basé sur ce principe simple. Bon, vous avez compris que le pattern strategy consiste à créer des objets avec des données, des méthodes (voire les deux) : c'est justement ce qui change dans votre programme !

Le principe de base de ce pattern est le suivant : **isolez ce qui varie dans votre programme et encapsulez-le !** Déjà, quels sont les éléments qui ne cessent de varier dans notre programme ?

- La méthode `combattre()`.
- La méthode `seDeplacer()`.
- La méthode `soigner()`.

Ce qui serait vraiment grandiose, ce serait d'avoir la possibilité de ne modifier que les comportements et non les objets qui ont ces comportements !

Là, je vous arrête un moment : vous venez de fournir la solution. Vous avez dit : *« Ce qui serait vraiment grandiose, ce serait d'avoir la possibilité de ne modifier que les comportements et non les objets qui ont ces comportements ».*

Lorsque je vous ai présenté les diagrammes UML, je vous ai fourni une astuce pour bien différencier les liens entre les objets. Dans notre cas, nos classes héritant de `Personnage` héritent aussi de ses comportements et, par conséquent, on peut dire que nos classes filles sont des `Personnage`.

Les comportements de la classe mère semblent ne pas être au bon endroit dans la hiérarchie. Vous ne savez plus quoi en faire et vous vous demandez s'ils ont vraiment leur place dans cette classe ? Il vous suffit de sortir ces comportements de la classe mère, de créer une classe abstraite ou une interface symbolisant ce comportement et d'ordonner à votre classe `Personnage` d'**avoir ces comportements**. Le nouveau diagramme des classes se trouve sur la figure 13.12.

Vous apercevez une nouvelle entité sur ce diagramme, l'interface, facilement reconnaissable, ainsi qu'une nouvelle flèche symbolisant l'implémentation d'interface entre une classe concrète et une interface.

N'oubliez pas que votre code doit être souple et robuste et que — même si ce chapitre vous montre les limites de l'héritage — le polymorphisme est inhérent à l'héritage [8].

8. Ainsi qu'aux implémentations d'interfaces.

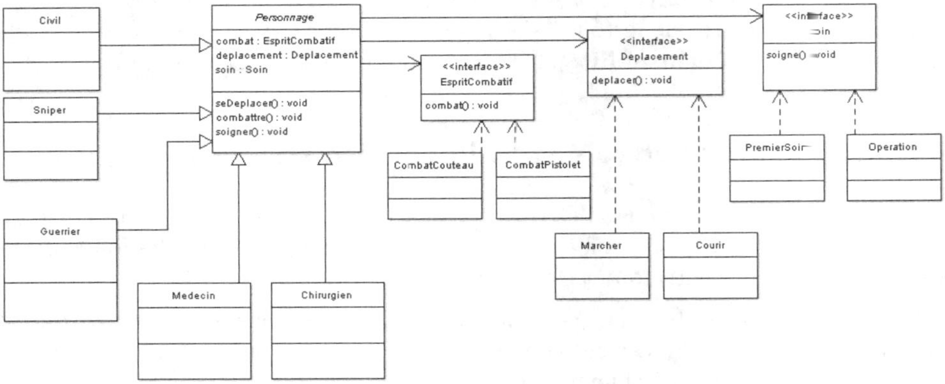

FIGURE 13.12 – Nouveau diagramme des classes

Il faut vous rendre compte qu'utiliser une interface de cette manière revient à créer un supertype de variable ; du coup, nous pourrons utiliser les classes héritant de ces interfaces de façon polymorphe sans nous soucier de savoir la classe dont sont issus nos objets ! Dans notre cas, notre classe `Personnage` comprendra des objets de type `EspritCombatif`, `Soin` et `Deplacement` !

Avant de nous lancer dans le codage de nos nouvelles classes, vous devez observer que leur nombre a considérablement augmenté depuis le début. Afin de pouvoir gagner en clarté, nous allons gérer nos différentes classes avec différents `packages`.

Comme nous l'avons remarqué tout au long de ce chapitre, les comportements de nos personnages sont trop épars pour être définis dans notre superclasse `Personnage`. Vous l'avez dit vous-mêmes : il faudrait que l'on ne puisse modifier que les comportements et non les classes héritant de notre superclasse ! Les interfaces nous servent à créer un supertype d'objet ; grâce à elles, nous utiliserons des objets de type

- `EspritCombatif` qui présentent une méthode `combat()` ;
- `Soin` qui présentent une méthode `soigne()` ;
- `Deplacement` qui présentent une méthode `deplace()`.

Dans notre classe `Personnage`, nous avons ajouté une instance de chaque type de comportement, vous avez dû les remarquer : il y a ces attributs dans notre schéma ! Nous allons développer un comportement par défaut pour chacun d'entre eux et affecter cet objet dans notre superclasse. Les classes filles, elles, comprendront des instances différentes correspondant à leurs besoins.

Du coup, que fait-on des méthodes de la superclasse Personnage ?

Nous les gardons, mais plutôt que de redéfinir ces dernières, la superclasse va invoquer la méthode de comportement de chaque objet. Ainsi, nous n'avons plus à redéfinir ou à modifier nos classes ! La seule chose qu'il nous reste à faire, c'est d'affecter une instance de comportement à nos objets.

Vous comprendrez mieux avec un exemple. Voici quelques implémentations de comportements.

▷ Exemple du pattern Strategy
Code web : 292297

Implémentations de l'interface `EspritCombatif`

```
package com.sdz.comportement;

public class Pacifiste implements EspritCombatif {
	public void combat() {
		System.out.println("Je ne combats pas !");
	}
}
```

```
package com.sdz.comportement;

public class CombatPistolet implements EspritCombatif{
	public void combat() {
		System.out.println("Je combats au pitolet !");
	}
}
```

```
package com.sdz.comportement;

public class CombatCouteau implements EspritCombatif {
	public void combat() {
		System.out.println("Je me bats au couteau !");
	}
}
```

Implémentations de l'interface `Deplacement`

```
package com.sdz.comportement;

public class Marcher implements Deplacement {
	public void deplacer() {
		System.out.println("Je me déplace en marchant.");
	}
}
```

```
package com.sdz.comportement;

public class Courir implements Deplacement {
	public void deplacer() {
```

```
                System.out.println("Je me déplace en courant.");
        }
}
```

Implémentations de l'interface Soin

```
package com.sdz.comportement;

public class PremierSoin implements Soin {
        public void soigne() {
                System.out.println("Je donne les premiers soins ");
        }
}
```

```
package com.sdz.comportement;

public class Operation implements Soin {
        public void soigne() {
                System.out.println("Je pratique des opérations !");
        }
}
```

```
package com.sdz.comportement;

public class AucunSoin implements Soin {
        public void soigne() {
                System.out.println("Je ne donne AUCUN soin !")
        }
}
```

Voici ce que vous devriez avoir dans votre nouveau package (figure 13.13).

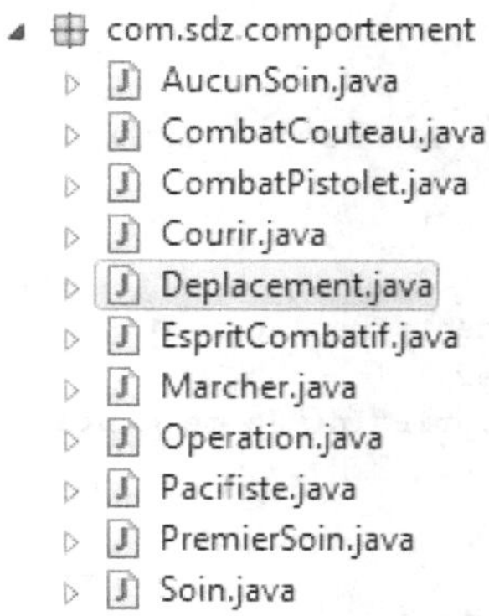

FIGURE 13.13 – Package des comportements

Maintenant que nous avons défini des objets de comportements, nous allons pouvoir remanier notre classe `Personnage`. Ajoutons les variables d'instance, les mutateurs et les constructeurs permettant d'initialiser nos objets :

```
import com.sdz.comportement.*;

public abstract class Personnage {
	//Nos instances de comportement
	protected EspritCombatif espritCombatif = new Pacifiste();
	protected Soin soin = new AucunSoin();
	protected Deplacement deplacement = new Marcher();

	//Constructeur par défaut
	public Personnage(){}

	//Constructeur avec paramètres
	public Personnage(EspritCombatif espritCombatif, Soin soin,
				Deplacement deplacement) {
		this.espritCombatif = espritCombatif;
		this.soin = soin;
		this.deplacement = deplacement;
	}

	//Méthode de déplacement de personnage
	public void seDeplacer(){
		//On utilise les objets de déplacement de façon polymorphe
		deplacement.deplacer();
	}
	// Méthode que les combattants utilisent
	public void combattre(){
		//On utilise les objets de déplacement de façon polymorphe
		espritCombatif.combat();
	}
	//Méthode de soin
	public void soigner(){
		//On utilise les objets de déplacement de façon polymorphe
		soin.soigne();
	}
	//Redéfinit le comportement au combat
	public void setEspritCombatif(EspritCombatif espritCombatif) {
		this.espritCombatif = espritCombatif;
	}
	//Redéfinit le comportement de Soin
	public void setSoin(Soin soin) {
		this.soin = soin;
	}
	//Redéfinit le comportement de déplacement
	public void setDeplacement(Deplacement deplacement) {
		this.deplacement = deplacement;
	}
```

```
}
```

Que de changements depuis le début ! Maintenant, nous n'utilisons plus de méthodes définies dans notre hiérarchie de classes, mais des implémentations concrètes d'interfaces ! Les méthodes que nos objets appellent utilisent chacune un objet de comportement. Nous pouvons donc définir des guerriers, des civils, des médecins... tous personnalisables, puisqu'il suffit de modifier l'instance de leur comportement pour que ceux-ci changent instantanément. La preuve par l'exemple.

Je ne vais pas vous donner les codes de toutes les classes... En voici seulement quelques-unes.

Guerrier.java

```
import com.sdz.comportement.*;

public class Guerrier extends Personnage {
   public Guerrier(){
      this.espritCombatif = new CombatPistolet();
   }
   public Guerrier(EspritCombatif esprit, Soin soin, Deplacement dep) {
      super(esprit, soin, dep);
   }
}
```

Civil.java

```
import com.sdz.comportement.*;

public class Civil extends Personnage{
   public Civil() {}

   public Civil(EspritCombatif esprit, Soin soin, Deplacement dep) {
      super(esprit, soin, dep);
   }
}
```

Medecin.java

```
import com.sdz.comportement.*;

public class Medecin extends Personnage{
   public Medecin() {
      this.soin = new PremierSoin();
   }
   public Medecin(EspritCombatif esprit, Soin soin, Deplacement dep) {
      super(esprit, soin, dep);
```

```
    }
}
```

Maintenant, voici un exemple d'utilisation :

```
class Test{
   public static void main(String[] args) {
      Personnage[] tPers = {new Guerrier(), new Civil(), new Medecin()};

      for(int i = 0; i < tPers.length; i++){
        System.out.println("\nInstance de " + tPers[i].getClass().getName());
        System.out.println("*****************************************");
        tPers[i].combattre();
        tPers[i].seDeplacer();
        tPers[i].soigner();
      }
   }
}
```

Le résultat de ce code nous donne la figure 13.14.

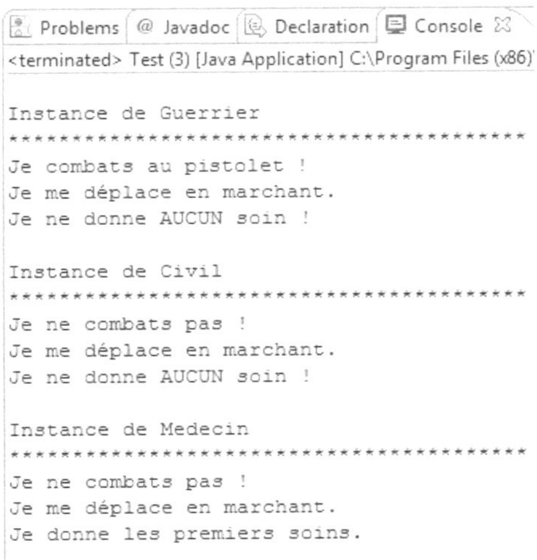

FIGURE 13.14 – Test du pattern strategy

Vous pouvez voir que nos personnages ont tous un comportement par défaut qui leur convient bien !

Nous avons spécifié, dans le cas où cela s'avère nécessaire, le comportement par défaut d'un personnage dans son constructeur par défaut :

- le guerrier se bat avec un pistolet ;
- le médecin soigne.

Voyons maintenant comment indiquer à nos personnages de faire autre chose...
Eh oui, la façon dont nous avons arrangé tout cela va nous permettre de changer dynamiquement le comportement de chaque `Personnage`.

Que diriez-vous de faire faire une petite opération chirurgicale à notre objet `Guerrier` ?

Pour ce faire, vous pouvez redéfinir son comportement de soin avec son mutateur présent dans la superclasse en lui passant une implémentation correspondante !

```
import com.sdz.comportement.*;

class Test{
   public static void main(String[] args) {
      Personnage pers = new Guerrier();
      pers[i].soigner();
      pers[i].setSoin(new Operation());
      pers[i].soigner();
   }
}
```

En testant ce code, vous constaterez que le comportement de soin de notre objet a changé dynamiquement **sans que nous ayons besoin de changer la moindre ligne de son code source !** Le plus beau dans le fait de travailler comme cela, c'est qu'il est tout à fait possible d'instancier des objets `Guerrier` avec des comportements différents.

En résumé

- Une classe est définie comme abstraite avec le mot clé `abstract`.
- Les classes abstraites sont à utiliser lorsqu'une classe mère ne doit pas être instanciée.
- Une classe abstraite **ne peut donc pas être instanciée**.
- Une classe abstraite n'est pas obligée de contenir de méthode abstraite.
- Si une classe contient une méthode abstraite, cette classe doit alors être déclarée abstraite.
- Une méthode abstraite n'a pas de corps.
- Une interface est une classe 100 % abstraite.
- Aucune méthode d'une interface n'a de corps.
- Une interface sert à définir un supertype et à utiliser le polymorphisme.
- Une interface s'implémente dans une classe en utilisant le mot clé `implements`.
- Vous pouvez implémenter autant d'interfaces que vous voulez dans vos classes.
- Vous devez redéfinir toutes les méthodes de l'interface (ou des interfaces) dans votre classe.
- Le pattern strategy vous permet de rendre une hiérarchie de classes plus souple.
- Préférez encapsuler des comportements plutôt que de les mettre d'office dans l'objet concerné.

Chapitre 14

Les exceptions

Difficulté :

Voici encore une notion très importante en programmation.
Une **exception** est une erreur se produisant dans un programme qui conduit le plus souvent à l'arrêt de celui-ci.

Il vous est sûrement déjà arrivé d'obtenir un gros message affiché en rouge dans la console d'Eclipse : eh bien, cela a été généré par une exception... qui n'a pas été **capturée**. Le fait de gérer les exceptions s'appelle aussi la capture d'exception !

Le principe consiste à repérer un morceau de code (par exemple, une division par zéro) qui pourrait générer une exception, de capturer l'exception correspondante et enfin de traiter celle-ci, c'est-à-dire d'afficher un message personnalisé et de continuer l'exécution.

Bon, vous voyez maintenant ce que nous allons aborder dans ce chapitre...
Donc, allons-y !

Le bloc try{...} catch{...}

Pour vous faire comprendre le principe des exceptions, je dois tout d'abord vous informer que Java contient une classe nommée **Exception** dans laquelle sont répertoriés différents cas d'erreur. La division par zéro dont je vous parlais plus haut en fait partie ! Si vous créez un nouveau projet avec seulement la classe **main** et y mettez le code suivant :

```
int j = 20, i = 0;
System.out.println(j/i);
System.out.println("coucou toi !");
```

... vous verrez apparaître un joli message d'erreur Java (en rouge) comme celui de la figure 14.1.

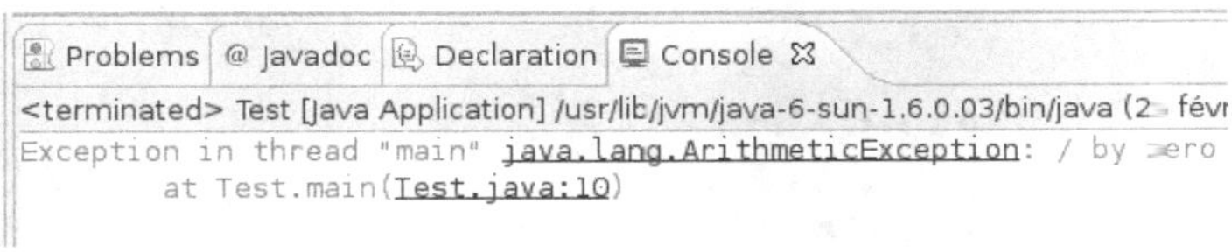

FIGURE 14.1 – ArithmeticException

Mais surtout, vous devez avoir constaté que lorsque l'exception a été levée, le programme s'est arrêté ! D'après le message affiché dans la console, le nom de l'exception qui a été déclenchée est **ArithmeticException**. Nous savons donc maintenant qu'une division par zéro est une **ArithmeticException**. Nous allons pouvoir la capturer, avec un bloc **try{...}catch{...}**, puis réaliser un traitement en conséquence. Ce que je vous propose maintenant, c'est d'afficher un message personnalisé lors d'une division par 0. Pour ce faire, tapez le code suivant dans votre **main** :

```
public static void main(String[] args) {

     int j = 20, i = 0;
     try {
          System.out.println(j/i);
    } catch (ArithmeticException e) {
          System.out.println("Division par zéro !");
     }
      System.out.println("coucou toi !");
}
```

En exécutant ce code, vous obtiendrez le résultat consultable sur la figure 14.2.

Voyons un peu ce qui se passe.

- Nous initialisons deux variables de type **int**, l'une à 0 et l'autre à un nombre quelconque.

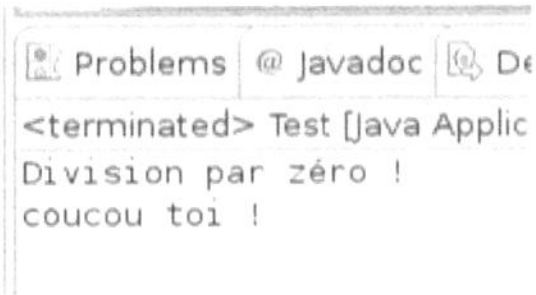

FIGURE 14.2 – Capture d'exception

- Nous isolons le code susceptible de lever une exception : `System.out.println(j/i);`.
- Une exception de type `ArithmeticException` est levée lorsque le programme atteint cette ligne.
- Notre bloc `catch` contient justement un objet de type `ArithmeticException` en paramètre. Nous l'avons appelé **e**.
- L'exception étant capturée, l'instruction du bloc `catch` s'exécute !
- Notre message d'erreur personnalisé s'affiche alors à l'écran.

Vous vous demandez sûrement à quoi sert le paramètre de la clause `catch`. Il permet de connaître le type d'exception qui doit être capturé. Et l'objet — ici, `e` — peut servir à préciser notre message grâce à l'appel de la méthode `getMessage()`. Faites à nouveau ce test, en remplaçant l'instruction du `catch` par celle-ci :

```
System.out.println("Division par zéro !" + e.getMessage());
```

Vous verrez que la fonction `getMessage()` de notre objet `ArithmeticException` nous précise la nature de l'erreur.

Je vous disais aussi que le principe de capture d'exception permettait de ne pas interrompre l'exécution du programme. En effet, lorsque nous capturons une exception, le code présent dans le bloc `catch(){...}` est exécuté, mais le programme suit son cours !

Avant de voir comment créer nos propres exceptions, sachez que le bloc permettant de capturer ces dernières offre une fonctionnalité importante. En fait, vous avez sans doute compris que lorsqu'une ligne de code lève une exception, l'instruction dans le bloc `try` est interrompue et le programme se rend dans le bloc `catch` correspondant à l'exception levée. Prenons un cas de figure très simple : imaginons que vous souhaitez effectuer une action, qu'une exception soit levée ou non[1]. Java vous permet d'utiliser une clause via le mot clé `finally`. Voyons ce que donne ce code :

```
public static void main(String[] args){
    try {
        System.out.println(" =>" + (1/0));
    } catch (ClassCastException e) {
        e.printStackTrace();
    }
    finally{
```

1. Nous verrons lorsque nous travaillerons avec les fichiers qu'il faut systématiquement fermer ceux-ci.

```
        System.out.println("action faite systématiquement");
    }
}
```

Lorsque vous l'exécutez, vous pouvez constater que, même si nous tentons d'intercepter une `ArithmeticException`[2], grâce à la clause `finally`, un morceau de code est exécuté quoi qu'il arrive.
Cela est surtout utilisé lorsque vous devez vous assurer d'avoir fermé un fichier, clos votre connexion à une base de données ou un socket[3]. Maintenant que nous avons vu cela, nous pouvons aller un peu plus loin dans la gestion de nos exceptions.

Les exceptions personnalisées

Nous allons perfectionner un peu la gestion de nos objets `Ville` et `Capitale`... Je vous propose de mettre en œuvre une exception de notre cru afin d'interdire l'instanciation d'un objet `Ville` ou `Capitale` présentant un nombre négatif d'habitant .

La procédure pour faire ce tour de force est un peu particulière. En effet, nous devons :

1. créer une classe héritant de la classe `Exception` : `NombreHabitantException`[4] ;
2. renvoyer l'exception levée à notre classe `NombreHabitantException` ;
3. ensuite, gérer celle-ci dans notre classe `NombreHabitantException`.

Pour faire tout cela, je vais encore vous apprendre deux mots clés.
- `throws` : ce mot clé permet de signaler à la JVM qu'un morceau de code, une méthode, une classe... est potentiellement dangereux et qu'il faut utiliser un bloc `try{...}catch{...}`. Il est suivi du nom de la classe qui va gérer l'exception.
- `throw` : celui-ci permet tout simplement de lever une exception manuellement en instanciant un objet de type `Exception` (ou un objet hérité). Dans l'exemple de notre `ArithmeticException`, il y a quelque part dans les méandres de Java un `throw new ArithmeticException()`.

Pour mettre en pratique ce système, commençons par créer une classe qui va gérer nos exceptions. Celle-ci, je vous le rappelle, doit hériter d'`Exception` :

```
class NombreHabitantException extends Exception{
   public NombreHabitantException(){
      System.out.println("Vous essayez d'instancier une classe Ville
↪ avec un nombre d'habitants négatif !");
   }
}
```

Reprenez votre projet avec vos classes `Ville` et `Capitale` et créez ensuite une classe `NombreHabitantException`, comme je viens de le faire. Maintenant, c'est dans le

2. Celle-ci se déclenche lors d'un problème de cast.
3. Une connexion réseau.
4. Par convention, les exceptions ont un nom se terminant par `Exception`.

constructeur de nos objets que nous allons ajouter une condition qui, si elle est remplie, lèvera une exception de type `NombreHabitantException`. En gros, nous devons dire à notre constructeur de `Ville` : « si l'utilisateur crée une instance de `Ville` avec un nombre d'habitants négatif, créer un objet de type `NombreHabitantException` ».
Voilà à quoi ressemble le constructeur de notre objet `Ville` à présent :

```
public Ville(String pNom, int pNbre, String pPays)
                throws  NombreHabitantException
  {
          if(pNbre < 0)
                  throw new NombreHabitantException();
          else
          {
                  nbreInstance++;
                  nbreInstanceBis++;

                  nomVille = pNom;
                  nomPays = pPays;
                  nbreHabitant = pNbre;
                  this.setCategorie();
          }
  }
```

`throws NombreHabitantException` nous indique que si une erreur est capturée, celle-ci sera traitée en tant qu'objet de la classe `NombreHabitantException`, ce qui nous renseigne sur le type de l'erreur en question. Elle indique aussi à la JVM que le constructeur de notre objet `Ville` est potentiellement dangereux et qu'il faudra gérer les exceptions possibles.

Si la condition `if(nbre < 0)` est remplie, `throw new NombreHabitantException();` instancie la classe `NombreHabitantException`. Par conséquent, si un nombre d'habitants est négatif, l'exception est levée.

Maintenant que vous avez apporté cette petite modification, retournez dans votre classe `main`, effacez son contenu, puis créez un objet `Ville` de votre choix. Vous devez tomber sur une erreur persistante (figure 14.3) ; c'est tout à fait normal et dû à l'instruction `throws`.

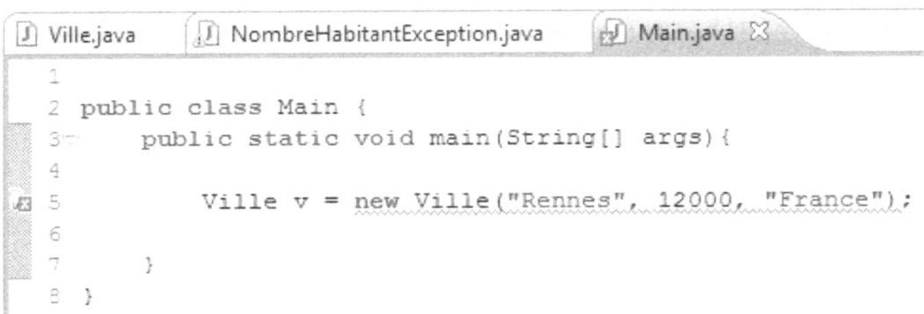

FIGURE 14.3 – Exception non gérée

Cela signifie qu'à partir de maintenant, vu les changements dans le constructeur, il vous faudra gérer les exceptions qui pourraient survenir dans cette instruction avec un bloc `try{} catch{}`.

Ainsi, pour que l'erreur disparaisse, il nous faut entourer notre instanciation avec un bloc `try{...}catch{...}` (figure 14.4).

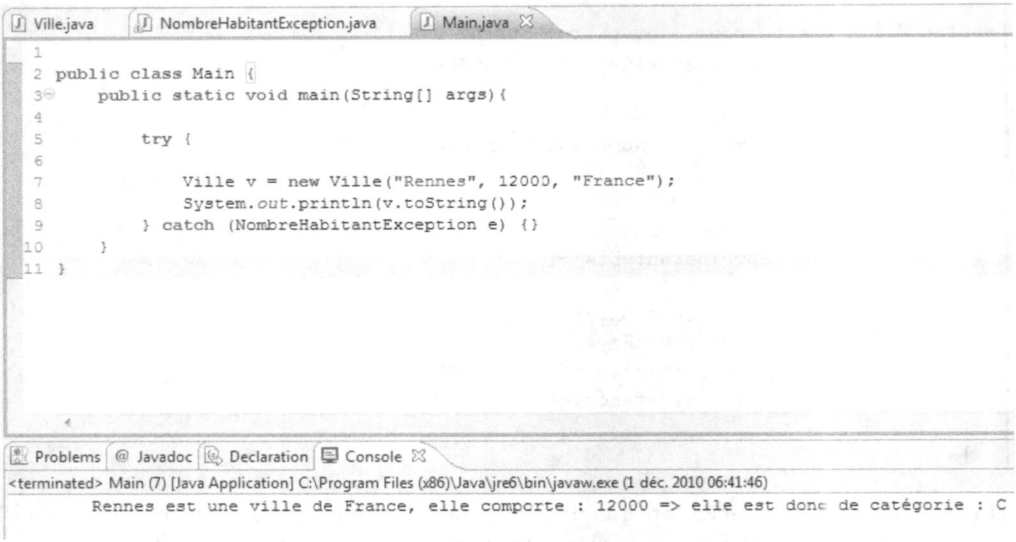

FIGURE 14.4 – Correction du bug

Vous pouvez constater que l'erreur a disparu, que notre code peut être compilé et qu'il s'exécute correctement.

Attention, il faut que vous soyez préparés à une chose : le code que j'ai utilisé dans la figure 14.4 fonctionne très bien, mais il y a un autre risque, l'instance de mon objet `Ville` a été déclarée dans le bloc `try{...}catch{...}` et cela peut causer beaucoup de problèmes.

Ce code :

```
public static void main(String[] args)
{
      try {
         Ville v = new Ville("Rennes", 12000, "France");
      } catch (NombreHabitantException e) {   }

      System.out.println(v.toString());
}
```

... ne fonctionnera pas, tout simplement parce que la déclaration de l'objet `Ville` est faite dans un sous-bloc d'instructions, celui du bloc `try{...}`. Et rappelez-vous : une variable déclarée dans un bloc d'instructions n'existe que dans celui-ci !

Ici, la variable `v` n'existe pas en dehors de l'instruction `try{...}`. Pour pallier ce problème, il nous suffit de déclarer notre objet en dehors du bloc `try{...}` et de l'instancier à l'intérieur :

```
public static void main(String[] args)
{
      Ville v = null;
      try {
         v = new Ville("Rennes", 12000, "France");
      } catch (NombreHabitantException e) {   }

      System.out.println(v.toString());
}
```

Mais que se passera-t-il si nous déclarons une `Ville` avec un nombre d'habitants négatif pour tester notre exception ? En remplaçant « 12000 » par « -12000 » dans l'instanciation de notre objet...
C'est simple : en plus d'une exception levée pour le nombre d'habitants négatif, vous obtiendrez aussi une `NullPointerException`. Voyons ce qu'il s'est passé.

- Nous avons bien déclaré notre objet en dehors du bloc d'instructions.
- Au moment d'instancier celui-ci, une exception est levée et l'instanciation échoue !
- La clause `catch{}` est exécutée : un objet `NombreHabitantException` est instancié.
- Lorsque nous arrivons sur l'instruction « `System.out.println(v.toString());` », notre objet est `null` !
- Une `NullPointerException` est donc levée !

Ce qui signifie que si l'instanciation échoue dans notre bloc `try{}`, le programme plante ! Pour résoudre ce problème, on peut utiliser une simple clause `finally` avec, à l'intérieur, l'instanciation d'un objet `Ville` par défaut si celui-ci est `null` :

```
public static void main(String[] args)
{
      Ville v = null;
      try {
         v = new Ville("Rennes", 12000, "France");
      } catch (NombreHabitantException e) {   }
      finally{
         if(v == null)
              v = new Ville();
      }
      System.out.println(v.toString());
}
```

Pas besoin de capturer une exception sur l'instanciation de notre objet ici : le code n'est considéré comme dangereux que sur le constructeur avec paramètres.

Maintenant que nous avons vu la création d'une exception, il serait de bon ton de pouvoir récolter plus de renseignements la concernant. Par exemple, il serait peut-être intéressant de réafficher le nombre d'habitants que l'objet a reçu.

Pour ce faire, nous n'avons qu'à créer un deuxième constructeur dans notre classe `NombreHabitantException` qui prend un nombre d'habitants en paramètre :

```
public NombreHabitantException(int nbre)
{
    System.out.println("Instanciation avec un nombre d'habitants négatif.");
    System.out.println("\t => " + nbre);
}
```

Il suffit maintenant de modifier le constructeur de la classe `Ville` en conséquence :

```
public Ville(String pNom, int pNbre, String pPays)
              throws  NombreHabitantException
  {
          if(pNbre < 0)
                  throw new NombreHabitantException(pNbre);
          else
          {
                  //Le code est identique à précédemment
          }
  }
```

Et si vous exécutez le même code que précédemment, vous pourrez voir le nouveau message de notre exception s'afficher.

Ce n'est pas mal, avouez-le ! Sachez également que l'objet passé en paramètre de la clause `catch` a des méthodes héritées de la classe `Exception` : vous pouvez les utiliser si vous le voulez et surtout, si vous en avez l'utilité. Nous utiliserons certaines de ces méthodes dans les prochains chapitres. Je vais vous faire peur : ici, nous avons capturé une exception, mais nous pouvons en capturer plusieurs...

Pour finir, je vous propose de télécharger tous ces morceaux de codes que nous venons de voir ensemble.

▷ Copier les codes
Code web : 842950

La gestion de plusieurs exceptions

Bien entendu, ceci est valable pour toutes sortes d'exceptions, qu'elles soient personnalisées ou inhérentes à Java ! Supposons que nous voulons lever une exception si le nom de la ville fait moins de 3 caractères.

Nous allons répéter les premières étapes vues précédemment, c'est-à-dire créer une classe `NomVilleException` :

```
public class NomVilleException extends Exception {
        public NomVilleException(String message){
                super(message);
```

```
        }
}
```

Vous avez remarqué que nous avons utilisé `super`. Avec cette redéfinition, nous pourrons afficher notre message d'erreur en utilisant la méthode `getMessage()`. Voyez plutôt.

Ajoutez une condition dans le constructeur `Ville` :

```
public Ville(String pNom, int pNbre, String pPays) throws
↪ NombreHabitantException, NomVilleException
  {
          if(pNbre < 0)
                  throw new NombreHabitantException(pNbre);

          if(pNom.length() < 3)
                  throw new NomVilleException("le nom de la ville est inférieur
↪ à 3 caractères ! nom = " + pNom);
          else
          {
                  nbreInstance++;
                  nbreInstanceBis++;

                  nomVille = pNom;
                  nomPays = pPays;
                  nbreHabitant = pNbre;
                  this.setCategorie();
          }
  }
```

Vous remarquez que les différentes erreurs dans l'instruction `throws` sont séparées par une virgule. Nous sommes maintenant parés pour la capture de deux exceptions personnalisées. Regardez comment on gère deux exceptions sur une instruction :

```
Ville v = null;
try {
     v = new Ville("Re", 12000, "France");
}
//Gestion de l'exception sur le nombre d'habitants
catch (NombreHabitantException e) {
     e.printStackTrace();
}
//Gestion de l'exception sur le nom de la ville
catch(NomVilleException e2){
     System.out.println(e2.getMessage());
}
finally{
     if(v == null)
             v = new Ville();
}
System.out.println(v.toString());
```

Constatez qu'un deuxième bloc `catch{}` s'est glissé... Eh bien, c'est comme cela que nous gérerons plusieurs exceptions !

Si vous mettez un nom de ville de moins de 3 caractères et un nombre d'habitants négatif, c'est l'exception du nombre d'habitants qui sera levée en premier, et pour cause : il s'agit de la première condition dans notre constructeur.

Lorsque plusieurs exceptions sont gérées par une portion de code, pensez bien à mettre les blocs `catch` dans un ordre pertinent.

En résumé

- Lorsqu'un événement que la JVM ne sait pas gérer apparaît, une exception est levée (exemple : division par zéro). Une exception correspond donc à une erreur.
- La superclasse qui gère les exceptions s'appelle `Exception`.
- Vous pouvez créer une classe d'exception personnalisée : faites-lui hériter de la classe `Exception`.
- L'instruction qui permet de capturer des exceptions est le bloc `try{} catch{}`.
- Si une exception est levée dans le bloc `try`, les instructions figurant dans le bloc `catch` seront exécutées pour autant que celui-ci capture la bonne exception levée.
- Vous pouvez ajouter autant de blocs `catch` que vous le voulez à la suite d'un bloc `try`, mais respectez l'ordre : **du plus pertinent au moins pertinent**.
- Dans une classe objet, vous pouvez prévenir la JVM qu'une méthode est dite « à risque » grâce au mot clé `throws`.
- Vous pouvez définir plusieurs risques d'exceptions sur une même méthode. Il suffit de séparer les déclarations par une virgule.
- Dans cette méthode, vous pouvez définir les conditions d'instanciation d'une exception et lancer cette dernière grâce au mot clé `throw` suivi de l'instanciation.
- Une instanciation lancée par le biais de l'instruction `throw` doit être déclarée avec `throws` au préalable !

Chapitre 15

Les flux d'entrée/sortie

Difficulté :

Une entrée/sortie en Java consiste en un échange de données entre le programme et une autre source, par exemple la mémoire, un fichier, le programme lui-même...

Pour réaliser cela, Java emploie ce qu'on appelle un **stream** (qui signifie « flux »). Celui-ci joue le rôle de médiateur entre la source des données et sa destination. Nous allons voir que Java met à notre disposition toute une panoplie d'objets permettant de communiquer de la sorte. Toute opération sur les entrées/sorties doit suivre le schéma suivant : ouverture, lecture, fermeture du flux.

Je ne vous cache pas qu'il existe une foule d'objets qui ont chacun leur façon de travailler avec les flux. Sachez que Java a décomposé les objets traitant des flux en deux catégories :

- les objets travaillant avec des flux d'entrée (`in`), **lecture de flux** ;
- les objets travaillant avec des flux de sortie (`out`), **écriture de flux**.

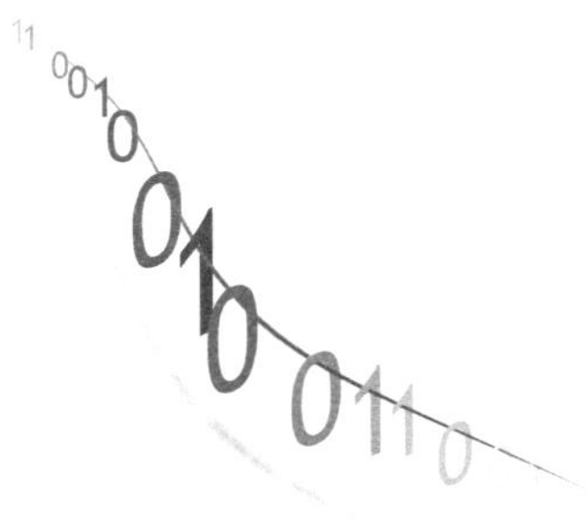

Utilisation de `java.io`

L'objet `File`

Avant de commencer, créez un fichier avec l'extension que vous voulez pour le moment, et enregistrez-le à la racine de votre projet Eclipse. Personnellement, je me suis fait un fichier **test.txt** dont voici le contenu :

```
Voici une ligne de test.
Voici une autre ligne de test.
Et comme je suis motivé, en voici une troisième !
```

Dans votre projet Eclipse, faites un clic droit sur le dossier de votre projet, puis `New` → `File`. Vous pouvez nommer votre fichier ainsi qu'y taper du texte ! Le nom du dossier contenant mon projet s'appelle « IO » et mon fichier texte est à cette adresse : « D :\Mes documents\Codage\SDZ\Java-SDZ\IO\test.txt ». Nous allons maintenant voir ce dont l'objet `File` est capable. Vous remarquerez que cet objet est très simple à utiliser et que ses méthodes sont très explicites.

```
//Package à importer afin d'utiliser l'objet File
import java.io.File;

public class Main {
  public static void main(String[] args) {
        //Création de l'objet File
        File f = new File("test.txt");
        System.out.println("Chemin absolu du fichier : " + f.getAbsolutePath());
        System.out.println("Nom du fichier : " + f.getName());
        System.out.println("Est-ce qu'il existe ? " + f.exists())
        System.out.println("Est-ce un répertoire ? " + f.isDirectory());
        System.out.println("Est-ce un fichier ? " + f.isFile());

        System.out.println("Affichage des lecteurs à la racine du PC : ");
        for(File file : f.listRoots())
        {
          System.out.println(file.getAbsolutePath());
          try {
                int i = 1;
                //On parcourt la liste des fichiers et répertoire
                for(File nom : file.listFiles()){
                   //S'il s'agit d'un dossier, on ajoute un "/"
                   System.out.print("\t\t" +
                  ((nom.isDirectory()) ? nom.getName()+"/" : nom.getName()));

                   if((i%4) == 0){
                        System.out.print("\n");
                   }
                   i++;
                }
```

```
                System.out.println("\n");
          } catch (NullPointerException e) {
                //L'instruction peut générer une NullPointerException
                //s'il n'y a pas de sous-fichier !
          }
        }
  }
}
```

▷ Copier ce code
Code web : 604161

Le résultat est bluffant (figure 15.1).

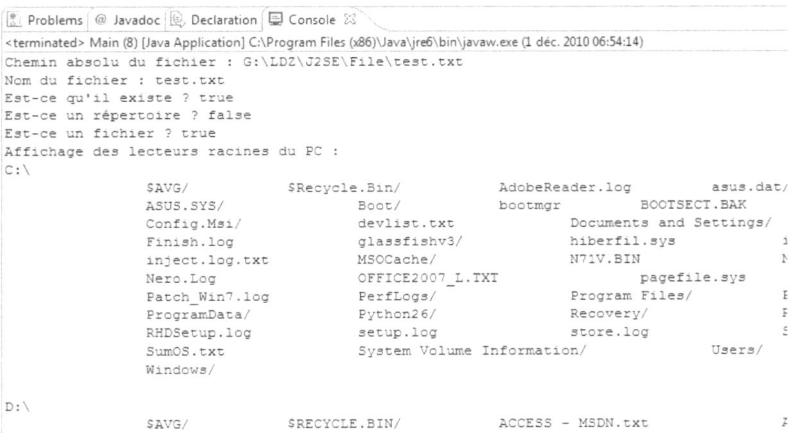

FIGURE 15.1 – Test de l'objet File

Vous conviendrez que les méthodes de cet objet peuvent s'avérer très utiles ! Nous venons d'en essayer quelques-unes et nous avons même listé les sous-fichiers et sous-dossiers de nos lecteurs à la racine du PC.

Vous pouvez aussi effacer le fichier grâce la méthode `delete()`, créer des répertoires avec la méthode `mkdir()` [1]...

Maintenant que vous en savez un peu plus sur cet objet, nous pouvons commencer à travailler avec notre fichier !

Les objets FileInputStream et FileOutputStream

C'est par le biais de ces objets que nous allons pouvoir :

- lire dans un fichier ;
- écrire dans un fichier.

1. Le nom donné à ce répertoire ne pourra cependant pas contenir de point (« . »).

Ces classes héritent des classes abstraites `InputStream` et `OutputStream`, présentes dans le package `java.io`.

Comme vous l'avez sans doute deviné, il existe une hiérarchie de classes pour les traitements `in` et une autre pour les traitements `out`. Ne vous y trompez pas, les classes héritant d'`InputStream` sont destinées à la lecture et les classes héritant d'`OutputStream` se chargent de l'écriture !

C'est bizarre, n'est-ce pas ? Vous auriez dit le contraire... Comme beaucoup de gens au début. Mais c'est uniquement parce que vous situez les flux par rapport à vous, et non à votre programme ! Lorsque ce dernier va lire des informations dans un fichier, ce sont des informations qu'il *reçoit*, et par conséquent, elles s'apparentent à une entrée : `in`[2].

Au contraire, lorsqu'il va écrire dans un fichier[3], par exemple, il va faire sortir des informations ; donc, pour lui, ce flux de données correspond à une sortie : `out`.

Nous allons enfin commencer à travailler avec notre fichier. Le but est d'aller en lire le contenu et de le copier dans un autre, dont nous spécifierons le nom dans notre programme, par le biais d'un programme Java.

Ce code est assez compliqué, donc accrochez-vous à vos claviers !

```
//Packages à importer afin d'utiliser les objets
import java.io.File;
import java.io.FileInputStream;
import java.io.FileNotFoundException;
import java.io.FileOutputStream;
import java.io.IOException;

public class Main {
   public static void main(String[] args) {
      //Nous déclarons nos objets en dehors du bloc try/catch
      FileInputStream fis = null;
      FileOutputStream fos = null;

      try {
         //On instancie nos objets :
         //fis va lire le fichier et
         //fos va écrire dans le nouveau !
         fis = new FileInputStream(new File("test.txt"));
         fos = new FileOutputStream(new File("test2.txt"));

         //On crée un tableau de byte
         //pour indiquer le nombre de bytes
         //lus à chaque tour de boucle
         byte[] buf = new byte[8];
```

2. Sachez tout de même que lorsque vous tapez au clavier, cette action est considérée comme un flux d'entrée !

3. Ou à l'écran, souvenez-vous de `System.out.println`.

```
        //On crée une variable de type int
        //pour y affecter le résultat de la lecture
        //Vaut -1 quand c'est fini
        int n = 0;

        //Tant que l'affectation dans la variable est possible, on boucle
        //Lorsque la lecture du fichier est terminée
        //l'affectation n'est plus possible !
        //On sort donc de la boucle
        while((n = fis.read(buf)) >= 0)
        {
           //On écrit dans notre deuxième fichier
           //avec l'objet adéquat
           fos.write(buf);
           //On affiche ce qu'a lu notre boucle
           //au format byte et au format char
           for(byte bit : buf)
              System.out.print("\t" + bit + "(" + (char)bit + ")");
              System.out.println("");
           }

           System.out.println("Copie terminée !");

       } catch (FileNotFoundException e) {
                //Cette exception est levée
                //si l'objet FileInputStream ne trouve aucun fichier
           e.printStackTrace();
       } catch (IOException e) {
               //Celle-ci se produit lors d'une erreur
               //d'écriture ou de lecture
           e.printStackTrace();
       } finally{
             //On ferme nos flux de données dans un bloc finally
             //pour s'assurer que ces instructions seront exécutées
             //dans tous les cas même si une exception est levée !
             try{
                if(fis != null)
                   fis.close();
                if(fos != null)
                   fos.close();
             }catch(IOException e){
                e.printStackTrace();
             }
          }
       }
    }
}
```

▷ Copier ce code
Code web : 530777

Pour que l'objet `FileInputStream` fonctionne, le fichier doit exister ! Sinon l'exception `FileNotFoundException` est levée.
Par contre, si vous ouvrez un flux en écriture (`FileOutputStream`) vers un fichier inexistant, celui-ci sera créé automatiquement !

Notez bien les imports pour pouvoir utiliser ces objets. Mais comme vous le savez déjà, vous pouvez taper votre code et faire ensuite « `CTRL + SHIFT + O` » pour que les imports soient automatiques.

À l'exécution de ce code, vous pouvez voir que le fichier `test2.txt` a bien été créé et qu'il contient exactement la même chose que `test.txt` ! De plus, j'ai ajouté dans la console les données que votre programme va utiliser (lecture et écriture).

La figure 15.2 représente le résultat de ce code.

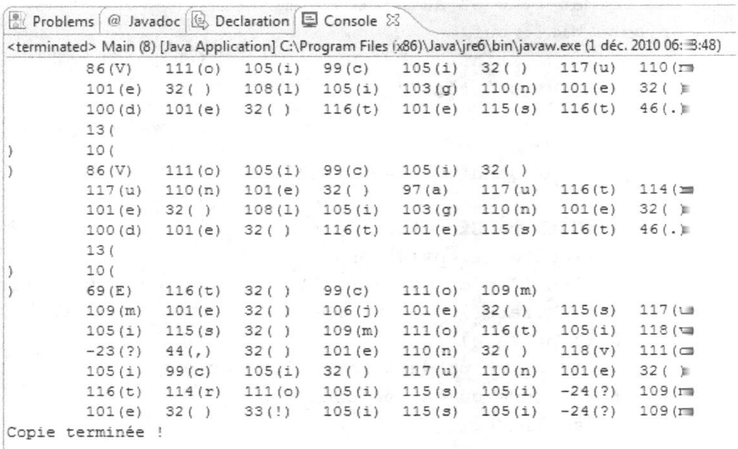

FIGURE 15.2 – Copie de fichier

Le bloc `finally` permet de s'assurer que nos objets ont bien fermé leurs liens avec leurs fichiers respectifs, ceci afin de permette à Java de détruire ces objets pour ainsi libérer un peu de mémoire à votre ordinateur.

En effet, les objets utilisent des ressources de votre ordinateur que Java ne peut pas libérer de lui-même, vous devez être sûr que la vanne est fermée ! Ainsi, même si une exception est levée, le contenu du bloc `finally` sera exécuté et nos ressources seront libérées. Par contre, pour alléger la lecture, je ne mettrai plus ces blocs dans les codes à venir mais pensez bien à les mettre dans vos codes.

Les objets `FileInputStream` et `FileOutputStream` sont assez rudimentaires, car ils travaillent avec un nombre déterminé d'octets à lire. Cela explique pourquoi ma condition de boucle était si tordue...

Voici un rappel important : lorsque vous voyez des caractères dans un fichier ou sur votre écran, ils ne veulent pas dire grand-chose pour votre PC, car il ne comprend que le binaire (vous savez, les suites de 0 et de 1). Ainsi, afin de pouvoir afficher et travailler avec des caractères, un système d'encodage (qui a d'ailleurs fort évolué) a été mis au point.

Sachez que chaque caractère que vous saisissez ou que vous lisez dans un fichier correspond à un code binaire, et ce code binaire correspond à un code décimal. Voyez la table de correspondance [4].

▷ Table de correspondance
Code web : 277885

Cependant, au début, seuls les caractères de a à z, de A à Z et les chiffres de 0 à 9 (les 127 premiers caractères de la table ci-dessus) étaient codés (UNICODE 1), correspondant aux caractères se trouvant dans la langue anglaise. Mais ce codage s'est rapidement avéré trop limité pour des langues comportant des caractères accentués (français, espagnol...). Un jeu de codage de caractères étendu a été mis en place afin de pallier ce problème.

Chaque code binaire UNICODE 1 est codé sur 8 bits, soit 1 octet. Une variable de type `byte`, en Java, correspond en fait à 1 octet et non à 1 bit !

Les objets que nous venons d'utiliser emploient la première version d'UNICODE 1 qui ne comprend pas les caractères accentués, c'est pourquoi ces caractères ont un code décimal négatif dans notre fichier. Lorsque nous définissons un tableau de `byte` à 8 entrées, cela signifie que nous allons lire 8 octets à la fois.

Vous pouvez voir qu'à chaque tour de boucle, notre tableau de `byte` contient huit valeurs correspondant chacune à un code décimal qui, lui, correspond à un caractère [5].

Vous pouvez voir que les codes décimaux négatifs sont inconnus, car ils sont représentés par des « ? » ; de plus, il y a des caractères invisibles [6] dans notre fichier :

- les espaces : `SP` pour `SPace`, code décimal 32 ;
- les sauts de lignes : `LF` pour `Line Feed`, code décimal 13 ;
- les retours chariot : `CR` pour `Carriage Return`, code décimal 10.

Vous voyez que les traitements des flux suivent une logique et une syntaxe précises ! Lorsque nous avons copié notre fichier, nous avons récupéré un certain nombre d'octets dans un flux entrant que nous avons passé à un flux sortant. À chaque tour de boucle, les données lues dans le fichier source sont écrites dans le fichier défini comme copie.

Il existe à présent des objets beaucoup plus faciles à utiliser, mais qui travaillent néanmoins avec les deux objets que nous venons d'étudier. Ces objets font également partie de la hiérarchie citée précédemment... Seulement, il existe une superclasse qui les définit.

4. On parle de la table ASCII.
5. Valeur entre parenthèses à côté du code décimal.
6. Les 32 premiers caractères de la table ASCII sont invisibles !

Les objets `FilterInputStream` et `FilterOutputStream`

Ces deux classes sont en fait des classes abstraites. Elles définissent un comportement global pour leurs classes filles qui, elles, permettent d'ajouter des fonctionnalités aux flux d'entrée/sortie !

La figure 15.3 représente un diagramme de classes schématisant leur hiérarchie.

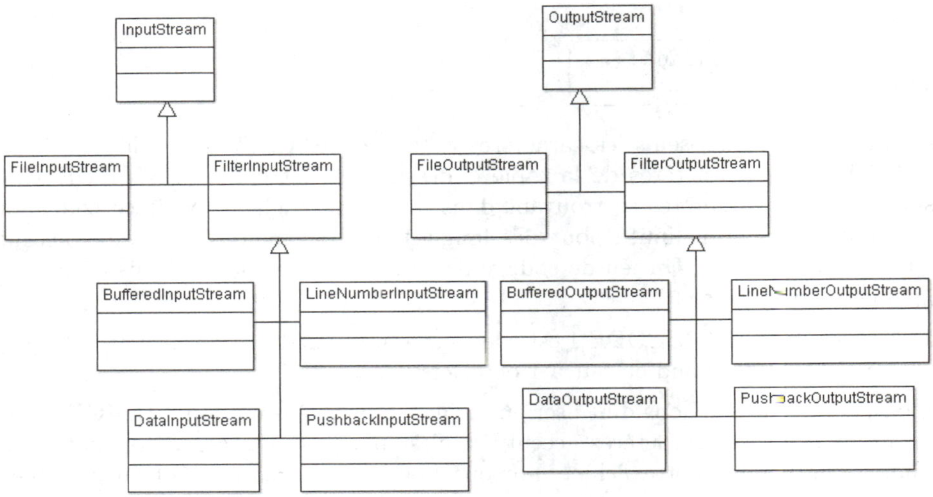

FIGURE 15.3 – Hiérarchie des classes du package `java.io`

Vous pouvez voir qu'il existe quatre classes filles héritant de `FilterInputStream` (de même pour `FilterOutputStream`[7]).

- `DataInputStream` : offre la possibilité de lire directement des types primitifs (`double`, `char`, `int`) grâce à des méthodes comme `readDouble()`, `readInt()`...
- `BufferedInputStream` : cette classe permet d'avoir un tampon à disposition dans la lecture du flux. En gros, les données vont tout d'abord remplir le tampon, et dès que celui-ci est plein, le programme accède aux données.
- `PushbackInputStream` : permet de remettre un octet déjà lu dans le flux entrant.
- `LineNumberInputStream` : cette classe offre la possibilité de récupérer le numéro de la ligne lue à un instant T.

Ces classes prennent en paramètre une instance dérivant des classes `InputStream`(pour les classes héritant de `FilterInputStream`) ou de `OutputStream` (pour les classes héritant de `FilterOutputStream`).

Puisque ces classes acceptent une instance de leur superclasse en paramètre, vous pouvez cumuler les filtres et obtenir des choses de ce genre :

7. Les classes dérivant de `FilterOutputStream` ont les mêmes fonctionnalités, mais en écriture.

```
FileInputStream fis = new FileInputStream(new File("toto.txt"));
DataInputStream dis = new DataInputStream(fis);
BufferedInputStream bis = new BufferedInputStream(dis);
//Ou en condensé :
BufferedInputStream  bis = new BufferredInputStream(
                                          new DataInputStream(
                                             new FileInputStream(
                                                new File("toto.txt"))));
```

Afin de vous rendre compte des améliorations apportées par ces classes, nous allons lire un énorme fichier texte (3,6 Mo) de façon conventionnelle avec l'objet vu précédemment, puis grâce à un buffer.

> Télécharger le fichier
> Code web : 588152

Récupérez le fichier compressé grâce à un logiciel de compression/décompression et remplacez le contenu de votre fichier `test.txt` par le contenu de ce fichier. Maintenant, voici un code qui permet de tester le temps d'exécution de la lecture :

```
//Packages à importer afin d'utiliser l'objet File
import java.io.BufferedInputStream;
import java.io.DataInputStream;
import java.io.File;
import java.io.FileInputStream;
import java.io.FileNotFoundException;
import java.io.FileOutputStream;
import java.io.IOException;

public class Main {
   public static void main(String[] args) {
        //Nous déclarons nos objets en dehors du bloc try/catch
        FileInputStream fis;
        BufferedInputStream bis;
        try {
                fis = new FileInputStream(new File("test.txt"));
                bis = new BufferedInputStream(new FileInputStream(new File("
↪ test.txt")));
                byte[] buf = new byte[8];

                //On récupère le temps du système
                long startTime = System.currentTimeMillis();
                //Inutile d'effectuer des traitements dans notre boucle
                while(fis.read(buf) != -1);
                //On affiche le temps d'exécution
                System.out.println("Temps de lecture avec FileInputStream : " +
↪ (System.currentTimeMillis() - startTime));

                //On réinitialise
                startTime = System.currentTimeMillis();
```

```
                //Inutile d'effectuer des traitements dans notre boucle
                while(bis.read(buf) != -1);
                //On réaffiche
                System.out.println("Temps de lecture avec BufferedInputStream :
↪ " + (System.currentTimeMillis() - startTime));

                //On ferme nos flux de données
                fis.close();
                bis.close();

        } catch (FileNotFoundException e) {
            e.printStackTrace();
        } catch (IOException e) {
            e.printStackTrace();
        }
    }
}
```

Et le résultat (figure 15.4) est encore une fois bluffant.

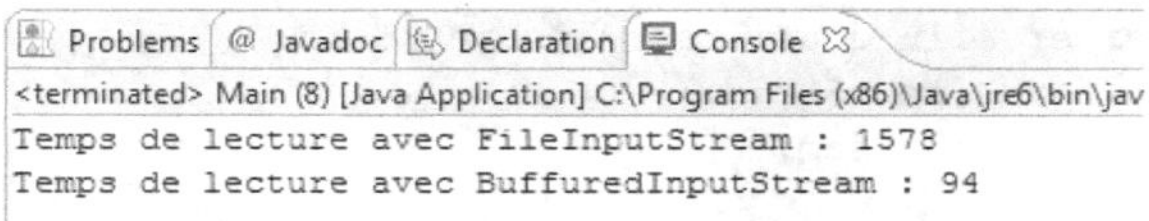

FIGURE 15.4 – Comparatif de lecture avec et sans filtre

La différence de temps est vraiment énorme : 1,578 seconde pour la première méthode et 0,094 seconde pour la deuxième ! Vous conviendrez que l'utilisation d'un buffer permet une nette amélioration des performances de votre code. Faisons donc sans plus tarder le test avec l'écriture :

```
//Packages à importer afin d'utiliser l'objet File
import java.io.BufferedInputStream;
import java.io.BufferedOutputStream;
import java.io.File;
import java.io.FileInputStream;
import java.io.FileNotFoundException;
import java.io.FileOutputStream;
import java.io.IOException;

public class Main {
   public static void main(String[] args) {
        //Nous déclarons nos objets en dehors du bloc try/catch
        FileInputStream fis;
        FileOutputStream fos;
        BufferedInputStream bis;
        BufferedOutputStream bos;
```

```
        try {
                fis = new FileInputStream(new File("test.txt"));
                fos = new FileOutputStream(new File("test2.txt"));
                bis = new BufferedInputStream(new FileInputStream(new File("
↪ test.txt")));
                bos = new BufferedOutputStream(new FileOutputStream(new File("
↪ test3.txt")));
                byte[] buf = new byte[8];

                //On récupère le temps du système
                long startTime = System.currentTimeMillis();

                while(fis.read(buf) != -1){
                        fos.write(buf);
                }
                //On affiche le temps d'exécution
                System.out.println("Temps de lecture + écriture avec FileInputSt
↪ ream et FileOutputStream : " + (System.currentTimeMillis() - startTime));

                //On réinitialise
                startTime = System.currentTimeMillis();

                while(bis.read(buf) != -1){
                        bos.write(buf);
                }
                //On réaffiche
                System.out.println("Temps de lecture + écriture avec BufferedIn
↪ putStream et BufferedOutputStream : " + (System.currentTimeMillis() -
↪ startTime));

                //On ferme nos flux de données
                fis.close();
                bis.close();

        } catch (FileNotFoundException e) {
            e.printStackTrace();
        } catch (IOException e) {
            e.printStackTrace();
        }
    }
}
```

Là, la différence est encore plus nette (figure 15.5).

Si avec ça, vous n'êtes pas convaincus de l'utilité des buffers…

Je ne vais pas passer en revue tous les objets cités un peu plus haut, mais vu que vous risquez d'avoir besoin des objets `Data(Input/Output)Stream`, nous allons les aborder rapidement, puisqu'ils s'utilisent comme les objets `BufferedInputStream`. Je vous ai dit plus haut que ceux-ci ont des méthodes de lecture pour chaque type primitif : il faut cependant que le fichier soit généré par le biais d'un `DataOutputStream` pour que

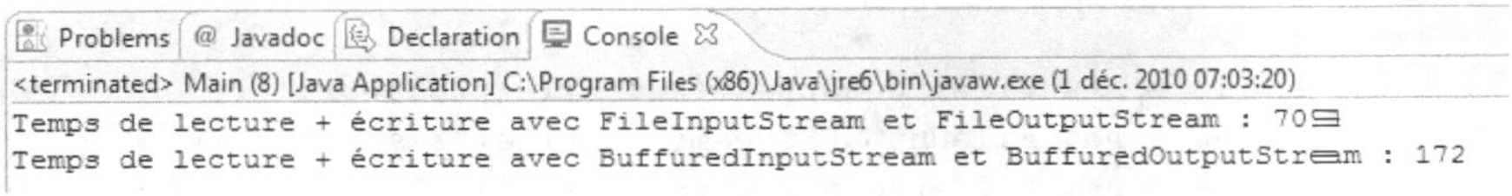

FIGURE 15.5 – Comparatif d'écriture avec et sans filtre

les méthodes fonctionnent correctement.

Nous allons donc créer un fichier de toutes pièces pour le lire par la suite.

```
//Packages à importer afin d'utiliser l'objet File
import java.io.BufferedInputStream;
import java.io.BufferedOutputStream;
import java.io.DataInputStream;
import java.io.DataOutputStream;
import java.io.File;
import java.io.FileInputStream;
import java.io.FileNotFoundException;
import java.io.FileOutputStream;
import java.io.IOException;

public class Main {
   public static void main(String[] args) {
        //Nous déclarons nos objets en dehors du bloc try/catch
        DataInputStream dis;
        DataOutputStream dos;
        try {
                dos = new DataOutputStream(
                                        new BufferedOutputStream(
                                                new FileOutputStream(
                                                        new File("sdz.txt"))));

                //Nous allons écrire chaque type primitif
                dos.writeBoolean(true);
                dos.writeByte(100);
                dos.writeChar('C');
                dos.writeDouble(12.05);
                dos.writeFloat(100.52f);
                dos.writeInt(1024);
                dos.writeLong(123456789654321L);
                dos.writeShort(2);
                dos.close();

                //On récupère maintenant les données !
                dis = new DataInputStream(
                                new BufferedInputStream(
                                        new FileInputStream(
                                                new File("sdz.txt"))));
```

```
                System.out.println(dis.readBoolean());
                System.out.println(dis.readByte());
                System.out.println(dis.readChar());
                System.out.println(dis.readDouble());
                System.out.println(dis.readFloat());
                System.out.println(dis.readInt());
                System.out.println(dis.readLong());
                System.out.println(dis.readShort());

        } catch (FileNotFoundException e) {
            e.printStackTrace();
        } catch (IOException e) {
            e.printStackTrace();
        }
    }
}
```

La figure 15.6 correspond au résultat de ce code.

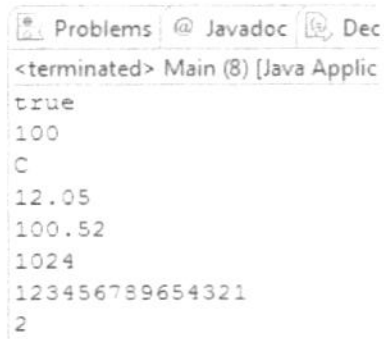

FIGURE 15.6 – Test avec les DataInputStream — DataOutputStream

Le code est simple, clair et concis... Vous avez pu constater que ce type d'objet ne manque pas de fonctionnalités ! Jusqu'ici, nous ne travaillions qu'avec des types primitifs, mais il est également possible de travailler avec des objets !

Les objets ObjectInputStream et ObjectOutputStream

Vous devez savoir que lorsqu'on veut écrire des objets dans des fichiers, on appelle ça la **sérialisation** : c'est le nom que porte l'action de sauvegarder des objets ! Cela fait quelque temps déjà que vous utilisez des objets et, j'en suis sûr, vous avez déjà souhaité que certains d'entre eux soient réutilisables...

Le moment est venu de sauver vos objets d'une mort certaine ! Pour commencer, nous allons voir comment sérialiser un objet de notre composition. Voici la classe avec laquelle nous allons travailler :

```
//Package à importer
import java.io.Serializable;

public class Game implements Serializable{
        private String nom, style;
```

```
        private double prix;

        public Game(String nom, String style, double prix) {
                this.nom = nom;
                this.style = style;
                this.prix = prix;
        }

        public String toString(){
                return          "Nom du jeu : " + this.nom +
                                "\nStyle de jeu : " + this.style +
                                "\nPrix du jeu : " + this.prix +
                                "\n";
        }
}
```

Qu'est-ce que c'est que cette interface ? Tu n'as même pas implémenté de méthode !

En fait, cette interface n'a pas de méthode à redéfinir : l'interface `Serializable` est ce qu'on appelle une **interface marqueur** ! Rien qu'en implémentant cette interface dans un objet, Java sait que cet objet peut être sérialisé ; et j'irai même plus loin : si vous n'implémentez pas cette interface dans vos objets, ceux-ci ne pourront pas être sérialisés ! En revanche, si une superclasse implémente l'interface `Serializable`, ses enfants seront considérés comme sérialisables. Voici ce que nous allons faire :

- nous allons créer deux ou trois objets `Game` ;
- nous allons les sérialiser dans un fichier de notre choix ;
- nous allons ensuite les désérialiser afin de pouvoir les réutiliser.

Vous avez sûrement déjà senti comment vous allez vous servir de ces objets, mais travaillons tout de même sur l'exemple que voici :

```
//Packages à importer afin d'utiliser l'objet File
import java.io.BufferedInputStream;
import java.io.BufferedOutputStream;
import java.io.DataInputStream;
import java.io.DataOutputStream;
import java.io.File;
import java.io.FileInputStream;
import java.io.FileNotFoundException;
import java.io.FileOutputStream;
import java.io.IOException;
import java.io.ObjectInputStream;
import java.io.ObjectOutputStream;

public class Main {
   public static void main(String[] args) {
```

```
        //Nous déclarons nos objets en dehors du bloc try/catch
        ObjectInputStream ois;
        ObjectOutputStream oos;
        try {
                oos = new ObjectOutputStream(
                                new BufferedOutputStream(
                                        new FileOutputStream(
                                                new File("game.txt"))));

                //Nous allons écrire chaque objet Game dans le fichier
                oos.writeObject(new Game("Assassin Creed", "Aventure", 45.69));
                oos.writeObject(new Game("Tomb Raider", "Plateforme", 23.45));
                oos.writeObject(new Game("Tetris", "Stratégie", 2.50));
                //Ne pas oublier de fermer le flux !
                oos.close();

                //On récupère maintenant les données !
                ois = new ObjectInputStream(
                                new BufferedInputStream(
                                        new FileInputStream(
                                                new File("game.txt"))));

                try {
                    System.out.println("Affichage des jeux :");
                    System.out.println("*************************\n");
                    System.out.println(((Game)ois.readObject()).toString());
                    System.out.println(((Game)ois.readObject()).toString());
                    System.out.println(((Game)ois.readObject()).toString());
        } catch (ClassNotFoundException e) {
                e.printStackTrace();
        }

        ois.close();

        } catch (FileNotFoundException e) {
            e.printStackTrace();
        } catch (IOException e) {
            e.printStackTrace();
        }
    }
}
```

La désérialisation d'un objet peut engendrer une `ClassNotFoundException`, pensez donc à la capturer !

Et voyez le résultat en figure 15.7.

Ce qu'il se passe est simple : les données de vos objets sont enregistrées dans le fichier.

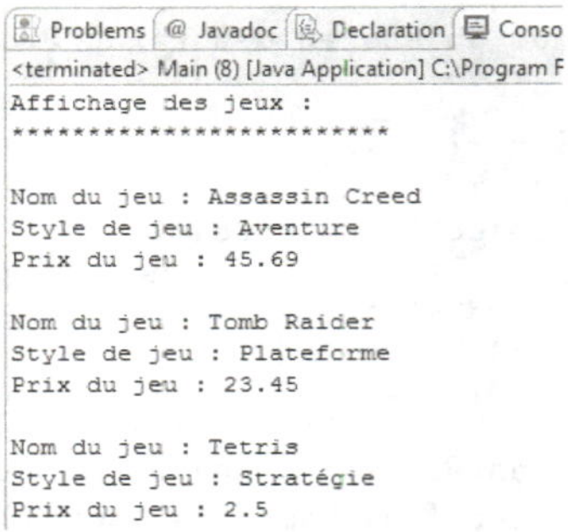

FIGURE 15.7 – Sérialisation — désérialisation

Mais que se passerait-il si notre objet `Game` avait un autre objet de votre composition en son sein ?

Voyons ça tout de suite. Créez la classe `Notice` comme suit :

```
public class Notice {
        private String langue ;
        public Notice(){
                this.langue = "Français";
        }
        public Notice(String lang){
                this.langue = lang;
        }
        public String toString() {
                return "\t Langue de la notice : " + this.langue + "\n";
        }
}
```

Nous allons maintenant implémenter une notice par défaut dans notre objet `Game`. Voici notre classe modifiée :

```
import java.io.Serializable;

public class Game implements Serializable{
        private String nom, style;
        private double prix;
        private Notice notice;

        public Game(String nom, String style, double prix) {
                this.nom = nom;
                this.style = style;
                this.prix = prix;
                this.notice = new Notice();
        }
```

```
        public String toString(){
                return          "Nom du jeu : " + this.nom +
                                 "\nStyle de jeu : " + this.style +
                                 "\nPrix du jeu : " + this.prix +
                                 "\n";
        }
}
```

Réessayez votre code sauvegardant vos objets Game. La figure 15.8 nous montre le résultat obtenu.

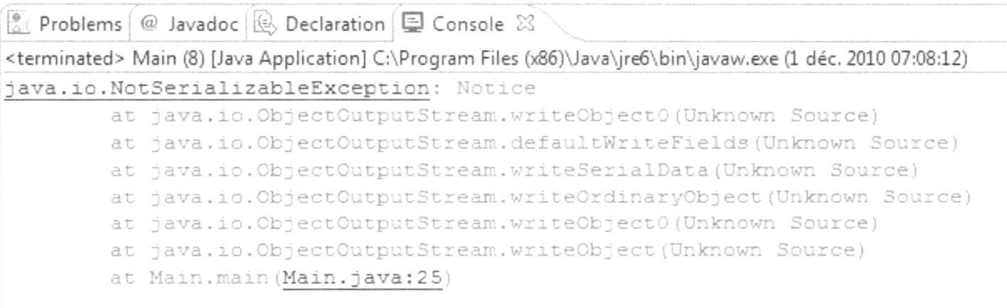

FIGURE 15.8 – Erreur de sérialisation

Eh non, votre code ne compile plus ! Il y a une bonne raison à cela : votre objet Notice n'est pas sérialisable, une erreur de compilation est donc levée. Maintenant, deux choix s'offrent à vous :

- soit vous faites en sorte de rendre votre objet sérialisable ;
- soit vous spécifiez dans votre classe Game que la variable notice n'a pas à être sérialisée.

Pour la première option, c'est simple, il suffit d'implémenter l'interface sérialisable dans notre classe Notice.
Pour la seconde, il suffit de déclarer votre variable : transient.

Comme ceci :

```
import java.io.Serializable;

public class Game implements Serializable{
        private String nom, style;
        private double prix;
        //Maintenant, cette variable ne sera pas sérialisée
        //Elle sera tout bonnement ignorée !
        private transient Notice notice;

        public Game(String nom, String style, double prix) {
                this.nom = nom;
                this.style = style;
                this.prix = prix;
```

```
            this.notice = new Notice();
    }

    public String toString(){
            return          "Nom du jeu : " + this.nom +
                             "\nStyle de jeu : " + this.style +
                             "\nPrix du jeu : " + this.prix +
                             "\n";
    }
}
```

Vous aurez sans doute remarqué que nous n'utilisons pas la variable `notice` dans la méthode `toString()` de notre objet `Game`. Si vous faites ceci, que vous sérialisez puis désérialisez vos objets, la machine virtuelle vous renverra l'exception `NullPointerException` à l'invocation de ladite méthode. Eh oui ! L'objet `Notice` est ignoré : il n'existe donc pas !

Les objets CharArray(Writer/Reader) et String(Writer/Reader)

Nous allons utiliser des objets :

- `CharArray(Writer/Reader)` ;
- `String(Writer/Reader)`.

Ces deux types jouent quasiment le même rôle. De plus, ils ont les mêmes méthodes que leur classe mère. Ces deux objets n'ajoutent donc aucune nouvelle fonctionnalité à leur objet mère.

Leur principale fonction est de permettre d'écrire un flux de caractères dans un buffer adaptatif : un emplacement en mémoire qui peut changer de taille selon les besoins [8].

Commençons par un exemple commenté des objets `CharArray(Writer/Reader)` :

```
//Packages à importer afin d'utiliser l'objet File
import java.io.CharArrayReader;
import java.io.CharArrayWriter;
import java.io.IOException;

public class Main {
   public static void main(String[] args) {
      CharArrayWriter caw = new CharArrayWriter();
      CharArrayReader car;

      try {
         caw.write("Coucou les Zéros");
         //Appel à la méthode toString
```

8. Nous n'en avons pas parlé dans le chapitre précédent afin de ne pas l'alourdir, mais il existe des classes remplissant le même rôle que ces classes-ci : `ByteArray(Input/Output)Stream`.

```
            //de notre objet de manière tacite
            System.out.println(caw);

            //caw.close() n'a aucun effet sur le flux
            //Seul caw.reset() peut tout effacer
            caw.close();

            //On passe un tableau de caractères à l'objet
            //qui va lire le tampon
            car = new CharArrayReader(caw.toCharArray());
            int i;
            //On remet tous les caractères lus dans un String
            String str = "";
            while(( i = car.read()) != -1)
                str += (char) i;

            System.out.println(str);

            } catch (IOException e) {
               e.printStackTrace();
            }
      }
}
```

Je vous laisse le soin d'examiner ce code ainsi que son effet. Il est assez commenté pour que vous en compreniez toutes les subtilités. L'objet String(Writer/Reader) fonctionne de la même façon :

```
//Packages à importer afin d'utiliser l'objet File
import java.io.IOException;
import java.io.StringReader;
import java.io.StringWriter;

public class Main {
   public static void main(String[] args) {
      StringWriter sw = new StringWriter();
      StringReader sr;

      try {
         sw.write("Coucou les Zéros");
         //Appel à la méthode toString
         //de notre objet de manière tacite
         System.out.println(sw);

         //caw.close() n'a aucun effet sur le flux
         //Seul caw.reset() peut tout effacer
         sw.close();

         //On passe un tableau de caractères à l'objet
         //qui va lire le tampon
```

```
            sr = new StringReader(sw.toString());
            int i ;
            //On remet tous les caractères lus dans un String
            String str = "";
            while(( i = sr.read()) != -1)
               str += (char) i;

            System.out.println(str);

            } catch (IOException e) {
               e.printStackTrace();
            }
      }
}
```

En fait, il s'agit du même code, mais avec des objets différents ! Vous savez à présent comment écrire un flux de texte dans un tampon de mémoire... Je vous propose maintenant de voir comment traiter les fichiers de texte avec des flux de caractères.

Les classes File(Writer/Reader) et Print(Writer/Reader)

Comme nous l'avons vu, les objets travaillant avec des flux utilisent des flux binaires. La conséquence est que même si vous ne mettez que des caractères dans un fichier et que vous le sauvegardez, les objets étudiés précédemment traiteront votre fichier de la même façon que s'il contenait des données binaires !

Ces deux objets, présents dans le package `java.io`, servent à lire et écrire des données dans un fichier texte.

```
import java.io.File;
import java.io.FileNotFoundException;
import java.io.FileReader;
import java.io.FileWriter;
import java.io.IOException;

public class Main {
   public static void main(String[] args) {
      File file = new File("testFileWriter.txt");
      FileWriter fw;
      FileReader fr;

      try {
         //Création de l'objet
         fw = new FileWriter(file);
         String str = "Bonjour à tous, amis Zéros !\n";
         str += "\tComment allez-vous ? \n";
         //On écrit la chaîne
         fw.write(str);
         //On ferme le flux
```

```
            fw.close();

            //Création de l'objet de lecture
            fr = new FileReader(file);
            str = "";
            int i = 0;
            //Lecture des données
            while((i = fr.read()) != -1)
               str += (char)i;

            //Affichage
            System.out.println(str);

         } catch (FileNotFoundException e) {
               e.printStackTrace();
         } catch (IOException e) {
               e.printStackTrace();
         }
      }
}
```

Vous pouvez voir que l'affichage est bon et qu'un nouveau fichier[9] vient de faire son apparition dans le dossier contenant votre projet Eclipse !

Depuis le JDK 1.4, un nouveau package a vu le jour, visant à améliorer les performances des flux, buffers, etc. traités par `java.io`. En effet, vous ignorez probablement que le package que nous explorons depuis le début existe depuis la version 1.1 du JDK. Il était temps d'avoir une remise à niveau afin d'améliorer les résultats obtenus avec les objets traitant les flux. C'est là que le package `java.nio` a vu le jour !

Utilisation de `java.nio`

Vous l'avez sûrement deviné, `nio` signifie **New I/O**. Comme je vous l'ai dit précédemment, ce package a été créé afin d'améliorer les performances sur le traitement des fichiers, du réseau et des buffers.

Ce package permet de lire les données[10] d'une façon différente. Vous avez constaté que les objets du package `java.io` traitaient les données par octets. Les objets du package `java.nio`, eux, les traitent par blocs de données : la lecture est donc accélérée !

Tout repose sur deux objets de ce nouveau package : les **channels** et les **buffers**. Les channels sont en fait des flux, tout comme dans l'ancien package, mais ils sont amenés à travailler avec un buffer dont vous définissez la taille.

Pour simplifier au maximum, lorsque vous ouvrez un flux vers un fichier avec un objet `FileInputStream`, vous pouvez récupérer un canal vers ce fichier. Celui-ci, com-

9. Tout comme dans le chapitre précédent, la lecture d'un fichier inexistant entraîne l'exception `FileNotFoundException`, et l'écriture peut entraîner une `IOException`.

10. Nous nous intéresserons uniquement à l'aspect fichier.

biné à un buffer, vous permettra de lire votre fichier encore plus vite qu'avec un `BufferedInputStream`!

Reprenez le gros fichier que je vous ai fait créer dans la sous-section précédente : nous allons maintenant le relire avec ce nouveau package en comparant le buffer conventionnel et la nouvelle façon de faire.

```
//Packages à importer afin d'utiliser l'objet File
import java.io.BufferedInputStream;
import java.io.File;
import java.io.FileInputStream;
import java.io.FileNotFoundException;
import java.io.IOException;
import java.nio.ByteBuffer;
import java.nio.CharBuffer;
import java.nio.channels.FileChannel;

public class Main {
   public static void main(String[] args) {
      FileInputStream fis;
      BufferedInputStream bis;
      FileChannel fc;

      try {
         //Création des objets
         fis = new FileInputStream(new File("test.txt"));
         bis = new BufferedInputStream(fis);
         //Démarrage du chrono
         long time = System.currentTimeMillis();
         //Lecture
         while(bis.read() != -1);
         //Temps d'exécution
         System.out.println("Temps d'exécution avec un buffer conventionnel : "
                                          + (System.currentTimeMillis() - time));

         //Création d'un nouveau flux de fichier
         fis = new FileInputStream(new File("test.txt"));
         //On récupère le canal
         fc = fis.getChannel();
         //On en déduit la taille
         int size = (int)fc.size();
         //On crée un buffer
         //correspondant à la taille du fichier
         ByteBuffer bBuff = ByteBuffer.allocate(size);

         //Démarrage du chrono
         time = System.currentTimeMillis();
         //Démarrage de la lecture
         fc.read(bBuff);
         //On prépare à la lecture avec l'appel à flip
```

```
            bBuff.flip();
            //Affichage du temps d'exécution
            System.out.println("Temps d'exécution avec un nouveau buffer : "
                                  + (System.currentTimeMillis() - time));

            //Puisque nous avons utilisé un buffer de byte
            //afin de récupérer les données, nous pouvons utiliser
            //un tableau de byte
            //La méthode array retourne un tableau de byte
            byte[] tabByte = bBuff.array();

    } catch (FileNotFoundException e) {
       e.printStackTrace();
    } catch (IOException e) {
       e.printStackTrace();
          }
     }
}
```

La figure 15.9 vous montre le résultat.

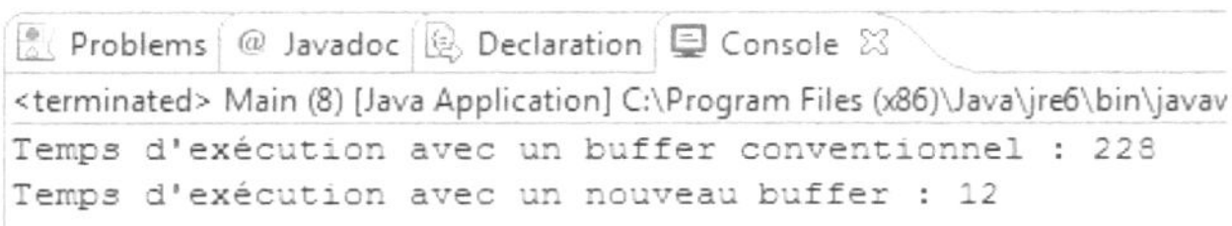

FIGURE 15.9 – Test des objets du package `java.nio`

Vous constatez que les gains en performances ne sont pas négligeables... Sachez aussi que ce nouveau package est le plus souvent utilisé pour traiter les flux circulant sur les réseaux. Je ne m'attarderai pas sur le sujet, mais une petite présentation est de mise. Ce package offre un buffer par type primitif pour la lecture sur le channel, vous trouverez donc ces classes :

- `IntBuffer` ;
- `CharBuffer` ;
- `ShortBuffer` ;
- `ByteBuffer` ;
- `DoubleBuffer` ;
- `FloatBuffer` ;
- `LongBuffer`.

Je ne l'ai pas fait durant tout le chapitre afin d'alléger un peu les codes, mais si vous voulez être sûrs que votre flux est bien fermé, utilisez la clause `finally`, comme je vous le disais lors du chapitre sur les exceptions.
Par exemple, faites comme ceci :

```
//Packages à importer afin d'utiliser l'objet File
//...
```

```
public class Main {
    public static void main(String[] args) {

        //Nous déclarons nos objets en dehors du bloc try / catch
        ObjectInputStream ois;
        ObjectOutputStream oos;

        try {
                //On travaille avec nos objets

        } catch (FileNotFoundException e) {
            //Gestion des exceptions

        } catch (IOException e) {
            //Gestion des exceptions
        }
        finally{
             if(ois != null)ois.close();
             if(oos != null)oos.close();
       }
    }
}
```

Le pattern decorator

Vous avez pu remarquer que les objets de ce chapitre utilisent des instances d'objets de même supertype dans leur constructeur. Rappelez-vous cette syntaxe :

```
DataInputStream dis = new DataInputStream(
                                new BufferedInputStream(
                                     new FileInputStream(
                                          new File("sdz.txt"))));
```

La raison d'agir de la sorte est simple : c'est pour ajouter de façon dynamique des fonctionnalités à un objet. En fait, dites-vous qu'au moment de récupérer les données de notre objet `DataInputStream`, celles-ci vont d'abord transiter par les objets passés en paramètre.

Ce mode de fonctionnement suit une certaine structure et une certaine hiérarchie de classes : c'est le **pattern decorator**.

Ce pattern de conception permet d'ajouter des fonctionnalités à un objet sans avoir à modifier son code source. Afin de ne pas trop vous embrouiller avec les objets étudiés dans ce chapitre, je vais vous fournir un autre exemple, plus simple, mais gardez bien en tête que les objets du package `java.io` utilisent ce pattern.

Le but du jeu est d'obtenir un objet auquel nous pourrons ajouter des choses afin de le « décorer »... Vous allez travailler avec un objet `Gateau` qui héritera d'une classe abstraite Patisserie. Le but du jeu est de pouvoir ajouter des couches à notre gâteau sans avoir à modifier son code source.

Vous avez vu avec le pattern strategy que la composition [11] est souvent préférable à l'héritage [12] : vous aviez défini de nouveaux comportements pour vos objets en créant un supertype d'objet par comportement. Ce pattern aussi utilise la composition comme principe de base : vous allez voir que nos objets seront composés d'autres objets. La différence réside dans le fait que nos nouvelles fonctionnalités ne seront pas obtenues uniquement en créant de nouveaux objets, mais en associant ceux-ci à des objets existants. Ce sera cette association qui créera de nouvelles fonctionnalités ! Nous allons procéder de la façon suivante :

- nous allons créer un objet Gateau ;
- nous allons lui ajouter une CoucheChocolat ;
- nous allons aussi lui ajouter une CoucheCaramel ;
- nous appellerons la méthode qui confectionnera notre gâteau.

Tout cela démarre avec un concept fondamental : l'objet de base et les objets qui le décorent **doivent** être du même type, et ce, toujours pour la même raison, le polymorphisme, le polymorphisme, et le polymorphisme !

Vous allez comprendre. En fait, les objets qui vont décorer notre gâteau posséderont la même méthode preparer() que notre objet principal, et nous allons faire fondre cet objet dans les autres. Cela signifie que nos objets qui vont servir de décorateurs comporteront une instance de type Patisserie ; ils vont englober les instances les unes après les autres et du coup, nous pourrons appeler la méthode preparer() de manière récursive ! Vous pouvez voir les décorateurs comme des poupées russes : il est possible de mettre une poupée dans une autre. Cela signifie que si nous décorons notre gateau avec un objet CoucheChocolat et un objet CoucheCaramel, la situation pourrait être symbolisée par la figure 15.10.

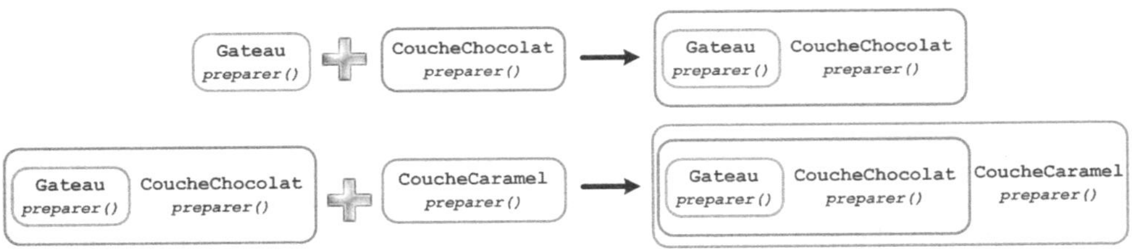

FIGURE 15.10 – Encapsulation des objets

L'objet CoucheCaramel contient l'instance de la classe CoucheChocolat qui, elle, contient l'instance de Gateau : en fait, on va passer notre instance d'objet en objet ! Nous allons ajouter les fonctionnalités des objets décorants en appelant la méthode preparer() de l'instance se trouvant dans l'objet avant d'effectuer les traitements de la même méthode de l'objet courant (figure 15.11).

11. « A un ».
12. « Est un ».

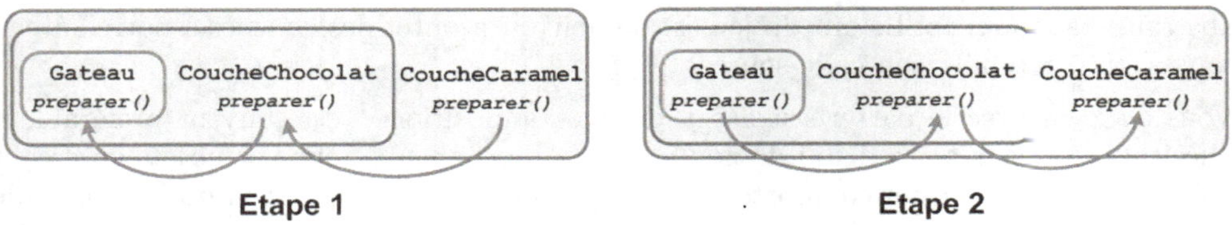

FIGURE 15.11 – Invocation des méthodes

Nous verrons, lorsque nous parlerons de la classe **Thread**, que ce système ressemble fortement à la pile d'invocations de méthodes. Voyons maintenant à quoi ressemble le diagramme de classes de notre exemple (figure 15.12).

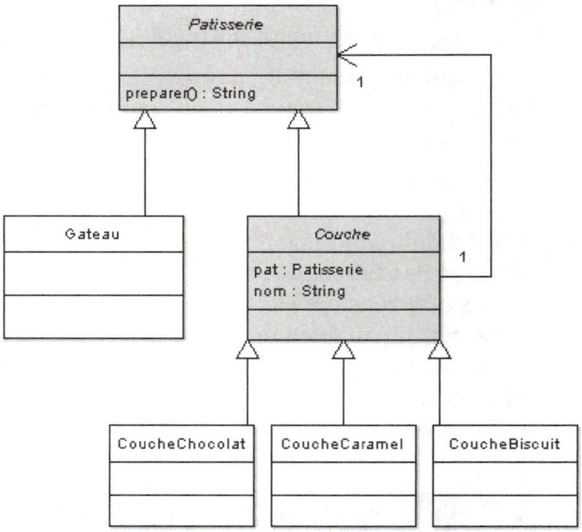

FIGURE 15.12 – Diagramme de classes

Vous remarquez sur ce diagramme que notre classe mère `Patisserie` est en fait la *strategy*[13] de notre structure, c'est pour cela que nous pourrons appeler la méthode `preparer()` de façon récursive afin d'ajouter des fonctionnalités à nos objets. Voici les différentes classes que j'ai utilisées[14].

Patisserie.java

```
public abstract class Patisserie {
	public abstract String preparer();
```

13. Une classe encapsulant un comportement fait référence au pattern strategy : on peut dire qu'elle est la *strategy* de notre hiérarchie.

14. Je n'ai utilisé que des `String` afin de ne pas surcharger les sources, et pour que vous vous focalisiez plus sur la logique que sur le code.

```
}
```

Gateau.java

```
public class Gateau extends Patisserie{
        public String preparer() {
                return "Je suis un gâteau et je suis constitué des éléments sui
↪ vants. \n";
        }
}
```

Couche.java

```
public abstract class Couche extends Patisserie{
        protected Patisserie pat;
        protected String nom;

        public Couche(Patisserie p){
                pat = p;
        }

        public String preparer() {
                String str = pat.preparer();
                return str + nom;
        }
}
```

CoucheChocolat.java

```
public class CoucheChocolat extends Couche{
        public CoucheChocolat(Patisserie p) {
                super(p);
                this.nom = "\t- Une couche de chocolat.\n";
        }
}
```

CoucheCaramel.java

```
public class CoucheCaramel extends Couche{
        public CoucheCaramel(Patisserie p) {
                super(p);
                this.nom = "\t- Une couche de caramel.\n";
        }
}
```

CoucheBiscuit.java

```
public class CoucheBiscuit extends Couche {
        public CoucheBiscuit(Patisserie p) {
                super(p);
                this.nom = "\t- Une couche de biscuit.\n";
        }
}
```

Et voici un code de test ainsi que son résultat (figure 15.13).

```
public class Main{
        public static void main(String[] args){
                Patisserie pat = new CoucheChocolat(
                                             new CoucheCaramel(
                                                new CoucheBiscuit(
                                                   new CoucheChocolat
                                                      new Gateau())))) ;
                System.out.println(pat.preparer());
        }
}
```

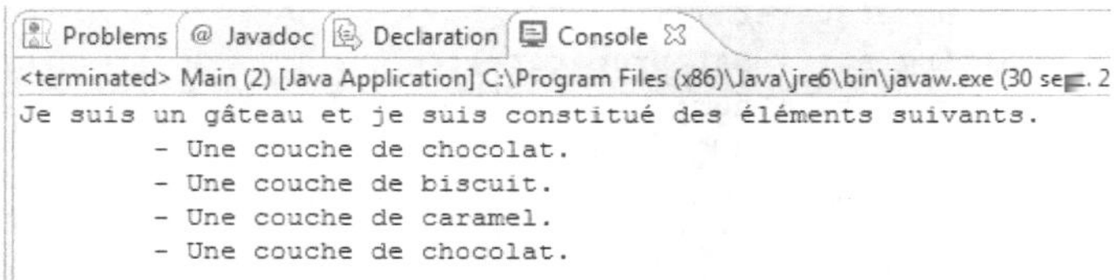

FIGURE 15.13 – Résultat du test

J'ai agrémenté l'exemple d'une couche de biscuit, mais je pense que tout cela est assez représentatif de la façon dont fonctionnent des flux d'entrée/sortie en Java. Vous devriez réussir à saisir tout cela sans souci. Le fait est que vous commencez maintenant à avoir en main des outils intéressants pour programmer, et c'est sans compter les outils du langage : vous venez de mettre votre deuxième pattern de conception dans votre mallette du programmeur.

Vous avez pu voir que l'invocation des méthodes se faisait en allant jusqu'au dernier élément pour remonter ensuite la pile d'invocations. Pour inverser ce fonctionnement, il vous suffit d'inverser les appels dans la méthode `preparer()` : affecter d'abord le nom de la couche et ensuite le nom du décorateur.

En résumé

– Les classes traitant des entrées/sorties se trouvent dans le package `java.io`.

- Les classes que nous avons étudiées dans ce chapitre sont héritées des classes suivantes :
  - `InputStream`, pour les classes gérant les flux d'**entrée** ;
  - `OutputStream`, pour les classes gérant les flux de **sortie**.
- La façon dont on travaille avec des flux doit respecter la logique suivante :
  - ouverture de flux ;
  - lecture/écriture de flux ;
  - fermeture de flux.
- La gestion des flux peut engendrer la levée d'exceptions : `FileNotFoundException`, `IOException`...
- L'action de sauvegarder des objets s'appelle **la sérialisation**.
- Pour qu'un objet soit sérialisable, il doit implémenter l'interface `Serializable`.
- Si un objet sérialisable comporte un objet d'instance non sérialisable, une exception sera levée lorsque vous voudrez sauvegarder votre objet.
- L'une des solutions consiste à rendre l'objet d'instance sérialisable, l'autre à le déclarer `transient` afin qu'il soit ignoré à la sérialisation.
- L'utilisation de buffers permet une nette amélioration des performances en lecture et en écriture de fichiers.
- Afin de pouvoir ajouter des fonctionnalités aux objets gérant les flux, Java utilise le pattern decorator.
- Ce pattern permet d'encapsuler une fonctionnalité et de l'invoquer de façon récursive sur les objets étant composés de décorateurs.

Chapitre 16

Les énumérations

Difficulté :

Les énumérations constituent une notion nouvelle depuis Java 5. Ce sont des structures qui définissent une liste de valeurs possibles.

Cela vous permet de créer des types de données personnalisés. Nous allons par exemple construire le type `Langage` qui ne peut prendre qu'un certain nombre de valeurs : JAVA, PHP, C, etc.

Le principe est très simple, vous allez voir !

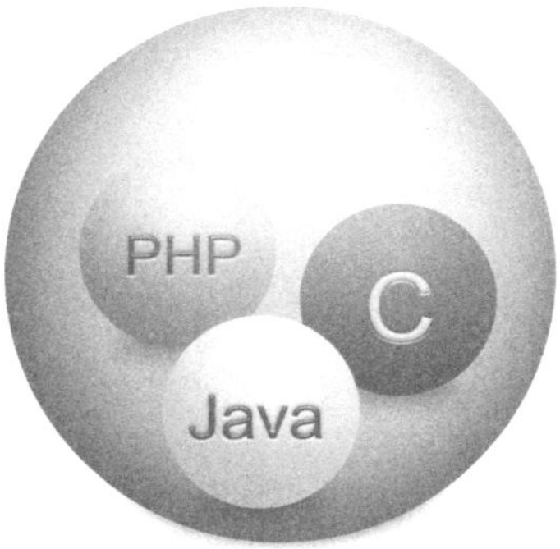

Avant les énumérations

Vous aurez sans doute besoin, un jour ou l'autre, de données permettant de savoir ce que vous devez faire. Beaucoup de variables statiques dans Java servent à cela, vous le verrez bientôt dans une prochaine partie.

Voici le cas qui nous intéresse :

```
public class AvantEnumeration {

   public static final int PARAM1 = 1;
   public static final int PARAM2 = 2;

   public void fait(int param){
      if(param == PARAM1)
         System.out.println("Fait à la façon N°1");
      if(param == PARAM2)
         System.out.println("Fait à la façon N°2");
   }

   public static void main(String args[]){
      AvantEnumeration ae = new AvantEnumeration();
      ae.fait(AvantEnumeration.PARAM1);
      ae.fait(AvantEnumeration.PARAM2);
      ae.fait(4);
   }
}
```

Voyons le rendu de ce test en figure 16.1.

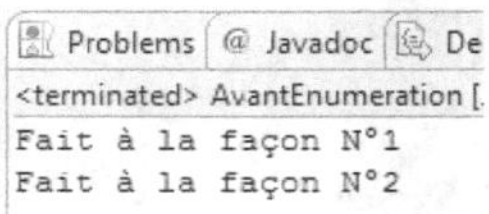

FIGURE 16.1 – Avant les énumérations, des erreurs étaient possibles

Je viens de vous montrer non seulement le principe dont je vous parlais, mais aussi sa faiblesse... Vous voyez que rien ne vous empêche de passer un paramètre inattendu à une méthode : c'est ce qui s'est passé à la dernière ligne de notre test. Ici, rien de méchant, mais vous conviendrez tout de même que le comportement de notre méthode est faussé !

Bien sûr, vous pourriez créer un objet qui vous sert de paramètre de la méthode. Eh bien c'est à cela que servent les `enum` : fabriquer ce genre d'objet de façon plus simple et plus rapide.

Une solution : les enum

Une énumération se déclare comme une classe, mais en remplaçant le mot-clé `class` par `enum`. Autre différence : les énumérations héritent de la classe `java.lang.Enum`.

Voici à quoi ressemble une énumération :

```
public enum Langage {
        JAVA,
        C,
        CPlus,
        PHP;
}
```

Rien de difficile ! Avec cela, vous obtenez une structure de données qui encapsule quatre « objets ». En fait, c'est comme si vous aviez un objet JAVA, un objet C, un objet CPlus et un objet PHP partageant tous les mêmes méthodes issues de la classe `java.lang.Object` comme n'importe quel autre objet : `equals()`, `toString()`, etc.

Vous constatez aussi qu'il n'y a pas de déclaration de portée, ni de type : les énumérations s'utilisent comme des variables statiques déclarées `public` : on écrira par exemple `Langage.JAVA`. De plus, vous pouvez recourir à la méthode `values()` retournant la liste des déclarations de l'énumération (voyez un exemple sur la figure 16.2 et son code ci-dessous).

```
public class Main {
   public static void main(String args[]){
      for(Langage lang : Langage.values()){
         if(Langage.JAVA.equals(lang))
            System.out.println("J'aime le : " + lang);
         else
            System.out.println(lang);
      }
   }
}
```

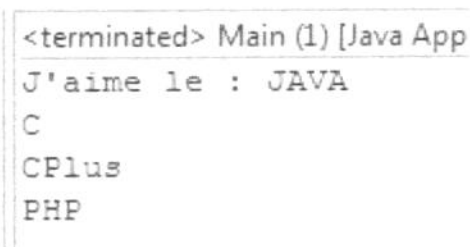

FIGURE 16.2 – Utilisation d'une `enum`

Vous disposez ainsi d'un petit aperçu de l'utilisation des énumérations. Vous aurez pu constater que la méthode `toString()` retourne le nom de l'objet défini dans l'énumération.

À présent, étoffons tout cela en redéfinissant justement cette méthode. Pour ce faire, nous allons ajouter un paramètre dans notre énumération, un **constructeur** et ladite méthode redéfinie. Voici notre nouvelle énumération (résultat en figure 16.3) :

```
public enum Langage {
   //Objets directement construits
   JAVA ("Langage JAVA"),
   C ("Langage C"),
   CPlus ("Langage C++"),
   PHP ("Langage PHP");

   private String name = "";

   //Constructeur
   Langage(String name){
      this.name = name;
   }

   public String toString(){
      return name;
   }
}
```

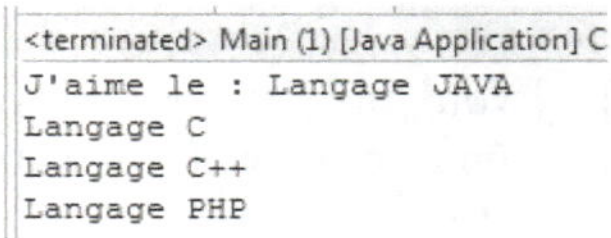

FIGURE 16.3 – Utilisation d'un constructeur avec une `enum`

Même remarque pour le constructeur : pas de déclaration de portée, pour une raison simple ; il est toujours considéré comme `private` afin de préserver les valeurs définies dans l'`enum`. Vous noterez par ailleurs que les données formant notre énumération sont directement construites dans la classe.

Voici le code du début de chapitre, revu pour préférer les énumérations aux variables statiques :

```
public class AvantEnumeration {

   public void fait(Langage param){
      if(param.equals(Langage.JAVA))
         System.out.println("Fait à la façon N°1");
      if(param.equals(Langage.PHP))
         System.out.println("Fait à la façon N°2");
   }

   public static void main(String args[]){
      AvantEnumeration ae = new AvantEnumeration();
      ae.fait(Langage.JAVA);
      ae.fait(Langage.PHP);
      ae.fait(4);
   }
}
```

La figure 16.4 nous montre ce que cela donne...

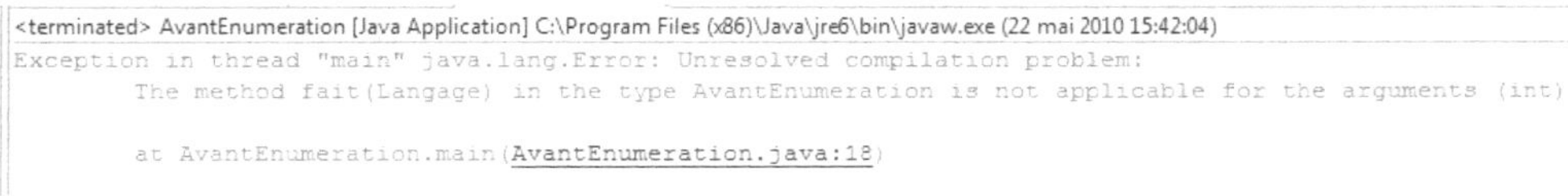

FIGURE 16.4 – Code du début de chapitre avec une `enum`

... une belle exception ! Normal, puisque la méthode attend un certain type d'argument, et que vous lui en passez un autre : supprimez la dernière ligne, le code fonctionnera très bien. Maintenant, nous avons un mécanisme protégé : seuls des arguments valides peuvent être passés en paramètres de la méthode.

Voici un petit exemple plus complet :

```java
public enum Langage {
   //Objets directement construits
   JAVA("Langage JAVA", "Eclipse"),
   C ("Lanage C", "Code Block"),
   CPlus ("Langage C++", "Visual studio"),
   PHP ("Langage PHP", "PS Pad");

   private String name = "";
   private String editor = "";

   //Constructeur
   Langage(String name, String editor){
      this.name = name;
      this.editor = editor;
   }

   public void getEditor(){
      System.out.println("Editeur : " + editor);
   }

   public String toString(){
      return name;
   }

   public static void main(String args[]){
      Langage l1 = Langage.JAVA;
      Langage l2 = Langage.PHP;

      l1.getEditor();
      l2.getEditor();
   }
}
```

Voyons le résultat de cet exemple en figure 16.5...

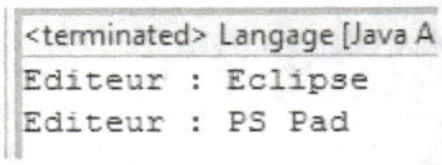

FIGURE 16.5 – Exemple plus complet

Vous voyez ce que je vous disais : les énumérations ne sont pas très difficiles à utiliser et nos programmes y gagnent en rigueur et en clarté.

En résumé

- Une énumération est une classe contenant une liste de sous-objets.
- Une énumération se construit grâce au mot clé `enum`.
- Les `enum` héritent de la classe `java.lang.Enum`.
- Chaque élément d'une énumération est un objet à part entière.
- Vous pouvez compléter les comportements des objets d'une énumération en ajoutant des méthodes.

Chapitre 17

Les collections d'objets

Difficulté :

Voici une partie qui va particulièrement vous plaire...
Nous allons voir que nous ne sommes pas obligés de stocker nos données dans des tableaux ! Ces fameuses collections d'objets sont d'ailleurs dynamiques : en gros, elles n'ont pas de taille prédéfinie. Il est donc impossible de dépasser leur capacité !

Je ne passerai pas en revue tous les types et tous les objets `Collection` car ils sont nombreux, mais nous verrons les principaux d'entre eux. Les objets que nous allons aborder ici sont tous dans le *package* `java.util`, facile à retenir, non ?

Ce chapitre vous sera d'une grande utilité, car les collections sont primordiales dans les programmes Java.

Les différents types de collections

Avant de vous présenter certains objets, je me propose de vous présenter la hiérarchie d'interfaces composant ce qu'on appelle les collections. Oui, vous avez bien lu, il s'agit bien d'interfaces : celles-ci encapsulent la majeure partie des méthodes utilisables avec toutes les implémentations concrètes. Voici un petit diagramme de classes sur la figure 17.1 schématisant cette hiérarchie.

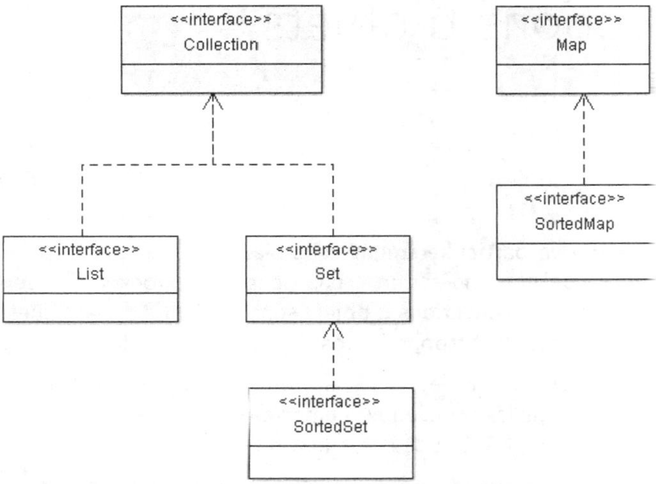

FIGURE 17.1 – Hiérarchie d'interfaces

Vous pouvez voir qu'il existe plusieurs types de collections, que les interfaces `List` et `Set` implémentent directement l'interface `Collection` et que l'interface `Map` gravite autour de cette hiérarchie, tout en faisant partie des collections Java.

En lisant la suite de ce chapitre, vous constaterez que ces interfaces ont des particularités correspondant à des besoins spécifiques. Les objets de type `List` servent à stocker des objets sans condition particulière sur la façon de les stocker. Ils acceptent toutes les valeurs, même les valeurs `null`. Les types `Set` sont un peu plus restrictifs, car ils n'autorisent pas deux fois la même valeur (le même objet), ce qui est pratique pour une liste d'éléments uniques, par exemple. Les `Map` sont particulières, car elles fonctionnent avec un système clé - valeur pour ranger et retrouver les objets qu'elles contiennent.

Maintenant que je vous ai brièvement expliqué les différences entre ces types, voyons comment utiliser ces objets.

Les objets List

Les objets appartenant à la catégorie `List` sont, pour simplifier, des tableaux extensibles à volonté. On y trouve les objets `Vector`, `LinkedList` et `ArrayList`.

Vous pouvez y insérer autant d'éléments que vous le souhaitez sans craindre de dépasser la taille de votre tableau.

Ils fonctionnent tous de la même manière : vous pouvez récupérer les éléments de la liste via leurs indices. De plus, les `List` contiennent des objets.

Je vous propose de voir deux objets de ce type qui, je pense, vous seront très utiles.

L'objet LinkedList

Une liste chaînée[1] est une liste dont chaque élément est lié aux éléments adjacents par une référence à ces derniers. Chaque élément contient une référence à l'élément précédent et à l'élément suivant, exceptés le premier, dont l'élément précédent vaut `null`, et le dernier, dont l'élément suivant vaut également `null`.

Voici un petit schéma (figure 17.2) qui vous permettra de mieux vous représenter le fonctionnement de cet objet :

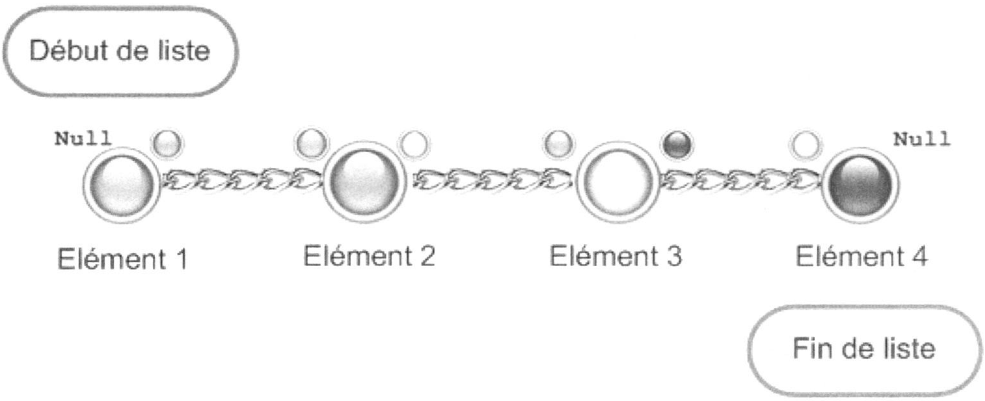

FIGURE 17.2 – Fonctionnement de la `LinkedList`

Voici un petit code pour appuyer mes dires :

```
import java.util.LinkedList;
import java.util.List;
import java.util.ListIterator;

public class Test {

  public static void main(String[] args) {
```

1. LinkedList en anglais.

```
      List l = new LinkedList();
      l.add(12);
      l.add("toto ! !");
      l.add(12.20f);

      for(int i = 0; i < l.size(); i++)
         System.out.println("Élément à l'index " + i + " = " + l.get(i));

   }
}
```

Si vous essayez ce code, vous constaterez que tous les éléments s'affichent !

Il y a autre chose que vous devez savoir sur ce genre d'objet : ceux-ci implémentent l'interface `Iterator`. Ainsi, nous pouvons utiliser cette interface pour lister notre `LinkedList`.

Un **itérateur** est un objet qui a pour rôle de parcourir une collection. C'est d'ailleurs son unique raison d'être. Pour être tout à fait précis, l'utilisation des itérateurs dans Java fonctionne de la même manière que le *pattern* du même nom. Tout comme nous avons pu le voir avec la *pattern strategy*, les *design patterns* sont en fait des modèles de conception d'objets permettant une meilleure stabilité et une réutilisabilité accrue. Les itérateurs en font partie.

Dans le code suivant, j'ai ajouté le parcours avec un itérateur :

```
import java.util.LinkedList;
import java.util.List;
import java.util.ListIterator;

public class Test {

   public static void main(String[] args) {
      List l = new LinkedList();
      l.add(12);
      l.add("toto ! !");
      l.add(12.20f);

      for(int i = 0; i < l.size(); i++)
         System.out.println("Élément à l'index " + i + " = " + l.get(i));

      System.out.println("\n \tParcours avec un itérateur ");
      System.out.println("-----------------------------------");
      ListIterator li = l.listIterator();

      while(li.hasNext())
         System.out.println(li.next());
   }
}
```

Les deux manières de procéder sont analogues ! Attention, je dois vous dire quelque chose sur les listes chaînées : vu que tous les éléments contiennent une référence à l'élément suivant, de telles listes risquent de devenir particulièrement lourdes en grandissant ! Cependant, elles sont adaptées lorsqu'il faut beaucoup manipuler une collection en supprimant ou en ajoutant des objets en milieu de liste.

Elles sont donc à utiliser avec précaution.

L'objet `ArrayList`

Voici un objet bien pratique. `ArrayList` est un de ces objets qui n'ont pas de taille limite et qui, en plus, acceptent n'importe quel type de données, y compris `null` !

Nous pouvons mettre tout ce que nous voulons dans un `ArrayList`, voici un morceau de code qui le prouve :

```
import java.util.ArrayList;

public class Test {

   public static void main(String[] args) {

      ArrayList al = new ArrayList();
      al.add(12);
      al.add("Une chaîne de caractères !");
      al.add(12.20f);
      al.add('d');

      for(int i = 0; i < al.size(); i++)
      {
         System.out.println("donnée à l'indice " + i + " = " + al.get(i));
      }
   }
}
```

Si vous exécutez ce code, vous obtiendrez la figure 17.3.

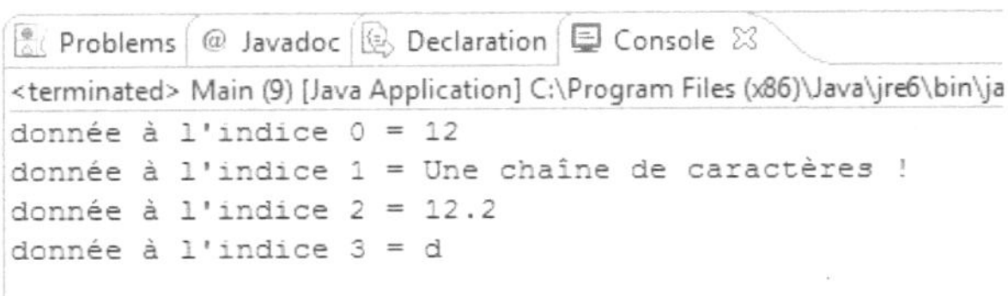

FIGURE 17.3 – Parcours d'un `ArrayList`

Je pense que vous voyez déjà les avantages des `ArrayList`. Sachez aussi qu'il existe tout un panel de méthodes fournies avec cet objet :

- `add()` permet d'ajouter un élément ;
- `get(int index)` retourne l'élément à l'indice demandé ;
- `remove(int index)` efface l'entrée à l'indice demandé ;
- `isEmpty()` renvoie « vrai » si l'objet est vide ;
- `removeAll()` efface tout le contenu de l'objet ;
- `contains(Object element)` retourne « vrai » si l'élément passé en paramètre est dans l'`ArrayList`.

Contrairement aux `LinkedList`, les `ArrayList` sont rapides en lecture, même avec un gros volume d'objets. Elles sont cependant plus lentes si vous devez ajouter ou supprimer des données en milieu de liste. Pour résumer à l'extrême, si vous effectuez beaucoup de lectures sans vous soucier de l'ordre des éléments, optez pour une `ArrayList` ; en revanche, si vous insérez beaucoup de données au milieu de la liste, optez pour une `Linkedlist`.

Les objets Map

Une collection de type `Map` est une collection qui fonctionne avec un couple clé - valeur. On y trouve les objets `Hashtable`, `HashMap`, `TreeMap`, `WeakHashMap`...

La clé, qui sert à identifier une entrée dans notre collection, est unique. La valeur, au contraire, peut être associée à plusieurs clés. Ces objets ont comme point faible majeur leur rapport conflictuel avec la taille des données à stocker. En effet, plus vous aurez de valeurs à mettre dans un objet `Map`, plus celles-ci seront lentes et lourdes : logique, puisque par rapport aux autres collections, il stocke une donnée supplémentaire par enregistrement. Une donnée c'est de la mémoire en plus et, même si les ordinateurs actuels en ont énormément, gardez en tête que « la mémoire, c'est sacré » [2].

L'objet Hashtable

Vous pouvez également dire **table de hachage**, si vous traduisez mot à mot... On parcourt cet objet grâce aux clés qu'il contient en recourant à la classe `Enumeration`. L'objet `Enumeration` contient notre `Hashtable` et permet de le parcourir très simplement. Regardez, le code suivant insère les quatre saisons avec des clés qui ne se suivent pas, et notre énumération récupère seulement les valeurs :

```
import java.util.Enumeration;
import java.util.Hashtable;

public class Test {

        public static void main(String[] args) {

                Hashtable ht = new Hashtable();
```

2. Je vous rappelle que les applications Java ne sont pas forcément destinées aux appareils bénéficiant de beaucoup de mémoire.

```
                ht.put(1, "printemps");
                ht.put(10, "été");
                ht.put(12, "automne");
                ht.put(45, "hiver");

                Enumeration e = ht.elements();

                while(e.hasMoreElements())
                        System.out.println(e.nextElement());

        }
}
```

Cet objet nous offre lui aussi tout un panel de méthodes utiles :

- `isEmpty()` retourne « vrai » si l'objet est vide ;
- `contains(Object value)` retourne « vrai » si la valeur est présente. Identique à `containsValue(Object value)` ;
- `containsKey(Object key)` retourne « vrai » si la clé passée en paramètre est présente dans la `Hashtable` ;
- `put(Object key, Object value)` ajoute le couple `key - value` dans l'objet ;
- `elements()` retourne une énumération des éléments de l'objet ;
- `keys()` retourne la liste des clés sous forme d'énumération.

De plus, il faut savoir qu'un objet `Hashtable` n'accepte pas la valeur `null` et qu'il est `Thread Safe`, c'est-à-dire qu'il est utilisable dans plusieurs threads [3] simultanément sans qu'il y ait un risque de conflit de données.

L'objet HashMap

Cet objet ne diffère que très peu de la `Hashtable` :

- il accepte la valeur `null` ;
- il n'est pas `Thread Safe`.

En fait, les deux objets de type `Map` sont, à peu de choses près, équivalents.

Les objets Set

Un `Set` est une collection qui n'accepte pas les doublons. Par exemple, elle n'accepte qu'une seule fois `null`, car deux valeurs `null` sont considérées comme un doublon. On trouve parmi les `Set` les objets `HashSet`, `TreeSet`, `LinkedHashSet`... Certains `Set` sont plus restrictifs que d'autres : il en existe qui n'acceptent pas `null`, certains types d'objets, etc.

3. Cela signifie que plusieurs éléments de votre programme peuvent l'utiliser simultanément. Nous y reviendrons.

Les `Set` sont particulièrement adaptés pour manipuler une grande quantité de données. Cependant, les performances de ceux-ci peuvent être amoindries en insertion. Généralement, on opte pour un `HashSet`, car il est plus performant en temps d'accès, mais si vous avez besoin que votre collection soit constamment triée, optez pour un `TreeSet`.

L'objet HashSet

C'est sans nul doute la plus utilisée des implémentations de l'interface `Set`. On peut parcourir ce type de collection avec un objet `Iterator` ou extraire de cet objet un tableau d'`Object` :

```
import java.util.HashSet;
import java.util.Iterator;

public class Test {
        public static void main(String[] args) {
                HashSet hs = new HashSet();
                hs.add("toto");
                hs.add(12);
                hs.add('d');

                Iterator it = hs.iterator();
                while(it.hasNext())
                        System.out.println(it.next());

                System.out.println("\nParcours avec un tableau d'objet");
                System.out.println("-----------------------------------");

                Object[] obj = hs.toArray();
                for(Object o : obj)
                        System.out.println(o);
        }
}
```

Voici une liste des méthodes que l'on trouve dans cet objet :

- `add()` ajoute un élément ;
- `contains(Object value)` retourne « vrai » si l'objet contient `value` ;
- `isEmpty()` retourne « vrai » si l'objet est vide ;
- `iterator()` renvoie un objet de type `Iterator` ;
- `remove(Object o)` retire l'objet o de la collection ;
- `toArray()` retourne un tableau d'`Object`.

Voilà ! Nous avons vu quelque chose d'assez intéressant que nous pourrons utiliser dans peu de temps, mais avant, nous avons encore du pain sur la planche. Dans le chapitre suivant nous verrons d'autres aspects de nos collections.

En résumé

- Une collection permet de stocker un nombre variable d'objets.
- Il y a principalement trois types de collection : les `List`, les `Set` et les `Map`.
- Chaque type a ses avantages et ses inconvénients.
- Les `Collection` stockent des objets alors que les `Map` stockent un couple clé - valeur.
- Si vous insérez fréquemment des données en milieu de liste, utilisez une `LinkedList`.
- Si vous voulez rechercher ou accéder à une valeur via une clé de recherche, optez pour une collection de type `Map`.
- Si vous avez une grande quantité de données à traiter, tournez-vous vers une liste de type `Set`.

Chapitre 18

La généricité en Java

Difficulté :

Pour assimiler ce concept, ajouté au JDK depuis la version 1.5, nous allons essentiellement travailler avec des exemples tout au long de ce chapitre. Le principe de la généricité est de faire des classes qui n'acceptent qu'un certain type d'objets ou de données de façon dynamique !

Avec ce que nous avons appris au chapitre précédent, vous avez sûrement poussé un soupir de soulagement lorsque vous avez vu que ces objets acceptent tous les types de données. Par contre, un problème de taille se pose : lorsque vous voudrez travailler avec ces données, vous allez devoir faire un `cast` ! Et peut-être même un `cast` de `cast`, voire un `cast` de `cast` de `cast`...

C'est là que se situe le problème... Mais comme je vous le disais, depuis la version 1.5 du JDK, la généricité est là pour vous aider !

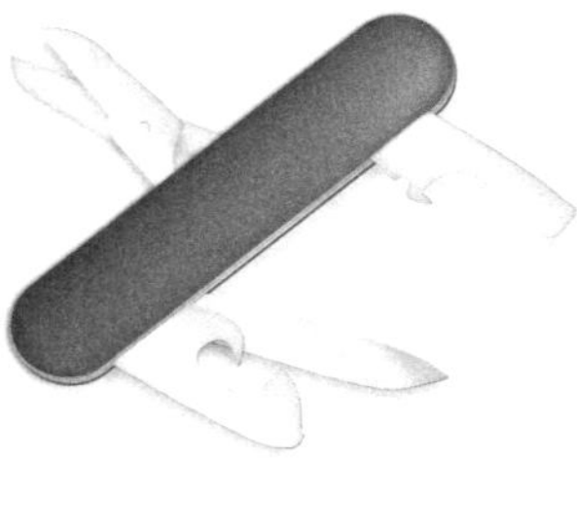

Principe de base

Bon, pour vous montrer la puissance de la généricité, nous allons tout de suite voir un cas de classe qui ne l'utilise pas.

Il existe un exemple très simple que vous pourrez retrouver aisément sur Internet, car il s'agit d'un des cas les plus faciles permettant d'illustrer les bases de la généricité. Nous allons coder une classe `Solo`. Celle-ci va travailler avec des références de type `String`. Voici le diagramme de classe de cette dernière en figure 18.1.

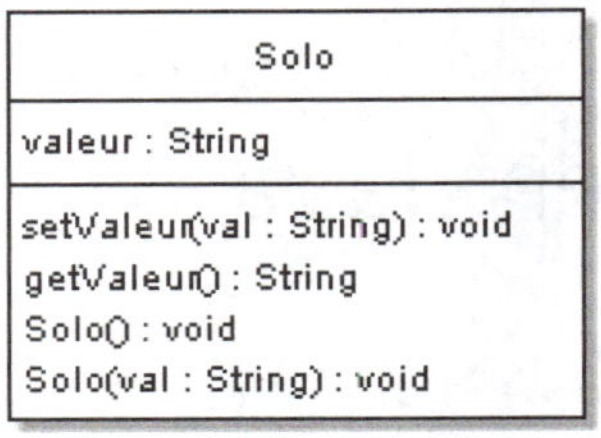

FIGURE 18.1 – Classe `Solo`

Vous pouvez voir que le code de cette classe est très rudimentaire. On affecte une valeur, on peut la mettre à jour et la récupérer... Maintenant, si je vous demande de me faire une classe qui permet de travailler avec n'importe quel type de données, j'ai une vague idée de ce que vous allez faire... Ne serait-ce pas quelque chose s'approchant de la figure 18.2 ?

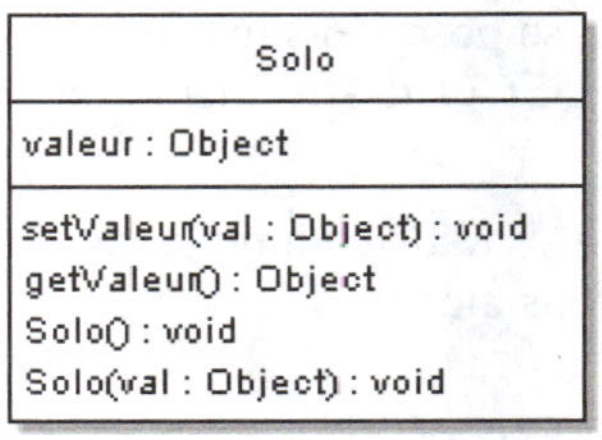

FIGURE 18.2 – Classe `Solo` travaillant avec des `Object`

J'en étais sûr... Créez la classe Solo, ainsi qu'une classe avec une méthode `main`. Si vous voulez utiliser les données de l'objet `Solo`, vous allez devoir faire un `cast`. Testez ce code dans votre `main` :

```
public class Test {
   public static void main(String[] args) {
      Solo val = new Solo(12);
      int nbre = val.getValeur();
   }
}
```

Vous constatez que vous essayez vainement de mettre un objet de type `Object` dans un objet de type `Integer` : c'est interdit ! La classe `Object` est plus globale que la classe `Integer`, vous ne pouvez donc pas effectuer cette opération, sauf si vous castez votre objet en `Integer` comme ceci :

```
Solo val = new Solo(12);
int nbre = (Integer)val.getValeur();
```

Pour le moment, on peut dire que votre classe peut travailler avec tous les types de données, mais les choses se corsent un peu à l'utilisation... Vous serez donc sans doute tentés d'écrire une classe par type de donnée (`SoloInt`, `SoloString`, etc.).

Et c'est là que la généricité s'avère utile, car avec cette dernière, vous pourrez savoir ce que contient votre objet `Solo` et n'aurez qu'une seule classe à développer ! Voilà le diagramme de classe de cet objet en figure 18.3.

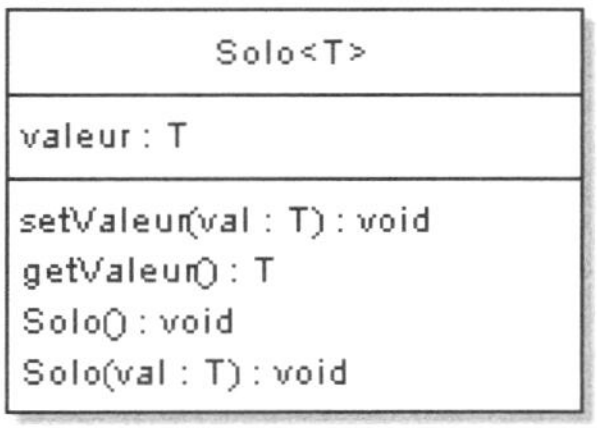

FIGURE 18.3 – Objet générique

Et voici son code :

```
public class Solo<T> {

        //Variable d'instance
        private T valeur;

        //Constructeur par défaut
        public Solo(){
                this.valeur = null;
        }

        //Constructeur avec paramètre inconnu pour l'instant
        public Solo(T val){
                this.valeur = val;
        }

        //Définit la valeur avec le paramètre
        public void setValeur(T val){
                this.valeur = val;
        }
```

```
        //Retourne la valeur déjà « castée » par la signature de la méthode !
        public T getValeur(){
                return this.valeur;
        }
}
```

Impressionnant, n'est-ce pas ? Dans cette classe, le `T` n'est pas encore défini. Vous vous en occuperez à l'instanciation de la classe. Par contre, une fois instancié avec un type, l'objet ne pourra travailler qu'avec le type de données que vous lui avez spécifié ! Exemple de code :

```
public static void main(String[] args) {
   Solo<Integer> val = new Solo<Integer>(12);
   int nbre = val.getValeur();
}
```

Ce code fonctionne très bien, mais si vous essayez de faire ceci :

```
public static void main(String[] args) {
   Solo<Integer> val = new Solo<Integer>("toto");
   //Ici, on essaie de mettre une chaîne de caractères à la place d'un entier
   int nbre = val.getValeur();
}
```

... ou encore ceci :

```
public static void main(String[] args) {
   Solo<Integer> val = new Solo<Integer>(12);
   val.setValeur(12.2f);
   //Ici, on essaie de mettre un nombre à virgule flottante
   //à la place d'un entier
}
```

... vous obtiendrez une erreur dans la zone de saisie. Ceci vous indique que votre objet ne reçoit pas le bon type d'argument, il y a donc un conflit entre le type de données que vous avez passé à votre instance lors de sa création et le type de données que vous essayez d'utiliser dans celle-ci !

Par contre, vous devez savoir que cette classe ne fonctionne pas seulement avec des `Integer`. Vous pouvez utiliser tous les types que vous souhaitez ! Voici une démonstration de ce que j'avance :

```
public static void main(String[] args) {
   Solo<Integer> val = new Solo<Integer>();
   Solo<String> valS = new Solo<String>("TOTOTOTO");
   Solo<Float> valF = new Solo<Float>(12.2f);
   Solo<Double> valD = new Solo<Double>(12.202568);
}
```

Vous avez certainement remarqué que je n'ai pas utilisé ici les types de données que vous employez pour déclarer des variables de type primitif ! Ce sont les classes de ces types primitifs.

En effet, lorsque vous déclarez une variable de type primitif, vous pouvez utiliser ses classes enveloppes (on parle aussi de classe wrapper) ; elles ajoutent les méthodes de la classe `Object` à vos types primitifs ainsi que des méthodes permettant de caster leurs valeurs, etc. À ceci, je dois ajouter que depuis Java 5, est géré ce qu'on appelle l'`autoboxing`, une fonctionnalité du langage permettant de transformer automatiquement un type primitif en classe wrapper [1] et inversement, c'est-à-dire une classe wrapper en type primitif [2]. Ces deux fonctionnalités forment l'`autoboxing`. Par exemple :

```
public static void main(String[] args){
   int i = new Integer(12);         //Est équivalent à int i = 12
   double d = new Double(12.2586);  //Est équivalent à double d = 12.2586
   Double d = 12.0;
   Character c = 'C';
   al = new ArrayList();
   //Avant Java 5 il fallait faire al.add(new Integer(12))
   //Depuis Java 5 il suffit de faire
   al.add(12);
   //...
}
```

Plus loin dans la généricité !

Vous devez savoir que la généricité peut être multiple ! Nous avons créé une classe `Solo`, mais rien ne vous empêche de créer une classe `Duo`, qui elle prend deux paramètres génériques ! Voilà le code source de cette classe :

```
public class Duo<T, S> {
        //Variable d'instance de type T
        private T valeur1;

        //Variable d'instance de type S
        private S valeur2;

        //Constructeur par défaut
        public Duo(){
                this.valeur1 = null;
                this.valeur2 = null;
        }
        //Constructeur avec paramètres
        public Duo(T val1, S val2){
                this.valeur1 = val1;
                this.valeur2 = val2;
```

1. On appelle ça le `boxing`.
2. Ceci s'appelle l'`unboxing`.

```
        }

        //Méthodes d'initialisation des deux valeurs
        public void setValeur(T val1, S val2){
                this.valeur1 = val1;
                this.valeur2 = val2;
        }

        //Retourne la valeur T
        public T getValeur1() {
                return valeur1;
        }

        //Définit la valeur T
        public void setValeur1(T valeur1) {
                this.valeur1 = valeur1;
        }

        //Retourne la valeur S
        public S getValeur2() {
                return valeur2;
        }

        //Définit la valeur S
        public void setValeur2(S valeur2) {
                this.valeur2 = valeur2;
        }
}
```

Voyez que cette classe prend deux types de références qui ne sont pas encore définis. Afin de mieux comprendre son fonctionnement, voici un code que vous pouvez tester :

```
public static void main(String[] args) {
   Duo<String, Boolean> dual = new Duo<String, Boolean>("toto", true);
   System.out.println("Valeur de l'objet dual : val1 = " +
                     dual.getValeur1() + ", val2 = " +
                     dual.getValeur2());

   Duo<Double, Character> dual2 = new Duo<Double, Character>(12.2585, 'C');
   System.out.println("Valeur de l'objet dual2 : val1 = " +
                     dual2.getValeur1() + ", val2 = " +
                     dual2.getValeur2());
}
```

Le résultat est visible sur la figure 18.4.

Vous voyez qu'il n'y a rien de bien méchant ici. Ce principe fonctionne exactement comme dans l'exemple précédent. La seule différence réside dans le fait qu'il n'y a pas un, mais deux paramètres génériques !

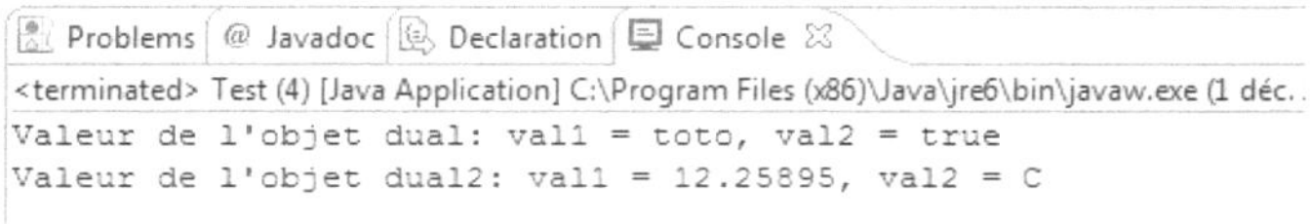

FIGURE 18.4 – Test de la classe Duo

Attends une minute... Lorsque je déclare une référence de type Duo<String, Boolean>, je ne peux plus la changer en un autre type !

En fait, non. Si vous faites :

```
public static void main(String[] args) {
   Duo<String, Boolean> dual = new Duo<String, Boolean>("toto", true);
   System.out.println("Valeur de l'objet dual: val1 = " +
                     dual.getValeur1() +
                     ", val2 = " + dual.getValeur2());
   dual = new Duo<Double, Character>();
}
```

... vous violez la contrainte que vous avez émise lors de la déclaration du type de référence ! Vous ne pourrez donc pas modifier la déclaration générique d'un objet... Donc si vous suivez bien, on va pouvoir encore corser la chose !

Généricité et collections

Vous pouvez aussi utiliser la généricité sur les objets servant à gérer des collections. C'est même l'un des points les plus utiles de la généricité !

En effet, lorsque vous listiez le contenu d'un ArrayList par exemple, vous n'étiez **jamais** sûrs à 100 % du type de référence sur lequel vous alliez tomber [3]... Eh bien ce calvaire est terminé et le polymorphisme va pouvoir réapparaître, plus puissant que jamais !

Voyez comment utiliser la généricité avec les collections :

```
public static void main(String[] args) {

   System.out.println("Liste de String");
   System.out.println("------------------------------");
   List<String> listeString= new ArrayList<String>();
   listeString.add("Une chaîne");
   listeString.add("Une autre");
   listeString.add("Encore une autre");
```

3. Normal, puisqu'un ArrayList accepte tous les types d'objets.

```
    listeString.add("Allez, une dernière");

    for(String str : listeString)
       System.out.println(str);

    System.out.println("\nListe de float");
    System.out.println("------------------------------");

    List<Float> listeFloat = new ArrayList<Float>();
    listeFloat.add(12.25f);
    listeFloat.add(15.25f);
    listeFloat.add(2.25f);
    listeFloat.add(128764.25f);

    for(float f : listeFloat)
       System.out.println(f);

}
```

Voyez le résultat de ce code sur la figure 18.5.

FIGURE 18.5 – **ArrayList** et généricité

La généricité sur les listes est régie par les lois vues précédemment : pas de type `float` dans un `ArrayList<String>`.

Vu qu'on y va **crescendo**, on pimente à nouveau le tout !

Héritage et généricité

Là où les choses sont pernicieuses, c'est quand vous employez des classes usant de la généricité avec des objets comprenant la notion d'héritage ! L'héritage dans la généricité est l'un des concepts les plus complexes en Java. Pourquoi ? Tout simplement parce qu'il va à l'encontre de ce que vous avez appris jusqu'à présent...

Acceptons le postulat suivant...

Nous avons une classe `Voiture` dont hérite une autre classe `VoitureSansPermis`, ce qui nous donnerait le diagramme représenté à la figure 18.6.

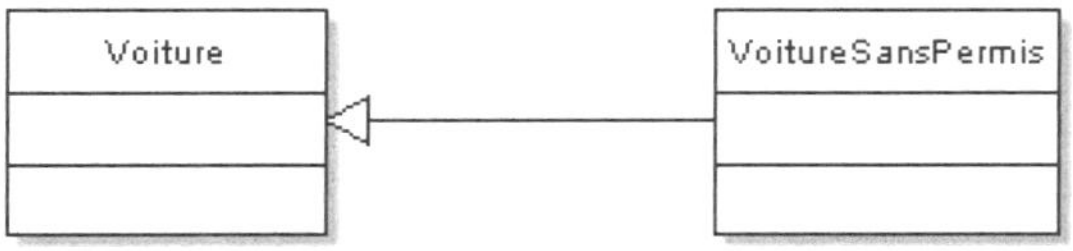

FIGURE 18.6 – Hiérarchie de classes

Jusque-là, c'est simplissime. Maintenant, ça se complique :

```
public static void main(String[] args) {
    List<Voiture> listVoiture = new ArrayList<Voiture>();
    List<VoitureSansPermis> listVoitureSP = new ArrayList<VoitureSansPermis>();

    listVoiture = listVoitureSP;   //Interdit !
}
```

Si vous avez l'habitude de la covariance des variables, sachez que cela n'existe pas avec la généricité ! En tout cas, pas sous la même forme.

Imaginez deux secondes que l'instruction interdite soit permise ! Dans `listVoiture`, vous avez le contenu de la liste des voitures sans permis, et rien ne vous empêche d'y ajouter une voiture. Là où le problème prend toute son envergure, c'est lorsque vous voudrez sortir toutes les voitures sans permis de votre variable `listVoiture`. Eh oui ! Vous y avez ajouté une voiture ! Lors du balayage de la liste, vous aurez, à un moment, une référence de type `VoitureSansPermis` à laquelle vous tentez d'affecter une référence de type `Voiture`. Voilà pourquoi ceci est **interdit**.

Une des solutions consiste à utiliser le `wildcard` : `?`.
Le fait de déclarer une collection avec le `wildcard`, comme ceci :
`ArrayList<?> list;`
revient à indiquer que notre collection accepte n'importe quel type d'objet. Cependant, nous allons voir un peu plus loin qu'il y a une restriction.

Je vais maintenant vous indiquer quelque chose d'important. Avec la généricité, vous pouvez aller encore plus loin... Nous avons vu comment restreindre le contenu d'une de nos listes, mais nous pouvons aussi l'élargir ! Si je veux par exemple qu'un `ArrayList` puisse avoir toutes les instances de `Voiture` et de ses classes filles... **comment faire ?**

Ce qui suit s'applique aussi aux interfaces susceptibles d'être implémentées par une classe !

Attention les yeux, ça pique :

```
public static void main(String[] args) {
   //List n'acceptant que des instances de Voiture
   //ou de ses sous-classes
   List<? extends Voiture> listVoitureSP = new ArrayList<VoitureSansPermis>();
}
```

Une application de ceci consiste à écrire des méthodes génériques, par exemple une méthode qui permet de lister toutes les valeurs de notre `ArrayList` cité précédemment :

```
public static void main(String[] args) {

   List<? extends Voiture> listVoitureSP = new ArrayList<VoitureSansPermis>();
   afficher(listVoitureSP);
}

//Méthode générique !
static void afficher(ArrayList<? extends Voiture> list){
   for(Voiture v : list)
      System.out.println(v.toString());
}
```

Eh, attends ! On a voulu ajouter des objets dans notre collection et le programme ne compile plus !

Oui... Ce que je ne vous avais pas dit, c'est que dès que vous utilisez le `wildcard`, vos listes sont verrouillées en insertion : **elles se transforment en collections en lecture seule...**

En fait, il faut savoir que c'est à la compilation du programme que Java ne vous laisse pas faire : le `wildcard` signifie « tout objet », et dès l'utilisation de celui-ci, la JVM verrouillera la compilation du programme afin de prévenir les risques d'erreurs. Dans notre exemple, il est combiné avec `extends` (signifiant héritant), mais cela n'a pas d'incidence directe : c'est le `wildcard` la cause du verrou [4].

Par contre, ce type d'utilisation fonctionne à merveille pour la lecture :

```
public static void main(String[] args){

   //Liste de voiture
   List<Voiture> listVoiture = new ArrayList<Voiture>();
   listVoiture.add(new Voiture());
   listVoiture.add(new Voiture());
```

4. Un objet générique comme notre objet `Solo` déclaré `Solo<?> solo;` sera également bloqué en écriture.

```
    List<VoitureSansPermis> listVoitureSP = new ArrayList<VoitureSansPermis>();
    listVoitureSP.add(new VoitureSansPermis());
    listVoitureSP.add(new VoitureSansPermis());

    affiche(listVoiture);
    affiche(listVoitureSP);
}

//Avec cette méthode, on accepte aussi bien les collections de Voiture
//que les collection de VoitureSansPermis
static void affiche(List<? extends Voiture> list){

    for(Voiture v : list)
         System.out.print(v.toString());
}
```

Avant que vous ne posiez la question, non, déclarer la méthode `affiche(List<Voiture> list) {...}` ne vous permet pas de parcourir des listes de `VoitureSansPermis`, même si celle-ci hérite de la classe `Voiture`.

Les méthodes déclarées avec un type générique sont verrouillées afin de n'être utilisées qu'avec ce type bien précis, toujours pour les mêmes raisons !

Attendez : ce n'est pas encore tout. Nous avons vu comment élargir le contenu de nos collections (pour la lecture), nous allons voir comment restreindre les collections acceptées par nos méthodes. La méthode :

```
static void affiche(List<? extends Voiture> list){
  for(Voiture v : list)
        System.out.print(v.toString());
}
```

... autorise n'importe quel objet de type `List` dont `Voiture` est la superclasse.

La signification de l'instruction suivante est donc que la méthode autorise un objet de type `List` de n'importe quelle superclasse de la classe `Voiture` (y compris `Voiture` elle-même).

```
static void affiche(List<? super Voiture> list){
  for(Object v : list)
        System.out.print(v.toString());
}
```

Ce code fonctionne donc parfaitement :

```
public static void main(String[] args){
   //Liste de voiture
   List<Voiture> listVoiture = new ArrayList<Voiture>();
   listVoiture.add(new Voiture());
   listVoiture.add(new Voiture());
```

```
    List<Object> listVoitureSP = new ArrayList<Object>();
    listVoitureSP.add(new Object());
    listVoitureSP.add(new Object());

    affiche(listVoiture);
}
//Avec cette méthode, on accepte aussi bien les collections de Voiture
//que les collections d'Object : superclasse de toutes les classes

static void affiche(List<? super Voiture> list){
    for(Object v : list)
        System.out.print(v.toString());
}
```

L'utilité du `wildcard` est surtout de permettre de retrouver le polymorphisme avec les collections. Afin de mieux cerner l'intérêt de tout cela, voici un petit exemple de code :

```
import java.util.ArrayList;
import java.util.List;

public class Garage {
    List<Voiture> list = new ArrayList<Voiture>();

    public void add(List<? extends Voiture> listVoiture){
        for(Voiture v : listVoiture)         list.add(v);

            System.out.println("Contenu de notre garage :");
        for(Voiture v : list)
            System.out.print(v.toString());
    }
}
```

Un petit test rapide :

```
public static void main(String[] args){
    List<Voiture> listVoiture = new ArrayList<Voiture>();
    listVoiture.add(new Voiture());

    List<VoitureSansPermis> listVoitureSP = new ArrayList<VoitureSansPermis>();
    listVoitureSP.add(new VoitureSansPermis());

    Garage garage = new Garage();
    garage.add(listVoiture);
    System.out.println("--------------------------");
    garage.add(listVoitureSP);
}
```

Essayez donc : ce code fonctionne parfaitement et vous permettra de constater que le polymorphisme est possible avec les collections. Je conçois bien que ceci est un peu difficile à comprendre, mais vous en aurez sûrement besoin dans une de vos prochaines applications !

En résumé

- La généricité est un concept très utile pour développer des objets travaillant avec plusieurs types de données.
- Vous passerez donc moins de temps à développer des classes traitant de façon identique des données différentes.
- La généricité permet de réutiliser sans risque le polymorphisme avec les collections.
- Cela confère plus de robustesse à votre code.
- Vous pouvez coupler les collections avec la généricité !
- Le `wildcard (?)` permet d'indiquer que n'importe quel type peut être traité et donc accepté !
- Dès que le `wildcard (?)` est utilisé, cela revient à rendre ladite collection en lecture seule !
- Vous pouvez élargir le champ d'acceptation d'une collection générique grâce au mot-clé `extends`.
- L'instruction `? extends MaClasse` autorise toutes les collections de classes ayant pour supertype `MaClasse`.
- L'instruction `? super MaClasse` autorise toutes les collections de classes ayant pour type `MaClasse` et tous ses supertypes !
- Pour ce genre de cas, les méthodes génériques sont particulièrement adaptées et permettent d'utiliser le polymorphisme dans toute sa splendeur !

Chapitre 19

Java et la réflexivité

Difficulté :

La **réflexivité**, aussi appelée introspection, consiste à découvrir de façon dynamique des informations relatives à une classe ou à un objet. C'est notamment utilisé au niveau de la machine virtuelle Java lors de l'exécution du programme. En gros, la machine virtuelle stocke les informations relatives à une classe dans un objet.

La réflexivité n'est que le moyen de connaître toutes les informations concernant une classe donnée. Vous pourrez même créer des instances de classe de façon dynamique grâce à cette notion.

Ce chapitre va sûrement vous intéresser ! Alors, allons-y...

L'objet Class

Concrètement, que se passe-t-il ? Au chargement d'une classe Java, votre JVM crée automatiquement un objet. Celui-ci récupère toutes les caractéristiques de votre classe ! Il s'agit d'un objet `Class`. Exemple : vous avez créé trois nouvelles classes Java. À l'exécution de votre programme, la JVM va créer un objet `Class` pour chacune d'elles.

Comme vous devez vous en douter, cet objet possède une multitude de méthodes permettant d'obtenir tous les renseignements possibles et imaginables sur une classe.

Dans ce chapitre, nous allons visiter la classe `String`. Créez un nouveau projet ainsi qu'une classe contenant la méthode `main`. Voici deux façons de récupérer un objet `Class` :

```
public static void main(String[] args) {
   Class c = String.class;
   Class c2 = new String().getClass();
   /*La fameuse méthode finale dont je vous parlais dans le chapitre
      sur l'héritage.
      Cette méthode vient de la classe Object.
    */
}
```

Maintenant que vous savez récupérer un objet `Class`, nous allons voir ce dont il est capable. Nous n'allons examiner qu'une partie des fonctionnalités de l'objet `Class` : je ne vais pas tout vous montrer, je pense que vous êtes dorénavant à même de chercher et de trouver tout seuls. Vous avez l'habitude de manipuler des objets, à présent...

Connaître la superclasse d'une classe

Voici un petit code qui va répondre à la question de la superclasse :

```
System.out.println("La superclasse de la classe "
                    + String.class.getName() + " est : "
                    + String.class.getSuperclass());
```

Ce qui nous donne :

```
La superclasse de la classe java.lang.String est :
class java.lang.Object
```

Notez que la classe `Object` n'a pas de superclasse... Normal, puisqu'elle se trouve au sommet de la hiérarchie. Donc si vous remplacez la classe `String` de l'exemple ci-dessus par la classe `Object`, vous devriez obtenir :

```
La superclasse de la classe java.lang.Object est : null
```

En plus de ça, l'objet `Class` permet de connaître la façon dont votre objet est constitué : interfaces, classe mère, variables...

Connaître la liste des interfaces d'une classe

Vous pouvez tester ce code :

```
public static void main(String[] args) {
   //On récupère un objet Class
   Class c = new String().getClass();
   //Class c = String.class; est équivalent

   //La méthode getInterfaces retourne un tableau de Class
   Class[] faces = c.getInterfaces();
   //Pour voir le nombre d'interfaces
   System.out.println("Il y a " + faces.length + " interfaces implémentées");
   //On parcourt le tableau d'interfaces
   for(int i = 0; i < faces.length; i++)
      System.out.println(faces[i]);
}
```

Ce qui nous donne la figure 19.1.

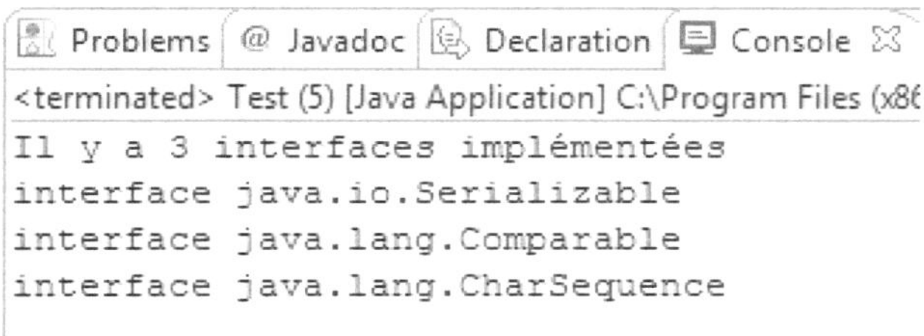

FIGURE 19.1 – Récupération des interfaces d'une classe

Connaître la liste des méthodes de la classe

La méthode `getMethods()` de l'objet `Class` nous retourne un tableau d'objets `Method` présents dans le package `java.lang.reflect`. Vous pouvez soit faire l'import à la main, soit déclarer un tableau d'objets `Method` et utiliser le raccourci `Ctrl + Shift + O`. Voici un code qui retourne la liste des méthodes de la classe `String` :

```
public static void main(String[] args) {
   Class c = new String().getClass();
   Method[] m = c.getMethods();

   System.out.println("Il y a " + m.length + " méthodes dans cette classe");
   //On parcourt le tableau de méthodes
   for(int i = 0; i < m.length; i++)
      System.out.println(m[i]);
}
```

Et voici un morceau du résultat (figure 19.2). Comme vous pouvez le constater, il y a beaucoup de méthodes dans la classe `String`.

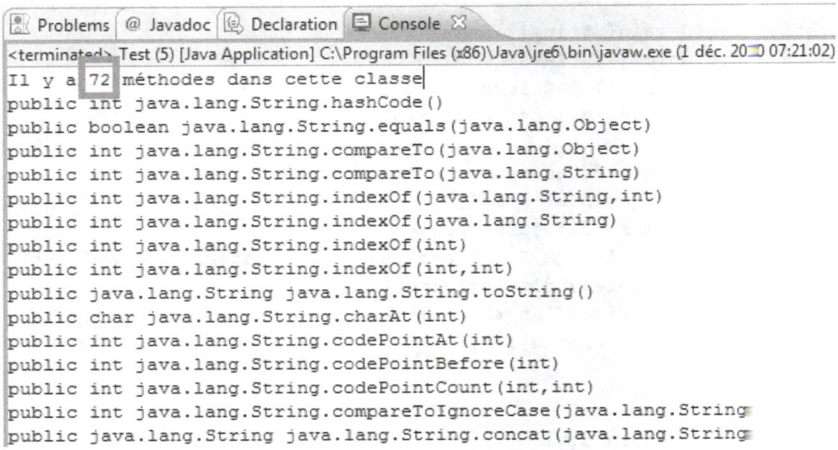

FIGURE 19.2 – Méthodes de la classe `String`

Vous pouvez constater que l'objet `Method` regorge lui aussi de méthodes intéressantes. Voici un code qui affiche la liste des méthodes, ainsi que celle de leurs arguments respectifs :

```
public static void main(String[] args) {
   Class c = new String().getClass();
   Method[] m = c.getMethods();

   System.out.println("Il y a " + m.length + " méthodes dans cette classe");
   //On parcourt le tableau de méthodes
   for(int i = 0; i < m.length; i++)
   {
      System.out.println(m[i]);

      Class[] p = m[i].getParameterTypes();
      for(int j = 0; j < p.length; j++)
         System.out.println(p[j].getName());

      System.out.println("----------------------------------\n");
   }
}
```

Le résultat est visible sur la figure 19.3.
Il est intéressant de voir que vous obtenez toutes sortes d'informations sur les méthodes, leurs paramètres, les exceptions levées, leur type de retour, etc.

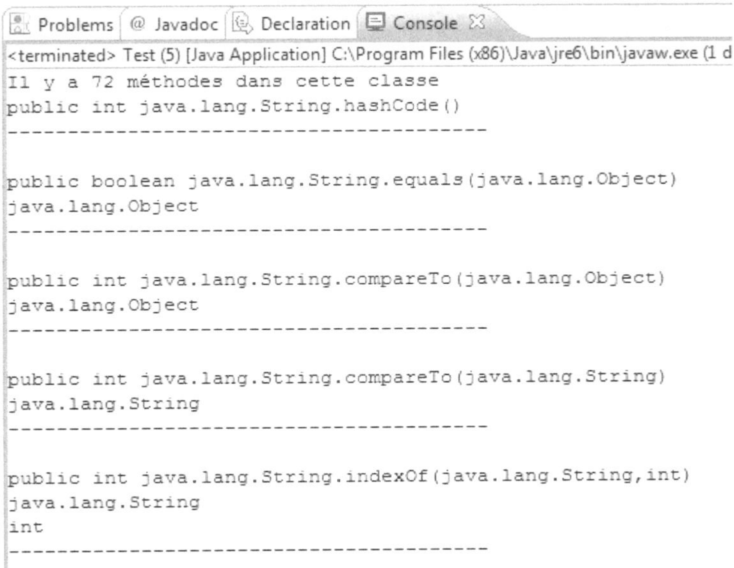

FIGURE 19.3 – Utilisation de l'objet `Method`

Connaître la liste des champs (variable de classe ou d'instance)

Ici, nous allons procéder de la même façon qu'avec la liste des méthodes sauf que cette fois, la méthode invoquée retournera un tableau d'objets `Field`. Voici un code qui affiche la liste des champs de la classe `String`.

```
public static void main(String[] args) {
   Class c = new String().getClass();
   Field[] m = c.getDeclaredFields();

   System.out.println("Il y a " + m.length + " champs dans cette classe");
   //On parcourt le tableau de méthodes
   for(int i = 0; i < m.length; i++)
      System.out.println(m[i].getName());
}
```

Ce qui nous donne :

```
Il y a 7 champs dans cette classe
value
offset
count
hash
serialVersionUID
serialPersistentFields
CASE_INSENSITIVE_ORDER
```

Connaître la liste des constructeurs de la classe

Ici, nous utiliserons un objet `Constructor` pour lister les constructeurs de la classe :

```
public static void main(String[] args) {
   Class c = new String().getClass();
   Constructor[] construc = c.getConstructors();
   System.out.println("Il y a " + construc.length + " constructeurs dans cette
   ↪ classe");
   //On parcourt le tableau des constructeurs
   for(int i = 0; i < construc.length; i++){
      System.out.println(construc[i].getName());

   Class[] param = construc[i].getParameterTypes();
   for(int j = 0; j < param.length; j++)
      System.out.println(param[j]);

   System.out.println("-----------------------------\n");
   }
}
```

Vous constatez que l'objet `Class` regorge de méthodes en tout genre! Et si nous essayions d'exploiter un peu plus celles-ci ?

Instanciation dynamique

Nous allons voir une petite partie de la puissance de cette classe (pour l'instant). Dans un premier temps, créez un nouveau projet avec une méthode `main` ainsi qu'une classe correspondant au diagramme en figure 19.4.

Voici son code Java :

```
public class Paire {
        private String valeur1, valeur2;

        public Paire(){
                this.valeur1 = null;
```

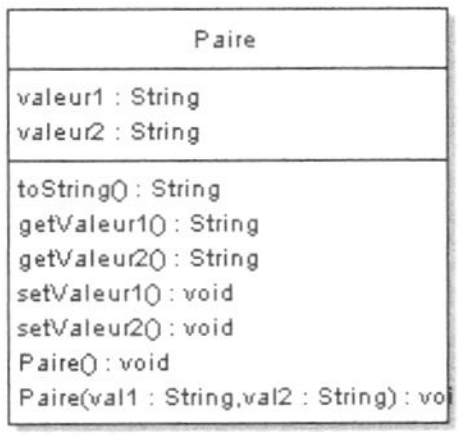

FIGURE 19.4 – Classe `Paire`

```
                this.valeur2 = null;
                System.out.println("Instanciation !");
        }

        public Paire(String val1, String val2){
                this.valeur1 = val1;
                this.valeur2 = val2;
                System.out.println("Instanciation avec des paramètres !");
        }

        public String toString(){
                return  "Je suis un objet qui a pour valeur : "
               + this.valeur1 +  " - " + this.valeur2;
        }

        public String getValeur1() {
                return valeur1;
        }

        public void setValeur1(String valeur1) {
                this.valeur1 = valeur1;
        }

        public String getValeur2() {
                return valeur2;
        }

        public void setValeur2(String valeur2) {
                this.valeur2 = valeur2;
        }
}
```

Le but du jeu consiste à créer un objet `Paire` sans utiliser l'opérateur `new`.

Pour instancier un nouvel objet `Paire`, commençons par récupérer ses constructeurs. Ensuite, nous préparons un tableau contenant les données à insérer, puis invoquons la méthode `toString()`.

Regardez comment procéder ; attention, il y a moult exceptions :

```
public static void main(String[] args) {
   String nom = Paire.class.getName();
   try {
      //On crée un objet Class
      Class cl = Class.forName(nom);
      //Nouvelle instance de la classe Paire
      Object o = cl.newInstance();

      //On crée les paramètres du constructeur
      Class[] types = new Class[]{String.class, String.class};
      //On récupère le constructeur avec les deux paramètres
      Constructor ct = cl.getConstructor(types);

      //On instancie l'objet avec le constructeur surchargé !
      Object o2 = ct.newInstance(new String[]{"valeur 1 ", "valeur 2"} );

      } catch (SecurityException e) {
            e.printStackTrace();
      } catch (IllegalArgumentException e) {
            e.printStackTrace();
      } catch (ClassNotFoundException e) {
            e.printStackTrace();
      } catch (InstantiationException e) {
            e.printStackTrace();
      } catch (IllegalAccessException e) {
            e.printStackTrace();
      } catch (NoSuchMethodException e) {
            e.printStackTrace();
      } catch (InvocationTargetException e) {
            e.printStackTrace();
      }
}
```

Et le résultat donne la figure 19.5.

FIGURE 19.5 – Instanciation dynamique

Nous pouvons maintenant appeler la méthode `toString()` du deuxième objet... Oh et puis soyons fous, appelons-la sur les deux :

```
public static void main(String[] args) {
   String nom = Paire.class.getName();
   try {
```

```
        //On crée un objet Class
        Class cl = Class.forName(nom);
        //Nouvelle instance de la classe Paire
        Object o = cl.newInstance();

        //On crée les paramètres du constructeur
        Class[] types = new Class[]{String.class, String.class};
        //On récupère le constructeur avec les deux paramètres
        Constructor ct = cl.getConstructor(types);
        //On instancie l'objet avec le constructeur surchargé !
        Object o2 = ct.newInstance(new String[]{"valeur 1 ", "valeur 2"} );

        //On va chercher la méthode toString, elle n'a aucun paramètre
        Method m = cl.getMethod("toString", null);
        //La méthode invoke exécute la méthode sur l'objet passé en paramètre,
        // pas de paramètre, donc null en deuxième paramètre de la méthode invoke !

        System.out.println("----------------------------------------");
        System.out.println("Méthode " + m.getName() + " sur o2: " +m.invoke(o2,
↪ null));
        System.out.println("Méthode " + m.getName() + " sur o: " +m.invoke(o, null
↪ ));

        } catch (SecurityException e) {
            e.printStackTrace();
        } catch (IllegalArgumentException e) {
            e.printStackTrace();
        } catch (ClassNotFoundException e) {
            e.printStackTrace();
        } catch (InstantiationException e) {
            e.printStackTrace();
        } catch (IllegalAccessException e) {
            e.printStackTrace();
        } catch (NoSuchMethodException e) {
            e.printStackTrace();
        } catch (InvocationTargetException e) {
            e.printStackTrace();
        }
}
```

Et le résultat en figure 19.6.

Voilà : nous venons de créer deux instances d'une classe sans passer par l'opérateur `new`. Mieux encore, nous avons pu appeler une méthode de nos instances ! Je ne vais pas m'attarder sur ce sujet, mais gardez en tête que cette façon de faire, quoique très lourde, pourrait vous être utile.

Sachez que certains frameworks [1] utilisent la réflexivité afin d'instancier leurs objets [2].

1. Ensemble d'objets offrant des fonctionnalités pour développer
2. Je pense notamment à des frameworks basés sur des fichiers de configuration XML tels que

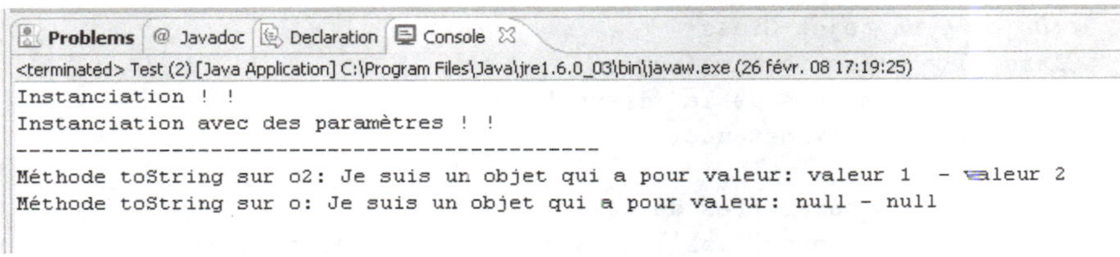

FIGURE 19.6 – Invocation dynamique de méthodes

L'utilité de ceci vous semble-t-elle évidente ? Même si vous ne savez pas les utiliser, peut-être avez-vous déjà entendu parler de ces frameworks Java.

Maintenant, vous n'allez pas utiliser ce genre de technique tous les jours. Cependant, il est possible que vous ayez besoin, pour une raison quelconque, de stocker le nom d'une classe Java dans une base de données afin, justement, de pouvoir l'utiliser plus tard. Dans ce cas, lorsque votre base de données vous fournira le nom de la classe en question, vous pourrez la manipuler dynamiquement.

En résumé

- Lorsque votre JVM interprète votre programme, elle crée automatiquement un objet `Class` pour chaque classe chargée.
- Avec un tel objet, vous pouvez connaître absolument tout sur votre classe.
- L'objet `Class` utilise des sous-objets tels que `Method`, `Field` et `Constructor` qui permettent de travailler avec vos différents objets ainsi qu'avec ceux présents dans Java.
- Grâce à cet objet, vous pouvez créer des instances de vos classes Java sans utiliser `new`.

Hibernate, Struts, Spring...

Troisième partie

Les interfaces graphiques

Chapitre 20

Notre première fenêtre

Difficulté :

Dans cette partie, nous aborderons les interfaces graphiques (on parle aussi d'IHM pour Interfaces Homme Machine ou de GUI pour Graphical User Interfaces) et, par extension, la programmation événementielle. Par là, vous devez comprendre que votre programme ne réagira plus à des saisies au clavier mais à des événements provenant d'un composant graphique : un bouton, une liste, un menu...

Le langage Java propose différentes bibliothèques pour programmer des IHM, mais dans cet ouvrage, nous utiliserons essentiellement les packages `javax.swing` et `java.awt` présents d'office dans Java.

Ce chapitre vous permettra d'apprendre à utiliser l'objet `JFrame`, présent dans le package `java.swing`. Vous serez alors à même de créer une fenêtre, de définir sa taille, etc. Le fonctionnement de base des IHM vous sera également présenté et vous apprendrez qu'en réalité, une fenêtre n'est qu'une multitude de composants posés les uns sur les autres et que chacun possède un rôle qui lui est propre. Mais trêve de bavardages inutiles, commençons tout de suite !

L'objet JFrame

Nous y voilà... Avant de nous lancer à corps perdu dans cette partie, vous devez savoir de quoi nous allons nous servir. Dans ce livre, nous traiterons de javax.swing et de java.awt. Nous n'utiliserons pas de composants awt, nous travaillerons uniquement avec des composants swing ; en revanche, des objets issus du package awt seront utilisés afin d'interagir et de communiquer avec les composants swing. Par exemple, un composant peut être représenté par un bouton, une zone de texte, une case à cocher...

Afin de mieux comprendre comment tout cela fonctionne, vous devez savoir que lorsque le langage Java a vu le jour, dans sa version 1.0, seul awt était utilisable ; swing n'existait pas, il est apparu dans la version 1.2 de Java[1]. Les composants awt sont considérés comme lourds[2] car ils sont fortement liés au système d'exploitation, c'est ce dernier qui les gère. Les composants swing, eux, sont comme dessinés dans un conteneur, ils sont dit légers[3] ; ils n'ont pas le même rendu à l'affichage, car ce n'est plus le système d'exploitation qui les gère. Il existe également d'autres différences, comme le nombre de composants utilisables, la gestion des bordures...

Pour toutes ces raisons, il est très fortement recommandé de ne pas mélanger les composants swing et awt dans une même fenêtre ; cela pourrait occasionner des conflits ! Si vous associez les deux, vous aurez de très grandes difficultés à développer une IHM stable et valide. En effet, swing et awt ont les mêmes fondements mais diffèrent dans leur utilisation.

Cette parenthèse fermée, nous pouvons entrer dans le vif du sujet. Je ne vous demande pas de créer un projet contenant une classe main, celui-ci doit être prêt depuis des lustres ! Pour utiliser une fenêtre de type JFrame, vous devez l'instancier, comme ceci :

```
import javax.swing.JFrame;

public class Test {
   public static void main(String[] args){
      JFrame fenetre = new JFrame();
   }
}
```

Lorsque vous exécutez ce code, vous n'obtenez rien, car par défaut, votre JFrame n'est pas visible. Vous devez donc lui dire « sois visible » de cette manière :

```
import javax.swing.JFrame;

public class Test {
   public static void main(String[] args){
      JFrame fenetre = new JFrame();
      fenetre.setVisible(true);
```

1. Appelée aussi Java 2.
2. On dit aussi HeavyWeight.
3. On dit aussi LightWeight.

```
    }
}
```

Ainsi, lorsque vous exécutez ce code, vous obtenez la figure 20.1.

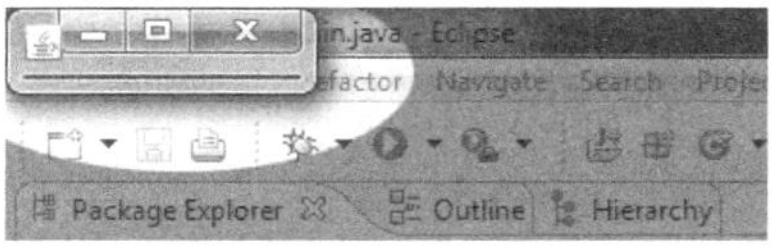

FIGURE 20.1 – Première fenêtre

À toutes celles et ceux qui se disent « Elle est toute petite, cette fenêtre ! », je réponds : « Bienvenue dans le monde de la programmation événementielle ! » Il faut que vous vous y fassiez, vos composants ne sont pas intelligents : il va falloir leur dire tout ce qu'ils doivent faire.

Pour obtenir une fenêtre plus conséquente, il faudrait donc :

- qu'elle soit plus grande ;
- qu'elle comporte un titre (ce ne serait pas du luxe !) ;
- qu'elle figure au centre de l'écran, ce serait parfait ;
- que notre programme s'arrête réellement lorsqu'on clique sur la croix rouge, car, pour ceux qui ne l'auraient pas remarqué, le processus Eclipse tourne encore même après la fermeture de la fenêtre.

Pour chacun des éléments que je viens d'énumérer, il y a aura une méthode à appeler afin que notre JFrame sache à quoi s'en tenir. Voici un code répondant à toutes nos exigences :

```
import javax.swing.JFrame;

public class Test {
    public static void main(String[] args){

        JFrame fenetre = new JFrame();

        //Définit un titre pour notre fenêtre
        fenetre.setTitle("Ma première fenêtre Java");
        //Définit sa taille : 400 pixels de large et 100 pixels de haut
        fenetre.setSize(400, 100);
        //Nous demandons maintenant à notre objet de se positionner au centre
        fenetre.setLocationRelativeTo(null);
        //Termine le processus lorsqu'on clique sur la croix rouge
        fenetre.setDefaultCloseOperation(JFrame.EXIT_ON_CLOSE);
        //Et enfin, la rendre visible
        fenetre.setVisible(true);
    }
}
```

FIGURE 20.2 – Une fenêtre plus adaptée

Voyez le rendu de ce code en figure 20.2.

Afin de ne pas avoir à redéfinir les attributs à chaque fois, je pense qu'il serait utile que nous possédions notre propre objet. Comme ça, nous aurons notre propre classe !

Pour commencer, effaçons tout le code que nous avons écrit dans notre méthode `main`. Créons ensuite une classe que nous allons appeler `Fenetre` et faisons-la hériter de `JFrame`. Nous allons maintenant créer notre constructeur, dans lequel nous placerons nos instructions. Cela nous donne :

```
import javax.swing.JFrame;

public class Fenetre extends JFrame {
   public Fenetre(){
      this.setTitle("Ma première fenêtre Java");
      this.setSize(400, 500);
      this.setLocationRelativeTo(null);
      this.setDefaultCloseOperation(JFrame.EXIT_ON_CLOSE);
      this.setVisible(true);
   }
}
```

Ensuite, vous avez le choix : soit vous conservez votre classe contenant la méthode `main` et vous créez une instance de `Fenetre`, soit vous effacez cette classe et vous placez votre méthode `main` dans votre classe `Fenetre`. Mais dans tous les cas, vous devez créer une instance de votre `Fenetre`.

Personnellement, je préfère placer ma méthode `main` dans une classe à part… Mais je ne vous oblige pas à faire comme moi ! Quel que soit l'emplacement de votre `main`, la ligne de code suivante doit y figurer :

```
Fenetre fen = new Fenetre();
```

Exécutez votre nouveau code, et… vous obtenez exactement la même chose que précédemment. Vous conviendrez que c'est tout de même plus pratique de ne plus écrire les mêmes instructions à chaque fois. Ainsi, vous possédez une classe qui va se charger de l'affichage de votre futur programme. Et voici une petite liste de méthodes que vous serez susceptibles d'utiliser.

Positionner la fenêtre à l'écran

Nous avons déjà centré notre fenêtre, mais vous voudriez peut-être la positionner ailleurs. Pour cela, vous pouvez utiliser la méthode `setLocation(int x, int y)`. Grâce à cette méthode, vous pouvez spécifier où doit se situer votre fenêtre sur l'écran. Les coordonnées, exprimées en pixels, sont basées sur un repère dont l'origine est représentée par le coin supérieur gauche (figure 20.3).

FIGURE 20.3 – Coordonnées sur votre écran

La première valeur de la méthode vous positionne sur l'axe x, 0 correspondant à l'origine ; les valeurs positives déplacent la fenêtre vers la droite tandis que les négatives la font sortir de l'écran par la gauche. La même règle s'applique aux valeurs de l'axe y, si ce n'est que les valeurs positives font descendre la fenêtre depuis l'origine tandis que les négatives la font sortir par le haut de l'écran.

Empêcher le redimensionnement de la fenêtre

Pour cela, il suffit d'invoquer la méthode `setResizable(boolean b)` : `true` empêche le redimensionnement tandis que `false` l'autorise.

Garder la fenêtre au premier plan

Il s'agit là encore d'une méthode qui prend un booléen en paramètre. Passer `true` laissera la fenêtre au premier plan quoi qu'il advienne, `false` annulera cela. Cette méthode est `setAlwaysOnTop(boolean b)`.

Retirer les contours et les boutons de contrôle

Pour ce faire, il faut utiliser la méthode `setUndecorated(boolean b)`.

Je ne vais pas faire le tour de toutes les méthodes maintenant, car de toute façon, nous allons nous servir de bon nombre d'entre elles très prochainement.

Je suppose que vous aimeriez bien remplir un peu votre fenêtre. Je m'en doutais, mais avant, il vous faut encore apprendre une bricole. En effet, votre fenêtre, telle qu'elle apparaît, vous cache quelques petites choses...

Vous pensez, et c'est légitime, que votre fenêtre est toute simple, dépourvue de tout composant (hormis les contours). Eh bien, vous vous trompez ! Une `JFrame` est découpée en plusieurs parties superposées (figure 20.4) que voici, dans l'ordre :

- la **fenêtre** ;
- ensuite, le `RootPane`, le **conteneur** principal qui contient les autres composants ;
- puis le `LayeredPane`, qui forme juste un panneau composé du conteneur global et de la barre de menu (`MenuBar`) ;
- la `MenuBar` (**barre de menu**), quand il y en a une ;
- vient ensuite le **content pane** : c'est dans celui-ci que nous placerons nos composants ;
- enfin, le `GlassPane`, couche utilisée pour intercepter les actions de l'utilisateur avant qu'elles ne parviennent aux composants.

FIGURE 20.4 – Structure d'une `JFrame`

Pas de panique, nous allons nous servir uniquement du content pane. Pour le récupérer, il nous suffit d'utiliser la méthode `getContentPane()` de la classe `JFrame`. Cependant, nous allons utiliser un composant autre que le content pane : un `JPanel` dans lequel nous insérerons nos composants.

Il existe d'autres types de fenêtre : la `JWindow`, une `JFrame` sans bordure et non *draggable*[4], et la `JDialog`, une fenêtre non redimensionnable. Nous n'en parlerons toutefois pas ici.

4. Déplaçable.

L'objet JPanel

Comme je vous l'ai dit, nous allons utiliser un JPanel, composant de type conteneur dont la vocation est d'accueillir d'autres objets de même type ou des objets de type composant (boutons, cases à cocher...).

Marche à suivre

1. Importer la classe javax.swing.JPanel dans notre classe héritée de JFrame.
2. Instancier un JPanel puis lui spécifier une couleur de fond pour mieux le distinguer.
3. Avertir notre JFrame que ce sera notre JPanel qui constituera son content pane.

Rien de bien sorcier, en somme. Qu'attendons-nous ?

```
import java.awt.Color;
import javax.swing.JFrame;
import javax.swing.JPanel;

public class Fenetre extends JFrame {
   public Fenetre(){
      this.setTitle("Ma première fenêtre Java");
      this.setSize(400, 100);
      this.setLocationRelativeTo(null);

      //Instanciation d'un objet JPanel
      JPanel pan = new JPanel();
      //Définition de sa couleur de fond
      pan.setBackground(Color.ORANGE);
      //On prévient notre JFrame que notre JPanel sera son content pane
      this.setContentPane(pan);
      this.setVisible(true);
   }
}
```

Vous pouvez voir le résultat en figure 20.5.

FIGURE 20.5 – Premier JPanel

C'est un bon début, mais je vois que vous êtes frustrés car il n'y a pas beaucoup de changement par rapport à la dernière fois... Eh bien, c'est maintenant que les choses deviennent intéressantes ! Avant de vous faire utiliser des composants (des boutons, par exemple), nous allons nous amuser avec notre `JPanel`. Plus particulièrement avec un objet dont le rôle est de dessiner et de peindre notre composant... Ça vous tente ? Alors, go !

Les objets `Graphics` et `Graphics2D`

L'objet `Graphics`

Nous allons commencer par l'objet `Graphics`.Cet objet a une particularité de taille : vous ne pouvez l'utiliser que si et seulement **si le système vous l'a donné via la méthode `getGraphics()` d'un composant `swing`**! Pour bien comprendre le fonctionnement de nos futurs conteneurs (ou composants), nous allons créer une classe héritée de `JPanel` : appelons-la `Panneau`. Nous allons faire un petit tour d'horizon du fonctionnement de cette classe, dont voici le code :

```
import java.awt.Graphics;
import javax.swing.JPanel;

public class Panneau extends JPanel {
   public void paintComponent(Graphics g){
      //Vous verrez cette phrase chaque fois que la méthode sera invoquée
      System.out.println("Je suis exécutée !");
      g.fillOval(20, 20, 75, 75);
   }
}
```

Qu'est-ce que c'est que cette méthode ?

Cette méthode est celle que l'objet appelle pour se dessiner sur votre fenêtre ; si vous réduisez cette dernière et que vous l'affichez de nouveau, c'est encore cette méthode qui est appelée pour afficher votre composant. Idem si vous redimensionnez votre fenêtre... De plus, nous n'avons même pas besoin de redéfinir un constructeur car cette méthode est appelée automatiquement !

C'est très pratique pour personnaliser des composants, car vous n'aurez **jamais** à l'appeler vous-mêmes : **c'est automatique** ! Tout ce que vous pouvez faire, c'est forcer l'objet à se repeindre ; ce n'est toutefois pas cette méthode que vous invoquerez, mais nous y reviendrons.

Vous aurez constaté que cette méthode possède un argument et qu'il s'agit du fameux objet `Graphics` tant convoité. Nous reviendrons sur l'instruction `g.fillOval(20, 20, 75, 75)`, mais vous verrez à quoi elle sert lorsque vous exécuterez votre programme.

Voici maintenant notre classe `Fenetre` :

```
import javax.swing.JFrame;

public class Fenetre extends JFrame {
   public Fenetre(){
      this.setTitle("Ma première fenêtre Java");
      this.setSize(100, 150);
      this.setLocationRelativeTo(null);
      this.setDefaultCloseOperation(JFrame.EXIT_ON_CLOSE);
      this.setContentPane(new Panneau());

      this.setVisible(true);
   }
}
```

Exécutez votre `main`, vous devriez obtenir la même chose que sur la figure 20.6.

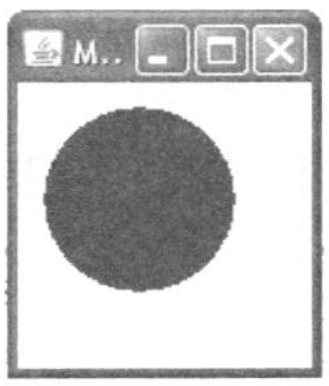

FIGURE 20.6 – Test de l'objet `Graphics`

Une fois votre fenêtre affichée, étirez-la, réduisez-la... À présent, vous pouvez voir ce qu'il se passe lorsque vous interagissez avec votre fenêtre : celle-ci met à jour ses composants à chaque changement d'état ou de statut. L'intérêt de disposer d'une classe héritée d'un conteneur ou d'un composant, c'est que nous pouvons redéfinir la façon dont est peint ce composant sur la fenêtre.

Après cette mise en bouche, explorons un peu plus les capacités de notre objet `Graphics`. Comme vous avez pu le voir, ce dernier permet, entre autres, de tracer des ronds ; mais il possède tout un tas de méthodes plus pratiques et amusantes les unes que les autres... Nous ne les étudierons pas toutes, mais vous aurez déjà de quoi faire.

Pour commencer, reprenons la méthode utilisée précédemment : `g.fillOval(20, 20, 75, 75)`. Si nous devions traduire cette instruction en français, cela donnerait : « Trace un rond plein en commençant à dessiner sur l'axe x à 20 pixels et sur l'axe y à 20 pixels, et fais en sorte qu'il occupe 75 pixels de large et 75 pixels de haut. »

Oui, mais si je veux que mon rond soit centré et qu'il le reste ?

C'est dans ce genre de cas qu'il est intéressant d'utiliser une classe héritée. Puisque nous sommes dans notre objet `JPanel`, nous avons accès à ses données lorsque nous le dessinons.

En effet, il existe des méthodes dans les objets composants qui retournent leur largeur (`getWidth()`) et leur hauteur (`getHeight()`). En revanche, réussir à centrer un rond dans un `JPanel` en toutes circonstances demande un peu de calcul mathématique de base, une pincée de connaissances et un soupçon de logique ! Reprenons notre fenêtre telle qu'elle se trouve en ce moment. Vous pouvez constater que les coordonnées de départ correspondent au coin supérieur gauche du carré qui entoure ce cercle (figure 20.7).

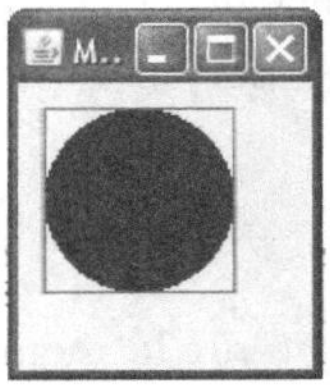

FIGURE 20.7 – Point de départ du cercle dessiné

Cela signifie que si nous voulons que notre cercle soit tout le temps centré, il faut que notre carré soit centré, donc que le centre de celui-ci corresponde au centre de notre fenêtre ! Voici un schéma représentant ce que nous devons obtenir (figure 20.8).

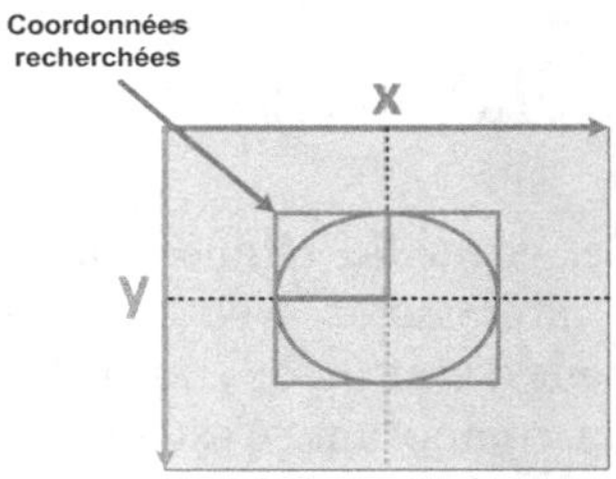

FIGURE 20.8 – Coordonnées recherchées

Ainsi, le principe est d'utiliser la largeur et la hauteur de notre composant ainsi que la largeur et la hauteur du carré qui englobe notre rond ; c'est facile, jusqu'à présent... Maintenant, pour trouver où se situe le point depuis lequel doit commencer le dessin, il faut soustraire la moitié de la largeur du composant à la moitié de celle du rond afin d'obtenir la valeur sur l'axe x, et faire de même (en soustrayant les hauteurs, cette fois) pour l'axe y. Afin que notre rond soit le plus optimisé possible, nous allons donner comme taille à notre carré la moitié de la taille de notre fenêtre ; ce qui revient, au final, à diviser la largeur et la hauteur de cette dernière par quatre. Voici le code correspondant :

```
import java.awt.Graphics;
import javax.swing.JPanel;

public class Panneau extends JPanel {
   public void paintComponent(Graphics g){
```

```
      int x1 = this.getWidth()/4;
      int y1 = this.getHeight()/4;
      g.fillOval(x1, y1, this.getWidth()/2, this.getHeight()/2);
   }
}
```

Si vous testez à nouveau notre code, vous vous apercevez que notre rond est maintenant centré. Cependant, l'objet `Graphics` permet d'effectuer plein d'autres choses, comme peindre des ronds vides, par exemple. Sans rire ! Maintenant que vous avez vu comment fonctionne cet objet, nous allons pouvoir utiliser ses méthodes.

La méthode `drawOval(int x1, int y1, int width, int height)`

Il s'agit de la méthode qui permet de dessiner un rond vide. Elle fonctionne exactement de la même manière que la méthode `fillOval()`. Voici un code mettant en œuvre cette méthode :

```
import java.awt.Graphics;
import javax.swing.JPanel;

public class Panneau extends JPanel {
   public void paintComponent(Graphics g){
      int x1 = this.getWidth()/4;
      int y1 = this.getHeight()/4;
      g.drawOval(x1, y1, this.getWidth()/2, this.getHeight()/2);
   }
}
```

Le résultat se trouve en figure 20.9 [5].

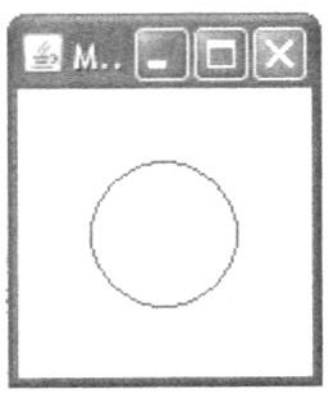

FIGURE 20.9 – Rendu de la méthode `drawOval()`

La méthode `drawRect(int x1, int y1, int width, int height)`

Cette méthode permet de dessiner des rectangles vides. Bien sûr, son homologue `fillRect()` existe. Ces deux méthodes fonctionnent de la même manière que les précédentes, voyez plutôt ce code :

5. Si vous spécifiez une largeur différente de la hauteur, ces méthodes dessineront une forme ovale.

```
import java.awt.Graphics;
import javax.swing.JPanel;

public class Panneau extends JPanel {
   public void paintComponent(Graphics g){
      g.drawRect(10, 10, 50, 60);
      g.fillRect(65, 65, 30, 40);
   }
}
```

Et le résultat en figure 20.10.

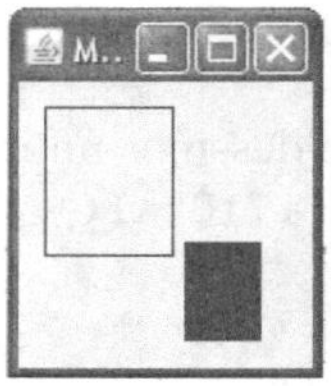

FIGURE 20.10 – Rendu des méthodes `drawRect()` et `fillRect()`

La méthode `drawRoundRect(int x1, int y1, int width, int height, int arcWidth, int arcHeight)`

Il s'agit du même élément que précédemment, hormis le fait que le rectangle sera arrondi. L'arrondi est défini par la valeur des deux derniers paramètres.

```
import java.awt.Graphics;
import javax.swing.JPanel;

public class Panneau extends JPanel {
   public void paintComponent(Graphics g){
      g.drawRoundRect(10, 10, 30, 50, 10, 10);
      g.fillRoundRect(55, 65, 55, 30, 5, 5);
   }
}
```

Voyez le résultat en figure 20.11.

La méthode `drawLine(int x1, int y1, int x2, int y2)`

Cette méthode permet de tracer des lignes droites. Il suffit de lui spécifier les coordonnées de départ et d'arrivée de la ligne. Dans ce code, je trace les diagonales du conteneur :

FIGURE 20.11 – Rendu de la méthode drawRoundRect()

```
import java.awt.Graphics;
import javax.swing.JPanel;

public class Panneau extends JPanel {
   public void paintComponent(Graphics g){
      g.drawLine(0, 0, this.getWidth(), this.getHeight());
      g.drawLine(0, this.getHeight(), this.getWidth(), 0);
   }
}
```

Le résultat se trouve en figure 20.12.

FIGURE 20.12 – Rendu de la méthode drawLine()

La méthode drawPolygon(int[] x, int[] y, int nbrePoints)

Grâce à cette méthode, vous pouvez dessiner des polygones de votre composition. Eh oui, c'est à vous de définir les coordonnées de tous les points qui les forment ! Le dernier paramètre de cette méthode est le nombre de points formant le polygone. Ainsi, vous n'aurez pas besoin d'indiquer deux fois le point d'origine pour boucler votre figure : Java la fermera automatiquement en reliant le dernier point de votre tableau au premier. Cette méthode possède également son homologue pour dessiner des polygones remplis : `fillPolygon()`.

```
import java.awt.Graphics;
import javax.swing.JPanel;

public class Panneau extends JPanel {
   public void paintComponent(Graphics g){
```

```
        int x[] = {20, 30, 50, 60, 60, 50, 30, 20};
        int y[] = {30, 20, 20, 30, 50, 60, 60, 50};
        g.drawPolygon(x, y, 8);

        int x2[] = {50, 60, 80, 90, 90, 80, 60, 50};
        int y2[] = {60, 50, 50, 60, 80, 90, 90, 80};
        g.fillPolygon(x2, y2, 8);
    }
}
```

Voyez le résultat en figure 20.13.

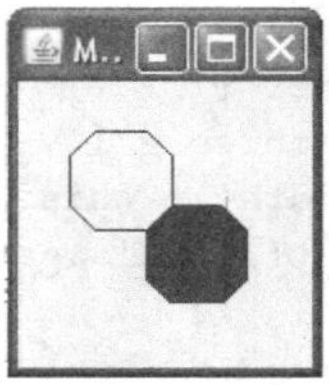

FIGURE 20.13 – Rendu des méthodes `drawPolygon()` et `fillPolygon()`

Il existe aussi une méthode qui prend exactement les mêmes arguments mais qui, elle, trace plusieurs lignes : `drawPolyline(int[] x, int[] y, int nbrePoints)`.

Cette méthode va dessiner les lignes correspondant aux coordonnées définies dans les tableaux, sachant que lorsque son indice s'incrémente, la méthode prend automatiquement les valeurs de l'indice précédent comme point d'origine. Cette méthode ne fait pas le lien entre la première et la dernière valeur de vos tableaux. Vous pouvez essayer le code précédent en remplaçant `drawPolygon()` par cette méthode.

La méthode `drawString(String str, int x, int y)`

Voici la méthode permettant d'écrire du texte. Elle est très simple à utiliser : il suffit de lui passer en paramètre la phrase à écrire et de lui spécifier à quelles coordonnées commencer.

```
import java.awt.Graphics;
import javax.swing.JPanel;

public class Panneau extends JPanel {
   public void paintComponent(Graphics g){
      g.drawString("Tiens ! Le Site du Zéro !", 10, 20);
   }
}
```

Le résultat se trouve en figure 20.14.

FIGURE 20.14 – Rendu de la méthode drawString()

Vous pouvez aussi modifier la couleur[6] et la police d'écriture. Pour redéfinir la police d'écriture, vous devez créer un objet `Font`. Le code suivant illustre la façon de procéder.

```
import java.awt.Color;
import java.awt.Font;
import java.awt.Graphics;

import javax.swing.JPanel;

public class Panneau extends JPanel {
   public void paintComponent(Graphics g){
      Font font = new Font("Courier", Font.BOLD, 20);
      g.setFont(font);
      g.setColor(Color.red);
      g.drawString("Tiens ! Le Site du Zéro !", 10, 20);
   }
}
```

Le résultat correspond à la figure 20.15.

FIGURE 20.15 – Changement de couleur et de police d'écriture

La méthode drawImage(Image img, int x, int y, Observer obs)

Vous devez charger votre image grâce à trois objets :

- un objet `Image` ;
- un objet `ImageIO` ;
- un objet `File`.

6. La modification s'appliquera également pour les autres méthodes.

Vous allez voir que l'utilisation de ces objets est très simple. Il suffit de déclarer un objet de type `Image` et de l'initialiser en utilisant une méthode statique de l'objet `ImageIO` qui, elle, prend un objet `File` en paramètre. Ça peut sembler compliqué, mais vous allez voir que ce n'est pas le cas... Notre image sera stockée à la racine de notre projet, mais ce n'est pas une obligation. Dans ce cas, faites attention au chemin d'accès de votre image.

En ce qui concerne le dernier paramètre de la méthode `drawImage`, il s'agit de l'objet qui est censé observer l'image. Ici, nous allons utiliser notre objet `Panneau`, donc `this`.

Cette méthode dessinera l'image avec ses propres dimensions. Si vous voulez qu'elle occupe l'intégralité de votre conteneur, utilisez le constructeur suivant : `drawImage(Image img, int x, int y, int width, int height, Observer obs)`.

```
import java.awt.Graphics;
import java.awt.Image;
import java.io.File;
import java.io.IOException;
import javax.imageio.ImageIO;
import javax.swing.JPanel;

public class Panneau extends JPanel {
   public void paintComponent(Graphics g){
      try {
         Image img = ImageIO.read(new File("images.jpg"));
         g.drawImage(img, 0, 0, this);
         //Pour une image de fond
         //g.drawImage(img, 0, 0, this.getWidth(), this.getHeight(), this);
      } catch (IOException e) {
         e.printStackTrace();
      }
   }
}
```

Les résultats se trouvent aux figures 20.16[7] et 20.17.

FIGURE 20.16 – Conservation de la taille d'origine de l'image

7. Pour bien vous montrer la différence, j'ai créé une fenêtre plus grande que l'image.

FIGURE 20.17 – Adaptation de la taille de l'image

L'objet Graphics2D

Ceci est une amélioration de l'objet `Graphics`, et vous allez vite comprendre pourquoi...

Pour utiliser cet objet, il nous suffit en effet de caster l'objet `Graphics` en `Graphics2D` (`Graphics2D g2d = (Graphics2D) g`), et de ne surtout pas oublier d'importer notre classe qui se trouve dans le package `java.awt`.

L'une des possibilités qu'offre cet objet n'est autre que celle de peindre des objets avec des dégradés de couleurs... Cette opération n'est pas du tout difficile à réaliser : il suffit d'utiliser un objet `GradientPaint` et une méthode de l'objet `Graphics2D`.

Nous n'allons pas reprendre tous les cas que nous avons vus jusqu'à présent, mais juste deux ou trois afin que vous voyiez bien la différence.
Commençons par notre objet `GradientPaint` ; voici comment l'initialiser [8] :

```
GradientPaint gp = new GradientPaint(0, 0, Color.RED, 30, 30, Color.cyan, true);
```

Alors, que signifie tout cela ? Voici le détail du constructeur utilisé dans ce code :

- premier paramètre : la coordonnée x où doit commencer la première couleur ;
- deuxième paramètre : la coordonnée y où doit commencer la première couleur ;
- troisième paramètre : la première couleur ;
- quatrième paramètre : la coordonnée x où doit commencer la seconde couleur ;
- cinquième paramètre : la coordonnée y où doit commencer la seconde couleur ;
- sixième paramètre : la seconde couleur ;
- septième paramètre : le booléen indiquant si le dégradé doit se répéter.

Ensuite, pour utiliser ce dégradé dans une forme, il faut mettre à jour notre objet `Graphics2D`, comme ceci :

```
import java.awt.Color;
import java.awt.Font;
import java.awt.GradientPaint;
import java.awt.Graphics;
import java.awt.Graphics2D;
import java.awt.Image;
```

8. Vous devez mettre à jour vos imports en ajoutant `import java.awt.GradientPaint`.

```
import java.io.File;
import java.io.IOException;

import javax.imageio.ImageIO;
import javax.swing.JPanel;

public class Panneau extends JPanel {
   public void paintComponent(Graphics g){
      Graphics2D g2d = (Graphics2D)g;
      GradientPaint gp = new GradientPaint(0, 0, Color.RED,
          ↪ 30, 30, Color.cyan, true);
      g2d.setPaint(gp);
      g2d.fillRect(0, 0, this.getWidth(), this.getHeight());
   }
}
```

Voici les résultats obtenus, l'un avec le booléen à **true** (figure 20.18), et l'autre à **false** (figure 20.19).

FIGURE 20.18 – Dégradé répété

FIGURE 20.19 – Dégradé stoppé

Votre dégradé est oblique (rien ne m'échappe, à moi :p). Ce sont les coordonnées choisies qui influent sur la direction du dégradé. Dans notre exemple, nous partons du point de coordonnées (0, 0) vers le point de coordonnées (30, 30). Pour obtenir un dégradé vertical, il suffit d'indiquer la valeur de la seconde coordonnée x à 0, ce qui correspond à la figure 20.20.

Voici un petit cadeau...

▷ Arc-en-ciel
Code web : 649521

FIGURE 20.20 – Dégradé horizontal

```
import java.awt.Color;
import java.awt.GradientPaint;
import java.awt.Graphics;
import java.awt.Graphics2D;
import javax.imageio.ImageIO;
import javax.swing.JPanel;

public class Panneau extends JPanel {
   public void paintComponent(Graphics g){
      Graphics2D g2d = (Graphics2D)g;
      GradientPaint gp, gp2, gp3, gp4, gp5, gp6;
      gp = new GradientPaint(0, 0, Color.RED, 20, 0, Color.magenta, true);
      gp2 = new GradientPaint(20, 0, Color.magenta, 40, 0, Color.blue, true);
      gp3 = new GradientPaint(40, 0, Color.blue, 60, 0, Color.green, true);
      gp4 = new GradientPaint(60, 0, Color.green, 80, 0, Color.yellow, true);
      gp5 = new GradientPaint(80, 0, Color.yellow, 100, 0, Color.orange, true);
      gp6 = new GradientPaint(100, 0, Color.orange, 120, 0, Color.red, true);

      g2d.setPaint(gp);
      g2d.fillRect(0, 0, 20, this.getHeight());
      g2d.setPaint(gp2);
      g2d.fillRect(20, 0, 20, this.getHeight());
      g2d.setPaint(gp3);
      g2d.fillRect(40, 0, 20, this.getHeight());
      g2d.setPaint(gp4);
      g2d.fillRect(60, 0, 20, this.getHeight());
      g2d.setPaint(gp5);
      g2d.fillRect(80, 0, 20, this.getHeight());
      g2d.setPaint(gp6);
      g2d.fillRect(100, 0, 40, this.getHeight());
   }
}
```

Maintenant que vous savez utiliser les dégradés avec des rectangles, vous savez les utiliser avec toutes les formes. Je vous laisse essayer cela tranquillement chez vous.

En résumé

- Pour créer des fenêtres, Java fournit les composants `swing` (dans `javax.swing`) et `awt` (dans `java.awt`).
- Il ne faut pas mélanger les composants `swing` et `awt`.
- Une `JFrame` est constituée de plusieurs composants.
- Par défaut, une fenêtre a une taille minimale et n'est pas visible.
- Un composant doit être bien paramétré pour qu'il fonctionne à votre convenance.
- L'objet `JPanel` se trouve dans le package `javax.swing`.
- Un `JPanel` peut contenir des composants ou d'autres conteneurs.
- Lorsque vous ajoutez un `JPanel` principal à votre fenêtre, n'oubliez pas d'indiquer à votre fenêtre qu'il constituera son content pane.
- Pour redéfinir la façon dont l'objet est dessiné sur votre fenêtre, vous devez utiliser la méthode `paintComponent()` en créant une classe héritée.
- Cette méthode prend en paramètre un objet `Graphics`.
- Cet objet doit vous être fourni par le système.
- C'est lui que vous allez utiliser pour dessiner dans votre conteneur.
- Pour des dessins plus évolués, vous devez utiliser l'objet `Graphics2D` qui s'obtient en effectuant un cast sur l'objet `Graphics`.

Chapitre 21

Le fil rouge : une animation

Difficulté :

Dans ce chapitre, nous allons voir comment créer une animation simple. Il ne vous sera pas possible de réaliser un jeu au terme de ce chapitre, mais je pense que vous y trouverez de quoi vous amuser un peu...

Nous réutiliserons cette animation dans plusieurs chapitres de cette troisième partie afin d'illustrer le fonctionnement de divers composants graphiques. L'exemple est rudimentaire, mais il a l'avantage d'être efficace et de favoriser votre apprentissage de la programmation événementielle.

Je sens que vous êtes impatients de commencer... Alors, *let's go* !

Création de l'animation

Voici un résumé de ce que nous avons déjà codé :

- une classe héritée de `JFrame` ;
- une classe héritée de `JPanel` avec laquelle nous faisons de jolis dessins. Un rond, en l'occurrence.

En utilisant ces deux classes, nous allons pouvoir créer un effet de déplacement. Vous avez bien lu : j'ai parlé d'un effet de déplacement ! Le principe réside dans le fait que vous allez modifier les coordonnées de votre rond et forcer votre objet **Panneau** à se redessiner. Tout cela — vous l'avez déjà deviné — dans une boucle.

Jusqu'à présent, nous avons utilisé des valeurs fixes pour les coordonnées du rond, mais il va falloir dynamiser tout ça... Nous allons donc créer deux variables privées de type `int` dans la classe **Panneau** : appelons-les **posX** et **posY**. Dans l'animation sur laquelle nous allons travailler, notre rond viendra de l'extérieur de la fenêtre. Partons du principe que celui-ci a un diamètre de cinquante pixels : il faut donc que notre panneau peigne ce rond en dehors de sa zone d'affichage. Nous initialiserons donc nos deux variables d'instance à **-50**. Voici le code de notre classe **Panneau** :

```
import java.awt.Color;
import java.awt.Graphics;
import javax.swing.JPanel;

public class Panneau extends JPanel {
   private int posX = -50;
   private int posY = -50;

   public void paintComponent(Graphics g){
      g.setColor(Color.red);
      g.fillOval(posX, posY, 50, 50);
   }

   public int getPosX() {
      return posX;
   }

   public void setPosX(int posX) {
      this.posX = posX;
   }

   public int getPosY() {
      return posY;
   }
   public void setPosY(int posY) {
      this.posY = posY;
   }
}
```

Il ne nous reste plus qu'à faire en sorte que notre rond se déplace. Nous allons devoir trouver un moyen de changer ses coordonnées grâce à une boucle. Afin de gérer tout cela, ajoutons une méthode privée dans notre classe `Fenetre` que nous appellerons en dernier lieu dans notre constructeur. Voici donc ce à quoi ressemble notre classe `Fenetre` :

```
import java.awt.Dimension;
import javax.swing.JFrame;

public class Fenetre extends JFrame{
   private Panneau pan = new Panneau();

   public Fenetre(){
      this.setTitle("Animation");
      this.setSize(300, 300);
      this.setDefaultCloseOperation(JFrame.EXIT_ON_CLOSE);
      this.setLocationRelativeTo(null);
      this.setContentPane(pan);
      this.setVisible(true);
      go();
   }

   private void go(){
      for(int i = -50; i < pan.getWidth(); i++){
         int x = pan.getPosX(), y = pan.getPosY();
         x++;
         y++;
         pan.setPosX(x);
         pan.setPosY(y);
         pan.repaint();
         try {
            Thread.sleep(10);
         } catch (InterruptedException e) {
            e.printStackTrace();
         }
      }
   }
}
```

Vous vous demandez sûrement l'utilité des deux instructions à la fin de la méthode `go()`...
La première de ces deux nouvelles instructions est `pan.repaint()`. Elle demande à votre composant, ici un `JPanel`, **de se redessiner**. La toute première fois, dans le constructeur de notre classe `Fenetre`, votre composant avait invoqué la méthode `paintComponent()` et avait dessiné un rond aux coordonnées que vous lui aviez spécifiées. La méthode `repaint()` ne fait rien d'autre qu'appeler à nouveau la méthode `paintComponent()` ; mais puisque nous avons changé les coordonnées du rond par le biais des accesseurs, la position de celui-ci sera modifiée à chaque tour de boucle.

La deuxième instruction, `Thread.sleep()`, est un moyen de **suspendre votre code**... Elle met en attente votre programme pendant un laps de temps défini dans la méthode `sleep()` exprimé en millièmes de seconde[1]. `Thread` est en fait un objet qui permet de créer un nouveau processus dans un programme ou de gérer le processus principal. Dans tous les programmes, **il y a au moins un processus** : celui qui est en cours d'exécution. Vous verrez plus tard qu'il est possible de diviser certaines tâches en plusieurs processus afin de ne pas perdre du temps et des performances. Pour le moment, sachez que vous pouvez effectuer des pauses dans vos programmes grâce à cette instruction :

```
try{
   Thread.sleep(1000); //Ici, une pause d'une seconde
}catch(InterruptedException e) {
   e.printStackTrace();
}
```

Cette instruction est dite « à risque », vous devez donc l'entourer d'un bloc `try{...} catch{...}` afin de capturer les exceptions potentielles. Sinon : **erreur de compilation** !

Maintenant que la lumière est faite sur cette affaire, exécutez ce code, vous obtenez la figure 21.1.

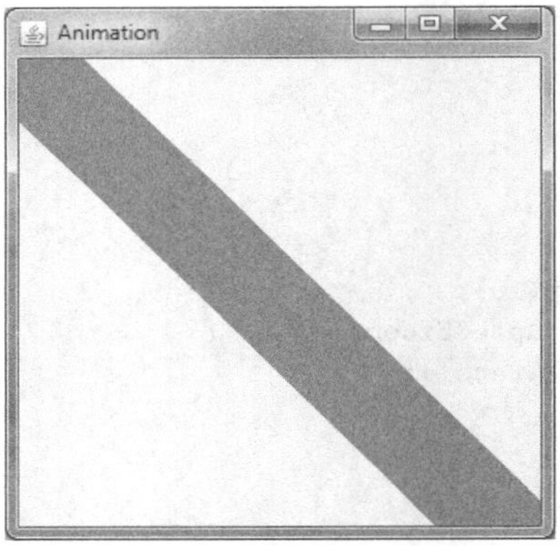

FIGURE 21.1 – Rendu final de l'animation

Bien sûr, cette image est le résultat final : vous devez avoir vu votre rond bouger. Sauf qu'il a laissé une traînée derrière lui... L'explication de ce phénomène est simple : vous avez demandé à votre objet `Panneau` de se redessiner, mais il a également affiché les précédents passages de votre rond ! Pour résoudre ce problème, il faut effacer ces derniers avant de redessiner le rond. Comment ? Dessinez un rectangle de n'importe quelle couleur occupant toute la surface disponible avant de peindre votre rond. Voici le nouveau code de la classe `Panneau` :

1. Plus le temps d'attente est court, plus l'animation est rapide.

```
import java.awt.Color;
import java.awt.Graphics;
import javax.swing.JPanel;

public class Panneau extends JPanel {
   private int posX = -50;
   private int posY = -50;

   public void paintComponent(Graphics g){
      //On choisit une couleur de fond pour le rectangle
      g.setColor(Color.white);
      //On le dessine de sorte qu'il occupe toute la surface
      g.fillRect(0, 0, this.getWidth(), this.getHeight());
      //On redéfinit une couleur pour le rond
      g.setColor(Color.red);
      //On le dessine aux coordonnées souhaitées
      g.fillOval(posX, posY, 50, 50);
   }

   public int getPosX() {
      return posX;
   }

   public void setPosX(int posX) {
      this.posX = posX;
   }

   public int getPosY() {
      return posY;
   }

   public void setPosY(int posY) {
      this.posY = posY;
   }
}
```

Voici trois captures d'écran (figure 21.2) prises à différents instants de l'animation.

Cela vous plairait-il que votre animation se poursuive tant que vous ne fermez pas la fenêtre ? Oui ? Alors, continuons.

Améliorations

Voici l'un des moments délicats que j'attendais... Si vous vous rappelez bien ce que je vous ai expliqué sur le fonctionnement des boucles, vous vous souvenez de mon avertissement à propos des boucles infinies. Eh bien, ce que nous allons faire ici, c'est justement utiliser une boucle infinie.

Il existe plusieurs manières de réaliser une boucle infinie : vous avez le choix entre une

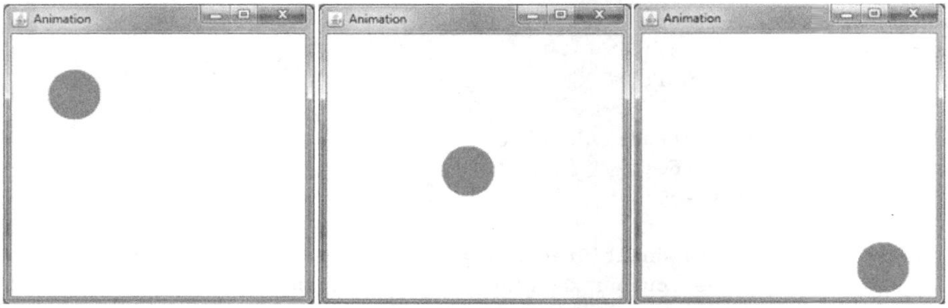

FIGURE 21.2 – Capture de l'animation à trois moments différents

boucle `for`, `while` ou `do... while`. Regardez ces déclarations :

```
//Exemple avec une boucle while
while(true){
   //Ce code se répétera à l'infini, car la condition est toujours vraie !
}

//Exemple avec une boucle for
for(;;)
{
   //Idem que précédemment : il n'y a pas d'incrément,
   //donc la boucle ne se terminera jamais.
}

//Exemple avec do... while
do{
   //Encore une boucle que ne se terminera pas.
}while(true);
```

Nous allons donc remplacer notre boucle finie par une boucle infinie dans la méthode `go()` de l'objet `Fenetre`. Cela donne :

```
private void go(){
   for(;;){
      int x = pan.getPosX(), y = pan.getPosY();
      x++;
      y++;
      pan.setPosX(x);
      pan.setPosY(y);
      pan.repaint();
      try {
         Thread.sleep(10);
      } catch (InterruptedException e) {
         e.printStackTrace();
      }
```

```
   }
}
```

Si vous avez exécuté cette nouvelle version, vous vous êtes rendu compte qu'il reste un problème à régler... En effet, notre rond ne se replace pas à son point de départ une fois qu'il a atteint l'autre côté de la fenêtre !

Si vous ajoutez une instruction `System.out.println()` dans la méthode `paintComponent()` inscrivant les coordonnées du rond, vous verrez que celles-ci ne cessent de croître.

Le premier objectif est bien atteint, mais il nous reste à résoudre ce dernier problème. Pour cela, il faut réinitialiser les coordonnées du rond lorsqu'elles atteignent le bout de notre composant. Voici donc notre méthode `go()` revue et corrigée :

```
private void go(){
   for(;;){
      int x = pan.getPosX(), y = pan.getPosY();
      x++;
      y++;
      pan.setPosX(x);
      pan.setPosY(y);
      pan.repaint();
      try {
         Thread.sleep(10);
      } catch (InterruptedException e) {
         e.printStackTrace();
      }
      //Si nos coordonnées arrivent au bord de notre composant
      //On réinitialise
      if(x == pan.getWidth() || y == pan.getHeight()){
         pan.setPosX(-50);
         pan.setPosY(-50);
      }
   }
}
```

Ce code fonctionne parfaitement (en tout cas, comme nous l'avons prévu), mais avant de passer au chapitre suivant, nous pouvons encore l'améliorer... Nous allons maintenant rendre notre rond capable de détecter les bords de notre `Panneau` et de ricocher sur ces derniers !

Jusqu'à présent, nous n'attachions aucune importance au bord que notre rond dépassait. Cela est terminé ! Dorénavant, nous séparerons le dépassement des coordonnées `posX` et `posY` de notre `Panneau`.

Pour les instructions qui vont suivre, gardez en mémoire que les coordonnées du rond correspondent en réalité aux coordonnées du coin supérieur gauche du carré entourant le rond.

Voici la marche à suivre :

- si la valeur de la coordonnée x du rond est inférieure à la largeur du composant et que le rond avance, on continue d'avancer ;
- sinon, on recule.

Nous allons faire de même pour la coordonnée y.

Comment savoir si l'on doit avancer ou reculer ? Grâce à un booléen par exemple. Au tout début de notre application, deux booléens seront initialisés à `false`, et si la coordonnée x est supérieure à la largeur du `Panneau`, on recule ; sinon, on avance. Idem pour la coordonnée y.

Dans ce code, j'utilise deux variables de type `int` pour éviter de rappeler les méthodes `getPosX()` et `getPosY()`.

Voici donc le nouveau code de la méthode `go()` :

```
private void go(){
   //Les coordonnées de départ de notre rond
   int x = pan.getPosX(), y = pan.getPosY();
   //Le booléen pour savoir si l'on recule ou non sur l'axe x
   boolean backX = false;
   //Le booléen pour savoir si l'on recule ou non sur l'axe y
   boolean backY = false;

   //Dans cet exemple, j'utilise une boucle while
   //Vous verrez qu'elle fonctionne très bien
   while(true){
      //Si la coordonnée x est inférieure à 1, on avance
      if(x < 1)backX = false;
      //Si la coordonnée x est supérieure à la taille du Panneau
      //moins la taille du rond, on recule
      if(x > pan.getWidth()-50)backX = true;
      //Idem pour l'axe y
      if(y < 1)backY = false;
      if(y > pan.getHeight()-50)backY = true;

      //Si on avance, on incrémente la coordonnée
      //backX est un booléen, donc !backX revient à écrire
      //if (backX == false)
      if(!backX)
         pan.setPosX(++x);
      //Sinon, on décrémente
      else
         pan.setPosX(--x);
      //Idem pour l'axe Y
      if(!backY)
         pan.setPosY(++y);
      else
```

```
            pan.setPosY(--y);

         //On redessine notre Panneau
         pan.repaint();
         //Comme on dit : la pause s'impose ! Ici, trois millièmes de seconde
         try {
            Thread.sleep(3);
         } catch (InterruptedException e) {
            e.printStackTrace();
         }
      }
}
```

Exécutez l'application : le rond ricoche contre les bords du `Panneau`. Vous pouvez même étirer la fenêtre ou la réduire, ça marchera toujours !

On commence à faire des choses sympa, non ?

Vous pouvez télécharger le projet avec le code complet si vous le souhaitez :

▷ Copier le projet
Code web : 638812

En résumé

- À l'instanciation d'un composant, la méthode `paintComponent()` est automatiquement appelée.
- Vous pouvez forcer un composant à se redessiner en invoquant la méthode `repaint()`.
- Pensez bien à ce que va produire votre composant une fois redessiné.
- Pour éviter que votre animation ne bave, réinitialisez le fond du composant.
- Tous les composants fonctionnent de la même manière.
- L'instruction `Thread.sleep()` permet d'effectuer une pause dans le programme.
- Cette méthode prend en paramètre un entier qui correspond à une valeur temporelle exprimée en millièmes de seconde.
- Vous pouvez utiliser des boucles infinies pour créer des animations.

Chapitre 22

Positionner des boutons

Difficulté :

Voici l'un des moments que vous attendiez avec impatience ! Vous allez enfin pouvoir utiliser un bouton dans votre application. Cependant, ne vous réjouissez pas trop vite : vous allez effectivement insérer un bouton, mais vous vous rendrez rapidement compte que les choses se compliquent dès que vous employez ce genre de composant... Et c'est encore pire lorsqu'il y en a plusieurs !

Avant de commencer, nous devrons apprendre à positionner des composants dans une fenêtre. Il nous faut en effet gérer la façon dont le contenu est affiché dans une fenêtre.

Utiliser la classe JButton

Comme indiqué dans le titre, nous allons utiliser la classe `JButton` issue du package `javax.swing`. Au cours de ce chapitre, notre projet précédent sera mis à l'écart : oublions momentanément notre objet `Panneau`.

Créons un nouveau projet comprenant :

- une classe contenant une méthode `main` que nous appellerons `Test` ;
- une classe héritée de `JFrame` [1], nous la nommerons `Fenetre`.

Dans la classe `Fenetre`, nous allons créer une variable d'instance de type `JPanel` et une autre de type `JButton`. Faisons de `JPanel` le content pane de notre `Fenetre`, puis définissons le libellé [2] de notre bouton et mettons-le sur ce qui nous sert de content pane (en l'occurrence, `JPanel`).

Pour attribuer un libellé à un bouton, il y a deux possibilités :

```
//Possibilité 1 : instanciation avec le libellé
JButton bouton = new JButton("Mon premier bouton");

//Possibilité 2 : instanciation puis définition du libellé
JButton bouton2 = new JButton();
bouton2.setText("Mon deuxième bouton");
```

Il ne nous reste plus qu'à ajouter ce bouton sur notre content pane grâce à la méthode `add()` de l'objet `JPanel`. Voici donc notre code :

```
import javax.swing.JButton;
import javax.swing.JFrame;
import javax.swing.JPanel;

public class Fenetre extends JFrame{
   private JPanel pan = new JPanel();
   private JButton bouton = new JButton("Mon bouton");

   public Fenetre(){
      this.setTitle("Animation");
      this.setSize(300, 300);
      this.setDefaultCloseOperation(JFrame.EXIT_ON_CLOSE);
      this.setLocationRelativeTo(null);
      //Ajout du bouton à notre content pane
      pan.add(bouton);
      this.setContentPane(pan);
      this.setVisible(true);
   }
}
```

Voyez le résultat en figure 22.1.

1. Contenant la totalité du code que l'on a déjà écrit, hormis la méthode `go()`.
2. On parle aussi d'étiquette.

FIGURE 22.1 – Affichage d'un JButton

Je ne sais pas si vous avez remarqué, mais **votre bouton est centré sur votre conteneur** ! Cela vous semble normal ? Ça l'est, car par défaut, JPanel gère la mise en page. En fait, il existe en Java des objets qui servent à agencer vos composants, et JPanel en instancie un par défaut. Pour vous le prouver, je vais vous faire travailler sur le content pane de votre JFrame. Vous constaterez que pour obtenir la même chose que précédemment, nous allons être obligés d'utiliser un de ces fameux objets d'agencement.

Tout d'abord, pour utiliser le content pane d'une JFrame, il faut appeler la méthode getContentPane() : nous ajouterons nos composants au content pane qu'elle retourne. Voici donc le nouveau code :

```
import javax.swing.JButton;
import javax.swing.JFrame;

public class Fenetre extends JFrame{
   private JButton bouton = new JButton("Mon bouton");

   public Fenetre(){
      this.setTitle("Bouton");
      this.setSize(300, 300);
      this.setDefaultCloseOperation(JFrame.EXIT_ON_CLOSE);
      this.setLocationRelativeTo(null);
      //On ajoute le bouton au content pane de la JFrame
      this.getContentPane().add(bouton);
      this.setVisible(true);
   }
}
```

La figure 22.2 montre que le résultat n'est pas du tout concluant.

Votre bouton est **énorme** ! En fait, il occupe toute la place disponible, parce que le content pane de votre JFrame ne possède pas d'objet d'agencement. Faisons donc un petit tour d'horizon de ces objets et voyons comment ils fonctionnent.

FIGURE 22.2 – Bouton positionné sur le content pane

Positionner son composant : les layout managers

Vous allez voir qu'il existe plusieurs sortes de **layout managers**, plus ou moins simples à utiliser, dont le rôle est de gérer la position des éléments sur la fenêtre. Tous ces layout managers se trouvent dans le package `java.awt`.

L'objet `BorderLayout`

Le premier objet que nous aborderons est le `BorderLayout`. Il est très pratique si vous voulez placer vos composants de façon simple par rapport à une position cardinale de votre conteneur. Si je parle de positionnement cardinal, c'est parce que vous devez utiliser les valeurs `NORTH`, `SOUTH`, `EAST`, `WEST` ou encore `CENTER`.

Mais puisqu'un aperçu vaut mieux qu'un exposé sur le sujet, voici un exemple (figure 22.3) mettant en œuvre un `BorderLayout`.

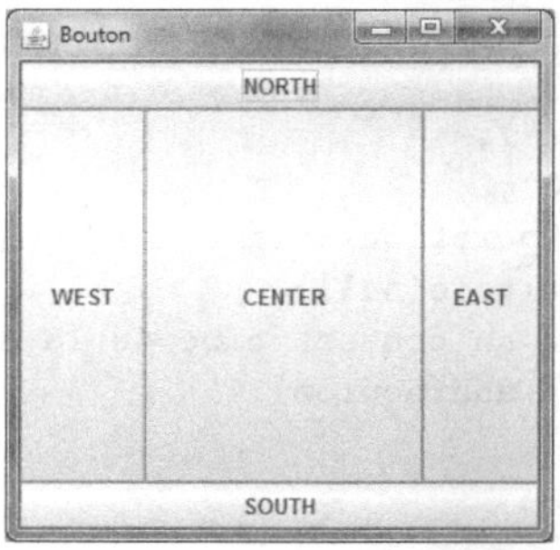

FIGURE 22.3 – Exemple de `BorderLayout`

Cette fenêtre est composée de cinq `JButton` positionnés aux cinq endroits différents que propose un `BorderLayout`.

Voici le code de cette fenêtre :

```
import java.awt.BorderLayout;
import javax.swing.JButton;
import javax.swing.JFrame;

public class Fenetre extends JFrame{
   public Fenetre(){
      this.setTitle("Bouton");
      this.setSize(300, 300);
      this.setDefaultCloseOperation(JFrame.EXIT_ON_CLOSE);
      this.setLocationRelativeTo(null);
      //On définit le layout à utiliser sur le content pane
      this.setLayout(new BorderLayout());
      //On ajoute le bouton au content pane de la JFrame
      //Au centre
      this.getContentPane().add(new JButton("CENTER"), BorderLayout.CENTER);
      //Au nord
      this.getContentPane().add(new JButton("NORTH"), BorderLayout.NORTH);
      //Au sud
      this.getContentPane().add(new JButton("SOUTH"), BorderLayout.SOUTH);
      //À l'ouest
      this.getContentPane().add(new JButton("WEST"), BorderLayout.WEST);
      //À l'est
      this.getContentPane().add(new JButton("EAST"), BorderLayout.EAST);
      this.setVisible(true);
   }
}
```

Ce n'est pas très difficile à comprendre. Vous définissez le layout à utiliser avec la méthode `setLayout()` de l'objet `JFrame` ; ensuite, pour chaque composant que vous souhaitez positionner avec `add()`, vous utilisez en deuxième paramètre un attribut `static` de la classe `BorderLayout` [3].

Utiliser l'objet `BorderLayout` soumet vos composants à certaines contraintes. Pour une position `NORTH` ou `SOUTH`, la hauteur de votre composant sera proportionnelle à la fenêtre, mais il occupera toute la largeur ; tandis qu'avec `WEST` et `EAST`, ce sera la largeur qui sera proportionnelle alors que toute la hauteur sera occupée ! Et bien entendu, avec `CENTER`, tout l'espace est utilisé.

Vous devez savoir que `CENTER` est aussi le layout par défaut du content pane de la fenêtre, d'où la taille du bouton lorsque vous l'avez ajouté pour la première fois.

L'objet `GridLayout`

Celui-ci permet d'ajouter des composants suivant une grille définie par un nombre de lignes et de colonnes. Les éléments sont disposés à partir de la case située en haut à

3. Dont la liste est citée plus haut.

gauche. Dès qu'une ligne est remplie, on passe à la suivante. Si nous définissons une grille de trois lignes et de deux colonnes, nous obtenons le résultat visible sur la figure 22.4.

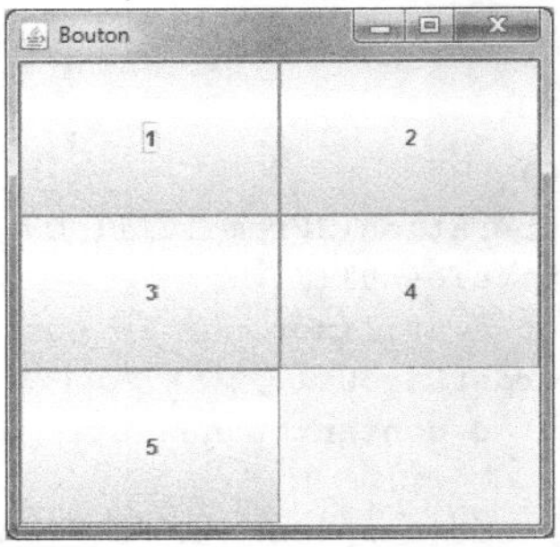

FIGURE 22.4 – Exemple de rendu avec un `GridLayout`

Voici le code de cet exemple :

```
import java.awt.GridLayout;
import javax.swing.JButton;
import javax.swing.JFrame;

public class Fenetre extends JFrame{
   public Fenetre(){
      this.setTitle("Bouton");
      this.setSize(300, 300);
      this.setDefaultCloseOperation(JFrame.EXIT_ON_CLOSE);
      this.setLocationRelativeTo(null);
      //On définit le layout à utiliser sur le content pane
      //Trois lignes sur deux colonnes
      this.setLayout(new GridLayout(3, 2));
      //On ajoute le bouton au content pane de la JFrame
      this.getContentPane().add(new JButton("1"));
      this.getContentPane().add(new JButton("2"));
      this.getContentPane().add(new JButton("3"));
      this.getContentPane().add(new JButton("4"));
      this.getContentPane().add(new JButton("5"));
      this.setVisible(true);
   }
}
```

Ce code n'est pas bien différent du précédent : nous utilisons simplement un autre layout manager et n'avons pas besoin de définir le positionnement lors de l'ajout du composant avec la méthode `add()`.

Sachez également que vous pouvez définir le nombre de lignes et de colonnes en utilisant ces méthodes :

```
GridLayout gl = new GridLayout();
gl.setColumns(2);
gl.setRows(3);
this.setLayout(gl);
```

Vous pouvez aussi ajouter de l'espace entre les colonnes et les lignes.

```
GridLayout gl = new GridLayout(3, 2);
gl.setHgap(5); //Cinq pixels d'espace entre les colonnes (H comme Horizontal)
gl.setVgap(5); //Cinq pixels d'espace entre les lignes (V comme Vertical)
//Ou en abrégé : GridLayout gl = new GridLayout(3, 2, 5, 5);
```

On obtient ainsi la figure 22.5.

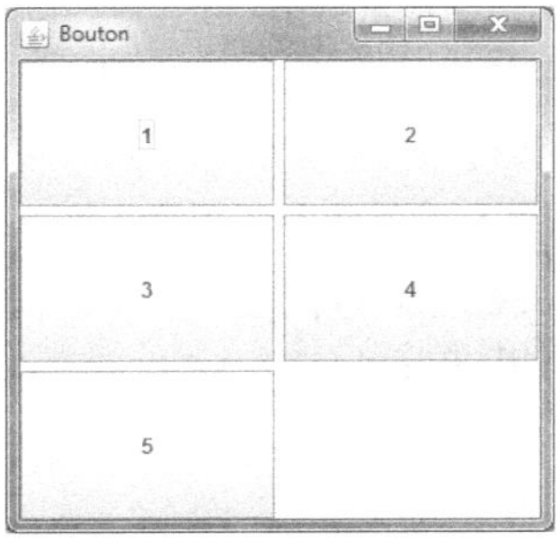

FIGURE 22.5 – Ajout d'espaces entre les lignes et les colonnes

L'objet `BoxLayout`

Grâce à lui, vous pourrez ranger vos composants à la suite soit sur une ligne, soit sur une colonne... Le mieux, c'est encore un exemple de rendu (figure 22.6) avec un petit code.

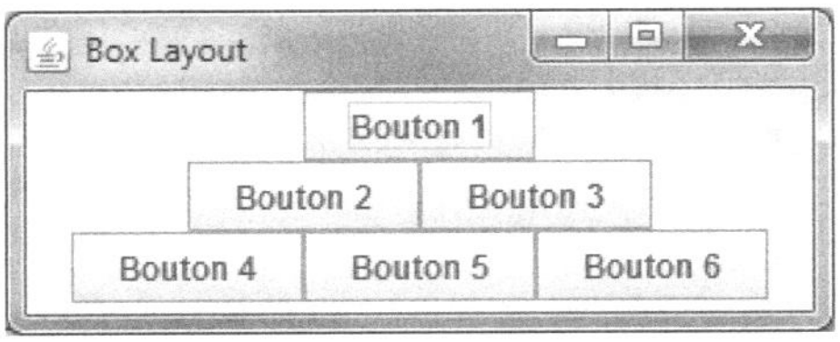

FIGURE 22.6 – Exemple de `BoxLayout`

Voici le code correspondant :

```
import javax.swing.BoxLayout;
import javax.swing.JButton;
```

```
import javax.swing.JFrame;
import javax.swing.JPanel;

public class Fenetre extends JFrame{

   public Fenetre(){

      this.setTitle("Box Layout");
      this.setSize(300, 120);
      this.setDefaultCloseOperation(JFrame.EXIT_ON_CLOSE);
      this.setLocationRelativeTo(null);

      JPanel b1 = new JPanel();
      //On définit le layout en lui indiquant qu'il travaillera en ligne
      b1.setLayout(new BoxLayout(b1, BoxLayout.LINE_AXIS));
      b1.add(new JButton("Bouton 1"));

      JPanel b2 = new JPanel();
      //Idem pour cette ligne
      b2.setLayout(new BoxLayout(b2, BoxLayout.LINE_AXIS));
      b2.add(new JButton("Bouton 2"));
      b2.add(new JButton("Bouton 3"));

      JPanel b3 = new JPanel();
      //Idem pour cette ligne
      b3.setLayout(new BoxLayout(b3, BoxLayout.LINE_AXIS));
      b3.add(new JButton("Bouton 4"));
      b3.add(new JButton("Bouton 5"));
      b3.add(new JButton("Bouton 6"));

      JPanel b4 = new JPanel();
      //On positionne maintenant ces trois lignes en colonne
      b4.setLayout(new BoxLayout(b4, BoxLayout.PAGE_AXIS));
      b4.add(b1);
      b4.add(b2);
      b4.add(b3);

      this.getContentPane().add(b4);
      this.setVisible(true);
   }
}
```

Ce code est simple : on crée trois `JPanel` contenant chacun un certain nombre de `JButton` rangés en ligne grâce à l'attribut `LINE_AXIS`. Ces trois conteneurs créés, nous les rangeons dans un quatrième où, cette fois, nous les agençons dans une colonne grâce à l'attribut `PAGE_AXIS`. Rien de compliqué, vous en conviendrez, mais vous devez savoir qu'il existe un moyen encore plus simple d'utiliser ce layout : via l'objet `Box`.

Ce dernier n'est rien d'autre qu'un conteneur paramétré avec un `BoxLayout`. Voici un code affichant la même chose que le précédent :

```
import javax.swing.Box;
import javax.swing.JButton;
import javax.swing.JFrame;

public class Fenetre extends JFrame{

   public Fenetre(){
      this.setTitle("Box Layout");
      this.setSize(300, 120);
      this.setDefaultCloseOperation(JFrame.EXIT_ON_CLOSE);
      this.setLocationRelativeTo(null);

      //On crée un conteneur avec gestion horizontale
      Box b1 = Box.createHorizontalBox();
      b1.add(new JButton("Bouton 1"));
      //Idem
      Box b2 = Box.createHorizontalBox();
      b2.add(new JButton("Bouton 2"));
      b2.add(new JButton("Bouton 3"));
      //Idem
      Box b3 = Box.createHorizontalBox();
      b3.add(new JButton("Bouton 4"));
      b3.add(new JButton("Bouton 5"));
      b3.add(new JButton("Bouton 6"));
      //On crée un conteneur avec gestion verticale
      Box b4 = Box.createVerticalBox();
      b4.add(b1);
      b4.add(b2);
      b4.add(b3);

      this.getContentPane().add(b4);
      this.setVisible(true);
   }
}
```

L'objet `CardLayout`

Vous allez à présent pouvoir gérer vos conteneurs comme un tas de cartes (les uns sur les autres), et basculer d'un contenu à l'autre en deux temps, trois clics. Le principe est d'assigner des conteneurs au layout en leur donnant un nom afin de les retrouver plus facilement, permettant de passer de l'un à l'autre sans effort. La figure 22.7 est un schéma représentant ce mode de fonctionnement.

Je vous propose un code utilisant ce layout. Vous remarquerez que j'ai utilisé des boutons afin de passer d'un conteneur à un autre et n'y comprendrez peut-être pas tout, mais ne vous inquiétez pas, nous allons apprendre à réaliser tout cela avant la fin de ce chapitre. Pour le moment, ne vous attardez donc pas trop sur les actions : concentrez-vous sur le layout en lui-même.

FIGURE 22.7 – Schéma du CardLayout

```
import java.awt.BorderLayout;
import java.awt.CardLayout;
import java.awt.Color;
import java.awt.event.ActionEvent;
import java.awt.event.ActionListener;
import javax.swing.JButton;
import javax.swing.JFrame;
import javax.swing.JPanel;

public class Fenetre extends JFrame{

   CardLayout cl = new CardLayout();
   JPanel content = new JPanel();
   //Liste des noms de nos conteneurs pour la pile de cartes
   String[] listContent = {"CARD_1", "CARD_2", "CARD_3"};
   int indice = 0;

   public Fenetre(){
      this.setTitle("CardLayout");
      this.setSize(300, 120);
      this.setDefaultCloseOperation(JFrame.EXIT_ON_CLOSE);
      this.setLocationRelativeTo(null);

      //On crée trois conteneurs de couleur différente
      JPanel card1 = new JPanel();
      card1.setBackground(Color.blue);
      JPanel card2 = new JPanel();
      card2.setBackground(Color.red);
      JPanel card3 = new JPanel();
      card3.setBackground(Color.green);

      JPanel boutonPane = new JPanel();
      JButton bouton = new JButton("Contenu suivant");
      //Définition de l'action du bouton
      bouton.addActionListener(new ActionListener(){
         public void actionPerformed(ActionEvent event){
            //Via cette instruction, on passe au prochain conteneur de la pile
            cl.next(content);
         }
      });
```

```
      JButton bouton2 = new JButton("Contenu par indice");
      //Définition de l'action du bouton2
      bouton2.addActionListener(new ActionListener(){
         public void actionPerformed(ActionEvent event){
            if(++indice > 2)
               indice = 0;
            //Via cette instruction, on passe au conteneur
            //correspondant au nom fourni en paramètre
            cl.show(content, listContent[indice]);
         }
      });

      boutonPane.add(bouton);
      boutonPane.add(bouton2);
      //On définit le layout
      content.setLayout(cl);
      //On ajoute les cartes à la pile avec un nom pour les retrouver
      content.add(card1, listContent[0]);
      content.add(card2, listContent[1]);
      content.add(card3, listContent[2]);

      this.getContentPane().add(boutonPane, BorderLayout.NORTH);
      this.getContentPane().add(content, BorderLayout.CENTER);
      this.setVisible(true);
   }
}
```

▷ Copier ce code
Code web : 933702

La figure 22.8 correspond aux résultats de ce code à chaque clic sur les boutons.

L'objet `GridBagLayout`

Cet objet est certainement le plus difficile à utiliser et à comprendre (ce qui l'a beaucoup desservi auprès des développeurs Java). Pour faire simple, ce layout se présente sous la forme d'une grille à la façon d'un tableau Excel : vous devez positionner vos composants en vous servant des coordonnées des cellules (qui sont définies lorsque vous spécifiez leur nombre). Vous devez aussi définir les marges et la façon dont vos composants se répliquent dans les cellules... Vous voyez que c'est plutôt dense comme gestion du positionnement. Je tiens aussi à vous prévenir que je n'entrerai pas trop dans les détails de ce layout afin de ne pas trop compliquer les choses.

La figure 22.9 représente la façon dont nous allons positionner nos composants.

Imaginez que le nombre de colonnes et de lignes ne soit pas limité comme il l'est sur le schéma (c'est un exemple et j'ai dû limiter sa taille, mais le principe est là). Vous paramétreriez le composant avec des coordonnées de cellules, en précisant si celui-ci doit occuper une ou plusieurs d'entre elles. Afin d'obtenir un rendu correct, vous devriez

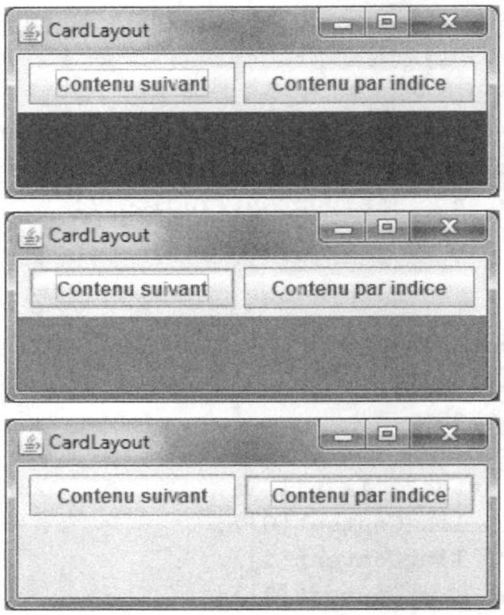

FIGURE 22.8 – Schéma du `CardLayout`

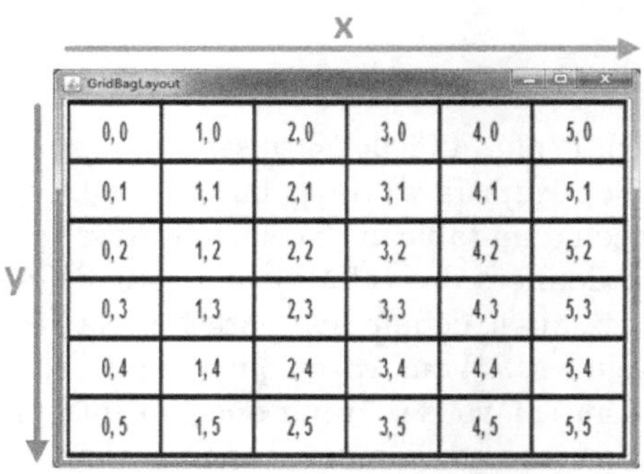

FIGURE 22.9 – Positionnement avec le `GridBagLayout`

indiquer au layout manager lorsqu'une ligne se termine, ce qui se fait en spécifiant qu'un composant est le dernier élément d'une ligne, et vous devriez en plus spécifier au composant débutant la ligne qu'il doit suivre le dernier composant de la précédente.

Je me doute que c'est assez flou et confus, je vous propose donc un exemple en vous montrant ce que nous allons obtenir (figure 22.10).

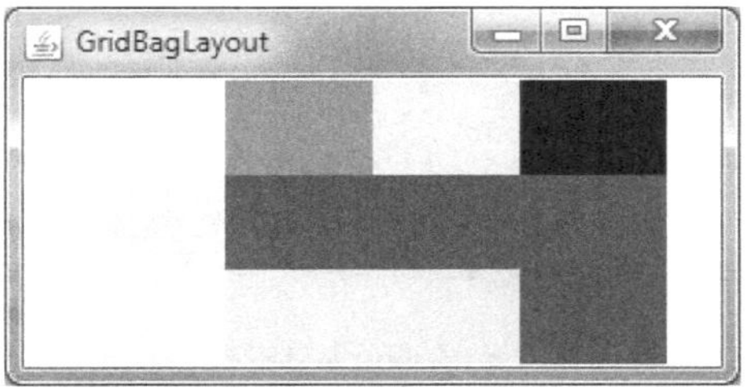

FIGURE 22.10 – Exemple de `GridBagLayout`

Tous les éléments que vous voyez sont des conteneurs positionnés suivant une matrice, comme expliqué ci-dessus. Afin que vous vous en rendiez compte, regardez comment le tout est rangé sur la figure 22.11.

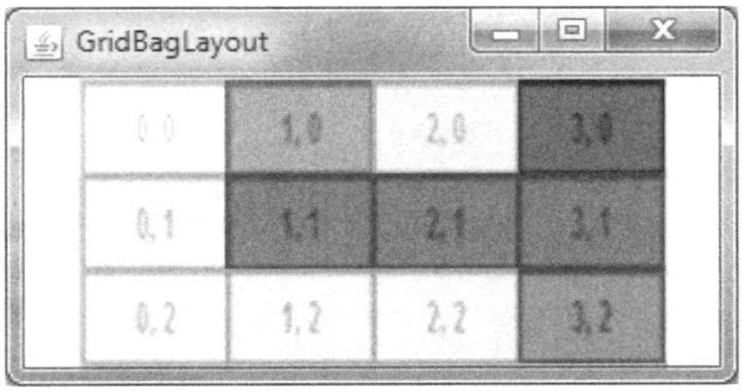

FIGURE 22.11 – Composition du `GridBagLayout`

Vous pouvez voir que nous avons fait en sorte d'obtenir un tableau de quatre colonnes sur trois lignes. Nous avons positionné quatre éléments sur la première ligne, spécifié que le quatrième élément terminait celle-ci, puis nous avons placé un autre composant au début de la deuxième ligne d'une hauteur de deux cases, en informant le gestionnaire que celui-ci suivait directement la fin de la première ligne. Nous ajoutons un composant de trois cases de long terminant la deuxième ligne, pour passer ensuite à un composant de deux cases de long puis à un dernier achevant la dernière ligne.

Lorsque des composants se trouvent sur plusieurs cases, vous devez spécifier la façon dont ils s'étalent : horizontalement ou verticalement.

Le moment est venu de vous fournir le code de cet exemple, mais je vous préviens, ça pique un peu les yeux :

```
import java.awt.BorderLayout;
import java.awt.Color;
```

```
import java.awt.Dimension;
import java.awt.GridBagConstraints;
import java.awt.GridBagLayout;
import javax.swing.JFrame;
import javax.swing.JPanel;

public class Fenetre extends JFrame{

   public Fenetre(){
      this.setTitle("GridBagLayout");
      this.setSize(300, 160);
      this.setDefaultCloseOperation(JFrame.EXIT_ON_CLOSE);
      this.setLocationRelativeTo(null);

      //On crée nos différents conteneurs de couleur différente
      JPanel cell1 = new JPanel();
      cell1.setBackground(Color.YELLOW);
      cell1.setPreferredSize(new Dimension(60, 40));
      JPanel cell2 = new JPanel();
      cell2.setBackground(Color.red);
      cell2.setPreferredSize(new Dimension(60, 40));
      JPanel cell3 = new JPanel();
      cell3.setBackground(Color.green);
      cell3.setPreferredSize(new Dimension(60, 40));
      JPanel cell4 = new JPanel();
      cell4.setBackground(Color.black);
      cell4.setPreferredSize(new Dimension(60, 40));
      JPanel cell5 = new JPanel();
      cell5.setBackground(Color.cyan);
      cell5.setPreferredSize(new Dimension(60, 40));
      JPanel cell6 = new JPanel();
      cell6.setBackground(Color.BLUE);
      cell6.setPreferredSize(new Dimension(60, 40));
      JPanel cell7 = new JPanel();
      cell7.setBackground(Color.orange);
      cell7.setPreferredSize(new Dimension(60, 40));
      JPanel cell8 = new JPanel();
      cell8.setBackground(Color.DARK_GRAY);
      cell8.setPreferredSize(new Dimension(60, 40));

      //Le conteneur principal
      JPanel content = new JPanel();
      content.setPreferredSize(new Dimension(300, 120));
      content.setBackground(Color.WHITE);
      //On définit le layout manager
      content.setLayout(new GridBagLayout());

      //L'objet servant à positionner les composants
      GridBagConstraints gbc = new GridBagConstraints();
```

```
        //On positionne la case de départ du composant
        gbc.gridx = 0;
        gbc.gridy = 0;
        //La taille en hauteur et en largeur
        gbc.gridheight = 1;
        gbc.gridwidth = 1;
        content.add(cell1, gbc);
        //---------------------------------------------
        gbc.gridx = 1;
        content.add(cell2, gbc);
        //---------------------------------------------
        gbc.gridx = 2;
        content.add(cell3, gbc);
        //---------------------------------------------
        //Cette instruction informe le layout que c'est une fin de ligne
        gbc.gridwidth = GridBagConstraints.REMAINDER;
        gbc.gridx = 3;
        content.add(cell4, gbc);
        //---------------------------------------------
        gbc.gridx = 0;
        gbc.gridy = 1;
        gbc.gridwidth = 1;
        gbc.gridheight = 2;
        //Celle-ci indique que la cellule se réplique de façon verticale
        gbc.fill = GridBagConstraints.VERTICAL;
        content.add(cell5, gbc);
        //---------------------------------------------
        gbc.gridx = 1;
        gbc.gridheight = 1;
        //Celle-ci indique que la cellule se réplique de façon horizontale
        gbc.fill = GridBagConstraints.HORIZONTAL;
        gbc.gridwidth = GridBagConstraints.REMAINDER;
        content.add(cell6, gbc);
        //---------------------------------------------
        gbc.gridx = 1;
        gbc.gridy = 2;
        gbc.gridwidth = 2;
        content.add(cell7, gbc);
        //---------------------------------------------
        gbc.gridx = 3;
        gbc.gridwidth = GridBagConstraints.REMAINDER;
        content.add(cell8, gbc);
        //---------------------------------------------
        //On ajoute le conteneur
        this.setContentPane(content);
        this.setVisible(true);
    }
}
```

▷ Copier ce code
Code web : 513658

Vous pouvez vous rendre compte que c'est via l'objet `GridBagConstraints` que tout se joue. Vous pouvez utiliser ses différents arguments afin de positionner vos composants, en voici une liste.

- `gridx` : position en x dans la grille.
- `gridy` : position en y dans la grille.
- `gridwidth` : nombre de colonnes occupées.
- `gridheight` : nombre de lignes occupées.
- `weightx` : si la grille est plus large que l'espace demandé, l'espace est redistribué proportionnellement aux valeurs de `weightx` des différentes colonnes.
- `weighty` : si la grille est plus haute que l'espace demandé, l'espace est redistribué proportionnellement aux valeurs de `weighty` des différentes lignes.
- `anchor` : ancrage du composant dans la cellule, c'est-à-dire son alignement dans la cellule[4]. Voici les différentes valeurs utilisables :
  - `FIRST_LINE_START` : en haut à gauche ;
  - `PAGE_START` : en haut au centre ;
  - `FIRST_LINE_END` : en haut à droite ;
  - `LINE_START` : au milieu à gauche ;
  - `CENTER` : au milieu et centré ;
  - `LINE_END` : au milieu à droite ;
  - `LAST_LINE_START` : en bas à gauche ;
  - `PAGE_END` : en bas au centre ;
  - `LAST_LINE_END` : en bas à droite.
- `fill` : remplissage si la cellule est plus grande que le composant. Valeurs possibles : `NONE`, `HORIZONTAL`, `VERTICAL` et `BOTH`.
- `insets` : espace autour du composant. S'ajoute aux espacements définis par les propriétés `ipadx` et `ipady` ci-dessous.
- `ipadx` : espacement à gauche et à droite du composant.
- `ipady` : espacement au-dessus et au-dessous du composant.

Dans mon exemple, je ne vous ai pas parlé de tous les attributs existants, mais si vous avez besoin d'un complément d'information, n'hésitez pas à consulter le site d'Oracle.

L'objet `FlowLayout`

Celui-ci est certainement le plus facile à utiliser ! Il se contente de centrer les composants dans le conteneur. Regardez plutôt la figure 22.12.

On dirait bien que nous venons de trouver le layout manager défini par défaut dans les objets `JPanel`. Lorsque vous insérez plusieurs composants dans ce gestionnaire, il passe à la ligne suivante dès que la place est trop étroite. Voyez l'exemple de la figure 22.13.

Il faut que vous sachiez que les IHM ne sont en fait qu'une imbrication de composants

4. En bas à droite, en haut à gauche...

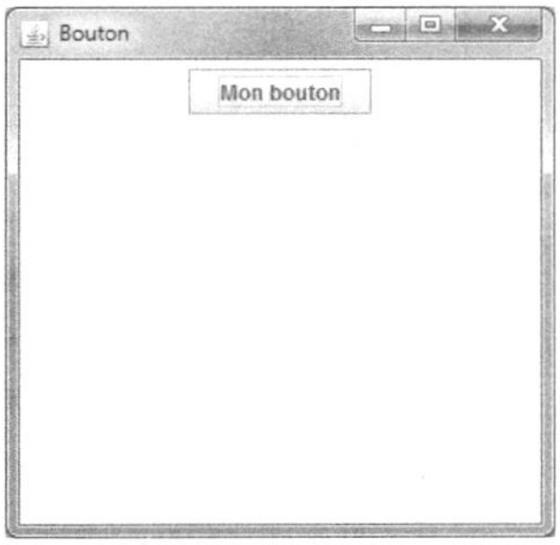

FIGURE 22.12 – Exemple de `FlowLayout`

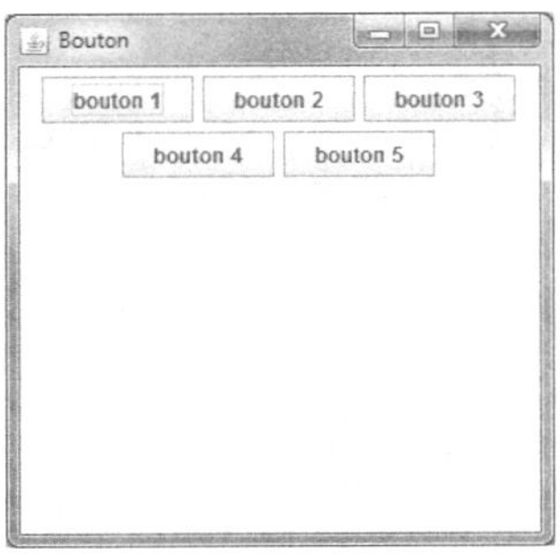

FIGURE 22.13 – `FlowLayout` contenant plusieurs composants

positionnés grâce à des layout managers. Vous allez tout de suite voir de quoi je veux parler : nous allons maintenant utiliser notre conteneur personnalisé avec un bouton. Vous pouvez donc revenir dans le projet contenant notre animation créée au cours des chapitres précédents.

Le but est d'insérer notre animation au centre de notre fenêtre et un bouton en bas de celle-ci, comme le montre la figure 22.14.

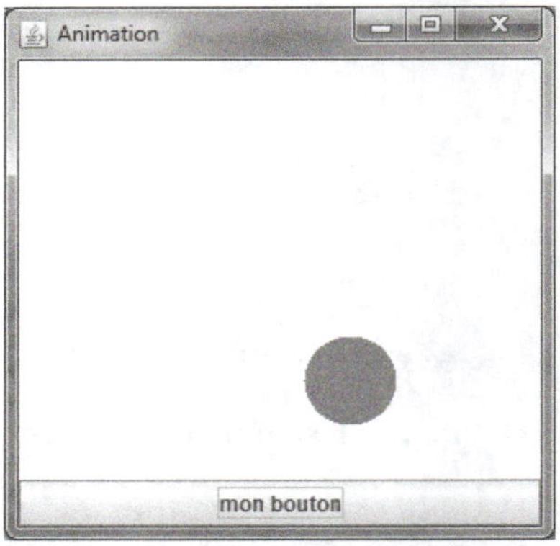

FIGURE 22.14 – Bouton et animation dans la même fenêtre

Voici le nouveau code de notre classe `Fenetre` :

```
import java.awt.BorderLayout;
import java.awt.Color;
import javax.swing.JButton;
import javax.swing.JFrame;
import javax.swing.JPanel;
public class Fenetre extends JFrame{
   private Panneau pan = new Panneau();
   private JButton bouton = new JButton("mon bouton");
   private JPanel container = new JPanel();

   public Fenetre(){
      this.setTitle("Animation");
      this.setSize(300, 300);
      this.setDefaultCloseOperation(JFrame.EXIT_ON_CLOSE);
      this.setLocationRelativeTo(null);
      container.setBackground(Color.white);
      container.setLayout(new BorderLayout());
      container.add(pan, BorderLayout.CENTER);
      container.add(bouton, BorderLayout.SOUTH);
      this.setContentPane(container);
      this.setVisible(true);
      go();
   }
```

```
  private void go(){
    //Les coordonnées de départ de notre rond
    int x = pan.getPosX(), y = pan.getPosY();
    //Le booléen pour savoir si l'on recule ou non sur l'axe x
    boolean backX = false;
    //Le booléen pour savoir si l'on recule ou non sur l'axe y
    boolean backY = false;

    //Dans cet exemple, j'utilise une boucle while
    //Vous verrez qu'elle fonctionne très bien
    while(true){
      //Si la coordonnée x est inférieure à 1, on avance
      if(x < 1)backX = false;
      //Si la coordonnée x est supérieure à la taille du Panneau
      //moins la taille du rond, on recule
      if(x > pan.getWidth()-50)backX = true;
      //Idem pour l'axe y
      if(y < 1)backY = false;
      if(y > pan.getHeight()-50)backY = true;

      //Si on avance, on incrémente la coordonnée
      if(!backX)
        pan.setPosX(++x);
      //Sinon, on décrémente
      else
        pan.setPosX(--x);
      //Idem pour l'axe Y
      if(!backY)
        pan.setPosY(++y);
      else
        pan.setPosY(--y);

      //On redessine notre Panneau
      pan.repaint();
      //Comme on dit : la pause s'impose ! Ici, trois millièmes de seconde
      try {
        Thread.sleep(3);
      } catch (InterruptedException e) {
        e.printStackTrace();
      }
    }
  }
}
```

▷ Copier ce code
Code web : 735876

En résumé

- Un bouton s'utilise avec la classe `JButton` présente dans le package `javax.swing`.
- Pour ajouter un bouton dans une fenêtre, vous devez utiliser la méthode `add()` de son content pane.
- Il existe des objets permettant de positionner les composants sur un content pane ou un conteneur : les layout managers.
- Les layout managers se trouvent dans le package `java.awt`.
- Le layout manager par défaut du content pane d'un objet `JFrame` est le `BorderLayout`.
- Le layout manager par défaut d'un objet `JPanel` est le `FlowLayout`.
- Outre le `FlowLayout` et le `BorderLayout`, il existe le `GridLayout`, le `CardLayout`, le `BoxLayout` et le `GridBagLayout`. La liste n'est pas exhaustive.
- On définit un layout sur un conteneur grâce à la méthode `setLayout()`.

Chapitre 23

Interagir avec des boutons

Difficulté :

Nous avons vu dans le chapitre précédent les différentes façons de positionner des boutons et, par extension, des composants (car oui, ce que nous venons d'apprendre pourra être réutilisé avec tous les autres composants que nous verrons par la suite).

Maintenant que vous savez positionner des composants, il est grand temps de leur indiquer ce qu'ils doivent faire. C'est ce que je vous propose d'aborder dans ce chapitre. Mais avant cela, nous allons voir comment personnaliser un bouton. Toujours prêts ?

Une classe `Bouton` personnalisée

Créons une classe héritant de `javax.swing.JButton` que nous appellerons `Bouton` et redéfinissons sa méthode `paintComponent()`. Vous devriez y arriver tous seuls.

Cet exemple est représenté à la figure 23.1 :

FIGURE 23.1 – Bouton personnalisé

Voici la classe `Bouton` de cette application :

```
import java.awt.Color;
import java.awt.Font;
import java.awt.FontMetrics;
import java.awt.GradientPaint;
import java.awt.Graphics;
import java.awt.Graphics2D;

import javax.swing.JButton;

public class Bouton extends JButton {
   private String name;
   public Bouton(String str){
      super(str);
      this.name = str;
   }

   public void paintComponent(Graphics g){
      Graphics2D g2d = (Graphics2D)g;
      GradientPaint gp
          ↪ = new GradientPaint(0, 0, Color.blue, 0, 20, Color.cyan, true);
      g2d.setPaint(gp);
      g2d.fillRect(0, 0, this.getWidth(), this.getHeight());
      g2d.setColor(Color.white);
      g2d.drawString(this.name,
```

```
                    this.getWidth() / 2 - (this.getWidth()/ 2 /4),
                    (this.getHeight() / 2) + 5);
    }
}
```

J'ai aussi créé un bouton personnalisé avec une image de fond (figure 23.2).

FIGURE 23.2 – Image de fond du bouton

Voyez le résultat en figure 23.3.

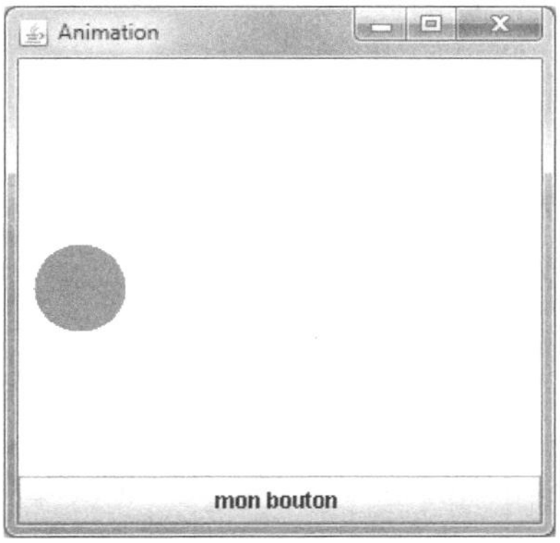

FIGURE 23.3 – Bouton avec une image de fond

J'ai appliqué l'image[1] sur l'intégralité du fond, comme je l'ai montré lorsque nous nous amusions avec notre `Panneau`. Voici le code de cette classe `Bouton` :

```
import java.awt.Color;
import java.awt.GradientPaint;
import java.awt.Graphics;
import java.awt.Graphics2D;
import java.awt.Image;
import java.awt.event.MouseEvent;
import java.awt.event.MouseListener;
import java.io.File;
import java.io.IOException;
import javax.imageio.ImageIO;
import javax.swing.JButton;

public class Bouton extends JButton{
    private String name;
    private Image img;
```

1. Bien sûr, ladite image se trouve à la racine de mon projet !

```
    public Bouton(String str){
        super(str);
        this.name = str;
        try {
            img = ImageIO.read(new File("fondBouton.png"));
        } catch (IOException e) {
            e.printStackTrace();
        }
    }

    public void paintComponent(Graphics g){
        Graphics2D g2d = (Graphics2D)g;
        GradientPaint gp
            ↪ = new GradientPaint(0, 0, Color.blue, 0, 20, Color.cyan, true);
        g2d.setPaint(gp);
        g2d.drawImage(img, 0, 0, this.getWidth(), this.getHeight(), this);
        g2d.setColor(Color.black);
        g2d.drawString(this.name,
                       this.getWidth() / 2 - (this.getWidth() / 2 /4),
                       (this.getHeight() / 2) + 5);
    }
}
```

Rien de compliqué jusque-là... C'est à partir de maintenant que les choses deviennent intéressantes ! Et si je vous proposais de changer l'aspect de votre objet lorsque vous cliquez dessus avec votre souris et lorsque vous relâchez le clic ? Il existe des interfaces à implémenter qui permettent de gérer toutes sortes d'événements dans votre IHM. Le principe est un peu déroutant au premier abord, mais il est assez simple lorsqu'on a un peu pratiqué. N'attendons plus et voyons cela de plus près !

Interactions avec la souris : l'interface `MouseListener`

Avant de nous lancer dans l'implémentation, vous pouvez voir le résultat que nous allons obtenir sur les figures 23.4 et 23.5.

Il va tout de même falloir passer par un peu de théorie avant d'arriver à ce résultat. Pour détecter les événements qui surviennent sur votre composant, Java utilise ce qu'on appelle le *design pattern observer*.

Je ne vous l'expliquerai pas dans le détail tout de suite, nous le verrons à la fin de ce chapitre.

Vous vous en doutez, nous devrons implémenter l'interface `MouseListener` dans notre classe `Bouton`. Nous devrons aussi préciser à notre classe qu'elle devra tenir quelqu'un au courant de ses changements d'état par rapport à la souris. Ce quelqu'un n'est autre... qu'elle-même ! Eh oui : notre classe va s'écouter, ce qui signifie que dès que notre objet observable (notre bouton) obtiendra des informations concernant les actions effectuées par la souris, il indiquera à l'objet qui l'observe (c'est-à-dire à lui-même) ce

FIGURE 23.4 – Apparence du bouton au survol de la souris

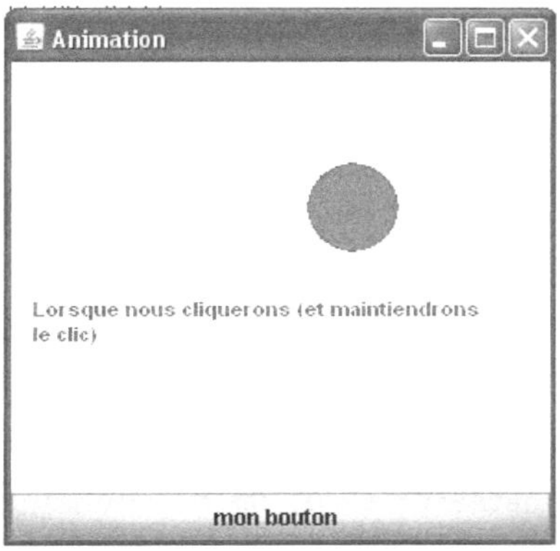

FIGURE 23.5 – Apparence du bouton lors d'un clic de souris

qu'il doit effectuer.

Cela est réalisable grâce à la méthode `addMouseListener(MouseListener obj)` qui prend un objet `MouseListener` en paramètre (ici, elle prendra `this`). Rappelez-vous que **vous pouvez utiliser le type d'une interface comme supertype** : ici, notre classe implémente l'interface `MouseListener`, nous pouvons donc utiliser cet objet comme référence de cette interface.

Voici à présent notre classe `Bouton` :

```
import java.awt.Color;
import java.awt.GradientPaint;
import java.awt.Graphics;
import java.awt.Graphics2D;
import java.awt.Image;
import java.awt.event.MouseEvent;
import java.awt.event.MouseListener;
import java.io.File;
import java.io.IOException;
import javax.imageio.ImageIO;
import javax.swing.JButton;

public class Bouton extends JButton implements MouseListener{
   private String name;
   private Image img;
    public Bouton(String str){
      super(str);
      this.name = str;
      try {
         img = ImageIO.read(new File("fondBouton.png"));
      } catch (IOException e) {
         e.printStackTrace();
      }
      //Grâce à cette instruction, notre objet va s'écouter
      //Dès qu'un événement de la souris sera intercepté,
          //il en sera averti
      this.addMouseListener(this);
   }

   public void paintComponent(Graphics g){
      Graphics2D g2d = (Graphics2D)g;
      GradientPaint gp
         ↪ = new GradientPaint(0, 0, Color.blue, 0, 20, Color.cyan, true);
      g2d.setPaint(gp);
      g2d.drawImage(img, 0, 0, this.getWidth(), this.getHeight(), this);
      g2d.setColor(Color.black);
      g2d.drawString(this.name,
                     this.getWidth() / 2 - (this.getWidth() / 2 /4),
                     (this.getHeight() / 2) + 5);
   }
```

```
    //Méthode appelée lors du clic de souris
    public void mouseClicked(MouseEvent event) { }

    //Méthode appelée lors du survol de la souris
    public void mouseEntered(MouseEvent event) { }

    //Méthode appelée lorsque la souris sort de la zone du bouton
    public void mouseExited(MouseEvent event) { }

    //Méthode appelée lorsque l'on presse le bouton gauche de la souris
    public void mousePressed(MouseEvent event) { }

    //Méthode appelée lorsque l'on relâche le clic de souris
    public void mouseReleased(MouseEvent event) { }
}
```

C'est en redéfinissant ces différentes méthodes présentes dans l'interface `MouseListener` que nous allons gérer les différentes images à dessiner dans notre objet. Rappelez-vous en outre que même si vous n'utilisez pas toutes les méthodes d'une interface, **vous devez malgré tout insérer le squelette des méthodes non utilisées** (avec les accolades), cela étant également valable pour les classes abstraites.

Dans notre cas, la méthode `repaint()` est appelée de façon implicite : lorsqu'un événement est déclenché, notre objet se redessine automatiquement ! Comme lorsque vous redimensionniez votre fenêtre dans les premiers chapitres.

Nous n'avons alors plus qu'à modifier notre image en fonction de la méthode invoquée. Notre objet comportera les caractéristiques suivantes :

- il aura une teinte jaune au survol de la souris ;
- il aura une teinte orangée lorsque l'on pressera le bouton gauche ;
- il reviendra à la normale si on relâche le clic.

Pour ce faire, voici les fichiers PNG dont je me suis servi[2].

▷ Télécharger les images
Code web : 920059

Je vous rappelle que dans le code qui suit, les images sont placées à la racine du projet.

Voici maintenant le code de notre classe `Bouton` personnalisée :

```
import java.awt.Color;
import java.awt.GradientPaint;
```

2. Rien ne vous empêche de les créer vous-mêmes.

```
import java.awt.Graphics;
import java.awt.Graphics2D;
import java.awt.Image;
import java.awt.event.MouseEvent;
import java.awt.event.MouseListener;
import java.io.File;
import java.io.IOException;
import javax.imageio.ImageIO;
import javax.swing.JButton;

public class Bouton extends JButton implements MouseListener{
   private String name;
   private Image img;

   public Bouton(String str){
      super(str);
      this.name = str;
      try {
         img = ImageIO.read(new File("fondBouton.png"));
      } catch (IOException e) {
         e.printStackTrace();
      }
      this.addMouseListener(this);
   }

   public void paintComponent(Graphics g){
      Graphics2D g2d = (Graphics2D)g;
      GradientPaint gp
          ↪ = new GradientPaint(0, 0, Color.blue, 0, 20, Color.cyan, true);
      g2d.setPaint(gp);
      g2d.drawImage(img, 0, 0, this.getWidth(), this.getHeight(), this);
      g2d.setColor(Color.black);
      g2d.drawString(this.name,
                     this.getWidth() / 2 - (this.getWidth() / 2 /4),
                     (this.getHeight() / 2) + 5);
   }

   public void mouseClicked(MouseEvent event) {
      //Inutile d'utiliser cette méthode ici
   }

   public void mouseEntered(MouseEvent event) {
      //Nous changeons le fond de notre image pour le jaune
      //lors du survol, avec le fichier fondBoutonHover.png
      try {
         img = ImageIO.read(new File("fondBoutonHover.png"));
      } catch (IOException e) {
         e.printStackTrace();
      }
   }
```

```
    public void mouseExited(MouseEvent event) {
      //Nous changeons le fond de notre image pour le vert
      //lorsque nous quittons le bouton, avec le fichier fondBouton.png
      try {
        img = ImageIO.read(new File("fondBouton.png"));
      } catch (IOException e) {
        e.printStackTrace();
      }
    }

    public void mousePressed(MouseEvent event) {
      //Nous changeons le fond de notre image pour le jaune
      //lors du clic gauche, avec le fichier fondBoutonClic.png
      try {
        img = ImageIO.read(new File("fondBoutonClic.png"));
      } catch (IOException e) {
        e.printStackTrace();
      }
    }

    public void mouseReleased(MouseEvent event) {
      //Nous changeons le fond de notre image pour le orange
      //lorsque nous relâchons le clic, avec le fichier fondBoutonHover.png
      try {
        img = ImageIO.read(new File("fondBoutonHover.png"));
      } catch (IOException e) {
        e.printStackTrace();
      }
    }
}
```

▷ Copier ce code
Code web : 111582

Et voilà le travail ! Si vous avez enregistré mes images, elles ne possèdent probablement pas le même nom que dans mon code : vous **devez** alors modifier le code en fonction de celui que vous leur avez attribué ! D'accord, ça va de soi... mais on ne sait jamais.

Vous possédez dorénavant un bouton personnalisé qui réagit au passage de votre souris. Je sais qu'il y aura des « p'tits malins » qui cliqueront sur le bouton et relâcheront le clic en dehors du bouton : dans ce cas, le fond du bouton deviendra orange, puisque c'est ce qui doit être effectué vu la méthode `mouseReleased()`. Afin de pallier ce problème, nous allons vérifier que lorsque le clic est relâché, la souris se trouve toujours sur le bouton.

Nous avons implémenté l'interface `MouseListener` ; il reste cependant un objet que nous n'avons pas encore utilisé... Vous ne le voyez pas ? C'est le paramètre présent dans toutes les méthodes de cette interface : oui, c'est `MouseEvent` !

Cet objet nous permet d'obtenir beaucoup d'informations sur les événements. Nous ne détaillerons pas tout ici, mais nous verrons certains côtés pratiques de ce type d'objet tout au long de cette partie. Dans notre cas, nous pouvons récupérer les coordonnées x et y du curseur de la souris par rapport au **Bouton** grâce aux méthodes **getX()** et **getY()**. Cela signifie que si nous relâchons le clic en dehors de la zone où se trouve notre objet, la valeur retournée par la méthode **getY()** sera négative.

Voici le correctif de la méthode `mouseReleased()` de notre classe `Bouton` :

```
public void mouseReleased(MouseEvent event) {
   //Nous changeons le fond de notre image pour le orange
   //lorsque nous relâchons le clic
       //avec le fichier fondBoutonHover.png
   //si la souris est toujours sur le bouton
   if((event.getY() > 0 && event.getY() < bouton.getHeight())
         && (event.getX() > 0 && event.getX() < bouton.getWidth())){
      try {
         img = ImageIO.read(new File("fondBoutonHover.png"));
      } catch (IOException e) {
         e.printStackTrace();
      }
   }
   //Si on se trouve à l'extérieur, on dessine le fond par défaut
   else{
      try {
         img = ImageIO.read(new File("fondBouton.png"));
      } catch (IOException e) {
         e.printStackTrace();
      }
   }
}
```

Vous verrez dans les chapitres qui suivent qu'il existe plusieurs interfaces pour les différentes actions possibles sur une IHM. Sachez qu'il existe aussi une convention pour ces interfaces : leur nom commence par le type de l'action, suivi du mot `Listener`. Nous avons étudié ici les actions de la souris, voyez le nom de l'interface : `MouseListener`.

Nous possédons à présent un bouton réactif, mais qui n'effectue rien pour le moment. Je vous propose de combler cette lacune.

Interagir avec son bouton

Déclencher une action : l'interface `ActionListener`

Afin de gérer les différentes actions à effectuer selon le bouton sur lequel on clique, nous allons utiliser l'interface `ActionListener`.

Nous n'allons pas implémenter cette interface dans notre classe `Bouton` mais dans notre classe `Fenetre`, le but étant de faire en sorte que lorsque l'on clique sur le bouton, il se passe quelque chose dans notre application : changer un état, une variable, effectuer une incrémentation... Enfin, n'importe quelle action !

Comme je vous l'ai expliqué, lorsque nous appliquons un `addMouseListener()`, nous informons l'objet observé qu'un autre objet doit être tenu au courant de l'événement. Ici, nous voulons que ce soit notre application (notre `Fenetre`) qui écoute notre `Bouton`, le but étant de pouvoir lancer ou arrêter l'animation dans le `Panneau`.

Avant d'en arriver là, nous allons faire plus simple : nous nous pencherons dans un premier temps sur l'implémentation de l'interface `ActionListener`. Afin de vous montrer toute la puissance de cette interface, nous utiliserons un nouvel objet issu du package `javax.swing` : le `JLabel`. Cet objet se comporte comme un libellé : il est spécialisé dans l'affichage de texte ou d'image. Il est donc idéal pour notre premier exemple !

On l'instancie et l'initialise plus ou moins de la même manière que le `JButton` :

```
JLabel label1 = new JLabel();
label1.setText("Mon premier JLabel");
//Ou encore
JLabel label2 = new JLabel("Mon deuxième JLabel");
```

Créez une variable d'instance de type `JLabel` — appelez-la `label` — et initialisez-la avec le texte qui vous plaît ; ajoutez-la ensuite à votre content pane en position `BorderLayout.NORTH`.

Le résultat se trouve en figure 23.6.

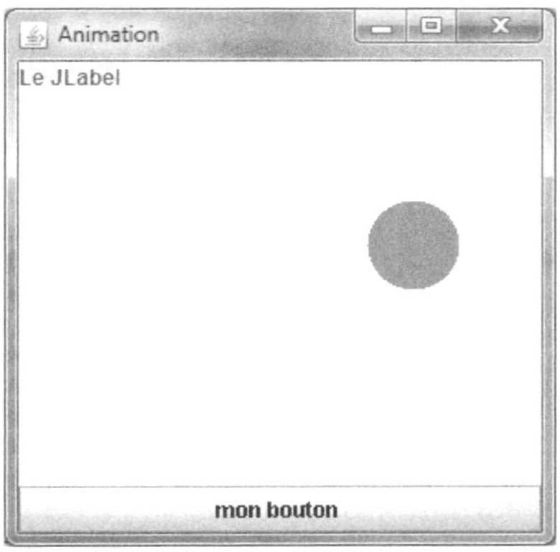

FIGURE 23.6 – Utilisation d'un `JLabel`

Voici le code correspondant :

```
public class Fenetre extends JFrame {
   private Panneau pan = new Panneau();
   private Bouton bouton = new Bouton("mon bouton");
```

```
   private JPanel container = new JPanel();
   private JLabel label = new JLabel("Le JLabel");

   public Fenetre(){
      this.setTitle("Animation");
      this.setSize(300, 300);
      this.setDefaultCloseOperation(JFrame.EXIT_ON_CLOSE);
      this.setLocationRelativeTo(null);

      container.setBackground(Color.white);
      container.setLayout(new BorderLayout());
      container.add(pan, BorderLayout.CENTER);
      container.add(bouton, BorderLayout.SOUTH);
      container.add(label, BorderLayout.NORTH);

      this.setContentPane(container);
      this.setVisible(true);
      go();
   }
    //Le reste ne change pas
}
```

Vous pouvez voir que le texte de cet objet est aligné par défaut en haut à gauche. Il est possible de modifier quelques paramètres tels que :

- l'alignement du texte ;
- la police à utiliser ;
- la couleur du texte ;
- d'autres paramètres.

Voici un code mettant tout cela en pratique :

```
public Fenetre(){
   this.setTitle("Animation");
   this.setSize(300, 300);
   this.setDefaultCloseOperation(JFrame.EXIT_ON_CLOSE);
   this.setLocationRelativeTo(null);

   container.setBackground(Color.white);
   container.setLayout(new BorderLayout());
   container.add(pan, BorderLayout.CENTER);
   container.add(bouton, BorderLayout.SOUTH);

   //Définition d'une police d'écriture
   Font police = new Font("Tahoma", Font.BOLD, 16);
   //On l'applique au JLabel
   label.setFont(police);
   //Changement de la couleur du texte
   label.setForeground(Color.blue);
   //On modifie l'alignement du texte grâce aux attributs statiques
   //de la classe JLabel
```

```
    label.setHorizontalAlignment(JLabel.CENTER);

    container.add(label, BorderLayout.NORTH);
    this.setContentPane(container);
    this.setVisible(true);
    go();
}
```

La figure 23.7 donne un aperçu de ce code.

FIGURE 23.7 – Utilisation plus fine d'un JLabel

Maintenant que notre libellé se présente exactement sous la forme que nous voulons, nous pouvons implémenter l'interface ActionListener. Vous remarquerez que cette interface ne contient qu'une seule méthode !

```
//CTRL + SHIFT + O pour générer les imports
public class Fenetre extends JFrame implements ActionListener{
   private Panneau pan = new Panneau();
   private Bouton bouton = new Bouton("mon bouton");
   private JPanel container = new JPanel();
   private JLabel label = new JLabel("Le JLabel");

   public Fenetre(){
      //Ce morceau de code ne change pas
   }

   //Méthode qui sera appelée lors d'un clic sur le bouton
   public void actionPerformed(ActionEvent arg0) {

   }
}
```

Nous allons maintenant informer notre objet Bouton que notre objet Fenetre l'écoute. Vous l'avez deviné : ajoutons notre Fenetre à la liste des objets qui écoutent notre

Bouton grâce à la méthode addActionListener(ActionListener obj) présente dans la classe JButton, donc utilisable avec la variable bouton. Ajoutons cette instruction dans le constructeur en passant this en paramètre (puisque c'est notre Fenetre qui écoute le Bouton).

Une fois l'opération effectuée, nous pouvons modifier le texte du JLabel avec la méthode actionPerformed(). Nous allons compter le nombre de fois que l'on a cliqué sur le bouton : ajoutons une variable d'instance de type int dans notre class et appelons-la compteur, puis dans la méthode actionPerformed(), incrémentons ce compteur et affichons son contenu dans notre libellé.

Voici le code de notre objet mis à jour :

```
import java.awt.BorderLayout;
import java.awt.Color;
import java.awt.Font;
import java.awt.event.ActionEvent;
import java.awt.event.ActionListener;
import javax.swing.JFrame;
import javax.swing.JLabel;
import javax.swing.JPanel;

public class Fenetre extends JFrame implements ActionListener{
   private Panneau pan = new Panneau();
   private Bouton bouton = new Bouton("mon bouton");
   private JPanel container = new JPanel();
   private JLabel label = new JLabel("Le JLabel");
   //Compteur de clics
   private int compteur = 0;

   public Fenetre(){
      this.setTitle("Animation");
      this.setSize(300, 300);
      this.setDefaultCloseOperation(JFrame.EXIT_ON_CLOSE);
      this.setLocationRelativeTo(null);

      container.setBackground(Color.white);
      container.setLayout(new BorderLayout());
      container.add(pan, BorderLayout.CENTER);

      //Nous ajoutons notre fenêtre à la liste des auditeurs de notre bouton
      bouton.addActionListener(this);

      container.add(bouton, BorderLayout.SOUTH);

      Font police = new Font("Tahoma", Font.BOLD, 16);
      label.setFont(police);
      label.setForeground(Color.blue);
      label.setHorizontalAlignment(JLabel.CENTER);
      container.add(label, BorderLayout.NORTH);
      this.setContentPane(container);
```

```
    this.setVisible(true);
    go();
  }

  private void go(){
    //Cette méthode ne change pas
  }

   public void actionPerformed(ActionEvent arg0) {
    //Lorsque l'on clique sur le bouton, on met à jour le JLabel
    this.compteur++;
    label.setText("Vous avez cliqué " + this.compteur + " fois");
  }
}
```

Voyez le résultat à la figure 23.8.

FIGURE 23.8 – Interaction avec le bouton

Et nous ne faisons que commencer... Eh oui, nous allons maintenant ajouter un deuxième bouton à notre `Fenetre`, à côté du premier [3]. Pour ma part, j'utiliserai des boutons normaux ; en effet, dans notre classe personnalisée, la façon dont le libellé est écrit dans notre bouton n'est pas assez souple et l'affichage peut donc être décevant [4]...

Bref, nous possédons à présent deux boutons écoutés par notre objet `Fenetre`.

Vous devez créer un deuxième `JPanel` qui contiendra nos deux boutons, puis l'insérer dans le content pane en position `BorderLayout.SOUTH`. Si vous tentez de positionner deux composants au même endroit grâce à un `BorderLayout`, **seul le dernier composant ajouté apparaîtra** : en effet, le composant occupe toute la place disponible dans un `BorderLayout` !

Voici notre nouveau code :

3. Vous êtes libres d'utiliser la classe personnalisée ou un simple `JButton`.
4. Dans certains cas, le libellé peut ne pas être centré.

```
import java.awt.BorderLayout;
import java.awt.Color;
import java.awt.Font;
import java.awt.event.ActionEvent;
import java.awt.event.ActionListener;
import javax.swing.JButton;
import javax.swing.JFrame;
import javax.swing.JLabel;
import javax.swing.JPanel;

public class Fenetre extends JFrame implements ActionListener{
   private Panneau pan = new Panneau();
   private JButton bouton = new JButton("bouton 1");
   private JButton bouton2 = new JButton("bouton 2");
   private JPanel container = new JPanel();
   private JLabel label = new JLabel("Le JLabel");
   private int compteur = 0;

   public Fenetre(){
      this.setTitle("Animation");
      this.setSize(300, 300);
      this.setDefaultCloseOperation(JFrame.EXIT_ON_CLOSE);
      this.setLocationRelativeTo(null);

      container.setBackground(Color.white);
      container.setLayout(new BorderLayout());
      container.add(pan, BorderLayout.CENTER);

      bouton.addActionListener(this);
      bouton2.addActionListener(this);

      JPanel south = new JPanel();
      south.add(bouton);
      south.add(bouton2);
      container.add(south, BorderLayout.SOUTH);

      Font police = new Font("Tahoma", Font.BOLD, 16);
      label.setFont(police);
      label.setForeground(Color.blue);
      label.setHorizontalAlignment(JLabel.CENTER);
      container.add(label, BorderLayout.NORTH);
      this.setContentPane(container);
      this.setVisible(true);
      go();
   }

   //...
}
```

La figure 23.9 illustre le résultat que nous obtenons.

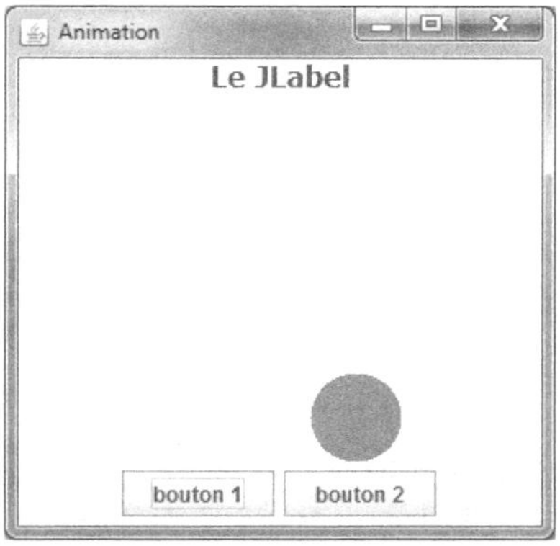

FIGURE 23.9 – Un deuxième bouton dans la fenêtre

À présent, le problème est le suivant : comment effectuer deux actions différentes dans la méthode `actionPerformed()` ?

En effet, si nous laissons la méthode `actionPerformed()` telle quelle, les deux boutons exécutent la même action lorsqu'on les clique. Essayez, vous verrez le résultat.

Il existe un moyen de connaître l'élément ayant déclenché l'événement : il faut se servir de l'objet passé en paramètre dans la méthode `actionPerformed()`. Nous pouvons exploiter la méthode `getSource()` de cet objet pour connaître le nom de l'instance qui a généré l'événement. Testez la méthode `actionPerformed()` suivante et voyez si le résultat correspond à la figure 23.10.

```
public void actionPerformed(ActionEvent arg0) {
   if(arg0.getSource() == bouton)
      label.setText("Vous avez cliqué sur le bouton 1");

   if(arg0.getSource() == bouton2)
      label.setText("Vous avez cliqué sur le bouton 2");
}
```

Notre code fonctionne à merveille ! Cependant, cette approche n'est pas très orientée objet : si notre IHM contient une multitude de boutons, la méthode `actionPerformed()` sera très chargée. Nous pourrions créer deux objets à part, chacun écoutant un bouton, dont le rôle serait de réagir de façon appropriée pour chaque bouton ; mais si nous avions besoin de modifier des données spécifiques à la classe contenant nos boutons, il faudrait ruser afin de parvenir à faire communiquer nos objets... Pas terrible non plus.

Parler avec sa classe intérieure

En Java, on peut créer ce que l'on appelle des **classes internes**. Cela consiste à déclarer une classe à l'intérieur d'une autre classe. Je sais, ça peut paraître tordu, mais vous allez bientôt constater que c'est très pratique.

FIGURE 23.10 – Détection de la source de l'événement

En effet, les classes internes possèdent tous les avantages des classes normales, de l'héritage d'une superclasse à l'implémentation d'une interface. Elles bénéficient donc du polymorphisme et de la covariance des variables. En outre, elles ont l'avantage d'avoir accès aux attributs de la classe dans laquelle elles sont déclarées !

Dans le cas qui nous intéresse, cela permet de créer une implémentation de l'interface `ActionListener` détachée de notre classe `Fenetre`, mais pouvant utiliser ses attributs. La déclaration d'une telle classe se fait exactement de la même manière que pour une classe normale, si ce n'est qu'elle se trouve déjà dans une autre classe. Nous procédons donc comme ceci :

```
public class MaClasseExterne{

   public MaClasseExterne(){
      //...
   }

   class MaClassInterne{
      public MaClassInterne(){
         //...
      }
   }
}
```

Grâce à cela, nous pourrons concevoir une classe spécialisée dans l'écoute des composants et qui effectuera un travail bien déterminé. Dans notre exemple nous créerons deux classes internes implémentant chacune l'interface `ActionListener` et redéfinissant la méthode `actionPerformed()` :

- `BoutonListener` écoutera le premier bouton ;
- `Bouton2Listener` écoutera le second.

Une fois ces opérations effectuées, il ne nous reste plus qu'à indiquer à chaque bouton « qui l'écoute » grâce à la méthode `addActionListener()`.

Voyez ci-dessous la classe Fenetre mise à jour.

```java
import java.awt.BorderLayout;
import java.awt.Color;
import java.awt.Font;
import java.awt.event.ActionEvent;
import java.awt.event.ActionListener;
import javax.swing.JButton;
import javax.swing.JFrame;
import javax.swing.JLabel;
import javax.swing.JPanel;

public class Fenetre extends JFrame{

   private Panneau pan = new Panneau();
   private JButton bouton = new JButton("bouton 1");
   private JButton bouton2 = new JButton("bouton 2");
   private JPanel container = new JPanel();
   private JLabel label = new JLabel("Le JLabel");
   private int compteur = 0;

   public Fenetre(){
      this.setTitle("Animation");
      this.setSize(300, 300);
      this.setDefaultCloseOperation(JFrame.EXIT_ON_CLOSE);
      this.setLocationRelativeTo(null);

      container.setBackground(Color.white);
      container.setLayout(new BorderLayout());
      container.add(pan, BorderLayout.CENTER);

      //Ce sont maintenant nos classes internes qui écoutent nos boutons
      bouton.addActionListener(new BoutonListener());
      bouton2.addActionListener(new Bouton2Listener());

      JPanel south = new JPanel();
      south.add(bouton);
      south.add(bouton2);
      container.add(south, BorderLayout.SOUTH);
      Font police = new Font("Tahoma", Font.BOLD, 16);
      label.setFont(police);
      label.setForeground(Color.blue);
      label.setHorizontalAlignment(JLabel.CENTER);
      container.add(label, BorderLayout.NORTH);
      this.setContentPane(container);
      this.setVisible(true);
      go();
   }

   private void go(){
```

```
      //Cette méthode ne change pas
   }

   //Classe écoutant notre premier bouton
   class BoutonListener implements ActionListener{
      //Redéfinition de la méthode actionPerformed()
      public void actionPerformed(ActionEvent arg0) {
         label.setText("Vous avez cliqué sur le bouton 1");
      }
   }

   //Classe écoutant notre second bouton
   class Bouton2Listener implements ActionListener{
      //Redéfinition de la méthode actionPerformed()
      public void actionPerformed(ActionEvent e) {
         label.setText("Vous avez cliqué sur le bouton 2");
      }
   }
}
```

Le résultat, consultable à la figure 23.11, est parfait.

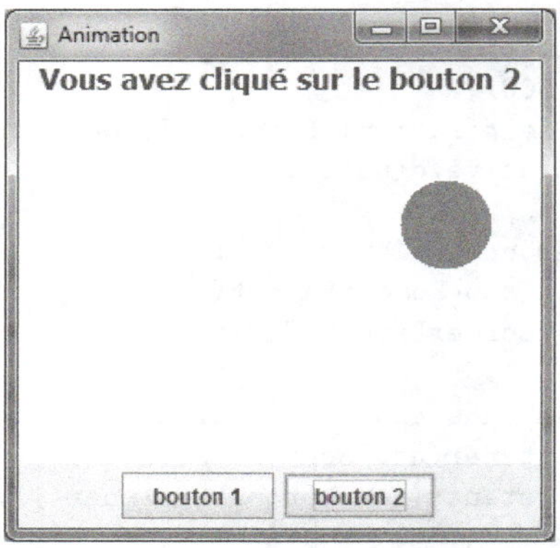

FIGURE 23.11 – Utilisation de deux actions sur deux boutons

Vous pouvez constater que nos classes internes ont même accès aux attributs déclarés `private` dans notre classe `Fenetre`.

Dorénavant, nous n'avons plus à nous soucier du bouton qui a déclenché l'événement, car nous disposons de deux classes écoutant chacune un bouton. Nous pouvons souffler un peu : une grosse épine vient de nous être retirée du pied.

Vous pouvez aussi faire écouter votre bouton par plusieurs classes. Il vous suffit d'ajouter ces classes supplémentaires à l'aide d'`addActionListener()`.

Eh oui, faites le test : créez une troisième classe interne et attribuez-lui le nom que vous voulez (personnellement, je l'ai appelée `Bouton3Listener`). Implémentez-y l'interface `ActionListener` et contentez-vous d'effectuer un simple `System.out.println()` dans la méthode `actionPerformed()`. N'oubliez pas de l'ajouter à la liste des classes qui écoutent votre bouton (n'importe lequel des deux ; j'ai pour ma part choisi le premier).

Je vous écris uniquement le code ajouté :

```
//Les imports...

public class Fenetre extends JFrame{
   //Les variables d'instance...

   public Fenetre(){
      this.setTitle("Animation");
      this.setSize(300, 300);
      this.setDefaultCloseOperation(JFrame.EXIT_ON_CLOSE);
      this.setLocationRelativeTo(null);

      container.setBackground(Color.white);
      container.setLayout(new BorderLayout());
      container.add(pan, BorderLayout.CENTER);

      //Première classe écoutant mon premier bouton
      bouton.addActionListener(new BoutonListener());
      //Deuxième classe écoutant mon premier bouton
      bouton.addActionListener(new Bouton3Listener());

      bouton2.addActionListener(new Bouton2Listener());

      JPanel south = new JPanel();
      south.add(bouton);
      south.add(bouton2);
      container.add(south, BorderLayout.SOUTH);

      Font police = new Font("Tahoma", Font.BOLD, 16);
      label.setFont(police);
      label.setForeground(Color.blue);
      label.setHorizontalAlignment(JLabel.CENTER);
      container.add(label, BorderLayout.NORTH);
      this.setContentPane(container);
      this.setVisible(true);
      go();
   }

   //...

   class Bouton3Listener implements ActionListener{
```

```
      //Redéfinition de la méthode actionPerformed()
      public void actionPerformed(ActionEvent e) {
         System.out.println("Ma classe interne numéro 3 écoute bien !");
      }
   }
}
```

Le résultat se trouve sur la figure 23.12.

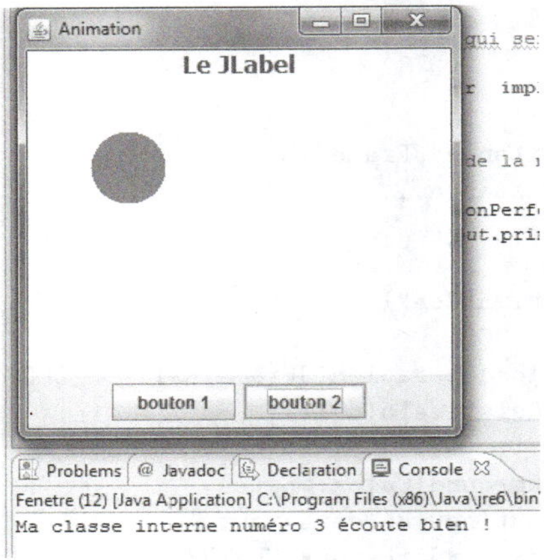

FIGURE 23.12 – Deux écouteurs sur un bouton

Les classes internes sont vraiment des classes à part entière. Elles peuvent également hériter d'une superclasse. De ce fait, c'est presque comme si nous nous trouvions dans le cas d'un héritage multiple (ce n'en est pas un, même si cela y ressemble). Ce code est donc valide :

```
public class MaClasseExterne extends JFrame{

   public MaClasseExterne(){
      //...
   }

   class MaClassInterne extends JPanel{
      public MaClassInterne(){
         //...
      }
   }

   class MaClassInterne2 extends JButton{
      public MaClassInterne(){
         //...
      }
   }
}
```

Vous voyez bien que ce genre de classes peut s'avérer très utile.

Bon, nous avons réglé le problème d'implémentation : nous possédons deux boutons qui sont écoutés. Il ne nous reste plus qu'à lancer et arrêter notre animation à l'aide de ces boutons. Mais auparavant, nous allons étudier une autre manière d'implémenter des écouteurs et, par extension, des classes devant redéfinir les méthodes d'une classe abstraite ou d'une interface.

Les classes anonymes

Il n'y a rien de compliqué dans cette façon de procéder, mais je me rappelle avoir été déconcerté lorsque je l'ai rencontrée pour la première fois...

Les classes anonymes sont le plus souvent utilisées pour la gestion d'événements ponctuels, lorsque créer une classe pour un seul traitement est trop lourd. Rappelez-vous ce que j'ai utilisé pour définir le comportement de mes boutons lorsque je vous ai présenté l'objet `CardLayout` : c'étaient des classes anonymes. Pour rappel, voici ce que je vous avais amenés à coder :

```
JButton bouton = new JButton("Contenu suivant");
//Définition de l'action sur le bouton
bouton.addActionListener(new ActionListener(){
   public void actionPerformed(ActionEvent event){
      //Action !
   }
});
```

L'une des particularités de cette méthode, c'est que l'écouteur n'écoutera que ce composant. Vous pouvez vérifier qu'il n'y se trouve aucune déclaration de classe et que nous instancions une interface par l'instruction `new ActionListener()`. Nous devons seulement redéfinir la méthode, que vous connaissez bien maintenant, dans un bloc d'instructions ; d'où les accolades après l'instanciation, comme le montre la figure 23.13.

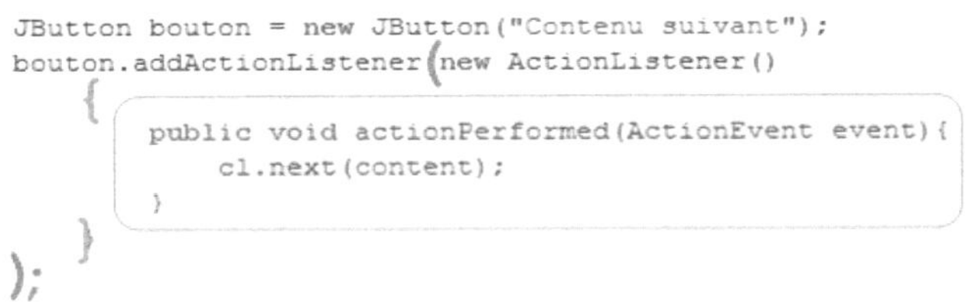

FIGURE 23.13 – Découpage d'une classe anonyme

Pourquoi appelle-t-on cela une classe *anonyme* ?

C'est simple : procéder de cette manière revient à créer une classe fille sans être obligé de créer cette classe de façon explicite. L'héritage se produit automatiquement. En fait, le code ci-dessus revient à effectuer ceci :

```
class Fenetre extends JFrame{
   //...
   bouton.addActionListener(new ActionListenerBis());
   //...

   public class ActionListenerBis implements ActionListener{
      public void actionPerformed(ActionEvent event){
         //Action !
      }
   }
}
```

Seulement, la classe créée n'a pas de nom, l'héritage s'effectue de façon implicite ! Nous bénéficions donc de tous les avantages de la classe mère en ne redéfinissant que la méthode qui nous intéresse.

Sachez aussi que les classes anonymes peuvent être utilisées pour implémenter des classes abstraites. Je vous conseille d'effectuer de nouveaux tests en utilisant notre exemple du pattern strategy ; mais cette fois, plutôt que de créer des classes, créez des classes anonymes.

Les classes anonymes sont soumises aux mêmes règles que les classes « normales » :

- utilisation des méthodes non redéfinies de la classe mère ;
- obligation de redéfinir **toutes les méthodes** d'une interface ;
- obligation de redéfinir les méthodes abstraites d'une classe abstraite.

Cependant, ces classes possèdent des restrictions à cause de leur rôle et de leur raison d'être :

- elles ne peuvent pas être déclarées `abstract` ;
- elles ne peuvent pas non plus être déclarées `static` ;
- elles ne peuvent pas définir de constructeur ;
- elles sont automatiquement déclarées `final` : on ne peut dériver de cette classe, l'héritage est donc impossible !

Contrôler son animation : lancement et arrêt

Pour parvenir à gérer le lancement et l'arrêt de notre animation, nous allons devoir modifier un peu le code de notre classe `Fenetre`. Il va falloir changer le libellé des boutons de notre IHM : le premier affichera `Go` et le deuxième `Stop`. Pour éviter d'interrompre l'animation alors qu'elle n'est pas lancée et de l'animer quand elle l'est déjà, nous allons tantôt activer et désactiver les boutons. Je m'explique :

- au lancement, le bouton `Go` ne sera pas cliquable alors que le bouton `Stop` oui ;
- si l'animation est interrompue, le bouton `Stop` ne sera plus cliquable mais le bouton `Go` le sera.

Ne vous inquiétez pas, c'est très simple à réaliser. Il existe une méthode gérant ces changements d'état :

```
JButton bouton = new JButton("bouton");
bouton.setEnabled(false); //Le bouton n'est plus cliquable
bouton.setEnabled(true);  //Le bouton est de nouveau cliquable
```

Ces objets permettent de réaliser pas mal de choses ; soyez curieux et testez-en les méthodes. Allez donc faire un tour sur le site d'Oracle : fouillez, fouinez... L'une de ces méthodes, qui s'avère souvent utile et est utilisable avec tous ces objets (ainsi qu'avec les objets que nous verrons par la suite), est la méthode de gestion de dimension. Il ne s'agit pas de la méthode `setSize()`, mais de la méthode `setPreferredSize()`. Elle prend en paramètre un objet `Dimension`, qui, lui, prend **deux entiers** comme arguments.

Voici un exemple :

```
bouton.setPreferredSize(new Dimension(150, 120));
```

En l'utilisant dans notre application, nous obtenons la figure 23.14.

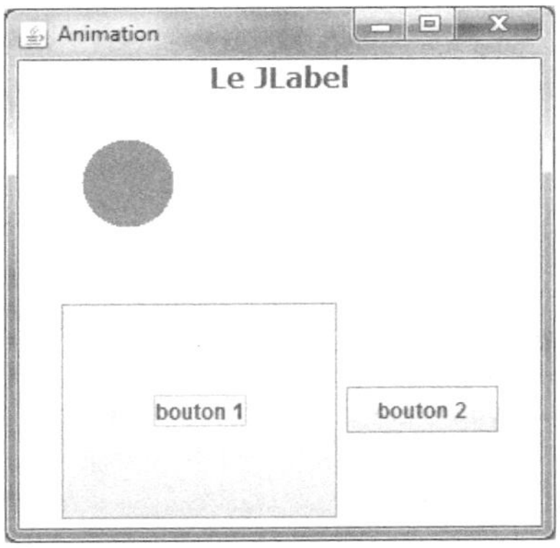

FIGURE 23.14 – Gestion de la taille de nos boutons

Afin de bien gérer notre animation, nous devons améliorer notre méthode `go()`. Sortons donc de cette méthode les deux entiers dont nous nous servions afin de recalculer les coordonnées de notre rond. La boucle infinie doit dorénavant pouvoir être interrompue ! Pour réussir cela, nous allons déclarer un booléen qui changera d'état selon le bouton sur lequel on cliquera ; nous l'utiliserons comme paramètre de notre boucle.

Voyez ci-dessous le code de notre classe `Fenetre`.

▷ Copier le code
Code web : 263161

```
import java.awt.BorderLayout;
import java.awt.Color;
```

```
import java.awt.Font;
import java.awt.event.ActionEvent;
import java.awt.event.ActionListener;
import javax.swing.JButton;
import javax.swing.JFrame;
import javax.swing.JLabel;
import javax.swing.JPanel;

public class Fenetre extends JFrame{

   private Panneau pan = new Panneau();
   private JButton bouton = new JButton("Go");
   private JButton bouton2 = new JButton("Stop");
   private JPanel container = new JPanel();
   private JLabel label = new JLabel("Le JLabel");
   private int compteur = 0;
   private boolean animated = true;
   private boolean backX, backY;
   private int x, y;

   public Fenetre(){
      this.setTitle("Animation");
      this.setSize(300, 300);
      this.setDefaultCloseOperation(JFrame.EXIT_ON_CLOSE);
      this.setLocationRelativeTo(null);

      container.setBackground(Color.white);
      container.setLayout(new BorderLayout());
      container.add(pan, BorderLayout.CENTER);
      bouton.addActionListener(new BoutonListener());
      bouton.setEnabled(false);
      bouton2.addActionListener(new Bouton2Listener());

      JPanel south = new JPanel();
      south.add(bouton);
      south.add(bouton2);
      container.add(south, BorderLayout.SOUTH);
      Font police = new Font("Tahoma", Font.BOLD, 16);
      label.setFont(police);
      label.setForeground(Color.blue);
      label.setHorizontalAlignment(JLabel.CENTER);
      container.add(label, BorderLayout.NORTH);
      this.setContentPane(container);
      this.setVisible(true);
      go();
   }

   private void go(){
      //Les coordonnées de départ de notre rond
      x = pan.getPosX();
```

```
        y = pan.getPosY();
        //Dans cet exemple, j'utilise une boucle while
        //Vous verrez qu'elle fonctionne très bien
        while(this.animated){
          if(x < 1)backX = false;
          if(x > pan.getWidth()-50)backX = true;
          if(y < 1)backY = false;
          if(y > pan.getHeight()-50)backY = true;
          if(!backX)pan.setPosX(++x);
          else pan.setPosX(--x);
          if(!backY) pan.setPosY(++y);
          else pan.setPosY(--y);
          pan.repaint();

          try {
            Thread.sleep(3);
          } catch (InterruptedException e) {
            e.printStackTrace();
          }
        }
      }

      class BoutonListener implements ActionListener{
        public void actionPerformed(ActionEvent arg0) {
          animated = true;
          bouton.setEnabled(false);
          bouton2.setEnabled(true);
          go();
        }
      }

      class Bouton2Listener implements ActionListener{
         public void actionPerformed(ActionEvent e) {
          animated = false;
          bouton.setEnabled(true);
          bouton2.setEnabled(false);
        }
      }
    }
```

À l'exécution, vous remarquez que :

- le bouton `Go` n'est pas cliquable et l'autre l'est ;
- l'animation se lance ;
- l'animation s'arrête lorsque l'on clique sur le bouton `Stop` ;
- le bouton `Go` devient alors cliquable ;
- lorsque vous cliquez dessus, l'animation ne se relance pas !

Comment est-ce possible ?

Comme je l'ai expliqué dans le chapitre traitant des conteneurs, un thread est lancé au démarrage de notre application : c'est le **processus principal du programme**. Au démarrage, l'animation est donc lancée dans le même thread que notre objet `Fenetre`. Lorsque nous lui demandons de s'arrêter, aucun problème : les ressources mémoire sont libérées, on sort de la boucle infinie et l'application continue à fonctionner. Mais lorsque nous redemandons à l'animation de se lancer, l'instruction se trouvant dans la méthode `actionPerformed()` appelle la méthode `go()` et, étant donné que nous nous trouvons à l'intérieur d'une boucle infinie, **nous restons dans la méthode `go()` et ne sortons plus de la méthode `actionPerformed()`.**

Explication de ce phénomène

Java gère les appels aux méthodes grâce à ce que l'on appelle vulgairement **la pile**.

Pour expliquer cela, prenons un exemple tout bête ; regardez cet objet

```
public class TestPile {
    public TestPile(){
        System.out.println("Début constructeur");
        methode1();
        System.out.println("Fin constructeur");
    }

    public void methode1(){
        System.out.println("Début méthode 1");
        methode2();
        System.out.println("Fin méthode 1");
    }

    public void methode2(){
        System.out.println("Début méthode 2");
        methode3();
        System.out.println("Fin méthode 2");
    }

    public void methode3(){
        System.out.println("Début méthode 3");
        System.out.println("Fin méthode 3");
    }
}
```

Si vous instanciez cet objet, vous obtenez dans la console la figure 23.1[illegible].

Je suppose que vous avez remarqué avec stupéfaction que l'ordre des instructions est un peu bizarre. Voici ce qu'il se passe :

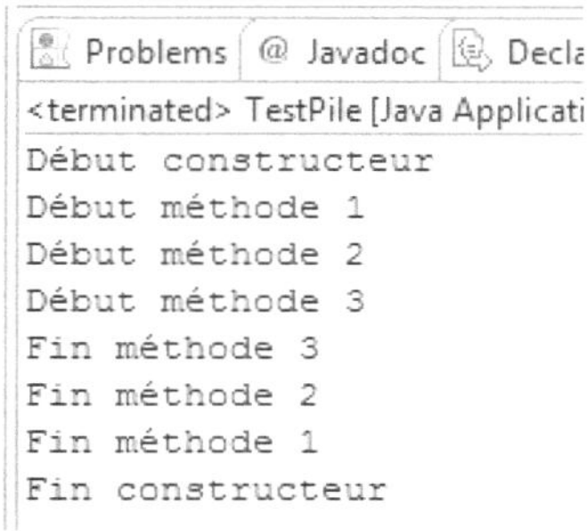

FIGURE 23.15 – Exemple de pile d'invocations

- à l'instanciation, notre objet appelle la méthode 1 ;
- cette dernière invoque la méthode 2 ;
- celle-ci utilise la méthode 3 : une fois qu'elle a terminé, la JVM retourne dans la méthode 2 ;
- lorsqu'elle a fini de s'exécuter, on remonte à la fin de la méthode 1, jusqu'à la dernière instruction appelante : le constructeur.

Lors de tous les appels, on dit que la JVM **empile** les invocations sur la pile. Une fois que la dernière méthode empilée a terminé de s'exécuter, la JVM la **dépile**.

La figure 23.16 présente un schéma résumant la situation.

Dans notre programme, imaginez que la méthode `actionPerformed()` soit représentée par la méthode 2, et que notre méthode `go()` soit représentée par la méthode 3. Lorsque nous entrons dans la méthode 3, nous entrons dans une boucle infinie... Conséquence directe : nous ne ressortons jamais de cette méthode et la JVM ne dépile plus !

Afin de pallier ce problème, nous allons utiliser un nouveau thread. Grâce à cela, la méthode `go()` se trouvera dans une pile à part.

Attends : on arrive pourtant à arrêter l'animation alors qu'elle se trouve dans une boucle infinie. Pourquoi ?

Tout simplement parce que nous ne demandons d'effectuer qu'une simple initialisation de variable dans la gestion de notre événement ! Si vous créez une deuxième méthode comprenant une boucle infinie et que vous l'invoquez lors du clic sur le bouton `Stop`, vous aurez exactement le même problème.

Je ne vais pas m'éterniser là-dessus, nous verrons cela dans un prochain chapitre. À présent, je pense qu'il est de bon ton de vous parler du mécanisme d'écoute d'événements, le fameux pattern observer.

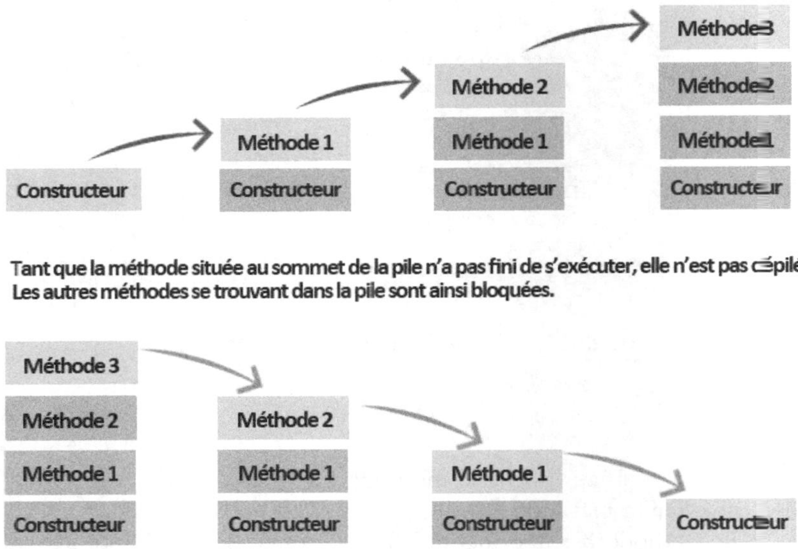

FIGURE 23.16 – Empilage et dépilage de méthodes

Être à l'écoute de ses objets : le design pattern `Observer`

Le design pattern `Observer` est utilisé pour gérer les événements de vos IHM. C'est une technique de programmation. La connaître n'est pas absolument indispensable, mais cela vous aide à mieux comprendre le fonctionnement de `Swing` et `AWT`. C'est par ce biais que vos composants effectueront quelque chose lorsque vous les cliquerez ou les survolerez. Je vous propose de découvrir son fonctionnement à l'aide d'une situation problématique.

Posons le problème

Sachant que vous êtes des développeurs Java chevronnés, un de vos amis proches vous demande si vous êtes en mesure de l'aider à réaliser une horloge digitale en Java. Il a en outre la gentillesse de vous fournir les classes à utiliser pour la création de son horloge.

Votre ami a l'air de s'y connaître, car ce qu'il vous a fourni est bien structuré.

Package `com.sdz.vue`, classe `Fenetre.java`

```
package com.sdz.vue;

import java.awt.BorderLayout;
import java.awt.Font;
import javax.swing.JFrame;
```

```
import javax.swing.JLabel;

import com.sdz.model.Horloge;

public class Fenetre extends JFrame{
   private JLabel label = new JLabel();
   private Horloge horloge;

   public Fenetre(){
      //On initialise la JFrame
      this.setDefaultCloseOperation(JFrame.EXIT_ON_CLOSE);
      this.setLocationRelativeTo(null);
      this.setResizable(false);
      this.setSize(200, 80);
      //On initialise l'horloge
      this.horloge = new Horloge();
      //On initialise le JLabel
      Font police = new Font("DS-digital", Font.TYPE1_FONT, 30);
      this.label.setFont(police);
      this.label.setHorizontalAlignment(JLabel.CENTER);
      //On ajoute le JLabel à la JFrame
      this.getContentPane().add(this.label, BorderLayout.CENTER);
   }

   //Méthode main() lançant le programme
   public static void main(String[] args){
      Fenetre fen = new Fenetre();
      fen.setVisible(true);
   }
}
```

Package com.sdz.model, **classe** Horloge.java

```
package com.sdz.model;

import java.util.Calendar;

public class Horloge{
   //Objet calendrier pour récupérer l'heure courante
   private Calendar cal;
   private String hour = "";

   public void run() {
      while(true){
      //On récupère l'instance d'un calendrier à chaque tour
      //Elle va nous permettre de récupérer l'heure actuelle
      this.cal = Calendar.getInstance();
      this.hour = //Les heures
            this.cal.get(Calendar.HOUR_OF_DAY) + " : "
```

```
            +
            (       //Les minutes
               this.cal.get(Calendar.MINUTE) < 10
               ? "0" + this.cal.get(Calendar.MINUTE)
               : this.cal.get(Calendar.MINUTE)
            )
            + " : "
            +
            (       //Les secondes
               (this.cal.get(Calendar.SECOND)< 10)
               ? "0"+this.cal.get(Calendar.SECOND)
               : this.cal.get(Calendar.SECOND)
            );
         try {
            Thread.sleep(1000);
         } catch (InterruptedException e) {
            e.printStackTrace();
         }
      }
   }
}
```

Si vous ne disposez pas de la police d'écriture que j'ai utilisée, utilisez-en une autre : `Arial` ou `Courrier`, par exemple.

Le problème auquel votre ami est confronté est simple : il est **impossible de faire communiquer l'horloge avec la fenêtre**.

Je ne vois pas où est le problème : il n'a qu'à passer son instance de `JLabel` dans son objet `Horloge`, et le tour est joué !

En réalité, votre ami, dans son infinie sagesse, souhaite — je le cite — que l'horloge ne dépende pas de son interface graphique, juste au cas où il devrait passer d'une IHM `swing` à une IHM `awt`.

Il est vrai que si l'on passe l'objet d'affichage dans l'horloge, dans le cas où l'on change le type de l'IHM, toutes les classes doivent être modifiées ; ce n'est pas génial. En fait, lorsque vous procédez de la sorte, on dit que **vous couplez des objets** : vous rendez un ou plusieurs objets dépendants d'un ou de plusieurs autres objets [5].

Le couplage entre objets est l'un des problèmes principaux relatifs à la réutilisation des objets. Dans notre cas, si vous utilisez l'objet `Horloge` dans une autre application, vous serez confrontés à plusieurs problèmes étant donné que cet objet ne s'affiche que dans un `JLabel`.

5. Entendez par là que vous ne pourrez plus utiliser les objets couplés indépendamment des objets auxquels ils sont attachés.

C'est là que le pattern observer entre en jeu : il fait communiquer des objets entre eux sans qu'ils se connaissent réellement ! Vous devez être curieux de voir comment il fonctionne, je vous propose donc de l'étudier sans plus tarder.

Des objets qui parlent et qui écoutent : le pattern observer

Faisons le point sur ce que vous savez de ce pattern pour le moment :

- il fait communiquer des objets entre eux ;
- c'est un bon moyen d'éviter le couplage d'objets.

Ce sont deux points cruciaux, mais un autre élément, que vous ne connaissez pas encore, va vous plaire : tout se fait automatiquement !

Comment les choses vont-elles alors se passer ? Réfléchissons à ce que nous voulons que notre horloge digitale effectue : elle doit pouvoir avertir l'objet servant à afficher l'heure lorsqu'il doit rafraîchir son affichage. Puisque les horloges du monde entier se mettent à jour toutes les secondes, il n'y a aucune raison pour que la nôtre ne fasse pas de même.

Ce qui est merveilleux avec ce pattern, c'est que notre horloge ne se contentera pas d'avertir un seul objet que sa valeur a changé : elle pourra en effet mettre plusieurs observateurs au courant !

En fait, pour faire une analogie, interprétez la relation entre les objets implémentant le pattern observer comme un éditeur de journal et ses clients (figure 23.17).

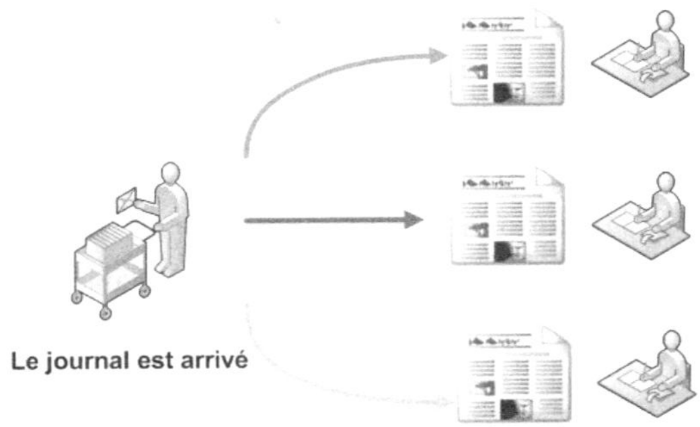

FIGURE 23.17 – Livreur de journaux

Grâce à ce schéma, vous pouvez sentir que notre objet défini comme observable pourra être surveillé par plusieurs objets : il s'agit d'une relation dite de **un à plusieurs** vers l'objet `Observateur`. Avant de vous expliquer plus en détail le fonctionnement de ce pattern, jetez un œil au diagramme de classes de notre application en figure 23.18.

Ce diagramme indique que ce ne sont pas les instances d'`Horloge` ou de `JLabel` que nous allons utiliser, mais des implémentations d'interfaces.

En effet, vous savez que les classes implémentant une interface peuvent être définies par le type de l'interface. Dans notre cas, la classe `Fenetre` implémentera l'interface

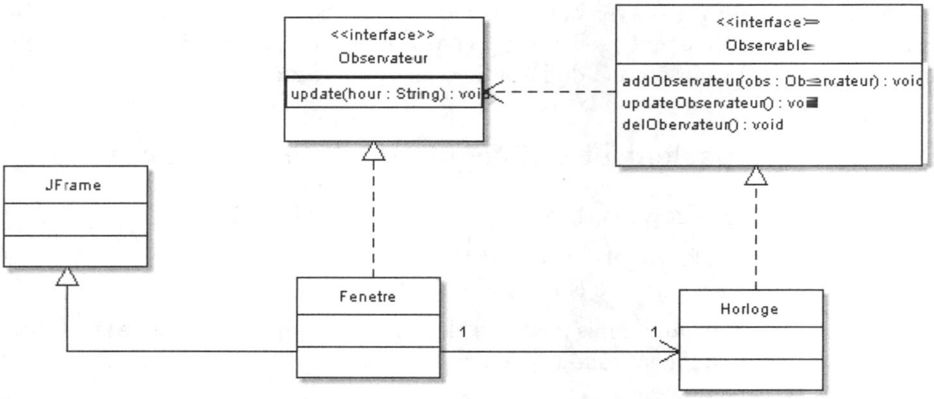

FIGURE 23.18 – Diagramme de classes du pattern observer

Observateur : nous pourrons la voir comme une classe du type Observateur. Vous avez sans doute remarqué que la deuxième interface — celle dédiée à l'objet Horloge — possède trois méthodes :

- une permettant d'ajouter des observateurs (nous allons donc gérer une collection d'observateurs) ;
- une permettant de retirer les observateurs ;
- enfin, une mettant à jour les observateurs.

Grâce à cela, nos objets ne sont plus liés par leurs types, mais par leurs interfaces ! L'interface qui apportera les méthodes de mise à jour, d'ajout d'observateurs, etc. travaillera donc avec des objets de type Observateur.

Ainsi, le couplage ne s'effectue plus directement, il s'opère par le biais de ces interfaces. Ici, il faut que nos deux interfaces soient couplées pour que le système fonctionne. De même que, lorsque je vous ai présenté le pattern decorator, nos classes étaient très fortement couplées puisqu'elles devaient travailler ensemble : nous devions alors faire en sorte de ne pas les séparer.

Voici comment fonctionnera l'application :

- nous instancierons la classe Horloge dans notre classe Fenetre ;
- cette dernière implémentera l'interface Observateur ;
- notre objet Horloge, implémentant l'interface Observable, préviendra les objets spécifiés de ses changements ;
- nous informerons l'horloge que notre fenêtre l'observe ;
- à partir de là, notre objet Horloge fera le reste : à chaque changement, nous appellerons la méthode mettant tous les observateurs à jour.

Le code source de ces interfaces se trouve ci-dessous (notez que j'ai créé un package com.sdz.observer).

Observateur.java

```
package com.sdz.observer;

public interface Observateur {
   public void update(String hour);
}
```

Observer.java

```
package com.sdz.observer;

public interface Observable {
   public void addObservateur(Observateur obs);
   public void updateObservateur();
   public void delObservateur();
}
```

Voici maintenant le code de nos deux classes, travaillant ensemble mais n'étant que faiblement couplées.

▷ Copier le code
Code web : 888649

Horloge.java

```
package com.sdz.model;

import java.util.ArrayList;
import java.util.Calendar;

import com.sdz.observer.Observable;
import com.sdz.observer.Observateur;

public class Horloge implements Observable{
   //On récupère l'instance d'un calendrier
   //Elle va nous permettre de récupérer l'heure actuelle
   private Calendar cal;
   private String hour = "";
   //Notre collection d'observateurs
   private ArrayList<Observateur> listObservateur
   ↪ = new ArrayList<Observateur>();

   public void run() {
      while(true){
         this.cal = Calendar.getInstance();
         this.hour =  //Les heures
            this.cal.get(Calendar.HOUR_OF_DAY) + " : "
            +
```

```
            (          //Les minutes
               this.cal.get(Calendar.MINUTE) < 10
               ? "0" + this.cal.get(Calendar.MINUTE)
               : this.cal.get(Calendar.MINUTE)
            )
            + " : "
            +
            (          //Les secondes
               (this.cal.get(Calendar.SECOND)< 10)
               ? "0"+this.cal.get(Calendar.SECOND)
               : this.cal.get(Calendar.SECOND)
            );
         //On avertit les observateurs que l'heure a été mise à jour
         this.updateObservateur();

         try {
            Thread.sleep(1000);
         } catch (InterruptedException e) {
            e.printStackTrace();
         }
      }
   }

   //Ajoute un observateur à la liste
   public void addObservateur(Observateur obs) {
      this.listObservateur.add(obs);
   }
   //Retire tous les observateurs de la liste
   public void delObservateur() {
      this.listObservateur = new ArrayList<Observateur>();
   }
   //Avertit les observateurs que l'objet observable a changé
   //et invoque la méthode update() de chaque observateur
   public void updateObservateur() {
      for(Observateur obs : this.listObservateur )
         obs.update(this.hour);
   }
}
```

Fenetre.java

```
package com.sdz.vue;

import java.awt.BorderLayout;
import java.awt.Font;
import javax.swing.JFrame;
import javax.swing.JLabel;

import com.sdz.model.Horloge;
```

```
import com.sdz.observer.Observateur;

public class Fenetre extends JFrame {
   private JLabel label = new JLabel();
   private Horloge horloge;

   public Fenetre(){
      //On initialise la JFrame
      this.setDefaultCloseOperation(JFrame.EXIT_ON_CLOSE);
      this.setLocationRelativeTo(null);
      this.setResizable(false);
      this.setSize(200, 80);

      //On initialise l'horloge
      this.horloge = new Horloge();
      //On place un écouteur sur l'horloge
      this.horloge.addObservateur(new Observateur(){
         public void update(String hour) {
            label.setText(hour);
         }
      });

      //On initialise le JLabel
      Font police = new Font("DS-digital", Font.TYPE1_FONT, 30);
      this.label.setFont(police);
      this.label.setHorizontalAlignment(JLabel.CENTER);
      //On ajoute le JLabel à la JFrame
      this.getContentPane().add(this.label, BorderLayout.CENTER);
      this.setVisible(true);
      this.horloge.run();
   }

   //Méthode main() lançant le programme
   public static void main(String[] args){
      Fenetre fen = new Fenetre();
   }
}
```

Exécutez ce code, vous verrez que tout fonctionne à merveille. Vous venez de permettre à deux objets de communiquer en n'utilisant presque aucun couplage : félicitations !

Vous pouvez voir que lorsque l'heure change, la méthode `updateObservateur()` est invoquée. Celle-ci parcourt la collection d'objets `Observateur` et appelle sa méthode `update(String hour)`. La méthode étant redéfinie dans notre classe `Fenetre` afin de mettre `JLabel` à jour, l'heure s'affiche !

J'ai mentionné que ce pattern est utilisé dans la gestion événementielle d'interfaces graphiques. Vous avez en outre remarqué que leurs syntaxes sont identiques. En revanche, je vous ai caché quelque chose : il existe des classes Java permettant d'utiliser le pattern observer sans avoir à coder les interfaces.

Le pattern observer : le retour

En réalité, il existe une classe abstraite `Observable` et une interface `Observer` fournies dans les classes Java.

Celles-ci fonctionnent de manière quasiment identique à notre façon de procéder, seuls quelques détails diffèrent. Personnellement, je préfère de loin utiliser un pattern observer « fait maison ».

Pourquoi cela ? Tout simplement parce que l'objet que l'on souhaite observer **doit** hériter de la classe `Observable`. Par conséquent, il ne pourra plus hériter d'une autre classe étant donné que Java ne gère pas l'héritage multiple. La figure 23.19 présente la hiérarchie de classes du pattern observer présent dans Java.

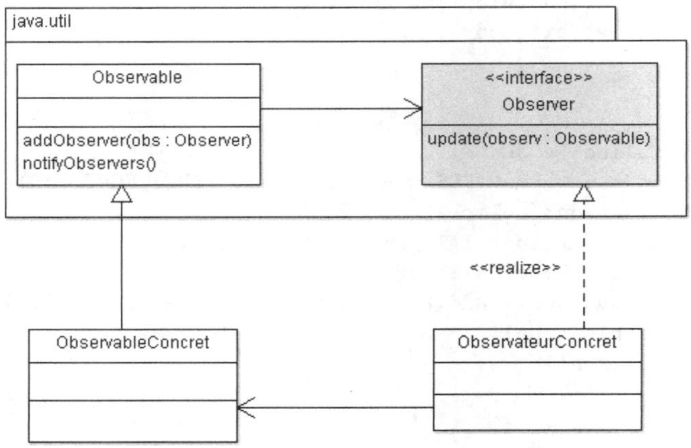

FIGURE 23.19 – Diagramme de classes du pattern observer de Java

Vous remarquez qu'il fonctionne presque de la même manière que celui que nous avons développé. Il y a toutefois une différence dans la méthode `update(Observable obs, Object obj)` : sa signature a changé. Cette méthode prend ainsi deux paramètres :

- un objet `Observable` ;
- un `Object` représentant une donnée supplémentaire que vous souhaitez lui fournir.

Vous connaissez le fonctionnement de ce pattern, il vous est donc facile de comprendre le schéma. Je vous invite cependant à effectuer vos propres recherches sur son implémentation dans Java : vous verrez qu'il existe des subtilités (rien de méchant, cela dit).

Cadeau : un bouton personnalisé optimisé

Terminons par une version améliorée de notre bouton qui reprend ce que nous avons appris :

▷ Bouton personnalisé
Code web : 285456

```
import java.awt.Color;
import java.awt.FontMetrics;
import java.awt.GradientPaint;
import java.awt.Graphics;
import java.awt.Graphics2D;
import java.awt.Image;
import java.awt.event.MouseEvent;
import java.awt.event.MouseListener;
import java.io.File;
import java.io.IOException;
import javax.imageio.ImageIO;
import javax.swing.JButton;

public class Bouton extends JButton implements MouseListener{
   private String name;
   private Image img;

   public Bouton(String str){
      super(str);
      this.name = str;
      try {
         img = ImageIO.read(new File("fondBouton.png"));
      } catch (IOException e) {
         e.printStackTrace();
      }
      this.addMouseListener(this);
   }

   public void paintComponent(Graphics g){
      Graphics2D g2d = (Graphics2D)g;
      GradientPaint gp =
         ↪ new GradientPaint(0, 0, Color.blue, 0, 20, Color.cyan, true);
      g2d.setPaint(gp);
      g2d.drawImage(img, 0, 0, this.getWidth(), this.getHeight(), this);
      g2d.setColor(Color.black);

      //Objet permettant de connaître les propriétés d'une police,
      //dont la taille
      FontMetrics fm = g2d.getFontMetrics();
      //Hauteur de la police d'écriture
      int height = fm.getHeight();
      //Largeur totale de la chaîne passée en paramètre
```

```
      int width = fm.stringWidth(this.name);

      //On calcule alors la position du texte, et le tour est joué
      g2d.drawString(this.name,
               this.getWidth() / 2 - (width / 2),
               (this.getHeight() / 2) + (height / 4));
   }

   public void mouseClicked(MouseEvent event) {
     //Inutile d'utiliser cette méthode ici
   }

   public void mouseEntered(MouseEvent event) {
     //Nous changeons le fond de notre image pour le jaune
     //lors du survol, avec le fichier fondBoutonHover.png
     try {
         img = ImageIO.read(new File("fondBoutonHover.png"));
     } catch (IOException e) {
         e.printStackTrace();
     }
   }

   public void mouseExited(MouseEvent event) {
     //Nous changeons le fond de notre image pour le vert
     //lorsque nous quittons le bouton, avec le fichier fondBouton.png
     try {
         img = ImageIO.read(new File("fondBouton.png"));
     } catch (IOException e) {
         e.printStackTrace();
     }
   }

   public void mousePressed(MouseEvent event) {
      //Nous changeons le fond de notre image pour le jaune
          //lors du clic gauche, avec le fichier fondBoutonClic.png
      try {
        img = ImageIO.read(new File("fondBoutonClic.png"));
      } catch (IOException e) {
        e.printStackTrace();
      }
   }

   public void mouseReleased(MouseEvent event) {
      //Nous changeons le fond de notre image pour l'orange
      //lorsque nous relâchons le clic
          //avec le fichier fondBoutonHover.png
      //si la souris est toujours sur le bouton
      if((event.getY() > 0 && event.getY() < bouton.getHeight())
            && (event.getX() > 0 && event.getX() < bouton.getWidth())){
        try {
```

```
          img = ImageIO.read(new File("fondBoutonHover.png"));
        } catch (IOException e) {
          e.printStackTrace();
        }
      }
      //Si on se trouve à l'extérieur, on dessine le fond par défaut
      else{
        try {
          img = ImageIO.read(new File("fondBouton.png"));
        } catch (IOException e) {
          e.printStackTrace();
        }
      }
    }
}
```

Essayez, vous verrez que cette application fonctionne correctement.

En résumé

- Vous pouvez interagir avec un composant grâce à votre souris en implémentant l'interface `MouseListener`.
- Lorsque vous implémentez une interface `<...>Listener`, vous indiquez à votre classe qu'elle doit se préparer à observer des événements du type de l'interface. Vous devez donc spécifier qui doit observer et ce que la classe doit observer grâce aux méthodes de type `add<...>Listener(<...>Listener)`.
- L'interface utilisée dans ce chapitre est `ActionListener` issue du package `java.awt`.
- La méthode à implémenter de cette interface est `actionPerformed()`.
- Une classe interne est une classe se trouvant à l'intérieur d'une classe.
- Une telle classe a accès à toutes les données et méthodes de sa classe externe.
- La JVM traite les méthodes appelées en utilisant une pile qui définit leur ordre d'exécution.
- Une méthode est empilée à son invocation, mais n'est dépilée que lorsque toutes ses instructions ont fini de s'exécuter.
- Le pattern observer permet d'utiliser des objets faiblement couplés. Grâce à ce pattern, les objets restent indépendants.

Chapitre 24

TP : une calculatrice

Difficulté :

Ah ! Ça faisait longtemps... Un petit TP ! Dans celui-ci, nous allons — enfin, vous allez — pouvoir réviser tout ce qui a été vu au cours de cette partie :

- les fenêtres ;
- les conteneurs ;
- les boutons ;
- les interactions ;
- les classes internes ;

L'objectif est ici de réaliser une petite calculatrice basique.

Élaboration

Nous allons tout de suite voir ce dont notre calculatrice devra être capable.

- Effectuer un calcul simple : $12 + 3$.
- Faire des calculs à la chaîne, par exemple : $1 + 2 + \ldots$; lorsqu'on clique à nouveau sur un opérateur, il faut afficher le résultat du calcul précédent.
- Donner la possibilité de tout recommencer à zéro.
- Gérer l'exception d'une division par 0 !

Conception

Vous devriez obtenir à peu de choses près la figure 24.1.

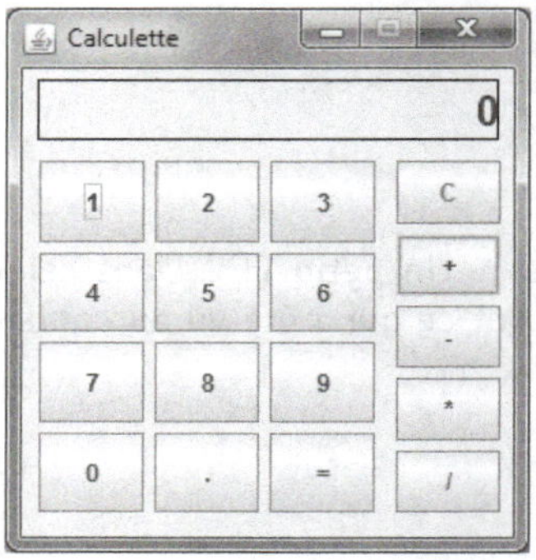

FIGURE 24.1 – Calculatrice

Voyons maintenant ce dont nous avons besoin pour parvenir à nos fins

- autant de boutons qu'il en faut ;
- autant de conteneurs que nécessaire ;
- un `JLabel` pour l'affichage ;
- un booléen pour savoir si un opérateur a été sélectionné ;
- un booléen pour savoir si nous devons effacer ce qui figure à l'écran et écrire un nouveau nombre ;
- nous allons utiliser une variable de type `double` pour nos calculs ;
- il va nous falloir des classes internes qui implémenteront l'interface `ActionListener` ;
- et c'est à peu près tout.

Pour alléger le nombre de classes internes, vous pouvez en créer une qui se chargera d'écrire ce qui doit être affiché à l'écran. Utilisez la méthode `getSource()` pour savoir sur quel bouton on a cliqué.

Je ne vais pas tout vous dire, il faut que vous cherchiez par vous-mêmes : la réflexion est très importante ! En revanche, vous devez savoir que la correction que je vous fournis n'est pas **la** correction. Il y a plusieurs solutions possibles. Je vous propose seulement l'une d'elles.

Allez, au boulot !

Correction

Vous avez bien réfléchi ? Vous vous êtes brûlé quelques neurones ? Vous avez mérité votre correction !

▷ Copier la correction
Code web : 932059

Regardez bien comment tout interagit, et vous comprendrez comment fonctionne ce code.

```
import java.awt.BorderLayout;
import java.awt.Color;
import java.awt.Dimension;
import java.awt.Font;
import java.awt.event.ActionEvent;
import java.awt.event.ActionListener;
import javax.swing.BorderFactory;
import javax.swing.JButton;
import javax.swing.JFrame;
import javax.swing.JLabel;
import javax.swing.JPanel;

public class Calculatrice extends JFrame {
   private JPanel container = new JPanel();
   //Tableau stockant les éléments à afficher dans la calculatrice
   String[] tab_string = {"1", "2", "3", "4", "5", "6", "7", "8", "9", "0",
                           ".", "=", "C", "+", "-", "*", "/"};
   //Un bouton par élément à afficher
   JButton[] tab_button = new JButton[tab_string.length];
   private JLabel ecran = new JLabel();
   private Dimension dim = new Dimension(50, 40);
   private Dimension dim2 = new Dimension(50, 31);
   private double chiffre1;
   private boolean clicOperateur = false, update = false;
   private String operateur = "";

   public Calculatrice(){
      this.setSize(240, 260);
      this.setTitle("Calculette");
      this.setDefaultCloseOperation(JFrame.EXIT_ON_CLOSE);
      this.setLocationRelativeTo(null);
      this.setResizable(false);
      //On initialise le conteneur avec tous les composants
          initComposant();
          //On ajoute le conteneur
      this.setContentPane(container);
```

```
        this.setVisible(true);
    }

    private void initComposant(){
        //On définit la police d'écriture à utiliser
        Font police = new Font("Arial", Font.BOLD, 20);
        ecran = new JLabel("0");
        ecran.setFont(police);
        //On aligne les informations à droite dans le JLabel
        ecran.setHorizontalAlignment(JLabel.RIGHT);
        ecran.setPreferredSize(new Dimension(220, 20));
        JPanel operateur = new JPanel();
        operateur.setPreferredSize(new Dimension(55, 225));
        JPanel chiffre = new JPanel();
        chiffre.setPreferredSize(new Dimension(165, 225));
        JPanel panEcran = new JPanel();
        panEcran.setPreferredSize(new Dimension(220, 30));

        //On parcourt le tableau initialisé
        //afin de créer nos boutons
        for(int i = 0; i < tab_string.length; i++){
            tab_button[i] = new JButton(tab_string[i]);
            tab_button[i].setPreferredSize(dim);
            switch(i){
                //Pour chaque élément situé à la fin du tableau
                //et qui n'est pas un chiffre
                //on définit le comportement à avoir grâce à un listener
                case 11 :
                    tab_button[i].addActionListener(new EgalListener());
                    chiffre.add(tab_button[i]);
                    break;
                case 12 :
                    tab_button[i].setForeground(Color.red);
                    tab_button[i].addActionListener(new ResetListener());
                    operateur.add(tab_button[i]);
                    break;
                case 13 :
                    tab_button[i].addActionListener(new PlusListener());
                    tab_button[i].setPreferredSize(dim2);
                    operateur.add(tab_button[i]);
                    break;
                case 14 :
                    tab_button[i].addActionListener(new MoinsListener());
                    tab_button[i].setPreferredSize(dim2);
                    operateur.add(tab_button[i]);
                    break;
                case 15 :
                    tab_button[i].addActionListener(new MultiListener());
                    tab_button[i].setPreferredSize(dim2);
                    operateur.add(tab_button[i]);
```

```
            break;
         case 16 :
            tab_button[i].addActionListener(new DivListener());
            tab_button[i].setPreferredSize(dim2);
            operateur.add(tab_button[i]);
            break;
         default :
            //Par défaut, ce sont les premiers éléments du tableau
            //donc des chiffres, on affecte alors le bon listener
            chiffre.add(tab_button[i]);
            tab_button[i].addActionListener(new ChiffreListener());
            break;
      }
   }
   panEcran.add(ecran);
   panEcran.setBorder(BorderFactory.createLineBorder(Color.black));
   container.add(panEcran, BorderLayout.NORTH);
   container.add(chiffre, BorderLayout.CENTER);
   container.add(operateur, BorderLayout.EAST);
}

//Méthode permettant d'effectuer un calcul selon l'opérateur sélectionné
private void calcul(){
   if(operateur.equals("+")){
      chiffre1 = chiffre1 +
            Double.valueOf(ecran.getText()).doubleValue();
      ecran.setText(String.valueOf(chiffre1));
   }
   if(operateur.equals("-")){
      chiffre1 = chiffre1 -
            Double.valueOf(ecran.getText()).doubleValue();
      ecran.setText(String.valueOf(chiffre1));
   }
   if(operateur.equals("*")){
      chiffre1 = chiffre1 *
            Double.valueOf(ecran.getText()).doubleValue();
      ecran.setText(String.valueOf(chiffre1));
   }
   if(operateur.equals("/")){
      try{
         chiffre1 = chiffre1 /
               Double.valueOf(ecran.getText()).doubleValue();
         ecran.setText(String.valueOf(chiffre1));
      } catch(ArithmeticException e) {
         ecran.setText("0");
      }
   }
}

//Listener utilisé pour les chiffres
```

```
//Permet de stocker les chiffres et de les afficher
class ChiffreListener implements ActionListener {
   public void actionPerformed(ActionEvent e){
      //On affiche le chiffre additionnel dans le label
      String str = ((JButton)e.getSource()).getText();
      if(update){
         update = false;
      }
      else{
         if(!ecran.getText().equals("0"))
            str = ecran.getText() + str;
      }
      ecran.setText(str);
   }
}

//Listener affecté au bouton =
class EgalListener implements ActionListener {
   public void actionPerformed(ActionEvent arg0){
      calcul();
      update = true;
      clicOperateur = false;
   }
}

//Listener affecté au bouton +
class PlusListener implements ActionListener {
   public void actionPerformed(ActionEvent arg0){
      if(clicOperateur){
         calcul();
         ecran.setText(String.valueOf(chiffre1));
      }
      else{
         chiffre1 = Double.valueOf(ecran.getText()).doubleValue();
         clicOperateur = true;
      }
      operateur = "+";
      update = true;
   }
}

//Listener affecté au bouton -
class MoinsListener implements ActionListener {
   public void actionPerformed(ActionEvent arg0){
      if(clicOperateur){
         calcul();
         ecran.setText(String.valueOf(chiffre1));
      }
      else{
         chiffre1 = Double.valueOf(ecran.getText()).doubleValue();
```

```
            clicOperateur = true;
        }
        operateur = "-";
        update = true;
    }
}

//Listener affecté au bouton *
class MultiListener implements ActionListener {
    public void actionPerformed(ActionEvent arg0){
        if(clicOperateur){
            calcul();
            ecran.setText(String.valueOf(chiffre1));
        }
        else{
            chiffre1 = Double.valueOf(ecran.getText()).doubleValue();
            clicOperateur = true;
        }
        operateur = "*";
        update = true;
    }
}

//Listener affecté au bouton /
class DivListener implements ActionListener {
    public void actionPerformed(ActionEvent arg0){
        if(clicOperateur){
            calcul();
            ecran.setText(String.valueOf(chiffre1));
        }
        else{
            chiffre1 = Double.valueOf(ecran.getText()).doubleValue();
            clicOperateur = true;
        }
        operateur = "/";
        update = true;
    }
}

//Listener affecté au bouton de remise à zéro
class ResetListener implements ActionListener {
    public void actionPerformed(ActionEvent arg0){
        clicOperateur = false;
        update = true;
        chiffre1 = 0;
        operateur = "";
        ecran.setText("");
    }
}
}
```

```
public class Main {
   public static void main(String[] args) {
      Calculatrice calculette = new Calculatrice();
   }
}
```

Je vais vous donner une petite astuce afin de créer un `.jar` exécutable en Java.

Générer un `.jar` exécutable

Tout d'abord, qu'est-ce qu'un `.jar` ? C'est une extension propre aux archives Java (Java ARchive). Ce type de fichier contient tout ce dont a besoin la JVM pour lancer un programme. Une fois votre archive créée, il vous suffit de double-cliquer sur celle-ci pour lancer l'application. C'est le meilleur moyen de distribuer votre programme.

> C'est exact pour peu que vous ayez ajouté les exécutables de votre JRE (présents dans le répertoire `bin`) dans votre variable d'environnement `PATH` ! Si ce n'est pas le cas, refaites un tour dans le premier chapitre du livre, section « Compilation en ligne de commande », et remplacez le répertoire du JDK par celui du JRE [1].

La création d'un `.jar` est un jeu d'enfant. Commencez par effectuer un clic droit sur votre projet et choisissez l'option `Export`, comme le montre la figure 24.2.

Vous voici dans la gestion des exports. Eclipse vous demande quel type d'export vous souhaitez réaliser (figure 24.3).

Comme l'illustre la figure 24.3, sélectionnez `JAR File` puis cliquez sur `Next`. Vous voici maintenant dans la section qui vous demande les fichiers que vous souhaitez inclure dans votre archive (figure 24.4).

- Dans le premier cadre, sélectionnez tous les fichiers qui composeront votre exécutable `.jar`.
- Dans le second cadre, indiquez à Eclipse l'endroit où créer l'archive et le nom vous souhaitez lui donner.
- Ensuite, cliquez sur `Next`.

La page suivante n'est pas très pertinente ; je la mets cependant en figure 24.5 afin de ne perdre personne.

Cliquez sur `Next` : vous arrivez sur la page qui vous demande de spécifier l'emplacement de la méthode `main` dans votre programme (figure 24.6).

Cliquez sur `Browse...` pour afficher un *pop-up* listant les fichiers des programmes contenant une méthode `main`. Ici, nous n'en avons qu'une (figure 24.7). Souvenez-vous qu'il est possible que plusieurs méthodes `main` soient déclarées, mais **une seule sera exécutée** !

1. Si vous n'avez pas téléchargé le JDK ; sinon, allez récupérer ce dernier.

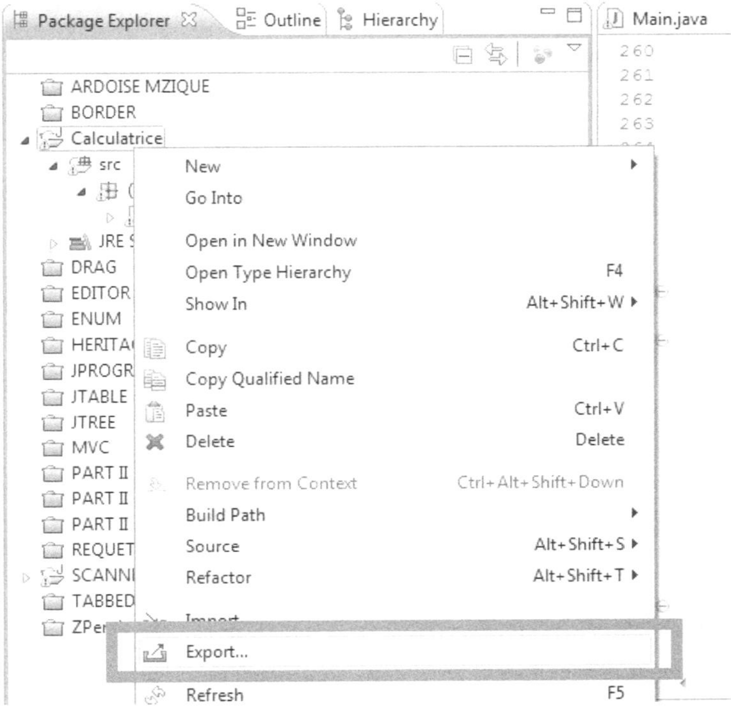

FIGURE 24.2 – Exporter son projet

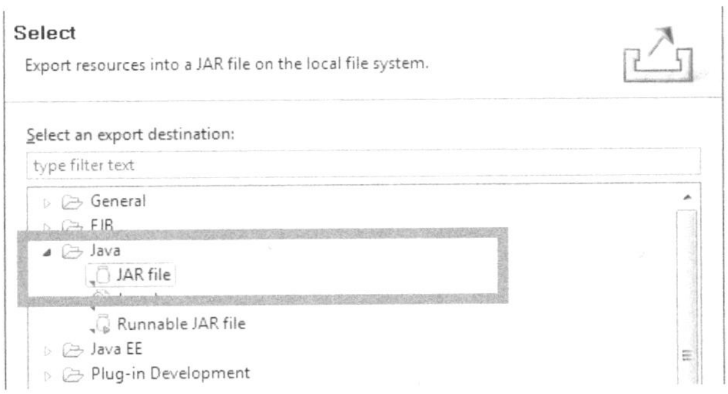

FIGURE 24.3 – Type d'export à choisir

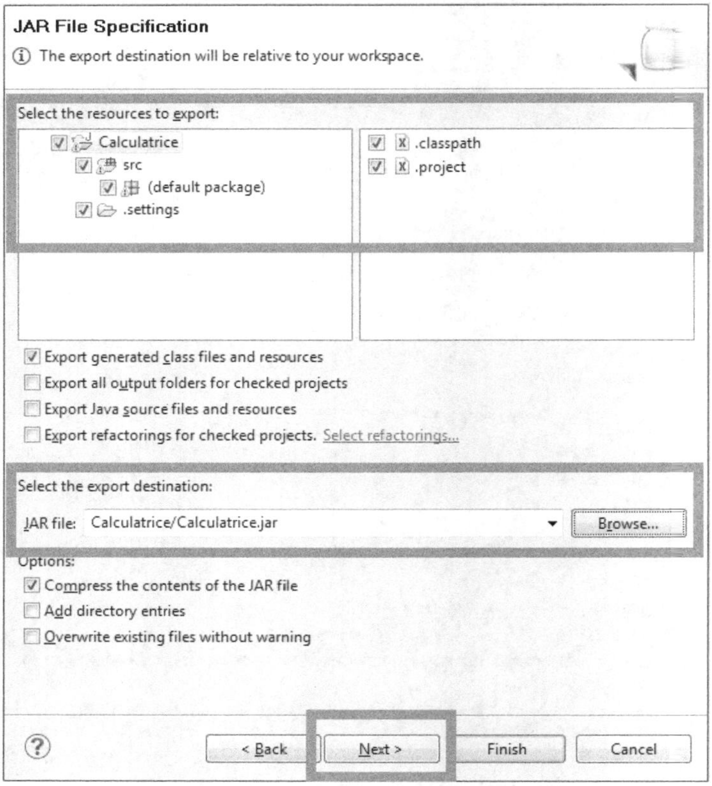

FIGURE 24.4 – Choix des fichiers à inclure

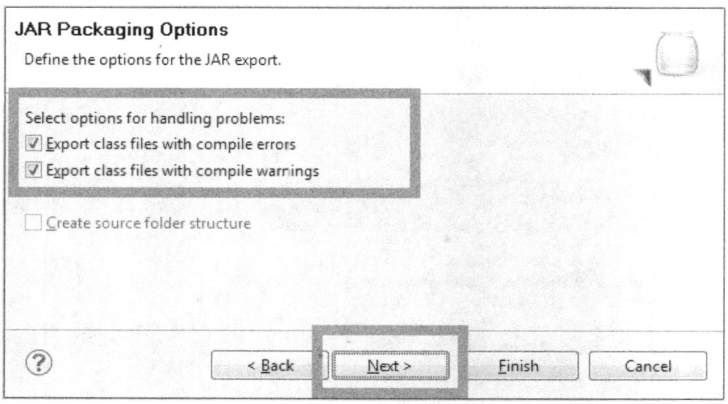

FIGURE 24.5 – Choix du niveau d'erreurs tolérable

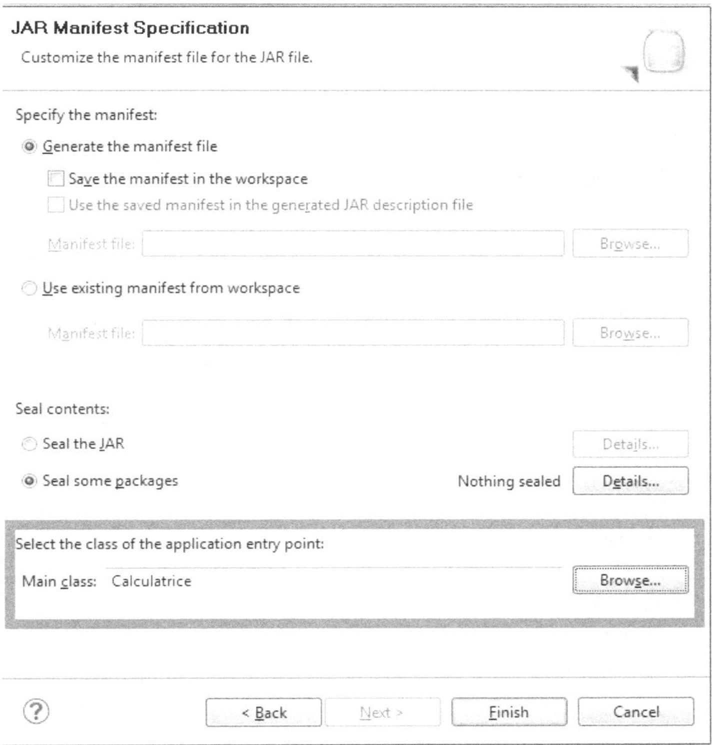

FIGURE 24.6 – Choix du point de départ du programme

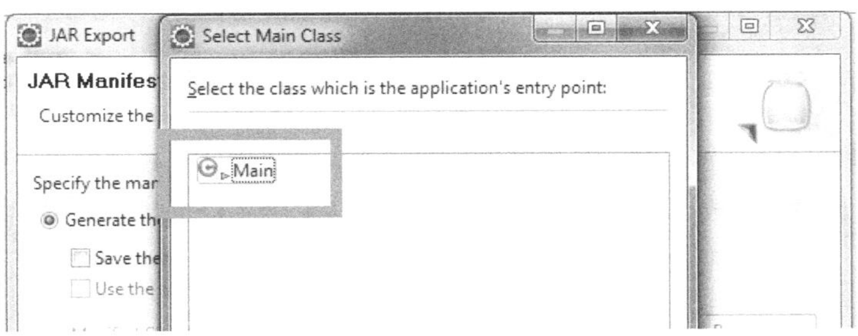

FIGURE 24.7 – Notre méthode main

Sélectionnez le point de départ de votre application et validez. La figure 24.8 correspond à ce que vous devriez obtenir.

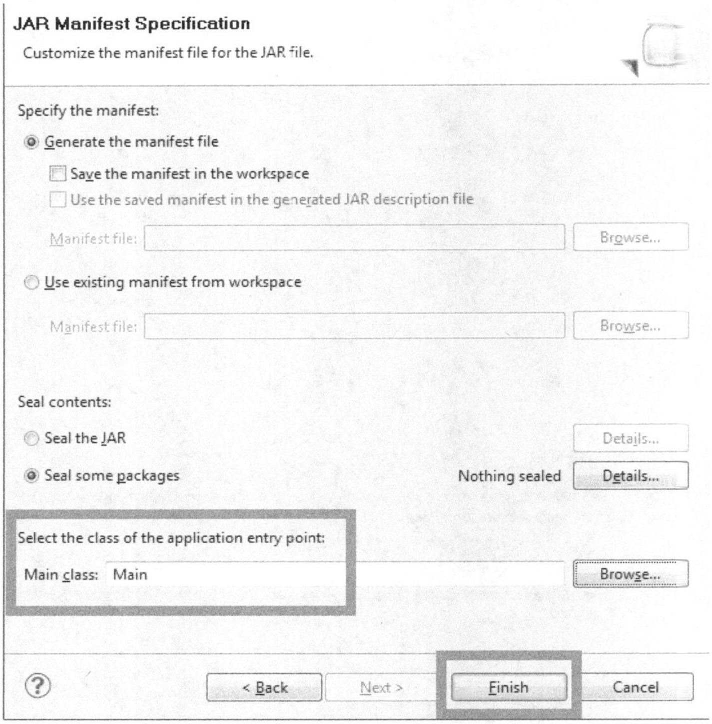

FIGURE 24.8 – Récapitulatif d'export

Vous pouvez maintenant cliquer sur `Finish` et voir s'afficher un message ressemblant à celui de la figure 24.9.

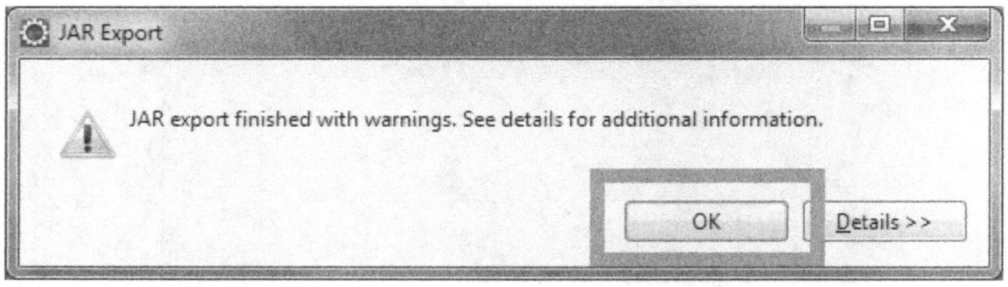

FIGURE 24.9 – Message lors de l'export

Ce type de message n'est pas alarmant : il vous signale qu'il existe des éléments qu'Eclipse ne juge pas très clairs. Ils n'empêcheront toutefois pas votre application de fonctionner, contrairement à un message d'erreur que vous repérerez facilement : il est en rouge.

Une fois cette étape validée, vous pouvez voir avec satisfaction qu'un fichier `.jar` a bien été généré dans le dossier spécifié (figure 24.10).

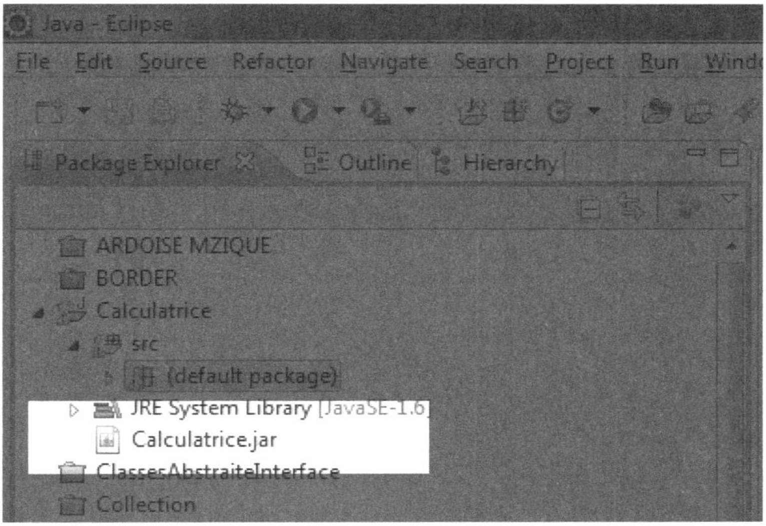

FIGURE 24.10 – Fichier exécutable `.jar`

Double-cliquez sur ce fichier : votre calculatrice se lance !

Chapitre 25

Exécuter des tâches simultanément

Difficulté :

Les threads sont des fils d'exécution de notre programme. Lorsque nous en créons plusieurs, nous pouvons exécuter des tâches simultanément.

Nous en étions restés à notre animation qui bloque, et je vous avais dit que la solution était d'utiliser un deuxième Thread. Dans ce chapitre, nous allons voir comment créer une (ou plusieurs) nouvelle(s) pile(s) de fonctions grâce à ces fameux threads.

Il existe une classe Thread dans Java permettant leur gestion. Vous allez voir qu'il existe deux façons de créer un nouveau thread.

Une classe héritée de Thread

Je vous le répète encore : lorsque vous exécutez votre programme, un thread est lancé ! Dites-vous que le thread correspond à la pile et que chaque nouveau thread créé génère une pile d'exécution. Pour le moment, nous n'allons pas travailler avec notre IHM et allons revenir en mode console. Créez un nouveau projet et une classe contenant la méthode main. Essayez ce code :

```
public class Test {
   public static void main(String[] args) {
      System.out.println("Le nom du thread principal est "
                + Thread.currentThread().getName());
   }
}
```

Vous devriez obtenir ceci :

```
Le nom du thread principal est main
```

Non, vous ne rêvez pas : il s'agit bien de notre méthode main, le thread principal de notre application ! Voyez un thread comme une machine bien huilée capable d'effectuer les tâches que vous lui spécifiez. Une fois instancié, un thread attend son lancement. Dès que c'est fait, il invoque sa méthode run() qui va lui permettre de connaître les tâches qu'il a à effectuer.

Nous allons maintenant apprendre à créer un nouveau thread. Je l'avais mentionné dans l'introduction, il existe deux manières de faire :

- créer une classe héritant de la classe Thread ;
- créer une implémentation de l'interface Runnable et instancier un objet Thread avec l'implémentation de cette interface.

Comme je vous le disais, nous allons opter pour la première solution. Tout ce que nous avons à faire, c'est redéfinir la méthode run() de notre objet afin qu'il sache ce qu'il doit faire. Puisque nous allons en utiliser plusieurs, autant pouvoir les différencier : nous allons leur donner des noms. Créons donc une classe gérant tout cela qui contient un constructeur comprenant un String en paramètre pour spécifier le nom du thread. Cette classe doit également comprendre une méthode getName() afin de retourner ce nom.

La classe Thread se trouvant dans le package java.lang, aucune instruction import n'est nécessaire. En voici le code :

```
public class TestThread extends Thread {
   public TestThread(String name){
      super(name);
   }
   public void run(){
      for(int i = 0; i < 10; i++)
         System.out.println(this.getName());
```

```
    }
}
```

Testez maintenant ce code plusieurs fois :

```
public class Test {
    public static void main(String[] args) {
        TestThread t = new TestThread("A");
        TestThread t2 = new TestThread("  B");
        t.start();
        t2.start();
    }
}
```

Voici quelques captures d'écran de mes tests consécutifs en figure 25.1.

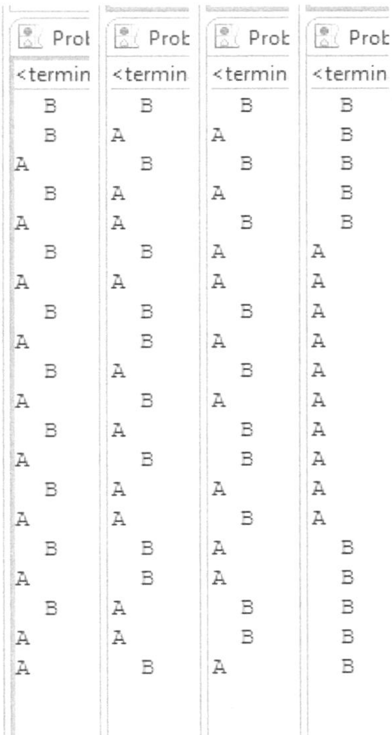

FIGURE 25.1 – Essai de plusieurs Thread

Vous pouvez voir que l'ordre d'exécution est souvent aléatoire, car Java utilise un **ordonnanceur**. Vous devez savoir que si vous utilisez plusieurs threads dans une application, ceux-ci **ne s'exécutent pas toujours en même temps** ! En fait, l'ordonnanceur gère les threads de façon aléatoire : il va en faire tourner un pendant un certain temps, puis un autre, puis revenir au premier, etc., jusqu'à ce qu'ils soient terminés. Lorsque l'ordonnanceur passe d'un thread à un autre, le thread interrompu est mis en **sommeil** tandis que l'autre est en **éveil**.

Notez qu'avec les processeurs multi-coeurs aujourd'hui, il est désormais possible d'exécuter deux tâches exactement en même temps. Tout dépend donc de votre ordinateur.

Un thread peut présenter plusieurs états.

- `NEW` : lors de sa création.
- `RUNNABLE` : lorsqu'on invoque la méthode `start()`, le thread est prêt à travailler.
- `TERMINATED` : lorsque le thread a effectué toutes ses tâches ; on dit aussi qu'il est **mort**. Vous ne pouvez alors plus le relancer par la méthode `start()`.
- `TIMED_WAITING` : lorsque le thread est en pause (quand vous utilisez la méthode `sleep()`, par exemple).
- `WAITING` : lorsque le thread est en attente indéfinie.
- `BLOCKED` : lorsque l'ordonnanceur place un thread en sommeil pour en utiliser un autre, il lui impose cet état.

Un thread est considéré comme terminé lorsque la méthode `run()` est ôtée de sa pile d'exécution. En effet, une nouvelle pile d'exécution contient à sa base la méthode `run()` de notre thread. Une fois celle-ci dépilée, notre nouvelle pile est détruite !

En fait, le thread principal crée un second thread qui se lance et construit une pile dont la base est sa méthode `run()` ; celle-ci appelle une méthode, l'empile, effectue toutes les opérations demandées, et une fois qu'elle a terminé, elle dépile cette dernière. La méthode `run()` prend fin, la pile est alors détruite.

Nous allons modifier notre classe `TestThread` afin d'afficher les états de nos threads que nous pouvons récupérer grâce à la méthode `getState()`.

Voici notre classe `TestThread` modifiée :

```
public class TestThread extends Thread {
   Thread t;
   public TestThread(String name){
      super(name);
      System.out.println("statut du thread " + name + " = " +this getState());
      this.start();
      System.out.println("statut du thread " + name + " = " +this getState());
   }

   public TestThread(String name, Thread t){
      super(name);
      this.t = t;
      System.out.println("statut du thread " + name + " = " +this getState());
      this.start();
      System.out.println("statut du thread " + name + " = " +this getState());
   }

   public void run(){
```

```
        for(int i = 0; i < 10; i++){
            System.out.println("statut " + this.getName() + " = "
                        +this.getState());
            if(t != null)System.out.println("statut de " + t.getName
                        + " pendant le thread " + this.getName() +" = " +t.getState());
        }
    }

    public void setThread(Thread t){
        this.t = t;
    }
}
```

Ainsi que notre main :

```
public class Test {
    public static void main(String[] args) {
        TestThread t = new TestThread("A");
        TestThread t2 = new TestThread("  B", t);
        try {
            Thread.sleep(1000);
        } catch (InterruptedException e) {
                e.printStackTrace();
        }
        System.out.println("statut du thread " + t.getName() + " = "
                    + t.getState());
        System.out.println("statut du thread " + t2.getName() + " = "
                    +t2.getState());
    }
}
```

La figure 25.2 représente un jeu d'essais.

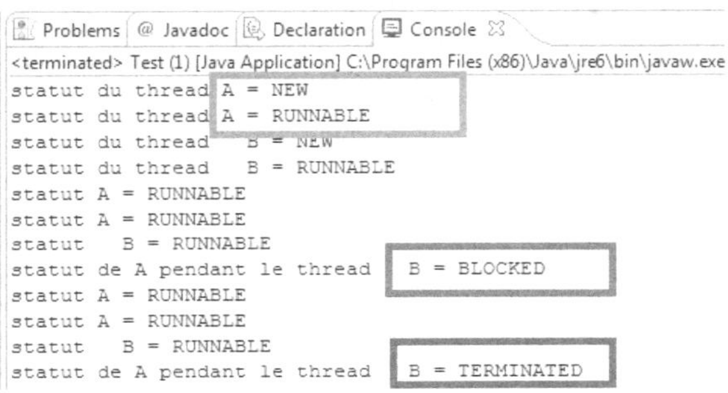

FIGURE 25.2 – Test avec plusieurs threads simultanés

Dans notre classe TestThread, nous avons ajouté quelques instructions d'affichage afin de visualiser l'état courant de nos objets. Mais nous avons aussi ajouté un constructeur supplémentaire prenant un Thread en paramètre afin d'obtenir l'état de notre premier thread lors de l'exécution du second.

Dans le jeu d'essais, vous pouvez voir les différents statuts qu'ont pris les threads. Ainsi, le premier est dans l'état BLOCKED lorsque le second est en cours de traitement, ce qui justifie ce que je vous disais : les threads ne s'exécutent pas en même temps !

Vous pouvez voir aussi que les opérations effectuées par nos threads sont en fait codées dans la méthode run(). Reprenez l'image que j'ai montrée précédemment : « un thread est une machine bien huilée capable d'effectuer les tâches que vous lui spécifiez ». Faire hériter un objet de Thread permet de créer un nouveau thread très facilement. Vous pouvez cependant procéder différemment : redéfinir uniquement ce que doit effectuer le nouveau thread grâce à l'interface Runnable. Dans ce cas, ma métaphore prend tout son sens : vous ne redéfinissez que ce que doit faire la machine, et non pas la machine tout entière !

Utiliser l'interface Runnable

Ne redéfinir que les tâches que le nouveau thread doit effectuer comprend un autre avantage : la classe dont nous disposons n'hérite d'aucune autre ! Eh oui : dans notre test précédent, la classe TestThread ne pourra plus hériter d'une classe, tandis qu'avec une implémentation de Runnable, rien n'empêche notre classe d'hériter de JFrame, par exemple...

Trêve de bavardages : codons notre implémentation de Runnable. Vous ne devriez avoir aucun problème à y parvenir, sachant qu'il n'y a que la méthode run() à redéfinir.

Afin d'illustrer cela, nous allons utiliser un exemple que j'ai trouvé intéressant lorsque j'ai appris à me servir des threads : nous allons créer un objet CompteEnBanque contenant une somme d'argent par défaut (disons 100), une méthode pour retirer de l'argent (retraitArgent()) et une méthode retournant le solde (getSolde()). Cependant, avant de retirer de l'argent, nous vérifierons que nous ne sommes pas à découvert... Notre thread va effectuer autant d'opérations que nous le souhaitons. La figure 25.3 représente le diagramme de classes résumant la situation.

Je résume :

- notre application peut contenir un ou plusieurs objets Thread ;
- ceux-ci ne peuvent être constitués que d'un objet de type Runnable ;
- dans notre cas, les objets Thread contiendront une implémentation de Runnable : RunImpl ;
- cette implémentation possède un objet CompteEnBanque.

Voici les codes source...

RunImpl.java

```
public class RunImpl implements Runnable {
   private CompteEnBanque cb;
```

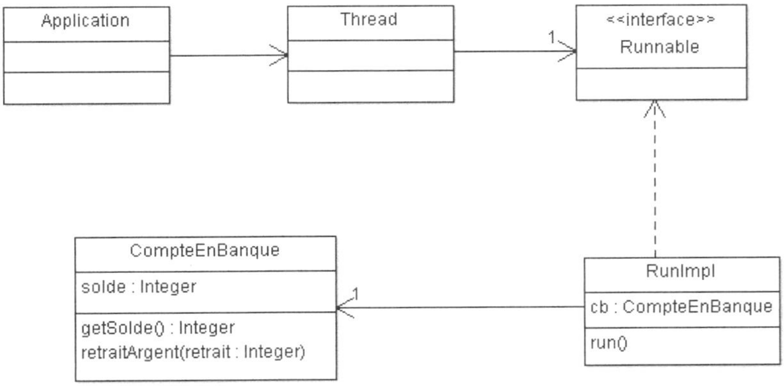

FIGURE 25.3 – Thread et compte en banque

```
   public RunImpl(CompteEnBanque cb){
      this.cb = cb;
   }
   public void run() {
      for(int i = 0; i < 25; i++){
         if(cb.getSolde() > 0){
            cb.retraitArgent(2);
            System.out.println("Retrait effectué");
         }
      }
   }
}
```

CompteEnBanque.java

```
public class CompteEnBanque {
   private int solde = 100;

   public int getSolde(){
      if(this.solde < 0)
         System.out.println("Vous êtes à découvert !");

      return this.solde;
      }
```

```
   public void retraitArgent(int retrait){
      solde = solde - retrait;
      System.out.println("Solde = " + solde);
   }
}
```

`Test.java`

```
public class Test {
   public static void main(String[] args) {
      CompteEnBanque cb = new CompteEnBanque();
      Thread t = new Thread(new RunImpl(cb));
      t.start();
   }
}
```

Ce qui nous donne la figure 25.4.

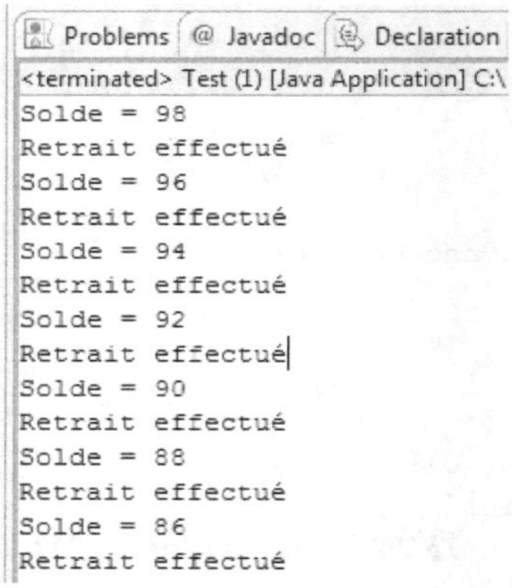

FIGURE 25.4 – Premier test de retrait d'argent

Rien d'extraordinaire ici, une simple boucle aurait fait la même chose. Ajoutons un nom à notre implémentation et créons un deuxième thread utilisant un deuxième compte. Il faut penser à modifier l'implémentation afin que nous puissions connaître le thread qui travaille :

```
public class RunImpl implements Runnable {
   private CompteEnBanque cb;
   private String name;

   public RunImpl(CompteEnBanque cb, String name){
      this.cb = cb;
      this.name = name;
   }
```

```
    public void run() {
        for(int i = 0; i < 50; i++){
            if(cb.getSolde() > 0){
                cb.retraitArgent(2);
                System.out.println("Retrait effectué par " + this.name);
            }
        }
    }
}
```

```
public class Test {
    public static void main(String[] args) {
        CompteEnBanque cb = new CompteEnBanque();
        CompteEnBanque cb2 = new CompteEnBanque();

        Thread t = new Thread(new RunImpl(cb, "Cysboy"));
        Thread t2 = new Thread(new RunImpl(cb2, "Zéro"));
        t.start();
        t2.start();
    }
}
```

Jusqu'ici, rien de perturbant : nous avons utilisé deux instances distinctes de `RunImpl` utilisant elles-mêmes deux instances distinctes de `CompteEnBanque`. Mais que se passerait-il si nous utilisions la même instance de `CompteEnBanque` pour deux threads différents ? Testez plusieurs fois le code que voici :

```
public class Test {
    public static void main(String[] args) {
        CompteEnBanque cb = new CompteEnBanque();

        Thread t = new Thread(new RunImpl(cb, "Cysboy"));
        Thread t2 = new Thread(new RunImpl(cb, "Zéro"));
        t.start();
        t2.start();
    }
}
```

La figure 25.5 représente deux morceaux de résultats obtenus lors de l'exécution.

Vous pouvez voir des incohérences monumentales ! J'imagine que vous pensiez comme moi que le compte aurait été débité par pas de deux jusqu'à la fin sans obtenir d'aberrations de ce genre, puisque nous utilisons le même objet... Eh bien, non ! Pourquoi ? Tout simplement parce que l'ordonnanceur de Java place les threads en sommeil quand il le désire, et lorsque le thread qui était en sommeil se réveille, il reprend son travail là où il l'avait laissé !

Voyons comment résoudre ce problème.

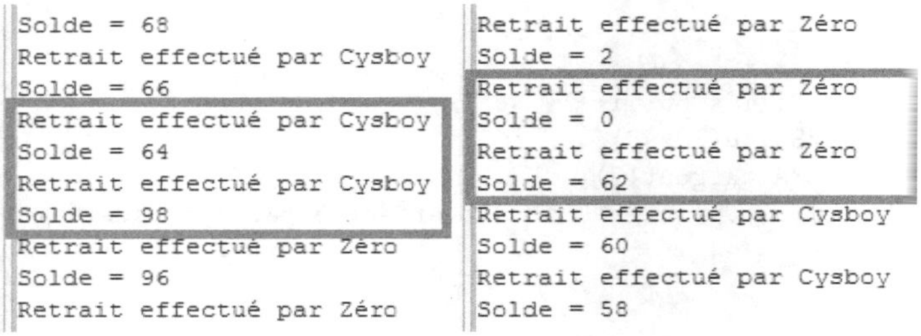

FIGURE 25.5 – Retrait multithreadé

Synchroniser ses threads

Tout est dans le titre ! En fait, ce qu'il faut faire, c'est indiquer à la JVM qu'un thread est en train d'utiliser des données qu'un autre thread est susceptible d'altérer.

Ainsi, lorsque l'ordonnanceur met en sommeil un thread qui traitait des données utilisables par un autre thread, ce premier thread garde la priorité sur les données et tant qu'il n'a pas terminé son travail, les autres threads n'ont pas la possibilité d'y toucher.

Cela s'appelle **synchroniser les threads**. Cette opération est très délicate et demande beaucoup de compétences en programmation... Voici à quoi ressemble notre méthode `retraitArgent()` synchronisée :

```
public class CompteEnBanque {
   //Le début du code ne change pas

   public synchronized void retraitArgent(int retrait){
      solde = solde - retrait;
      System.out.println("Solde = " + solde);
   }
}
```

Il vous suffit d'ajouter dans la déclaration de la méthode le mot clé `synchronized`, grâce auquel la méthode est inaccessible à un thread si elle est déjà utilisée par un autre thread. Ainsi, les threads cherchant à utiliser des méthodes déjà prises en charge par un autre thread sont placés dans une « liste d'attente ».

Je récapitule une nouvelle fois, en me servant d'un exemple simple. Je serai représenté par le thread A, vous par le thread B, et notre boulangerie favorite par la méthode synchronisée M. Voici ce qu'il se passe :

- le thread A (moi) appelle la méthode M ;
- je commence par demander une baguette : la boulangère me la pose sur le comptoir et commence à calculer le montant ;
- c'est là que le thread B (vous) cherche aussi à utiliser la méthode M ; cependant, elle est déjà occupée par un thread (moi) ;
- vous êtes donc mis en attente ;

- l'action revient sur moi (thread A) ; au moment de payer, je dois chercher de la monnaie dans ma poche ;
- au bout de quelques instants, je m'endors ;
- l'action revient sur le thread B (vous)... mais la méthode M n'est toujours pas libérée du thread A, vous êtes donc remis en attente ;
- on revient sur le thread A qui arrive enfin à payer et à quitter la boulangerie : la méthode M est maintenant libérée ;
- le thread B (vous) peut enfin utiliser la méthode M ;
- et là, les threads C, D, E et F entrent dans la boulangerie ;
- et ainsi de suite.

Je pense que grâce à cela, vous avez dû comprendre... Dans un contexte informatique, il peut être pratique et sécurisé d'utiliser des threads et des méthodes synchronisées lors d'accès à des services distants tels qu'un serveur d'applications ou un SGBD [1].

Je vous propose maintenant de retourner à notre animation, qui n'attend plus qu'un petit thread pour fonctionner correctement !

Contrôler son animation

À partir d'ici, il n'y a rien de bien compliqué. Il nous suffit de créer un nouveau thread lorsqu'on clique sur le bouton `Go` en lui passant une implémentation de `Runnable` en paramètre qui, elle, va appeler la méthode `go()` (n'oublions pas de remettre le booléen de contrôle à `true`).

Voici le code de notre classe `Fenetre` utilisant le thread en question :

```
import java.awt.BorderLayout;
import java.awt.Color;
import java.awt.Dimension;
import java.awt.Font;
import java.awt.event.ActionEvent;
import java.awt.event.ActionListener;
import javax.swing.JButton;
import javax.swing.JFrame;
import javax.swing.JLabel;
import javax.swing.JPanel;

public class Fenetre extends JFrame{
   private Panneau pan = new Panneau();
   private JButton bouton = new JButton("Go");
   private JButton bouton2 = new JButton("Stop");
   private JPanel container = new JPanel();
   private JLabel label = new JLabel("Le JLabel");
   private int compteur = 0;
   private boolean animated = true;
   private boolean backX, backY;
```

1. Système de Gestion de Base de Données.

```
    private int x, y;
    private Thread t;

    public Fenetre(){
       //Le constructeur n'a pas changé
    }

    private void go(){
        //La méthode n'a pas changé
    }

    public class BoutonListener implements ActionListener{
       public void actionPerformed(ActionEvent arg0) {
          animated = true;
          t = new Thread(new PlayAnimation());
          t.start();
          bouton.setEnabled(false);
          bouton2.setEnabled(true);
       }
    }

    class Bouton2Listener  implements ActionListener{
        public void actionPerformed(ActionEvent e) {
          animated = false;
          bouton.setEnabled(true);
          bouton2.setEnabled(false);
       }
    }

    class PlayAnimation implements Runnable{
       public void run() {
          go();
       }
    }
}
```

▷ Copier ce code
Code web : 636432

Voilà, vous avez enfin le contrôle sur votre animation ! Nous allons à présent pouvoir l'agrémenter un peu dans les chapitres suivants.

En résumé

- Un nouveau thread permet de créer une nouvelle pile d'exécution.
- La classe `Thread` et l'interface `Runnable` se trouvent dans le package `java.lang`, aucun import spécifique n'est donc nécessaire pour leur utilisation.
- Un thread se lance lorsqu'on invoque la méthode `start()`.
- Cette dernière invoque automatiquement la méthode `run()`.

- Les opérations que vous souhaitez effectuer dans une autre pile d'exécution sont à placer dans la méthode `run()`, qu'il s'agisse d'une classe héritant de `Thread` ou d'une implémentation de `Runnable`.
- Pour protéger l'intégrité des données accessibles à plusieurs threads, utilisez le mot clé `synchronized` dans la déclaration de vos méthodes.
- Un thread est déclaré mort lorsqu'il a dépilé la méthode `run()` de sa pile d'exécution.
- Les threads peuvent présenter plusieurs états : `NEW`, `RUNNABLE`, `BLOCKED`, `WAITING`, `TIMED_WAITING` et `TERMINATED`.

Chapitre 26

Les champs de formulaire

Difficulté :

Continuons à explorer les objets que nous propose `swing`. Ils sont variés et s'utilisent souvent de la même manière que les boutons. En fait, maintenant que nous avons compris le fonctionnement du pattern observer, nous travaillerons avec des interfaces et devrons donc implémenter des méthodes pour gérer les événements avec nos composants. Allons-y !

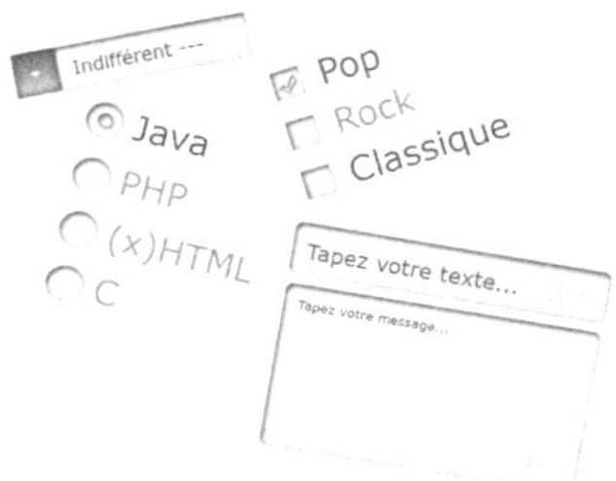

Les listes : l'objet `JComboBox`

Première utilisation

Comme à l'accoutumée, nous utiliserons d'abord cet objet dans un contexte exempt de tout code superflu. Créons donc un projet avec une classe contenant la méthode `main()` et une classe héritée de `JFrame`.

Dans cet exemple, nous aurons bien sûr besoin d'une liste, faites-en une. Cependant, vous ne manquerez pas de constater que notre objet est ridiculement petit. Vous connaissez le remède : il suffit de lui spécifier une taille !

```
import java.awt.BorderLayout;
import java.awt.Color;
import java.awt.Dimension;
import javax.swing.JComboBox;
import javax.swing.JFrame;
import javax.swing.JLabel;
import javax.swing.JPanel;

public class Fenetre extends JFrame {
   private JPanel container = new JPanel();
   private JComboBox combo = new JComboBox();
   private JLabel label = new JLabel("Une ComboBox");

   public Fenetre(){
      this.setTitle("Animation");
      this.setSize(300, 300);
      this.setDefaultCloseOperation(JFrame.EXIT_ON_CLOSE);
      this.setLocationRelativeTo(null);
      container.setBackground(Color.white);
      container.setLayout(new BorderLayout());
      combo.setPreferredSize(new Dimension(100, 20));

      JPanel top = new JPanel();
      top.add(label);
      top.add(combo);
      container.add(top, BorderLayout.NORTH);
      this.setContentPane(container);
      this.setVisible(true);
   }
}
```

La figure 26.1 correspond au résultat de ce code.

En revanche, cette liste est vide ! Pour résoudre ce problème, il suffit d'utiliser la méthode `addItem(Object obj)`.

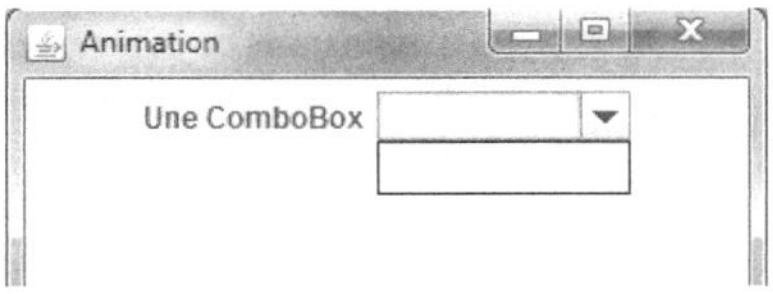

FIGURE 26.1 – Première JComboBox

Sachez que lorsque l'objet affiche les éléments ajoutés, il appelle leur méthode `toString()`. Dans cet exemple, nous avons utilisé des objets `String`, mais essayez avec un autre objet et vous constaterez le résultat...

Voici le nouveau code :

```
//Les imports restent inchangés

public class Fenetre extends JFrame {
   //Les variables d'instance restent inchangées

   public Fenetre(){
      //...
      combo.setPreferredSize(new Dimension(100, 20));
      combo.addItem("Option 1");
      combo.addItem("Option 2");
      combo.addItem("Option 3");
      combo.addItem("Option 4");

      //...
   }
}
```

Vous pouvez voir ce que ça donne en figure 26.2.

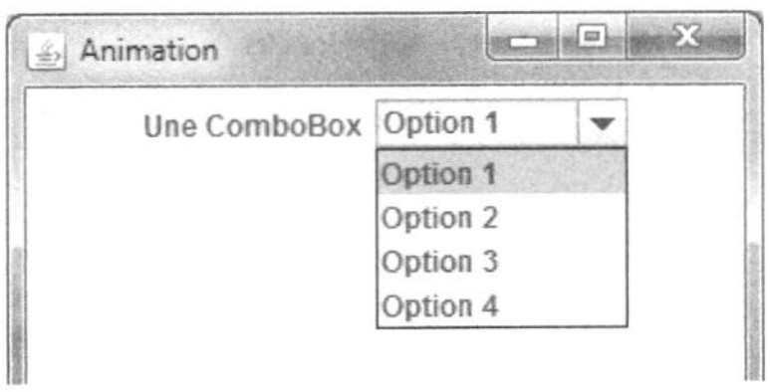

FIGURE 26.2 – JComboBox contenant des données

Pour initialiser une JComboBox, vous pouvez utiliser le constructeur prenant un tableau d'objets en paramètre afin de renseigner tous les éléments d'un coup. Ceci est donc équivalent au code précédent :

```
String[] tab = {"Option 1", "Option 2", "Option 3", "Option 4"};
combo = new JComboBox(tab);
```

Vous pouvez assigner un choix par défaut avec la méthode setSelectedIndex(int index). Vous avez aussi la possibilité de changer la couleur du texte, la couleur de fond ou la police, exactement comme avec un JLabel.

Maintenant que nous savons comment fonctionne cet objet, nous allons apprendre à communiquer avec lui.

L'interface ItemListener

Cette interface possède une méthode à redéfinir. Celle-ci est appelée lorsqu'un élément a changé d'état. Puisqu'un exemple est toujours plus éloquent, voici un code implémentant cette interface :

```
//Les autres imports
import java.awt.event.ItemEvent;
import java.awt.event.ItemListener;

public class Fenetre extends JFrame {
   //Les variables d'instance restent inchangées

   public Fenetre(){
      //Le début ne change pas

      //Ici, nous changeons juste la façon d'initialiser la JComboBox
      String[] tab = {"Option 1", "Option 2", "Option 3", "Option 4"};
      combo = new JComboBox(tab);
      //Ajout du listener
      combo.addItemListener(new ItemState());
      combo.setPreferredSize(new Dimension(100, 20));
      combo.setForeground(Color.blue);

      //La fin reste inchangée
   }

   //Classe interne implémentant l'interface ItemListener
   class ItemState implements ItemListener{
      public void itemStateChanged(ItemEvent e) {
         System.out.println("événement déclenché sur : " + e.getItem());
      }
   }
}
```

Dans mon exemple, j'ai cliqué sur Option 2, puis Option 3, puis Option 4, ce qui correspond à la figure 26.3.

Vous voyez que lorsque nous cliquons sur une autre option, notre objet commence par modifier l'état de l'option précédente (l'état passe en DESELECTED) avant de changer celui de l'option choisie (celle-ci passe à l'état SELECTED). Nous pouvons donc suivre très facilement l'état de nos éléments grâce à cette interface ; cependant, pour plus

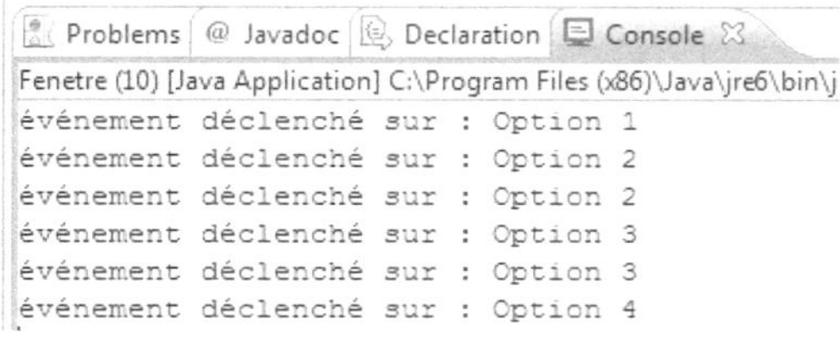

FIGURE 26.3 – Interaction avec la JComboBox

de simplicité, nous utiliserons l'interface `ActionListener` afin de récupérer l'option sélectionnée.

Voici un code implémentant cette interface :

```
//Les autres imports
import java.awt.event.ActionEvent;
import java.awt.event.ActionListener;

public class Fenetre extends JFrame {
   //Les variables d'instance restent inchangées
   public Fenetre(){
      //Le début ne change pas
      String[] tab = {"Option 1", "Option 2", "Option 3", "Option 4"};
      combo = new JComboBox(tab);
      //Ajout du listener
      combo.addItemListener(new ItemState());
      combo.addActionListener(new ItemAction());
      combo.setPreferredSize(new Dimension(100, 20));
      combo.setForeground(Color.blue);
      //La fin reste inchangée
   }

   //La classe interne ItemState reste inchangée

   class ItemAction implements ActionListener{
      public void actionPerformed(ActionEvent e) {
         System.out.println("ActionListener : action sur "
                  + combo.getSelectedItem());
      }
   }
}
```

Le résultat se trouve en figure 26.4.

Vous constatez qu'en utilisant cette méthode, nous pouvons récupérer l'option sur laquelle l'action a été effectuée. L'appel de la méthode `getSelectedItem()` retourne la valeur de l'option sélectionnée ; une fois récupérée, nous pouvons travailler avec notre liste ! Maintenant que nous savons comment récupérer les informations dans une liste, je vous invite à continuer notre animation.

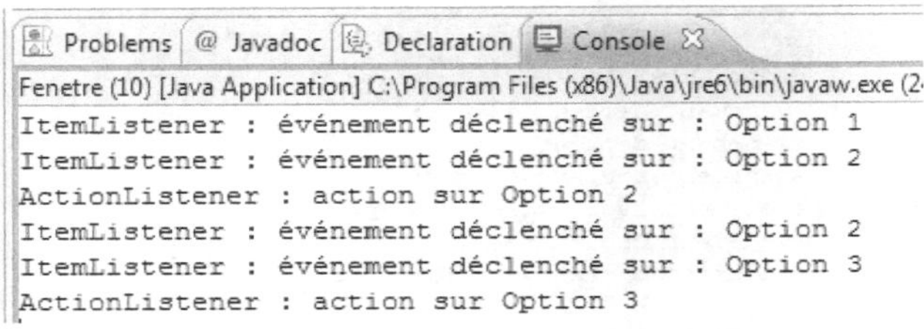

FIGURE 26.4 – `ActionListener` et `JComboBox`

Changer la forme de notre animation

Comme le titre l'indique, nous allons faire en sorte que notre animation ne se contente plus d'afficher un rond : nous pourrons désormais choisir la forme que nous voulons afficher. Bien sûr, je ne vais pas vous faire réaliser toutes les formes possibles et imaginables ; je vous en fournis quelques-unes et, si le cœur vous en dit, vous pouvez ajouter des formes de votre composition.

Très bien : pour réaliser cela, nous devons dynamiser un peu notre classe `Panneau` afin qu'elle peigne une forme en fonction de notre choix. Pour y parvenir, nous allons ajouter une variable d'instance de type `String` qui contiendra l'intitulé de la forme que nous souhaitons dessiner — appelons-la `forme` — ainsi qu'un mutateur permettant de redéfinir cette variable. Notre méthode `paintComponent()` doit pouvoir dessiner la forme demandée ; ainsi, trois cas de figure se profilent :

- soit nous intégrons les instructions `if` dans cette méthode et l'objet `Graphics` dessinera en fonction de la variable ;
- soit nous développons une méthode privée appelée dans la méthode `paintComponent()` et qui dessinera la forme demandée ;
- soit nous utilisons le pattern strategy afin d'encapsuler la façon dont nous dessinerons nos formes dans notre animation.

Le pattern strategy est de loin la meilleure solution, mais afin de ne pas alourdir nos exemples, nous travaillerons « à l'ancienne ».

Nous allons donc développer une méthode privée — appelons-la `draw(Graphics g)` — qui aura pour tâche de dessiner la forme voulue. Nous passerons l'objet `Graphics` dans la méthode `paintComponent()` de sorte que cette dernière puisse l'utiliser ; c'est donc dans cette méthode que nous placerons nos conditions.

Je vous propose les formes suivantes :

- le rond, forme par défaut ;
- le carré ;
- le triangle ;
- l'étoile (soyons fous).

Cela signifie que notre liste contiendra ces quatre choix et que le rond figurera en premier lieu. Nous créerons aussi une implémentation d'`ActionListener` dans une classe interne pour gérer les actions de notre liste. Je l'ai appelée `FormeListener` (c'est fou ce que je suis original).

Ce que vous obtiendrez est représenté à la figure 26.5.

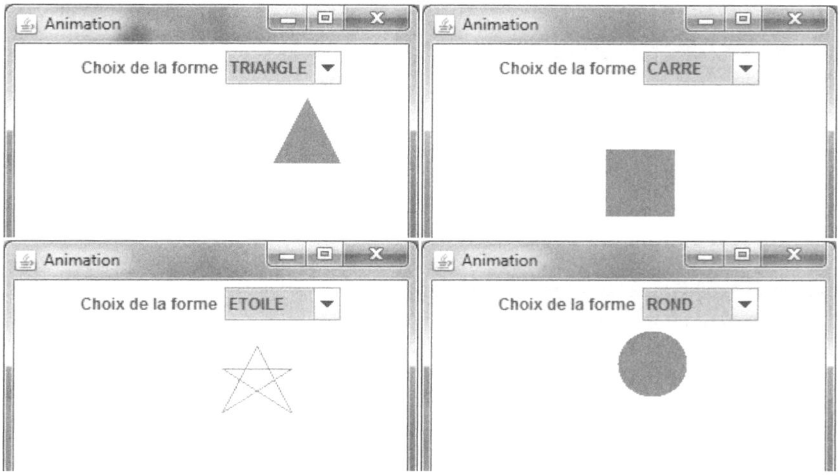

FIGURE 26.5 – Toutes les formes définies

Essayez de réaliser ces formes vous-mêmes : il n'y a là rien de compliqué, je vous assure ! Bon, l'étoile est peut-être un peu plus complexe que les autres, mais ce n'est pas insurmontable.

▷ Copier les codes
Code web : 267428

Classe Panneau

```
import java.awt.Color;
import java.awt.Font;
import java.awt.GradientPaint;
import java.awt.Graphics;
import java.awt.Graphics2D;

import javax.swing.JPanel;

public class Panneau extends JPanel {
   private int posX = -50;
   private int posY = -50;
   private String forme = "ROND";

   public void paintComponent(Graphics g){
      //On choisit une couleur de fond pour le rectangle
      g.setColor(Color.white);
      //On le dessine de sorte qu'il occupe toute la surface
      g.fillRect(0, 0, this.getWidth(), this.getHeight());
```

```
        //On redéfinit une couleur pour le rond
        g.setColor(Color.red);
        //On délègue la méthode de dessin à la méthode draw()
        draw(g);
    }

    private void draw(Graphics g){
        if(this.forme.equals("ROND")){
            g.fillOval(posX, posY, 50, 50);
        }
        if(this.forme.equals("CARRE")){
            g.fillRect(posX, posY, 50, 50);
        }
        if(this.forme.equals("TRIANGLE")){
            //Calcul des sommets
            //Le sommet 1 se situe à la moitié du côté supérieur du carré
            int s1X = posX + 25;
            int s1Y = posY;
            //Le sommet 2 se situe en bas à droite
            int s2X = posX + 50;
            int s2Y = posY + 50;
            //Le sommet 3 se situe en bas à gauche
            int s3X = posX;
            int s3Y = posY + 50;
            //Nous créons deux tableaux de coordonnées
            int[] ptsX = {s1X, s2X, s3X};
            int[] ptsY = {s1Y, s2Y, s3Y};
            //Nous utilisons la méthode fillPolygon()
            g.fillPolygon(ptsX, ptsY, 3);
        }
        if(this.forme.equals("ETOILE")){
            //Pour l'étoile, on se contente de tracer des lignes dans le carré
            //correspondant à peu près à une étoile...
            //Mais ce code peut être amélioré !
            int s1X = posX + 25;
            int s1Y = posY;
            int s2X = posX + 50;
            int s2Y = posY + 50;
            g.drawLine(s1X, s1Y, s2X, s2Y);
            int s3X = posX;
            int s3Y = posY + 17;
            g.drawLine(s2X, s2Y, s3X, s3Y);
            int s4X = posX + 50;
            int s4Y = posY + 17;
            g.drawLine(s3X, s3Y, s4X, s4Y);
            int s5X = posX;
            int s5Y = posY + 50;
            g.drawLine(s4X, s4Y, s5X, s5Y);
            g.drawLine(s5X, s5Y, s1X, s1Y);
        }
```

```
    }

    public void setForme(String form){
        this.forme = form;
    }

    public int getPosX() {
        return posX;
    }

    public void setPosX(int posX) {
        this.posX = posX;
    }

    public int getPosY() {
        return posY;
    }

    public void setPosY(int posY) {
        this.posY = posY;
    }
}
```

Classe Fenetre

```
import java.awt.BorderLayout;
import java.awt.Color;
import java.awt.event.ActionEvent;
import java.awt.event.ActionListener;
import java.awt.event.ItemEvent;
import java.awt.event.ItemListener;

import javax.swing.JButton;
import javax.swing.JComboBox;
import javax.swing.JFrame;
import javax.swing.JLabel;
import javax.swing.JPanel;

public class Fenetre extends JFrame{
    private Panneau pan = new Panneau();
    private JButton bouton = new JButton("Go");
    private JButton bouton2 = new JButton("Stop");
    private JPanel container = new JPanel();
    private JLabel label = new JLabel("Choix de la forme");
    private int compteur = 0;
    private boolean animated = true;
    private boolean backX, backY;
    private int x, y;
    private Thread t;
```

```
private JComboBox combo = new JComboBox();

public Fenetre(){
   this.setTitle("Animation");
   this.setSize(300, 300);
   this.setDefaultCloseOperation(JFrame.EXIT_ON_CLOSE);
   this.setLocationRelativeTo(null);

   container.setBackground(Color.white);
   container.setLayout(new BorderLayout());
   container.add(pan, BorderLayout.CENTER);

   bouton.addActionListener(new BoutonListener());
   bouton2.addActionListener(new Bouton2Listener());
   bouton2.setEnabled(false);
   JPanel south = new JPanel();
   south.add(bouton);
   south.add(bouton2);
   container.add(south, BorderLayout.SOUTH);

   combo.addItem("ROND");
   combo.addItem("CARRE");
   combo.addItem("TRIANGLE");
   combo.addItem("ETOILE");
   combo.addActionListener(new FormeListener());

   JPanel top = new JPanel();
   top.add(label);
   top.add(combo);
   container.add(top, BorderLayout.NORTH);
   this.setContentPane(container);
   this.setVisible(true);
}

private void go(){
   x = pan.getPosX();
   y = pan.getPosY();
   while(this.animated){
      if(x < 1) backX = false;
      if(x > pan.getWidth() - 50) backX = true;
      if(y < 1) backY = false;
      if(y > pan.getHeight() - 50) backY = true;
      if(!backX) pan.setPosX(++x);
      else pan.setPosX(--x);
      if(!backY) pan.setPosY(++y);
      else pan.setPosY(--y);
      pan.repaint();
      try {
         Thread.sleep(3);
      } catch (InterruptedException e) {
```

```
                e.printStackTrace();
            }
        }
    }

    //Classe écoutant notre bouton
    public class BoutonListener implements ActionListener{
        public void actionPerformed(ActionEvent arg0) {
          animated = true;
          t = new Thread(new PlayAnimation());
          t.start();
          bouton.setEnabled(false);
          bouton2.setEnabled(true);
        }
    }

    class Bouton2Listener implements ActionListener{
       public void actionPerformed(ActionEvent e) {
          animated = false;
          bouton.setEnabled(true);
          bouton2.setEnabled(false);
       }
    }

    class PlayAnimation implements Runnable{
       public void run() {
          go();
       }
    }

    class FormeListener implements ActionListener{
       public void actionPerformed(ActionEvent e) {
         //La méthode retourne un Object puisque nous passons
         //des Object dans une liste
         //Il faut donc utiliser la méthode toString()
         //pour retourner un String (ou utiliser un cast)
         pan.setForme(combo.getSelectedItem().toString());
       }
    }
}
```

Et voilà le travail ! Vous avez vu : il n'y avait rien de sorcier. En fait, étant donné que vous avez l'habitude d'utiliser des objets graphiques et des implémentations d'interfaces, les choses vont maintenant s'accélérer, car le principe est le même pour tous les objets graphiques de base.

Les cases à cocher : l'objet JCheckBox

Première utilisation

Créez un projet vide avec une classe contenant une méthode `main()` et une classe héritant de `JFrame`. Cela fait, nous allons utiliser notre nouvel objet. Celui-ci peut être instancié avec un `String` en paramètre qui servira de libellé. Nous pouvons également cocher la case par défaut en appelant la méthode `setSelected(Boolean bool)` à laquelle nous passons `true`. Cet objet possède, comme tous les autres, une multitude de méthodes nous simplifiant la vie ; je vous invite aussi à fouiner un peu...

Nous créerons directement une implémentation de l'interface `ActionListener`, vous connaissez bien la démarche. Contrôlons également que notre objet est coché à l'aide de la méthode `isSelected()` qui retourne un booléen. Voici un code mettant tout cela en œuvre :

```
import java.awt.BorderLayout;
import java.awt.Color;
import java.awt.event.ActionEvent;
import java.awt.event.ActionListener;
import javax.swing.JCheckBox;
import javax.swing.JFrame;
import javax.swing.JLabel;
import javax.swing.JPanel;

public class Fenetre extends JFrame {
   private JPanel container = new JPanel();
   private JCheckBox check1 = new JCheckBox("Case 1");
   private JCheckBox check2 = new JCheckBox("Case 2");

   public Fenetre(){
      this.setTitle("Animation");
      this.setSize(300, 300);
      this.setDefaultCloseOperation(JFrame.EXIT_ON_CLOSE);
      this.setLocationRelativeTo(null);
      container.setBackground(Color.white);
      container.setLayout(new BorderLayout());
      JPanel top = new JPanel();
      check1.addActionListener(new StateListener());
      check2.addActionListener(new StateListener());
      top.add(check1);
      top.add(check2);
      container.add(top, BorderLayout.NORTH);
      this.setContentPane(container);
      this.setVisible(true);
   }

   class StateListener implements ActionListener{
      public void actionPerformed(ActionEvent e) {
```

```
        System.out.println("source : " +
                ((JCheckBox)e.getSource()).getText() +
                " - état : " + ((JCheckBox)e.getSource()).isSelected());
      }
    }
}
```

Le résultat se trouve en figure 26.6.

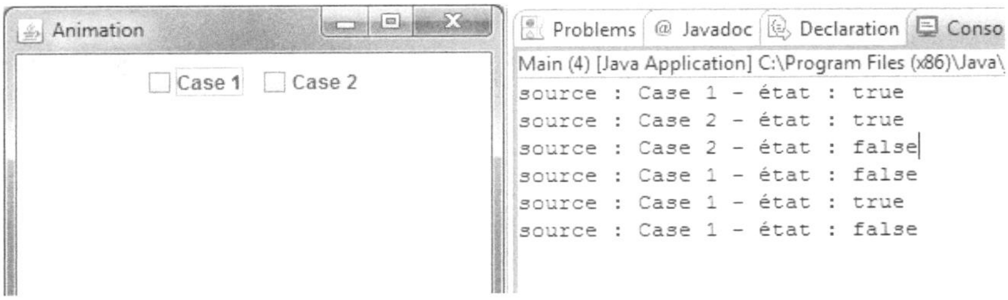

FIGURE 26.6 – Nos cases à cocher

Ici, je me suis amusé à cocher et décocher mes cases. Il n'y a rien de bien difficile, ça devient routinier, non ?

Un pseudomorphing pour notre animation

Nous allons utiliser cet objet afin que nos formes changent de taille et proposent un pseudo-effet de morphing.

Premièrement, la taille de notre forme est fixe, il nous faut changer cela. Allez, hop, une variable de type `int` dans notre classe `Panneau` — disons `drawSize` — initialisée à **50**. Tout comme avec le déplacement, nous devons savoir lorsqu'il faut augmenter ou réduire la taille de notre forme : nous utiliserons donc la même méthode que celle que nous avions développée à ce moment-là.

Un `JCheckBox` sera nécessaire pour savoir si le « mode morphing » est activé.

En ce qui concerne la taille, si on la réduit ou l'augmente d'une unité à chaque rafraîchissement, l'effet de morphing sera **ultra rapide**. Donc, pour ralentir l'effet, nous utiliserons une méthode retournant **1** ou **0** selon le nombre de rafraîchissements. Cela implique que nous aurons besoin d'une variable pour les dénombrer. Nous effectuerons une augmentation ou une réduction toutes les dix fois.

Pour bien séparer les deux cas de figure, nous insérerons une deuxième méthode de dessin dans la classe `Panneau` qui aura pour rôle de dessiner le morphing ; appelons-la `drawMorph(Graphics g)`.

Lorsque nous cocherons la case, le morphing s'activera, et il se désactivera une fois décochée. La classe `Panneau` devra donc disposer d'un mutateur pour le booléen de morphing.

Souvenez-vous que nous gérons la collision avec les bords dans notre classe **Fenetre**. Cependant, en « mode morphing », la taille de notre forme n'est plus constante : il faudra gérer ce nouveau cas de figure dans notre méthode **go()**. Notre classe **Panneau** devra posséder un accesseur permettant de retourner la taille actuelle de la forme.

Vous avez désormais toutes les clés en main pour réussir cette animation.

La figure 26.7 donne un aperçu de ce que vous devriez obtenir (je n'ai représenté que le rond et le triangle, mais ça fonctionne avec toutes les formes).

FIGURE 26.7 – Morphing

▷ Copier les codes
Code web : 305023

Fichier `Panneau.java`

```
import java.awt.Color;
import java.awt.Font;
import java.awt.GradientPaint;
import java.awt.Graphics;
import java.awt.Graphics2D;
import javax.swing.JPanel;

public class Panneau extends JPanel {
   private int posX = -50;
   private int posY = -50;
   private int drawSize = 50;
   //Un booléen pour le mode morphing
   //Un autre pour savoir si la taille doit être réduite
   private boolean morph = false, reduce = false;
   private String forme = "ROND";
   //Le compteur de rafraîchissements
   private int increment = 0;

   public void paintComponent(Graphics g){
```

```
    g.setColor(Color.white);
    g.fillRect(0, 0, this.getWidth(), this.getHeight());
    g.setColor(Color.red);
    //Si le mode morphing est activé, on peint le morphing
    if(this.morph)
      drawMorph(g);
    //Sinon, on peint le mode normal
    else
      draw(g);
}

private void draw(Graphics g){
    if(this.forme.equals("ROND")){
      g.fillOval(posX, posY, 50, 50);
    }
    if(this.forme.equals("CARRE")){
      g.fillRect(posX, posY, 50, 50);
    }
    if(this.forme.equals("TRIANGLE")){
      int s1X = posX + 50/2;
      int s1Y = posY;
      int s2X = posX + 50;
      int s2Y = posY + 50;
      int s3X = posX;
      int s3Y = posY + 50;
      int[] ptsX = {s1X, s2X, s3X};
      int[] ptsY = {s1Y, s2Y, s3Y};
      g.fillPolygon(ptsX, ptsY, 3);
    }
    if(this.forme.equals("ETOILE")){
      int s1X = posX + 50/2;
      int s1Y = posY;
      int s2X = posX + 50;
      int s2Y = posY + 50;
      g.drawLine(s1X, s1Y, s2X, s2Y);
      int s3X = posX;
      int s3Y = posY + 50/3;
      g.drawLine(s2X, s2Y, s3X, s3Y);
      int s4X = posX + 50;
      int s4Y = posY + 50/3;
      g.drawLine(s3X, s3Y, s4X, s4Y);
      int s5X = posX;
      int s5Y = posY + 50;
      g.drawLine(s4X, s4Y, s5X, s5Y);
      g.drawLine(s5X, s5Y, s1X, s1Y);
    }
}

//Méthode qui peint le morphing
private void drawMorph(Graphics g){
```

```
    //On incrémente
    increment++;
    //On regarde si on doit réduire ou non
    if(drawSize >= 50) reduce = true;
    if(drawSize <= 10) reduce = false;
    if(reduce)
      drawSize = drawSize - getUsedSize();
    else
      drawSize = drawSize + getUsedSize();

    if(this.forme.equals("ROND")){
      g.fillOval(posX, posY, drawSize, drawSize);
    }
    if(this.forme.equals("CARRE")){
      g.fillRect(posX, posY, drawSize, drawSize);
    }
    if(this.forme.equals("TRIANGLE")){
      int s1X = posX + drawSize/2;
      int s1Y = posY;
      int s2X = posX + drawSize;
      int s2Y = posY + drawSize;
      int s3X = posX;
      int s3Y = posY + drawSize;
      int[] ptsX = {s1X, s2X, s3X};
      int[] ptsY = {s1Y, s2Y, s3Y};
      g.fillPolygon(ptsX, ptsY, 3);
    }
    if(this.forme.equals("ETOILE")){
      int s1X = posX + drawSize/2;
      int s1Y = posY;
      int s2X = posX + drawSize;
      int s2Y = posY + drawSize;
      g.drawLine(s1X, s1Y, s2X, s2Y);
      int s3X = posX;
      int s3Y = posY + drawSize/3;
      g.drawLine(s2X, s2Y, s3X, s3Y);
      int s4X = posX + drawSize;
      int s4Y = posY + drawSize/3;
      g.drawLine(s3X, s3Y, s4X, s4Y);
      int s5X = posX;
      int s5Y = posY + drawSize;
      g.drawLine(s4X, s4Y, s5X, s5Y);
      g.drawLine(s5X, s5Y, s1X, s1Y);
    }
}

//Retourne le nombre à retrancher ou à ajouter pour le morphing
private int getUsedSize(){
    int res = 0;
    //Si le nombre de tours est de dix,
```

```
        //on réinitialise l'incrément et on retourne 1
        if(increment / 10 == 1){
            increment = 0;
            res = 1;
        }
        return res;
    }

    public int getDrawSize(){
        return drawSize;
    }

    public boolean isMorph(){
        return morph;
    }

    public void setMorph(boolean bool){
        this.morph = bool;
        //On réinitialise la taille
        drawSize = 50;
    }

    public void setForme(String form){
        this.forme = form;
    }

    public int getPosX() {
        return posX;
    }

    public void setPosX(int posX) {
        this.posX = posX;
    }

    public int getPosY() {
        return posY;
    }

    public void setPosY(int posY) {
        this.posY = posY;
    }
}
```

Fichier Fenetre.java

```
import java.awt.BorderLayout;
import java.awt.Color;
import java.awt.event.ActionEvent;
import java.awt.event.ActionListener;
```

```
import javax.swing.JButton;
import javax.swing.JCheckBox;
import javax.swing.JComboBox;
import javax.swing.JFrame;
import javax.swing.JLabel;
import javax.swing.JPanel;

public class Fenetre extends JFrame{

   private Panneau pan = new Panneau();
   private JButton bouton = new JButton("Go");
   private JButton bouton2 = new JButton("Stop");
   private JPanel container = new JPanel();
   private JLabel label = new JLabel("Choix de la forme");
   private int compteur = 0;
   private boolean animated = true;
   private boolean backX, backY;
   private int x, y;
   private Thread t;
   private JComboBox combo = new JComboBox();

   private JCheckBox morph = new JCheckBox("Morphing");

   public Fenetre(){
       this.setTitle("Animation");
       this.setSize(300, 300);
       this.setDefaultCloseOperation(JFrame.EXIT_ON_CLOSE);
       this.setLocationRelativeTo(null);
       container.setBackground(Color.white);
       container.setLayout(new BorderLayout());
       container.add(pan, BorderLayout.CENTER);
       bouton.addActionListener(new BoutonListener());
       bouton2.addActionListener(new Bouton2Listener());
       bouton2.setEnabled(false);
       JPanel south = new JPanel();
       south.add(bouton);
       south.add(bouton2);
       container.add(south, BorderLayout.SOUTH);
       combo.addItem("ROND");
       combo.addItem("CARRE");
       combo.addItem("TRIANGLE");
       combo.addItem("ETOILE");
       combo.addActionListener(new FormeListener());
       morph.addActionListener(new MorphListener());

       JPanel top = new JPanel();
       top.add(label);
       top.add(combo);
       top.add(morph);
       container.add(top, BorderLayout.NORTH);
```

```
        this.setContentPane(container);
        this.setVisible(true);
    }

    private void go(){
       x = pan.getPosX();
       y = pan.getPosY();
       while(this.animated){

       //Si le mode morphing est activé, on utilise
       //la taille actuelle de la forme
          if(pan.isMorph()){
             if(x < 1)backX = false;
             if(x > pan.getWidth() - pan.getDrawSize()) backX = true;
             if(y < 1)backY = false;
             if(y > pan.getHeight() - pan.getDrawSize()) backY = true;
          }
       //Sinon, on fait comme d'habitude
          else{
             if(x < 1)backX = false;
             if(x > pan.getWidth()-50) backX = true;
             if(y < 1)backY = false;
             if(y > pan.getHeight()-50) backY = true;
          }

          if(!backX) pan.setPosX(++x);
          else pan.setPosX(--x);
          if(!backY) pan.setPosY(++y);
          else pan.setPosY(--y);
          pan.repaint();
          try {
             Thread.sleep(3);
          } catch (InterruptedException e) {
              e.printStackTrace();
         }
       }
     }

    public class BoutonListener implements ActionListener{
       public void actionPerformed(ActionEvent arg0) {
            animated = true;
            t = new Thread(new PlayAnimation());
            t.start();
            bouton.setEnabled(false);
            bouton2.setEnabled(true);
       }
   }

    class Bouton2Listener implements ActionListener{
        public void actionPerformed(ActionEvent e) {
```

```
            animated = false;
            bouton.setEnabled(true);
            bouton2.setEnabled(false);
        }
    }

    class PlayAnimation implements Runnable{
        public void run() {
            go();
        }
    }

    class FormeListener implements ActionListener{
        public void actionPerformed(ActionEvent e) {
            pan.setForme(combo.getSelectedItem().toString());
        }
    }

    class MorphListener implements ActionListener{
        public void actionPerformed(ActionEvent e) {
           //Si la case est cochée, on active le mode morphing
           if(morph.isSelected())pan.setMorph(true);
           //Sinon, on ne fait rien
           else pan.setMorph(false);
        }
    }
}
```

Alors, qu'en pensez-vous ? J'aime bien, moi... Vous voyez, l'utilisation des `JCheckBox` est très simple. Je vous propose maintenant d'étudier un de ses cousins !

Le petit cousin : l'objet `JRadioButton`

Le voici, le cousin éloigné... Le principe est de proposer au moins deux choix, mais de ne permettre d'en sélectionner qu'un à la fois. L'instanciation se fait de la même manière que pour un `JCheckBox` ; d'ailleurs, nous utiliserons l'exemple du début de ce chapitre en remplaçant les cases à cocher par des boutons radio. Voici le code correspondant :

```
import java.awt.BorderLayout;
import java.awt.Color;
import java.awt.event.ActionEvent;
import java.awt.event.ActionListener;
import javax.swing.JCheckBox;
import javax.swing.JFrame;
import javax.swing.JLabel;
import javax.swing.JPanel;
import javax.swing.JRadioButton;
```

```
public class Fenetre extends JFrame {
   private JPanel container = new JPanel();
   private JRadioButton jr1 = new JRadioButton("Radio 1");
   private JRadioButton jr2 = new JRadioButton("Radio 2");

   public Fenetre(){
      this.setTitle("Animation");
      this.setSize(300, 300);
      this.setDefaultCloseOperation(JFrame.EXIT_ON_CLOSE);
      this.setLocationRelativeTo(null);
      container.setBackground(Color.white);
      container.setLayout(new BorderLayout());
      JPanel top = new JPanel();
      jr1.addActionListener(new StateListener());
      jr2.addActionListener(new StateListener());
      top.add(jr1);
      top.add(jr2);
      container.add(top, BorderLayout.NORTH);
      this.setContentPane(container);
      this.setVisible(true);
   }

   class StateListener implements ActionListener{
      public void actionPerformed(ActionEvent e) {
         System.out.println("source : " +
               ((JRadioButton)e.getSource()).getText() +
               " - état : " + ((JRadioButton)e.getSource()).isSelected());
      }
   }
}
```

Le résultat est représenté en figure 26.8.

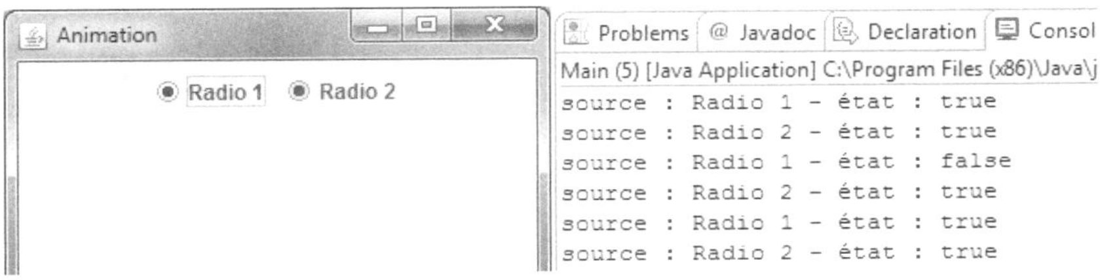

FIGURE 26.8 – Test avec un groupe de boutons

Vous pouvez voir que cet objet s'utilise de la même manière que le précédent. Le problème, ici, c'est que nous pouvons sélectionner les deux options (alors que ce n'est normalement pas possible)... Pour qu'un seul bouton radio soit sélectionné à la fois, nous devons définir un **groupe de boutons** à l'aide de ButtonGroup. Nous y ajouterons nos boutons radio, et seule une option pourra alors être sélectionnée.

```
//Les autres imports
import javax.swing.ButtonGroup;

public class Fenetre extends JFrame {
   //Les autres variables
   private ButtonGroup bg = new ButtonGroup();

   public Fenetre(){
      //Les autres instructions
      jr1.setSelected(true);
      jr1.addActionListener(new StateListener());
      jr2.addActionListener(new StateListener());
      //On ajoute les boutons au groupe
      bg.add(jr1);
      bg.add(jr2);
      top.add(jr1);
      top.add(jr2);
      container.add(top, BorderLayout.NORTH);
      this.setContentPane(container);
      this.setVisible(true);
   }

   class StateListener implements ActionListener{
      public void actionPerformed(ActionEvent e) {
         System.out.println("source : " + jr1.getText() +
            " - état : " + jr1.isSelected());
         System.out.println("source : " + jr2.getText() +
            " - état : " + jr2.isSelected());
      }
   }
}
```

Voyez le résultat en figure 26.9.

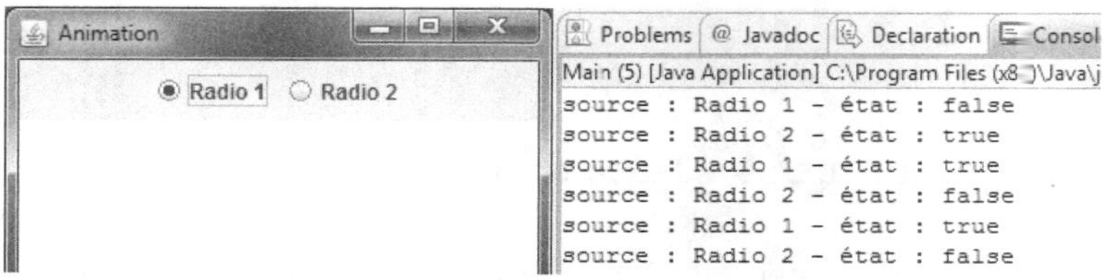

FIGURE 26.9 – Test des boutons radio

Les champs de texte : l'objet `JTextField`

Première utilisation

Je pense que vous savez ce que vous avez à faire... Si ce n'est pas déjà fait, créez un nouveau projet contenant les classes habituelles. Comme l'indique le titre de cette partie, nous allons utiliser l'objet `JTextField`. Vous vous en doutez, cet objet propose lui aussi des méthodes de redimensionnement, de changement de couleur... De ce fait, je commence avec un exemple complet. Lisez et testez ce code :

```
//Les imports habituels
import javax.swing.JTextField;

public class Fenetre extends JFrame {
   private JPanel container = new JPanel();
   private JTextField jtf = new JTextField("Valeur par défaut");
   private JLabel label = new JLabel("Un JTextField");

   public Fenetre(){
      this.setTitle("Animation");
      this.setSize(300, 300);
      this.setDefaultCloseOperation(JFrame.EXIT_ON_CLOSE);
      this.setLocationRelativeTo(null);
      container.setBackground(Color.white);
      container.setLayout(new BorderLayout());
      JPanel top = new JPanel();
      Font police = new Font("Arial", Font.BOLD, 14);
      jtf.setFont(police);
      jtf.setPreferredSize(new Dimension(150, 30));
      jtf.setForeground(Color.BLUE);
      top.add(label);
      top.add(jtf);
      container.add(top, BorderLayout.NORTH);
      this.setContentPane(container);
      this.setVisible(true);
   }
}
```

Cela donne la figure 26.10.

FIGURE 26.10 – Exemple de champ de texte

Nous pouvons initialiser le contenu avec la méthode `setText(String str)` ou le récupérer grâce à la méthode `getText()`. Il existe un objet très ressemblant à celui-ci, en un peu plus étoffé. En fait, cet objet permet de créer un `JTextField` formaté pour recevoir un certain type de données saisies (date, pourcentage...). Voyons cela tout de suite.

Un objet plus restrictif : le `JFormattedTextField`

Grâce à ce type d'objet, nous pourrons éviter beaucoup de contrôles et de casts sur le contenu de nos zones de texte. Si vous avez essayé de récupérer le contenu du `JTextField` utilisé ci-dessus (lors du clic sur un bouton, par exemple), vous avez dû vous rendre compte que le texte qu'il contenait importait peu, mais un jour, vous aurez sans doute besoin d'une zone de texte qui n'accepte qu'un certain type de données. Avec l'objet `JFormattedTextField`, nous nous en approchons (mais vous verrez que vous pourrez faire encore mieux). Cet objet retourne une valeur uniquement si celle-ci correspond à ce que vous avez autorisé. Je m'explique : si vous voulez que votre zone de texte contienne par exemple des entiers et rien d'autre, c'est possible ! En revanche, ce contrôle ne s'effectue que lorsque vous quittez le champ en question. Vous pouvez ainsi saisir des lettres dans un objet n'acceptant que des entiers, mais la méthode `getText()` ne renverra alors **rien**, car le contenu sera effacé, les données ne correspondent pas aux attentes de l'objet. Voici un code et deux exemples, ainsi que leur rendu (figure 26.11).

```
//Les imports habituels

public class Fenetre extends JFrame {
   private JPanel container = new JPanel();
   private JFormattedTextField jtf =
            new JFormattedTextField(NumberFormat.getIntegerInstance());
   private JFormattedTextField jtf2 =
            new JFormattedTextField(NumberFormat.getPercentInstance());
   private JLabel label = new JLabel("Un JTextField");
   private JButton b = new JButton ("OK");

   public Fenetre(){
      this.setTitle("Animation");
      this.setSize(300, 300);
      this.setDefaultCloseOperation(JFrame.EXIT_ON_CLOSE);
      this.setLocationRelativeTo(null);
      container.setBackground(Color.white);
      container.setLayout(new BorderLayout());
      JPanel top = new JPanel();
      Font police = new Font("Arial", Font.BOLD, 14);
      jtf.setFont(police);
      jtf.setPreferredSize(new Dimension(150, 30));
      jtf.setForeground(Color.BLUE);
      jtf2.setPreferredSize(new Dimension(150, 30));
      b.addActionListener(new BoutonListener());
      top.add(label);
      top.add(jtf);
      top.add(jtf2);
```

```
        top.add(b);
        this.setContentPane(top);
        this.setVisible(true);
    }

    class BoutonListener implements ActionListener{
        public void actionPerformed(ActionEvent e) {
            System.out.println("TEXT : jtf " + jtf.getText());
            System.out.println("TEXT : jtf2 " + jtf2.getText());
        }
    }
}
```

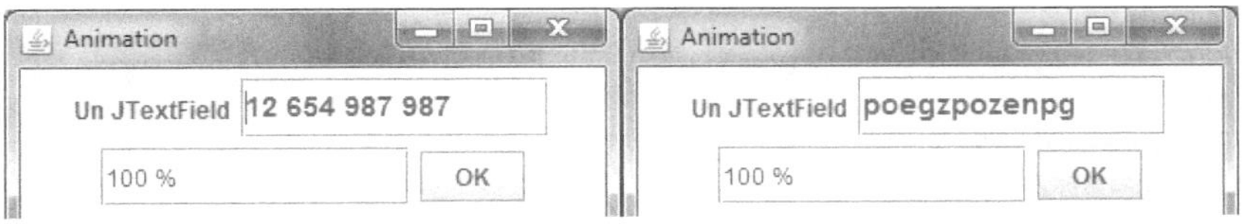

FIGURE 26.11 – Exemple valide à gauche et invalide à droite

Vous voyez qu'en plus, notre objet met automatiquement la saisie en forme lorsqu'elle est valide : il espace les nombres tous les trois chiffres afin d'en faciliter la lecture.

Voici ce que vous pouvez utiliser dans ce genre de champ :

- NumberFormat avec
  - getIntegerInstance()
  - getPercentInstance()
  - getNumberInstance()
- DateFormat avec
  - getTimeInstance()
  - getDateInstance()
- MessageFormat

Sans entrer dans les détails, vous pouvez aussi utiliser un objet MaskFormatter qui permet d'attribuer un format de longueur fixe à votre zone de texte. C'est très pratique lorsque vous souhaitez introduire un numéro de téléphone, un numéro de sécurité sociale... Vous devez définir ce format avec un paramètre lors de l'instanciation du masque à l'aide de **métacaractères**. Ceux-ci indiquent à votre objet MaskFormatter ce que le contenu de votre zone de texte contiendra. Voici la liste de ces métacaractères :

- # : indique un chiffre ;
- **'** : indique un caractère d'échappement ;
- **U** : indique une lettre (les minuscules sont automatiquement changées en majuscules) ;
- **L** : indique une lettre (les majuscules sont automatiquement changées en minuscules) ;
- **A** : indique un chiffre ou une lettre ;

- **?** : indique une lettre ;
- ***** : indique que tous les caractères sont acceptés ;
- **H** : indique que tous les caractères hexadécimaux sont acceptés (0 à 9, a à f et A à F).

L'instanciation d'un tel objet peut lever une `ParseException`. Vous devez donc l'entourer d'un bloc `try{...}catch(ParseException e){...}`.

Voici ce à quoi ressemblerait un format téléphonique :

```
try{
  MaskFormatter tel = new MaskFormatter("## ## ## ## ##");
  //Ou encore
  MaskFormatter tel2 = new MaskFormatter("##-##-##-##-##");
  //Vous pouvez ensuite le passer à votre zone de texte
  JFormattedTextField jtf = new JFormattedTextField(tel2);
  }catch(ParseException e){e.printStackTrace();}
```

Vous voyez qu'il n'y a là rien de compliqué... Je vous invite à essayer cela dans le code précédent, vous constaterez qu'avec le métacaractère utilisé dans notre objet `MaskFormatter`, nous sommes obligés de saisir des chiffres. La figure 26.12 montre le résultat après avoir cliqué sur le bouton.

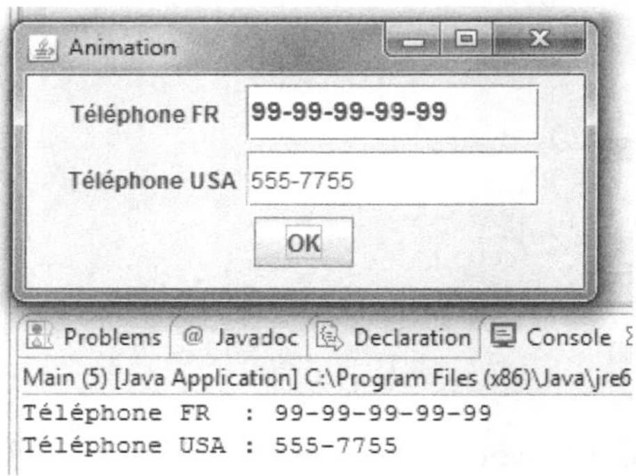

FIGURE 26.12 – Essai avec un `MaskFormatter`

Je ne sais pas pour le numéro de téléphone américain, mais le numéro français est loin d'être un numéro de téléphone valide. Nous voici confrontés à un problème qui nous hantera tant que nous programmerons : l'intégrité de nos données !

Comme le montre l'exemple précédent, nous pouvons suggérer à l'utilisateur ce qu'il doit renseigner comme données dans les champs, mais nous ne devons **pas leur faire aveuglément confiance** ! C'est simple : on part du principe de ne jamais faire confiance à l'utilisateur.

Nous sommes donc obligés d'effectuer une multitude de contrôles supplémentaires. Pour ce faire, nous pouvons :

- tester chaque élément du numéro ;
- tester le numéro en entier ;
- dans le cas où nous n'utilisons pas de `MaskFormatter`, vérifier en plus que les saisies sont numériques ;
- utiliser une expression régulière ;
- empêcher la saisie d'un type de caractères ;
- etc.

En gros, nous devons vérifier l'intégrité de nos données (dans le cas qui nous intéresse, l'intégrité de nos chaînes de caractères) pendant ou après la saisie. Je ne vous cache pas que cela prendra une grande part de votre temps lorsque vous coderez vos propres logiciels, mais c'est le métier qui veut ça.

Avant de terminer ce chapitre (assez conséquent, je l'avoue), je vous propose de voir comment nous pouvons récupérer les événements du clavier. Nous avons appris à interagir avec la souris, mais pas avec le clavier.

Contrôle du clavier : l'interface `KeyListener`

Nous connaissons déjà :

- l'interface `MouseListener` qui interagit avec la souris ;
- l'interface `ActionListener` qui interagit lors d'un clic sur un composant ;
- l'interface `ItemListener` qui écoute les événements sur une liste déroulante.

Voici à présent l'interface `KeyListener`. Comme l'indique le titre, elle nous permet d'intercepter les événements clavier lorsque l'on :

- presse une touche ;
- relâche une touche ;
- tape sur une touche.

Vous savez ce qu'il vous reste à faire : créer une implémentation de cette interface dans votre projet. Créez une classe interne qui l'implémente et utilisez l'astuce d'Eclipse pour générer les méthodes nécessaires.

Vous constatez qu'il y en a trois :

- `keyPressed(KeyEvent event)`, appelée lorsqu'on presse une touche ;
- `keyReleased(KeyEvent event)`, appelée lorsqu'on relâche une touche (c'est à ce moment que le composant se voit affecter la valeur de la touche) ;
- `keyTyped(KeyEvent event)`, appelée entre les deux méthodes citées ci-dessus.

Comme vous vous en doutez, l'objet `KeyEvent` nous permettra d'obtenir des informations sur les touches qui ont été utilisées. Parmi celles-ci, nous utiliserons :

- `getKeyCode()` : retourne le code de la touche ;
- `getKeyChar()` : retourne le caractère correspondant à la touche.

Nous pouvons aussi déterminer lorsque certaines touches de contrôle ont été utilisées (`SHIFT`, `CTRL`...), connaître le composant à l'origine de l'événement, etc. Nous n'en parlerons pas ici, mais ce genre d'information est facile à trouver sur Internet.

Pour des raisons de simplicité, nous n'utiliserons pas un **JFormattedTextField** mais un **JTextField** sans **MaskFormatter**. Ainsi, nous n'aurons pas à nous préoccuper des tirets de notre champ.

Pour commencer, nous allons examiner l'ordre dans lequel se déroulent les événements clavier ; il est vrai que ceux-ci se produisent si rapidement que nous n'avons pas le temps de les voir défiler. J'ai donc ajouté une pause à la fin de chaque méthode de l'implémentation afin de mieux observer l'ordre d'exécution. Voici le code source que nous allons utiliser (il est presque identique aux précédents, rassurez-vous) :

```
import java.awt.BorderLayout;
import java.awt.Color;
import java.awt.Dimension;
import java.awt.Font;
import java.awt.event.KeyEvent;
import java.awt.event.KeyListener;
import javax.swing.JButton;
import javax.swing.JFrame;
import javax.swing.JLabel;
import javax.swing.JPanel;
import javax.swing.JTextField;

public class Fenetre extends JFrame {

   private JPanel container = new JPanel();
   private JTextField jtf;
   private JLabel label = new JLabel("Téléphone FR");
   private JButton b = new JButton ("OK");

   public Fenetre(){
      this.setTitle("Animation");
      this.setSize(300, 150);
      this.setDefaultCloseOperation(JFrame.EXIT_ON_CLOSE);
      this.setLocationRelativeTo(null);

      container.setBackground(Color.white);
      container.setLayout(new BorderLayout());

      jtf = new JTextField();
      JPanel top = new JPanel();

      Font police = new Font("Arial", Font.BOLD, 14);
      jtf.setFont(police);
      jtf.setPreferredSize(new Dimension(150, 30));
      jtf.setForeground(Color.BLUE);
      //On ajoute l'écouteur à notre composant
      jtf.addKeyListener(new ClavierListener());

      top.add(label);
      top.add(jtf);
```

```
      top.add(b);

      this.setContentPane(top);
      this.setVisible(true);
    }


  class ClavierListener implements KeyListener{

      public void keyPressed(KeyEvent event) {
           System.out.println("Code touche pressée : " + event.getKeyCode() +
                     " - caractère touche pressée : " + event.getKeyChar());
           pause();
      }

      public void keyReleased(KeyEvent event) {
         System.out.println("Code touche relâchée : " + event.getKeyCode() +
                     " - caractère touche relâchée : " + event.getKeyChar());
           pause();
      }

      public void keyTyped(KeyEvent event) {
         System.out.println("Code touche tapée : " + event.getKeyCode() +
               " - caractère touche tapée : " + event.getKeyChar());
           pause();
      }
  }

  private void pause(){
      try {
         Thread.sleep(1000);
      } catch (InterruptedException e) {
         e.printStackTrace();
      }
  }

  public static void main(String[] args){
          new Fenetre();
  }
}
```

La figure 26.13 affiche une petite série d'essais de ce code.

Vous pouvez maintenant vous rendre compte de l'ordre dans lequel les événements du clavier sont gérés : en premier, lorsqu'on presse la touche, en deuxième, lorsqu'elle est tapée, et enfin, lorsqu'elle est relâchée.

Dans le cas qui nous intéresse, nous souhaitons que lorsque l'utilisateur saisit un caractère interdit, celui-ci soit automatiquement retiré de la zone de saisie. Pour cela, nous procéderons à un traitement spécifique dans la méthode `keyReleased(KeyEvent event)`.

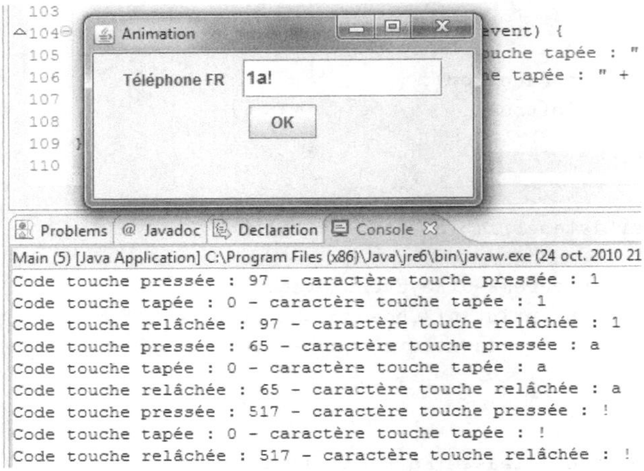

FIGURE 26.13 – Premier test de l'interface `KeyListener`

Si vous avez effectué beaucoup de tests de touches, vous avez dû remarquer que les codes des touches correspondant aux chiffres du pavé numérique sont compris entre **96** et **105**.

À partir de là, c'est simple : il nous suffit de supprimer le caractère tapé de la zone de saisie si son code n'est pas compris dans cet intervalle. Toutefois, un problème se pose avec cette méthode : ceux qui possèdent un ordinateur portable sans pavé numérique ne pourront rien saisir alors qu'il est possible d'obtenir des chiffres en appuyant sur `MAJ` + `&`, `é`, `'`, `(` ou `-`.

Ce souci nous amène à opter pour une autre solution : nous créerons une méthode dont le type de retour sera un booléen nous indiquant si la saisie est numérique ou non. Comment ? Tout simplement en exécutant un `Integer.parseInt(value)`, le tout enveloppé dans un `try{...}catch(NumberFormatException ex){}`. Si nous essayons de convertir un caractère « a » en entier, l'exception sera levée et nous retournerons alors `false` (`true` dans le cas contraire).

> ⚠ La méthode `parseInt()` prend un `String` en paramètre. La méthode `getKeyChar()`, elle, renvoie un `char`. Il faudra donc penser à faire la conversion...

Voici notre implémentation quelque peu modifiée :

```
class ClavierListener implements KeyListener{
   public void keyReleased(KeyEvent event) {
      if(!isNumeric(event.getKeyChar()))
         jtf.setText(jtf.getText().replace
                    ↪ (String.valueOf(event.getKeyChar()), ""));
   }
```

```
      //Inutile de redéfinir ces méthodes
      //Nous n'en avons plus l'utilité !
      public void keyPressed(KeyEvent event) {}
      public void keyTyped(KeyEvent event) {}

      //Retourne true si le paramètre est numérique
      //Retourne false dans le cas contraire
      private boolean isNumeric(char carac){
         try {
            Integer.parseInt(String.valueOf(carac));
         }
         catch (NumberFormatException e) {
            return false;
         }
         return true;
      }
   }
```

Vous vous apercevez que les lettres simples sont désormais interdites à la saisie : mission accomplie ! Cependant, les caractères spéciaux comme « ô », « ï », etc. ne sont pas pris en charge par cette méthode... Par conséquent, leur saisie reste possible.

En résumé

- L'objet `JComboBox` se trouve dans le package `javax.swing`.
- Vous pouvez ajouter des éléments dans une liste avec la méthode `addItem(Object obj)`.
- Vous pouvez aussi instancier une liste avec un tableau de données.
- L'interface `ItemListener` permet de gérer les états de vos éléments.
- Vous pouvez aussi utiliser l'interface `ActionListener`.
- La méthode `getSelectedItem()` retourne une variable de type `Object` : pensez donc à effectuer un cast, ou à utiliser la méthode `toString()` si les éléments sont des chaînes de caractères.
- Les objets `JCheckBox`, `JRadioButton` et `ButtonGroup` sont présents dans le package `javax.swing`.
- Vous pouvez déterminer si l'un de ces composants est sélectionné grâce à la méthode `isSelected()`. Cette méthode retourne `true` si l'objet est sélectionné, `false` dans le cas contraire.
- Vous pouvez restreindre le nombre de choix à un parmi plusieurs réponses en utilisant la classe `ButtonGroup`.
- Vous pouvez ajouter des boutons à un groupe de boutons grâce à la méthode `add(AbstractButton button)`.
- Par défaut, un `JTextField` accepte tous les types de caractères.
- Un `JFormattedTextField` correspond, pour simplifier, à un `JTextField` plus restrictif.
- On peut restreindre la saisie dans ces objets en utilisant l'objet `MaskFormatter`.

- Afin de contrôler les événements clavier, l'utilisation d'une implémentation de l'interface `KeyListener` est nécessaire.

Chapitre 27

Les menus et boîtes de dialogue

Difficulté :

Voici deux éléments très utiles à l'élaboration de programmes offrant plusieurs fonctionnalités que nous allons voir ici. Ces deux types d'objets se retrouvent souvent dans les différentes applications que vous pourrez trouver sur le Net. Vous verrez que la manière d'utiliser les menus ressemble beaucoup à celle que vous avez déjà vue et qu'il suffira de se familiariser avec l'objet pour pouvoir faire des choses sympa. Quant à l'utilisation de boîtes de dialogue, c'est un peu particulier, mais tout aussi simple.

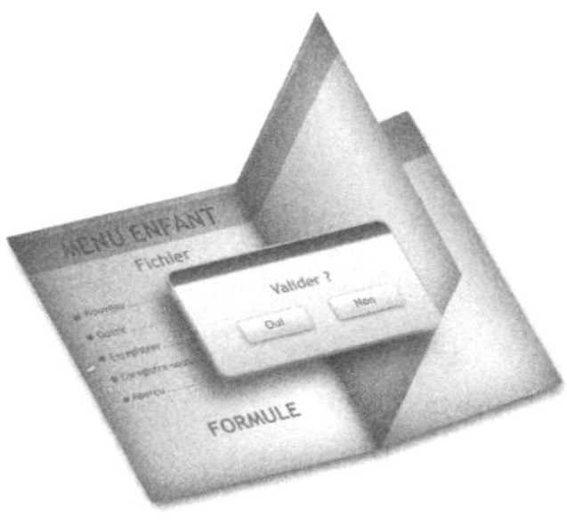

Les boîtes de dialogue

Les boîtes de dialogue, c'est certain, vous connaissez ! Cependant, afin de nous assurer que nous parlons de la même chose, voici une petite description de ce qu'est une boîte de dialogue. Il s'agit d'une petite fenêtre pouvant servir à plusieurs choses :

- afficher une information (message d'erreur, d'avertissement...) ;
- demander une validation, une réfutation ou une annulation ;
- demander à l'utilisateur de saisir une information dont le système a besoin ;
- ...

Vous pouvez voir qu'elles peuvent servir à beaucoup de choses. Il faut toutefois les utiliser avec parcimonie : il est assez pénible pour l'utilisateur qu'une application ouvre une boîte de dialogue à chaque notification, car toute boîte ouverte doit être fermée ! Pour ce point je vous laisse seuls juges de leur utilisation.

Les boîtes d'information

L'objet que nous allons utiliser tout au long de ce chapitre est le `JOptionPane`, un objet assez complexe au premier abord, mais fort pratique.

La figure 27.1 vous montre à quoi ressemblent des boîtes de dialogues « informatives ».

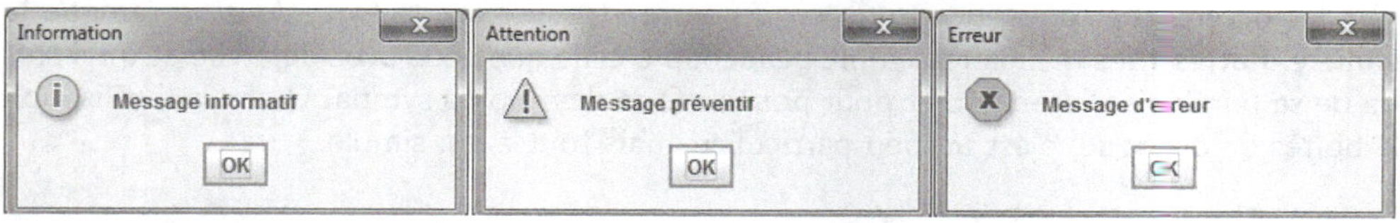

FIGURE 27.1 – Exemple de boîtes de dialogue

Ces boîtes ne sont pas destinées à participer à de quelconques opérations : elles affichent juste un message à l'attention de l'utilisateur.

Voici le code utilisé pour obtenir ces boîtes :

```
JOptionPane jop1, jop2, jop3;

//Boîte du message d'information
jop1 = new JOptionPane();
jop1.showMessageDialog(null, "Message informatif", "Information", JOptionPane.
↪ INFORMATION_MESSAGE);

//Boîte du message préventif
jop2 = new JOptionPane();
jop2.showMessageDialog(null, "Message préventif", "Attention", JOptionPane.
↪ WARNING_MESSAGE);

//Boîte du message d'erreur
```

```
jop3 = new JOptionPane();
jop3.showMessageDialog(null, "Message d'erreur", "Erreur", JOptionPane.
↪ ERROR_MESSAGE);
```

Ces trois boîtes ne s'affichent pas en même temps, tout simplement parce qu'en Java (mais aussi dans les autres langages), les boîtes de dialogue sont dites *modales*. Cela signifie que lorsqu'une boîte fait son apparition, celle-ci bloque toute interaction avec un autre composant, et ceci tant que l'utilisateur n'a pas mis fin au dialogue !

Maintenant, voyons de plus près comment construire un tel objet. Ici, nous avons utilisé la méthode : `showMessageDialog(Component parentComponent, String message, String title, int messageType);`.

- `Component parentComponent` : correspond au composant parent ; ici, il n'y en a aucun, nous mettons donc `null`.
- `String message` : permet de renseigner le message à afficher dans la boîte de dialogue.
- `String title` : permet de donner un titre à l'objet.
- `int messageType` : permet de savoir s'il s'agit d'un message d'information, de prévention ou d'erreur. Vous avez sans doute remarqué que, mis à part le texte et le titre, seul ce champ variait entre nos trois objets !

Il existe deux autres méthodes `showMessageDialog()` pour cet objet : une qui prend deux paramètres en moins (le titre et le type de message), et une qui prend un paramètre en plus (l'icône à utiliser).

Je pense qu'il est inutile de détailler la méthode avec les paramètres en moins, mais voici des exemples de boîtes avec des icônes définies par nos soins.

```
import javax.swing.ImageIcon;
import javax.swing.JOptionPane;

public class Test {
   public static void main(String[] args) {
      JOptionPane jop1, jop2, jop3;
      jop1 = new JOptionPane();
      ImageIcon img = new ImageIcon("images/information.png");
      jop1.showMessageDialog(null, "Message informatif",
         "Information", JOptionPane.INFORMATION_MESSAGE, img);
      jop2 = new JOptionPane();
      img = new ImageIcon("images/warning.png");
      jop2.showMessageDialog(null, "Message préventif",
         "Attention", JOptionPane.WARNING_MESSAGE, img);
      jop3 = new JOptionPane();
      img = new ImageIcon("images/erreur.png");
      jop3.showMessageDialog(null, "Message d'erreur",
         "Erreur", JOptionPane.ERROR_MESSAGE, img);
   }
}
```

Ces images ont été trouvées sur Google puis rangées dans un dossier « images » à la racine du projet Eclipse. Je vous invite à télécharger vos propres images et à faire vos tests. Vous remarquerez aussi l'emploi de l'objet `ImageIcon`, qui lit le fichier image à l'emplacement spécifié dans son constructeur. La figure 27.2 représente le résultat obtenu.

FIGURE 27.2 – Image personnalisée dans une boîte de dialogue

Ce type de boîte est très utile pour signaler à l'utilisateur qu'une opération s'est terminée ou qu'une erreur est survenue. L'exemple le plus simple qui me vient en tête est le cas d'une division par zéro : on peut utiliser une boîte de dialogue dans le bloc `catch`. Voici les types de boîtes que vous pouvez afficher (ces types restent valables pour tout ce qui suit).

- `JOptionPane.ERROR_MESSAGE`
- `JOptionPane.INFORMATION_MESSAGE`
- `JOptionPane.PLAIN_MESSAGE`
- `JOptionPane.QUESTION_MESSAGE`
- `JOptionPane.WARNING_MESSAGE`

Je pense que vous voyez désormais l'utilité de telles boîtes de dialogue. Nous allons donc poursuivre avec les boîtes de confirmation.

Les boîtes de confirmation

Comme leur nom l'indique, ces dernières permettent de valider, d'invalider ou d'annuler une décision. Nous utiliserons toujours l'objet `JOptionPane`, mais ce sera cette fois avec la méthode `showConfirmDialog()`, une méthode qui retourne un entier correspondant à l'option que vous aurez choisie dans cette boîte :

- Yes ;
- No ;
- Cancel.

Comme exemple, nous pouvons prendre notre animation dans sa version la plus récente. Nous pourrions utiliser une boîte de confirmation lorsque nous cliquons sur l'un des boutons contrôlant l'animation (`Go` ou `Stop`).

Pour ceux qui n'auraient pas conservé leur projet, les sources complètes de cet exemple sont disponibles sur le Site du Zéro.

▷ Copier les sources
Code web : 872889

Voici les modifications de notre classe Fenetre :

```
//Les autres imports n'ont pas changé
import javax.swing.JOptionPane;

public class Fenetre extends JFrame{
   private Panneau pan = new Panneau();
   private JButton bouton = new JButton("Go");
   private JButton bouton2 = new JButton("Stop");
   private JPanel container = new JPanel();
   private JLabel label = new JLabel("Choix de la forme");
   private int compteur = 0;
   private boolean animated = true;
   private boolean backX, backY;
   private int x,y ;
   private Thread t;
   private JComboBox combo = new JComboBox();

   private JCheckBox morph = new JCheckBox("Morphing");

   public Fenetre(){
      //Rien de changé ici
   }



   private void go(){
      //Cette méthode n'a pas changé non plus
   }

   public class BoutonListener implements ActionListener{
      public void actionPerformed(ActionEvent arg0) {
              JOptionPane jop = new JOptionPane();
              int option = jop.showConfirmDialog(null,
                  "Voulez-vous lancer l'animation ?",
                  "Lancement de l'animation",
                  JOptionPane.YES_NO_OPTION,
                  JOptionPane.QUESTION_MESSAGE);

         if(option == JOptionPane.OK_OPTION){
            animated = true;
            t = new Thread(new PlayAnimation());
            t.start();
            bouton.setEnabled(false);
            bouton2.setEnabled(true);
         }
      }
   }
```

```
    class Bouton2Listener  implements ActionListener{
       public void actionPerformed(ActionEvent e) {
          JOptionPane jop = new JOptionPane();
          int option = jop.showConfirmDialog(null,
                   "Voulez-vous arrêter l'animation ?",
                   "Arrêt de l'animation",
                   JOptionPane.YES_NO_CANCEL_OPTION,
                   JOptionPane.QUESTION_MESSAGE);

              if(option != JOptionPane.NO_OPTION &&
             option != JOptionPane.CANCEL_OPTION &&
             option != JOptionPane.CLOSED_OPTION){
             animated = false;
             bouton.setEnabled(true);
             bouton2.setEnabled(false);
          }
       }
    }

    class PlayAnimation implements Runnable{
       public void run() {
              go();
       }
    }

    class FormeListener implements ActionListener{
      //Rien de changé
    }

    class MorphListener implements ActionListener{
      //Rien de changé
    }
}
```

Les instructions intéressantes se trouvent ici :

```
//...
JOptionPane jop = new JOptionPane();
int option = jop.showConfirmDialog(null, "Voulez-vous lancer l'animation ?",
            "Lancement de l'animation", JOptionPane.YES_NO_OPTION,
            JOptionPane.QUESTION_MESSAGE);

if(option == JOptionPane.OK_OPTION){
   animated = true;
   t = new Thread(new PlayAnimation());
   t.start();
   bouton.setEnabled(false);
   bouton2.setEnabled(true);
}
//...
```

```
//...
JOptionPane jop = new JOptionPane();
int option = jop.showConfirmDialog(null, "Voulez-vous arrêter l'animation ?",
"Arrêt de l'animation", JOptionPane.YES_NO_CANCEL_OPTION,
JOptionPane.QUESTION_MESSAGE);

if(option != JOptionPane.NO_OPTION &&
   option != JOptionPane.CANCEL_OPTION &&
   option != JOptionPane.CLOSED_OPTION){
      animated = false;
      bouton.setEnabled(true);
      bouton2.setEnabled(false);
}
```

Voyons ce qu'il se passe ici :

- nous initialisons notre objet `JOptionPane` : rien d'étonnant ;
- en revanche, plutôt que d'afficher directement la boîte, nous affectons le résultat que renvoie la méthode `showConfirmDialog()` à une variable de type `int` ;
- nous nous servons de cette variable afin de savoir quel bouton a été cliqué (oui ou non).

En fait, lorsque vous cliquez sur l'un des deux boutons présents dans cette boîte, vous pouvez affecter une valeur de type `int` :

- correspondant à l'entier `JOptionPane.OK_OPTION`, qui vaut 0 [1] ;
- correspondant à l'entier `JOptionPane.NO_OPTION`, qui vaut 1 ;
- correspondant à l'entier `JOptionPane.CANCEL_OPTION` pour la boîte apparaissant lors du clic sur « **Stop** », qui vaut 2 ;
- correspondant à l'entier `JOptionPane.CLOSED_OPTION` pour la même boîte que ci-dessus et qui vaut -1.

En effectuant un test sur la valeur de notre entier, nous pouvons en déduire le bouton sur lequel on a cliqué et agir en conséquence ! La figure 27.3 représente deux copies d'écran du résultat obtenu.

Les boîtes de saisie

Je suis sûr que vous avez deviné à quoi peuvent servir ces boîtes... Oui, tout à fait, nous allons pouvoir y saisir du texte ! Et mieux encore : nous pourrons même obtenir une boîte de dialogue qui propose des choix dans une liste déroulante. Vous savez déjà que nous allons utiliser l'objet `JOptionPane`, et les plus curieux d'entre vous ont sûrement dû jeter un œil aux autres méthodes proposées par cet objet... Ici, nous allons utiliser la méthode `showInputDialog(Component parent, String message, String title, int messageType)`, qui retourne une chaîne de caractères.

Voici un code la mettant en œuvre et la figure 27.4 représentant son résultat :

1. `JOptionPane.YES_OPTION` a la même valeur.

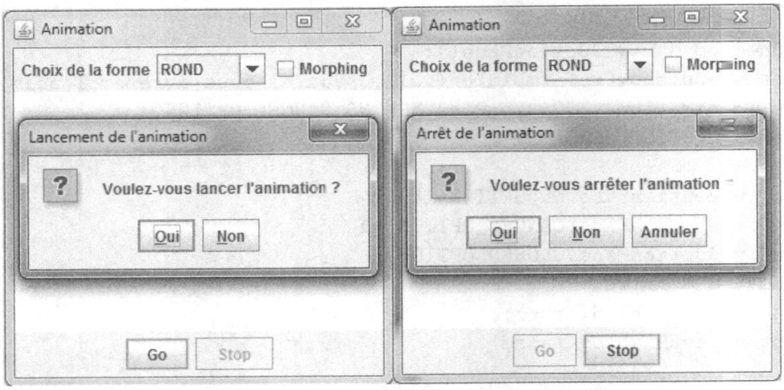

FIGURE 27.3 – JOptionPane avec notre animation

```
import javax.swing.JOptionPane;

public class Test {
   public static void main(String[] args) {
      JOptionPane jop = new JOptionPane(), jop2 = new JOptionPane();
      String nom = jop.showInputDialog(null, "Veuillez décliner votre
          ↪ identité !",
            "Gendarmerie nationale !", JOptionPane.QUESTION_MESSAGE);
      jop2.showMessageDialog(null, "Votre nom est " + nom,
            "Identité", JOptionPane.INFORMATION_MESSAGE);
   }
}
```

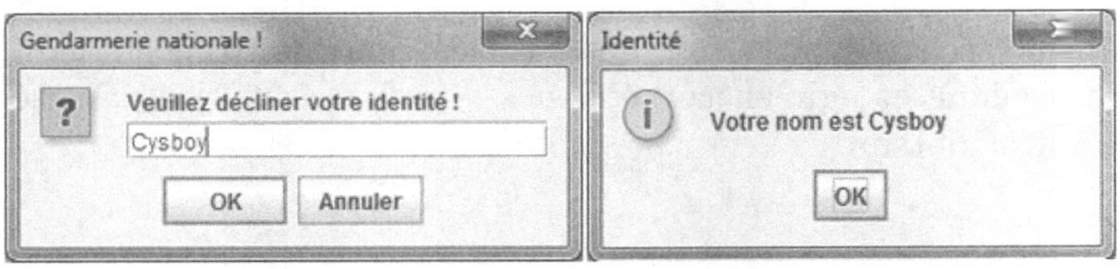

FIGURE 27.4 – Exemple de boîte de saisie

Rien d'extraordinaire... Maintenant, voyons comment on intègre une liste dans une boîte de ce genre. Vous allez voir, c'est simplissime !

```
import javax.swing.JOptionPane;

public class Test {
   public static void main(String[] args) {
      String[] sexe = {"masculin", "féminin", "indéterminé"};
      JOptionPane jop = new JOptionPane(), jop2 = new JOptionPane();
      String nom = (String)jop.showInputDialog(null,
```

```
                "Veuillez indiquer votre sexe !",
                "Gendarmerie nationale !",
                JOptionPane.QUESTION_MESSAGE,
                null,
                sexe,
                sexe[2]);
        jop2.showMessageDialog(null, "Votre sexe est " + nom, "Etat civil",
                JOptionPane.INFORMATION_MESSAGE);
    }
}
```

Ce code a pour résultat la figure 27.5.

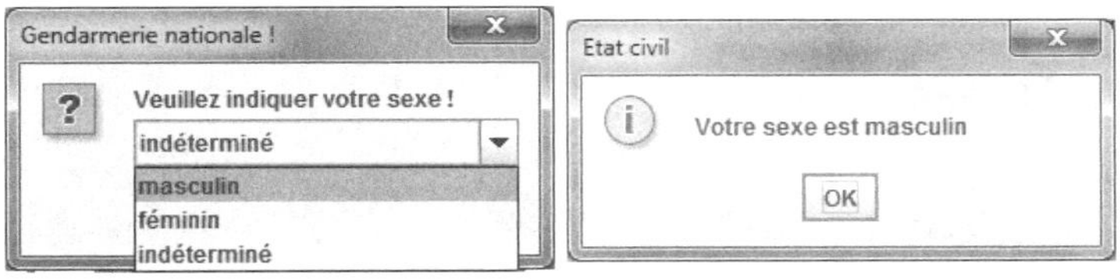

FIGURE 27.5 – Liste dans une boîte de dialogue

Voici un petit détail des paramètres utilisés dans cette méthode :

- les quatre premiers, vous connaissez ;
- le deuxième `null` correspond à l'icône que vous souhaitez passer ;
- ensuite, vous devez passer un tableau de `String` afin de remplir la combo (l'objet `JComboBox`) de la boîte ;
- le dernier paramètre correspond à la valeur par défaut de la liste déroulante.

Cette méthode retourne un objet de type `Object`, comme si vous récupériez la valeur directement dans la combo ! Du coup, n'oubliez pas de faire un cast.

Voici maintenant une variante de ce que vous venez de voir : nous allons utiliser ici la méthode `showOptionDialog()`. Celle-ci fonctionne à peu près comme la méthode précédente, sauf qu'elle prend un paramètre supplémentaire et que le type de retour n'est pas un objet mais un entier.

Ce type de boîte propose un choix de boutons correspondant aux éléments passés en paramètres (tableau de `String`) au lieu d'une combo ; elle prend aussi une valeur par défaut, mais retourne l'indice de l'élément dans la liste au lieu de l'élément lui-même.

Je pense que vous vous y connaissez assez pour comprendre le code suivant :

```
import javax.swing.JOptionPane;

public class Test {
    public static void main(String[] args) {
```

```
        String[] sexe = {"masculin", "féminin", "indéterminé"};
        JOptionPane jop = new JOptionPane(), jop2 = new JOptionPane();
        int rang = jop.showOptionDialog(null,
                "Veuillez indiquer votre sexe !",
                "Gendarmerie nationale !",
                JOptionPane.YES_NO_CANCEL_OPTION,
                JOptionPane.QUESTION_MESSAGE,
                null,
                sexe,
                sexe[2]);
        jop2.showMessageDialog(null, "Votre sexe est " + sexe[rang],
                "Etat civil", JOptionPane.INFORMATION_MESSAGE);
    }
}
```

Ce qui nous donne la figure 27.6.

FIGURE 27.6 – Boîte multi-boutons

Voilà, vous en avez terminé avec les boîtes de saisie. Cependant, vous avez dû vous demander s'il n'était pas possible d'ajouter des composants à ces boîtes. C'est vrai : vous pourriez avoir besoin de plus de renseignements, sait-on jamais... Je vous propose donc de voir comment créer vos propres boîtes de dialogue !

Des boîtes de dialogue personnalisées

Je me doute que vous êtes impatients de faire vos propres boîtes de dialogue. Comme il est vrai que dans certains cas, vous en aurez besoin, allons-y gaiement ! Je vais vous révéler un secret bien gardé : les boîtes de dialogue héritent de la classe `JDialog`. Vous avez donc deviné que nous allons créer une classe dérivée de cette dernière.

Commençons par créer un nouveau projet. Créez une nouvelle classe dans Eclipse, appelons-la `ZDialog`, faites-la hériter de la classe citée ci-dessus, et mettez-y le code suivant :

```
import javax.swing.JDialog;
import javax.swing.JFrame;

public class ZDialog extends JDialog {
   public ZDialog(JFrame parent, String title, boolean modal){
      //On appelle le construteur de JDialog correspondant
```

```
      super(parent, title, modal);
      //On spécifie une taille
      this.setSize(200, 80);
      //La position
      this.setLocationRelativeTo(null);
      //La boîte ne devra pas être redimensionnable
      this.setResizable(false);
      //Enfin on l'affiche
      this.setVisible(true);
      //Tout ceci ressemble à ce que nous faisons depuis le début
          ↪ avec notre JFrame.
   }
}
```

Maintenant, créons une classe qui va tester notre `ZDialog` :

```
import java.awt.FlowLayout;
import java.awt.event.ActionEvent;
import java.awt.event.ActionListener;
import javax.swing.JButton;
import javax.swing.JFrame;

public class Fenetre extends JFrame {
   private JButton bouton = new JButton("Appel à la ZDialog");

   public Fenetre(){
      this.setTitle("Ma JFrame");
      this.setSize(300, 100);
      this.setDefaultCloseOperation(JFrame.EXIT_ON_CLOSE);
      this.setLocationRelativeTo(null);
      this.getContentPane().setLayout(new FlowLayout());
      this.getContentPane().add(bouton);
      bouton.addActionListener(new ActionListener(){
         public void actionPerformed(ActionEvent arg0) {
            ZDialog zd = new ZDialog(null, "Coucou les ZérOs", true);
         }
      });

      this.setVisible(true);
   }

   public static void main(String[] main){
      Fenetre fen = new Fenetre();
   }
}
```

La figure 27.7 vous présente le résultat ; bon, c'est un début.

Je pense que vous avez deviné le rôle des paramètres du constructeur, mais je vais tout de même les expliciter :

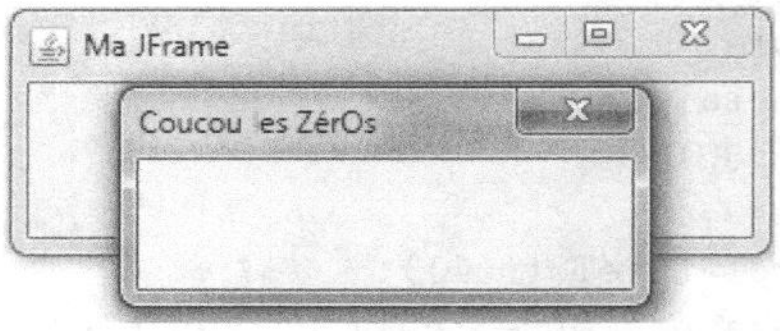

FIGURE 27.7 – Votre première boîte personnalisée

- `JFrame Parent` correspond à l'objet parent ;
- `String title` correspond au titre de notre boîte ;
- `boolean modal` correspond à la modalité ; `true` : boîte modale, `false` : boîte non modale.

Rien de compliqué... Il est donc temps d'ajouter des composants à notre objet. Par contre, vous conviendrez que si nous prenons la peine de construire un tel composant, nous attendons plus qu'une simple réponse à une question ouverte (oui/non), une chaîne de caractères ou encore un choix dans une liste... Nous en voulons bien plus ! Plusieurs saisies, avec plusieurs listes **en même temps !**

Vous avez vu que nous devrons récupérer les informations choisies dans certains cas, mais pas dans tous : nous allons donc devoir déterminer ces différents cas, ainsi que les choses à faire.

Partons du fait que notre boîte comprendra un bouton « **OK** » et un bouton « **Annuler** » : dans le cas où l'utilisateur clique sur « **OK** », on récupère les informations, si l'utilisateur clique sur « **Annuler** », on ne récupère rien. Et il faudra aussi tenir compte de la modalité de notre boîte : la méthode `setVisible(false);` met fin au dialogue ! Ceci signifie également que le dialogue s'entame au moment où l'instruction `setVisible(true);` est exécutée. C'est pourquoi nous allons sortir cette instruction du constructeur de l'objet et la mettre dans une méthode à part.

Maintenant, il faut que l'on puisse indiquer à notre boîte de renvoyer les informations ou non. C'est pour cela que nous allons utiliser un booléen — appelons-le `sendData` — initialisé à `false`, mais qui passera à `true` si on clique sur « **OK** ».

```
//Cas où notre ZDialog renverra le contenu
//D'un JTextField nommé jtf
public String showZDialog(){
   this.sendData = false;
   //Début du dialogue
   this.setVisible(true);
   //Le dialogue prend fin
   //Si on a cliqué sur OK, on envoie, sinon on envoie une chaîne vide !
   return (this.sendData)? jtf.getText() : "";
}
```

Il nous reste un dernier point à gérer...

Comment récupérer les informations saisies dans notre boîte depuis notre fenêtre, vu que nous voulons obtenir plusieurs informations ?

C'est vrai qu'on ne peut retourner qu'une valeur à la fois... Mais il peut y avoir plusieurs solutions à ce problème.

- Dans le cas où nous n'avons qu'un composant, nous pouvons adapter la méthode `showZDialog()` au type de retour du composant utilisé.
- Dans notre cas, nous voulons plusieurs composants, donc plusieurs valeurs. Vous pouvez :
  - retourner une collection de valeurs (`ArrayList`) ;
  - faire des accesseurs dans votre `ZDialog` ;
  - créer un objet dont le rôle est de collecter les informations dans votre boîte et de retourner cet objet ;
  - ...

Nous allons opter pour un objet qui collectera les informations et que nous retournerons à la fin de la méthode `showZDialog()`. Avant de nous lancer dans sa création, nous devons savoir ce que nous allons mettre dans notre boîte... J'ai choisi de vous faire programmer une boîte permettant de spécifier les caractéristiques d'un personnage de jeu vidéo :

- son nom (un champ de saisie) ;
- son sexe (une combo) ;
- sa taille (un champ de saisie) ;
- sa couleur de cheveux (une combo) ;
- sa tranche d'âge (des boutons radios).

Pour ce qui est du placement des composants, l'objet `JDialog` se comporte exactement comme un objet `JFrame` (`BorderLayout` par défaut, ajout d'un composant au conteneur...).

Nous pouvons donc créer notre objet contenant les informations de notre boîte de dialogue, je l'ai appelé `ZDialogInfo`.

▷ Copier ces codes
Code web : 298393

```
public class ZDialogInfo {
   private String nom, sexe, age, cheveux, taille;

   public ZDialogInfo(){}
   public ZDialogInfo(String nom, String sexe, String age,
                  String cheveux, String taille){
      this.nom = nom;
      this.sexe = sexe;
      this.age = age;
      this.cheveux = cheveux;
```

```
      this.taille = taille;
   }

   public String toString(){
      String str;
      if(this.nom != null && this.sexe != null &&
            this.taille != null && this.age != null &&
            this.cheveux != null){
         str = "Description de l'objet InfoZDialog";
         str += "Nom : " + this.nom + "\n";
         str += "Sexe : " + this.sexe + "\n";
         str += "Age : " + this.age + "\n";
         str += "Cheveux : " + this.cheveux + "\n";
         str += "Taille : " + this.taille + "\n";
      }
      else{
         str = "Aucune information !";
      }
      return str;
   }
}
```

L'avantage avec cette méthode, c'est que nous n'avons pas à nous soucier d'une éventuelle annulation de la saisie : l'objet d'information renverra toujours quelque chose.

Voici le code source de notre boîte perso :

```
import java.awt.BorderLayout;
import java.awt.Color;
import java.awt.Dimension;
import java.awt.event.ActionEvent;
import java.awt.event.ActionListener;
import javax.swing.BorderFactory;
import javax.swing.ImageIcon;
import javax.swing.JButton;
import javax.swing.JComboBox;
import javax.swing.JDialog;
import javax.swing.JFrame;
import javax.swing.JLabel;
import javax.swing.JPanel;
import javax.swing.JRadioButton;
import javax.swing.ButtonGroup;
import javax.swing.JTextField;

public class ZDialog extends JDialog {
   private ZDialogInfo zInfo = new ZDialogInfo();
   private boolean sendData;
   private JLabel nomLabel, sexeLabel, cheveuxLabel, ageLabel, tailleLabel,
↪ taille2Label, icon;
   private JRadioButton tranche1, tranche2, tranche3, tranche4;
```

```
private JComboBox sexe, cheveux;
private JTextField nom, taille;

public ZDialog(JFrame parent, String title, boolean modal){
   super(parent, title, modal);
   this.setSize(550, 270);
   this.setLocationRelativeTo(null);
   this.setResizable(false);
   this.setDefaultCloseOperation(JDialog.DO_NOTHING_ON_CLOSE);
   this.initComponent();
}

public ZDialogInfo showZDialog(){
   this.sendData = false;
   this.setVisible(true);
   return this.zInfo;
}

private void initComponent(){
   //Icône
   icon = new JLabel(new ImageIcon("images/icone.jpg"));
   JPanel panIcon = new JPanel();
   panIcon.setBackground(Color.white);
   panIcon.setLayout(new BorderLayout());
   panIcon.add(icon);

   //Le nom
   JPanel panNom = new JPanel();
   panNom.setBackground(Color.white);
   panNom.setPreferredSize(new Dimension(220, 60));
   nom = new JTextField();
   nom.setPreferredSize(new Dimension(100, 25));
   panNom.setBorder(BorderFactory.createTitledBorder("Nom du personnage"));
   nomLabel = new JLabel("Saisir un nom :");
   panNom.add(nomLabel);
   panNom.add(nom);

   //Le sexe
   JPanel panSexe = new JPanel();
   panSexe.setBackground(Color.white);
   panSexe.setPreferredSize(new Dimension(220, 60));
   panSexe.setBorder(BorderFactory.createTitledBorder("Sexe du
       ↪ personnage"));
   sexe = new JComboBox();
   sexe.addItem("Masculin");
   sexe.addItem("Féminin");
   sexe.addItem("Indéterminé");
   sexeLabel = new JLabel("Sexe : ");
   panSexe.add(sexeLabel);
   panSexe.add(sexe);
```

```
//L'âge
JPanel panAge = new JPanel();
panAge.setBackground(Color.white);
panAge.setBorder(BorderFactory.createTitledBorder("Age du personnage"));
panAge.setPreferredSize(new Dimension(440, 60));
tranche1 = new JRadioButton("15 - 25 ans");
tranche1.setSelected(true);
tranche2 = new JRadioButton("26 - 35 ans");
tranche3 = new JRadioButton("36 - 50 ans");
tranche4 = new JRadioButton("+ de 50 ans");
ButtonGroup bg = new ButtonGroup();
bg.add(tranche1);
bg.add(tranche2);
bg.add(tranche3);
bg.add(tranche4);
panAge.add(tranche1);
panAge.add(tranche2);
panAge.add(tranche3);
panAge.add(tranche4);


//La taille
JPanel panTaille = new JPanel();
panTaille.setBackground(Color.white);
panTaille.setPreferredSize(new Dimension(220, 60));
panTaille.setBorder(BorderFactory.
      createTitledBorder("Taille du personnage"));
tailleLabel = new JLabel("Taille : ");
taille2Label = new JLabel(" cm");
taille = new JTextField("180");
taille.setPreferredSize(new Dimension(90, 25));
panTaille.add(tailleLabel);
panTaille.add(taille);
panTaille.add(taille2Label);

//La couleur des cheveux
JPanel panCheveux = new JPanel();
panCheveux.setBackground(Color.white);
panCheveux.setPreferredSize(new Dimension(220, 60));
panCheveux.setBorder(BorderFactory.
      createTitledBorder("Couleur de cheveux du personnage" );
cheveux = new JComboBox();
cheveux.addItem("Blond");
cheveux.addItem("Brun");
cheveux.addItem("Roux");
cheveux.addItem("Blanc");
cheveuxLabel = new JLabel("Cheveux");
panCheveux.add(cheveuxLabel);
panCheveux.add(cheveux);
```

```
        JPanel content = new JPanel();
        content.setBackground(Color.white);
        content.add(panNom);
        content.add(panSexe);
        content.add(panAge);
        content.add(panTaille);
        content.add(panCheveux);

        JPanel control = new JPanel();
        JButton okBouton = new JButton("OK");

        okBouton.addActionListener(new ActionListener(){
            public void actionPerformed(ActionEvent arg0) {
                zInfo = new ZDialogInfo(nom.getText(),
                                    ↪ (String)sexe.getSelectedItem(), getAge(),
                        (String)cheveux.getSelectedItem() ,getTaille());
                setVisible(false);
            }

            public String getAge(){
                return (tranche1.isSelected()) ? tranche1.getText() :
                        (tranche2.isSelected()) ? tranche2.getText() :
                        (tranche3.isSelected()) ? tranche3.getText() :
                        (tranche4.isSelected()) ? tranche4.getText() :
                        tranche1.getText();
            }

            public String getTaille(){
                return (taille.getText().equals("")) ? "180" : taille.getText();
            }
        });

        JButton cancelBouton = new JButton("Annuler");
        cancelBouton.addActionListener(new ActionListener(){
            public void actionPerformed(ActionEvent arg0) {
                setVisible(false);
            }
        });

        control.add(okBouton);
        control.add(cancelBouton);

        this.getContentPane().add(panIcon, BorderLayout.WEST);
        this.getContentPane().add(content, BorderLayout.CENTER);
        this.getContentPane().add(control, BorderLayout.SOUTH);
    }
}
```

J'ai ajouté une image, mais vous n'y êtes nullement obligés ! Voici le code source permettant de tester cette boîte :

```
import java.awt.FlowLayout;
import java.awt.event.ActionEvent;
import java.awt.event.ActionListener;
import javax.swing.JButton;
import javax.swing.JFrame;
import javax.swing.JOptionPane;

public class Fenetre extends JFrame {
   private JButton bouton = new JButton("Appel à la ZDialog");

   public Fenetre(){
      this.setTitle("Ma JFrame");
      this.setSize(300, 100);
      this.setDefaultCloseOperation(JFrame.EXIT_ON_CLOSE);
      this.setLocationRelativeTo(null);
      this.getContentPane().setLayout(new FlowLayout());
      this.getContentPane().add(bouton);
      bouton.addActionListener(new ActionListener(){
         public void actionPerformed(ActionEvent arg0) {
            ZDialog zd = new ZDialog(null, "Coucou les ZérOs", true);
            ZDialogInfo zInfo = zd.showZDialog();
            JOptionPane jop = new JOptionPane();
            jop.showMessageDialog(null, zInfo.toString(),
            "Informations personnage", JOptionPane.INFORMATION_MESSAGE);
         }
      });
      this.setVisible(true);
   }

   public static void main(String[] main){
      Fenetre fen = new Fenetre();
   }
}
```

Ce qu'on obtient est montré à la figure 27.8.

Voilà : nous venons de voir comment utiliser des boîtes de dialogue. En route pour l'utilisation des menus, à présent !

Les menus

Faire son premier menu

Vous vous rappelez que j'ai mentionné qu'une MenuBar fait partie de la composition de l'objet JFrame. Le moment est venu pour vous d'utiliser un composant de ce genre. Néanmoins, celui-ci appartient au package java.awt. Dans ce chapitre nous utiliserons

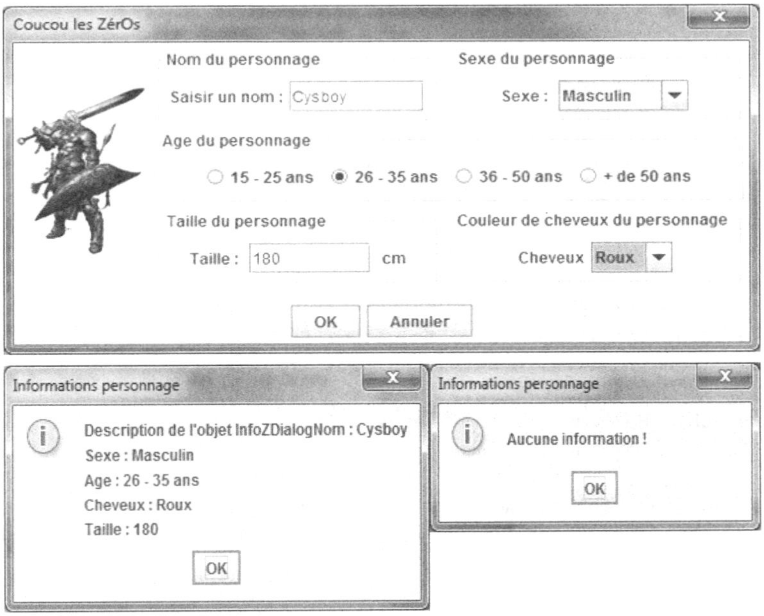

FIGURE 27.8 – Différentes copies d'écran de test

son homologue, l'objet `JMenuBar`, issu dans le package `javax.swing`. Pour travailler avec des menus, nous aurons besoin :

- de l'objet `JMenu`, le titre principal d'un point de menu (Fichier, Édition...) ;
- d'objets `JMenuItem`, les éléments composant nos menus.

Afin de permettre des interactions avec nos futurs menus, nous allons devoir implémenter l'interface `ActionListener` que vous connaissez déjà bien. Ces implémentations serviront à écouter les objets `JMenuItem` : ce sont ces objets qui déclencheront l'une ou l'autre opération. Les `JMenu`, eux, se comportent automatiquement : si on clique sur un titre de menu, celui-ci se déroule tout seul et, dans le cas où nous avons un tel objet présent dans un autre `JMenu`, une autre liste se déroulera toute seule !

Je vous propose d'enlever tous les composants (boutons, combos, etc.) de notre animation et de gérer tout cela par le biais d'un menu.

Avant de nous lancer dans cette tâche, voici une application de tout cela, histoire de vous familiariser avec les concepts et leur syntaxe.

```
import java.awt.event.ActionEvent;
import java.awt.event.ActionListener;
import javax.swing.ButtonGroup;
import javax.swing.JCheckBoxMenuItem;
import javax.swing.JFrame;
import javax.swing.JMenu;
import javax.swing.JMenuBar;
```

```
import javax.swing.JMenuItem;
import javax.swing.JRadioButtonMenuItem;

public class ZFenetre extends JFrame {
   private JMenuBar menuBar = new JMenuBar();
   private JMenu test1 = new JMenu("Fichier");
   private JMenu test1_2 = new JMenu("Sous ficher");
   private JMenu test2 = new JMenu("Edition");

   private JMenuItem item1 = new JMenuItem("Ouvrir");
   private JMenuItem item2 = new JMenuItem("Fermer");
   private JMenuItem item3 = new JMenuItem("Lancer");
   private JMenuItem item4 = new JMenuItem("Arrêter");

   private JCheckBoxMenuItem jcmi1 = new JCheckBoxMenuItem("Choix 1");
   private JCheckBoxMenuItem jcmi2 = new JCheckBoxMenuItem("Choix 2");

   private JRadioButtonMenuItem jrmi1 = new JRadioButtonMenuItem("Radio 1");
   private JRadioButtonMenuItem jrmi2 = new JRadioButtonMenuItem("Radio 2");

   public static void main(String[] args){
      ZFenetre zFen = new ZFenetre();
   }

   public ZFenetre(){
      this.setSize(400, 200);
      this.setDefaultCloseOperation(JFrame.EXIT_ON_CLOSE);
      this.setLocationRelativeTo(null);

      //On initialise nos menus
      this.test1.add(item1);

      //On ajoute les éléments dans notre sous-menu
      this.test1_2.add(jcmi1);
      this.test1_2.add(jcmi2);
      //Ajout d'un séparateur
      this.test1_2.addSeparator();
      //On met nos radios dans un ButtonGroup
      ButtonGroup bg = new ButtonGroup();
      bg.add(jrmi1);
      bg.add(jrmi1);
      //On présélectionne la première radio
      jrmi1.setSelected(true);

      this.test1_2.add(jrmi1);
      this.test1_2.add(jrmi2);

      //Ajout du sous-menu dans notre menu
      this.test1.add(this.test1_2);
      //Ajout d'un séparateur
```

```
        this.test1.addSeparator();
        item2.addActionListener(new ActionListener(){
            public void actionPerformed(ActionEvent arg0) {
                System.exit(0);
            }
        });
        this.test1.add(item2);
        this.test2.add(item3);
        this.test2.add(item4);

        //L'ordre d'ajout va déterminer l'ordre d'apparition
        //dans le menu de gauche à droite
        //Le premier ajouté sera tout à gauche de la barre de menu et
        //inversement pour le dernier
        this.menuBar.add(test1);
        this.menuBar.add(test2);
        this.setJMenuBar(menuBar);
        this.setVisible(true);
    }
}
```

L'action attachée au `JMenutItem` « **Fermer** » permet de quitter l'application. Ce que donne le code est affiché à la figure 27.9.

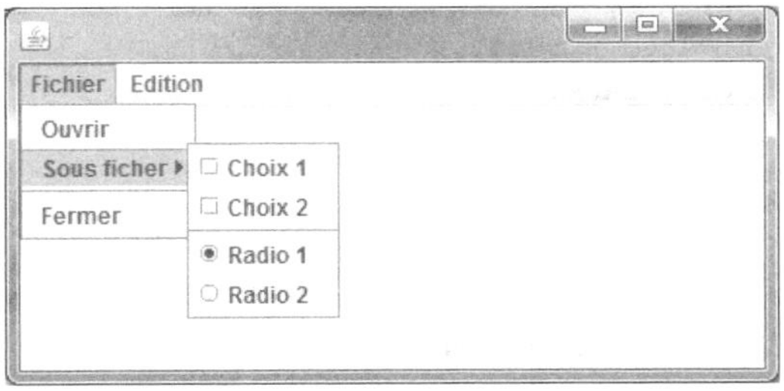

FIGURE 27.9 – Premier menu

Vous voyez qu'il n'y a rien de difficile dans l'élaboration d'un menu. Je vous propose donc d'en créer un pour notre animation. Allons-y petit à petit : nous ne gérerons les événements que par la suite. Pour le moment, nous allons avoir besoin :

- d'un menu « Animation »pour lancer, interrompre (par défaut à `setEnabled(false)`) ou quitter l'animation ;
- d'un menu « Forme »afin de sélectionner le type de forme utiliser (sous-menu + une radio par forme) et de permettre d'activer le mode morphing (case à cocher) ;
- d'un menu « À propos »avec un joli « ? » qui va ouvrir une boîte de dialogue.

N'effacez surtout pas les implémentations pour les événements : retirez seulement les composants qui les utilisent. Ensuite, créez votre menu !

Voici un code qui ne devrait pas trop différer de ce que vous avez écrit :

▷ Code du menu
Code web : 432568

```
import java.awt.BorderLayout;
import java.awt.Color;
import java.awt.event.ActionEvent;
import java.awt.event.ActionListener;
import javax.swing.ButtonGroup;
import javax.swing.JButton;
import javax.swing.JCheckBox;
import javax.swing.JCheckBoxMenuItem;
import javax.swing.JComboBox;
import javax.swing.JFrame;
import javax.swing.JLabel;
import javax.swing.JMenu;
import javax.swing.JMenuBar;
import javax.swing.JMenuItem;
import javax.swing.JOptionPane;
import javax.swing.JPanel;
import javax.swing.JRadioButtonMenuItem;

public class Fenetre extends JFrame{
   private Panneau pan = new Panneau();
   private JPanel container = new JPanel();
   private int compteur = 0;
   private boolean animated = true;
   private boolean backX, backY;
   private int x,y ;
   private Thread t;

   private JMenuBar menuBar = new JMenuBar();

   private JMenu animation = new JMenu("Animation"),
       forme = new JMenu("Forme"),
       typeForme = new JMenu("Type de forme"),
       aPropos = new JMenu("À propos");

   private JMenuItem lancer = new JMenuItem("Lancer l'animation"),
       arreter = new JMenuItem("Arrêter l'animation"),
       quitter = new JMenuItem("Quitter"),
       aProposItem = new JMenuItem("?");

   private JCheckBoxMenuItem morph = new JCheckBoxMenuItem("Morphing");
   private JRadioButtonMenuItem carre = new JRadioButtonMenuItem("Carré"),
       rond = new JRadioButtonMenuItem("Rond"),
       triangle = new JRadioButtonMenuItem("Triangle"),
       etoile = new JRadioButtonMenuItem("Etoile");

   private ButtonGroup bg = new ButtonGroup();
```

```
public Fenetre(){
   this.setTitle("Animation");
   this.setSize(300, 300);
   this.setDefaultCloseOperation(JFrame.EXIT_ON_CLOSE);
   this.setLocationRelativeTo(null);

   container.setBackground(Color.white);
   container.setLayout(new BorderLayout());
   container.add(pan, BorderLayout.CENTER);

   this.setContentPane(container);
   this.initMenu();
   this.setVisible(true);
}

private void initMenu(){
   //Menu animation
   animation.add(lancer);
   arreter.setEnabled(false);
   animation.add(arreter);
   animation.addSeparator();
   //Pour quitter l'application
   quitter.addActionListener(new ActionListener(){
     public void actionPerformed(ActionEvent event){
       System.exit(0);
     }
   });
   animation.add(quitter);

   //Menu forme
   bg.add(carre);
   bg.add(triangle);
   bg.add(rond);
   bg.add(etoile);

   typeForme.add(rond);
   typeForme.add(carre);
   typeForme.add(triangle);
   typeForme.add(etoile);

   rond.setSelected(true);

   forme.add(typeForme);
   forme.add(morph);

   //Menu À propos
   aPropos.add(aProposItem);

   //Ajout des menus dans la barre de menus
   menuBar.add(animation);
```

```
    menuBar.add(forme);
    menuBar.add(aPropos);

    //Ajout de la barre de menus sur la fenêtre
    this.setJMenuBar(menuBar);
  }

  private void go(){
    //Rien n'a changé ici
  }

  public class BoutonListener implements ActionListener{
    public void actionPerformed(ActionEvent arg0) {
     JOptionPane jop = new JOptionPane();
           int option = jop.showConfirmDialog(null,
               "Voulez-vous lancer l'animation ?",
               "Lancement de l'animation",
               JOptionPane.YES_NO_OPTION,
               JOptionPane.QUESTION_MESSAGE);

     if(option == JOptionPane.OK_OPTION){
       lancer.setEnabled(false);
       arreter.setEnabled(true);
       animated = true;
       t = new Thread(new PlayAnimation());
       t.start();
     }
   }
  }

  class Bouton2Listener  implements ActionListener{

   public void actionPerformed(ActionEvent e) {
     JOptionPane jop = new JOptionPane();
       int option = jop.showConfirmDialog(null,
               "Voulez-vous arrêter l'animation ?",
               "Arrêt de l'animation",
               JOptionPane.YES_NO_CANCEL_OPTION,
               JOptionPane.QUESTION_MESSAGE);

     if(option != JOptionPane.NO_OPTION &&
          option != JOptionPane.CANCEL_OPTION &&
          option != JOptionPane.CLOSED_OPTION){
       animated = false;
       //On remplace nos boutons par nos JMenuItem
       lancer.setEnabled(true);
       arreter.setEnabled(false);
     }
   }
  }
```

```
    class PlayAnimation implements Runnable{
      public void run() {
        go();
      }
    }

    class FormeListener implements ActionListener{
      public void actionPerformed(ActionEvent e) {
        //On commente cette ligne pour l'instant
        //****************************************
        //pan.setForme(combo.getSelectedItem().toString());
      }
    }

    class MorphListener implements ActionListener{
      public void actionPerformed(ActionEvent e) {
        //Si la case est cochée, activation du mode morphing
        if(morph.isSelected())pan.setMorph(true);
        //Sinon rien !
        else pan.setMorph(false);
      }
    }
}
```

Vous devriez obtenir la figure 27.10.

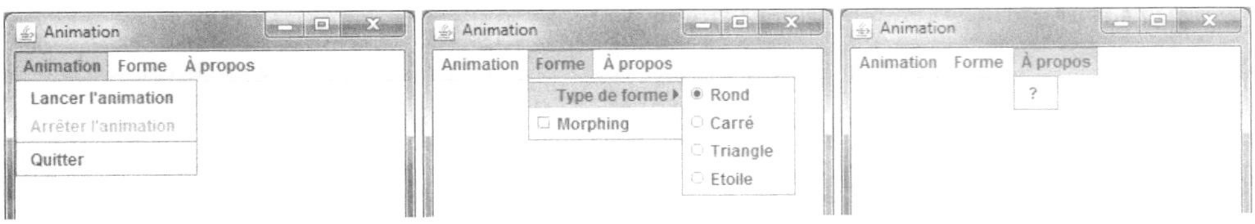

FIGURE 27.10 – Notre menu et son animation

Il ne reste plus qu'à faire communiquer nos menus et notre animation ! Pour cela, rien de plus simple, il suffit d'indiquer à nos `MenuItem` qu'on les écoute. En fait, cela revient à faire comme si nous cliquions sur des boutons (à l'exception des cases à cocher et des radios où, là, nous pouvons utiliser une implémentation d'`ActionListener` ou de `ItemListener`), nous utiliserons donc la première méthode.

Afin que l'application fonctionne bien, j'ai apporté deux modifications mineures dans la classe `Panneau` :

- ajout d'une instruction dans une condition.

```
//J'ai ajouté :  || this.forme.equals("CARRÉ")
if(this.forme.equals("CARRE") || this.forme.equals("CARRÉ")){
g.fillRect(posX, posY, 50, 50);
}
```

  Ainsi, on accepte les deux graphies !

- ajout d'un `toUpperCase()`.

```
public void setForme(String form){
    this.forme = form.toUpperCase();
}
```

Ainsi, on s'assure que cette chaîne de caractères est en majuscules.

Voici le code de notre animation avec un beau menu pour tout contrôler :

▷ Code de l'animation
Code web : 210234

```
//Les imports

public class Fenetre extends JFrame{

   //La déclaration des variables reste inchangée

   public Fenetre(){
      //Le constructeur est inchangé
   }

   private void initMenu(){
      //Menu Animation
      //Ajout du listener pour lancer l'animation
      lancer.addActionListener(new StartAnimationListener());
      animation.add(lancer);

      //Ajout du listener pour arrêter l'animation
      arreter.addActionListener(new StopAnimationListener());
      arreter.setEnabled(false);
      animation.add(arreter);

      animation.addSeparator();
      quitter.addActionListener(new ActionListener(){
         public void actionPerformed(ActionEvent event){
            System.exit(0);
         }
      });
      animation.add(quitter);

      //Menu Forme

      bg.add(carre);
      bg.add(triangle);
      bg.add(rond);
      bg.add(etoile);

      //On crée un nouvel écouteur, inutile de créer 4 instances différentes
      FormeListener fl = new FormeListener();
      carre.addActionListener(fl);
      rond.addActionListener(fl);
```

```
    triangle.addActionListener(fl);
    etoile.addActionListener(fl);

    typeForme.add(rond);
    typeForme.add(carre);
    typeForme.add(triangle);
    typeForme.add(etoile);

    rond.setSelected(true);

    forme.add(typeForme);

    //Ajout du listener pour le morphing
    morph.addActionListener(new MorphListener());
    forme.add(morph);

    //Menu À propos

    //Ajout de ce que doit faire le "?"
    aProposItem.addActionListener(new ActionListener(){
      public void actionPerformed(ActionEvent arg0) {
        JOptionPane jop = new JOptionPane();
        ImageIcon img = new ImageIcon("images/cysboy.gif");
        String mess = "Merci ! \n J'espère que vous vous amusez bien !
                ↪ \n";
        mess += "Je crois qu'il est temps d'ajouter des accélérateurs
                et des "+"mnémoniques dans tout ça...\n";
        mess += "\n Allez, GO les ZérOs !";
        jop.showMessageDialog(null, mess, "À propos",
            JOptionPane.INFORMATION_MESSAGE, img);
      }
    });
    aPropos.add(aProposItem);

    //Ajout des menus dans la barre de menus
    menuBar.add(animation);
    menuBar.add(forme);
    menuBar.add(aPropos);

    //Ajout de la barre de menus sur la fenêtre
    this.setJMenuBar(menuBar);
}

private void go(){
    //Idem
}

public class StartAnimationListener implements ActionListener{
    public void actionPerformed(ActionEvent arg0) {
        //Idem
```

```
    }
  }

  /**
   * Écouteur du menu Quitter
   * @author CHerby
   */
  class StopAnimationListener  implements ActionListener{
    public void actionPerformed(ActionEvent e) {
          //Idem
    }
  }

  class PlayAnimation implements Runnable{
    public void run() {
      go();
    }
  }

  /**
   * Écoute les menus Forme
   * @author CHerby
   */
  class FormeListener implements ActionListener{
    public void actionPerformed(ActionEvent e) {
      pan.setForme(((JRadioButtonMenuItem)e.getSource()).getText());
    }
  }

  /**
   * Écoute le menu Morphing
   * @author CHerby
   */
  class MorphListener implements ActionListener{
    public void actionPerformed(ActionEvent e) {
      //Si la case est cochée, activation du mode morphing
      if(morph.isSelected())pan.setMorph(true);
      //Sinon rien !
      else pan.setMorph(false);
    }
  }
}
```

Comme je l'ai indiqué dans le dialogue du menu « À propos », je crois qu'il est temps d'ajouter des raccourcis clavier à notre application ! Vous êtes prêts ?

Les raccourcis clavier

À nouveau, il est très simple d'insérer des raccourcis clavier. Pour ajouter un « accélérateur » [2] sur un `JMenu`, nous appellerons la méthode `setAccelerator();` et pour ajouter un mnémonique [3] sur un `JMenuItem`, nous nous servirons de la méthode `setMnemonic();`.

Attribuons le mnémonique « A » au menu « Animation », le mnémonique « F » pour le menu « Forme » et enfin « P » pour « À propos ». Vous allez voir, c'est très simple : il vous suffit d'invoquer la méthode `setMnemonic(char mnemonic);` sur le `JMenu` que vous désirez.

Ce qui nous donne, dans notre cas :

```
private void initMenu(){
    //Menu animation
    //Le début de la méthode reste inchangé

    //Ajout des menus dans la barre de menus et ajout de mnémoniques !
    animation.setMnemonic('A');
    menuBar.add(animation);

    forme.setMnemonic('F');
    menuBar.add(forme);

    aPropos.setMnemonic('P');
    menuBar.add(aPropos);
    //Ajout de la barre de menus sur la fenêtre
    this.setJMenuBar(menuBar);
}
```

Nous avons à présent les lettres correspondant au mnémonique soulignées dans nos menus. Et il y a mieux : si vous tapez `ALT + <la lettre>`, le menu correspondant se déroule ! La figure 27.11 correspond à ce que j'obtiens.

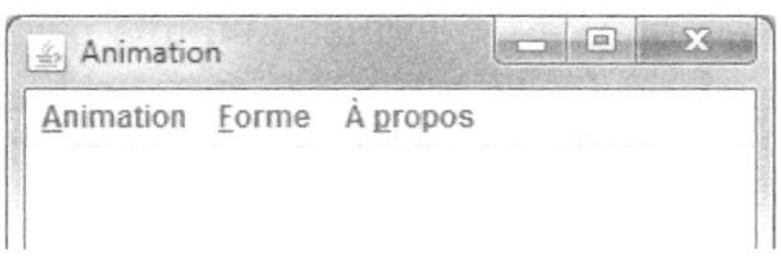

FIGURE 27.11 – Mnémonique sur votre menu

Sachez que vous pouvez aussi mettre des mnémoniques sur les objets `JMenuItem`. Je dois également vous dire qu'il existe une autre façon d'ajouter un mnémonique sur un `JMenu` (mais c'est uniquement valable avec un `JMenu`) : en passant le mnémonique en deuxième paramètre du constructeur de l'objet, comme ceci `JMenu menu = new JMenu("Fichier", 'F'); //Ici, ce menu aura le mnémonique F.`

2. Raccourcis clavier des éléments de menu
3. Raccourcis permettant de simuler le clic sur un point de menu.

Oui, je sais, c'est simple, très simple, même. Pour ajouter des accélérateurs, c'est quasiment pareil, si ce n'est que nous devrons utiliser un nouvel objet : `KeyStroke`. Cet objet permet de déterminer la touche utilisée ou à utiliser. C'est grâce à cet objet que nous allons pouvoir construire des combinaisons de touches pour nos accélérateurs ! Nous allons commencer par attribuer un simple caractère comme accélérateur à notre `JMenuItem` « Lancer »en utilisant la méthode `getKeyStroke(char caracter);` de l'objet `KeyStroke`. Ajoutez cette ligne de code au début de la méthode `initMenu()` (vous aurez besoin des packages `javax.swing.KeyStroke` et `java.awt.event.ActionEvent`) :

```
//Cette instruction ajoute l'accélérateur 'c' à notre objet
lancer.setAccelerator(KeyStroke.getKeyStroke('c'));
```

Testez votre application, un petit « c » est apparu à côté du menu « Lancer ». La figure 27.12 illustre le phénomène.

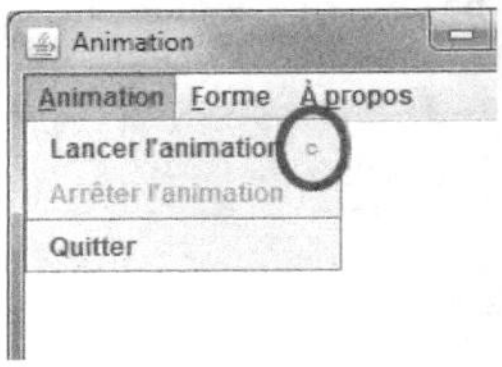

FIGURE 27.12 – Un accélérateur sur votre menu

Appuyez sur la touche « c » de votre clavier : celle-ci a le même effet qu'un clic sur le menu « Lancer » !

Attention : si vous mettez le caractère « C », vous serez obligés d'appuyer simultanément sur `SHIFT + c` ou d'activer la touche `MAJ` !

Si le principe est bon, dites-vous aussi que maintenant, presser la touche c lancera systématiquement votre animation ! C'est l'une des raisons pour laquelle les accélérateurs sont, en général, des combinaisons de touches du genre `CTRL + c` ou encore `CTRL + SHIFT + S`.

Pour cela, nous allons utiliser une méthode `getKeyStroke()` un peu différente : elle ne prendra pas le caractère de notre touche en argument, mais son code ainsi qu'une ou plusieurs touche(s) composant la combinaison. Pour obtenir le code d'une touche, nous utiliserons l'objet `KeyEvent`, un objet qui stocke tous les codes des touches !

Dans le code qui suit, je crée un accélérateur `CTRL + L` pour le menu « Lancer » et un accélérateur `CTRL + SHIFT + A` pour le menu « Arrêter » :

```
lancer.setAccelerator(KeyStroke.getKeyStroke(KeyEvent.VK_L,
        KeyEvent.CTRL_MASK));
  animation.add(lancer);
```

```
//Ajout du listener pour arrêter l'animation
arreter.addActionListener(new StopAnimationListener());
arreter.setEnabled(false);
arreter.setAccelerator(KeyStroke.getKeyStroke(KeyEvent.VK_A,
      KeyEvent.CTRL_DOWN_MASK + KeyEvent.SHIFT_DOWN_MASK));
animation.add(arreter);
```

La figure 27.13 présente le résultat obtenu.

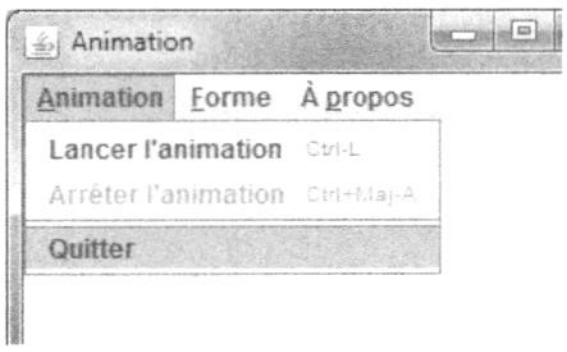

FIGURE 27.13 – Combinaison de touches pour un accélérateur

J'imagine que vous êtes perturbés par `KeyEvent.VK_L` et les appels du même genre. En fait, la classe `KeyEvent` répertorie tous les codes de toutes les touches du clavier. Une grande majorité d'entre eux sont sous la forme `VK_<le caractère ou le nom de la touche>`. Lisez-le ainsi : **V**alue of **K**ey `<nom de la touche>`. À part certaines touches de contrôle comme `CTRL, ALT, SHIFT`... vous pouvez facilement retrouver le code d'une touche grâce à cet objet !

Ensuite, vous avez dû remarquer qu'en tapant `KeyEvent.CTRL_DOWN_MASK`, Eclipse vous a proposé quasiment la même chose (figure 27.14).

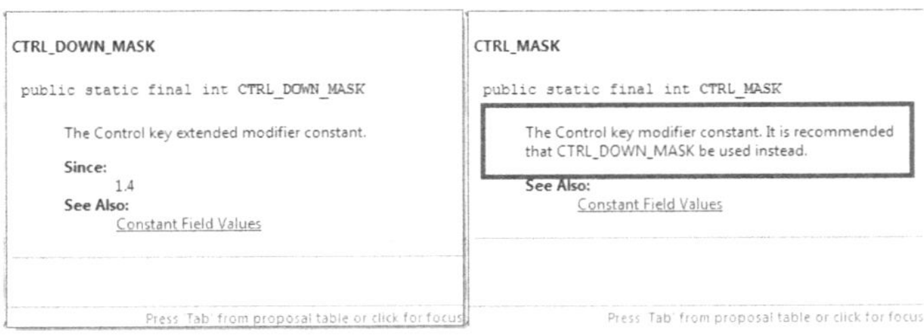

FIGURE 27.14 – Versions différentes

Vous pouvez aisément voir qu'Eclipse vous dit que la version `CTRL_DOWN_MASK` est la plus récente et qu'il est vivement conseillé de l'utiliser ! Vous voilà donc avec un menu comprenant des mnémoniques et des accélérateurs. Il est maintenant temps de voir comment créer un menu contextuel !

Faire un menu contextuel

Vous avez déjà fait le plus dur, je suis sûr que vous n'allez pas tarder à vous en rendre compte. Nous allons simplement utiliser un autre objet, un `JPopupMenu`, dans lequel nous mettrons nos `JMenuItem` ou/et `JMenu`. Bon il faudra tout de même indiquer à notre menu contextuel comment et où s'afficher, mais vous verrez que c'est très simple. Maintenant que vous commencez à bien connaître les bases de la programmation événementielle, nous passons à la vitesse supérieure !

Les points importants de notre menu contextuel

- Dans le cas d'opérations identiques à celles accessibles par le menu, nous devrons créer des objets qui s'étendent à ces deux menus.
- Le menu contextuel ne doit s'afficher que dans la zone où l'animation s'exécute, pas dans le menu !
- Il ne doit s'afficher que lorsqu'on fait un clic droit, et rien d'autre !

Nous allons mettre dans notre menu contextuel les actions « Lancer l'animation », « Arrêter l'animation » ainsi que deux nouveautés :

- changer la couleur du fond de notre animation ;
- changer la couleur de notre forme.

Avant d'implémenter les deux nouvelles fonctionnalités, nous allons travailler sur les deux premières. Lorsque nous lancerons l'animation, nous devrons mettre les deux menus « Lancer l'animation » dans l'état `setEnabled(false);` et les deux menus « Arrêter l'animation » dans l'état `setEnabled(true);` (et pour l'arrêter, il faudra faire l'inverse).

Comme je vous l'ai dit plus haut, nous allons utiliser le même objet qui écoute pour les deux menus. Il nous faudra créer une véritable instance de ces objets et signaler à l'application que ces objets écoutent non seulement le menu du haut, mais aussi le menu contextuel. Nous avons parfaitement le droit de le faire : plusieurs objets peuvent écouter un même composant et plusieurs composants peuvent avoir le même objet qui les écoute ! Vous êtes presque prêts à créer votre menu contextuel, il ne vous manque que ces informations :

- comment indiquer à notre panneau quand et où afficher le menu contextuel ;
- comment lui spécifier qu'il doit le faire uniquement suite à un clic droit.

Le déclenchement de l'affichage du pop-up doit se faire lors d'un clic de souris. Vous connaissez une interface qui gère ce type d'événement : l'interface `MouseListener`. Nous allons donc indiquer à notre panneau qu'un objet du type de cette interface va l'écouter !

> Tout comme dans le chapitre sur les zones de saisie, il existe une classe qui contient toutes les méthodes de ladite interface : la classe `MouseAdapter`. Vous pouvez implémenter celle-ci afin de ne redéfinir que la méthode dont vous avez besoin ! C'est cette solution que nous allons utiliser.

Si vous préférez, vous pouvez utiliser l'événement `mouseClicked`, mais je pensais plutôt à `mouseReleased()`, pour une raison simple à laquelle vous n'avez peut-être pas pensé : si ces deux événements sont quasiment identiques, dans un certain cas, seul l'événement `mouseClicked()` sera appelé. Il s'agit du cas où vous cliquez sur une zone, déplacez votre souris en dehors de la zone tout en maintenant le clic et relâchez le bouton de la souris. C'est pour cette raison que je préfère utiliser la méthode `mouseReleased()`. Ensuite, pour préciser où afficher le menu contextuel, nous allons utiliser la méthode `show(Component invoker, int x, int y);` de la classe `JPopupMenu`.

- `Component invoker` : désigne l'objet invoquant le menu contextuel, dans notre cas, l'instance de `Panneau`.
- `int x` : coordonnée x du menu.
- `int y` : coordonnée y du menu.

Souvenez-vous que vous pouvez déterminer les coordonnées de la souris grâce à l'objet passé en paramètre de la méthode `mouseReleased(MouseEvent event)`.

Je suis sûr que vous savez comment vous y prendre pour indiquer au menu contextuel de s'afficher et qu'il ne vous manque plus qu'à détecter le clic droit. C'est là que l'objet `MouseEvent` va vous sauver la mise ! En effet, il possède une méthode `isPopupTrigger()` qui renvoie `vrai` s'il s'agit d'un clic droit. Vous avez toutes les cartes en main pour élaborer votre menu contextuel (rappelez-vous que nous ne gérons pas encore les nouvelles fonctionnalités).

Je vous laisse quelques instants de réflexion... Vous avez fini ? Nous pouvons comparer nos codes ? Je vous invite à consulter le code ci-dessous (il ne vous montre que les nouveautés).

▷ Copier ce code
Code web : 962850

```
//Les imports habituels
import javax.swing.JPopupMenu;

public class Fenetre extends JFrame{
   //Nos variables habituelles

   //La déclaration pour le menu contextuel
   private JPopupMenu jpm = new JPopupMenu();
   private JMenu background = new JMenu("Couleur de fond");
   private JMenu couleur = new JMenu("Couleur de la forme");

   private JMenuItem launch = new JMenuItem("Lancer l'animation");
   private JMenuItem stop = new JMenuItem("Arrêter l'animation");
   private JMenuItem   rouge = new JMenuItem("Rouge"),
         bleu = new JMenuItem("Bleu"),
         vert = new JMenuItem("Vert"),
         rougeBack = new JMenuItem("Rouge"),
         bleuBack = new JMenuItem("Bleu"),
         vertBack = new JMenuItem("Vert");

   //On crée des listeners globaux
   private StopAnimationListener stopAnimation=new StopAnimationListener();
   private StartAnimationListener startAnimation=new StartAnimationListener();
```

```
public Fenetre(){
   this.setTitle("Animation");
   this.setSize(300, 300);
   this.setDefaultCloseOperation(JFrame.EXIT_ON_CLOSE);
   this.setLocationRelativeTo(null);

   container.setBackground(Color.white);
   container.setLayout(new BorderLayout());

   //On initialise le menu stop
   stop.setEnabled(false);
   //On affecte les écouteurs
   stop.addActionListener(stopAnimation);
   launch.addActionListener(startAnimation);

   //On crée et on passe l'écouteur pour afficher le menu contextuel
   //Création d'une implémentation de MouseAdapter
   //avec redéfinition de la méthode adéquate
   pan.addMouseListener(new MouseAdapter(){
      public void mouseReleased(MouseEvent event){
        //Seulement s'il s'agit d'un clic droit
        //if(event.getButton() == MouseEvent.BUTTON3)
        if(event.isPopupTrigger()){
           background.add(rougeBack);
           background.add(bleuBack);
           background.add(vertBack);

           couleur.add(rouge);
           couleur.add(bleu);
           couleur.add(vert);

           jpm.add(launch);
           jpm.add(stop);
           jpm.add(couleur);
           jpm.add(background);
           //La méthode qui va afficher le menu
           jpm.show(pan, event.getX(), event.getY());
        }
      }
   });

   container.add(pan, BorderLayout.CENTER);

   this.setContentPane(container);
   this.initMenu();
   this.setVisible(true);

}

private void initMenu(){
```

```
    //Ajout du listener pour lancer l'animation
    //ATTENTION, LE LISTENER EST GLOBAL !!!
    lancer.addActionListener(startAnimation);
    //On attribue l'accélerateur c
    lancer.setAccelerator(KeyStroke.getKeyStroke(KeyEvent.VK_L,
                KeyEvent.CTRL_MASK));
    animation.add(lancer);

    //Ajout du listener pour arrêter l'animation
    //LISTENER A CHANGER ICI AUSSI
    arreter.addActionListener(stopAnimation);
    arreter.setEnabled(false);
    arreter.setAccelerator(KeyStroke.getKeyStroke(KeyEvent.VK_A,
                KeyEvent.CTRL_DOWN_MASK + KeyEvent.SHIFT_DOWN_MASK));
    animation.add(arreter);

        //Le reste est inchangé
}

private void go(){
  //La méthode n'a pas changé
}


public class StartAnimationListener implements ActionListener{
  public void actionPerformed(ActionEvent arg0) {
    JOptionPane jop = new JOptionPane();
    int option = jop.showConfirmDialog(null,
        "Voulez-vous lancer l'animation ?",
        "Lancement de l'animation",
        JOptionPane.YES_NO_OPTION,
        JOptionPane.QUESTION_MESSAGE);

    if(option == JOptionPane.OK_OPTION){
      lancer.setEnabled(false);
      arreter.setEnabled(true);

      //On ajoute l'instruction pour le menu contextuel
      launch.setEnabled(false);
      stop.setEnabled(true);

      animated = true;
      t = new Thread(new PlayAnimation());
      t.start();
    }
  }
}

/**
* Écouteur du menu Quitter
```

```
    * @author CHerby
    */
    class StopAnimationListener  implements ActionListener{

      public void actionPerformed(ActionEvent e) {

        JOptionPane jop = new JOptionPane();
       int option = jop.showConfirmDialog(null,
            "Voulez-vous arrêter l'animation ?",
            "Arrêt de l'animation",
            JOptionPane.YES_NO_CANCEL_OPTION,
            JOptionPane.QUESTION_MESSAGE);

        if(option != JOptionPane.NO_OPTION &&
        option != JOptionPane.CANCEL_OPTION &&
        option != JOptionPane.CLOSED_OPTION){
          animated = false;
          //On remplace nos boutons par nos JMenuItem
          lancer.setEnabled(true);
          arreter.setEnabled(false);

          //On ajoute l'instruction pour le menu contextuel
          launch.setEnabled(true);
          stop.setEnabled(false);
        }
      }
    }

    class PlayAnimation implements Runnable{
      //Inchangé
    }

    class FormeListener implements ActionListener{
      //Inchangé
    }

    class MorphListener implements ActionListener{
      //Inchangé
    }
}
```

La figure 27.15 vous montre ce que j'obtiens.

Il est beau, il est fonctionnel notre menu contextuel ! Je sens que vous êtes prêts pour mettre les nouvelles options en place, même si je me doute que certains d'entre vous ont déjà fait ce qu'il fallait. Allez, il n'est pas très difficile de coder ce genre de choses (surtout que vous êtes habitués, maintenant). Dans notre classe `Panneau`, nous utilisons des couleurs prédéfinies. Ainsi, il nous suffit de mettre ces couleurs dans des variables et de permettre leur modification.

Rien de difficile ici, voici donc les codes sources de nos deux classes.

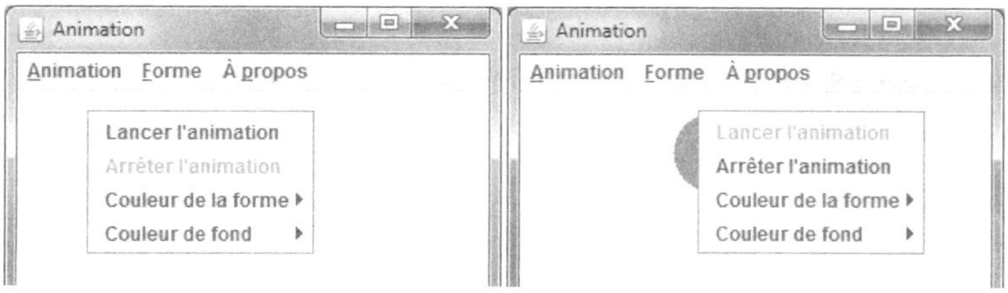

FIGURE 27.15 – Menu contextuel

▷ Copier ce code
Code web : 628644

Panneau.java

```
import java.awt.Color;
//Les autres imports

public class Panneau extends JPanel {
   //Les variables définies auparavant ne changent pas
   //On y ajoute nos deux couleurs
   private Color couleurForme = Color.red;
   private Color couleurFond = Color.white;

   public void paintComponent(Graphics g){
      //Affectation de la couleur de fond
             g.setColor(couleurFond);
      g.fillRect(0, 0, this.getWidth(), this.getHeight());

      //Affectation de la couleur de la forme
      g.setColor(couleurForme);
      //Si le mode morphing est activé, on peint le morphing
      if(this.morph)
              drawMorph(g);
      //Sinon, mode normal
      else
              draw(g);
   }

   //Méthode qui redéfinit la couleur du fond
   public void setCouleurFond(Color color){
           this.couleurFond = color;
   }

   //Méthode qui redéfinit la couleur de la forme
   public void setCouleurForme(Color color){
           this.couleurForme = color;
   }
```

```
        //Les autres méthodes sont inchangées

}
```

Fenetre.java

```
//Nos imports habituels

public class Fenetre extends JFrame{
   //Nos variables n'ont pas changé

   //On crée des listeners globaux
   private StopAnimationListener stopAnimation = new StopAnimationListener();
   private StartAnimationListener startAnimation = new StartAnimationListener();
   //Avec des listeners pour les couleurs
   private CouleurFondListener bgColor = new CouleurFondListener();
   private CouleurFormeListener frmColor = new CouleurFormeListener();

   public Fenetre(){
      this.setTitle("Animation");
      this.setSize(300, 300);
      this.setDefaultCloseOperation(JFrame.EXIT_ON_CLOSE);
      this.setLocationRelativeTo(null);

      container.setBackground(Color.white);
      container.setLayout(new BorderLayout());

      //On initialise le menu stop
      stop.setEnabled(false);
      //On affecte les écouteurs
      stop.addActionListener(stopAnimation);
      launch.addActionListener(startAnimation);

      //On affecte les écouteurs aux points de menu
      rouge.addActionListener(frmColor);
      bleu.addActionListener(frmColor);
      vert.addActionListener(frmColor);
      blanc.addActionListener(frmColor);

      rougeBack.addActionListener(bgColor);
      bleuBack.addActionListener(bgColor);
      vertBack.addActionListener(bgColor);
      blancBack.addActionListener(bgColor);
      //On crée et on passe l'écouteur pour afficher le menu contextuel
      //Création d'une implémentation de MouseAdapter
      //avec redéfinition de la méthode adéquate
      pan.addMouseListener(new MouseAdapter(){
         public void mouseReleased(MouseEvent event){
```

```
            //Seulement s'il s'agit d'un clic droit
            if(event.isPopupTrigger()){
               background.add(blancBack);
               background.add(rougeBack);
               background.add(bleuBack);
               background.add(vertBack);

               couleur.add(blanc);
               couleur.add(rouge);
               couleur.add(bleu);
               couleur.add(vert);

               jpm.add(launch);
               jpm.add(stop);
               jpm.add(couleur);
               jpm.add(background);

               //La méthode qui va afficher le menu
               jpm.show(pan, event.getX(), event.getY());
            }
         }
      });

      container.add(pan, BorderLayout.CENTER);
      this.setContentPane(container);
      this.initMenu();
      this.setVisible(true);
   }

   private void initMenu(){
      //Le menu n'a pas changé
   }

   private void go(){
      //La méthode go() est identique
   }

   //Les classes internes :
   // -> StartAnimationListener
   // -> StopAnimationListener
   // -> PlayAnimation
   // -> FormeListener
   // -> MorphListener
   //sont inchangées !

   //Écoute le changement de couleur du fond
   class CouleurFondListener implements ActionListener{
      public void actionPerformed(ActionEvent e) {

         if(e.getSource() == vertBack)
```

```
            pan.setCouleurFond(Color.green);
         else if (e.getSource() == bleuBack)
            pan.setCouleurFond(Color.blue);
         else if(e.getSource() == rougeBack)
            pan.setCouleurFond(Color.red);
         else
            pan.setCouleurFond(Color.white);
      }
   }

   //Écoute le changement de couleur du fond
   class CouleurFormeListener implements ActionListener{
      public void actionPerformed(ActionEvent e) {
         if(e.getSource() == vert)
            pan.setCouleurForme(Color.green);
         else if (e.getSource() == bleu)
            pan.setCouleurForme(Color.blue);
         else if(e.getSource() == rouge)
            pan.setCouleurForme(Color.red);
         else
            pan.setCouleurForme(Color.white);
      }
   }
}
```

Et voici quelques résultats obtenus (figure 27.16).

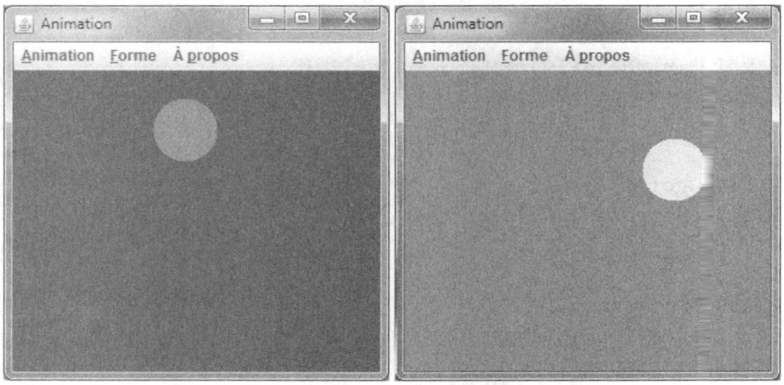

FIGURE 27.16 – Changement de couleur via le menu contextuel

Vous conviendrez que les menus et les menus contextuels peuvent s'avérer vraiment utiles et ergonomiques ! En plus, ils sont relativement simples à implémenter (et à utiliser). Cependant, vous avez sans doute remarqué qu'il y a beaucoup de clics superflus, que ce soit pour utiliser un menu ou menu contextuel : il faut au moins un clic pour afficher leur contenu (sauf dans le cas de l'accélérateur).

Pour contrer ce genre de chose, il existe un concept très puissant : la barre d'outils !

Les barres d'outils

La figure 27.17 représente un exemple de barre d'outils (il s'agit de la partie encadrée).

FIGURE 27.17 – Exemple de barre d'outils

Pour faire simple, la barre d'outils sert à effectuer des actions disponibles dans le menu, mais sans devoir fouiller dans celui-ci ou mémoriser le raccourci clavier (accélérateur) qui y est lié. Elle permet donc des actions rapides.

Elle est généralement composée d'une multitude de boutons, une image apposée sur chacun d'entre eux symbolisant l'opération qu'il peut effectuer.

Pour créer et utiliser une barre d'outils, nous allons utiliser l'objet `JToolBar`. Je vous rassure tout de suite, cet objet fonctionne comme un menu classique, à une différence près : celui-ci prend des boutons (`JButton`) en arguments, et il n'y a pas d'endroit spécifique où incorporer votre barre d'outils (il faudra l'expliciter lors de sa création). Tout d'abord, il nous faut des images à mettre sur nos boutons... J'en ai fait de toutes simples (figure 27.18), mais libre à vous d'en choisir d'autres.

FIGURE 27.18 – Images pour la barre d'outils

Au niveau des actions à gérer, pour le lancement de l'animation et l'arrêt, il faudra penser à éditer le comportement des boutons de la barre d'outils comme on l'a fait pour les deux actions du menu contextuel. Concernant les boutons pour les formes, c'est un peu plus délicat. Les autres composants qui éditaient la forme de notre animation étaient des boutons radios. Or, ici, nous avons des boutons standard. Outre le fait qu'il va falloir une instance précise de la classe `FormeListener`, nous aurons à modifier un peu son comportement...

Il nous faut savoir si l'action vient d'un bouton radio du menu ou d'un bouton de la barre d'outils : c'est l'objet `ActionEvent` qui nous permettra d'accéder à cette information. Nous n'allons pas tester tous les boutons radio un par un, pour ces composants, le système utilisé jusque-là était très bien. Non, nous allons simplement vérifier si celui qui a déclenché l'action est un `JRadioButtonMenuItem`, et si c'est le cas, nous testerons les boutons.

Rappelez-vous le chapitre sur la réflexivité ! La méthode `getSource()` nous retourne un objet, il est donc possible de connaître la classe de celui-ci avec la méthode `getClass()` et par conséquent d'en obtenir le nom grâce à la méthode `getName()`.

Il va falloir qu'on pense à mettre à jour le bouton radio sélectionné dans le menu. Et là, pour votre plus grand bonheur, je connais une astuce qui marche pas mal du tout : lors du clic sur un bouton de la barre d'outils, il suffit de déclencher l'événement sur le bouton radio correspondant ! Dans la classe `AbstractButton`, dont héritent tous les boutons, il y a la méthode doClick(). Cette méthode déclenche un événement identique à un vrai clic de souris sur le composant ! Ainsi, plutôt que de gérer la même façon de faire à deux endroits, nous allons rediriger l'action effectuée sur un composant vers un autre.

Vous avez toutes les cartes en main pour réaliser votre barre d'outil . N'oubliez pas que vous devez spécifier sa position sur le conteneur principal ! Bon. Faites des tests, comparez, codez, effacez... au final, vous devriez avoir quelque chose comme ceci :

▷ Copier ce code
Code web : 400998

```
import javax.swing.JToolBar;
//Nos imports habituels

public class Fenetre extends JFrame{
   //Les variables declarées précédemment

   //Création de notre barre d'outils
   private JToolBar toolBar = new JToolBar();

   //Les boutons de la barre d'outils
   private JButton    play = new JButton(new ImageIcon("images/play.jpg")),
            cancel = new JButton(new ImageIcon("images/stop.jpg")),
            square = new JButton(new ImageIcon("images/carré.jpg")),
            tri = new JButton(new ImageIcon("images/triangle.jpg")),
            circle = new JButton(new ImageIcon("images/rond.jpg")),
            star = new JButton(new ImageIcon("images/étoile.jpg"));

   private Color fondBouton = Color.white;
   private FormeListener fListener = new FormeListener();

   public Fenetre(){
      //La seule nouveauté est la méthode ci-dessous
      this.initToolBar();
      this.setVisible(true);
   }

   private void initToolBar(){
      this.cancel.setEnabled(false);
      this.cancel.addActionListener(stopAnimation);
      this.cancel.setBackground(fondBouton);
      this.play.addActionListener(startAnimation);
      this.play.setBackground(fondBouton);

      this.toolBar.add(play);
      this.toolBar.add(cancel);
      this.toolBar.addSeparator();

      //Ajout des Listeners
```

```
        this.circle.addActionListener(fListener);
        this.circle.setBackground(fondBouton);
        this.toolBar.add(circle);

        this.square.addActionListener(fListener);
        this.square.setBackground(fondBouton);
        this.toolBar.add(square);

        this.tri.setBackground(fondBouton);
        this.tri.addActionListener(fListener);
        this.toolBar.add(tri);

        this.star.setBackground(fondBouton);
        this.star.addActionListener(fListener);
        this.toolBar.add(star);

        this.add(toolBar, BorderLayout.NORTH);
    }

    private void initMenu(){
        //Méthode inchangée
    }

    private void go(){
        //Méthode inchangée
    }

    public class StartAnimationListener implements ActionListener{
      public void actionPerformed(ActionEvent arg0) {
          //Toujours la même boîte de dialogue...

          if(option == JOptionPane.OK_OPTION){
             lancer.setEnabled(false);
             arreter.setEnabled(true);

             //ON AJOUTE L'INSTRUCTION POUR LE MENU CONTEXTUEL
             //**************************************************
             launch.setEnabled(false);
             stop.setEnabled(true);

             play.setEnabled(false);
             cancel.setEnabled(true);

             animated = true;
             t = new Thread(new PlayAnimation());
             t.start();
          }
       }
    }
```

```
/**
 * Écouteur du menu Quitter
 * @author CHerby
 */
class StopAnimationListener  implements ActionListener{

   public void actionPerformed(ActionEvent e) {
      //Toujours la même boîte de dialogue...

      if(option != JOptionPane.NO_OPTION &&
         option != JOptionPane.CANCEL_OPTION &&
         option != JOptionPane.CLOSED_OPTION){
         animated = false;
         //On remplace nos boutons par nos MenuItem
         lancer.setEnabled(true);
         arreter.setEnabled(false);

         //ON AJOUTE L'INSTRUCTION POUR LE MENU CONTEXTUEL
         //**********************************************
         launch.setEnabled(true);
         stop.setEnabled(false);

         play.setEnabled(true);
         cancel.setEnabled(false);
      }
   }
}

class FormeListener implements ActionListener{
   public void actionPerformed(ActionEvent e) {

      //Si l'action vient d'un bouton radio du menu
      if(e.getSource().getClass().getName()
         .equals("javax.swing.JRadioButtonMenuItem"))
         pan.setForme(((JRadioButtonMenuItem)e.getSource()).getText());
      else{
         if(e.getSource() == square){
            carre.doClick();
         }
         else if(e.getSource() == tri){
            triangle.doClick();
         }
         else if(e.getSource() == star){
            etoile.doClick();
         }
         else{
            rond.doClick();
         }
      }
   }
```

```
    }

    //Les classes internes :
    // -> CouleurFondListener
    // -> CouleurFormeListener
    // -> PlayAnimation
    // -> MorphListener
    //sont inchangées !

}
```

Vous devez obtenir une IHM semblable à la figure 27.19.

FIGURE 27.19 – Votre barre d'outils

Elle n'est pas jolie, votre IHM, maintenant ? Vous avez bien travaillé, surtout qu'à présent, je vous explique peut-être les grandes lignes, mais je vous force à aussi réfléchir par vous-mêmes ! Eh oui, vous avez appris à penser en orienté objet et connaissez les points principaux de la programmation événementielle. Maintenant, il vous reste simplement à acquérir des détails techniques spécifiques (par exemple, la manière d'utiliser certains objets).

Pour ceux qui l'auraient remarqué, la barre d'outils est déplaçable ! Si vous cliquez sur la zone mise en évidence à la figure 27.20, vous pourrez la repositionner.

FIGURE 27.20 – Zone de déplacement

Il suffit de maintenir le clic et de faire glisser votre souris vers la droite, la gauche ou encore le bas. Vous verrez alors un carré se déplacer et, lorsque vous relâcherez le bouton, votre barre aura changé de place, comme le montre la figure 27.21.

Elles sont fortes ces barres d'outils, tout de même ! En plus de tout ça, vous pouvez utiliser autre chose qu'un composant sur une barre d'outils...

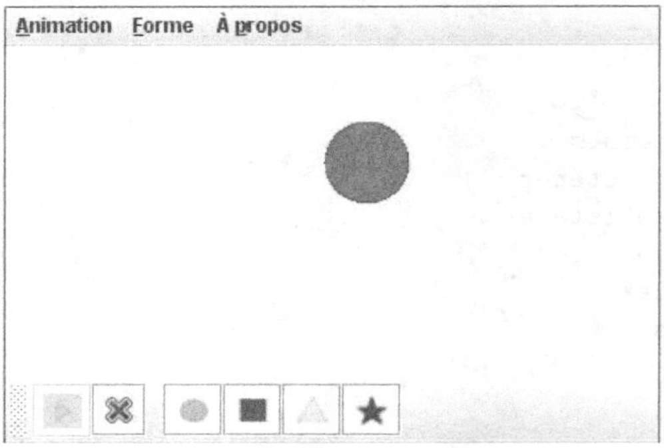

FIGURE 27.21 – Déplacement de la barre d'outils

Utiliser les actions abstraites

Nous avons vu précédemment comment centraliser des actions sur différents composants. Il existe une classe abstraite qui permet de gérer ce genre de choses, car elle peut s'adapter à beaucoup de composants (en général à ceux qui ne font qu'une action, comme un bouton, une case à cocher, mais pas une liste).

Le rôle de cette classe est d'attribuer automatiquement une action à un ou plusieurs composants. Le principal avantage de ce procédé est que plusieurs composants travaillent avec une implémentation de la classe `AbstractAction`, mais son gros inconvénient réside dans le fait que vous devrez programmer une implémentation par action :

- une action pour la couleur de la forme en rouge ;
- une action pour la couleur de la forme en bleu ;
- une action pour la couleur de la forme en vert ;
- une action pour la couleur du fond en rouge ;
- une action pour la couleur du fond en bleu ;
- ...

Cela peut être très lourd à faire, mais je laisse votre bon sens déterminer s'il est pertinent d'utiliser cette méthode ou non !

Voici comment s'implémente cette classe :

```
public class Fenetre extends JFrame{
   //Nous pouvons utiliser les actions abstraites directement dans un JButton
   private JButton bouton1 = new JButton(new RougeAction("ActionRouge",
            new ImageIcon("images/rouge.jpg"));

    //Ou créer une instance concrète
    private RougeAction rAct = new RougeAction("ActionRouge",
            new ImageIcon("images/rouge.jpg"));
    private JToolBar toolBar = new JToolBar();

    //...
```

```
    //Utiliser une action directement dans une barre d'outils
    private void initToolBar(){
        toolBar.add(rAct);
    }

   //...

   class RougeAction extends AbstractAction{
      //Constructeur avec le nom uniquement
      public RougeAction(String name){super(name);}

      //Le constructeur prend le nom et une icône en paramètre
      public RougeAction(String name, ImageIcon){super(name, img);}

      public void actionPerformed(ActionEvent){
           //Vous connaissez la marche à suivre
      }
   }
}
```

Vous pouvez voir que cela peut être très pratique. Désormais, si vous ajoutez une action sur une barre d'outils, celle-ci crée automatiquement un bouton correspondant ! Utiliser les actions abstraites plutôt que des implémentations de telle ou telle interface est un choix qui vous revient. Nous pouvons d'ailleurs très bien appliquer ce principe au code de notre animation, mais vous constaterez qu'il s'alourdira, nous éviterons donc de le faire... Mais comme je vous le disais, c'est une question de choix et de conception.

En résumé

- Les boîtes de dialogue s'utilisent, à l'exception des boîtes personnalisées, avec l'objet `JOptionPane`.
- La méthode `showMessageDialog()` permet d'afficher un message informatif.
- La méthode `showConfirmDialog()` permet d'afficher une boîte attendant une réponse à une question ouverte (oui/non).
- La méthode citée ci-dessus retourne un entier correspondant au bouton sur lequel vous avez cliqué.
- La méthode `showInputDialog()` affiche une boîte attendant une saisie clavier ou une sélection dans une liste.
- Cette méthode retourne soit un `String` dans le cas d'une saisie, soit un `Object` dans le cas d'une liste.
- La méthode `showOptionDialog()` affiche une boîte attendant que l'utilisateur effectue un clic sur une option.
- Celle-ci retourne l'indice de l'élément sur lequel vous avez cliqué **ou un indice négatif dans tous les autres cas**.
- Les boîtes de dialogue sont dites **modales** : aucune interaction hors de la boîte n'est possible tant que celle-ci n'est pas fermée !

- Pour faire une boîte de dialogue personnalisée, vous devez créer une classe héritée de `JDialog`.
- Pour les boîtes personnalisées, le dialogue commence lorsque `setVisible(true)` est invoquée et se termine lorsque la méthode `setVisible(false)` est appelée.
- L'objet servant à insérer une barre de menus sur vos IHM `swing` est un `JMenuBar`.
- Dans cet objet, vous pouvez mettre des objets `JMenu` afin de créer un menu déroulant.
- L'objet cité ci-dessus accepte des objets `JMenu`, `JMenuItem`, `JCheckBoxMenuItem` et `JRadioButtonMenuItem`.
- Afin d'interagir avec vos points de menu, vous pouvez utiliser une implémentation de l'interface `ActionListener`.
- Pour faciliter l'accès aux menus de la barre de menus, vous pouvez ajouter des **mnémoniques** à ceux-ci.
- L'ajout d'**accélérateurs** permet de déclencher des actions, le plus souvent par des combinaisons de touches.
- Afin de récupérer les codes des touches du clavier, vous devrez utiliser un objet `KeyStroke` ainsi qu'un objet `KeyEvent`.
- Un menu contextuel fonctionne comme un menu normal, à la différence qu'il s'agit d'un objet `JPopupMenu`. Vous devez toutefois spécifier le composant sur lequel doit s'afficher le menu contextuel.
- La détection du clic droit se fait grâce à la méthode `isPopupTrigger()` de l'objet `MouseEvent`.
- L'ajout d'une barre d'outils nécessite l'utilisation de l'objet `JToolBar`.

Chapitre 28

TP : l'ardoise magique

Difficulté :

Nous voilà partis pour un nouveau TP.
Les objectifs de celui-ci sont :
- d'utiliser les menus, les accélérateurs et les mnémoniques ;
- d'ajouter une barre d'outils ;
- de créer des implémentations et de savoir les utiliser sur plusieurs composants ;
- d'utiliser des classes anonymes ;
- etc.

Cahier des charges

Voici les recommandations.

Vous devez faire une sorte d'ardoise magique. Celle-ci devra être composée d'un `JPanel` amélioré (ça sent l'héritage...) sur lequel vous pourrez tracer des choses en cliquant et en déplaçant la souris.

Vos tracés devront être effectués point par point, je vous laisse apprécier leur taille. Par contre, vous devrez pouvoir utiliser deux sortes de « pinceaux » :

- un carré ;
- un rond.

Vous aurez aussi la possibilité de changer la couleur de vos traits. Les couleurs que j'ai choisies sont :

- le bleu ;
- le rouge ;
- le vert.

Il faut obligatoirement :

- un menu avec accélérateurs et mnémoniques ;
- une barre d'outils avec les formes et les couleurs ;
- un menu « `Quitter` » et un menu « `Effacer` » ;
- que les formes et les couleurs soient accessibles via le menu !

La figure 28.1 vous montre ce que j'ai obtenu.

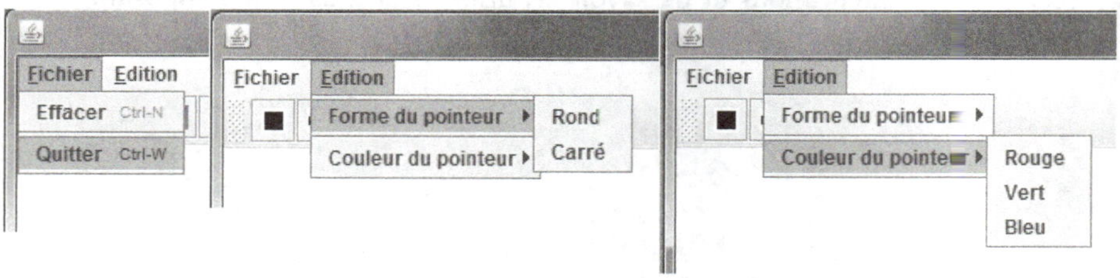

FIGURE 28.1 – Points de menu

Et voilà ce que j'ai fait rien que pour vous (figure 28.2).

> Vous allez utiliser la méthode `repaint()` de votre composant ; cependant, souvenez-vous que celle-ci est appelée **automatiquement** lors du redimensionnement de votre fenêtre, de la réduction et de l'agrandissement... Vous allez devoir gérer ce cas de figure, sans quoi votre zone de dessin s'effacera à chaque redimensionnement !

Je vous conseille de créer une classe `Point` qui va contenir les informations relatives à un point tracé (couleur, taille, position...). Il va falloir que vous gériez une collection de points (générique) dans votre classe dérivée de `JPanel` !

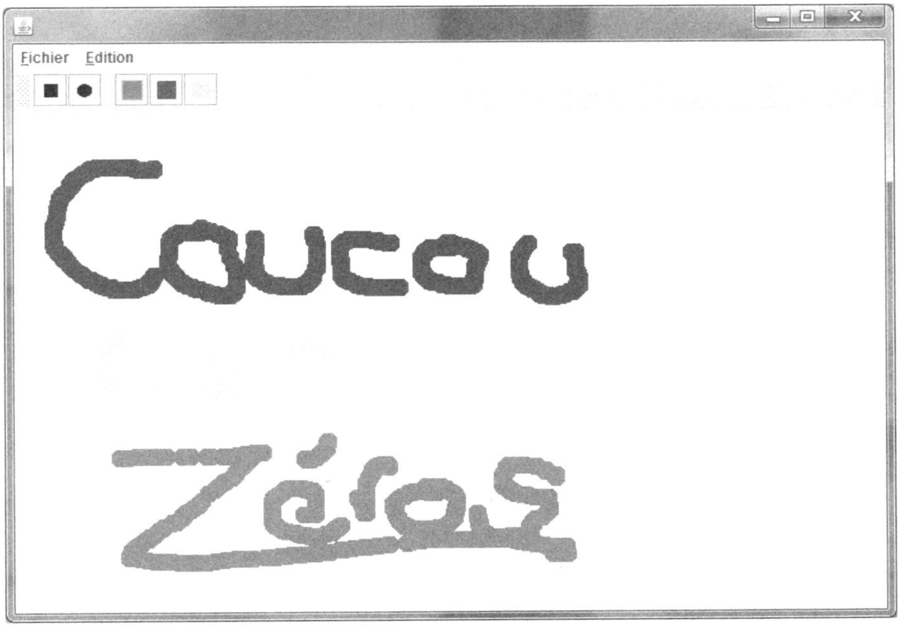

FIGURE 28.2 – L'auteur s'exprime

J'en ai presque trop dit... Concernant les images utilisées, je vous laisse le soin d'en trouver. Avant de vous lancer dans votre code, vous devez savoir quelques petites choses...

Prérequis

Afin de faire les tracés, il va falloir détecter le mouvement de la souris. Je ne vous en ai pas encore parlé auparavant, mais vous avez l'habitude d'utiliser des interfaces de gestion d'événements, maintenant...

Afin de détecter les mouvements de la souris, vous allez devoir utiliser l'interface `MouseMotionListener` ; celle-ci contient deux méthodes :

- `mouseMoved(MouseEvent e)`, qui détecte le mouvement de la souris sur le composant ;
- `mouseDragged(MouseEvent e)`, qui fonctionne comme `mouseMoved`, sauf que vous devrez avoir cliqué sur le composant et maintenir ce clic enfoncé pendant le mouvement (exactement ce dont vous avez besoin).

Voilà : vous allez devoir créer une implémentation de cette interface pour réussir à dessiner sur votre conteneur !

Ne vous précipitez pas, réfléchissez bien à ce dont vous avez besoin, comment utiliser vos implémentations, etc. Un code bien réfléchi est un code rapidement opérationnel !

C'est à vous, maintenant... À vos claviers.

Correction

Je vous propose une des corrections possibles.

▷ Voir la correction
Code web : 601012

Vous constaterez que c'est un code assez simple. Cet exercice n'a rien de difficile et a surtout le mérite de vous faire travailler un peu tout ce que vous avez vu jusqu'ici...

Point.java

```
// CTRL + SHIFT + O pour générer les imports
public class Point {

   //Couleur du point
   private Color color = Color.red;
   //Taille
   private int size = 10;
   //Position sur l'axe X : initialisé au dehors du conteneur
   private int x = -10;
   //Position sur l'axe Y : initialisé au dehors du conteneur
   private int y = -10;
   //Type de point
   private String type = "ROND";

  // Constructeur par défaut
   public Point(){}

   public Point(int x, int y, int size, Color color, String type)
      this.size = size;
      this.x = x;
      this.y = y;
      this.color = color;
      this.type = type;
   }

   //            ACCESSEURS
   public Color getColor() {
      return color;
   }
   public void setColor(Color color) {
      this.color = color;
   }
   public int getSize() {
      return size;
```

```
    }
    public void setSize(int size) {
        this.size = size;
    }
    public int getX() {
        return x;
    }
    public void setX(int x) {
        this.x = x;
    }
    public int getY() {
        return y;
    }
    public void setY(int y) {
        this.y = y;
    }
    public String getType() {
        return type;
    }
    public void setType(String type) {
        this.type = type;
    }
}
```

DrawPanel.java

```
// CTRL + SHIFT + O pour générer les imports
public class DrawPanel extends JPanel{

    //Couleur du pointeur
    private Color pointerColor = Color.red;
    //Forme du pointeur
    private String pointerType = "CIRCLE";
    //Position X du pointeur
    private int posX = -10, oldX = -10;
    //Position Y du pointeur
    private int posY = -10, oldY = -10;
    //Pour savoir si on doit dessiner ou non
    private boolean erasing = true;
    //Taille du pointeur
    private int pointerSize = 15;
    //Collection de points !
    private ArrayList<Point> points = new ArrayList<Point>();

    public DrawPanel(){

        this.addMouseListener(new MouseAdapter(){
            public void mousePressed(MouseEvent e){
                points.add(new Point(e.getX() - (pointerSize / 2), e.getY() -
```

```
                (pointerSize / 2), pointerSize, pointerColor,
                                         ↪ pointerType));
            repaint();
        }
    });

    this.addMouseMotionListener(new MouseMotionListener(){
        public void mouseDragged(MouseEvent e) {
            //On récupère les coordonnées de la souris
            //et on enlève la moitié de la taille du pointeur
            //pour centrer le tracé
            points.add(new Point(e.getX() - (pointerSize / 2), e.getY() -
                (pointerSize / 2), pointerSize, pointerColor,
                                         ↪ pointerType));
            repaint();
        }

        public void mouseMoved(MouseEvent e) {}
    });

}

// Vous la connaissez maintenant, celle-là
public void paintComponent(Graphics g) {

    g.setColor(Color.white);
    g.fillRect(0, 0, this.getWidth(), this.getHeight());

    //Si on doit effacer, on ne passe pas dans le else => pas de dessin
    if(this.erasing){
        this.erasing = false;
    }
    else{
        //On parcourt notre collection de points
        for(Point p : this.points)
        {
            //On récupère la couleur
            g.setColor(p.getColor());

            //Selon le type de point
            if(p.getType().equals("SQUARE")){
                g.fillRect(p.getX(), p.getY(), p.getSize(), p.getSize());
            }
            else{
                g.fillOval(p.getX(), p.getY(), p.getSize(), p.getSize());
            }
        }
    }
}
```

```
    //Efface le contenu
    public void erase(){
       this.erasing = true;
       this.points = new ArrayList<Point>();
       repaint();
    }

    //Définit la couleur du pointeur
    public void setPointerColor(Color c){
       this.pointerColor = c;
    }

    //Définit la forme du pointeur
    public void setPointerType(String str){
       this.pointerType = str;
    }
}
```

Fenetre.java

```
//CTRL + SHIFT + O pour générer les imports
public class Fenetre extends JFrame {

   //                LE MENU
   private JMenuBar menuBar = new JMenuBar();
   JMenu    fichier = new JMenu("Fichier"),
         edition = new JMenu("Edition"),
         forme = new JMenu("Forme du pointeur"),
         couleur = new JMenu("Couleur du pointeur");

   JMenuItem    nouveau = new JMenuItem("Effacer"),
            quitter = new JMenuItem("Quitter"),
            rond = new JMenuItem("Rond"),
            carre = new JMenuItem("Carré"),
            bleu = new JMenuItem("Bleu"),
            rouge = new JMenuItem("Rouge"),
            vert = new JMenuItem("Vert");

   //          LA BARRE D'OUTILS
   JToolBar toolBar = new JToolBar();

   JButton square = new JButton(new ImageIcon("images/carré.jpg")),
         circle = new JButton(new ImageIcon("images/rond.jpg")),
         red = new JButton(new ImageIcon("images/rouge.jpg")),
         green = new JButton(new ImageIcon("images/vert.jpg")),
         blue = new JButton(new ImageIcon("images/bleu.jpg"));


   //          LES ÉCOUTEURS
```

```
private FormeListener fListener = new FormeListener();
private CouleurListener cListener = new CouleurListener();

//Notre zone de dessin
private DrawPanel drawPanel = new DrawPanel();

public Fenetre(){
   this.setSize(700, 500);
   this.setLocationRelativeTo(null);
   this.setDefaultCloseOperation(JFrame.EXIT_ON_CLOSE);

   //On initialise le menu
   this.initMenu();
   //Idem pour la barre d'outils
   this.initToolBar();
   //On positionne notre zone de dessin
   this.getContentPane().add(drawPanel, BorderLayout.CENTER);
   this.setVisible(true);
}

//Initialise le menu
private void initMenu(){
   nouveau.addActionListener(new ActionListener(){
      public void actionPerformed(ActionEvent arg0) {
         drawPanel.erase();
      }
   });

   nouveau.setAccelerator(
               KeyStroke.getKeyStroke(
                  KeyEvent.VK_N, KeyEvent.CTRL_DOWN_MASK));

   quitter.addActionListener(new ActionListener(){
      public void actionPerformed(ActionEvent arg0) {
         System.exit(0);
      }
   });
   quitter.setAccelerator(
            KeyStroke.getKeyStroke(
               KeyEvent.VK_W, KeyEvent.CTRL_DOWN_MASK));

   fichier.add(nouveau);
   fichier.addSeparator();
   fichier.add(quitter);
   fichier.setMnemonic('F');

   carre.addActionListener(fListener);
   rond.addActionListener(fListener);
   forme.add(rond);
   forme.add(carre);
```

```
        rouge.addActionListener(cListener);
        vert.addActionListener(cListener);
        bleu.addActionListener(cListener);
        couleur.add(rouge);
        couleur.add(vert);
        couleur.add(bleu);

        edition.setMnemonic('E');
        edition.add(forme);
        edition.addSeparator();
        edition.add(couleur);

        menuBar.add(fichier);
        menuBar.add(edition);

        this.setJMenuBar(menuBar);
    }

    //Initialise la barre d'outils
    private void initToolBar(){

        JPanel panneau = new JPanel();
        square.addActionListener(fListener);
        circle.addActionListener(fListener);
        red.addActionListener(cListener);
        green.addActionListener(cListener);
        blue.addActionListener(cListener);

        toolBar.add(square);
        toolBar.add(circle);

        toolBar.addSeparator();
        toolBar.add(red);
        toolBar.add(blue);
        toolBar.add(green);

        this.getContentPane().add(toolBar, BorderLayout.NORTH);
    }

    //ÉCOUTEUR POUR LE CHANGEMENT DE FORME
    class FormeListener implements ActionListener{
        public void actionPerformed(ActionEvent e) {
            if(e.getSource().getClass().getName().equals("javax.swing.
                    ↪ JMenuItem")){
                if(e.getSource()==carre)drawPanel.setPointerType("SQUARE");
                else drawPanel.setPointerType("CIRCLE");
            }
            else{
                if(e.getSource()==square)drawPanel.setPointerType("SQUARE");
```

```
            else drawPanel.setPointerType("CIRCLE");
         }
      }
   }

   //ÉCOUTEUR POUR LE CHANGEMENT DE COULEUR
   class CouleurListener implements ActionListener{
      public void actionPerformed(ActionEvent e) {
         System.out.println(e.getSource().getClass().getName());
         if(e.getSource().getClass().getName().equals("javax.swing.
               ↪ JMenuItem")){
            System.out.println("OK !");
            if(e.getSource()==vert)drawPanel.setPointerColor(Color.green);
            else if(e.getSource()==bleu)drawPanel.setPointerColor(Color.blue);
            else drawPanel.setPointerColor(Color.red);
         }
         else{
            if(e.getSource()==green)drawPanel.setPointerColor(Color.green);
            else if(e.getSource()==blue)drawPanel.setPointerColor(Color.blue);
            else drawPanel.setPointerColor(Color.red);
         }
      }
   }


   public static void main(String[] args){
      Fenetre fen = new Fenetre();
   }
}
```

Améliorations possibles

Voici ce que vous pouvez faire afin de rendre cette application plus attractive :

- permettre de changer la taille du pinceau ;
- proposer une plus grande palette de couleurs ;
- proposer des pinceaux supplémentaires ;
- créer une gomme ;
- utiliser les énumérations (ou encore le pattern strategy) pour gérer les différentes fonctionnalités ;
- etc.

Chapitre 29

Conteneurs, sliders et barres de progression

Difficulté :

Dans ce chapitre, nous allons voir de nouveaux conteneurs. Ils seront soit complémentaires au `JPanel` que vous connaissez bien maintenant, soit à tout autre type de conteneur ayant ses propres spécificités. Il y a plusieurs objets qui peuvent vous aider à mieux gérer le contenu de vos IHM ; ceux qui seront abordés ici vont, je pense, vous rendre un sacré service... Toutefois, laissez-moi vous mettre en garde : ici, nous n'aborderons pas les objets dans le détail, nous ne ferons même qu'en survoler certains. Le fait est que vous êtes dorénavant à même d'approfondir tel ou tel sujet en Java.

Autres conteneurs

L'objet JSplitPane

Avant de vous faire un laïus (un petit, je vous rassure), voici à quoi ressemblent des fenêtres avec un `JSplitPane` (figure 29.1) :

FIGURE 29.1 – Exemple de `JSplitPane` avec déplacement du splitter

Cette image représente l'intérieur d'un objet `JFrame`. La barre au milieu est un objet déplaçable qui permet d'agrandir une zone tout en rétrécissant celle d'à côté. Ici, dans la première image, la barre est vers la gauche. La deuxième image est prise pendant que je déplace la barre centrale et enfin, la troisième correspond au résultat lorsque j'ai relâché le bouton de ma souris ! Vous pouvez constater que le conteneur de gauche est devenu plus grand, au détriment de celui de droite...

Je vous rassure tout de suite, ce composant est très simple d'utilisation. En fait, les composants abordés dans ce chapitre n'ont rien de compliqué. Je ne vais pas vous faire mariner plus longtemps : l'objet utilisé ici est un `JSplitPane`. Voici le code source que j'ai utilisé pour avoir le résultat ci-dessus :

```
import java.awt.BorderLayout;
import java.awt.Color;
import javax.swing.JFrame;
import javax.swing.JPanel;
import javax.swing.JSplitPane;

public class Fenetre extends JFrame {
   //On déclare notre objet JSplitPane
   private JSplitPane split;

   public Fenetre(){
      this.setLocationRelativeTo(null);
      this.setTitle("Gérer vos conteneur");
      this.setDefaultCloseOperation(JFrame.EXIT_ON_CLOSE);
      this.setSize(200, 200);

      //On crée deux conteneurs de couleurs différentes
      JPanel pan = new JPanel();
      pan.setBackground(Color.blue);
```

```
        JPanel pan2 = new JPanel();
        pan2.setBackground(Color.red);

        //On construit enfin notre séparateur
        split = new JSplitPane(JSplitPane.HORIZONTAL_SPLIT, pan, pan2);

        //On le passe ensuite au content pane de notre objet Fenetre
        //placé au centre pour qu'il utilise tout l'espace disponible
        this.getContentPane().add(split, BorderLayout.CENTER);
        this.setVisible(true);
    }

    public static void main(String[] args){
        Fenetre fen = new Fenetre();
    }
}
```

Vous avez sans doute repéré l'attribut `JSplitPane.HORIZONTAL_SPLIT` dans le constructeur de l'objet : il sert à spécifier le type de séparation utilisé. Eh oui, il en existe d'autres ! Vous pouvez obtenir une séparation verticale en utilisant l'attribut `JSplitPane.VERTICAL_SPLIT` (figure 29.2).

FIGURE 29.2 – Split vertical

Autre point, les deux autres paramètres ne sont pas nécessairement des `JPanel`. Ici, j'ai utilisé des `JPanel`, mais vous pouvez en fait utiliser n'importe quelle classe dérivant de `JComponent` (conteneur, bouton, case à cocher...) : elle n'est pas belle, la vie ?

Je ne vous avais donc pas menti : cet objet est vraiment très simple d'utilisation, mais je ne vais pas vous laisser tout de suite... Vous ne l'avez peut-être pas remarqué mais ces objets ne peuvent pas faire disparaître entièrement les côtés. Dans notre cas, la fenêtre est petite, mais vous aurez peut-être l'occasion d'avoir une grande IHM et d'agrandir ou de rétrécir fréquemment vos contenus. L'objet `JSplitPane` dispose d'une méthode qui permet de rendre la barre de séparation « intelligente », enfin presque... Ladite méthode ajoute deux petits boutons sur votre barre et, lorsque vous cliquerez dessus, fera rétrécir le côté vers lequel pointe la flèche dans le bouton. L'illustration de mes propos se trouve à la figure 29.3.

Pour avoir ces deux boutons en plus sur votre barre, il vous suffit d'invoquer la méthode `split.setOneTouchExpandable(true);` (mon objet s'appelle toujours `split`) et le tour est joué ! Amusez-vous à cliquer sur ces boutons et vous verrez à quoi ils servent.

FIGURE 29.3 – Flèches de positionnement

Avant de vous laisser fouiner un peu à propos de cet objet, vous devez savoir que vous pouvez définir une taille de séparateur grâce à la méthode `split.setDividerSize(int size)` ; la figure 29.4 vous montre ce que j'ai obtenu avec une taille de 35 pixels.

FIGURE 29.4 – Agrandissement du splitter

Vous pouvez également définir où doit s'afficher la barre de séparation. Ceci se fait grâce à la méthode `setDividerLocation(int location);` ou `setDividerLocation(double location);`.

Avant de vous montrer un exemple de code utilisant cette méthode, vous avez dû comprendre que, vu que cet objet peut accepter en paramètres des sous-classes de `JComponent`, il pouvait aussi accepter des `JSplitPane` ! La figure 29.5 vous montre ce que j'ai pu obtenir.

FIGURE 29.5 – Multiple splitter

Voici le code correspondant :

```
import java.awt.BorderLayout;
import java.awt.Color;
import javax.swing.JFrame;
import javax.swing.JPanel;
import javax.swing.JSplitPane;

public class Fenetre extends JFrame {

    private JSplitPane split, split2, split3;

    public Fenetre(){
```

```
        this.setLocationRelativeTo(null);
        this.setTitle("Gérer vos conteneur");
        this.setDefaultCloseOperation(JFrame.EXIT_ON_CLOSE);
        this.setSize(200, 200);

        //On crée deux conteneurs de couleurs différentes
        JPanel pan = new JPanel();
        pan.setBackground(Color.blue);
        JPanel pan2 = new JPanel();
        pan2.setBackground(Color.red);
        JPanel pan3 = new JPanel();
        pan3.setBackground(Color.orange);
        JPanel pan4 = new JPanel();
        pan4.setBackground(Color.YELLOW);
        //On construit enfin notre séparateur
        split = new JSplitPane(JSplitPane.HORIZONTAL_SPLIT, pan, pan4);
        //On place le premier séparateur
        split.setDividerLocation(80);
        split2 = new JSplitPane(JSplitPane.HORIZONTAL_SPLIT, pan3, pan2);
        //On place le deuxième séparateur
        split2.setDividerLocation(100);
        //On passe les deux précédents JSplitPane à celui-ci
        split3 = new JSplitPane(JSplitPane.VERTICAL_SPLIT, split, split2);
        //On place le troisième séparateur
        split3.setDividerLocation(80);

        //On le passe ensuite au content pane de notre objet Fenetre
        //placé au centre pour qu'il utilise tout l'espace disponible
        this.getContentPane().add(split3, BorderLayout.CENTER);
        this.setVisible(true);
    }

    public static void main(String[] args){
        Fenetre fen = new Fenetre();
    }
}
```

Je pense que vous en savez assez pour utiliser cet objet comme il convient. Nous allons à présent voir un autre objet bien pratique. Il permet d'ajouter un scroll (barre de défilement) à côté de vos conteneurs afin de pouvoir dépasser les limites de ceux-ci.

L'objet `JScrollPane`

Afin que vous puissiez mieux juger l'utilité de l'objet que nous allons utiliser ici, nous allons voir un nouvel objet de texte : le `JTextArea`. Cet objet est très simple : c'est une forme de `JTextField`, mais en plus grand ! Nous pouvons directement écrire dans ce composant, celui-ci ne retourne pas directement à la ligne si vous atteignez le bord droit de la fenêtre. Pour vérifier si les lettres tapées au clavier sont bien dans notre objet, vous pouvez récupérer le texte saisi grâce à la méthode `getText()`. Voici un code d'exemple :

```
import java.awt.BorderLayout;
import java.awt.event.ActionEvent;
import java.awt.event.ActionListener;
import javax.swing.JButton;
import javax.swing.JFrame;
import javax.swing.JTextArea;

public class Fenetre extends JFrame {

   private JTextArea textPane = new JTextArea();

   public Fenetre(){
      this.setLocationRelativeTo(null);
      this.setTitle("Gérer vos conteneur");
      this.setDefaultCloseOperation(JFrame.EXIT_ON_CLOSE);
      this.setSize(200, 200);

      JButton bouton =  new JButton("Bouton");
      bouton.addActionListener(new ActionListener(){
         public void actionPerformed(ActionEvent e){
            System.out.println("Texte écrit dans le JTextArea : " ;
            System.out.println("--------------------------------" ;
            System.out.println(textPane.getText());
         }
      });
      //On ajoute l'objet au content pane de notre fenêtre
      this.getContentPane().add(textPane, BorderLayout.CENTER);
      this.getContentPane().add(bouton, BorderLayout.SOUTH);
      this.setVisible(true);
   }

   public static void main(String[] args){
      Fenetre fen = new Fenetre();
   }
}
```

Le code est simple et clair, je vous laisse le tester chez vous ! Cependant, les plus curieux d'entre vous l'auront remarqué : si vous écrivez trop de lignes, vous dépassez la limite imposée par le bas de votre fenêtre... Le texte est bien écrit mais vous ne le voyez pas... Exactement comme pour le bord droit. Pour ce genre de problème, il existe ce qu'on appelle **des scrolls**. Ce sont de petit ascenseurs positionnés sur le côté et / ou sur le bas de votre fenêtre et qui vous permettent de dépasser les limites imposées par ladite fenêtre (figure 29.6) !

Vous voyez le petit ascenseur à droite et en bas de la fenêtre ? Avec ça, finis les problèmes de taille de vos conteneurs ! Voici le code que j'ai utilisé pour obtenir ce résultat :

FIGURE 29.6 – Exemple de JScrollPane

```
import java.awt.BorderLayout;
import java.awt.event.ActionEvent;
import java.awt.event.ActionListener;

import javax.swing.JButton;
import javax.swing.JFrame;
import javax.swing.JScrollPane;
import javax.swing.JTextArea;

public class Fenetre extends JFrame {

   private JTextArea textPane = new JTextArea();
   private JScrollPane scroll = new JScrollPane(textPane);

   public Fenetre(){
      this.setLocationRelativeTo(null);
      this.setTitle("Gérer vos conteneur");
      this.setDefaultCloseOperation(JFrame.EXIT_ON_CLOSE);
      this.setSize(200, 200);

      JButton bouton =  new JButton("Bouton");
      bouton.addActionListener(new ActionListener(){
         public void actionPerformed(ActionEvent e){
            System.out.println("Texte écrit dans le JTextArea : ");
            System.out.println("--------------------------------");
            System.out.println(textPane.getText());
         }
      });

      //On ajoute l'objet au content pane de notre fenêtre
      this.getContentPane().add(scroll, BorderLayout.CENTER);
      //On aurait pu aussi écrire
      //this.getContentPane().add(new JScrollPane(textPane),
          ↪ BorderLayout.CENTER);
      this.getContentPane().add(bouton, BorderLayout.SOUTH);
      this.setVisible(true);
   }
```

```
   public static void main(String[] args){
      Fenetre fen = new Fenetre();
   }
}
```

L'objet utilisé afin d'avoir un ascenseur s'appelle donc un JScrollPane. Désormais, vous pourrez écrire aussi loin que vous le voulez, **vers le bas et vers la droite !** Les ascenseurs apparaissent automatiquement lorsque vous dépassez les limites autorisées. De plus, vous pouvez redéfinir leurs comportements grâce aux méthodes :

- scroll.setHorizontalScrollBarPolicy(int policy), qui permet de définir le comportement du scroll en bas de votre fenêtre ;
- scroll.setVerticalScrollBarPolicy(int policy), qui permet de définir le comportement du scroll à droite de votre fenêtre.

Le paramètre de ces méthodes est un entier défini dans la classe JScrollPane, il peut prendre les valeurs suivantes :

- JScrollPane.VERTICAL_SCROLLBAR_AS_NEEDED : le scroll vertical n'est visible que s'il est nécessaire, donc s'il y a dépassement de la taille en hauteur ;
- JScrollPane.VERTICAL_SCROLLBAR_NEVER : le scroll vertical n'est jamais visible, même si vous dépassez ; en revanche, le conteneur s'allonge tout de même ;
- JScrollPane.VERTICAL_SCROLLBAR_ALWAYS : le scroll vertical est toujours visible, même si vous ne dépassez pas.

Les mêmes entiers existent pour le scroll horizontal, mais vous devrez alors remplacer VERTICAL par HORIZONTAL ! Vous devez tout de même savoir que cet objet en utilise un autre : un JScrollBar. Les deux barres de défilement sont deux instances de cet objet... Nous avons vu comment séparer un conteneur, comment agrandir un conteneur, nous allons maintenant voir comment ajouter dynamiquement des conteneurs !

L'objet JTabbedPane

Dans ce chapitre, vous allez apprendre à créer plusieurs « pages » dans votre IHM... Jusqu'à maintenant, vous ne pouviez pas avoir plusieurs contenus dans votre fenêtre, à moins de leur faire partager l'espace disponible. Il existe une solution toute simple qui consiste à créer des onglets et, croyez-moi, c'est aussi très simple à faire. L'objet à utiliser est un JTabbedPane. Afin d'avoir un exemple plus ludique, j'ai constitué une classe héritée de JPanel afin de créer des onglets ayant une couleur de fond différente... Cette classe ne devrait plus vous poser de problèmes :

```
import java.awt.Color;
import java.awt.Font;
import java.awt.Graphics;
import javax.swing.JPanel;

public class Panneau extends JPanel{
   private Color color = Color.white;
```

```
    private static int COUNT = 0;
    private String message = "";

    public Panneau(){}
    public Panneau(Color color){
        this.color = color;
        this.message = "Contenu du panneau N°" + (++COUNT);
    }
    public void paintComponent(Graphics g){
        g.setColor(this.color);
        g.fillRect(0, 0, this.getWidth(), this.getHeight());
        g.setColor(Color.white);
        g.setFont(new Font("Arial", Font.BOLD, 15));
        g.drawString(this.message, 10, 20);
    }
}
```

J'ai utilisé cet objet afin de créer un tableau de Panneau. Chaque instance est ensuite ajoutée à mon objet gérant les onglets via sa méthode `add(String title, JComponent comp)`. Vous voudriez peut-être disposer du code tout de suite, le voici donc :

```
import java.awt.Color;
import javax.swing.JFrame;
import javax.swing.JTabbedPane;

public class Fenetre extends JFrame {
    private JTabbedPane onglet;

    public Fenetre(){
        this.setLocationRelativeTo(null);
        this.setTitle("Gérer vos conteneurs");
        this.setDefaultCloseOperation(JFrame.EXIT_ON_CLOSE);
        this.setSize(400, 200);

        //Création de plusieurs Panneau
        Panneau[] tPan = {   new Panneau(Color.RED),
                        new Panneau(Color.GREEN),
                        new Panneau(Color.BLUE)};

        //Création de notre conteneur d'onglets
        onglet = new JTabbedPane();
        int i = 0;
        for(Panneau pan : tPan){
            //Méthode d'ajout d'onglet
            onglet.add("Onglet n° "+(++i), pan);
            //Vous pouvez aussi utiliser la méthode addTab
            //onglet.addTab("Onglet n° "+(++i), pan);

        }
```

```
      //On passe ensuite les onglets au content pane
      this.getContentPane().add(onglet);
      this.setVisible(true);
   }

   public static void main(String[] args){
      Fenetre fen = new Fenetre();
   }
}
```

Ce qui a donné le résultat que l'on peut voir à la figure 29.7.

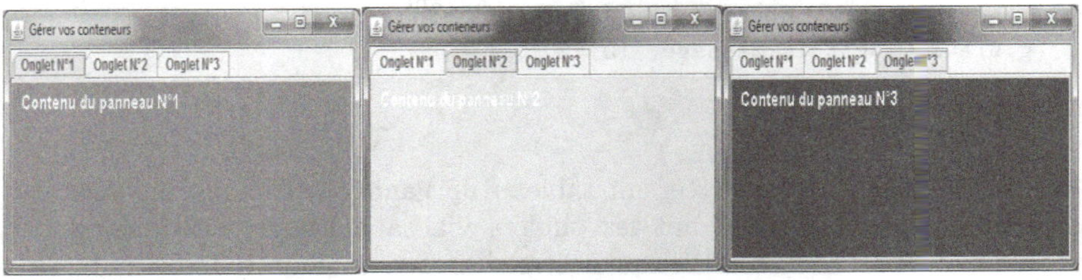

FIGURE 29.7 – Plusieurs onglets

Vous constatez que l'utilisation de cet objet est très simple, là aussi... Je vais tout de même vous présenter quelques méthodes bien utiles. Par exemple, vous pouvez ajouter une image en guise d'icône à côté du titre de l'onglet. Ce qui pourrait nous donner la figure 29.8.

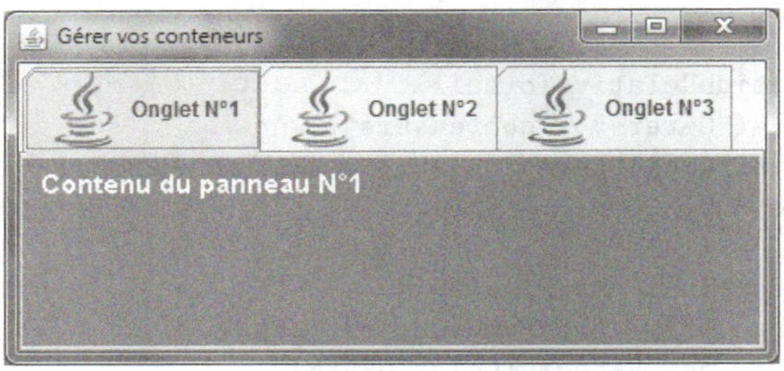

FIGURE 29.8 – Image en titre d'onglet

Le code est identique au précédent, à l'exception de ce qu'il y a dans la boucle :

```
for(Panneau pan : tPan){
   //Méthode d'ajout d'onglet
   onglet.add("Onglet n° "+(++i), pan);
   //On ajoute l'image à l'onglet en cours
   //Les index d'onglets fonctionnent comme les tableaux : ils commencent à 0
   onglet.setIconAt((i - 1), new ImageIcon("java.jpg"));
```

```
   //Vous pouvez aussi utiliser la méthode addTab
   //onglet.addTab("Onglet n° "+(++i), new ImageIcon("java.jpg"), pan);
}
```

Vous avez également la possibilité de changer l'emplacement des en-têtes d'onglets en spécifiant cet emplacement dans le constructeur, comme ceci :

```
//Affiche les onglets en bas de la fenêtre
JTabbedPane onglet = new JTabbedPane(JTabbedPane.BOTTOM);

//Affiche les onglets à gauche de la fenêtre
JTabbedPane onglet = new JTabbedPane(JTabbedPane.LEFT);

//Affiche les onglets à droite de la fenêtre
JTabbedPane onglet = new JTabbedPane(JTabbedPane.RIGHT);
```

La figure 29.9 vous montre ce que vous pouvez obtenir.

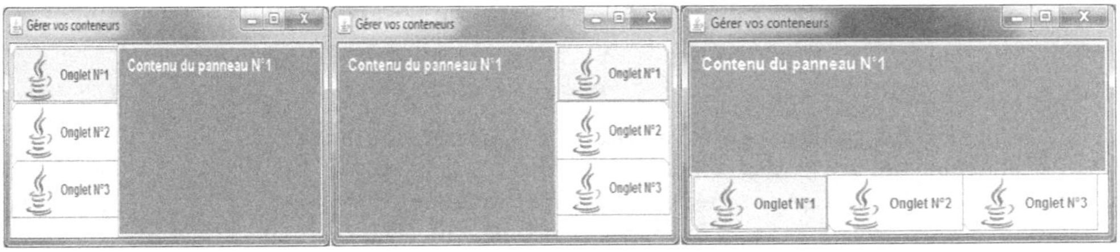

FIGURE 29.9 – Emplacement des onglets

Vous pouvez aussi utiliser la méthode `setTabPlacement(JTabbedPane.BOTTOM);` qui a le même effet : ici, la barre d'exploration des onglets sera située en bas du conteneur. Vous avez aussi la possibilité d'ajouter ou de retirer des onglets. Pour ajouter, vous avez deviné comment procéder ! Pour retirer un onglet, nous allons utiliser la méthode `remove(int index)`. Cette méthode parle d'elle-même, elle va retirer l'onglet ayant pour index le paramètre passé.

```
//CTRL + SHIFT + O pour générer les imports nécessaires

public class Fenetre extends JFrame {
   private JTabbedPane onglet;
   //Compteur pour le nombre d'onglets
   private int nbreTab = 0;

   public Fenetre(){
      this.setLocationRelativeTo(null);
      this.setTitle("Gérer vos conteneurs");
      this.setDefaultCloseOperation(JFrame.EXIT_ON_CLOSE);
      this.setSize(400, 200);
```

```
        //Création de plusieurs Panneau
        Panneau[] tPan = {   new Panneau(Color.RED),
                        new Panneau(Color.GREEN),
                        new Panneau(Color.BLUE)};

        //Création de notre conteneur d'onglets
        onglet = new JTabbedPane();
        for(Panneau pan : tPan){
            //Méthode d'ajout d'onglets
            onglet.addTab("Onglet N°"+(++nbreTab), pan);
        }
        //On passe ensuite les onglets au content pane
        this.getContentPane().add(onglet, BorderLayout.CENTER);

        //Ajout du bouton pour ajouter des onglets
        JButton nouveau = new JButton("Ajouter un onglet");
        nouveau.addActionListener(new ActionListener(){
            public void actionPerformed(ActionEvent e){
                onglet.add("Onglet N°"+(++nbreTab), new Panneau(Color.DARK_GRAY));
            }
        });

        //Ajout du bouton pour retirer l'onglet sélectionné
        JButton delete = new JButton("Effacer l'onglet");
        delete.addActionListener(new ActionListener(){
            public void actionPerformed(ActionEvent e){
                //On récupère l'index de l'onglet sélectionné
                int selected = onglet.getSelectedIndex();
                //S'il n'y a plus d'onglet, la méthode ci-dessus retourne -1
                if(selected > -1)onglet.remove(selected);
            }
        });

        JPanel pan = new JPanel();
        pan.add(nouveau);
        pan.add(delete);

        this.getContentPane().add(pan, BorderLayout.SOUTH);
        this.setVisible(true);
    }

    public static void main(String[] args){
        Fenetre fen = new Fenetre();
    }
}
```

Ce qui peut vous donner la même chose que la figure 29.10.

FIGURE 29.10 – Beaucoup, beaucoup d'onglets...

L'objet `JDesktopPane` combiné à des `JInternalFrame`

Ces deux objets sont très souvent associés et permettent de réaliser des applications multifenêtres (figure 29.11).

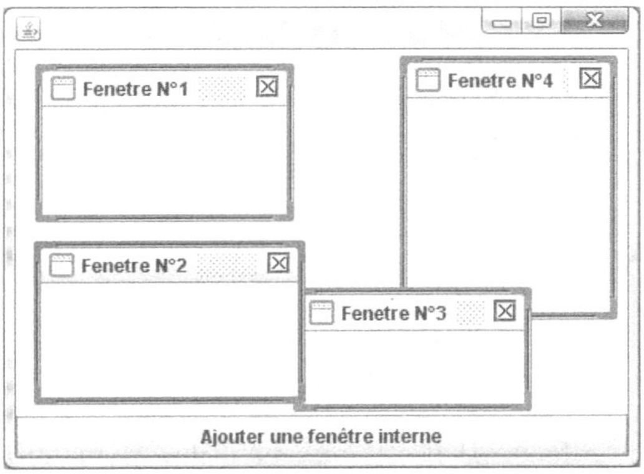

FIGURE 29.11 – Exemple d'une application multifenêtre

```
//CTRL + SHIFT + O pour générer les imports nécessaires

public class Bureau extends JFrame{
   private static int nbreFenetre = 0;
   private JDesktopPane desktop = new JDesktopPane();
   private static int xy = 10;

   public Bureau(){
      this.setSize(400, 300);
      this.setLocationRelativeTo(null);
      this.setDefaultCloseOperation(JFrame.EXIT_ON_CLOSE);
      JButton ajouter = new JButton("Ajouter une fenêtre interne");
      ajouter.addActionListener(new ActionListener(){
         public void actionPerformed(ActionEvent event){
            ++nbreFenetre;
```

```
            xy += 2;
            desktop.add(new MiniFenetre(nbreFenetre), nbreFenetre);
         }
      });

      this.getContentPane().add(desktop, BorderLayout.CENTER);
      this.getContentPane().add(ajouter, BorderLayout.SOUTH);
   }

   class MiniFenetre extends JInternalFrame{
      public MiniFenetre(int nbre){
         this.setTitle("Fenetre N°"+nbre);
         this.setClosable(true);
         this.setResizable(true);
         this.setSize(150, 80);
         this.setLocation(xy, xy);
         this.setVisible(true);
      }
   }

   public static void main(String[] args){
      Bureau bureau = new Bureau();
      bureau.setVisible(true);
   }
}
```

L'objet JWindow

Pour faire simple, c'est une JFrame, mais sans les contours permettant de **réduire, fermer ou agrandir** la fenêtre ! Il est souvent utilisé pour faire des **splash screens** (ce qui s'affiche au lancement d'Eclipse, par exemple...). La figure 29.12 vous donne un exemple de cet objet.

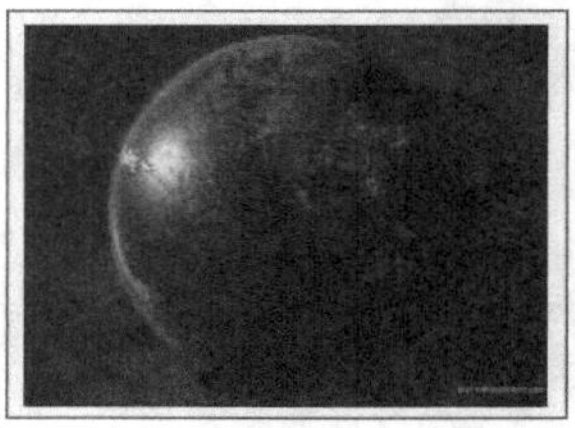

FIGURE 29.12 – JWindow

```
//CTRL + SHIFT + O pour générer les imports nécessaires

public class Window extends JWindow{
```

```
   public static void main(String[] args){
      Window wind = new Window();
      wind.setVisible(true);
   }

   public Window(){
      setSize(220, 165);
      setLocationRelativeTo(null);
      JPanel pan = new JPanel();
      JLabel img = new JLabel(new ImageIcon("planète.jpeg"));
      img.setVerticalAlignment(JLabel.CENTER);
      img.setHorizontalAlignment(JLabel.CENTER);
      pan.setBorder(BorderFactory.createLineBorder(Color.blue));
      pan.add(img);
      getContentPane().add(pan);
   }
}
```

Le JEditorPane

Voici un objet sympathique mais quelque peu limité par la façon dont il gère son contenu HTML (figure 29.13) ! Il permet de réaliser des textes riches (avec une mise en page). Il y a aussi le JTextPane qui vous permet très facilement de faire un mini-éditeur de texte (enfin, tout est relatif...).

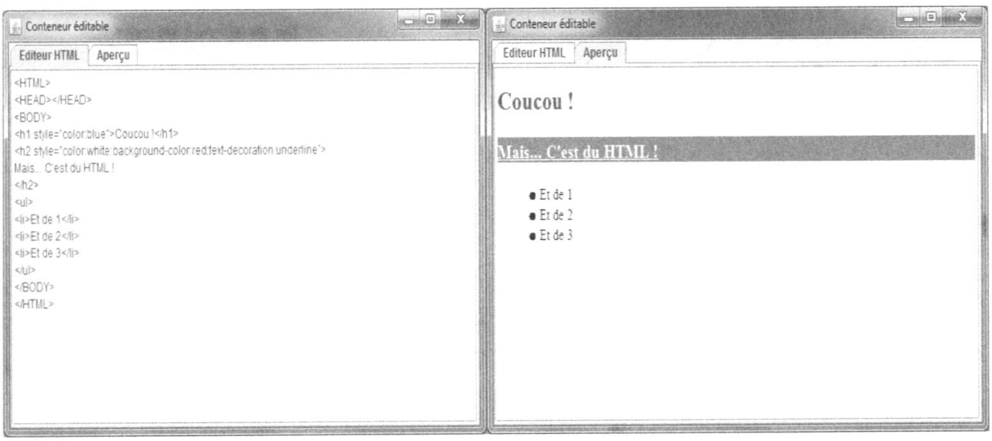

FIGURE 29.13 – Aperçu de l'objet JEditorPane

```
//CTRL + SHIFT + O pour générer les imports nécessaires

public class Fenetre extends JFrame {
   private JEditorPane editorPane, apercu;
   private JTabbedPane onglet = new JTabbedPane();
```

```
    public Fenetre(){
        this.setSize(600, 400);
        this.setTitle("Conteneur éditable");
        this.setLocationRelativeTo(null);
        this.setDefaultCloseOperation(JFrame.EXIT_ON_CLOSE);

        editorPane = new JEditorPane();
        editorPane.setText(" <HTML><HEAD></HEAD><BODY></BODY></HTML> ");

        apercu = new JEditorPane();
        apercu.setEditable(false);

        onglet.addTab("Editeur HTML", new JScrollPane(editorPane));
        onglet.addTab("Aperçu", new JScrollPane(apercu));
        onglet.addChangeListener(new ChangeListener(){

            public void stateChanged(ChangeEvent e) {
                FileWriter fw = null;
                try {
                    fw = new FileWriter(new File("tmp/tmp.html"));
                    fw.write(editorPane.getText());
                    fw.close();
                } catch (FileNotFoundException e1) {
                    e1.printStackTrace();
                } catch (IOException e1) {
                    e1.printStackTrace();
                }
                try {
                    File file = new File("tmp/tmp.html");
                    apercu.setEditorKit(new HTMLEditorKit());
                    apercu.setPage(file.toURL());
                } catch (IOException e1) {
                    e1.printStackTrace();
                }
            }
        });

        this.getContentPane().add(onglet, BorderLayout.CENTER);
        this.setVisible(true);
    }

    public static void main(String[] args){
        Fenetre fen = new Fenetre();
    }
}
```

Dans cet exemple, on édite le code HTML dans l'onglet d'édition et au changement d'onglet, on génère un fichier temporaire avec l'extension `.html`. Ce fichier est stocké dans un répertoire nommé « tmp » à la racine de notre projet.

Le JSlider

Ce composant vous permet d'utiliser un système de mesure pour une application : redimensionner une image, choisir le tempo d'un morceau de musique, l'opacité d'une couleur, etc. (figure 29.14).

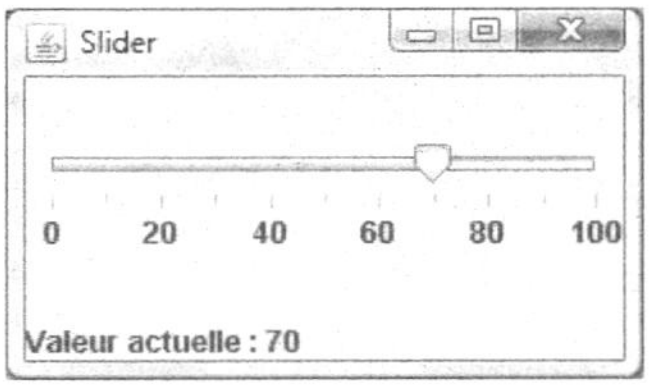

FIGURE 29.14 – Un JSlider

Le code source :

```
//CTRL + SHIFT + O pour générer les imports nécessaires
public class Slide extends JFrame{
   private JLabel label = new JLabel("Valeur actuelle : 30");
   public Slide(){
      this.setSize(250, 150);
      this.setTitle("Slider");
      this.setLocationRelativeTo(null);
      this.setDefaultCloseOperation(JFrame.EXIT_ON_CLOSE);

      JSlider slide = new JSlider();

      slide.setMaximum(100);
      slide.setMinimum(0);
      slide.setValue(30);
      slide.setPaintTicks(true);
      slide.setPaintLabels(true);
      slide.setMinorTickSpacing(10);
      slide.setMajorTickSpacing(20);
      slide.addChangeListener(new ChangeListener(){
      public void stateChanged(ChangeEvent event){
         label.setText("Valeur actuelle : " +
               ((JSlider)event.getSource()).getValue());
         }
      });
      this.getContentPane().add(slide, BorderLayout.CENTER);
      this.getContentPane().add(label, BorderLayout.SOUTH);
   }
   public static void main(String[] args){
      Slide slide = new Slide();
      slide.setVisible(true);
   }
}
```

La JProgressBar

Elle vous permet de réaliser une barre de progression pour des traitements longs (figure 29.15).

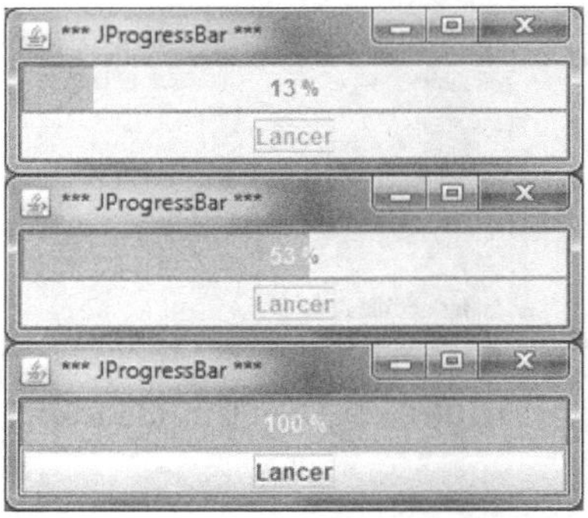

FIGURE 29.15 – Une JProgressBar

Voici le code source :

```
//CTRL + SHIFT + O pour générer les imports nécessaires
public class Progress extends JFrame{
   private Thread t;
   private JProgressBar bar;
   private JButton launch ;

   public Progress(){
      this.setSize(300, 80);
      this.setTitle("*** JProgressBar ***");
      this.setDefaultCloseOperation(JFrame.EXIT_ON_CLOSE);
      this.setLocationRelativeTo(null);

      t = new Thread(new Traitement());
      bar  = new JProgressBar();
      bar.setMaximum(500);
      bar.setMinimum(0);
      bar.setStringPainted(true);

      this.getContentPane().add(bar, BorderLayout.CENTER);

      launch = new JButton("Lancer");
      launch.addActionListener(new ActionListener(){
         public void actionPerformed(ActionEvent event){
            t = new Thread(new Traitement());
            t.start();
         }
      });
      this.getContentPane().add(launch, BorderLayout.SOUTH);
```

```
      t.start();
      this.setVisible(true);
   }

   class Traitement implements Runnable{
      public void run(){
         launch.setEnabled(false);

         for(int val = 0; val <= 500; val++){
            bar.setValue(val);
            try {
               t.sleep(10);
            } catch (InterruptedException e) {
               // TODO Auto-generated catch block
               e.printStackTrace();
            }
         }
         launch.setEnabled(true);
      }
   }

   public static void main(String[] args){
      Progress p = new Progress();
   }
}
```

La modification des valeurs de cet objet doit se faire dans un thread, sinon vous aurez une barre vide, un temps d'attente puis la barre remplie, mais sans que les valeurs aient défilé en temps réel !

Enjoliver vos IHM

Nous n'avons pas beaucoup abordé ce point tout au long du livre, mais je vous laisse découvrir les joyeusetés qu'offre Java en la matière... Voici comment ajouter des bordures (figure 29.16) à vos composants :

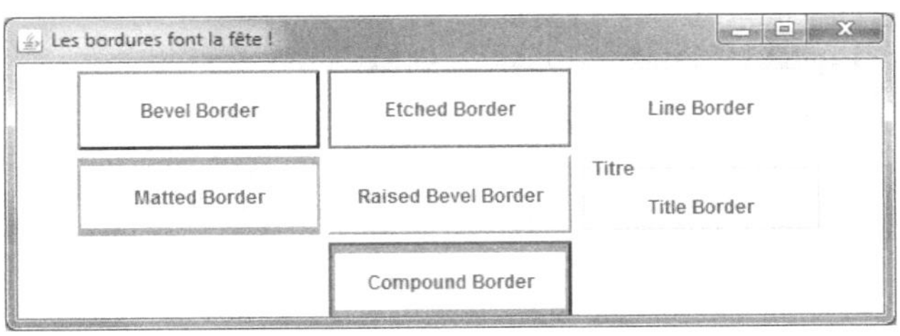

FIGURE 29.16 – Exemples de bordures

```
//CTRL + SHIFT + O pour générer les imports nécessaires
public class BorderDemo extends JFrame{

   private String[] list = {
      "Bevel Border",
      "Etched Border",
      "Line Border",
      "Matted Border",
      "Raised Bevel Border",
      "Title Border",
      "Compound Border"
   };

   private Border[] listBorder = {
      BorderFactory.createBevelBorder(BevelBorder.LOWERED, Color.black,
          ↪ Color.red),
      BorderFactory.createEtchedBorder(Color.BLUE, Color.GRAY),
      BorderFactory.createLineBorder(Color.green),
      BorderFactory.createMatteBorder(5, 2, 5, 2, Color.MAGENTA),
      BorderFactory.createRaisedBevelBorder(),
      BorderFactory.createTitledBorder("Titre"),
      BorderFactory.createCompoundBorder(
      BorderFactory.createBevelBorder(BevelBorder.LOWERED, Color.black,
          ↪ Color.blue),
      BorderFactory.createMatteBorder(5, 2, 5, 2, Color.MAGENTA)
      )
   };

   public BorderDemo(){
      this.setTitle("Les bordures font la fête !");
      this.setLocationRelativeTo(null);
      this.setDefaultCloseOperation(JFrame.EXIT_ON_CLOSE);
      this.setSize(550, 200);

      JPanel pan = new JPanel();
      for(int i = 0; i < list.length; i++){
      JLabel lib = new JLabel(list[i]);
      lib.setPreferredSize(new Dimension(150, 50));
      lib.setBorder(listBorder[i]);
      lib.setAlignmentX(JLabel.CENTER);
      lib.setHorizontalAlignment(JLabel.CENTER);
      pan.add(lib);
      }

      this.getContentPane().add(pan);
   }

   public static void main(String[] args){
      BorderDemo demo = new BorderDemo();
      demo.setVisible(true);
```

```
    }
}
```

En résumé

- L'objet `JSplitPane` vous permet de scinder un conteneur en deux parties via un splitter déplaçable.
- Vous pouvez spécifier si le splitter doit être horizontal ou vertical.
- L'objet `JScrollPane` vous permet d'avoir un conteneur ou un objet contenant du texte de s'étirer selon son contenu, en hauteur comme en largeur.
- L'objet `JTabbedPane` vous permet d'obtenir une interface composée d'autant d'onglets que vous le désirez et gérable de façon dynamique.
- Vous pouvez donner un titre et même une image à chaque onglet.
- Les onglets peuvent être disposés aux quatre coins d'une fenêtre.
- Les objets `JDesktopPane` combinés à des objets `JInternalFrame` vous permettent de créer une application multifenêtre.
- L'objet `JWindow` est une `JFrame` sans les contrôles d'usage. Elle sert à afficher une image de lancement de programme, comme Eclipse par exemple.
- L'objet `JEditorPane` vous permet de créer un éditeur HTML et d'afficher le rendu du code écrit.
- Vous pouvez gérer des mesures ou des taux via l'objet `JSlider`. En déplaçant le curseur, vous pourrez faire croître une valeur afin de l'utiliser.
- L'objet `JProgressBar` affiche une barre de progression.
- Vous pouvez enjoliver la plupart de vos composants avec des bordures en utilisant l'objet `BorderFactory` qui vous permettra de créer différents types de traits.

Chapitre 30

Les arbres et leur structure

Difficulté :

Autant les objets vus dans le chapitre précédent étaient simples, autant celui que nous allons voir est assez compliqué. Cela ne l'empêche pas d'être très pratique et très utilisé.

Vous devez tous déjà avoir vu un arbre. Non pas celui du monde végétal, mais celui qui permet d'explorer des dossiers. Nous allons voir comment utiliser et exploiter un tel objet et interagir avec lui : ne vous inquiétez pas, tout partira de zéro...

Le mieux, c'est encore de rentrer dans le vif du sujet !

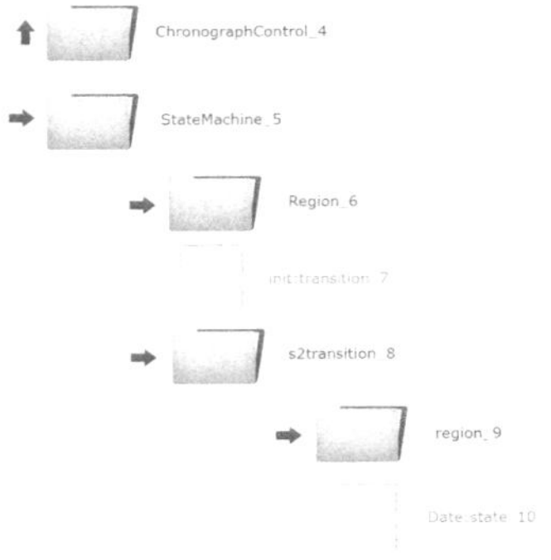

La composition des arbres

Tout d'abord, pour ceux qui ne verraient pas de quoi je parle, la figure 30.1 vous montre ce qu'on appelle un arbre (`JTree`).

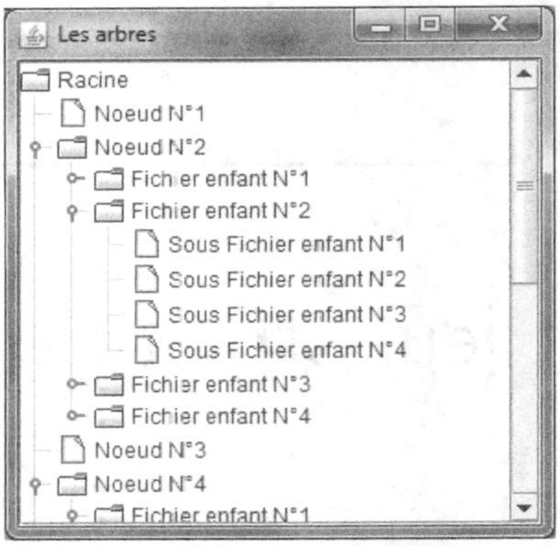

FIGURE 30.1 – Exemple d'arbre

La chose bien pratique avec cet objet c'est que, même s'il ne ressemble pas à un chêne ou à un autre arbre, il est composé de la même façon ! En fait, lorsque vous regardez bien un arbre, celui-ci est constitué de plusieurs sous-ensembles :

- des racines ;
- un tronc ;
- des branches ;
- des feuilles.

L'objet `JTree` se base sur la même architecture. Vous aurez donc :

- une racine : le répertoire le plus haut dans la hiérarchie ; ici, seul « Racine » est considéré comme une racine ;
- une ou plusieurs branches : un ou plusieurs sous-répertoires, « Fichier enfant n° 1-2-3-4 » sont des branches (ou encore « Noeud n° 2-4-6 ») ;
- une ou plusieurs feuilles : éléments se trouvant en bas de la hiérarchie, ici « Sous-fichier enfant n° 1-2-3-4 » ou encore « Noeud n° 1-3-5-7 » sont des feuilles.

Voici le code que j'ai utilisé :

```
//CTRL + SHIFT + O pour générer les imports nécessaires

public class Fenetre extends JFrame {
   private JTree arbre;
   public Fenetre(){
      this.setSize(300, 300);
      this.setLocationRelativeTo(null);
      this.setDefaultCloseOperation(JFrame.EXIT_ON_CLOSE);
      this.setTitle("Les arbres");
```

```
      //On invoque la méthode de construction de notre arbre
      buildTree();

      this.setVisible(true);
   }

   private void buildTree(){
      //Création d'une racine
      DefaultMutableTreeNode racine = new DefaultMutableTreeNode("Racine");

      //Nous allons ajouter des branches et des feuilles à notre racine
      for(int i = 1; i < 12; i++){
         DefaultMutableTreeNode rep = new DefaultMutableTreeNode("Noeud n°"+i);

         //S'il s'agit d'un nombre pair, on rajoute une branche
         if((i%2) == 0){
            //Et une branche en plus ! Une !
            for(int j = 1; j < 5; j++){
               DefaultMutableTreeNode rep2 =
                  new DefaultMutableTreeNode("Fichier enfant n°" + j);
               //Cette fois, on ajoute les feuilles
               for(int k = 1; k < 5; k++)
                    rep2.add(new DefaultMutableTreeNode
                                          ↪ ("Sous-fichier enfant n°" + k));
               rep.add(rep2);
            }
         }
         //On ajoute la feuille ou la branche à la racine
         racine.add(rep);
      }
      //Nous créons, avec notre hiérarchie, un arbre
      arbre = new JTree(racine);

      //Que nous plaçons sur le ContentPane de notre JFrame à l'aide d'un scroll
      this.getContentPane().add(new JScrollPane(arbre));
   }

   public static void main(String[] args){
      Fenetre fen = new Fenetre();
   }
}
```

Si vous avez du mal à vous y retrouver, essayez cette version de la méthode `buildTree()` :

```
private void buildTree(){
   //Création d'une racine
   DefaultMutableTreeNode racine = new DefaultMutableTreeNode("Racine");

   //Nous allons ajouter des branches et des feuilles à notre racine
   for(int i = 1; i < 6; i++){
```

```
        DefaultMutableTreeNode rep = new DefaultMutableTreeNode("Noeud n°"+i);

        //On rajoute 4 branches
        if(i < 4){
           DefaultMutableTreeNode rep2 = new DefaultMutableTreeNode
                ↪ ("Fichier enfant");
           rep.add(rep2);
        }
        //On ajoute la feuille ou la branche à la racine
        racine.add(rep);
     }
     //Nous créons, avec notre hiérarchie, un arbre
     arbre = new JTree(racine);

     //Que nous plaçons sur le ContentPane de notre JFrame à l'aide d'un scroll
     this.getContentPane().add(new JScrollPane(arbre));
}
```

Cela devrait vous donner la figure 30.2.

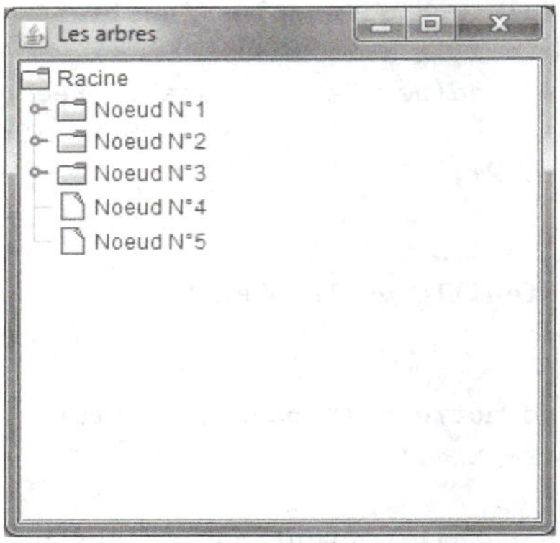

FIGURE 30.2 – Autre exemple de JTree

En ayant manipulé ces deux objets, vous devez vous rendre compte que vous construisez une véritable hiérarchie avant de créer et d'afficher votre arbre ! Ce type d'objet est tout indiqué pour lister des fichiers ou des répertoires. D'ailleurs, nous avons vu comment faire lorsque nous avons abordé les flux. C'est avec un arbre que nous allons afficher notre arborescence de fichiers :

```
//CTRL + SHIFT + O pour générer les imports nécessaires
public class Fenetre extends JFrame {
   private JTree arbre;
   private DefaultMutableTreeNode racine;
   public Fenetre(){
      this.setSize(300, 300);
      this.setLocationRelativeTo(null);
```

```
      this.setDefaultCloseOperation(JFrame.EXIT_ON_CLOSE);
      this.setTitle("Les arbres");
      //On invoque la méthode de construction de l'arbre
      listRoot();

      this.setVisible(true);
   }

   private void listRoot(){
      this.racine = new DefaultMutableTreeNode();
      int count = 0;
      for(File file : File.listRoots())
      {
         DefaultMutableTreeNode lecteur =
            new DefaultMutableTreeNode(file.getAbsolutePath());
         try {
            for(File nom : file.listFiles()){
               DefaultMutableTreeNode node =
                  new DefaultMutableTreeNode(nom.getName()+"\\");
               lecteur.add(this.listFile(nom, node));
            }
         } catch (NullPointerException e) {}

         this.racine.add(lecteur);
      }
      //Nous créons, avec notre hiérarchie, un arbre
      arbre = new JTree(this.racine);
      //Que nous plaçons sur le ContentPane de notre JFrame à l'aide d'un scroll
      this.getContentPane().add(new JScrollPane(arbre));
   }

   private DefaultMutableTreeNode listFile(File file,
   ↪ DefaultMutableTreeNode node){
      int count = 0;

      if(file.isFile())
         return new DefaultMutableTreeNode(file.getName());
      else{
         File[] list = file.listFiles();
         if(list == null)
            return new DefaultMutableTreeNode(file.getName());

         for(File nom : list){
            count++;
            //Pas plus de 5 enfants par noeud
            if(count < 5){
               DefaultMutableTreeNode subNode;
               if(nom.isDirectory()){
                  subNode =
                     new DefaultMutableTreeNode(nom.getName()+"\\");
```

```
                        node.add(this.listFile(nom, subNode));
                    }else{
                        subNode = new DefaultMutableTreeNode(nom.getName());
                    }
                    node.add(subNode);
                }
            }
            return node;
        }
    }

    public static void main(String[] args){
        Fenetre fen = new Fenetre();
    }
}
```

Ce type de code ne devrait plus vous faire peur. Voici ce que ça me donne, après quelques secondes (figure 30.3)...

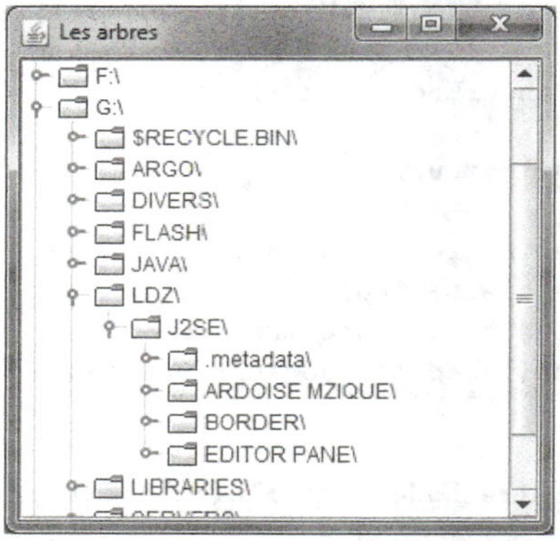

FIGURE 30.3 – Arborescence de fichiers

Pas mal, mais du coup, le dossier « Racine » ne correspond à rien ! Heureusement, il existe une méthode dans l'objet `JTree` qui permet de ne pas afficher la racine d'une arborescence : `setRootVisible(Boolean ok);`. Il suffit donc de rajouter l'instruction `setRootVisible(false);` à la fin de la méthode `listRoot()` de l'objet `JTree`, **juste avant d'ajouter notre arbre au** `ContentPane`.

Bon : vous arrivez à créer et afficher un arbre. Maintenant, voyons comment interagir avec !

Des arbres qui vous parlent

Vous connaissez la musique maintenant, nous allons encore implémenter une interface ! Celle-ci se nomme `TreeSelectionListener`. Elle ne contient qu'une méthode à redéfinir : `valueChanged(TreeSelectionEvent event)`.

Voici un code utilisant une implémentation de cette interface :

```
//CTRL + SHIFT + O pour générer les imports nécessaires

public class Fenetre extends JFrame {

   private JTree arbre;
   private DefaultMutableTreeNode racine;
   public Fenetre(){
      this.setSize(300, 200);
      this.setLocationRelativeTo(null);
      this.setDefaultCloseOperation(JFrame.EXIT_ON_CLOSE);
      this.setTitle("Les arbres");
      //On invoque la méthode de construction de l'arbre
      listRoot();

      this.setVisible(true);
   }

   private void listRoot(){
      this.racine = new DefaultMutableTreeNode();
      int count = 0;
      for(File file : File.listRoots()){
         DefaultMutableTreeNode lecteur =
            new DefaultMutableTreeNode(file.getAbsolutePath());
         try {
            for(File nom : file.listFiles()){
               DefaultMutableTreeNode node =
                  new DefaultMutableTreeNode(nom.getName()+"\\");
               lecteur.add(this.listFile(nom, node));
            }
         } catch (NullPointerException e) {}

         this.racine.add(lecteur);
      }
      //Nous créons, avec notre hiérarchie, un arbre
      arbre = new JTree(this.racine);
      arbre.setRootVisible(false);
      arbre.addTreeSelectionListener(new TreeSelectionListener(){

         public void valueChanged(TreeSelectionEvent event) {
            if(arbre.getLastSelectedPathComponent() != null){
               System.out.println(arbre.getLastSelectedPathComponent()
                         ↪ .toString());
            }
         }
      });
      //Que nous plaçons sur le ContentPane de notre JFrame
         //à l'aide d'un scroll
```

```
      this.getContentPane().add(new JScrollPane(arbre));
   }

   private DefaultMutableTreeNode listFile(File file,
   ↪ DefaultMutableTreeNode node){
      int count = 0;
      if(file.isFile())
         return new DefaultMutableTreeNode(file.getName());
      else{
         File[] list = file.listFiles();
         if(list == null)
            return new DefaultMutableTreeNode(file.getName());

         for(File nom : list){
            count++;
            //Pas plus de 5 enfants par noeud
            if(count < 5){
               DefaultMutableTreeNode subNode;
               if(nom.isDirectory()){
                  subNode = new DefaultMutableTreeNode(nom.getName()+"\\");
                  node.add(this.listFile(nom, subNode));
               }else{
                  subNode = new DefaultMutableTreeNode(nom.getName());
               }
               node.add(subNode);
            }
         }
         return node;
      }
   }

   public static void main(String[] args){
      Fenetre fen = new Fenetre();
   }
}
```

Cela donne la figure 30.4.

Votre arbre est maintenant réactif ! Lorsque vous sélectionnez un dossier ou un fichier, le nom de ce dernier s'affiche. Cela se fait grâce à la méthode `getLastSelectedPathComponent()` : elle retourne un `Object` correspondant au dernier point de l'arbre qui a été cliqué. Il ne reste plus qu'à utiliser la méthode `toString()` afin de retourner son libellé.

Nous avons réussi à afficher le nom du dernier nœud cliqué, mais nous n'allons pas nous arrêter là... Il peut être intéressant de connaître le chemin d'accès du nœud dans l'arbre ! Surtout dans notre cas, puisque nous listons le contenu de notre disque. Nous pouvons donc obtenir des informations supplémentaires sur une feuille ou une branche en recourant à un objet `File`, par exemple. L'objet `TreeEvent` passé en paramètre de la méthode de l'interface vous apporte de précieux renseignements, dont la méthode

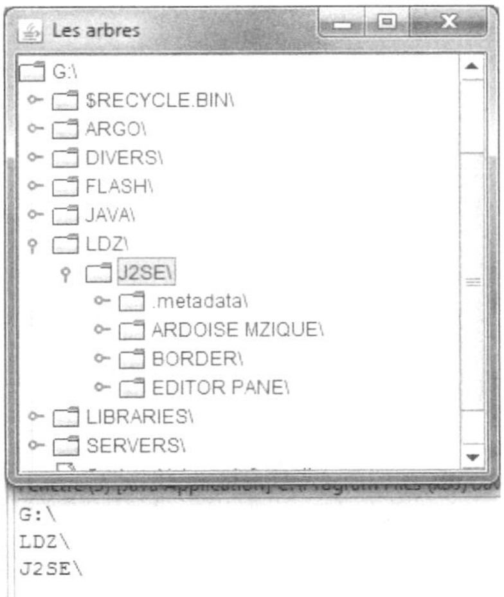

FIGURE 30.4 – Arborescence qui réagit

`getPath()` qui vous retourne un objet `TreePath`. Ce dernier contient les objets correspondant aux nœuds du chemin d'accès à un point de l'arbre. Ne vous inquiétez pas, vous n'avez pas à changer beaucoup de choses pour obtenir ce résultat. En fait, je n'ai modifié que la classe anonyme qui gère l'événement déclenché sur l'arbre. Voici la nouvelle version de cette classe anonyme :

```
arbre.addTreeSelectionListener(new TreeSelectionListener(){

   public void valueChanged(TreeSelectionEvent event) {
      if(arbre.getLastSelectedPathComponent() != null){
         //La méthode getPath retourne un objet TreePath
         System.out.println(getAbsolutePath(event.getPath()));
      }
   }

   private String getAbsolutePath(TreePath treePath){
      String str = "";
      //On balaie le contenu de l'objet TreePath
      for(Object name : treePath.getPath()){
         //Si l'objet a un nom, on l'ajoute au chemin
         if(name.toString() != null)
            str += name.toString();
      }
      return str;
   }
});
```

La figure 30.5 vous montre ce que j'ai pu obtenir.

Vous pouvez voir que nous avons maintenant le chemin complet dans notre arbre et,

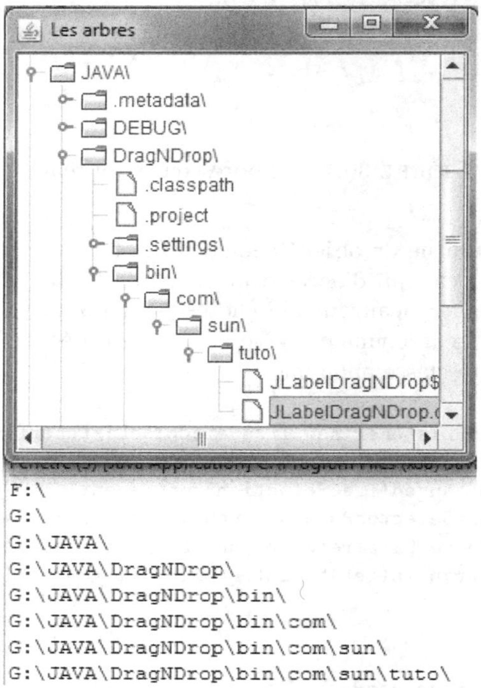

FIGURE 30.5 – Affichage du chemin complet des nœuds

vu que nous interagissons avec les fichiers de notre système, nous pourrons en savoir plus. Nous allons donc ajouter un « coin information » à droite de notre arbre, dans un conteneur à part.

Essayez de le faire vous-mêmes dans un premier temps, sachant que j'ai obtenu quelque chose comme la figure 30.6.

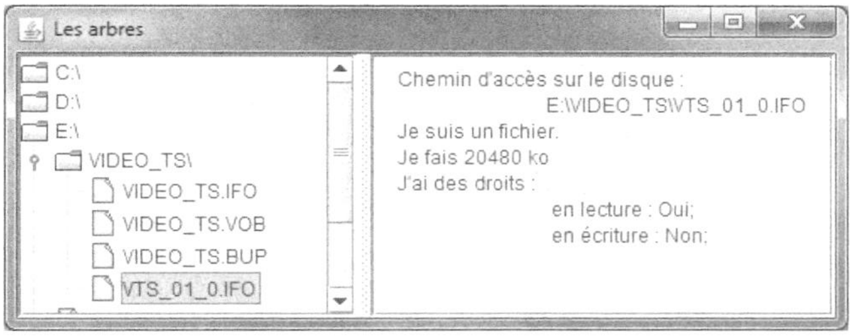

FIGURE 30.6 – Afficher des informations sur les fichiers

▷ Copier la correction
Code web : 623139

J'espère que vous n'avez pas eu trop de mal à faire ce petit exercice... Vous devriez maintenant commencer à savoir utiliser ce type d'objet, mais avant de passer à autre chose, je vous propose d'apprendre à personnaliser un peu l'affichage de notre arbre.

Décorez vos arbres

Vous avez la possibilité de changer les icônes des répertoires et des fichiers, tout comme celles d'ouverture et de fermeture. Cette opération est très simple à réaliser : il vous suffit d'utiliser un objet `DefaultTreeCellRenderer` (qui est une sorte de modèle), de définir les icônes pour tous ces cas, et ensuite de spécifier à votre arbre qu'il lui fait utiliser ce modèle en utilisant la méthode `setCellRenderer(DefaultTreeCellRenderer cellRenderer)`.

La figure 30.7 vous montre un exemple de trois rendus distincts.

Et voici le code qui m'a permis d'arriver à ce résultat :

```
//CTRL + SHIFT + O pour générer les imports nécessaires
public class Fenetre extends JFrame {
   private JTree arbre, arbre2, arbre3;
   private DefaultMutableTreeNode racine;
   //On va créer deux modèles d'affichage
   private  DefaultTreeCellRenderer[] tCellRenderer =
      new  DefaultTreeCellRenderer[3];

   public Fenetre(){
      this.setSize(600, 350);
```

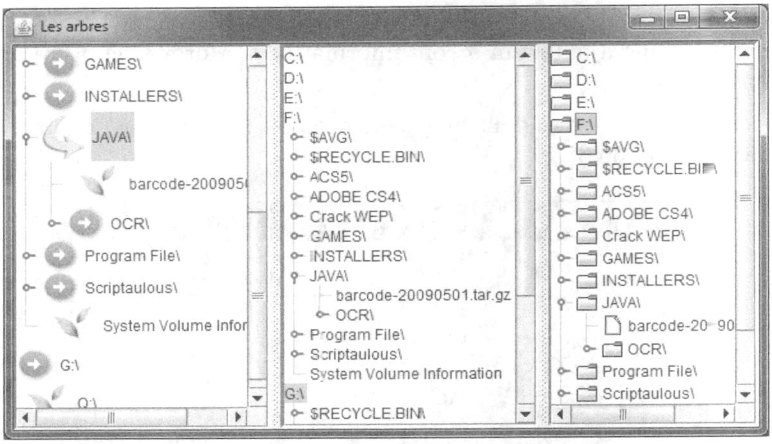

FIGURE 30.7 – Icônes personnalisées

```
    this.setLocationRelativeTo(null);
    this.setDefaultCloseOperation(JFrame.EXIT_ON_CLOSE);
    this.setTitle("Les arbres");
    //On invoque la méthode de construction de l'arbre
    initRenderer();
    listRoot();

    this.setVisible(true);
}

private void initRenderer(){
    //Instanciation
    this.tCellRenderer[0] = new  DefaultTreeCellRenderer();
    //Initialisation des images pour les actions fermer,
        //ouvrir et pour les feuilles
    this.tCellRenderer[0].setClosedIcon(new ImageIcon("img/ferme.jpg"));
    this.tCellRenderer[0].setOpenIcon(new ImageIcon("img/ouvert.jpg"));
    this.tCellRenderer[0].setLeafIcon(new ImageIcon("img/feuille.jpg"));

    this.tCellRenderer[1] = new  DefaultTreeCellRenderer();
    this.tCellRenderer[1].setClosedIcon(null);
    this.tCellRenderer[1].setOpenIcon(null);
    this.tCellRenderer[1].setLeafIcon(null);
}

private void listRoot(){
    this.racine = new DefaultMutableTreeNode();
    int count = 0;
    for(File file : File.listRoots()){
        DefaultMutableTreeNode lecteur =
            new DefaultMutableTreeNode(file.getAbsolutePath());
```

```
        try {
            for(File nom : file.listFiles()){
                DefaultMutableTreeNode node =
                    new DefaultMutableTreeNode(nom.getName()+"\\");
                lecteur.add(this.listFile(nom, node));
            }
        } catch (NullPointerException e) {}

        this.racine.add(lecteur);
    }
    //Nous créons, avec notre hiérarchie, un arbre
    arbre = new JTree(this.racine);
    arbre.setRootVisible(false);
    //On définit le rendu pour cet arbre
    arbre.setCellRenderer(this.tCellRenderer[0]);

    arbre2 = new JTree(this.racine);
    arbre2.setRootVisible(false);
    arbre2.setCellRenderer(this.tCellRenderer[1]);

    arbre3 = new JTree(this.racine);
    arbre3.setRootVisible(false);

    JSplitPane split = new JSplitPane(   JSplitPane.HORIZONTAL_SPLIT,
            new JScrollPane(arbre2),
            new JScrollPane(arbre3));
    split.setDividerLocation(200);

    JSplitPane split2 = new JSplitPane(   JSplitPane.HORIZONTAL_SPLIT,
            new JScrollPane(arbre),
            split);
    split2.setDividerLocation(200);
    this.getContentPane().add(split2);
}

private DefaultMutableTreeNode listFile(File file,
↪ DefaultMutableTreeNode node){
    int count = 0;

    if(file.isFile())
        return new DefaultMutableTreeNode(file.getName());
    else{
        File[] list = file.listFiles();
        if(list == null)
            return new DefaultMutableTreeNode(file.getName());

        for(File nom : list){
            count++;
            //Pas plus de 5 enfants par noeud
            if(count < 5){
```

```
                DefaultMutableTreeNode subNode;
                if(nom.isDirectory()){
                    subNode = new DefaultMutableTreeNode(nom.getName()+"\\");
                    node.add(this.listFile(nom, subNode));
                }else{
                    subNode = new DefaultMutableTreeNode(nom.getName());
                }
                node.add(subNode);
            }
        }
        return node;
    }
}

public static void main(String[] args){
    Fenetre fen = new Fenetre();
}
}
```

C'est simple, n'est-ce pas ? Vous définissez les nouvelles images et indiquez à l'arbre le modèle à utiliser ! Il existe une autre façon de changer l'affichage (le design) de votre application. Chaque système d'exploitation possède son propre « design », mais vous avez pu constater que vos applications Java ne ressemblent pas du tout à ce que votre OS[1] vous propose d'habitude ! Les couleurs, mais aussi la façon dont sont dessinés vos composants... Mais il y a un moyen de pallier ce problème : utiliser le « `look and feel` » de votre OS.

J'ai rajouté ces lignes de code dans le constructeur de mon objet, avant l'instruction `setVisible(true)` :

```
try {
    //On force à utiliser le look and feel du système
    UIManager.setLookAndFeel(UIManager.getSystemLookAndFeelClassName());
    //Ici on force tous les composants de notre fenêtre (this) à se redessiner
    //avec le look and feel du système
    SwingUtilities.updateComponentTreeUI(this);
} catch (InstantiationException e) {
} catch (ClassNotFoundException e) {
} catch (UnsupportedLookAndFeelException e) {
} catch (IllegalAccessException e) {}
```

Cela me donne, avec le code ci-dessus, la figure 30.8.

Bien sûr, vous pouvez utiliser d'autres « look and feel » que ceux de votre système et de Java. Voici un code qui permet de lister ces types d'affichage et d'instancier un objet `Fenetre` en lui spécifiant quel modèle utiliser :

```
//CTRL + SHIFT + O pour générer les imports nécessaires
public class Fenetre extends JFrame {
```

1. *Operating System*, ou système d'exploitation.

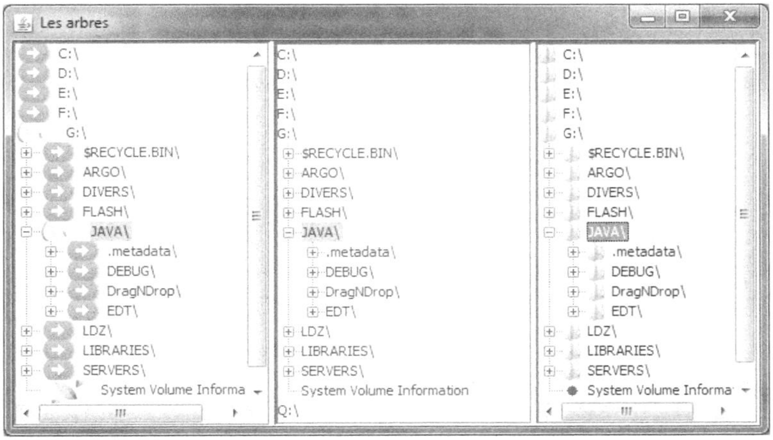

FIGURE 30.8 – Design de l'OS forcé

```
private JTree arbre, arbre2, arbre3;
private DefaultMutableTreeNode racine;

public Fenetre(String lookAndFeel){
   this.setSize(200, 300);
   this.setLocationRelativeTo(null);
   this.setDefaultCloseOperation(JFrame.EXIT_ON_CLOSE);
   String title = (lookAndFeel.split("\\."))[(lookAndFeel.split("\\.")
       ↪ .length - 1)];
   this.setTitle("Nom du look and feel : " + title);

   listRoot();
   //On force l'utilisation
   try {
         UIManager.setLookAndFeel(lookAndFeel);
         SwingUtilities.updateComponentTreeUI(this);
      } catch (InstantiationException e) {
      } catch (ClassNotFoundException e) {
      } catch (UnsupportedLookAndFeelException e) {
      } catch (IllegalAccessException e) {}
   this.setVisible(true);
}

//...

public static void main(String[] args){
   //Nous allons créer des fenêtres avec des looks différents
   //Cette instruction permet de récupérer tous les looks du système
   UIManager.LookAndFeelInfo[] looks = UIManager.getInstalledLookAndFeels();
   Fenetre fen;
```

```
      //On parcourt tout le tableau en passant le nom du look à utiliser
      for(int i = 0; i < looks.length; i++)
         fen = new Fenetre(looks[i].getClassName());
   }
}
```

J'ai capturé les fenêtres obtenues, voyez la figure 30.9.

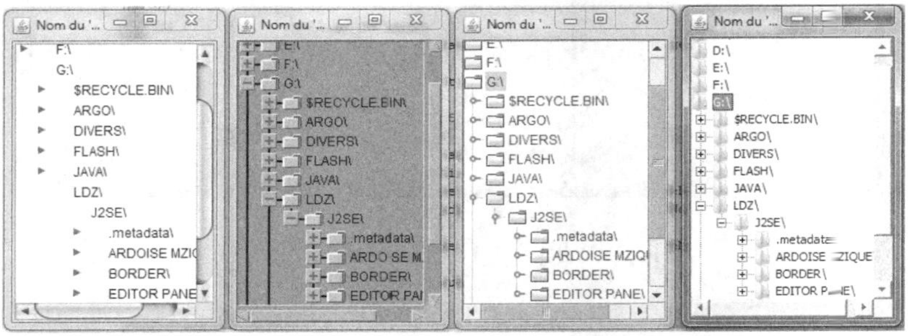

FIGURE 30.9 – Différents « look and feel »

Modifier le contenu de nos arbres

C'est maintenant que les choses se compliquent ! Il va falloir faire la lumière sur certaines choses... Vous commencez à connaître les arbres : cependant, je vous ai caché quelques éléments afin de ne pas surcharger le début de ce chapitre. Votre JTree est en fait composé de plusieurs objets. Voici une liste des objets que vous serez susceptibles d'utiliser avec ce composant (il y a cinq interfaces et une classe concrète...) :

- `TreeModel` : c'est lui qui contient les nœuds de votre arbre ;
- `TreeNode` : nœuds et structure de votre arbre ;
- `TreeSelectionModel` : modèle de sélection de tous vos nœuds ;
- `TreePath` : objet qui vous permet de connaître le chemin d'un nœud dans l'arbre. La voilà, notre classe concrète ;
- `TreeCellRenderer` : interface permettant de modifier l'apparence d'un nœud ;
- `TreeCellEditor` : éditeur utilisé lorsqu'un nœud est éditable.

Vous allez voir que, même si ces objets sont nombreux, leur utilisation, avec un peu de pratique, n'est pas aussi compliquée que ça... Nous allons commencer par quelque chose d'assez simple : modifier le libellé d'un nœud !

Il faudra commencer par le rendre éditable, via la méthode `setEnabled(Boolean bok)` de notre `JTree`. Attention, vous serez peut-être amenés à sauvegarder le nouveau nom de votre nœud... Il faudra donc déclencher un traitement lors de la modification d'un nœud. Pour faire cela, nous allons utiliser l'objet `TreeModel` et l'écouter afin de déterminer ce qui se passe avec notre arbre !

Voici un exemple de code utilisant un `DefaultTreeModel` (classe implémentant l'interface `TreeModel`) ainsi qu'une implémentation de l'interface `TreeModelListener` afin d'écouter cet objet :

```
//CTRL + SHIFT + O pour générer les imports nécessaires
public class Fenetre extends JFrame {

   private JTree arbre;
   private DefaultMutableTreeNode racine;
   //Notre objet modèle
   private DefaultTreeModel model;
   public Fenetre(){
      this.setSize(200, 300);
      this.setLocationRelativeTo(null);
      this.setDefaultCloseOperation(JFrame.EXIT_ON_CLOSE);
      this.setTitle("JTree");
      listRoot();
      this.setVisible(true);
   }

   private void listRoot(){
      this.racine = new DefaultMutableTreeNode();
      int count = 0;
      for(File file : File.listRoots())
      {
         DefaultMutableTreeNode lecteur =
            new DefaultMutableTreeNode(file.getAbsolutePath());
         try {
            for(File nom : file.listFiles()){
               DefaultMutableTreeNode node =
                  new DefaultMutableTreeNode(nom.getName()+"\\");
               lecteur.add(this.listFile(nom, node));
            }
         } catch (NullPointerException e) {}
         this.racine.add(lecteur);
      }

      //Nous créons notre modèle
      this.model = new DefaultTreeModel(this.racine);
      //Et nous allons écouter ce que notre modèle a à nous dire !
      this.model.addTreeModelListener(new TreeModelListener() {
         /**
          * Méthode appelée lorsqu'un noeud a changé
          */
          public void treeNodesChanged(TreeModelEvent evt) {
            System.out.println("Changement dans l'arbre");
            Object[] listNoeuds = evt.getChildren();
            int[] listIndices = evt.getChildIndices();
            for (int i = 0; i < listNoeuds.length; i++) {
              System.out.println("Index " + listIndices[i] + ",
```

```
                        ↪ nouvelle valeur :"
                  + listNoeuds[i]);
          }
        }
        /**
         * Méthode appelée lorsqu'un noeud est inséré
         */
        public void treeNodesInserted(TreeModelEvent event) {
         System.out.println("Un noeud a été inséré !");
      }

        /**
         * Méthode appelée lorsqu'un noeud est supprimé
         */
      public void treeNodesRemoved(TreeModelEvent event) {
         System.out.println("Un noeud a été retiré !");
      }
      /**
       * Méthode appelée lorsque la structure d'un noeud a été modifiée
       */
      public void treeStructureChanged(TreeModelEvent event) {
         System.out.println("La structure d'un noeud a changé !" ;
      }
     });
   //Nous créons, avec notre hiérarchie, un arbre
   arbre = new JTree();
   //Nous passons notre modèle à notre arbre
   //==> On pouvait aussi passer l'objet TreeModel au constructeur du JTree
   arbre.setModel(model);
   arbre.setRootVisible(false);
   //On rend notre arbre éditable
   arbre.setEditable(true);
   this.getContentPane().add(new JScrollPane(arbre), BorderLayout.CENTER);
}

private DefaultMutableTreeNode listFile(File file,
↪ DefaultMutableTreeNode node){
   int count = 0;

   if(file.isFile())
      return new DefaultMutableTreeNode(file.getName());
   else{
      File[] list = file.listFiles();
      if(list == null)
         return new DefaultMutableTreeNode(file.getName());

      for(File nom : list){
         count++;
         //Pas plus de 5 enfants par noeud
         if(count < 3){
```

```
               DefaultMutableTreeNode subNode;
               if(nom.isDirectory()){
                  subNode = new DefaultMutableTreeNode(nom.getName()+"\\");
                  node.add(this.listFile(nom, subNode));
               }else{
                  subNode = new DefaultMutableTreeNode(nom.getName());
               }
               node.add(subNode);
            }
         }
         return node;
      }
   }

   public static void main(String[] args){
      //Nous allons créer des fenêtres avec des looks différents
      //Cette instruction permet de récupérer tous les looks du système

      try {
          UIManager.setLookAndFeel(UIManager.getSystemLookAndFeelClassName());
      } catch (InstantiationException e) {
      } catch (ClassNotFoundException e) {
      } catch (UnsupportedLookAndFeelException e) {
      } catch (IllegalAccessException e) {}
      Fenetre fen = new Fenetre();
   }
}
```

Afin de pouvoir changer le nom d'un nœud, vous devez double-cliquer dessus avec un intervalle d'environ une demi-seconde entre chaque clic... Si vous double-cliquez trop vite, vous déplierez le nœud !

Ce code a donné chez moi la figure 30.10.

Le dossier « `toto` » s'appelait « `CNAM/` » : vous pouvez voir que lorsque nous changeons le nom d'un nœud, la méthode `treeNodesChanged(TreeModelEvent evt)` est invoquée !

Vous voyez que, mis à part le fait que plusieurs objets sont mis en jeu, ce n'est pas si compliqué que ça... Maintenant, je vous propose d'examiner la manière d'ajouter des nœuds à notre arbre. Pour ce faire, nous allons utiliser un bouton qui va nous demander de spécifier le nom du nouveau nœud, via un `JOptionPane`.

Voici un code d'exemple :

```
//CTRL + SHIFT + O pour générer les imports nécessaires
public class Fenetre extends JFrame {
   private JTree arbre;
   private DefaultMutableTreeNode racine;
   private DefaultTreeModel model;
   private JButton bouton = new JButton("Ajouter");
```

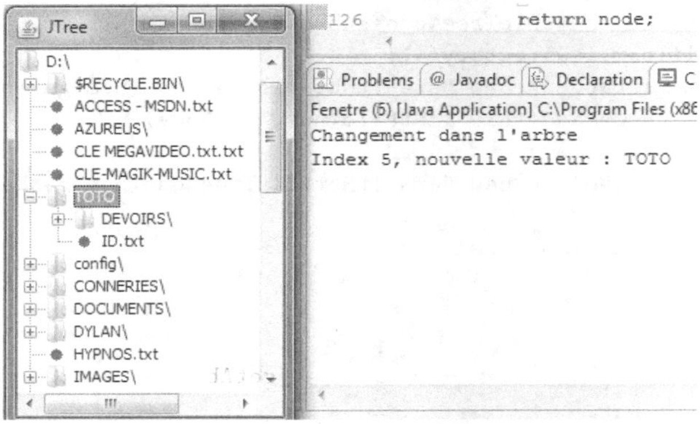

FIGURE 30.10 – Changement de la valeur d'un nœud

```
public Fenetre(){
   this.setSize(200, 300);
   this.setLocationRelativeTo(null);
   this.setDefaultCloseOperation(JFrame.EXIT_ON_CLOSE);

   this.setTitle("JTree");
   //On invoque la méthode de construction de l'arbre

   listRoot();
   bouton.addActionListener(new ActionListener(){
      public void actionPerformed(ActionEvent event) {
         if(arbre.getLastSelectedPathComponent() != null){
            JOptionPane jop = new JOptionPane();
            String nodeName = jop.showInputDialog("Saisir un nom de noeud");

            if(nodeName != null && !nodeName.trim().equals("") {
               DefaultMutableTreeNode parentNode =
               (DefaultMutableTreeNode)arbre.getLastSelectedPathComponent();
               DefaultMutableTreeNode childNode =
                           ↪ new DefaultMutableTreeNode(nodeName);
               parentNode.add(childNode);
               model.insertNodeInto(childNode, parentNode,
                           ↪ parentNode.getChildCount()-1 ;
               model.nodeChanged(parentNode);
            }
         }
         else{
            System.out.println("Aucune sélection !");
         }
      }
   });
   this.getContentPane().add(bouton, BorderLayout.SOUTH);
```

```
        this.setVisible(true);
    }

    private void listRoot(){

        this.racine = new DefaultMutableTreeNode();

        int count = 0;
        for(File file : File.listRoots())
        {
            DefaultMutableTreeNode lecteur =
                new DefaultMutableTreeNode(file.getAbsolutePath());
            try {
                for(File nom : file.listFiles()){
                    DefaultMutableTreeNode node =
                        new DefaultMutableTreeNode(nom.getName()+"\\");
                    lecteur.add(this.listFile(nom, node));
                }
            } catch (NullPointerException e) {}

            this.racine.add(lecteur);
        }
        //Nous créons, avec notre hiérarchie, un arbre
        arbre = new JTree();
        this.model = new DefaultTreeModel(this.racine);
        arbre.setModel(model);
        arbre.setRootVisible(false);
        arbre.setEditable(true);
        arbre.getModel().addTreeModelListener(new TreeModelListener() {
              public void treeNodesChanged(TreeModelEvent evt) {
                System.out.println("Changement dans l'arbre");
                Object[] listNoeuds = evt.getChildren();
                int[] listIndices = evt.getChildIndices();
                for (int i = 0; i < listNoeuds.length; i++) {
                  System.out.println("Index " + listIndices[i] + ",
                              ↪ noeud déclencheur : "
                        + listNoeuds[i]);
                }
              }
              public void treeNodesInserted(TreeModelEvent event) {
               System.out.println("Un noeud a été inséré !");
            }
            public void treeNodesRemoved(TreeModelEvent event) {
               System.out.println("Un noeud a été retiré !");
            }
            public void treeStructureChanged(TreeModelEvent event) {
               System.out.println("La structure d'un noeud a changé !");
            }
          });
```

```
      this.getContentPane().add(new JScrollPane(arbre), BorderLayout.CENTER);
   }

   private DefaultMutableTreeNode listFile(File file,
   ↪ DefaultMutableTreeNode node){
      int count = 0;
      if(file.isFile())
         return new DefaultMutableTreeNode(file.getName());
      else{
         File[] list = file.listFiles();
         if(list == null)
            return new DefaultMutableTreeNode(file.getName());

         for(File nom : list){
            count++;
            //Pas plus de 5 enfants par noeud
            if(count < 3){
               DefaultMutableTreeNode subNode;
               if(nom.isDirectory()){
                  subNode = new DefaultMutableTreeNode(nom.getName()+"\\");
                  node.add(this.listFile(nom, subNode));
               }else{
                  subNode = new DefaultMutableTreeNode(nom.getName());
               }
               node.add(subNode);
            }
         }
         return node;
      }
   }

   public static void main(String[] args){
      //Nous allons créer des fenêtres avec des look and feel différents
      //Cette instruction permet de récupérer tous les look and feel du système

      try {
           UIManager.setLookAndFeel(UIManager.getSystemLookAndFeelClassName());
         } catch (InstantiationException e) {
         } catch (ClassNotFoundException e) {
         } catch (UnsupportedLookAndFeelException e) {
         } catch (IllegalAccessException e) {}
      Fenetre fen = new Fenetre();

   }
}
```

Vous remarquerez que nous avons ajouté des variables d'instances afin d'y avoir accès dans toute notre classe !

La figure 30.11 nous montre différentes étapes de création de nœuds.

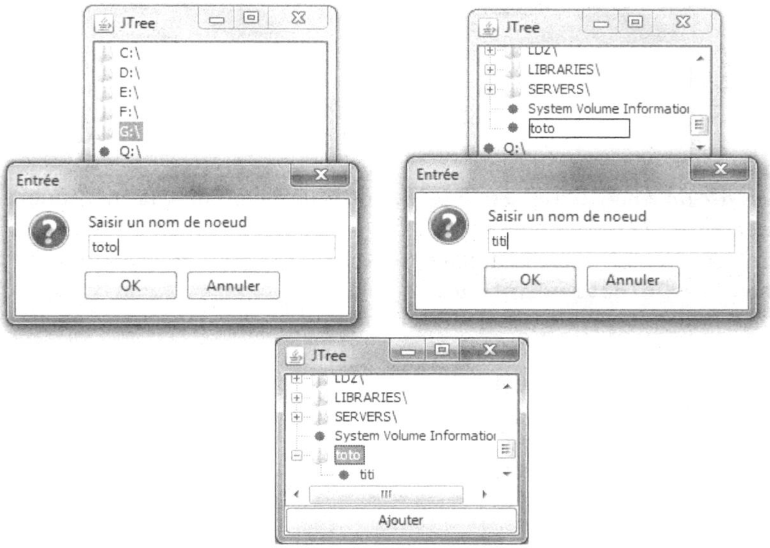

FIGURE 30.11 – Création de nœuds

Là non plus, rien d'extraordinairement compliqué, mis à part cette portion de code :

```
parentNode =  (DefaultMutableTreeNode)arbre.getLastSelectedPathComponent();
DefaultMutableTreeNode childNode = new DefaultMutableTreeNode(nodeName);
DefaultMutableTreeNode parentNode.add(childNode);
model.insertNodeInto(childNode, parentNode, parentNode.getChildCount()-1);
model.nodeChanged(parentNode);
```

Tout d'abord, nous récupérons le dernier nœud sélectionné avec `parentNode = (DefaultMutableTreeNode)arbre.getLastSelectedPathComponent()`. Ensuite, nous créons un nouveau nœud avec `DefaultMutableTreeNode childNode = new DefaultMutableTreeNode(nodeName);` et l'ajoutons dans le nœud parent avec l'instruction `parentNode.add(childNode);`. Cependant, nous devons spécifier à notre modèle qu'il contient un nouveau nœud et donc, qu'il a changé, au moyen des instructions :

```
model.insertNodeInto(childNode, parentNode, parentNode.getChildCount()-1);
model.nodeChanged(parentNode);
```

Pour supprimer un nœud, il suffirait d'appeler `model.removeNodeFromParent(node)`.

Vous pouvez copier le code complet réalisé au cours de ce chapitre :

▷ Système complet
Code web : 818956

Voilà : je pense que vous en savez assez pour utiliser les arbres dans vos futures applications !

En résumé

- Les arbres constituent une combinaison d'objets `DefaultMutableTreeNode` et d'objets `JTree`.
- Vous pouvez masquer le répertoire « racine » en invoquant la méthode `setRootVisible(Boolean ok)`.
- Afin d'intercepter les événements sur tel ou tel composant, vous devez implémenter l'interface `TreeSelectionListener`.
- Cette interface n'a qu'une méthode à redéfinir : `public void valueChanged(TreeSelectionEvent event)`.
- L'affichage des différents éléments constituant un arbre peut être modifié à l'aide d'un `DefaultTreeCellRenderer`. Définissez et affectez cet objet à votre arbre pour en personnaliser l'affichage.
- Vous pouvez aussi changer le « look and feel » et utiliser celui de votre OS.

Chapitre 31

Les interfaces de tableaux

Difficulté :

Nous continuons notre progression avec un autre composant assez complexe : le tableau. Celui-ci fonctionne un peu comme le `JTree` vu précédemment.

Les choses se compliquent dès que l'on doit manipuler les données à l'intérieur du tableau, car Java impose de séparer strictement l'affichage et les données dans le code.

Premiers pas

Les tableaux sont des composants qui permettent d'afficher des données de façon structurée. Pour ceux qui ne savent pas ce que c'est, en voici un à la figure 31.1.

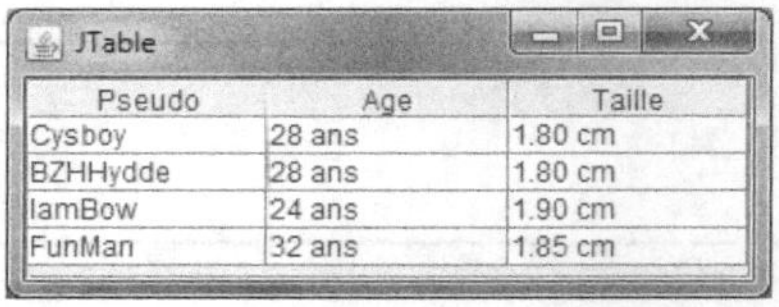

Pseudo	Age	Taille
Cysboy	28 ans	1.80 cm
BZHHydde	28 ans	1.80 cm
IamBow	24 ans	1.90 cm
FunMan	32 ans	1.85 cm

FIGURE 31.1 – Exemple de tableau

Le code source de ce programme est le suivant :

```
//CTRL + SHIFT + O pour générer les imports
public class Fenetre extends JFrame {

   public Fenetre(){
      this.setLocationRelativeTo(null);
      this.setDefaultCloseOperation(JFrame.EXIT_ON_CLOSE);
      this.setTitle("JTable");
      this.setSize(300, 120);

      //Les données du tableau
      Object[][] data = {   {"Cysboy", "28 ans", "1.80 m"},
            {"BZHHydde", "28 ans", "1.80 m"},
            {"IamBow", "24 ans", "1.90 m"},
            {"FunMan", "32 ans", "1.85 m"}
      };
      //Les titres des colonnes
      String  title[] = {"Pseudo", "Age", "Taille"};
      JTable tableau = new JTable(data, title);
      //Nous ajoutons notre tableau à notre contentPane dans un scroll
      //Sinon les titres des colonnes ne s'afficheront pas !
      this.getContentPane().add(new JScrollPane(tableau));
   }

   public static void main(String[] args){
      Fenetre fen = new Fenetre();
      fen.setVisible(true);
   }
}
```

Vous instanciez un objet `JTable` en lui passant en paramètres les données qu'il doit utiliser.

Les titres des colonnes de votre tableau peuvent être de type `String` ou de type `Object`, tandis que les données sont obligatoirement de type `Object`.

Vous verrez un peu plus loin qu'il est possible de mettre plusieurs types d'éléments dans un tableau. Mais nous n'en sommes pas là : il nous faut d'abord comprendre comment fonctionne cet objet.

Les plus observateurs auront remarqué que j'ai mis le tableau dans un scroll... En fait, si vous avez essayé d'ajouter le tableau dans le `contentPane` sans scroll, vous avez dû constater que les titres des colonnes n'apparaissent pas. En effet, le scroll indique automatiquement au tableau l'endroit où il doit afficher ses titres ! Sans lui, vous seriez **obligés** de préciser où afficher l'en-tête du tableau, comme ceci :

```
//On indique que l'en-tête doit être au nord, donc au-dessus
this.getContentPane().add(tableau.getTableHeader(), BorderLayout.NORTH);
//Et le corps au centre !
this.getContentPane().add(tableau, BorderLayout.CENTER);
```

Je pense que nous avons fait le tour des préliminaires... Entrons dans le vif du sujet !

Gestion de l'affichage

Les cellules

Vos tableaux sont composés de cellules. Vous pouvez les voir facilement, elles sont encadrées de bordures noires et contiennent les données que vous avez mises dans le tableau d'`Object` et de `String`. Celles-ci peuvent être retrouvées par leurs coordonnées *(x, y)* où x correspond au numéro de la ligne et y au numéro de la colonne ! Une cellule est donc l'intersection d'une ligne et d'une colonne.

Afin de modifier une cellule, il faut récupérer la ligne et la colonne auxquelles elle appartient. Ne vous inquiétez pas, nous allons prendre tout cela point par point. Tout d'abord, commençons par changer la taille d'une colonne et d'une ligne. Le résultat final ressemble à ce qu'on voit sur la figure 31.2.

FIGURE 31.2 – Changement de taille

Vous allez voir que le code utilisé est simple comme tout, encore fallait-il que vous sachiez quelles méthodes et quels objets utiliser... Voici le code permettant d'obtenir ce résultat :

```
//CTRL + SHIFT + O pour générer les imports
public class Fenetre extends JFrame {

   private JTable tableau;
   private JButton change = new JButton("Changer la taille");
   private JButton retablir = new JButton("Rétablir");

   public Fenetre(){
      this.setLocationRelativeTo(null);
      this.setDefaultCloseOperation(JFrame.EXIT_ON_CLOSE);
      this.setTitle("JTable");
      this.setSize(300, 240);

      Object[][] data = {   {"Cysboy", "28 ans", "1.80 m"},
            {"BZHHydde", "28 ans", "1.80 m"},
            {"IamBow", "24 ans", "1.90 m"},
            {"FunMan", "32 ans", "1.85 m"}
      };

      String  title[] = {"Pseudo", "Age", "Taille"};
      this.tableau = new JTable(data, title);

      JPanel pan = new JPanel();

      change.addActionListener(new ActionListener(){
         public void actionPerformed(ActionEvent arg0) {
            changeSize(200, 80);
            change.setEnabled(false);
            retablir.setEnabled(true);
         }
      });

      retablir.addActionListener(new ActionListener(){
         public void actionPerformed(ActionEvent arg0) {

            changeSize(75, 16);
            change.setEnabled(true);
            retablir.setEnabled(false);
         }
      });

      retablir.setEnabled(false);
      pan.add(change);
      pan.add(retablir);

      this.getContentPane().add(new JScrollPane(tableau), BorderLayout.CENTER);
```

```
      this.getContentPane().add(pan, BorderLayout.SOUTH);
   }

   /**
    * Change la taille d'une ligne et d'une colonne
    * J'ai mis deux boucles afin que vous puissiez voir
    * comment parcourir les colonnes et les lignes
    */
   public void changeSize(int width, int height){
      //Nous créons un objet TableColumn afin de travailler sur notre colonne
      TableColumn col;
      for(int i = 0; i < tableau.getColumnCount(); i++){
         if(i == 1){
            //On récupère le modèle de la colonne
            col = tableau.getColumnModel().getColumn(i);
            //On lui affecte la nouvelle valeur
            col.setPreferredWidth(width);
         }
      }
      for(int i = 0; i < tableau.getRowCount(); i++){
         //On affecte la taille de la ligne à l'indice spécifié !
         if(i == 1)
            tableau.setRowHeight(i, height);
      }
   }

   public static void main(String[] args){
      Fenetre fen = new Fenetre();
      fen.setVisible(true);
   }
}
```

Tout comme pour les tableaux vus dans la première partie de cet ouvrage, les indices des lignes et des colonnes d'un objet `JTable` commencent à 0 !

Vous constatez que la ligne et la colonne concernées changent bien de taille lors du clic sur les boutons. Vous venez donc de voir comment changer la taille des cellules de façon dynamique. Je dis ça parce que, au cas où vous ne l'auriez pas remarqué, vous pouvez changer la taille des colonnes manuellement. Il vous suffit de cliquer sur un séparateur de colonne, de maintenir le clic et de déplacer le séparateur (figure 31.3).

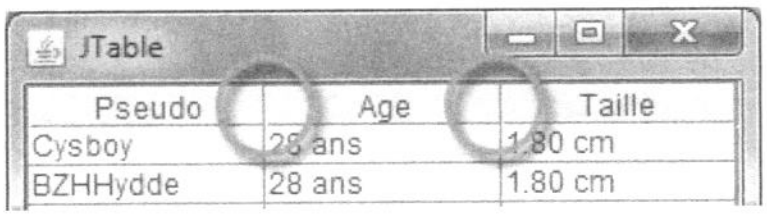

FIGURE 31.3 – Séparateurs

Par contre, cette instruction a dû vous sembler étrange :
`tableau.getColumnModel().getColumn(i);`. En fait, vous devez savoir que c'est un

objet qui fait le lien entre votre tableau et vos données. Celui-ci est ce qu'on appelle un modèle de tableau (ça vous rappelle les modèles d'arbres, non ?). L'objet en question s'appelle `JTableModel` et vous allez voir qu'il permet de faire des choses très intéressantes ! C'est lui qui stocke vos données... Toutes vos données !

Tous les types héritant de la classe `Object` sont acceptés.

Essayez ce morceau de code :

```
//CTRL + SHIFT + O pour générer les imports
public class Fenetre extends JFrame {

   private JTable tableau;
   private JButton change = new JButton("Changer la taille");

   public Fenetre(){
      this.setLocationRelativeTo(null);
      this.setDefaultCloseOperation(JFrame.EXIT_ON_CLOSE);
      this.setTitle("JTable");
      this.setSize(600, 140);

      Object[][] data = {
         {"Cysboy", new JButton("6boy"), new Double(1.80), new Boolean(true)},
         {"BZHHydde", new JButton("BZH"), new Double(1.78), new Boolean(false)}
         {"IamBow", new JButton("BoW"), new Double(1.90), new Boolean(false)},
         {"FunMan", new JButton("Year"), new Double(1.85), new Boolean(true)}
      };

      String  title[] = {"Pseudo", "Age", "Taille", "OK ?"};
      this.tableau = new JTable(data, title);
      this.getContentPane().add(new JScrollPane(tableau), BorderLayout.CENTER);
   }

   public static void main(String[] args){
      Fenetre fen = new Fenetre();
      fen.setVisible(true);
   }
}
```

Vous devriez obtenir un résultat similaire à celui présenté à la figure 31.4.

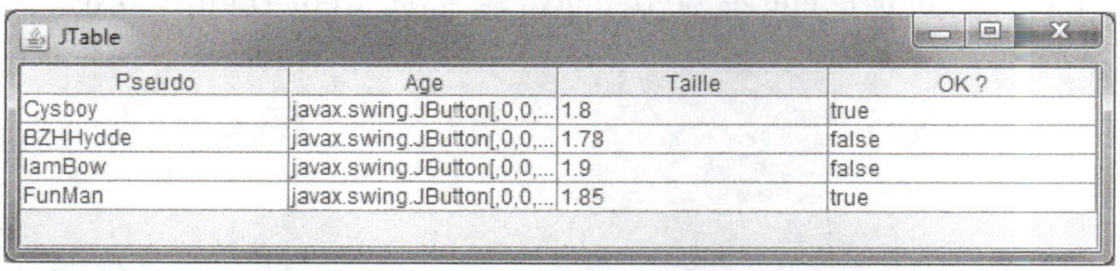

Pseudo	Age	Taille	OK ?
Cysboy	javax.swing.JButton[,0,0,...	1.8	true
BZHHydde	javax.swing.JButton[,0,0,...	1.78	false
IamBow	javax.swing.JButton[,0,0,...	1.9	false
FunMan	javax.swing.JButton[,0,0,...	1.85	true

FIGURE 31.4 – Différents objets dans un tableau

Pour être le plus flexible possible, on doit créer son propre modèle qui va stocker les données du tableau. Il vous suffit de créer une classe héritant de AbstractTableModel qui — vous l'avez sûrement deviné — est une classe abstraite...

Voici donc un code pour étayer mes dires :

```
//CTRL + SHIFT + O pour générer les imports
public class Fenetre extends JFrame {

   private JTable tableau;
   private JButton change = new JButton("Changer la taille");

   public Fenetre(){
      this.setLocationRelativeTo(null);
      this.setDefaultCloseOperation(JFrame.EXIT_ON_CLOSE);
      this.setTitle("JTable");
      this.setSize(600, 140);

      Object[][] data = {
         {"Cysboy", new JButton("6boy"), new Double(1.80), new Boolean(true)},
         {"BZHHydde", new JButton("BZH"), new Double(1.78), new Boolean(false)},
         {"IamBow", new JButton("BoW"), new Double(1.90), new Boolean(false)},
         {"FunMan", new JButton("Year"), new Double(1.85), new Boolean(true)}
      };

      String  title[] = {"Pseudo", "Age", "Taille", "OK ?"};

      ZModel model = new ZModel(data, title);
      System.out.println("Nombre de colonne : " + model.getColumnCount());
      System.out.println("Nombre de ligne : " + model.getRowCount());
      this.tableau = new JTable(model);
      this.getContentPane().add(new JScrollPane(tableau), BorderLayout.CENTER);
   }

   //Classe modèle personnalisée
   class ZModel extends AbstractTableModel{
      private Object[][] data;
      private String[] title;

          //Constructeur
      public ZModel(Object[][] data, String[] title){
         this.data = data;
         this.title = title;
      }


      //Retourne le nombre de colonnes
      public int getColumnCount() {
         return this.title.length;
      }

      //Retourne le nombre de lignes
```

```
      public int getRowCount() {
         return this.data.length;
      }

      //Retourne la valeur à l'emplacement spécifié
      public Object getValueAt(int row, int col) {
         return this.data[row][col];
      }
   }

   public static void main(String[] args){
      Fenetre fen = new Fenetre();
      fen.setVisible(true);
   }
}
```

Le résultat en figure 31.5.

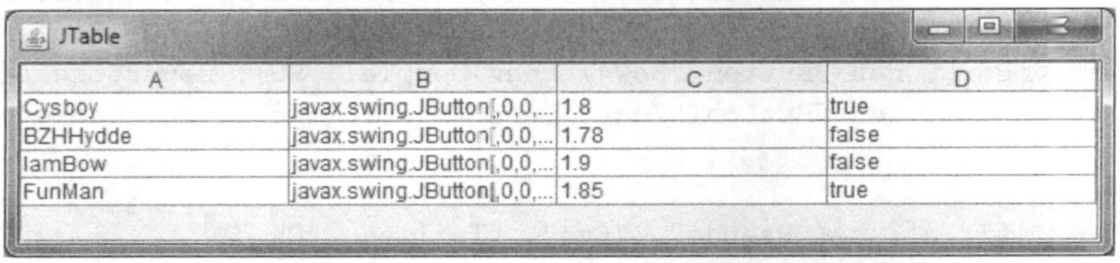

FIGURE 31.5 – Utilisation d'un modèle de tableau

Bon... Vous ne voyez plus les titres des colonnes. Ceci est dû au fait que vous n'avez redéfini que les méthodes abstraites de la classe `AbstractTableModel`. Si nous voulons voir nos titres de colonnes apparaître, il faut redéfinir la méthode `getColumnName(int col)`. Elle devrait ressembler à ceci :

```
/**
* Retourne le titre de la colonne à l'indice spécifé
*/
public String getColumnName(int col) {
  return this.title[col];
}
```

Exécutez à nouveau votre code, après avoir rajouté cette méthode dans votre objet `ZModel` : vous devriez avoir le même rendu que la figure 31.6.

Regardez la figure 31.7 pour comprendre l'intérêt de gérer sa propre classe de modèle.

Vous avez vu ? Les booléens se sont transformés en cases à cocher ! Les booléens valant **vrai** sont devenus des cases cochées et les booléens valant **faux** sont maintenant des cases non cochées ! Pour obtenir ça, j'ai redéfini une méthode dans mon modèle et le reste est automatique. Cette méthode permet de retourner la classe du type de valeur d'un modèle et de transformer vos booléens en cases à cocher... Au moment où notre

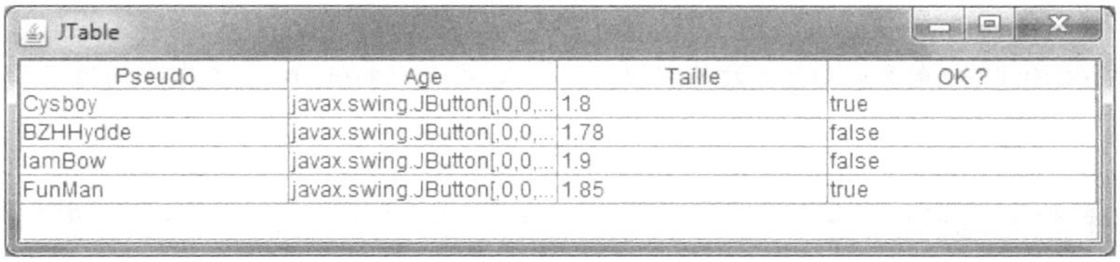

FIGURE 31.6 – Affichage des titres de colonnes

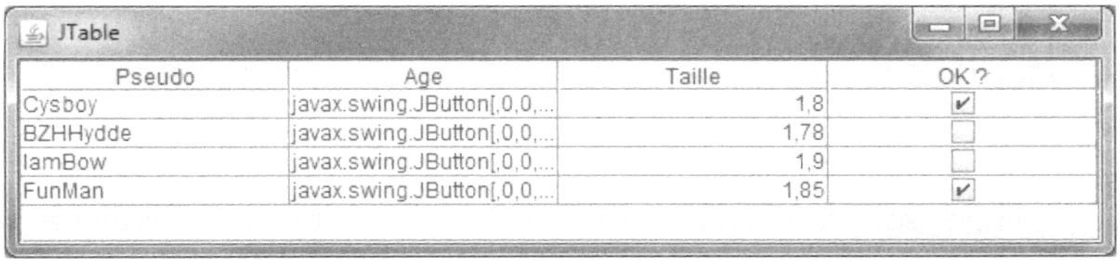

FIGURE 31.7 – Affichage de checkbox

objet crée le rendu des cellules, il invoque cette méthode et s'en sert pour créer certaines choses, comme ce que vous venez de voir.

Pour obtenir ce rendu, il vous suffit de redéfinir la méthode `getColumnClass(int col)`. Cette méthode retourne un objet `Class`. Je vous laisse réfléchir un peu... Pour savoir comment faire, c'est juste en dessous :

```
//Retourne la classe de la donnée de la colonne
public Class getColumnClass(int col){
        //On retourne le type de la cellule à la colonne demandée
        //On se moque de la ligne puisque les types de données
        //sont les mêmes quelle que soit la ligne
        //On choisit donc la première ligne
        return this.data[0][col].getClass();
}
```

Je ne sais pas si vous avez remarqué, mais vos cellules ne sont plus éditables ! Je vous avais prévenus que ce composant était pénible... En fait, vous devez aussi informer votre modèle qu'il faut avertir l'objet `JTable` que certaines cellules peuvent être éditées et d'autres pas (le bouton, par exemple). Pour ce faire, il faut redéfinir la méthode `isCellEditable(int row, int col)` qui, dans la classe mère, retourne systématiquement `false`... Ajoutez donc ce morceau de code dans votre modèle pour renvoyer `true` :

```
//Retourne vrai si la cellule est éditable : celle-ci sera donc éditable
public boolean isCellEditable(int row, int col){
        return true;
}
```

Vos cellules sont à nouveau éditables. Cependant, vous n'avez pas précisé au modèle que la cellule contenant le bouton n'est pas censée être éditable... Comment régler ce problème ? Grâce à la méthode getClass() de tout objet Java ! Vous pouvez déterminer de quelle classe est issu votre objet grâce au mot-clé instanceof. Regardez comment on procède :

```
//Retourne vrai si la cellule est éditable : celle-ci sera donc éditable
public boolean isCellEditable(int row, int col){
   //On appelle la méthode getValueAt qui retourne la valeur d'une cellule
   //et on effectue un traitement spécifique si c'est un JButton
   if(getValueAt(0, col) instanceof JButton)
      return false;
   return true;
}
```

Victoire ! Les cellules sont à nouveau éditables, **sauf** le JButton. D'ailleurs, je suppose que certains d'entre vous attendent toujours de le voir apparaître, bouton... Pour cela, nous n'allons pas utiliser un modèle de tableau, mais un objet qui s'occupe de gérer le contenu et la façon dont celui-ci est affiché.

Les modèles font un pont entre ce qu'affiche JTable et les actions de l'utilisateur. Pour modifier l'affichage des cellules, nous devrons utiliser DefaultCellRenderer.

Contrôlez l'affichage

Vous devez bien distinguer un TableModel d'un DefaultTableCellRenderer. Le premier fait le lien entre les données et le tableau tandis que le second s'occupe de gérer l'affichage dans les cellules !

Le but du jeu est de définir une nouvelle façon de dessiner les composants dans les cellules. En définitive, nous n'allons pas vraiment faire cela, mais dire à notre tableau que la valeur contenue dans une cellule donnée est un composant (bouton ou autre). Il suffit de créer une classe héritant de DefaultTableCellRenderer et de redéfinir la méthode
public Component getTableCellRendererComponent(JTable table, Object value, boolean isSelected, boolean hasFocus, int row, int column).

Il y en a, des paramètres ! Mais, dans le cas qui nous intéresse, nous n'avons besoin que d'un seul d'entre eux : value. Remarquez que cette méthode retourne un objet Component. Nous allons seulement spécifier le type d'objet dont il s'agit suivant le cas.

Regardez notre classe héritée :

```
//CTRL + SHIFT + O pour générer les imports
public class TableComponent extends DefaultTableCellRenderer {

   public Component getTableCellRendererComponent(JTable table,
         Object value, boolean isSelected, boolean hasFocus, int row,
         int column) {
      //Si la valeur de la cellule est un JButton, on transtype cette valeur
      if (value instanceof JButton){
```

```
            return (JButton) value;
        }
        else
            return this;
    }
}
```

Une fois cette classe créée, il suffit de signaler à notre tableau qu'il doit utiliser ce rendu de cellules au moyen de cette instruction : `this.tableau.setDefaultRenderer(JButton.class, new TableComponent());`. Le premier paramètre permet de dire à notre tableau de faire attention à ce type d'objet et enfin, le second lui dit d'utiliser ce modèle de cellules.

Cela nous donne la figure 31.8.

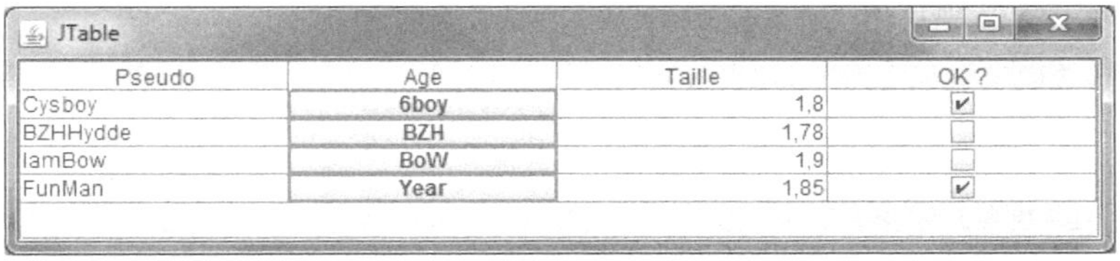

FIGURE 31.8 – Affichage des boutons

Voilà notre bouton en chair et en os ! Je me doute bien que les plus taquins d'entre vous ont dû essayer de mettre plus d'un type de composant dans le tableau... Et ils se retrouvent le bec dans l'eau car il ne prend en compte que les boutons pour le moment.

En fait, une fois que vous avez défini une classe héritée afin de gérer le rendu de vos cellules, vous avez fait le plus gros du travail... Tenez, si, par exemple, nous voulons mettre ce genre de données dans notre tableau :

```
Object[][] data = {
    {"Cysboy", new JButton("6boy"),
        new JComboBox(new String[]{"toto", "titi", "tata"}), new Boolean(true)},
    {"BZHHydde", new JButton("BZH"),
        new JComboBox(new String[]{"toto", "titi", "tata"}), new Boolean(false)},
    {"IamBow", new JButton("BoW"),
        new JComboBox(new String[]{"toto", "titi", "tata"}), new Boolean(false)},
    {"FunMan", new JButton("Year"),
        new JComboBox(new String[]{"toto", "titi", "tata"}), new Boolean(true)}
};
```

... et si nous conservons l'objet de rendu de cellules tel qu'il est actuellement, nous obtiendrons la figure 31.9.

Les boutons s'affichent toujours, mais pas les combos ! Je sais que certains d'entre vous ont presque trouvé la solution. Vous n'auriez pas ajouté ce qui suit dans votre objet de rendu de cellule ?

```
//CTRL + SHIFT + O pour générer les imports
public class TableComponent extends DefaultTableCellRenderer {
```

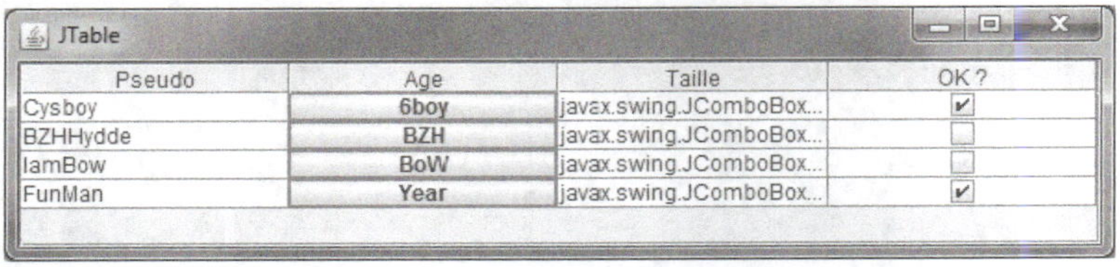

FIGURE 31.9 – Problème d'affichage d'une combo

```
    public Component getTableCellRendererComponent(JTable table,
          Object value, boolean isSelected, boolean hasFocus, int row,
          int column) {

       if (value instanceof JButton){
          return (JButton) value;
       }
       //Lignes ajoutées
       else if(value instanceof JComboBox){
          return (JComboBox) value;
       }
       else
          return this;
    }
}
```

Ceux qui ont fait cela ont trouvé la première partie de la solution ! Vous avez bien spécifié à votre objet de retourner une valeur **castée** en cas de rencontre avec une combo. Seulement, et j'en suis quasiment sûr, vous avez dû oublier de dire à votre tableau de faire attention aux boutons et aux combos ! Rappelez-vous cette instruction : `this.tableau.setDefaultRenderer(JButton.class, new TableComponent());`. Votre tableau ne fait attention qu'aux boutons !

Pour corriger le tir, il faut simplement changer `JButton.class` en `JComponent.class`. Après avoir fait ces deux modifications, vous devriez parvenir à la figure 31.10.

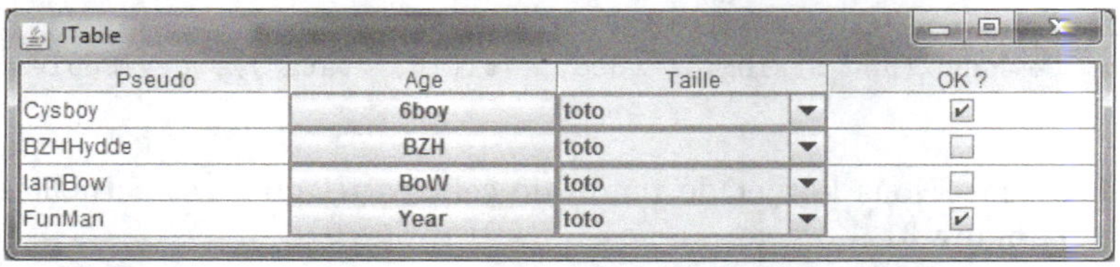

FIGURE 31.10 – Combos et boutons dans un tableau

Maintenant, vous devriez avoir saisi la manière d'utiliser les modèles de tableaux et les rendus de cellules... Cependant, vous aurez constaté que vos composants sont inertes ! C'est dû au fait que vous allez devoir gérer vous-mêmes la façon dont réagissent les cellules. Cependant, avant d'aborder ce point, nous allons nous pencher sur une autre façon d'afficher correctement des composants dans un `JTable`. Nous pouvons laisser de côté notre classe servant de modèle et nous concentrer sur les composants.

Commençons par revenir à un code plus sobre :

```
//CTRL + SHIFT + O pour générer les imports
public class Fenetre extends JFrame {

   private JTable tableau;
   private JButton change = new JButton("Changer la taille");

   public Fenetre(){
      this.setLocationRelativeTo(null);
      this.setDefaultCloseOperation(JFrame.EXIT_ON_CLOSE);
      this.setTitle("JTable");
      this.setSize(600, 180);

      Object[][] data = {
         {"Cysboy", "6boy", "Combo", new Boolean(true)},
         {"BZHHydde", "BZH", "Combo", new Boolean(false)},
         {"IamBow", "BoW", "Combo", new Boolean(false)},
         {"FunMan", "Year", "Combo", new Boolean(true)}
      };

      String  title[] = {"Pseudo", "Age", "Taille", "OK ?"};

      this.tableau = new JTable(data, title);
      this.tableau.setRowHeight(30);
      this.getContentPane().add(new JScrollPane(tableau), BorderLayout.CENTER);

   }
      public static void main(String[] args){
      Fenetre fen = new Fenetre();
      fen.setVisible(true);
   }
}
```

De là, nous allons créer une classe qui affichera un bouton dans les cellules de la seconde colonne et une combo dans les cellules de la troisième colonne... Le principe est simple : créer une classe qui héritera de la classe `JButton` et qui implémentera l'interface `TableCellRenderer`. Nous allons ensuite dire à notre tableau qu'il doit utiliser utiliser ce type de rendu pour la seconde colonne.

Voici notre classe `ButtonRenderer` :

```
//CTRL + SHIFT + O pour générer les imports
public class ButtonRenderer extends JButton implements TableCellRenderer{

   public Component getTableCellRendererComponent(JTable table, Object value,
```

```
                                    boolean isSelected, boolean isFocus,
                                    int row, int col) {
        //On écrit dans le bouton ce que contient la cellule
        setText((value != null) ? value.toString() : "");
        //On retourne notre bouton
        return this;
    }
}
```

Il nous suffit maintenant de mettre à jour le tableau grâce à l'instruction `this.tableau.getColumn("Age").setCellRenderer(newButtonRenderer());` : on récupère la colonne grâce à son titre, puis on applique le rendu ! Résultat en figure 31.11.

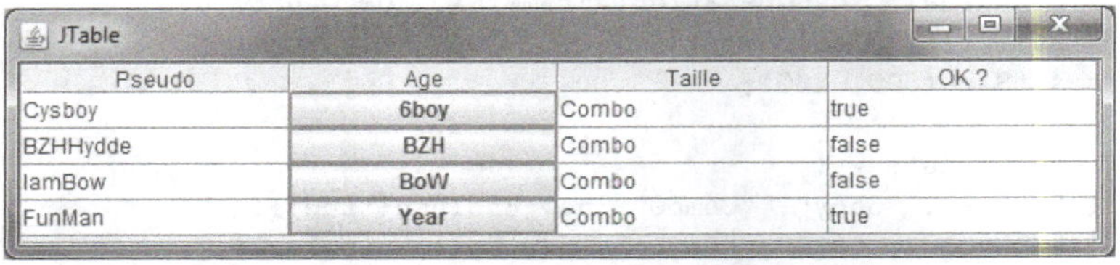

FIGURE 31.11 – Objet de rendu de bouton

Votre bouton est de nouveau éditable, mais ce problème sera réglé par la suite... Pour le rendu de la cellule numéro 3, je vous laisse un peu chercher, ce n'est pas très difficile maintenant que vous avez appris cette méthode.

Voici le code ; la figure 31.12 vous montre le résultat.

```
//CTRL + SHIFT + O pour générer les imports
public class ComboRenderer extends JComboBox implements TableCellRenderer {

    public Component getTableCellRendererComponent(JTable table, Object value,
            boolean isSelected, boolean isFocus, int row, int col) {
        this.addItem("Très bien");
        this.addItem("Bien");
        this.addItem("Mal");
        return this;
    }
}
```

Interaction avec l'objet `JTable`

Dernière ligne droite avant la fin du chapitre... Nous commencerons par le plus difficile et terminerons par le plus simple ! Je vous le donne en mille : le composant le plus difficile à utiliser dans un tableau, entre un bouton et une combo c'est... **le bouton !**

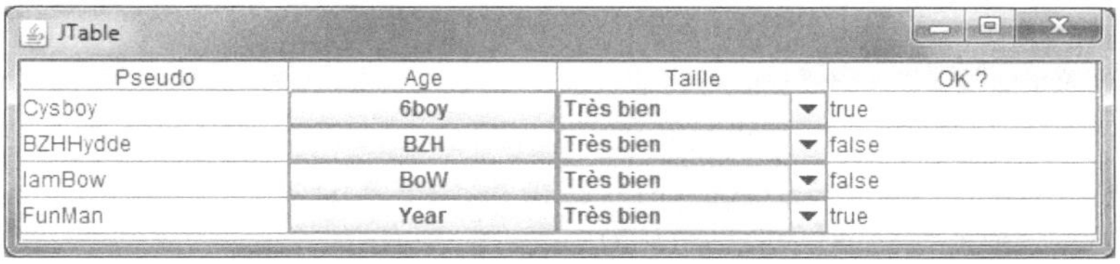

FIGURE 31.12 – Rendu d'une combo

Eh oui, vous verrez que la combo est gérée presque automatiquement, alors qu'il vous faudra dire aux boutons ce qu'ils devront faire... Pour arriver à cela, nous allons créer une classe qui permettra à notre tableau d'effectuer des actions spécifiques grâce aux boutons.

```
//CTRL + SHIFT + O pour générer les imports
public class ButtonEditor extends DefaultCellEditor {

   protected JButton button;
   private boolean   isPushed;
   private ButtonListener bListener = new ButtonListener();

   //Constructeur avec une CheckBox
   public ButtonEditor(JCheckBox checkBox) {
      //Par défaut, ce type d'objet travaille avec un JCheckBox
      super(checkBox);
      //On crée à nouveau un bouton
      button = new JButton();
      button.setOpaque(true);
      //On lui attribue un listener
      button.addActionListener(bListener);
   }

   public Component getTableCellEditorComponent(JTable table, Object value,
                    boolean isSelected, int row, int column) {
      //On précise le numéro de ligne à notre listener
      bListener.setRow(row);
      //Idem pour le numéro de colonne
      bListener.setColumn(column);
      //On passe aussi le tableau en paramètre pour des actions potentielles
      bListener.setTable(table);

      //On réaffecte le libellé au bouton
      button.setText( (value == null) ? "" : value.toString() );
      //On renvoie le bouton
      return button;
   }

   //Notre listener pour le bouton
   class ButtonListener implements ActionListener{
```

```
        private int column, row;
        private JTable table;
        private int nbre = 0;

        public void setColumn(int col){this.column = col;}
        public void setRow(int row){this.row = row;}
        public void setTable(JTable table){this.table = table;}

        public void actionPerformed(ActionEvent event) {
          //On affiche un message, mais vous pourriez
                //effectuer les traitements que vous voulez
          System.out.println("coucou du bouton : " +
          ↪  ((JButton)event.getSource()).getText());
          //On affecte un nouveau libellé à une autre cellule de la ligne
          table.setValueAt("New Value " + (++nbre), this.row, (this.column -1));
        }
    }
}
```

Ce code n'est pas très difficile à comprendre... Vous commencez à avoir l'habitude de manipuler ce genre d'objet. Maintenant, afin d'utiliser cet objet avec notre tableau, nous allons lui indiquer l'existence de cet éditeur dans la colonne correspondante avec cette instruction : `this.tableau.getColumn("Age").setCellEditor(new ButtonEditor(new JCheckBox()));`.

Le rendu (figure 31.13) est très probant.

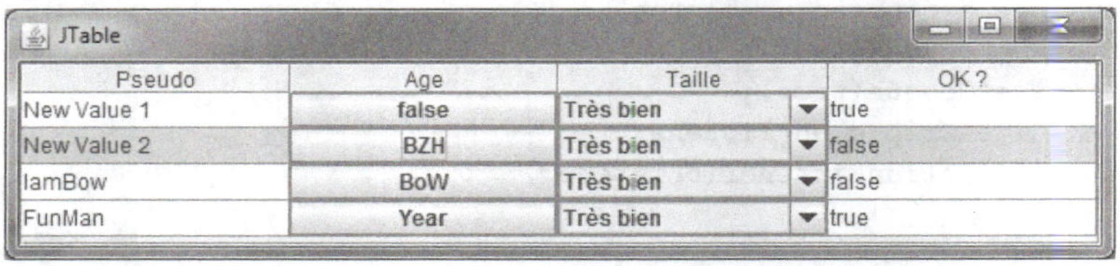

FIGURE 31.13 – Bouton actif

Vous pouvez voir que lorsque vous cliquez sur un bouton, la valeur dans la cellule située juste à gauche est modifiée. L'utilisation est donc très simple. Imaginez par conséquent que la gestion des combos est encore plus aisée !

Un peu plus tôt, je vous ai fait développer une classe permettant d'afficher la combo normalement. Cependant, il y a beaucoup plus facile... Vous avez pu voir que la classe `DefaultCellEditor` pouvait prendre un objet en paramètre : dans l'exemple du `JButton`, il utilisait un `JCheckBox`. Vous devez savoir que cet objet accepte d'autres types de paramètres :

- un `JComboBox` ;
- un `JTextField`.

Nous pouvons donc utiliser l'objet `DefaultCellEditor` directement en lui passant une combo en paramètre... Nous allons aussi enlever l'objet permettant d'afficher correctement la combo afin que vous puissiez juger de l'efficacité de cette méthode.

Voici le nouveau code du constructeur de notre fenêtre :

```
//CTRL + SHIFT + O pour générer les imports
public class Fenetre extends JFrame {

   private JTable tableau;
   private JButton change = new JButton("Changer la taille");
   //Contenu de notre combo
   private String[] comboData = {"Très bien", "Bien", "Mal"};

   public Fenetre(){
      this.setLocationRelativeTo(null);
      this.setDefaultCloseOperation(JFrame.EXIT_ON_CLOSE);
      this.setTitle("JTable");
      this.setSize(600, 180);
      //Données de notre tableau
      Object[][] data = {
         {"Cysboy", "6boy", comboData[0], new Boolean(true)},
         {"BZHHydde", "BZH", comboData[0], new Boolean(false)},
         {"IamBow", "BoW", comboData[0], new Boolean(false)},
         {"FunMan", "Year", comboData[0], new Boolean(true)}
      };
      //Titre du tableau
      String  title[] = {"Pseudo", "Age", "Taille", "OK ?"};
      //Combo à utiliser
      JComboBox combo = new JComboBox(comboData);

      this.tableau = new JTable(data, title);
      this.tableau.setRowHeight(30);
      this.tableau.getColumn("Age").setCellRenderer(new ButtonRenderer());
      this.tableau.getColumn("Age").setCellEditor(new ButtonEditor(new
         ↪ JCheckBox()));
      //On définit l'éditeur par défaut pour la cellule
      //en lui spécifiant quel type d'affichage prendre en compte
      this.tableau.getColumn("Taille").setCellEditor(new
         ↪ DefaultCellEditor(combo));
      this.getContentPane().add(new JScrollPane(tableau), BorderLayout.CENTER);
   }

   public static void main(String[] args){
      Fenetre fen = new Fenetre();
      fen.setVisible(true);
   }
}
```

C'est d'une simplicité enfantine ! Le résultat est, en plus, très convaincant (figure 31.14).

Votre cellule se « transforme » en combo lorsque vous cliquez dessus ! En fait, lorsque le tableau sent une action sur cette cellule, il utilise l'éditeur que vous avez spécifié

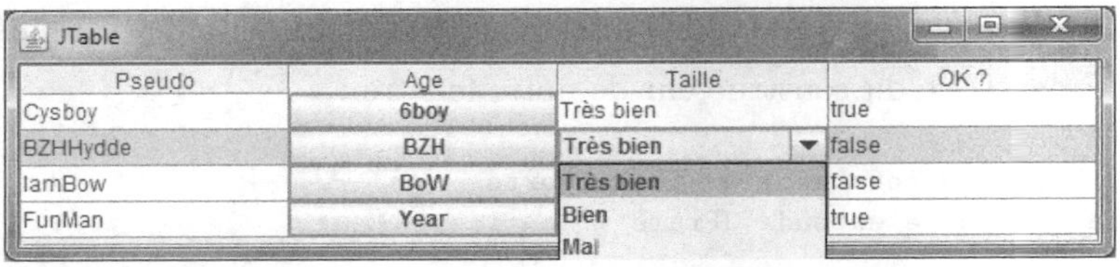

FIGURE 31.14 – `DefaultCellEditor` et combo

pour celle-ci.

Si vous préférez que la combo soit affichée directement même sans clic de souris, il vous suffit de laisser l'objet gérant l'affichage et le tour est joué. De même, pour le bouton, si vous enlevez l'objet de rendu du tableau, celui-ci s'affiche comme un bouton lors du clic sur la cellule !

Il ne nous reste plus qu'à voir comment rajouter des informations dans notre tableau, et le tour est joué.

Certains d'entre vous l'auront remarqué, les boutons ont un drôle de comportement. Cela est dû au fait que vous avez affecté des comportements spéciaux à votre tableau... Il faut donc définir un modèle à utiliser afin de bien définir tous les points comme l'affichage, la mise à jour, etc.

Nous allons donc utiliser un modèle de tableau personnalisé où les actions seront définies par nos soins. Voici la classe `Fenetre` modifiée en conséquence :

```
//CTRL + SHIFT + O pour générer les imports
public class Fenetre extends JFrame {

   private JTable tableau;
   private JButton change = new JButton("Changer la taille");
   //Contenu de notre combo
   private String[] comboData = {"Très bien", "Bien", "Mal"};

   public Fenetre(){
      this.setLocationRelativeTo(null);
      this.setDefaultCloseOperation(JFrame.EXIT_ON_CLOSE);
      this.setTitle("JTable");
      this.setSize(600, 180);
      //Données de notre tableau
      Object[][] data = {
         {"Cysboy", "6boy", comboData[0], new Boolean(true)},
         {"BZHHydde", "BZH", comboData[0], new Boolean(false)},
         {"IamBow", "BoW", comboData[0], new Boolean(false)},
         {"FunMan", "Year", comboData[0], new Boolean(true)}
      };
      String  title[] = {"Pseudo", "Age", "Taille", "OK ?"};
      JComboBox combo = new JComboBox(comboData);
```

```
    //Nous devons utiliser un modèle d'affichage spécifique pour pallier
    //les bugs d'affichage !
    ZModel zModel = new ZModel(data, title);

    this.tableau = new JTable(zModel);
    this.tableau.setRowHeight(30);
    this.tableau.getColumn("Age").setCellRenderer(new ButtonRenderer());
    this.tableau.getColumn("Age").setCellEditor(new ButtonEditor(new
        ↪ JCheckBox()));
    //On définit l'éditeur par défaut pour la cellule
    //en lui spécifiant quel type d'affichage prendre en compte
    this.tableau.getColumn("Taille").setCellEditor(new
        ↪ DefaultCellEditor(combo));
    this.getContentPane().add(new JScrollPane(tableau), BorderLayout.CENTER);
}


class ZModel extends AbstractTableModel{
    private Object[][] data;
    private String[] title;

    //Constructeur
    public ZModel(Object[][] data, String[] title){
        this.data = data;
        this.title = title;
    }

    //Retourne le titre de la colonne à l'indice spécifié
    public String getColumnName(int col) {
      return this.title[col];
    }

    //Retourne le nombre de colonnes
    public int getColumnCount() {
        return this.title.length;
    }

    //Retourne le nombre de lignes
    public int getRowCount() {
        return this.data.length;
    }

    //Retourne la valeur à l'emplacement spécifié
    public Object getValueAt(int row, int col) {
        return this.data[row][col];
    }

        //Définit la valeur à l'emplacement spécifié
    public void setValueAt(Object value, int row, int col) {
```

```
         //On interdit la modification sur certaines colonnes !
         if(!this.getColumnName(col).equals("Age")
            && !this.getColumnName(col).equals("Suppression"))
            this.data[row][col] = value;
      }

     //Retourne la classe de la donnée de la colonne
      public Class getColumnClass(int col){
         //On retourne le type de la cellule à la colonne demandée
         //On se moque de la ligne puisque les types de données
             //sont les mêmes quelle que soit la ligne
             //On choisit donc la première ligne
         return this.data[0][col].getClass();
      }

      public boolean isCellEditable(int row, int col){
         return true;
      }
   }

   public static void main(String[] args){
      Fenetre fen = new Fenetre();
      fen.setVisible(true);
   }
}
```

Vous aurez remarqué que nous construisons notre tableau par le biais de notre modèle, ce qui implique que nous devrons également passer par le modèle pour modifier le tableau ! Conséquence directe : il va falloir modifier un peu notre classe ButtonEditor.

Voici la classe ButtonEditor utilisant le modèle de tableau pour gérer la modification des valeurs :

```
//CTRL + SHIFT + O pour générer les imports
public class ButtonEditor extends DefaultCellEditor {

   protected JButton button;
   private boolean   isPushed;
   private ButtonListener bListener = new ButtonListener();

   public ButtonEditor(JCheckBox checkBox) {
      super(checkBox);
      button = new JButton();
      button.setOpaque(true);
      button.addActionListener(bListener);
   }

   public Component getTableCellEditorComponent(JTable table, Object value,
                     boolean isSelected, int row, int column) {
      //On affecte le numéro de ligne au listener
```

```
        bListener.setRow(row);
        //Idem pour le numéro de colonne
        bListener.setColumn(column);
        //On passe aussi le tableau en paramètre pour des actions potentielles
        bListener.setTable(table);

        //On réaffecte le libellé au bouton
        button.setText( (value == null) ? "" : value.toString() );
        //On renvoie le bouton
         return button;
    }

    //Notre listener pour le bouton
    class ButtonListener implements ActionListener{

        private int column, row;
        private JTable table;
        private int nbre = 0;
        private JButton button;

        public void setColumn(int col){this.column = col;}
        public void setRow(int row){this.row = row;}
        public void setTable(JTable table){this.table = table;}

        public JButton getButton(){return this.button;}

        public void actionPerformed(ActionEvent event) {
          System.out.println("coucou du bouton : " +
                  ↪ ((JButton)event.getSource()).getText());
          //On affecte un nouveau libellé à une celulle de la ligne
          ((AbstractTableModel)table.getModel())
            .setValueAt("New Value " + (++nbre), this.row, (this.column -1));
          //Permet de dire à notre tableau qu'une valeur a changé
          //à l'emplacement déterminé par les valeurs passées en paramètres
          ((AbstractTableModel)table.getModel())
            .fireTableCellUpdated(this.row, this.column - 1);
          this.button = ((JButton)event.getSource());
        }
    }
}
```

Voilà : désormais, le bug d'affichage devrait avoir disparu ! Je vous propose donc de continuer sur notre lancée.

Ajouter des lignes et des colonnes

Je vais profiter de ce point pour vous montrer une autre façon d'initialiser un tableau :

```
//data et title sont toujours nos tableaux d'objets !
JTable tableau = new JTable(new DefaultTableModel(data, title));
```

L'intérêt ? C'est très simple : l'ajout et la suppression dynamiques d'entrées dans un tableau se font via un modèle de rendu, vous vous en doutiez. Cependant, avec cette notation, vous économisez une ligne de code et vous avez la possibilité d'affecter diverses tâches à votre modèle de rendu, comme, par exemple, formater les données...

Dans un premier temps, ajoutons et retirons des lignes à notre tableau. Nous garderons le même code que précédemment avec deux ou trois ajouts :

- le bouton pour ajouter une ligne ;
- le bouton pour effacer une ligne.

Le modèle par défaut défini lors de la création du tableau nous donne accès à deux méthodes fort utiles :

- `addRow(Object[] lineData)` : ajoute une ligne au modèle et met automatiquement à jour le tableau ;
- `removeRow(int row)` : efface une ligne du modèle et met automatiquement à jour le tableau.

Avant de pouvoir utiliser ce modèle, nous allons devoir le récupérer. En fait, c'est notre tableau qui va nous le fournir en invoquant la méthode `getModel()` qui retourne un objet `TableModel`. Attention, un cast sera nécessaire afin de pouvoir utiliser l'objet récupéré ! Par exemple : `((ZModel)table.getModel()).removeRow()`.

Au final, la figure 31.15 nous montre ce que nous obtiendrons.

Vous constatez que j'ai ajouté un bouton « Ajouter une ligne » ainsi qu'un bouton « Supprimer la ligne » ; mis à part ça, l'IHM n'a pas changé.

Essayez de développer ces nouvelles fonctionnalités. Pour télécharger le code complet du chapitre, utilisez le code web suivant :

▷ Copier le code
Code web : 433848

En résumé

- Pour utiliser le composant « tableau », vous devrez utiliser l'objet `JTable`.
- Celui-ci prend en paramètres un tableau d'objets à deux dimensions (un tableau de données) correspondant aux données à afficher, et un tableau de chaînes de caractères qui, lui, affichera les titres des colonnes.
- Afin de gérer vous-mêmes le contenu du tableau, vous pouvez utiliser un modèle de données (`TableModel`).
- Pour ajouter ou retirer des lignes à un tableau, il faut passer par un modèle de données. Ainsi, l'affichage est mis à jour automatiquement.
- Il en va de même pour l'ajout et la suppression de colonnes.
- La gestion de l'affichage brut (hors édition) des cellules peut se gérer colonne par colonne à l'aide d'une classe dérivant de `TableCellRenderer`.

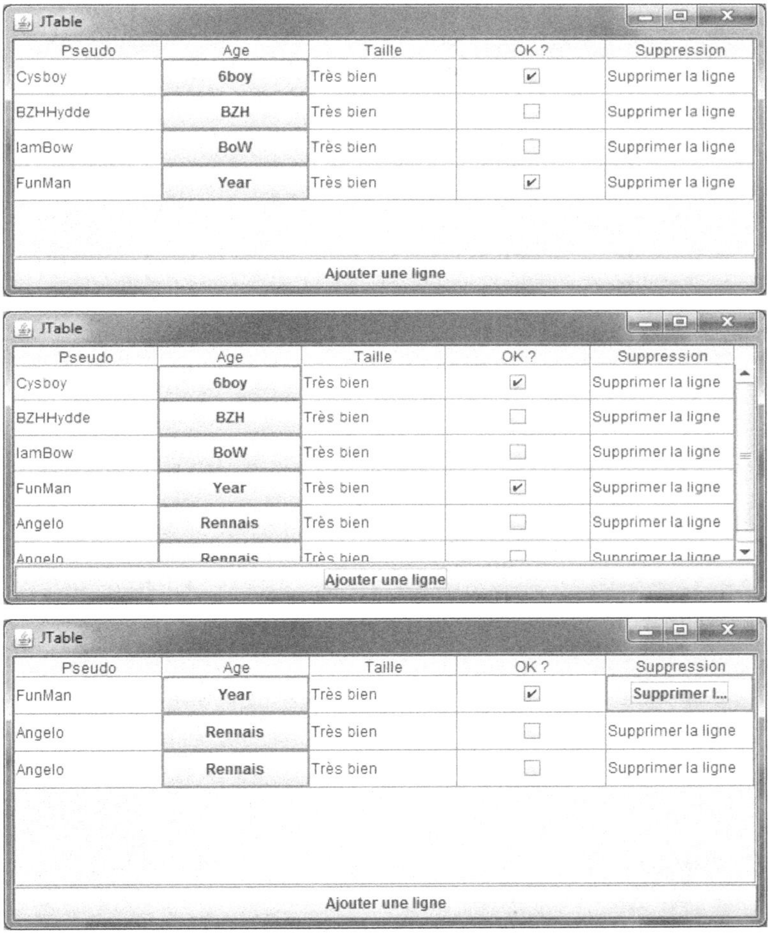

FIGURE 31.15 – Ajout et suppression de lignes

– La gestion de l'affichage brut lors de l'édition d'une cellule se gère colonne par colonne avec une classe dérivant de `DefaultCellEditor`.

Chapitre 32

TP : le pendu

Difficulté :

Ce TP est sûrement le plus difficile que vous aurez à réaliser ! Il fait appel à beaucoup d'éléments vus précédemment.

Nous allons devoir réaliser un jeu de pendu. Le principe est classique : vous devez trouver un mot secret lettre par lettre en faisant un minimum d'erreurs.

Nous en profiterons pour utiliser des design patterns, ces fameuses bonnes pratiques de programmation.

Cahier des charges

Vous devez réaliser un jeu du pendu en Java gérant la sauvegarde des dix meilleurs scores. Toutefois, j'ai des exigences précises :

- l'application doit contenir les menus « Nouveau », « Scores », « Règles » et « À propos » ;
- une page d'accueil doit être mise en place ;
- les points doivent être cumulés en tenant compte des mots trouvés et des erreurs commises ;
- il faut vérifier si le joueur est dans le top dix, auquel cas on lui demande son pseudo, on enregistre les données et on le redirige vers la page des scores ;
- si le joueur n'a pas assez de points, on le redirige vers la page d'accueil ;
- il faut essayer d'utiliser le pattern observer.

Les règles du jeu sont représentées en figure 32.1.

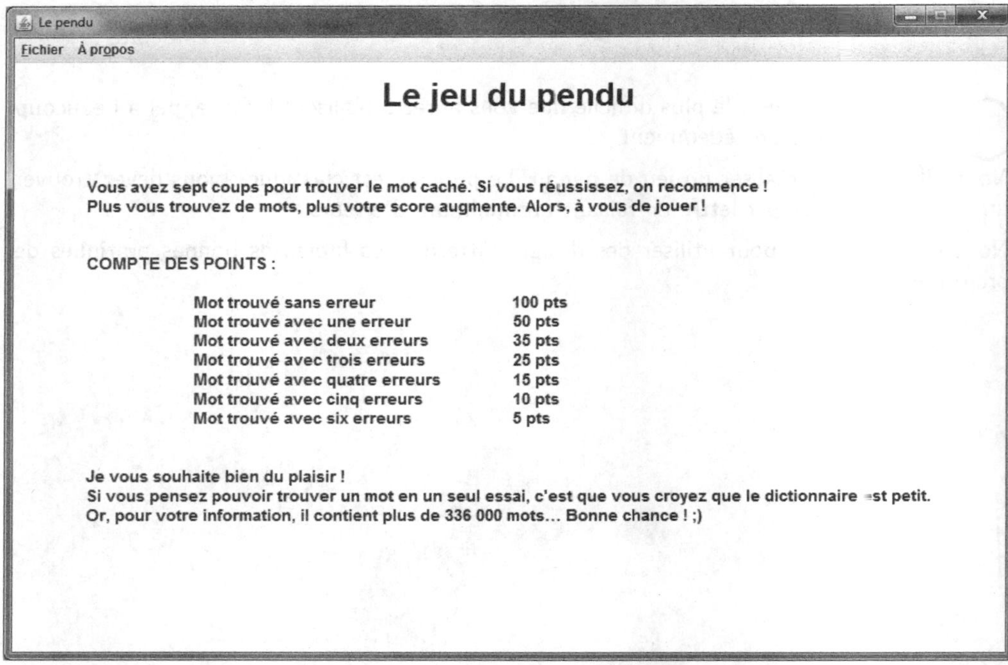

FIGURE 32.1 – Écran principal

Vous pouvez voir les écrans que j'ai obtenus en figure 32.2.

Je vous fournis également les images que j'ai utilisées pour réaliser ce pendu.

▷ Télécharger les images
Code web : 259119

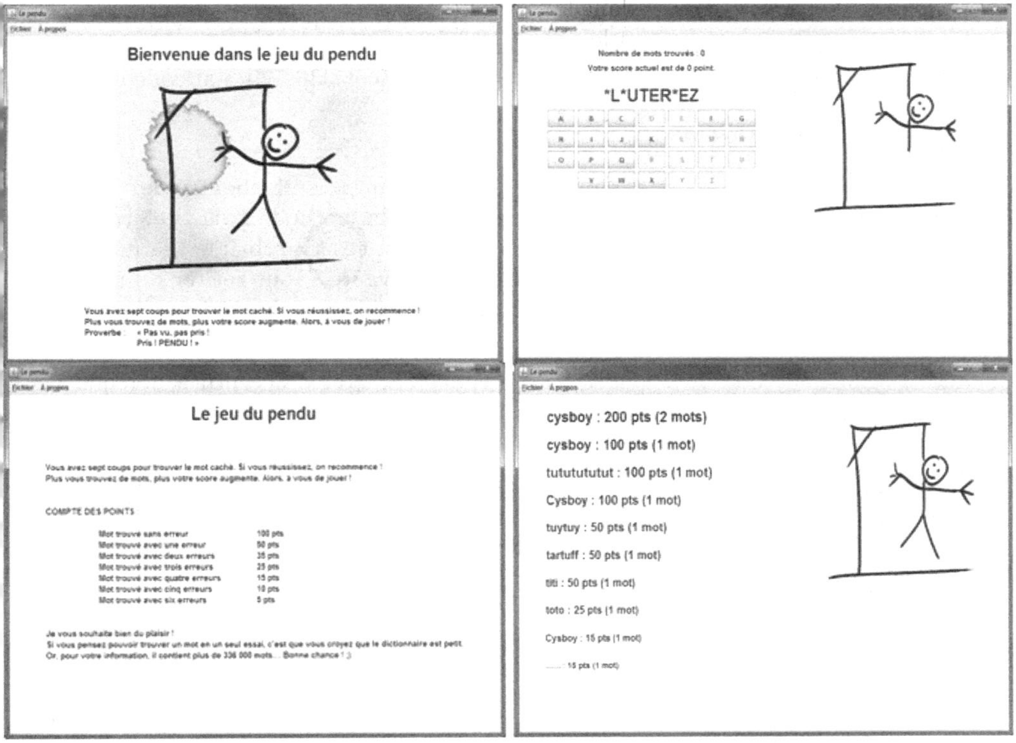

FIGURE 32.2 – Captures d'écran du TP

Vous aurez besoin d'un fichier - dictionnaire contenant de nombreux mots pour votre jeu :

▷ Télécharger le fichier
Code web : 588152

Il me reste encore quelques recommandations à vous prodiguer...

Prérequis

Vous devrez utiliser les flux afin de parcourir le fichier texte qui contient plus de 336 000 lignes : il faudra donc choisir un nombre aléatoire entre 0 et 336 529, puis récupérer le mot désigné. Pour obtenir un nombre aléatoire entre 0 et 336 529, j'ai codé ceci :

```
int nbre = (int)(Math.random()*336529);
```

Afin de récupérer les mots ligne par ligne, j'ai utilisé un `LineNumberReader` : puisque cet objet retourne le numéro de la ligne en invoquant la méthode `getLineNumber()`, il était tout indiqué ! Il y a aussi un point qui peut vous poser problème la mise à jour du `JPanel`. Pour ma part, j'ai choisi la technique suivante : tout retirer du conteneur grâce à la méthode `removeAll()`, replacer des composants puis invoquer la méthode `revalidate()` afin de modifier l'affichage.

Il faudra également que vous pensiez à gérer les caractères accentués lorsque vous cliquerez sur le bouton « E » par exemple. Vous devrez donc aussi afficher les lettres « E » accentuées.

Je ne vais pas tout vous dévoiler, il serait dommage de gâcher le plaisir. En revanche, j'insiste sur le fait que c'est un TP difficile, et qu'il vous faudra certainement plusieurs heures avant d'en venir à bout. Prenez donc le temps de déterminer les problèmes, réfléchissez bien et codez proprement !

Je vous conseille vivement d'aller relire les chapitres traitant des design patterns, car j'en ai utilisé ici ; de plus, j'ai rangé mes classes en packages.

Allez, en avant les Zéros !

Correction

Une fois n'est pas coutume, je ne vais pas inscrire ici tous les codes source, mais vais plutôt vous fournir tout mon projet Eclipse contenant un `.jar` exécutable ; et pour cause, il contient beaucoup de classes (figure 32.3).

▷ Récupérer le projet
Code web : 528713

Voici donc une astuce d'Eclipse permettant de rapatrier un projet.

Une fois Eclipse ouvert, effectuez un clic droit dans la zone où se trouvent vos projets, puis cliquez sur `Import` et choisissez `Existing project` dans `General` (figure 32.4).

FIGURE 32.3 – Classes du TP

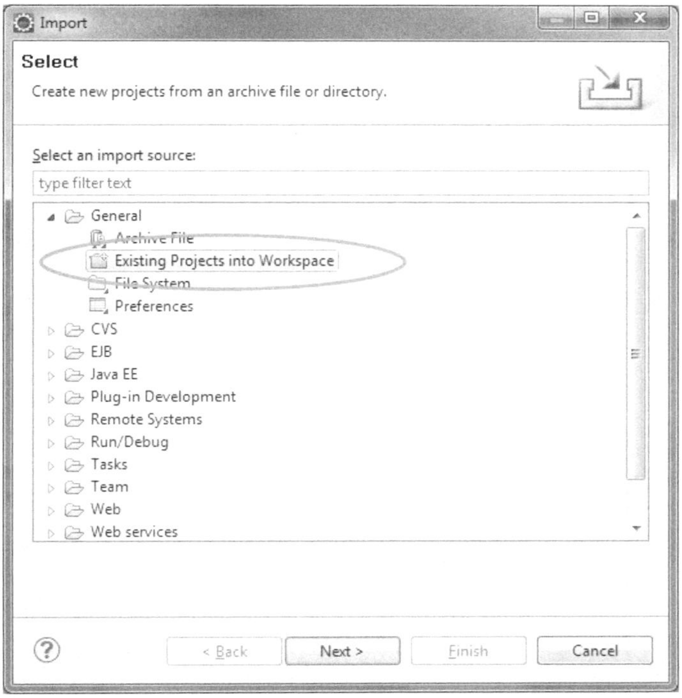

FIGURE 32.4 – Importer un projet existant dans Eclipse

Il ne vous reste plus qu'à spécifier l'endroit où vous avez décompressé l'archive `.jar` que je vous ai fournie, et le tour est joué.

Une fois décompressée, vous devriez pouvoir lancer le fichier `.jar` par un double-clic. Si rien ne se produit, mettez à jour vos variables d'environnement [1].

Prenez bien le temps de lire et comprendre le code. Si vous n'arrivez pas à tout faire maintenant, essayez de commencer par réaliser les choses les plus simples, vous pourrez toujours améliorer votre travail plus tard lorsque vous vous sentirez plus à l'aise !

Vous pourrez constater que j'ai rangé mon code d'une façon assez étrange, avec un package `com.sdz.model` et un `com.sdz.vue`... Cette façon de procéder correspond à un autre pattern de conception permettant de séparer le code en couches capables d'interagir entre elles : c'est le sujet du chapitre suivant.

1. Voir le premier chapitre.

Chapitre 33

Mieux structurer son code : le pattern MVC

Difficulté :

Ce chapitre va vous présenter un des design patterns les plus connus : MVC. Il va vous apprendre à découper vos codes en trois parties : modèle, vue et contrôleur.

C'est un pattern composé, ce qui signifie qu'il est constitué d'au moins deux patterns (mais rien n'empêche qu'il y en ait plus).

Nous allons voir cela tout de suite, inutile de tergiverser plus longtemps !

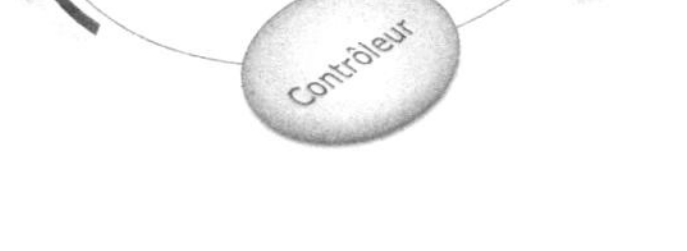

Premiers pas

Dans les chapitres précédents, nous avons agi de la manière suivante :

- mise en place d'une situation ;
- examen de ce que nous pouvions faire ;
- découverte du pattern.

Ici, nous procéderons autrement : puisque le pattern MVC est plus complexe à aborder, nous allons entrer directement dans le vif du sujet. Le schéma de la figure 33.1 en décrit le principe ; il ne devrait pas être étranger à ceux d'entre vous qui auraient déjà fait quelques recherches concernant ce pattern.

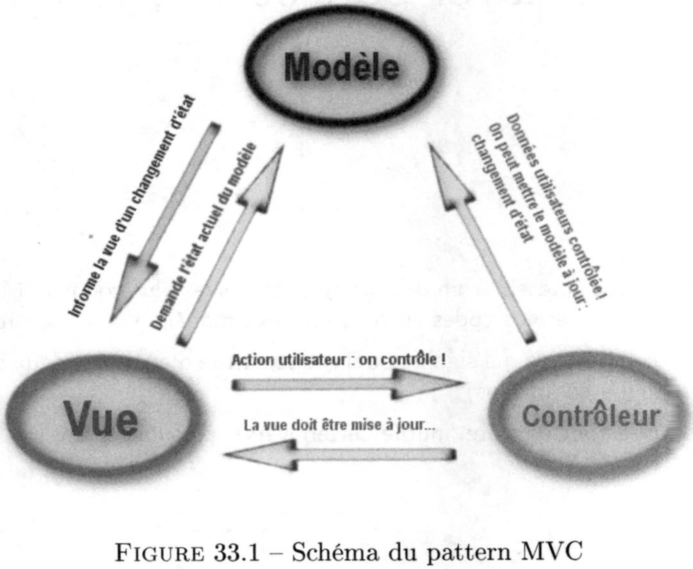

FIGURE 33.1 – Schéma du pattern MVC

Avant d'expliquer ce schéma, nous devons faire le point sur ce que sont réellement ces trois entités.

La vue

Ce que l'on nomme « la vue » est en fait une IHM. Elle représente ce que l'utilisateur a sous les yeux. La vue peut donc être :

- une application graphique `Swing`, `AWT`, `SWT` pour Java (`Form` pour C# ..) ;
- une page web ;
- un terminal Linux ou une console Windows ;
- etc.

Le modèle

Le modèle peut être divers et varié. C'est là que se trouvent les données. Il s'agit en général d'un ou plusieurs objets Java. Ces objets s'apparentent généralement à ce qu'on appelle souvent « la couche métier » de l'application et effectuent des traitements absolument transparents pour l'utilisateur. Par exemple, on peut citer des objets dont le rôle est de gérer une ou plusieurs tables d'une base de données. En trois mots, il s'agit du **cœur du programme** !

Dans le chapitre précédent, nous avons confectionné un jeu du pendu. Dans cette application, notre fenêtre `Swing` correspond à la vue et l'objet `Model` correspond au modèle.

Le contrôleur

Cet objet - car il s'agit aussi d'un objet - permet de faire le lien entre la vue et le modèle lorsqu'une action utilisateur est intervenue sur la vue. C'est cet objet qui aura pour rôle de contrôler les données.

Maintenant que toute la lumière est faite sur les trois composants de ce pattern, je vais expliquer plus précisément la façon dont il travaille.

> Afin de travailler sur un exemple concret, nous allons reprendre notre calculatrice issue d'un TP précédent.

Dans une application structurée en MVC, voici ce qu'il peut se passer :

- l'utilisateur effectue une action sur votre calculatrice (un clic sur un bouton) ;
- l'action est captée par le contrôleur, qui va vérifier la cohérence des données et éventuellement les transformer afin que le modèle les comprenne. Le contrôleur peut aussi demander à la vue de changer ;
- le modèle reçoit les données et change d'état (une variable qui change, par exemple) ;
- le modèle notifie la vue (ou les vues) qu'il faut se mettre à jour ;
- l'affichage dans la vue (ou les vues) est modifié en conséquence en allant chercher l'état du modèle.

Je vous disais plus haut que le pattern MVC était un pattern composé : à ce stade de votre apprentissage, vous pouvez isoler deux patterns dans cette architecture. Le pattern observer se trouve au niveau du modèle. Ainsi, lorsque celui-ci va changer d'état, tous les objets qui l'observeront seront mis au courant automatiquement, et ce, avec un couplage faible !

Le deuxième est plus difficile à voir mais il s'agit du pattern strategy ! Ce pattern est situé au niveau du contrôleur. On dit aussi que le contrôleur est la stratégie (en référence au pattern du même nom) de la vue. En fait, le contrôleur va transférer les données de l'utilisateur au modèle et il a tout à fait le droit de modifier le contenu.

Ceux qui se demandent pourquoi utiliser le pattern strategy pourront se souvenir de la raison d'être de ce pattern : encapsuler les morceaux de code qui changent ! En utilisant ce pattern, vous prévenez les risques potentiels de changement dans votre logique de contrôle. Il vous suffira d'utiliser une autre implémentation de votre contrôleur afin d'avoir des contrôles différents. Ceci dit, vous devez tout de même savoir que le modèle et le contrôleur sont intimement liés : un objet contrôleur pour notre calculatrice ne servira que pour notre calculatrice ! Nous pouvons donc autoriser un couplage fort entre ces deux objets.

Je pense qu'il est temps de se mettre à coder !

Le modèle

Le modèle est l'objet qui sera chargé de stocker les données nécessaires à un calcul (nombre et opérateur) et d'avoir le résultat. Afin de prévoir un changement éventuel de modèle, nous créerons le notre à partir d'un supertype de modèle : de cette manière, si un changement s'opère, nous pourrons utiliser les différentes classes filles de façon polymorphe.

Avant de foncer tête baissée, réfléchissons à ce que notre modèle doit être capable d'effectuer. Pour réaliser des calculs simples, il devra :

- récupérer et stocker au moins un nombre ;
- stocker l'opérateur de calcul ;
- calculer le résultat ;
- renvoyer le résultat ;
- tout remettre à zéro.

Très bien : voila donc la liste des méthodes que nous trouverons dans notre classe abstraite. Comme vous le savez, nous allons utiliser le pattern observer afin de faire communiquer notre modèle avec d'autres objets. Il nous faudra donc une implémentation de ce pattern ; la voici, dans un package `com.sdz.observer`.

Observable.java

```
package com.sdz.observer;

public interface Observable {
   public void addObserver(Observer obs);
   public void removeObserver();
   public void notifyObserver(String str);
}
```

Observer.java

```
package com.sdz.observer;

public interface Observer {
```

```
    public void update(String str);
}
```

Notre classe abstraite devra donc implémenter ce pattern afin de centraliser les implémentations. Puisque notre supertype implémente le pattern observer, les classes héritant de cette dernière hériteront aussi des méthodes de ce pattern !

Voici donc le code de notre classe abstraite que nous placerons dans le package `com.sdz.model`.

AbstractModel.java

```
package com.sdz.model;

import java.util.ArrayList;
import com.sdz.observer.Observable;
import com.sdz.observer.Observer;

public abstract class AbstractModel implements Observable{

   protected double result = 0;
   protected String operateur = "", operande = "";
   private ArrayList<Observer> listObserver = new ArrayList<Observer>();
   //Efface
   public abstract void reset();

   //Effectue le calcul
   public abstract void calcul();

   //Affichage forcé du résultat
   public abstract void getResultat();

   //Définit l'opérateur de l'opération
   public abstract void setOperateur(String operateur);

   //Définit le nombre à utiliser pour l'opération
   public abstract void setNombre(String nbre) ;

   //Implémentation du pattern observer
   public void addObserver(Observer obs) {
      this.listObserver.add(obs);
   }

   public void notifyObserver(String str) {
      if(str.matches("^0[0-9]+"))
         str = str.substring(1, str.length());

      for(Observer obs : listObserver)
         obs.update(str);
   }
```

```
    public void removeObserver() {
        listObserver = new ArrayList<Observer>();
    }
}
```

Ce code est clair et simple à comprendre. Maintenant, nous allons créer une classe concrète héritant de `AbstractModel`.

Voici la classe concrète que j'ai créée.

Calculator.java

```
package com.sdz.model;
import com.sdz.observer.Observable;
public class Calculator extends AbstractModel{

    //Définit l'opérateur
    public void setOperateur(String ope){
        //On lance le calcul
        calcul();

        //On stocke l'opérateur
        this.operateur = ope;

        //Si l'opérateur n'est pas =
        if(!ope.equals("=")){
            //On réinitialise l'opérande
            this.operande = "";
        }
    }

    //Définit le nombre
    public void setNombre(String result){
        //On concatène le nombre
        this.operande += result;
        //On met à jour
        notifyObserver(this.operande);
    }

    //Force le calcul
    public void getResultat() {
        calcul();
    }

    //Réinitialise tout
    public void reset(){
        this.result = 0;
        this.operande = "0";
        this.operateur = "";
```

```
      //Mise à jour !
      notifyObserver(String.valueOf(this.result));
   }

   //Calcul
   public void calcul(){
      //S'il n'y a pas d'opérateur, le résultat est le nombre saisi
      if(this.operateur.equals("")){
         this.result = Double.parseDouble(this.operande);
      }
      else{
         //Si l'opérande n'est pas vide, on calcule avec l'opérateur de calcul
         if(!this.operande.equals("")){

            if(this.operateur.equals("+")){
               this.result += Double.parseDouble(this.operande);
            }
            if(this.operateur.equals("-")){
               this.result -= Double.parseDouble(this.operande);
            }
            if(this.operateur.equals("*")){
               this.result *= Double.parseDouble(this.operande);
            }

            if(this.operateur.equals("/")){
               try{
                  this.result /= Double.parseDouble(this.operande);
               }catch(ArithmeticException e){
                  this.result = 0;
               }
            }
         }
      }
      this.operande = "";
      //On lance aussi la mise à jour !
      notifyObserver(String.valueOf(this.result));
   }
}
```

Voilà, notre modèle est prêt à l'emploi ! Nous allons donc continuer à créer les composants de ce pattern.

Le contrôleur

Celui-ci sera chargé de faire le lien entre notre vue et notre modèle. Nous créerons aussi une classe abstraite afin de définir un supertype de variable pour utiliser, le cas échéant, des contrôleurs de façon polymorphe.

Que doit faire notre contrôleur ? C'est lui qui va intercepter les actions de l'utilisateur, qui va modeler les données et les envoyer au modèle. Il devra donc :

- agir lors d'un clic sur un chiffre ;
- agir lors d'un clic sur un opérateur ;
- avertir le modèle pour qu'il se réinitialise dans le cas d'un clic sur le bouton « reset » ;
- contrôler les données.

Voilà donc notre liste de méthodes pour cet objet. Cependant, puisque notre contrôleur doit interagir avec le modèle, il faudra qu'il possède une instance de notre modèle.

Voici donc le code source de notre superclasse de contrôle.

AbstractControler.java

```
package com.sdz.controler;
import java.util.ArrayList;
import com.sdz.model.AbstractModel;

public abstract class AbstractControler {

   protected AbstractModel calc;
   protected String operateur = "", nbre = "";
   protected ArrayList<String> listOperateur = new ArrayList<String>();

   public AbstractControler(AbstractModel cal){
      this.calc = cal;
      //On définit la liste des opérateurs
      //afin de s'assurer qu'ils sont corrects
      this.listOperateur.add("+");
      this.listOperateur.add("-");
      this.listOperateur.add("*");
      this.listOperateur.add("/");
      this.listOperateur.add("=");
   }

   //Définit l'opérateur
   public void setOperateur(String ope){
      this.operateur = ope;
      control();
   }

   //Définit le nombre
   public void setNombre(String nombre){
      this.nbre = nombre;
      control();
   }

   //Efface
   public void reset(){
```

```
      this.calc.reset();
   }

   //Méthode de contrôle
   abstract void control();
}
```

Nous avons défini les actions globales de notre objet de contrôle et vous constatez aussi qu'à chaque action dans notre contrôleur, celui-ci invoque la méthode `control()`. Celle-ci va vérifier les données et informer le modèle en conséquence.

Nous allons voir maintenant ce que doit effectuer notre instance concrète. Voici donc, sans plus tarder, notre classe.

CalculetteControler.java

```
package com.sdz.controler;

import com.sdz.model.AbstractModel;

public class CalculetteControler extends AbstractControler {

   public CalculetteControler(AbstractModel cal) {
      super(cal);
   }

   public void control() {
      //On notifie le modèle d'une action si le contrôle est bon
      //--------------------------------------------------------

      //Si l'opérateur est dans la liste
      if(this.listOperateur.contains(this.operateur)){
         //Si l'opérateur est =
         //on ordonne au modèle d'afficher le résultat
         if(this.operateur.equals("="))
            this.calc.getResultat();
         //Sinon, on passe l'opérateur au modèle
         else
            this.calc.setOperateur(this.operateur);
      }

      //Si le nombre est conforme
      if(this.nbre.matches("^[0-9.]+$")){
         this.calc.setNombre(this.nbre);
      }
      this.operateur = "";
      this.nbre = "";
   }
}
```

Vous pouvez voir que cette classe redéfinit la méthode `control()` et qu'elle permet d'indiquer les informations à envoyer à notre modèle. Celui-ci mis à jour, les données à afficher dans la vue seront envoyées via l'implémentation du pattern observer entre notre modèle et notre vue. D'ailleurs, il ne nous manque plus qu'elle. Alors allons-y !

La vue

Voici le plus facile à développer et ce que vous devriez maîtriser le mieux... La vue sera créée avec le package `javax.swing`. Je vous donne donc le code source de notre classe que j'ai mis dans le package `com.sdz.vue`.

Calculette.java

```
package com.sdz.vue;
//CTRL + SHIFT + O pour générer les imports
public class Calculette extends JFrame implements Observer{

   private JPanel container = new JPanel();

   String[] tab_string = {"1", "2", "3", "4", "5", "6", "7",
        "8", "9", "0", ".", "=", "C", "+", "-", "*", "/"};
   JButton[] tab_button = new JButton[tab_string.length];

   private JLabel ecran = new JLabel();
   private Dimension dim = new Dimension(50, 40);
   private Dimension dim2 = new Dimension(50, 31);
   private double chiffre1;
   private boolean clicOperateur = false, update = false;
   private String operateur = "";

   //L'instance de notre objet contrôleur
   private AbstractControler controler;

   public Calculette(AbstractControler controler){
      this.setSize(240, 260);
      this.setTitle("Calculette");
      this.setDefaultCloseOperation(JFrame.EXIT_ON_CLOSE);
      this.setLocationRelativeTo(null);
      this.setResizable(false);
      initComposant();
      this.controler = controler;
      this.setContentPane(container);
      this.setVisible(true);
   }

   private void initComposant(){
      Font police = new Font("Arial", Font.BOLD, 20);
```

```
ecran = new JLabel("0");
ecran.setFont(police);
ecran.setHorizontalAlignment(JLabel.RIGHT);
ecran.setPreferredSize(new Dimension(220, 20));

JPanel operateur = new JPanel();
operateur.setPreferredSize(new Dimension(55, 225));
JPanel chiffre = new JPanel();
chiffre.setPreferredSize(new Dimension(165, 225));
JPanel panEcran = new JPanel();
panEcran.setPreferredSize(new Dimension(220, 30));

//Nous utiliserons le même listener pour tous les opérateurs
OperateurListener opeListener = new OperateurListener();

for(int i = 0; i < tab_string.length; i++)
{

   tab_button[i] = new JButton(tab_string[i]);
   tab_button[i].setPreferredSize(dim);

   switch(i){

      case 11 :
        tab_button[i].addActionListener(opeListener);
        chiffre.add(tab_button[i]);
        break;
      case 12 :
        tab_button[i].setForeground(Color.red);
         tab_button[i].addActionListener(new ResetListener());
         tab_button[i].setPreferredSize(dim2);
         operateur.add(tab_button[i]);
        break;
      case 13 :
      case 14 :
      case 15 :
      case 16 :
        tab_button[i].setForeground(Color.red);
         tab_button[i].addActionListener(opeListener);
         tab_button[i].setPreferredSize(dim2);
         operateur.add(tab_button[i]);
        break;
      default :
        chiffre.add(tab_button[i]);
        tab_button[i].addActionListener(new ChiffreListener());
        break;
   }
}
panEcran.add(ecran);
panEcran.setBorder(BorderFactory.createLineBorder(Color.black));
```

```
        container.add(panEcran, BorderLayout.NORTH);
        container.add(chiffre, BorderLayout.CENTER);
        container.add(operateur, BorderLayout.EAST);
    }

    //Les listeners pour nos boutons
    class ChiffreListener implements ActionListener{
        public void actionPerformed(ActionEvent e) {
            //On affiche le chiffre en plus dans le label
            String str = ((JButton)e.getSource()).getText();
            if(!ecran.getText().equals("0"))
                str = ecran.getText() + str;

            controler.setNombre(((JButton)e.getSource()).getText());
        }
    }

    class OperateurListener implements ActionListener{
     public void actionPerformed(ActionEvent e) {
        controler.setOperateur(((JButton)e.getSource()).getText());
     }
    }

    class ResetListener implements ActionListener{
        public void actionPerformed(ActionEvent arg0) {
            controler.reset();
        }
    }

    //Implémentation du pattern observer
    public void update(String str) {
      ecran.setText(str);
   }
}
```

Vous devez être à même de comprendre ce code, puisqu'il ressemble beaucoup à notre calculette réalisée dans le TP du chapitre correspondant. Vous constaterez que la vue contient le contrôleur (juste avant le constructeur de la classe).

Toutes nos classes sont à présent opérationnelles.

▷ Copier ces codes
Code web : 763482

Il ne nous manque plus qu'une classe de test afin d'observer le résultat. Elle crée les trois composants qui vont dialoguer entre eux : le modèle (données), la vue (fenêtre) et le contrôleur qui lie les deux. La voici :

```
import com.sdz.controler.*;
import com.sdz.model.*;
import com.sdz.vue.Calculette;
```

```
public class Main {

   public static void main(String[] args) {
      //Instanciation de notre modèle
      AbstractModel calc = new Calculator();
      //Création du contrôleur
      AbstractControler controler = new CalculetteControler(calc);
      //Création de notre fenêtre avec le contrôleur en paramètre
      Calculette calculette = new Calculette(controler);
      //Ajout de la fenêtre comme observer de notre modèle
      calc.addObserver(calculette);
   }
}
```

Testez ce code : le tout fonctionne très bien ! Tous nos objets sont interconnectés et dialoguent facilement (figure 33.2).

FIGURE 33.2 – Notre calculatrice MVC

Comme vous connaissez la façon de travailler de ce pattern, nous allons décortiquer ce qui se passe.

Lorsque nous cliquons sur un chiffre

- L'action est envoyée au contrôleur.
- Celui-ci vérifie si le chiffre est conforme.
- Il informe le modèle.
- Ce dernier est mis à jour et informe la vue de ses changements.
- La vue rafraîchit son affichage.

Lorsque nous cliquons sur un opérateur

- L'action est toujours envoyée au contrôleur.
- Celui-ci vérifie si l'opérateur envoyé est dans sa liste.
- Le cas échéant, il informe le modèle.

- Ce dernier agit en conséquence et informe la vue de son changement.
- La vue est mise à jour.

Il se passera la même chose lorsque nous cliquerons sur le bouton « reset ».

Nous aurions très bien pu faire la même chose sans le contrôleur !

Oui, bien sûr. Même sans modèle ! Rappelez-vous de la raison d'exister du design pattern : prévenir des modifications de codes ! Avec une telle architecture, vous pourrez travailler à trois en même temps sur le code : une personne sur la vue, une sur le modèle, une sur le contrôleur.

J'émets toutefois quelques réserves concernant ce pattern. Bien qu'il soit très utile grâce à ses avantages à long terme, celui-ci complique grandement votre code et peut le rendre très difficile à comprendre pour une personne extérieure à l'équipe de développement.
Même si le design pattern permet de résoudre beaucoup de problèmes, attention à la *patternite* : son usage trop fréquent peut rendre le code incompréhensible et son entretien impossible à réaliser.

En résumé

- Le pattern MVC est un pattern composé du pattern observer et du pattern strategy.
- Avec ce pattern, le code est découpé en trois parties logiques qui communiquent entre elles :
  - Le modèle (données)
  - La vue (fenêtre)
  - Le contrôleur qui lie les deux.
- L'implémentation du pattern observer permet au modèle de tenir informés ses observateurs.
- L'implémentation du pattern strategy permet à la vue d'avoir des contrôles différents.
- Utiliser ce pattern permet de découpler trois acteurs d'une application, ce qui permet plus de souplesse et une maintenance plus aisée du code.

Chapitre 34

Le Drag'n Drop

Difficulté :

Cette notion est somme toute assez importante à l'heure actuelle : beaucoup de gens l'utilisent, ne serait-ce que pour déplacer des fichiers dans leur système d'exploitation ou encore faire des copies sur une clé USB.

Pour rappel, le Drag'n Drop - traduit par « Glisser-Déposer » - revient à sélectionner un élément graphique d'un clic gauche, à le déplacer grâce à la souris tout en maintenant le bouton enfoncé et à le déposer à l'endroit voulu en relâchant le bouton.

En Java, cette notion est arrivée avec JDK 1.2, dans le système graphique `awt`. Nous verrons comment ceci était géré car, même si ce système est fondu et simplifié avec `swing`, vous devrez utiliser l'ancienne gestion de ce comportement, version `awt`. Je vous propose de commencer par un exemple simple, en utilisant `swing`, puis ensuite de découvrir un cas plus complet en utilisant tous les rouages de ces événements, car il s'agit encore et toujours d'événements.

Présentation

La première chose à faire en swing pour activer le drag'n drop, c'est d'activer cette fonctionnalité dans les composants concernés. Voici un petit code de test :

```
//CTRL + SHIFT + O pour générer les imports
public class Test1 extends JFrame{

   public Test1(){
      super("Test de Drag'n Drop");
      setSize(300, 200);

      JPanel pan = new JPanel();
      pan.setBackground(Color.white);
      pan.setLayout(new BorderLayout());

      //Notre textearea avec son contenu déplaçable
      JTextArea label = new JTextArea("Texte déplaçable !");
      label.setPreferredSize(new Dimension(300, 130));
      //--------------------------------------------------
      //C'est cette instruction qui permet le déplacement
      //de son contenu
      label.setDragEnabled(true);
      //--------------------------------------------------

      pan.add(new JScrollPane(label), BorderLayout.NORTH);

      JPanel pan2 = new JPanel();
      pan2.setBackground(Color.white);
      pan2.setLayout(new BorderLayout());

      //On crée le premier textfield avec contenu déplaçable
      JTextField text = new JTextField();
      //--------------------------------------------------
      text.setDragEnabled(true);
      //--------------------------------------------------
      //Et le second, sans.
      JTextField text2 = new JTextField();

      pan2.add(text2, BorderLayout.SOUTH);
      pan2.add(text, BorderLayout.NORTH);

      pan.add(pan2, BorderLayout.SOUTH);
      add(pan, BorderLayout.CENTER);

      setVisible(true);
   }

   public static void main(String[] args){
```

```
        new Test1();
    }
}
```

Vous avez pu constater que le drag'n drop était vraiment très simple à activer... Récapitulons. Nous avons une fenêtre contenant trois composants : un `JTextArea` avec le drag'n drop activé et deux `JTextField` dont seul celui du dessus a l'option activée.

La figure 34.1 vous montre ce que donne ce code.

FIGURE 34.1 – Lancement du programme

La figure 34.2 donne le résultat après avoir sélectionné une portion de texte et l'avoir glissée dans le `JTextField` n° 1.

FIGURE 34.2 – Texte cliqué-glissé

Vous trouverez sur la figure 34.3 le résultat d'un déplacement du contenu du `JTextField` n° 1 vers le `JTextField` n° 2.

Étant donné que ce dernier `JTextField` est dépourvu de l'option désirée, vous ne pouvez plus déplacer le texte.

J'ai essayé de faire la même chose avec un `JLabel` et ça n'a pas fonctionné !

C'est tout à fait normal. Par défaut, le drag'n drop n'est disponible que pour certains composants. D'abord, il ne faut pas confondre l'action « drag » et l'option « drop ».

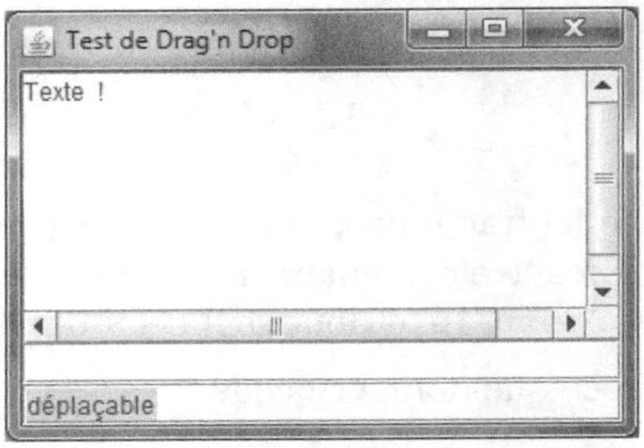

FIGURE 34.3 – Changement de `JTextField`

Certains composants autorisent les deux alors que d'autres n'autorisent que le drag.

Voici un tableau récapitulatif des actions autorisées par composant :

Composant	Drag	Drop
`JEditorPane`	X	X
`JColorChooser`	X	X
`JFileChooser`	X	
`JTextPane`	X	X
`JTextField`	X	X
`JTextArea`	X	X
`JFormattedTextField`	X	X
`JPasswordTextField`		X
`JLabel`		
`JTable`	X	
`JTree`	X	
`JList`	X	

Certains composants de ce tableau autorisent soit l'export de données, soit l'import de données, soit les deux, soit aucun des deux. Certains composants n'ont aucun comportement lorsque nous y déposons des données... Ceci est dû à leur complexité et à leurs modes de fonctionnement. Par exemple, donner un comportement par défaut à un `JTree` n'est pas une mince affaire. Lors d'un drop, doit-il :

– ajouter l'élément ?
– ajouter l'élément en supprimant celui sur lequel nous le déposons ?
– ajouter un nœud mère ?
– ajouter un nœud fille ?
– ...

De ce fait, le comportement est laissé aux bons soins du développeur, en l'occurrence, vous.

Par contre, il faut que vous gardiez en mémoire que lorsqu'on parle de « drag », il y a deux notions implicites à prendre en compte : le « drag déplacement » et le « drag copie ».

En fait, le drag'n drop peut avoir plusieurs effets :

- la copie ;
- le déplacement.

Par exemple, sous Windows, lorsque vous déplacez un fichier avec un drag'n drop dans un dossier, ce fichier est entièrement déplacé : cela revient à faire un couper - coller. En revanche, si vous effectuez la même opération en maintenant la touche « Ctrl », l'action du drag'n drop devient l'équivalent d'un copier - coller. L'action « drag déplacement » indique donc les composants autorisant, par défaut, l'action de type couper - coller, l'action « drag copie » indique que les composants autorisent les actions de type copier - coller. La finalité, bien sûr, étant de déposer des données à l'endroit souhaité. Gardez bien en tête que ce sont les fonctionnalités activées par défaut sur ces composants.

Tu veux dire que nous pourrions ajouter cette fonctionnalité à notre `JLabel` ?

Pour répondre à cette question, nous allons devoir mettre le nez dans le fonctionnement caché de cette fonctionnalité...

Fonctionnement

Comme beaucoup d'entre vous ont dû le deviner, le transfert des informations entre deux composants se fait grâce à trois composantes essentielles :

- un composant d'origine ;
- des données transférées ;
- un composant cible.

Cette vision, bien qu'exacte dans la théorie, se simplifie dans la pratique, pas de panique. Pour schématiser ce que je viens de vous dire, voici un petit diagramme en figure 34.4.

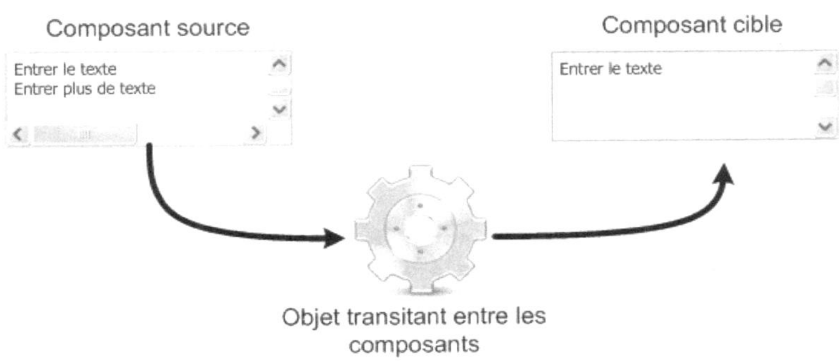

FIGURE 34.4 – Fonctionnement du drag'n drop

Ce dernier est assez simple à comprendre : pendant l'opération de drag'n drop, les données transitent d'un composant à l'autre via un objet. Dans l'API Swing, le mécanisme de drag'n drop est encapsulé dans l'objet `JComponent` dont tous les objets graphiques héritent, ce qui signifie que tous les objets graphiques peuvent implémenter cette fonctionnalité.

Afin d'activer le drag'n drop sur un composant graphique qui ne le permet pas par défaut, nous devons utiliser la méthode `setTransferHandler(TransferHandler newHandler)` de l'objet `JComponent`. Cette méthode prend un objet `TransferHandler` en paramètre : c'est celui-ci qui lance le mécanisme de drag'n drop. Les composants du tableau récapitulatif (hormis le `JLabel`) ont tous un objet `TransferHandler` par défaut. Le drag'n drop s'active par la méthode `setDragEnabled(true)` sur la plupart des composants, mais comme vous avez pu le constater, pas sur le `JLabel`... Afin de contourner cela, nous devons lui spécifier un objet `TransferHandler` réalisé par nos soins.

Attention, toutefois ! Vous pouvez définir un `TransferHandler` pour un objet possédant déjà un comportement par défaut, mais cette action supplantera le mécanisme par défaut du composant : redéfinissez donc les comportements avec prudence !

Retournons à notre `JLabel`. Afin de lui ajouter les fonctionnalités voulues, nous devons lui affecter un nouveau `TransferHandler`. Une fois que ce nouvel objet lui sera assigné, nous lui ajouterons un événement souris afin de lancer l'action de drag'n drop : je vous rappelle que l'objet `TransferHandler` ne permet que le transit des données, il ne gère pas les événements ! Dans notre événement, nous avons juste à récupérer le composant initiateur du drag, récupérer son objet `TransferHandler` et invoquer sa méthode `exportAsDrag(JComponent comp, InputEvent event, int action)`.

Voici un code permettant de déplacer le texte d'un `JLabel` dans un `JTextField` :

```
//CTRL + SHIFT + O pour générer les imports
public class LabelContentDemo extends JFrame{

    public LabelContentDemo(){
        setTitle("Drag'n Drop avec un JLabel !");
        setSize(300, 100);
        setLocationRelativeTo(null);
        setDefaultCloseOperation(JFrame.EXIT_ON_CLOSE);

        JPanel pan = new JPanel();
        pan.setLayout(new GridLayout(2,2));
        pan.setBackground(Color.white);

        JLabel srcLib = new JLabel("Source de drag : ", JLabel.RIGHT);
        JLabel src = new JLabel("Texte à déplacer !");

        //--------------------------------------------------------------------
        //On crée le nouvel objet pour activer le drag'n drop
        src.setTransferHandler(new TransferHandler("text"));
```

```
        //On spécifie au composant qu'il doit envoyer ses données
        //via son objet TransferHandler
        src.addMouseListener(new MouseAdapter(){
            //On utilise cet événement pour que les actions soient
            //visibles dès le clic de souris...
            //Nous aurions pu utiliser mouseReleased,
            //mais, niveau IHM, nous n'aurions rien vu
            public void mousePressed(MouseEvent e){
                //On récupère le JComponent
                JComponent lab = (JComponent)e.getSource();
                //Du composant, on récupère l'objet de transfert : le nôtre
                TransferHandler handle = lab.getTransferHandler();
                //On lui ordonne d'amorcer la procédure de drag'n drop
                handle.exportAsDrag(lab, e, TransferHandler.COPY);
            }
        });
        //--------------------------------------------------------------------

        JLabel destLib = new JLabel("Destination de drag : ", JLabel.RIGHT);
        JTextField dest = new JTextField();
        //On active le comportement par défaut de ce composant
        dest.setDragEnabled(true);

        pan.add(srcLib);
        pan.add(src);
        pan.add(destLib);
        pan.add(dest);

        setContentPane(pan);
        setVisible(true);
    }

    public static void main(String[] args){
        new LabelContentDemo();
    }
}
```

Sur la figure 34.5, on déplace le contenu de notre source vers le champ texte.

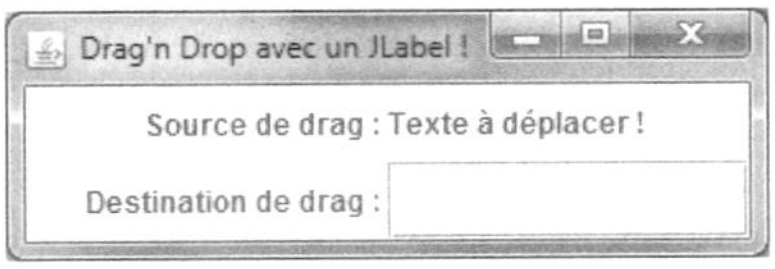

FIGURE 34.5 – Avant le drag

Sur la figure 34.6, on voit que le contenu est déplacé.

Enfin, sur la figure 34.7, on déplace un fragment du contenu de notre champ texte vers notre `JLabel`.

FIGURE 34.6 – Texte déplacé

FIGURE 34.7 – Après le déplacement de la chaîne « déplacer » vers le `JLabel`

Vous devez avoir plusieurs questions. Déjà, pour ceux qui ne l'auraient pas remarqué (ou essayé), l'objet de transfert n'a pas de constructeur sans argument ! Cette instruction ne compilera pas : `TransferHandler trans = new TransferHandler()` . Par contre, le constructeur utilisé fonctionne parfaitement pour un `JLabel` `TransferHandler trans = new TransferHandler("text");`. Pourquoi ? Tout simplement parce que la chaîne de caractères passée en paramètre correspond à une propriété `JavaBean` utilisable par l'objet. Un `JavaBean` est un objet Java répondant à certains critères de construction :

- la classe doit être `Serializable` pour pouvoir sauvegarder et restaurer l'état des instances de cette classe ;
- la classe doit posséder un constructeur sans arguments (constructeur par défaut) ;
- les propriétés privées de la classe (variables d'instance) doivent être accessibles publiquement via des méthodes accesseurs (`get` ou `set`) suivies du nom de la propriété avec la première lettre transformée en majuscule ;
- la classe doit contenir les méthodes d'interception d'événements nécessaires.

En fait, notre objet de transfert va utiliser la propriété « text » de notre objet `JLabel`, ceci afin de récupérer son contenu et de le faire transiter. Nous verrons plus tard comment faire pour les cas où nous ne connaissons pas le nom de la propriété...

Ensuite, nous avons récupéré l'objet `TransferHandler` depuis notre composant : nous le lui avions affecté avec un `setter`, nous pouvons le récupérer avec un `getter`.

Là où les choses deviennent intéressantes, c'est lorsque nous invoquons la méthode `handle.exportAsDrag(lab, e, TransferHandler.COPY);`. C'est cette instruction qui amorce réellement le drag'n drop. Les trois paramètres servent à initialiser les actions à effectuer et à déterminer quand et sur qui les faire :

- le premier paramètre indique le composant qui contient les données à déplacer ;
- le second paramètre indique à notre objet l'événement sur lequel il doit déclencher le transfert ;
- le dernier indique l'action qui doit être effectuée : copie, déplacement, rien...

Comme je vous l'avais dit, il existe plusieurs types d'actions qui peuvent être effectuées lors du drop, celles-ci sont paramétrables via l'objet `TransferHandle` :

- **TransferHandler.COPY** : n'autorise que la copie des données vers le composant cible ;
- **TransferHandler.MOVE** : n'autorise que le déplacement des données vers le composant cible ;
- **TransferHandler.LINK** : n'autorise que l'action lien sur les données du composant cible ; cela revient à créer un raccourci ;
- **TransferHandler.COPY_OR_MOVE** : autorise la copie ou le déplacement ;
- **TransferHandler.NONE** : n'autorise rien.

Attention, l'objet **TransferHandler** n'accepte que les actions **COPY** lorsqu'il est instancié avec le paramètre « text » : si vous modifiez la valeur ici, votre drag'n drop ne fonctionnera plus.

Alors, même si nous avons réussi à faire un `JLabel` avec l'option drag'n drop, celui-ci sera restreint ?

Non, mais si nous sommes parvenus à créer un nouveau **TranferHandler**, pour arriver à débrider notre composant, nous allons devoir encore approfondir...

Créer son propre `TransferHandler`

Afin de personnaliser le drag'n drop pour notre composant, nous allons devoir mettre les mains dans le cambouis. La classe **TransferHandler** fait pas mal de choses dans votre dos et, tout comme les modèles de composants (cf. `JTree`, `JTable`), dès lors que vous y mettez les mains, tout sera à votre charge !

Voici une représentation simplifiée de la classe en question en figure 34.8.

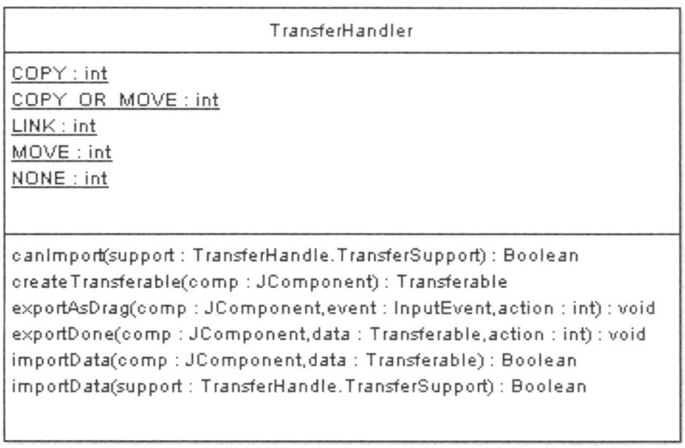

FIGURE 34.8 – La classe **TransferHandler**

Nous y retrouvons nos types de transferts, la méthode `exportAsDrag(...)` et tout plein de nouveautés... C'est aussi dans cette classe que se trouvent les méthodes pour la gestion du copier - coller traditionnel.

Le but est maintenant de déplacer les données du `JLabel` vers notre zone de texte façon « couper - coller ». Vous vous en doutez, nous allons devoir redéfinir le comportement de certaines des méthodes de notre objet de transfert. Ne vous inquiétez pas, nous allons y aller en douceur. Voici la liste des méthodes que nous allons utiliser pour arriver à faire ce que nous cherchons :

```
import javax.swing.TransferHandler;

public class MyTransferHandler extends TransferHandler{

    /**
     * Méthode permettant à l'objet de savoir si les données reçues
     * via un drop sont autorisées à être importées
     * @param info
     * @return boolean
     */
   public boolean canImport(TransferHandler.TransferSupport info) {}

   /**
    * C'est ici que l'insertion des données dans notre composant est réalisée
    * @param support
    * @return boolean
    */
   public boolean importData(TransferHandler.TransferSupport support){}

   /**
    * Cette méthode est invoquée à la fin de l'action DROP
    * Si des actions sont à faire ensuite, c'est ici qu'il faudra coder
    * le comportement désiré
    * @param c
    * @param t
    * @param action
    */
   protected void exportDone(JComponent c, Transferable t, int action {}

   /**
    * Dans cette méthode, nous allons créer l'objet utilisé par
    * le système de drag'n drop afin de faire circuler
    * les données entre les composants.
    * Vous pouvez voir qu'il s'agit d'un objet de type Transferable
    * @param c
    * @return
    */
   protected Transferable createTransferable(JComponent c) {}

   /**
    * Cette méthode est utilisée afin de déterminer le comportement
    * du composant vis-à-vis du drag'n drop : nous retrouverons
    * nos variables statiques COPY, MOVE, COPY_OR_MOVE, LINK ou NONE
    * @param c
```

```
     * @return int
     */
    public int getSourceActions(JComponent c) {}

}
```

Commençons par définir le comportement souhaité pour notre composant : le déplacement. Cela se fait via la méthode `public int getSourceActions(JComponent c)`. Nous allons utiliser les variables statiques de la classe mère pour définir l'action autorisée :

```
public int getSourceActions(JComponent c) {
    //Nous n'autorisons donc que le déplacement ici
    return MOVE;
}
```

Maintenant, assurons-nous qu'il sera toujours possible d'importer des données d'un autre composant en les déposant dessus. Pour cela, nous allons redéfinir les méthodes d'import de données `public boolean canImport(TransferHandler.TransferSupport info)` et `public boolean importData(TransferHandler.TransferSupport support)`. Remarquez ce paramètre bizarre : `TransferHandler.TransferSupport`.

Rappelez-vous les classes internes : la classe `TransferSupport` est à l'intérieur de la classe `TransferHandler`. Cet objet a un rôle très important : la communication entre les composants. C'est lui qui véhicule l'objet encapsulant nos données. C'est aussi lui, pour des composants plus complexes tels qu'un tableau, un arbre ou une liste, qui fournit l'emplacement où a eu lieu l'action drop.

Voici ce que vont contenir nos méthodes :

```
public boolean canImport(TransferHandler.TransferSupport info) {
    //Nous contrôlons si les données reçues
    //sont d'un type autorisé, ici le type String
    if (!info.isDataFlavorSupported(DataFlavor.stringFlavor)) {
            return false;
    }
    return true;
}
```

L'objet `TransferSupport` nous offre une méthode permettant de contrôler le type de données supportées par notre drag'n drop. Une liste de « type MIME [1] » est disponible dans l'objet `DataFlavor`. Ici, nous avons utilisé `DataFlavor.stringFlavor`, qui signifie « chaîne de caractères », comme vous avez pu le deviner. Voici la liste des types d'éléments disponibles via l'objet `DataFlavor` :

1. Signifie *Multipurpose Internet Mail Extensions.* C'est une façon de typer certains fichiers comme les images, les PDF, etc.

- DataFlavor.javaSerializedObjectMimeType : autorise un objet Java sérialisé correspondant au type MIME « application/x-java-serialized-object » ;
- DataFlavor.imageFlavor : autorise une image, soit la classe java.awt.Image correspondant au type MIME « image/x-java-image » ;
- DataFlavor.javaFileListFlavor : autorise un objet java.util.List contenant des objets java.io.File ;
- DataFlavor.javaJVMLocalObjectMimeType : autorise n'importe quel objet Java ;
- DataFlavor.javaRemoteObjectMimeType : autorise un objet distant utilisant l'interface Remote ;
- DataFlavor.stringFlavor : autorise soit une chaîne de caractères, soit la classe java.lang.String correspondant au type MIME « application/x-java-serialized-object ».

La seconde étape de notre démarche consiste à autoriser l'import de données vers notre composant grâce à la méthode public boolean importData(TransferHandler.TransferSupport support) :

```
public boolean importData(TransferHandler.TransferSupport support){
    //Nous contrôlons si les données reçues
    //sont d'un type autorisé
    if(!canImport(support))
         return false;

    //On récupère notre objet Transferable,
    //celui qui contient les données en transit
    Transferable data = support.getTransferable();
        String str = "";

        try {
         //Nous récupérons nos données en spécifiant ce que nous attendons
         str = (String)data.getTransferData(DataFlavor.stringFlavor);
        } catch (UnsupportedFlavorException e){
                e.printStackTrace();
        } catch (IOException e) {
                e.printStackTrace();
        }

    //Via le TRansferSupport, nous pouvons récupérer notre composant
        JLabel lab = (JLabel)support.getComponent();
    //Afin de lui affecter sa nouvelle valeur
        lab.setText(str);

        return true;
}
```

Voilà : à ce stade, nous avons redéfini la copie du champ de texte vers notre JLabel. Voici notre objet en l'état :

```
//CTRL + SHIFT + O pour générer les imports
public class LabelContentDemo extends JFrame{
```

```
  public LabelContentDemo(){
    setTitle("Drag'n Drop avec un JLabel !");
    setSize(300, 100);
    setLocationRelativeTo(null);
    setDefaultCloseOperation(JFrame.EXIT_ON_CLOSE);

    JPanel pan = new JPanel();
    pan.setLayout(new GridLayout(2,2));
    pan.setBackground(Color.white);

    JLabel srcLib = new JLabel("Source de drag : ", JLabel.RIGHT);
    JLabel src = new JLabel("Texte à déplacer !");

    //--------------------------------------------------------
    //On utilise notre nouvel objet MyTransferHandle
    src.setTransferHandler(new MyTransferHandler());

    src.addMouseListener(new MouseAdapter(){

      public void mousePressed(MouseEvent e){
        System.out.println("EVENT !");
        JComponent lab = (JComponent)e.getSource();
        TransferHandler handle = lab.getTransferHandler();
        handle.exportAsDrag(lab, e, TransferHandler.COPY);
      }
    });
    //--------------------------------------------------------

    JLabel destLib = new JLabel("Destination de drag : ", JLabel.RIGHT);
    JTextField dest = new JTextField();

    dest.setDragEnabled(true);

    pan.add(srcLib);
    pan.add(src);
    pan.add(destLib);
    pan.add(dest);

    setContentPane(pan);
    setVisible(true);
  }

  public static void main(String[] args){
    new LabelContentDemo();
  }
}
```

Et maintenant, le plus dur : effacer le contenu de notre objet une fois la copie des données effectuée.

```
//CTRL + SHIFT + O pour générer les imports
public class MyTransferHandler extends TransferHandler{

   public boolean canImport(TransferHandler.TransferSupport info) {
      if (!info.isDataFlavorSupported(DataFlavor.stringFlavor)) {
         return false;
      }
      return true;
   }

   public boolean importData(TransferHandler.TransferSupport support){
      if(!canImport(support))
         return false;

      Transferable data = support.getTransferable();
      String str = "";

      try {
         str = (String)data.getTransferData(DataFlavor.stringFlavor);
      } catch (UnsupportedFlavorException e){
         e.printStackTrace();
      } catch (IOException e) {
         e.printStackTrace();
      }

      JLabel lab = (JLabel)support.getComponent();
      lab.setText(str);

      return false;
   }

   protected void exportDone(JComponent c, Transferable t, int action){
      //Une fois le drop effectué
      //nous effaçons le contenu de notre JLabel
      if(action == MOVE)
         ((JLabel)c).setText("");
   }

   protected Transferable createTransferable(JComponent c) {
      //On retourne un nouvel objet implémentant l'interface Transferable
      //StringSelection implémente cette interface,  nous l'utilisons donc
      return new StringSelection(((JLabel)c).getText());
   }

   public int getSourceActions(JComponent c) {
      return MOVE;
   }
}
```

Vous pouvez tester à nouveau votre code, cette fois le rendu est conforme à nos attentes.

Vous venez de recréer la fonction drag'n drop pour un composant : bravo !

Activer le drop sur un JTree

Vous vous doutez de la marche à suivre : cependant, comme je vous l'avais dit au début de ce chapitre, vous allez être confrontés au problème du positionnement du drop sur votre composant. Cependant, votre boîte à outils dispose d'un nouvel objet dont le rôle est d'informer sur la position du drop : l'objet `TransferSupport`.

Avant de poursuivre dans cette voie, rappelez-vous qu'il faut définir l'action que doit effectuer notre composant lors du dépôt de nos données. C'est possible grâce à l'objet `DropMode` que nous pouvons utiliser via la méthode `setDropMode(DropMode dropMode)`. Voici la liste des modes disponibles :

- USE_SELECTION
- ON
- INSERT
- ON_OR_INSERT
- INSERT_COLS
- INSERT_ROWS
- ON_OR_INSERT_COLS
- ON_OR_INSERT_ROWS

Vous l'aurez compris : certains modes sont utilisables par des tableaux et d'autres non... Afin que vous puissiez vous faire votre propre idée sur le sujet, je vous invite à les essayer dans l'exemple qui va suivre. C'est grâce à cela que nous allons spécifier le mode de fonctionnement de notre arbre.

Maintenant que nous savons comment spécifier le mode de fonctionnement, il ne nous reste plus qu'à trouver comment, et surtout où insérer le nouvel élément. C'est là que notre ami le `TransfertSupport` entre en jeu. Cet objet permet de récupérer un objet `DropLocation` contenant toutes les informations nécessaires au bon positionnement des données dans le composant cible. En fait, par l'objet `TransfertSupport`, vous pourrez déduire un objet `DropLocation` propre à votre composant, par exemple :

```
//Pour récupérer les infos importantes sur un JTree
JTree.DropLocation dl = (JTree.DropLocation)myTransfertSupport.
↪ getDropLocation();
//Pour récupérer les infos importantes sur un JTable
JTable.DropLocation dl = (JTable.DropLocation)myTransfertSupport.
↪ getDropLocation();
//Pour récupérer les infos importantes sur un JList
JList.DropLocation dl = (JList.DropLocation)myTransfertSupport.
↪ getDropLocation();
```

L'avantage de ces spécifications, c'est qu'elles permettent d'avoir accès à des informations fort utiles :

JList.DropLocation	JTree.DropLocation	JTable.DropLocation
isInsert getIndex	getChildIndex getPath	isInsertRow isInsertColumn getRow getColumn

Maintenant que je vous ai présenté la marche à suivre et les objets à utiliser, je vous propose un exemple qui, je pense, parle de lui-même et est assez commenté pour que vous puissiez vous y retrouver. Voici les classes utilisées.

▷ Copier ce code
Code web : 508422

MyTransferHandler.java

```
//CTRL + SHIFT + O pour générer les imports
public class MyTransferHandler extends TransferHandler{

   public boolean canImport(TransferHandler.TransferSupport info) {
      if (!info.isDataFlavorSupported(DataFlavor.stringFlavor)) {
         return false;
      }
      return true;
   }

   public boolean importData(TransferHandler.TransferSupport support){
      if(!canImport(support))
         return false;

      Transferable data = support.getTransferable();
      String str = "";

      try {
         str = (String)data.getTransferData(DataFlavor.stringFlavor);
      } catch (UnsupportedFlavorException e){
         e.printStackTrace();
      } catch (IOException e) {
         e.printStackTrace();
      }

      JLabel lab = (JLabel)support.getComponent();
      lab.setText(str);

      return false;
   }

   protected void exportDone(JComponent c, Transferable t, int action){
      if(action == MOVE){
```

```
         JLabel lab = (JLabel)c;
         String text = lab.getText();
         int indice = Integer.parseInt(text.substring(text.length()-1,
                ↪ text.length()));
         lab.setText(text.substring(0, text.length()-1) + (++indice));
      }
   }

   protected Transferable createTransferable(JComponent c) {
      return new StringSelection(((JLabel)c).getText());
   }

   public int getSourceActions(JComponent c) {
      return MOVE;
   }
}
```

TreeTransferHandler.java

```
//CTRL + SHIFT + O pour générer les imports
public class TreeTransferHandler extends TransferHandler{

   JTree tree;
   public TreeTransferHandler(JTree tree){
      this.tree = tree;
   }

   public boolean canImport(TransferHandler.TransferSupport info) {

      if (!info.isDataFlavorSupported(DataFlavor.stringFlavor)) {
         return false;
      }
      return true;
   }

   public boolean importData(TransferHandler.TransferSupport support){

      if(!canImport(support))
         return false;

      //On récupère l'endroit du drop via un objet approprié
      JTree.DropLocation dl = (JTree.DropLocation)support.getDropLocation();
      //Les informations afin de pouvoir créer un nouvel élément
      TreePath path = dl.getPath();
        int index = dl.getChildIndex();

        //Comme pour le JLabel, on récupère les données
      Transferable data = support.getTransferable();
      String str = "";
```

```
    try {
      str = (String)data.getTransferData(DataFlavor.stringFlavor);
    } catch (UnsupportedFlavorException e){
      e.printStackTrace();
    } catch (IOException e) {
      e.printStackTrace();
    }

    //On peut maintenant ajouter le nœud
    DefaultMutableTreeNode nouveau = new DefaultMutableTreeNode(str);
    //On déduit le nœud parent via le chemin
    DefaultMutableTreeNode parent =
      (DefaultMutableTreeNode)path.getLastPathComponent();

    DefaultTreeModel model = (DefaultTreeModel)this.tree.getModel();
    index = (index == -1) ? model.getChildCount(path.getLastPathComponent())
      ↪ : index ;
    model.insertNodeInto(nouveau, parent, index);

    tree.makeVisible(path.pathByAddingChild(nouveau));
    tree.scrollPathToVisible(path);

    return true;
  }

  public int getSourceActions(JComponent c) {
    return COPY_OR_MOVE;
  }
}
```

TreeDragDemo.java

```
//CTRL + SHIFT + O pour générer les imports
public class TreeDragDemo extends JFrame{
  JTree tree;
  public TreeDragDemo(){
    setTitle("Drag'n Drop avec un JLabel !");
    setSize(400, 200);
    setLocationRelativeTo(null);
    setDefaultCloseOperation(JFrame.EXIT_ON_CLOSE);

    JPanel pan = new JPanel();
    pan.setLayout(new GridLayout(1, 1));
    pan.setBackground(Color.white);

    JLabel srcLib = new JLabel("Source de drag : ", JLabel.RIGHT);
    JLabel src = new JLabel("Noeud 1");
```

```
//------------------------------------------------------
//On utilise notre nouvel objet MyTransferHandle
src.setTransferHandler(new MyTransferHandler());
src.addMouseListener(new MouseAdapter(){

   public void mousePressed(MouseEvent e){
      JComponent lab = (JComponent)e.getSource();
      TransferHandler handle = lab.getTransferHandler();
      handle.exportAsDrag(lab, e, TransferHandler.MOVE);
   }
});
//------------------------------------------------------

JLabel destLib = new JLabel("Destination de drag : ", JLabel.RIGHT);
JTextField dest = new JTextField();

dest.setDragEnabled(true);
tree = new JTree(getModel());
tree.setDragEnabled(true);
tree.setTransferHandler(new TreeTransferHandler(tree));

pan.add(src);

pan.add(new JScrollPane(tree));

//Pour le choix des actions
JComboBox combo = new JComboBox();
combo.addItem("USE_SELECTION");
combo.addItem("ON");
combo.addItem("INSERT");
combo.addItem("ON_OR_INSERT");

combo.addItemListener(new ItemListener(){

   public void itemStateChanged(ItemEvent event) {
      String value = event.getItem().toString();

      if(value.equals("USE_SELECTION")){
         tree.setDropMode(DropMode.USE_SELECTION);
      }
      if(value.equals("ON")){
         tree.setDropMode(DropMode.ON);
      }
      if(value.equals("INSERT")){
         tree.setDropMode(DropMode.INSERT);
      }
      if(value.equals("ON_OR_INSERT")){
         tree.setDropMode(DropMode.ON_OR_INSERT);
      }
   }
```

```
        });

        add(pan, BorderLayout.CENTER);
        add(combo, BorderLayout.SOUTH);
        setVisible(true);
    }

    private TreeModel getModel(){

        DefaultMutableTreeNode root = new DefaultMutableTreeNode("SDZ");

        DefaultMutableTreeNode forum = new DefaultMutableTreeNode("Forum");
        forum.add(new DefaultMutableTreeNode("C++"));
        forum.add(new DefaultMutableTreeNode("Java"));
        forum.add(new DefaultMutableTreeNode("PHP"));

        DefaultMutableTreeNode tuto = new DefaultMutableTreeNode("Tutoriel");
        tuto.add(new DefaultMutableTreeNode("Tutoriel"));
        tuto.add(new DefaultMutableTreeNode("Programmation"));
        tuto.add(new DefaultMutableTreeNode("Mapping"));

        root.add(tuto);
        root.add(forum);

        return new DefaultTreeModel(root);
    }

    public static void main(String[] args){
        new TreeDragDemo();
    }
}
```

La figure 34.9 vous montre ce que j'ai obtenu après quelques manipulations.

Effet de déplacement

À la lecture de tous ces chapitres, vous devriez être à même de comprendre et d'assimiler le fonctionnement du code qui suit. Son objectif est de simuler le déplacement de vos composants sur votre IHM, un peu comme dans les figures 34.10, 34.11 et 34.12.

En fait, le principe revient à définir un `GlassPane` à votre fenêtre, composant personnalisé que nous avons fait hériter de `JPanel`. C'est lui qui va se charger de dessiner les images des composants sur sa surface, dont nous aurons au préalable défini la transparence. Sur chaque composant, nous allons devoir définir les actions à effectuer à chaque événement souris : deux classes sont codées à cet effet... Ensuite, il ne reste plus qu'à faire notre test.

Voilà les codes sources promis.

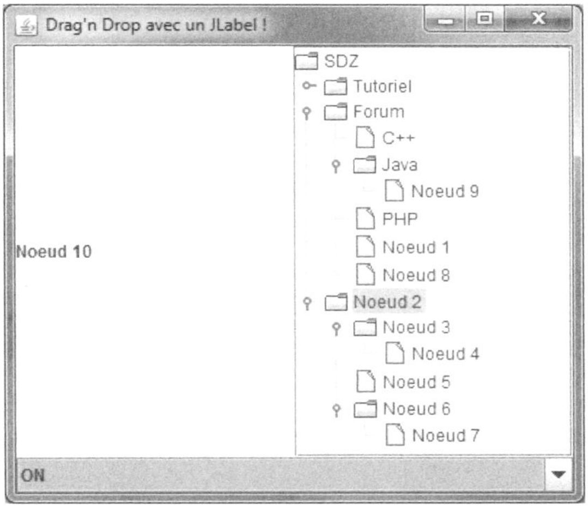

FIGURE 34.9 – Ajout de nœud via drag'n drop

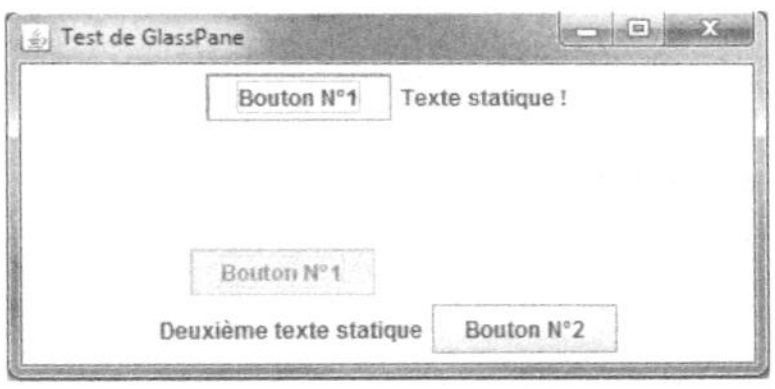

FIGURE 34.10 – Déplacement d'un bouton sur un autre composant

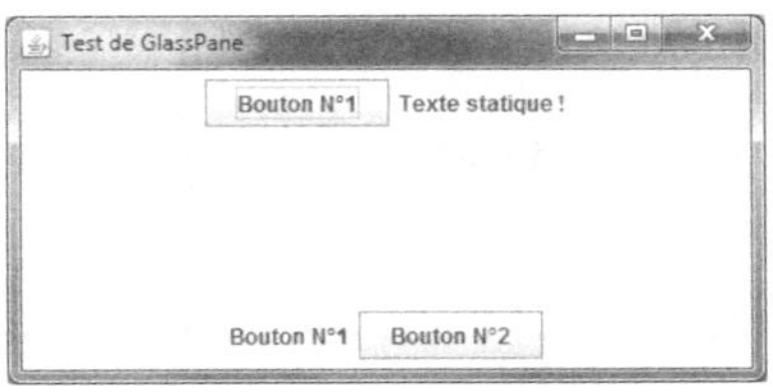

FIGURE 34.11 – Après avoir relâché le bouton sur un autre composant

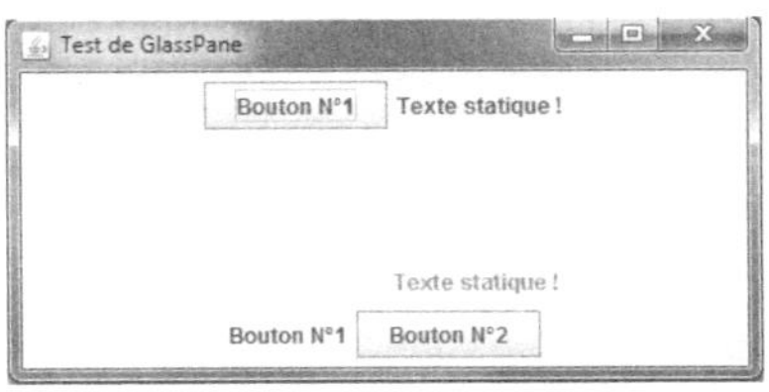

FIGURE 34.12 – Déplacement d'un `JLabel`

▷ Effet de déplacement
Code web : 886736

MyGlassPane.java

```
//CTRL + SHIFT + O pour générer les imports
public class MyGlassPane extends JPanel{

   //L'image qui sera dessinée
   private BufferedImage img;
   //Les coordonnées de l'image
   private Point location;
   //La transparence de notre glace
   private Composite transparence;

   public MyGlassPane(){
      //Afin de ne peindre que ce qui nous intéresse
      setOpaque(false);
      //On définit la transparence
      transparence = AlphaComposite.getInstance(AlphaComposite.SRC_OVER, 0.55f)
   }

   public void setLocation(Point location){
      this.location = location;
   }

   public void setImage(BufferedImage image){
      img = image;
   }

   public void paintComponent(Graphics g){

      //Si on n'a pas d'image à dessiner, on ne fait rien...
      if(img == null)return;

      //Dans le cas contraire, on dessine l'image souhaitée
      Graphics2D g2d = (Graphics2D)g;
      g2d.setComposite(transparence);
      g2d.drawImage(img,
        (int) (location.getX() - (img.getWidth(this)  / 2)),
        (int) (location.getY() - (img.getHeight(this) / 2)),
        null);
   }
}
```

MouseGlassListener.java

```
//CTRL + SHIFT + O pour générer les imports
public class MouseGlassListener extends MouseAdapter{
```

```
private MyGlassPane myGlass;
private BufferedImage image;


public MouseGlassListener(MyGlassPane glass){
   myGlass = glass;
}

public void mousePressed(MouseEvent event) {

   //On récupère le composant pour en déduire sa position
   Component composant = event.getComponent();
   Point location = (Point)event.getPoint().clone();

   //Les méthodes ci-dessous permettent, dans l'ordre,
   //de convertir un point en coordonnées d'écran
   //et de reconvertir ce point en coordonnées fenêtres
   SwingUtilities.convertPointToScreen(location, composant);
     SwingUtilities.convertPointFromScreen(location, myGlass);

     //Les instructions ci-dessous permettent de redessiner le composant
    image = new BufferedImage(composant.getWidth(), composant.getHeight(),
              BufferedImage.TYPE_INT_ARGB);
    Graphics g = image.getGraphics();
     composant.paint(g);

     //On passe les données qui vont bien à notre GlassPane
   myGlass.setLocation(location);
   myGlass.setImage(image);

   //On n'oublie pas de dire à notre GlassPane de s'afficher
   myGlass.setVisible(true);
}

public void mouseReleased(MouseEvent event) {

   //---------------------------------------------------------------------
   //On implémente le transfert lorsqu'on relâche le bouton de souris
   //ceci afin de ne pas supplanter le fonctionnement du déplacement
   JComponent lab = (JComponent)event.getSource();
   TransferHandler handle = lab.getTransferHandler();
   handle.exportAsDrag(lab, event, TransferHandler.COPY);
   //---------------------------------------------------------------------

   //On récupère le composant pour en déduire sa position
   Component composant = event.getComponent();
   Point location = (Point)event.getPoint().clone();
   //Les méthodes ci-dessous permettent, dans l'ordre,
   //de convertir un point en coordonnées d'écran
```

```
        //et de reconvertir ce point en coordonnées fenêtre
        SwingUtilities.convertPointToScreen(location, composant);
          SwingUtilities.convertPointFromScreen(location, myGlass);

          //On passe les données qui vont bien à notre GlassPane
        myGlass.setLocation(location);
        myGlass.setImage(null);
        //On n'oublie pas de ne plus l'afficher
        myGlass.setVisible(false);

    }
}
```

MouseGlassMotionListener.java

```
//CTRL + SHIFT + O pour générer les imports
public class MouseGlassMotionListener extends MouseAdapter{

    private MyGlassPane myGlass;

    public MouseGlassMotionListener(MyGlassPane glass){
        myGlass = glass;
    }

    /**
     * Méthode fonctionnant sur le même principe que la classe précédente
     * mais cette fois sur l'action de déplacement
     */
    public void mouseDragged(MouseEvent event) {
        //Vous connaissez maintenant...
        Component c = event.getComponent();

          Point p = (Point) event.getPoint().clone();
          SwingUtilities.convertPointToScreen(p, c);
          SwingUtilities.convertPointFromScreen(p, myGlass);
          myGlass.setLocation(p);
          myGlass.repaint();
    }
}
```

Fenetre.java

```
//CTRL + SHIFT + O pour générer les imports
public class Fenetre extends JFrame{

    private MyGlassPane glass = new MyGlassPane();


    public Fenetre(){
```

```
    super("Test de GlassPane");
    setSize(400, 200);
    setLocationRelativeTo(null);
    setDefaultCloseOperation(JFrame.EXIT_ON_CLOSE);

    JPanel pan = new JPanel();
    JPanel pan2 = new JPanel();

    //On crée un composant
    JButton bouton1 = new JButton("Bouton N°1");
    //On y attache les écouteurs qui auront pour rôle
    //d'initialiser notre glace et d'y affecter les données
    //qui permettront de simuler le déplacement
    bouton1.addMouseListener(new MouseGlassListener(glass));
    bouton1.addMouseMotionListener(new MouseGlassMotionListener(glass));
    //On affecte maintenant un TranferHandler spécifique
    //initialisé avec la propriété JavaBean "text"
    bouton1.setTransferHandler(new TransferHandler("text"));

    JButton bouton2 = new JButton("Bouton N°2");
    bouton2.addMouseListener(new MouseGlassListener(glass));
    bouton2.addMouseMotionListener(new MouseGlassMotionListener(glass));
    bouton2.setTransferHandler(new TransferHandler("text"));

    JLabel text = new JLabel("Deuxième texte statique");
    text.addMouseListener(new MouseGlassListener(glass));
    text.addMouseMotionListener(new MouseGlassMotionListener(glass));
    text.setTransferHandler(new TransferHandler("text"));

    JLabel label = new JLabel("Texte statique !");
    label.addMouseListener(new MouseGlassListener(glass));
    label.addMouseMotionListener(new MouseGlassMotionListener(glass));
    label.setTransferHandler(new TransferHandler("text"));

    pan.add(bouton1);
    pan.add(label);
    add(pan, BorderLayout.NORTH);

    pan2.add(text);
    pan2.add(bouton2);
    add(pan2, BorderLayout.SOUTH);

    setGlassPane(glass);
    setLocationRelativeTo(null);
    setDefaultCloseOperation(JFrame.EXIT_ON_CLOSE);

    setVisible(true);
}
```

```
    public static void main(String[] args){
        new Fenetre();
    }
}
```

Pour des composants comme les JTree, JTable ou autres vous aurez certainement à faire des modifications pour que ça fonctionne

Et voilà : j'espère que ça vous a plu ! Vous devriez désormais aborder le drag'n drop avec plus de sérénité. Il vous reste encore des choses à explorer, mais rien qui devrait vous bloquer : vous n'êtes plus des Zéros !

En résumé

- Le drag'n drop n'est disponible via la méthode `setDragEnabled(true);` que pour certains composants.
- Plusieurs comportements sont possibles pour les déplacements de données : la copie ou le déplacement.
- Le drag'n drop permet de récupérer des données d'un composant source pour les transmettre à un composant cible, le tout via un objet : l'objet `TransferHandler`.
- Vous pouvez activer le drag'n drop sur un composant en utilisant la méthode `setTransferHandler(TransferHandler newHandler)` héritée de `JComponent`.
- La procédure de drag'n drop est réellement lancée lors de l'appel à la méthode `handle.exportAsDrag(lab, e, TransferHandler.COPY);`, qui permet de déterminer qui lance l'action, sur quel événement, ainsi que l'action qui doit être effectuée.
- Afin d'avoir le contrôle du mécanisme de drag'n drop, vous pouvez réaliser votre propre `TransferHandler`.
- Ce dernier dispose d'une classe interne permettant de gérer la communication entre les composants (l'objet `TransferHandler.TransferSupport`) et permet aussi de s'assurer que les données reçues sont bien du type attendu.

Chapitre 35

Mieux gérer les interactions avec les composants

Difficulté :

Afin d'améliorer la performance et la réactivité de vos programmes Java, nous allons parler de l'EDT, pour *Event Dispatch Thread*.

Comme son nom l'indique, il s'agit d'un thread, d'une pile d'appel. Cependant celui-ci a une particularité, il s'occupe de gérer toutes les modifications portant sur un composant graphique :

- le redimensionnement ;
- le changement de couleur ;
- le changement de valeur ;
- ...

Vos applications graphiques seront plus performantes et plus sûres lorsque vous utiliserez ce thread pour effectuer tous les changements qui pourraient intervenir sur votre IHM.

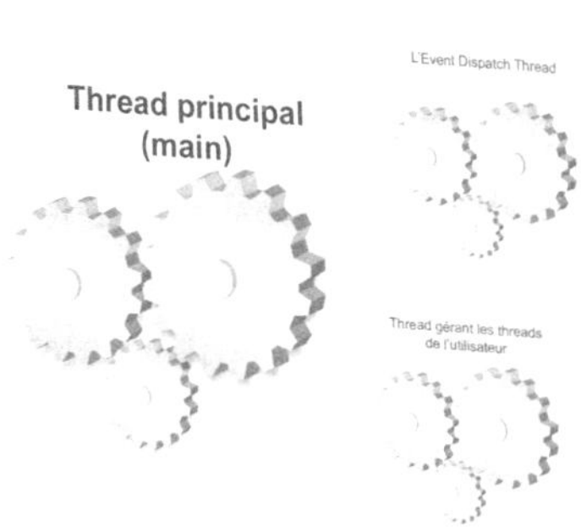

Présentation des protagonistes

Vous savez déjà que, lorsque vous lancez un programme Java en mode console, un thread principal est démarré pour empiler les instructions de votre programme jusqu'à la fin. Ce que vous ignorez peut-être, c'est qu'un autre thread est lancé : celui qui s'occupe de toutes les tâches de fond (lancement de nouveaux threads...).

Or depuis un certain temps, nous ne travaillons plus en mode console mais en mode graphique. Et, je vous le donne en mille, un troisième thread est lancé qui se nomme l'EDT (*Event Dispatch Thread*). Comme je vous le disais, c'est dans celui-ci que tous les changements portant sur des composants sont exécutés. Voici un petit schéma illustrant mes dires (figure 35.1).

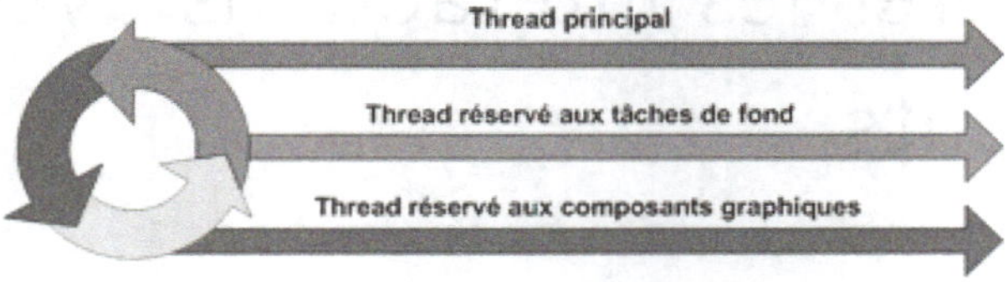

FIGURE 35.1 – Threads lancés au démarrage de tout programme Java

La philosophie de Java est que toute modification apportée à un composant se fait obligatoirement dans l'EDT : lorsque vous utilisez une méthode `actionPerformed`, celle-ci, son contenu compris, est exécutée dans l'EDT (c'est aussi le cas pour les autres intercepteurs d'événements). La politique de Java est simple : toute action modifiant l'état d'un composant graphique doit se faire dans un seul et unique thread, l'EDT. Vous vous demandez sûrement pourquoi. C'est simple, les composants graphiques ne sont pas « thread-safe » : ils ne peuvent pas être utilisés par plusieurs threads simultanément et assurer un fonctionnement sans erreurs ! Alors, pour s'assurer que les composants sont utilisés au bon endroit, on doit placer toutes les interactions dans l'EDT.

Par contre, cela signifie que si dans une méthode `actionPerformed` nous avons un traitement assez long, c'est toute notre interface graphique qui sera figée !

Vous vous souvenez de la première fois que nous avons tenté de contrôler notre animation ? Lorsque nous cliquions sur le bouton pour la lancer, notre interface était bloquée étant donné que la méthode contenant une boucle infinie n'était pas dépilée du thread dans lequel elle était lancée. D'ailleurs, si vous vous souvenez bien, le bouton s'affichait comme si on n'avait pas relâché le clic ; c'était dû au fait que l'exécution de notre méthode se faisait dans l'EDT, bloquant ainsi toutes les actions sur nos composants.

Voici un schéma, en figure 35.2, résumant la situation.

Imaginez la ligne comme une tête de lecture. Il y a déjà quelques événements à faire dans l'EDT :

- la création de la fenêtre ;
- la création et mise à jour de composants ;
- ...

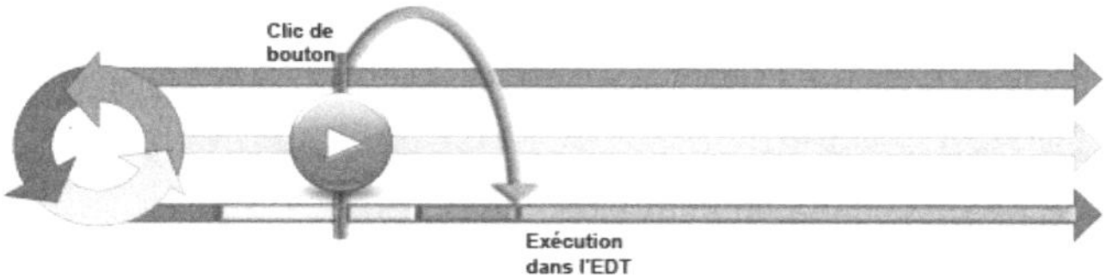

FIGURE 35.2 – Pourquoi les IHM Java se figent lors de traitements longs

Seulement voilà, nous cliquons sur un bouton engendrant un long, un très long traitement dans l'EDT (dernier bloc) : du coup, toute notre IHM est figée ! Non pas parce que Java est lent, mais parce que nous avons exécuté un traitement au mauvais endroit.

Il existe toutefois quelques méthodes *thread-safe* :

- `paint()` et `repaint()` ;
- `validate()`, `invalidate()` et `revalidate()`.

Celles-ci peuvent être appelées depuis n'importe quel thread.

À ce stade, une question se pose : comment exécuter une action dans l'EDT ? C'est exactement ce que nous allons voir.

Utiliser l'EDT

Java vous fournit la classe `SwingUtilities` qui offre plusieurs méthodes statiques permettant d'insérer du code dans l'EDT :

- `invokeLater(Runnable doRun)` : exécute le thread en paramètre dans l'EDT et rend immédiatement la main au thread principal ;
- `invokeAndWait(Runnable doRun)` : exécute le thread en paramètre dans l'EDT et attend la fin de celui-ci pour rendre la main au thread principal ;
- `isEventDispatchThread()` : retourne vrai si le thread dans lequel se trouve l'instruction est dans l'EDT.

Maintenant que vous savez comment exécuter des instructions dans l'EDT, il nous faut un cas concret :

```
//CTRL + SHIFT + O pour générer les imports
public class Test1 {
   static int count = 0, count2 = 0;
   static JButton bouton = new JButton("Pause");
   public static void main(String[] args){
      JFrame fen = new JFrame("EDT");
      fen.getContentPane().add(bouton);
      fen.setSize(200, 100);
      fen.setDefaultCloseOperation(JFrame.EXIT_ON_CLOSE);
      fen.setLocationRelativeTo(null);
      fen.setVisible(true);
```

```
        updateBouton();
        System.out.println("Reprise du thread principal");
    }

    public static void updateBouton(){
        for(int i = 0; i < 5; i++){
            try {
                Thread.sleep(1000);
            } catch (InterruptedException e) {
                e.printStackTrace();
            }
            bouton.setText("Pause " + ++count);
        }
    }
}
```

Au lancement de ce test, vous constatez que le thread principal ne reprend la main qu'après la fin de la méthode updateBouton(), comme le montre la figure 35.3.

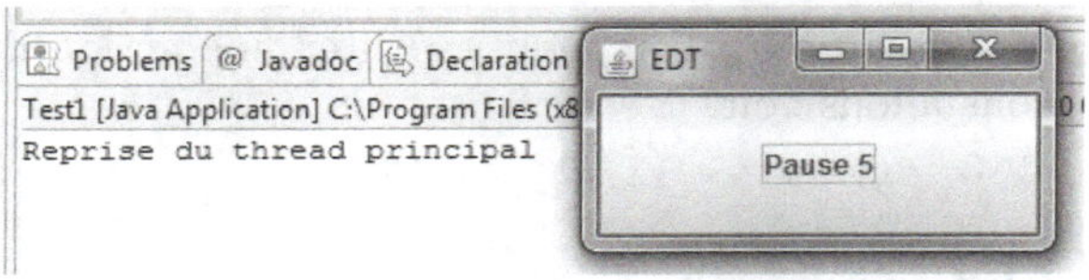

FIGURE 35.3 – Thread principal bloqué durant un traitement

La solution pour rendre la main au thread principal avant la fin de la méthode, vous la connaissez : créez un nouveau thread, mais cette fois vous allez également exécuter la mise à jour du bouton dans l'EDT. Voilà donc ce que nous obtenons :

```
//CTRL + SHIFT + O pour générer les imports
public class Test1 {
    static int count = 0;
    static JButton bouton = new JButton("Pause");
    public static void main(String[] args){

        JFrame fen = new JFrame("EDT");
        fen.getContentPane().add(bouton);
        fen.setSize(200, 100);
        fen.setDefaultCloseOperation(JFrame.EXIT_ON_CLOSE);
        fen.setLocationRelativeTo(null);
        fen.setVisible(true);
        updateBouton();

        System.out.println("Reprise du thread principal");
    }

    public static void updateBouton(){
```

```
      //Le second thread
      new Thread(new Runnable(){
         public void run(){
            for(int i = 0; i < 5; i++){
               try {
                  Thread.sleep(1000);
               } catch (InterruptedException e) {
                  e.printStackTrace();
               }
               //Modification de notre composant dans l'EDT
               Thread t = new Thread(new Runnable(){
                  public void run(){
                     bouton.setText("Pause " + ++count);
                  }
               });
               if(SwingUtilities.isEventDispatchThread())
                  t.start();
               else{
                  System.out.println("Lancement dans l' EDT");
                  SwingUtilities.invokeLater(t);
               }
            }
         }
      }).start();
   }
}
```

Le rendu correspond à la figure 35.4.

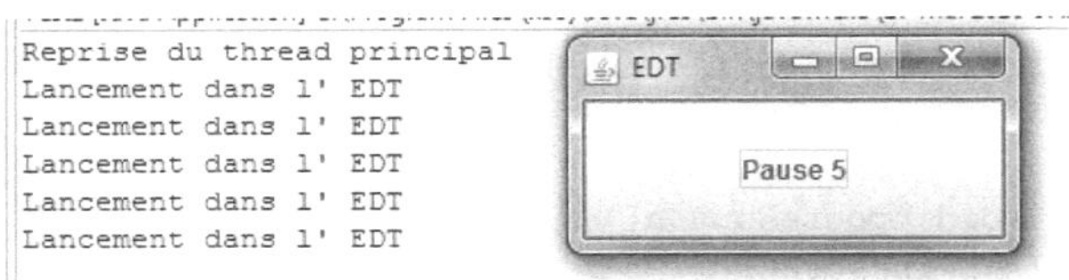

FIGURE 35.4 – Lancement d'un traitement dans l'EDT

Ce code est rudimentaire, mais il a l'avantage de vous montrer comment utiliser les méthodes présentées. Cependant, pour bien faire, j'aurais aussi dû inclure la création de la fenêtre dans l'EDT, car tout ce qui touche aux composants graphiques doit être mis dans celui-ci.

Pour finir notre tour du sujet, il manque encore la méthode `invokeAndWait()`. Celle-ci fait la même chose que sa cousine, mais comme je vous le disais, elle bloque le thread courant jusqu'à la fin de son exécution. De plus, elle peut lever deux exceptions : `InterruptedException` et `InvocationTargetException`.

Depuis la version 6 de Java, une classe est mise à disposition pour effectuer des traitements lourds et interagir avec l'EDT.

La classe SwingWorker<T, V>

Cette dernière est une classe abstraite permettant de réaliser des traitements en tâche de fond tout en dialoguant avec les composants graphiques via l'EDT, aussi bien en cours de traitement qu'en fin de traitement. Dès que vous aurez un traitement prenant pas mal de temps et devant interagir avec votre IHM, pensez aux SwingWorker.

Vu que cette classe est abstraite, vous allez devoir redéfinir une méthode : doInBackground(). Elle permet de redéfinir ce que doit faire l'objet en tâche de fond. Une fois cette tâche effectuée, la méthode doInBackground() prend fin. Vous avez la possibilité de redéfinir la méthode done(), qui a pour rôle d'interagir avec votre IHM tout en s'assurant que ce sera fait dans l'EDT. Implémenter la méthode done() est optionnel, vous n'êtes nullement tenus de le faire.

Voici un exemple d'utilisation :

```
//CTRL + SHIFT + O pour générer les imports
public class Test1 {
   static int count = 0;
   static JButton bouton = new JButton("Pause");
   public static void main(String[] args){

      JFrame fen = new JFrame("EDT");
      fen.getContentPane().add(bouton);
      fen.setSize(200, 100);
      fen.setDefaultCloseOperation(JFrame.EXIT_ON_CLOSE);
      fen.setLocationRelativeTo(null);
      fen.setVisible(true);
      updateBouton();

      System.out.println("Reprise du thread principal");
   }

   public static void updateBouton(){
      //On crée le SwingWorker
      SwingWorker sw = new SwingWorker(){
         protected Object doInBackground() throws Exception {
            for(int i = 0; i < 5; i++){
               try {
                  Thread.sleep(1000);
               } catch (InterruptedException e) {
                  e.printStackTrace();
               }
            }
            return null;
         }

         public void done(){
             if(SwingUtilities.isEventDispatchThread())
            System.out.println("Dans l'EDT ! ");
```

```
                                bouton.setText("Traitement terminé");
            }
        };
        //On lance le SwingWorker
        sw.execute();
    }
}
```

Vous constatez que le traitement se fait bien en tâche de fond, et que votre composant est mis à jour dans l'EDT. La preuve sur la figure 35.5.

FIGURE 35.5 – Utilisation d'un objet SwingWorker

Je vous disais plus haut que vous pouviez interagir avec l'EDT pendant le traitement. Pour ce faire, il suffit d'utiliser la méthode setProgress(int progress) combinée avec l'événement PropertyChangeListener, qui sera informé du changement d'état de la propriété progress.

Voici un code d'exemple :

```
//CTRL + SHIFT + O pour générer les imports
public class Test1 {
    static int count = 0;
    static JButton bouton = new JButton("Pause");
    public static void main(String[] args){

        JFrame fen = new JFrame("EDT");
        fen.getContentPane().add(bouton);
        fen.setSize(200, 100);
        fen.setDefaultCloseOperation(JFrame.EXIT_ON_CLOSE);
        fen.setLocationRelativeTo(null);
        fen.setVisible(true);
        updateBouton();

        System.out.println("Reprise du thread principal");
    }

    public static void updateBouton(){

        SwingWorker sw = new SwingWorker(){

            protected Object doInBackground() throws Exception {
                for(int i = 0; i < 5; i++){
```

```
                try {
                    //On change la propriété d'état
                    setProgress(i);
                    Thread.sleep(1000);
                } catch (InterruptedException e) {
                    e.printStackTrace();
                }
            }
            return null;
        }

        public void done(){
            if(SwingUtilities.isEventDispatchThread())
                System.out.println("Dans l'EDT ! ");
            bouton.setText("Traitement terminé");
        }
    };
    //On écoute le changement de valeur pour la propriété
    sw.addPropertyChangeListener(new PropertyChangeListener(){
        //Méthode de l'interface
        public void propertyChange(PropertyChangeEvent event) {
            //On vérifie tout de même le nom de la propriété
            if("progress".equals(event.getPropertyName())){
                if(SwingUtilities.isEventDispatchThread())
                    System.out.println("Dans le listener donc dans l'EDT ! ");
                //On récupère sa nouvelle valeur
                bouton.setText("Pause " + (Integer) event.getNewValue());
            }
        }
    });
    //On lance le SwingWorker
    sw.execute();
  }
}
```

La figure 35.6 présente le résultat de celui-ci.

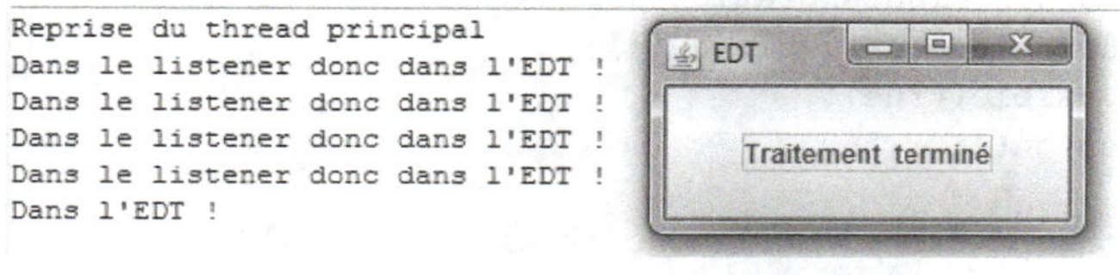

FIGURE 35.6 – Utilisation de `setProgress(int i)`

Les méthodes que vous avez vues jusqu'ici sont issues de la classe `SwingWorker`, qui implémente l'interface `java.util.concurrent.Future`, offrant les méthodes suivantes :

- `get()` : permet à la méthode `doInBackground()` de renvoyer son résultat à d'autres threads ;

- `cancel()` : essaie d'interrompre la tâche de `doInBackground()` en cours ;
- `isCancelled()` : retourne vrai si l'action a été interrompue ;
- `isDone()` : retourne vrai si l'action est terminée.

Nous pouvons donc utiliser ces méthodes dans notre objet `SwingWorker` afin de récupérer le résultat d'un traitement. Pour le moment, nous n'avons pas utilisé la généricité de cette classe. Or, comme l'indique le titre de cette section, `SwingWorker` peut prendre deux types génériques. Le premier correspond au type de renvoi de la méthode `doInBackground()` et, par extension, au type de renvoi de la méthode `get()`. Le deuxième est utilisé comme type de retour intermédiaire pendant l'exécution de la méthode `doInBackground()`.

Afin de gérer les résultats intermédiaires, vous pouvez utiliser les méthodes suivantes :

- `publish(V value)` : publie le résultat intermédiaire pour la méthode `progress(List<V> list)` ;
- `progress(List<V> list)` : permet d'utiliser le résultat intermédiaire pour un traitement spécifique.

Voici l'exemple utilisé jusqu'ici avec les compléments :

```
//CTRL + SHIFT + O pour générer les imports
public class Test1 {
   static int count = 0;
   static JButton bouton = new JButton("Pause");
   public static void main(String[] args){

      JFrame fen = new JFrame("EDT");
      fen.getContentPane().add(bouton);
      fen.setSize(200, 100);
      fen.setDefaultCloseOperation(JFrame.EXIT_ON_CLOSE);
      fen.setLocationRelativeTo(null);
      fen.setVisible(true);
      updateBouton();

      System.out.println("Reprise du thread principal");
   }

   public static void updateBouton(){

      //On crée un Worker générique, cette fois
      SwingWorker sw = new SwingWorker<Integer, String>(){

         protected Integer doInBackground() throws Exception {
            int i;
            for(i = 0; i < 5; i++){
               try {
                  //On change la propriété d'état
                  setProgress(i);
                  //On publie un résultat intermédiaire
                  publish("Tour de boucle N° " + (i+1));
```

```
                Thread.sleep(1000);
            } catch (InterruptedException e) {
                e.printStackTrace();
            }
        }
        return i;
    }

    public void done(){
        if(SwingUtilities.isEventDispatchThread())
            System.out.println("Dans l'EDT ! ");
        try {
            //On utilise la méthode get() pour récupérer le résultat
            //de la méthode doInBackground()
            bouton.setText("Traitement terminé au bout de "+get()+" fois !")
        } catch (InterruptedException e) {
            e.printStackTrace();
        } catch (ExecutionException e) {
            e.printStackTrace();
        }
    }
    //La méthode gérant les résultats intermédiaires
    public void process(List<String> list){
        for(String str : list)
            System.out.println(str);
    }
  };
  //On écoute le changement de valeur pour la propriété
  sw.addPropertyChangeListener(new PropertyChangeListener(){
    //Méthode de l'interface
    public void propertyChange(PropertyChangeEvent event) {
        //On vérifie tout de même le nom de la propriété
        if("progress".equals(event.getPropertyName())){
            if(SwingUtilities.isEventDispatchThread())
                System.out.println("Dans le listener donc dans l'EDT ! ");
            //On récupère sa nouvelle valeur
            bouton.setText("Pause " + (Integer) event.getNewValue());
        }
    }
  });
  //On lance le SwingWorker
  sw.execute();
 }
}
```

Et le résultat, en figure 35.7, parle de lui-même. Voilà : vous savez maintenant comment utiliser l'EDT et les `SwingWorker`. Vos applications n'en seront que plus réactives !

FIGURE 35.7 – Utilisation de types génériques avec un objet SwingWorker

En résumé

- Au lancement d'un programme Java, trois threads se lancent : le thread principal, celui gérant les tâches de fond et l'EDT.
- Java préconise que toute modification des composants graphiques se fasse dans l'EDT.
- Si vos IHM se figent, c'est peut-être parce que vous avez lancé un traitement long dans l'EDT.
- Afin d'améliorer la réactivité de vos applications, vous devez choisir au mieux dans quel thread vous allez traiter vos données.
- Java offre la classe SwingUtilities, qui permet de lancer des actions dans l'EDT depuis n'importe quel thread.
- Depuis Java 6, la classe SwingWorker(<T, V>) vous offre la possibilité de lancer des traitements dans un thread en vous assurant que les mises à jour des composants se feront dans l'EDT.

Quatrième partie

Interactions avec les bases de données

Chapitre 36

JDBC : la porte d'accès aux bases de données

Difficulté :

Dans ce chapitre, nous ferons nos premiers pas avec *Java DataBase Connectivity*, communément appelé **JDBC**. Il s'agit en fait de classes Java permettant de se connecter et d'interagir avec des bases de données. Mais avant toute chose, il nous faut une base de données ! Nous allons donc nous pencher sur l'utilité d'une base de données et verrons comment en installer une que nous utiliserons afin d'illustrer la suite de cette partie.

Pour commencer, je pense qu'un petit rappel sur le fonctionnement des bases de données s'impose.

Rappels sur les bases de données

Lorsque vous réalisez un logiciel, un site web ou quelque chose d'autre, vous êtes confrontés tôt ou tard à cette question : « Comment vais-je procéder pour sauvegarder mes données ? Pourquoi ne pas tout stocker dans des fichiers ? »

Les bases de données (BDD) permettent de stocker des données. Mais concrètement, comment cela fonctionne-t-il ? En quelques mots, il s'agit d'un système de fichiers contenant les données de votre application. Cependant, ces fichiers sont totalement transparents pour l'utilisateur d'une base de données, donc totalement transparents pour **vous** ! La différence avec les fichiers classiques se trouve dans le fait que ce n'est pas vous qui les gérez : c'est votre BDD qui les organise, les range et, le cas échéant, vous retourne les informations qui y sont stockées. De plus, plusieurs utilisateurs peuvent accéder simultanément aux données dont ils ont besoin, sans compter que de nos jours, les applications sont amenées à traiter une grande quantité de données, le tout en réseau. Imaginez-vous gérer tout cela manuellement alors que les BDD le font automatiquement...

Les données sont ordonnées par « tables », c'est-à-dire par regroupements de plusieurs valeurs. C'est vous qui créerez vos propres tables, en spécifiant quelles données vous souhaiterez y intégrer. Une base de données peut être vue comme une gigantesque armoire à tiroirs dont vous spécifiez les noms et qui contiennent une multitude de fiches dont vous spécifiez aussi le contenu.

Je sais, un schéma est toujours le bienvenu, je vous invite donc à jeter un œil à la figure 36.1.

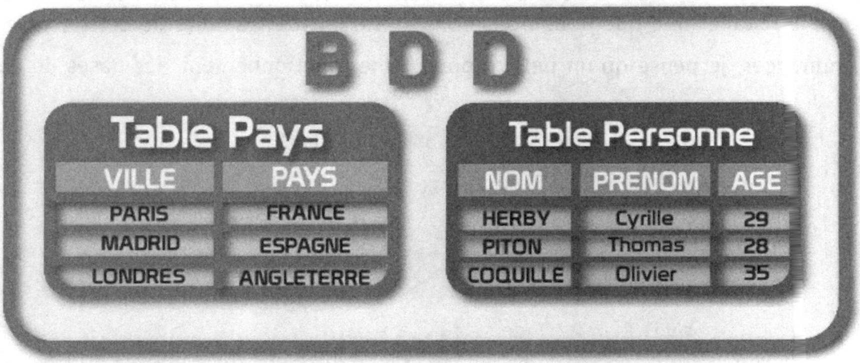

FIGURE 36.1 – Une BDD contenant deux tables

Dans cette base de données, nous trouvons deux tables : une dont le rôle est de stocker des informations relatives à des personnes (noms, prénoms et âges) ainsi qu'une autre qui s'occupe de stocker des pays, avec leur nom et leur capitale.

Si je reprends ma comparaison ci-dessus, la BDD symbolise l'armoire, chaque table représente un tiroir et chaque ligne de la table correspond à une fiche de ce tiroir !

De plus, ce qui est formidable avec les BDD, c'est que vous pouvez les interroger en leur posant des questions via un langage précis. Vous pouvez interroger votre base de données en lui donnant les instructions suivantes :

- « Donne-moi la fiche de la table `Personne` pour le nom `HERBY` » ;
- « Donne-moi la fiche de la table `Pays` pour le pays `France` » ;
- etc.

Le langage permettant d'interroger des bases de données est le langage SQL[1]. Grâce aux BDD, vos données sont stockées, classées par vos soins et identifiables facilement sans avoir à gérer votre propre système de fichiers.

Pour utiliser une BDD, vous avez besoin de deux éléments : la base de données et ce qu'on appelle le SGBD[2].

Cette partie ne s'intéresse pas au langage SQL. Vous pouvez cependant trouver une introduction à ce langage sur le Site du Zéro ; elle fait partie d'un tutoriel traitant du PHP, mais il suffit de ne vous attarder que sur le SQL. Je vous conseille de lire également le chapitre suivant.

▷ Introduction au SQL
Code web : 555604

Quelle base de données utiliser

Il existe plusieurs bases de données et toutes sont utilisées par beaucoup de développeurs. Voici une liste non exhaustive recensant les principales bases :

- PostgreSQL ;
- MySQL ;
- SQL Server ;
- Oracle ;
- Access.

Toutes ces bases de données permettent d'effectuer les actions que je vous ai expliquées plus haut. Chacune possède des spécificités : certaines sont payantes (Oracle), d'autres sont plutôt permissives avec les données qu'elles contiennent (MySQL), d'autres encore sont dotées d'un système de gestion très simple à utiliser (MySQL)... C'est à vous de faire votre choix en regardant par exemple sur Internet ce qu'en disent les utilisateurs. Pour cette partie traitant des bases de données, mon choix s'est porté sur PostgreSQL qui est gratuit et complet. Alors, continuons !

Installation de PostgreSQL

Téléchargez une version de PostgreSQL pour Windows, Linux ou Mac OS X.

1. *Structured Query Language* ou, en français, « langage de requête structurée ».
2. Système de Gestion de Base de Données.

▷ Télécharger PostgreSQL
Code web : 339582

Je vous invite à décompresser l'archive téléchargée et à exécuter le fichier.

À partir de maintenant, si je ne mentionne pas une fenêtre de l'assistant d'installation particulière, vous pouvez laisser les réglages par défaut.

L'installation commence et il vous est demandé votre langue : choisissez et validez. Vous serez invités, par la suite, à saisir un mot de passe pour l'utilisateur (figure 36.2).

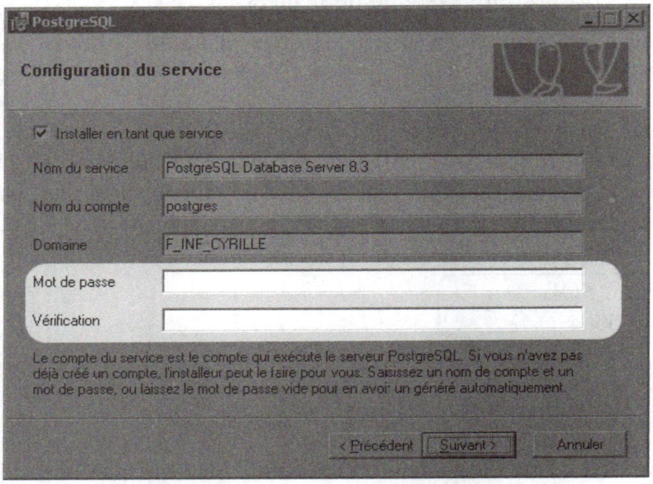

FIGURE 36.2 – Choix du mot de passe

Un mot de passe vous sera également demandé pour le superadministrateur (figure 36.3).

À la fin de la préinstallation, vous aurez le choix d'exécuter ou non le « Stack Builder » ; ce n'est pas nécessaire, il permet juste d'installer d'autres logiciels en rapport avec PostgreSQL. Le serveur est à présent installé : il doit en être de même pour le SGBD ! Pour vérifier que l'installation s'est bien déroulée, ouvrez le menu « `Démarrer` » et rendez-vous dans `Tous les programmes` (sous Windows) : l'encart « `PostgreSQL 8.3` »[3] doit ressembler à la figure 36.4.

Dans ce dossier, deux exécutables permettent respectivement de lancer et d'arrêter le serveur. Le dernier exécutable, **pgAdmin III**, correspond à notre SGBD : lancez-le, nous allons configurer notre serveur. Dans le menu « `Fichier` », choisissez « `Ajouter un serveur...` » (figure 36.5).

Cela vous amène à la figure 36.6.

- « Nom » correspond au nom de votre base de données.
- « Hôte » correspond à l'adresse du serveur sur le réseau ; ici, le serveur est situé sur votre ordinateur, inscrivez donc `localhost`.

3. Le numéro de version peut être plus récent.

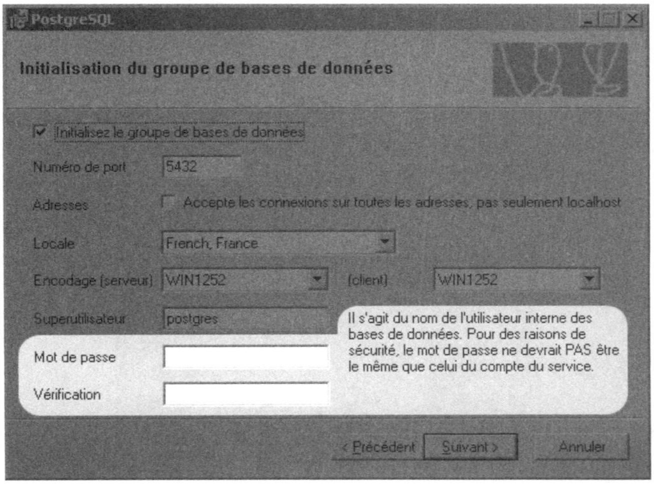

FIGURE 36.3 – Choix du mot de passe pour le superutilisateur

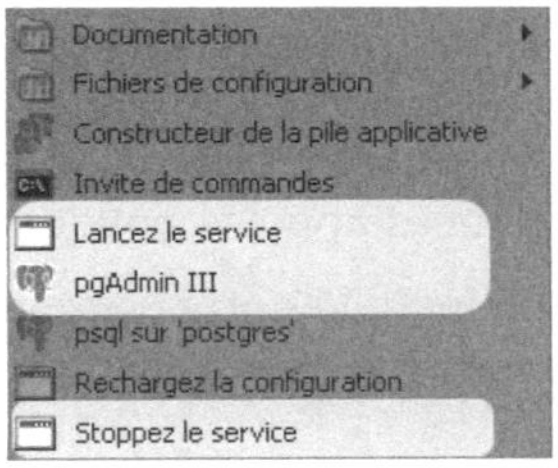

FIGURE 36.4 – Menu « `Démarrer` » avec PostgreSQL

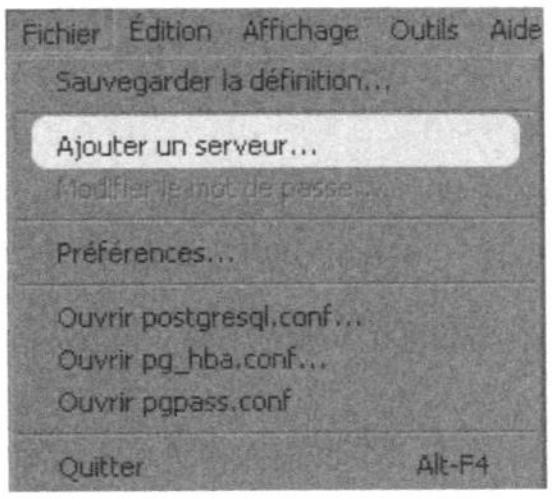

FIGURE 36.5 – Ajout d'un serveur

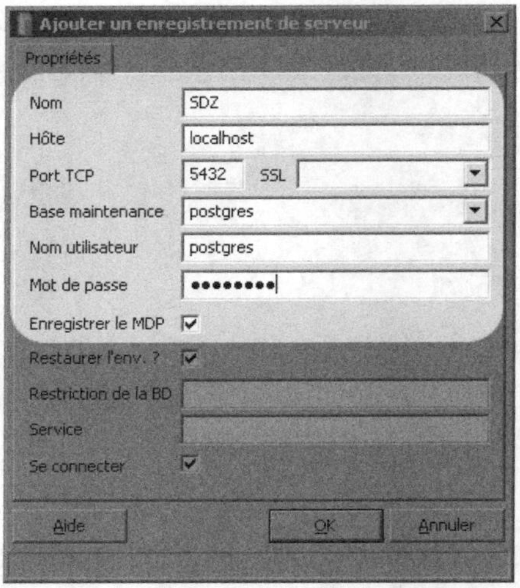

FIGURE 36.6 – Configuration du serveur

- Vous n'avez normalement pas besoin de modifier le port ; dans le cas contraire, insérez la valeur qui figure sur l'image.
- Entrez enfin le nom de l'utilisateur et le mot de passe.

Voilà : vous devriez maintenant avoir la figure 36.7 devant les yeux.

Nous reviendrons sur tout cela, mais vous pouvez observer que votre serveur, nommé « SDZ », possède une base de données appelée `postgres` ne contenant aucune table.

Simple, mais efficace ! Nous avons installé notre serveur, nous allons donc apprendre à créer une base, des tables et surtout faire un bref rappel sur ce fameux langage SQL.

Préparer la base de données

Vous êtes à présent connectés à votre BDD préférée.

Premièrement, les bases de données servent à stocker des informations ; ça, vous le savez. Mais ce que vous ignorez peut-être, c'est que pour ranger correctement nos informations, nous devrons les analyser... Ce chapitre n'a pas pour objectif de traiter de l'analyse combinée avec des diagrammes entités – associations[4]... Nous nous contenterons de poser un thème et d'agir comme si nous connaissions tout cela !

Pour notre base de données, nous allons donc gérer une école dont voici les caractéristiques :

- cette école est composée de classes ;
- chaque classe est composée d'élèves ;

4. Dans le jargon, cela désigne ce dont on se sert pour créer des BDD, c'est-à-dire pour organiser les informations des tables et de leur contenu.

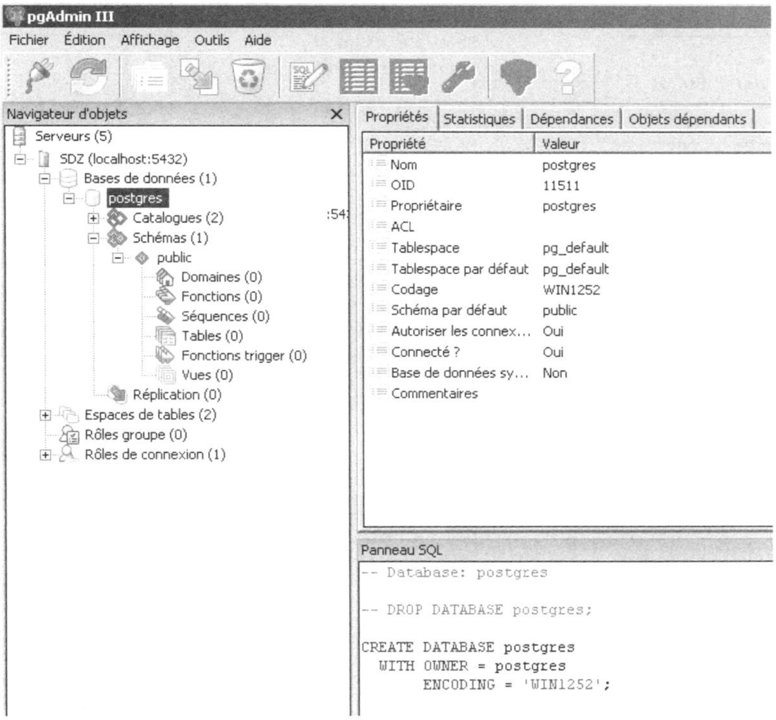

FIGURE 36.7 – Votre première base de données

- à chaque classe est attribué un professeur pour chacune des matières dispensées ;
- un professeur peut enseigner plusieurs matières et exercer ses fonctions dans plusieurs classes.

Vous vous rendez compte qu'il y a beaucoup d'informations à gérer. En théorie, nous devrions établir un dictionnaire des données, vérifier à qui appartient quelle donnée, poursuivre avec une modélisation à la façon MCD [5] et simplifier le tout selon certaines règles, pour terminer avec un MPD [6]. Nous raccourcirons le processus : je vous fournis un modèle tout prêt (figure 36.8) que je vous expliquerai tout de même.

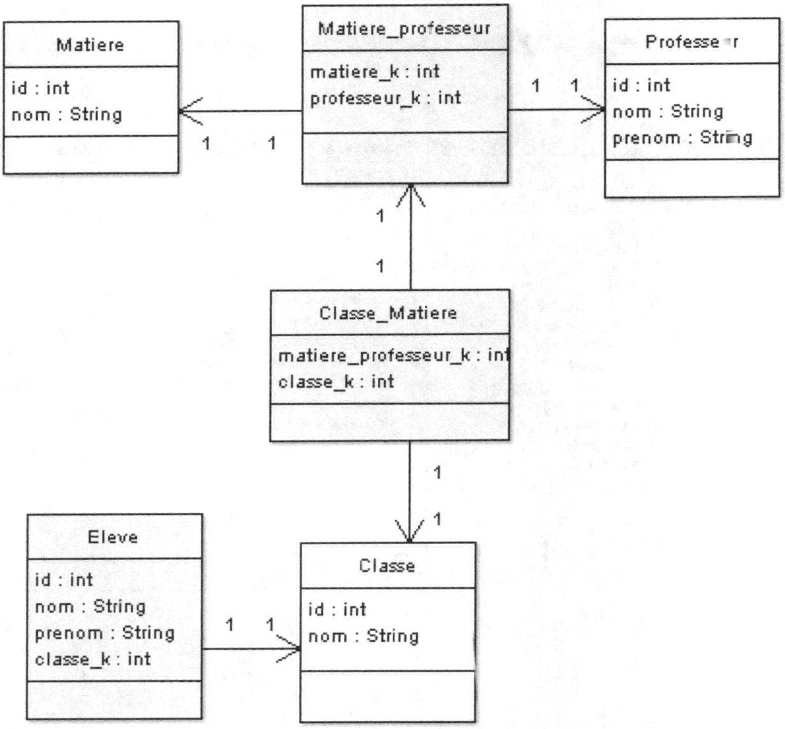

FIGURE 36.8 – Modèle de notre BDD

Tous ces éléments correspondent à nos futures tables ; les attributs qui s'y trouvent se nomment des « champs ». Tous les acteurs mentionnés figurent dans ce schéma (classe, professeur, élève...). Vous constatez que chaque acteur possède un attribut nommé « id » correspondant à son identifiant : c'est un champ de type entier qui s'incrémentera à chaque nouvelle entrée ; c'est également grâce à ce champ que nous pouvons créer des liens entre les acteurs.

Vous devez savoir que les flèches du schéma signifient « a un » ; de ce fait, un élève « a une » classe.

5. Modèle Conceptuel de Données.
6. Modèle Physique de Données.

Certaines tables contiennent un champ ayant une spécificité : un champ dont le nom se termine par « _k ». Quelques-unes de ces tables possèdent deux champs de cette nature, pour une raison très simple : parce que nous avons décidé qu'un professeur pouvait enseigner plusieurs matières, nous avons alors besoin de ce qu'on appelle une « table de jointure ». Ainsi, nous pouvons spécifier que tel professeur enseigne telle ou telle matière et qu'une association professeur – matière est assignée à une classe. Ces liens se feront par les identifiants (`id`).

De plus — il est difficile de ne pas avoir remarqué cela — chaque champ possède un type (`int`, `double`, `date`, `boolean`...). Nous savons maintenant tout ce qui est nécessaire pour construire notre BDD !

Créer la base de données

Pour cette opération, rien de plus simple : `pgAdmin` met à notre disposition un outil qui facilite la création de bases de données et de tables (exécuter tout cela à la main avec SQL, c'est un peu fastidieux). Pour créer une nouvelle base de données, effectuez un clic droit sur « `Bases de données` » (figure 36.9).

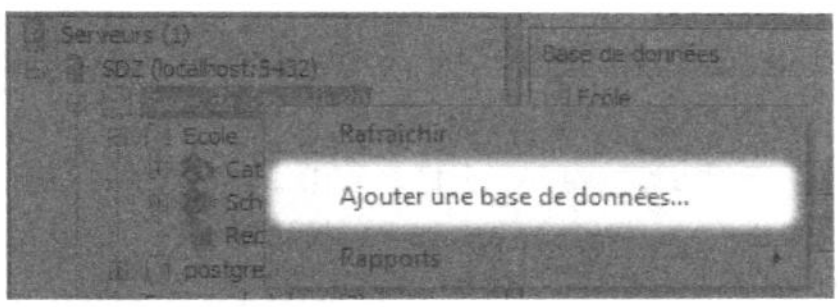

FIGURE 36.9 – Ajouter une BDD

Le pop-up correspondant à la figure 36.10 s'affiche alors.

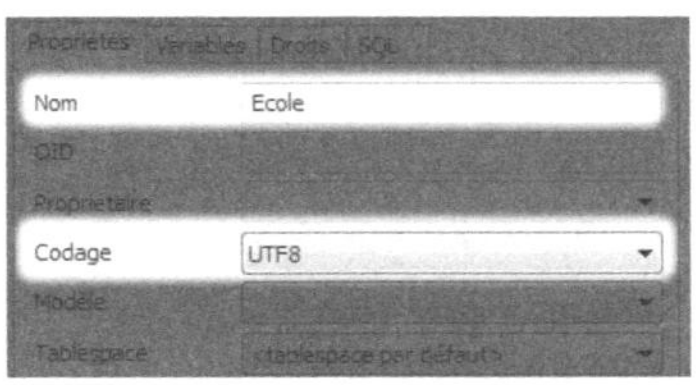

FIGURE 36.10 – Créer les caractéristiques

Renseignez le nom de la base de données (`Ecole` dans notre cas) et choisissez l'encodage UTF-8. Cet encodage correspond à un jeu de caractères étendu qui autorise les caractères spéciaux. Une fois cela fait, vous devriez obtenir quelque chose de similaire à la figure 36.11.

Vous pouvez désormais voir la nouvelle base de données ainsi que le script SQL permettant de la créer. Il ne nous reste plus qu'à créer les tables à l'aide du bon type de données...

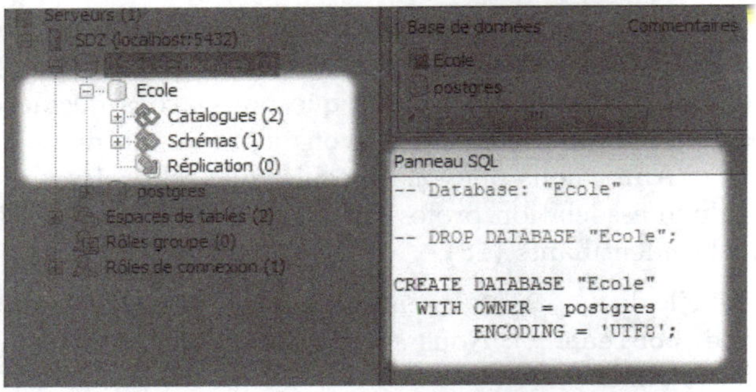

FIGURE 36.11 – Première BDD

Créer les tables

Nous allons maintenant nous attaquer à la création de nos tables afin de pouvoir travailler correctement. Je vous expliquerai comment créer une table simple pour vous donner une idée du principe ; je fournirai aux plus fainéants le script SQL qui finira la création des tables.

Commençons par la table `classe`, étant donné que c'est l'une des tables qui n'a aucun lien avec une autre. La procédure est la même que précédemment : il vous suffit d'effectuer un clic droit sur « `Tables` » cette fois, comme le montre la figure 36.12.

FIGURE 36.12 – Ajouter une table

Ensuite, PostgreSQL vous demande des informations sur la future table :

- son nom ;
- le nom de ses champs ;
- le type de ses champs ;
- ainsi que d'autres éléments.

La figure 36.13 désigne l'endroit où vous devez renseigner le nom de la table.

Ajoutez ensuite les champs, comme le montrent les figures 36.14 et 36.15 (j'ai ajouté des préfixes aux champs pour qu'il n'y ait pas d'ambiguïté dans les requêtes SQL).

> Le champ `cls_id` est de type `serial` afin qu'il utilise une séquence[7]. Nous allons aussi lui ajouter une contrainte de clé primaire.

Placez donc maintenant la contrainte de clé primaire sur votre identifiant, comme

7. Le champ s'incrémente ainsi automatiquement.

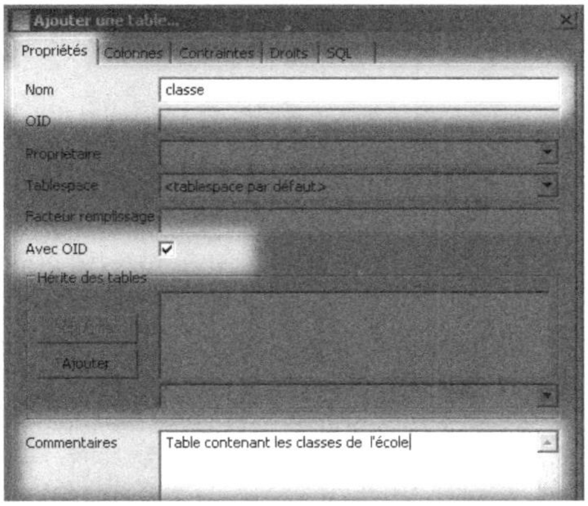

FIGURE 36.13 – Nommer la table

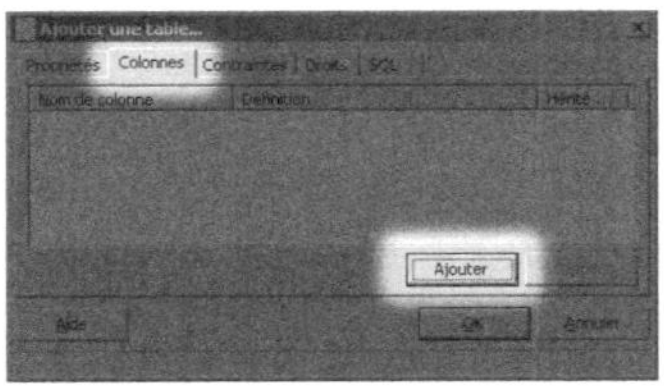

FIGURE 36.14 – Ajout d'une colonne à la table

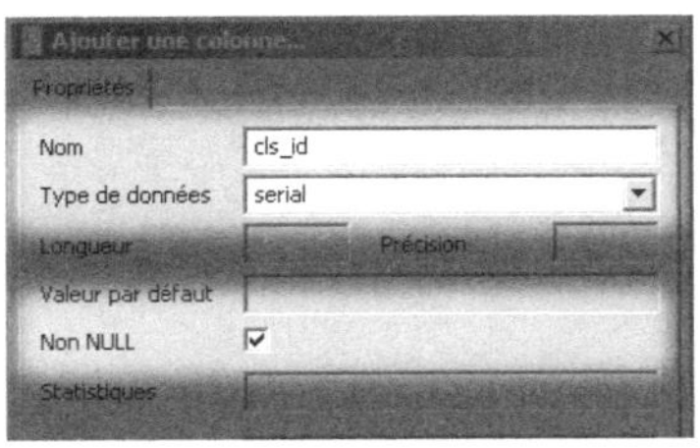

FIGURE 36.15 – Ajout de la colonne `cls_id`

représenté à la figure 36.16.

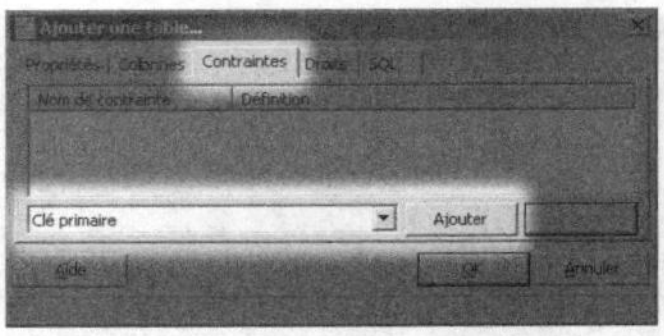

FIGURE 36.16 – Ajout d'une contrainte de clé primaire

Cliquez sur « `Ajouter` ». Choisissez la colonne `cls_id` et cliquez sur « `Ajouter` ». Validez ensuite le tout (figure 36.17).

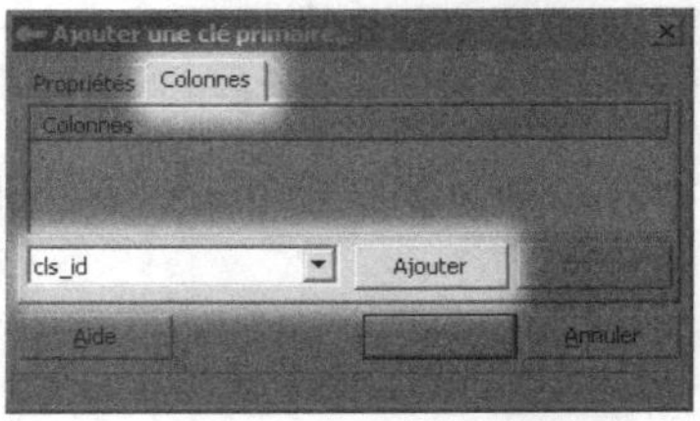

FIGURE 36.17 – Ajout d'une contrainte

Vous avez vu comment créer une table avec PostgreSQL, mais je ne vais pas vous demander de le faire pour chacune d'entre elles, je ne suis pas méchant à ce point. Vous n'allez donc pas créer toutes les tables et tous les champs de cette manière, puisque cet ouvrage a pour but de vous apprendre à utiliser les BDD avec Java, pas avec le SGBD...

Voici alors le code web vous donnant accès à une archive `.zip` contenant le script SQL de création des tables restantes ainsi que de leur contenu.

▷ Télécharger la BDD
Code web : 888696

Une fois le dossier décompressé, il ne vous reste plus qu'à ouvrir le fichier avec PostgreSQL en vous rendant dans l'éditeur de requêtes SQL (figure 36.18).

FIGURE 36.18 – Icône d'ouverture de l'éditeur de requête

Vous pouvez à présent ouvrir le fichier que je vous ai fourni en cliquant sur « `Fichier` → `Ouvrir` » puis choisir le fichier `.sql`. Exécutez la requête en appuyant sur `F5` ou dirigez-vous vers le menu « `Requête` » et choisissez l'action « `Exécuter` ». Fermez l'éditeur de requêtes.

Votre base est maintenant entièrement créée, et en plus, elle contient des données (figure 36.19) !

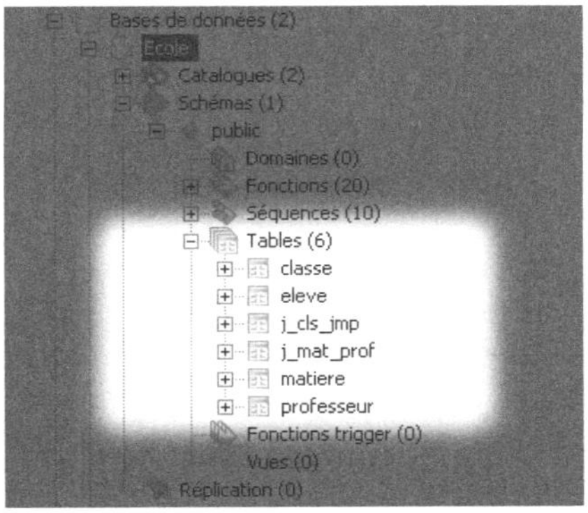

FIGURE 36.19 – Votre base de données

Se connecter à la base de données

Beaucoup de choses se passent entre `pgAdmin` et PostgreSQL[8] ! En effet, le premier est un programme qui établit une connexion avec la BDD afin qu'ils puissent communiquer. Cela peut se schématiser par la figure 36.20.

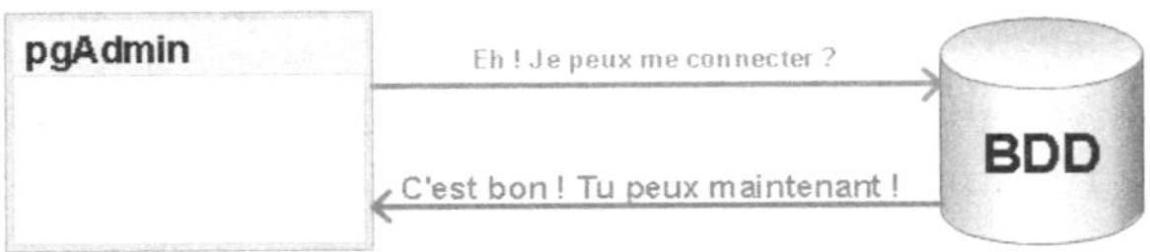

FIGURE 36.20 – Communication entre le SGBD et la BDD

Ceux d'entre vous qui ont déjà installé une imprimante savent que leur machine a besoin d'un *driver*[9] pour que la communication puisse s'effectuer entre les deux acteurs. Ici, c'est la même chose : `pgAdmin` utilise un driver pour se connecter à la base de données. Étant donné que les personnes qui ont développé les deux logiciels travaillent main dans la main, il n'y aura pas de problème de communication ; mais qu'en sera-t-il pour Java ?

En fait, avec Java, vous aurez besoin de drivers, mais pas sous n'importe quelle forme : pour vous connecter à une base de données, il vous faut un fichier `.jar` qui correspond au fameux pilote et qui contient tout ce dont vous aurez besoin pour vous connecter à une base PostgreSQL.

8. Les termes « PostgreSQL » et « Postgres » sont souvent indifféremment utilisés.
9. Appelé aussi pilote, c'est une sorte de mode d'emploi utilisé par l'ordinateur.

Cela signifie-t-il qu'il existe un fichier `.jar` par SGBD ?

Tout à fait, il existe un fichier `.jar` pour se connecter à :

- MySQL ;
- SQL Server ;
- Oracle ;
- d'autres bases.

Un bémol toutefois : vous pouvez aussi vous connecter à une BDD en utilisant les pilotes ODBC[10] présents dans Windows. Cela nécessite cependant d'installer les pilotes dans Windows et de les paramétrer dans les sources de données ODBC pour, par la suite, utiliser ces pilotes ODBC afin de se connecter à la BDD dans un programme Java. Je ne parlerai donc pas de cette méthode puisqu'elle ne fonctionne que pour Windows.

Pour trouver le driver JDBC qu'il vous faut, une rapide recherche à l'aide de votre moteur de recherche répondra à vos attentes (figure 36.21).

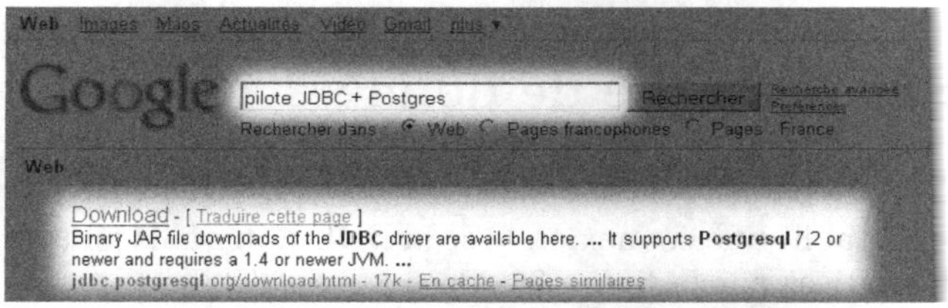

FIGURE 36.21 – Recherche des pilotes JDBC pour PostgreSQL

Sur la page de téléchargement des pilotes pour PostgreSQL, choisissez la dernière version disponible ; pour ma part, j'ai opté pour la version JDBC4 (figure 36.22).

La version JDBC4 offre des nouveautés et une souplesse d'utilisation accrue de JDBC, mais vous devez savoir qu'il existe trois autres types de drivers JDBC au total, il en existe donc quatre :

- des drivers JDBC de type 1 : JDBC-ODBC, ce type utilise l'interface ODBC pour se connecter à une base de données (on en a déjà parlé) ; au niveau de la portabilité, on trouve mieux ;
- des drivers JDBC de type 2 : ils intègrent les pilotes natifs et les pilotes Java ; en fait, la partie Java traduit les instructions en natif afin d'être comprises et interprétées par les pilotes natifs ;
- des drivers JDBC de type 3 : écrit entièrement en Java, ce type convertit les appels en un langage totalement indépendant du SGBD ; un serveur intégré traduit ensuite les instructions dans le langage souhaité par le SGBD ;
- des drivers JDBC de type 4 : des pilotes convertissant directement les appels JDBC en instructions compréhensibles par le SGBD ; ce type de drivers est codé et proposé par les éditeurs de BDD.

10. *Open DataBase Connectivity.*

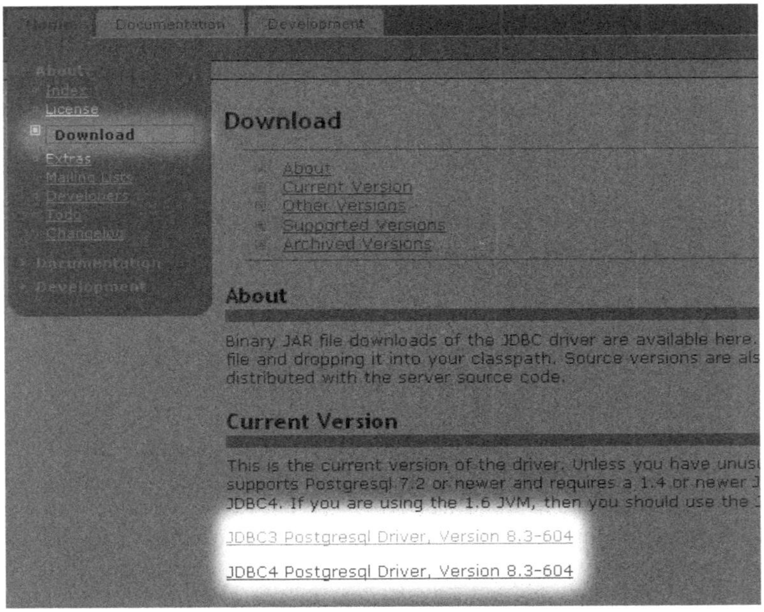

FIGURE 36.22 – Téléchargement des pilotes

Téléchargez donc le fichier `.jar` dans la rubrique « `Download` » du site dédié : `http://jdbc.postgresql.org`. Nous nous pencherons bientôt sur son utilisation, mais une question se pose encore : où placer l'archive ? Vous avez deux solutions :

- l'inclure dans votre projet et l'ajouter au `CLASSPATH` ;
- la placer dans le dossier `lib/ext` présent dans le dossier d'installation du JRE.

Le tout est de savoir si votre application est vouée à être exportée sur différents postes ; dans ce cas, l'approche `CLASSPATH` est la plus judicieuse (sinon, il faudra ajouter l'archive dans tous les JRE...). En ce qui nous concerne, nous utiliserons la deuxième méthode afin de ne pas surcharger nos projets. Je vous laisse donc placer l'archive téléchargée dans le dossier susmentionné.

Connexion

La base de données est prête, les tables sont créées, remplies et nous possédons le driver nécessaire ! Il ne nous reste plus qu'à nous connecter. Créons un nouveau projet dans Eclipse avec une classe contenant une méthode `public static void main(String[] args)`. Voici le code source permettant la connexion :

```
//CTRL + SHIFT + O pour générer les imports
public class Connect {
   public static void main(String[] args) {
      try {
```

```
            Class.forName("org.postgresql.Driver");
            System.out.println("Driver O.K.");

            String url = "jdbc:postgresql://localhost:5432/Ecole";
            String user = "postgres";
            String passwd = "postgres";

            Connection conn = DriverManager.getConnection(url, user, passwd);
            System.out.println("Connexion effective !");

        } catch (Exception e) {
            e.printStackTrace();
        }
    }
}
```

Détaillons un peu tout cela. Dans un premier temps, nous avons créé une instance de l'objet `Driver` présent dans le fichier `.jar` que nous avons téléchargé. Il est inutile de créer une véritable instance de ce type d'objet ; j'entends par là que l'instruction `org.postgres.Driver driver = new org.postgres.Driver()` n'est pas nécessaire. Nous utilisons alors la réflexivité afin d'instancier cet objet. À ce stade, il existe comme un pont entre votre programme Java et votre BDD, mais le trafic routier n'y est pas encore autorisé : il faut qu'une connexion soit effective afin que le programme et la base de données puissent communiquer. Cela se réalise grâce à cette ligne de code : `Connection conn = DriverManager.getConnection(url, user, passwd);`.

Nous avons défini au préalable trois `String` contenant respectivement :

- l'URL de connexion ;
- le nom de l'utilisateur ;
- le mot de passe utilisateur.

L'URL de connexion est indispensable à Java pour se connecter à n'importe quelle BDD. La figure 36.23 illustre la manière dont se décompose cette URL.

FIGURE 36.23 – URL de connexion à une BDD via JDBC

Le premier bloc correspond au début de l'URL de connexion, qui commence **toujours** par `jdbc:`. Dans notre cas, nous utilisons PostgreSQL, la dénomination `postgresql:` suit donc le début de l'URL. Si vous utilisez une source de données ODBC, il faut écrire `jdbc:odbc:`. En fait, cela dépend du pilote JDBC et permet à Java de savoir quel pilote utiliser.

Dans le deuxième bloc se trouve la localisation de la machine physique sur le réseau ; ici, nous travaillons en local, nous utilisons donc `//localhost:5432`. En effet, le nom de la machine physique est suivi du numéro de port utilisé.

Enfin, dans le dernier bloc, pour ceux qui ne l'auraient pas deviné, il s'agit du nom de notre base de données.

Les informations des deux derniers blocs dépendent du pilote JDBC utilisé. Pour en savoir plus, consultez sa documentation.

En exécutant ce code, vous obtiendrez le résultat affiché à la figure 36.24.

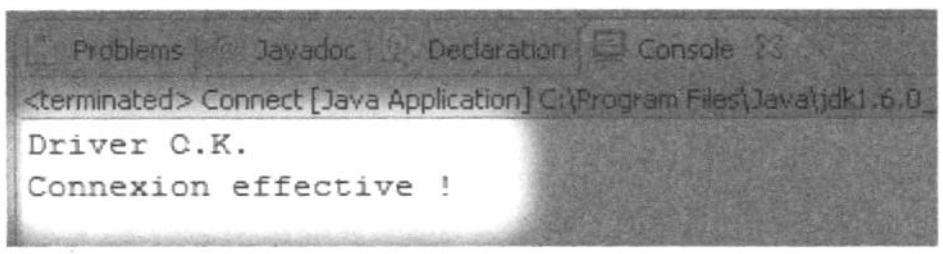

FIGURE 36.24 – Connexion effective

Cette procédure lève une exception en cas de problème (mot de passe invalide...).

L'avantage d'utiliser les fichiers `.jar` comme drivers de connexion est que vous n'êtes pas tenus d'initialiser le driver par une méthode telle que la réflexivité, tout se passe dans Java. Puisqu'un rappel du protocole à utiliser est présent dans l'URL de connexion, tout est optimal et Java s'en sort tout seul ! Ne vous étonnez donc pas si vous ne voyez plus l'instruction `Class.forName("org.postgresql.Driver")` par la suite...

En résumé

- « JDBC » signifie « Java DataBase Connectivity ».
- JDBC permet à des programmes Java de communiquer avec des bases de données.
- Une base de données est un système de fichiers stockant des informations regroupées dans des tables.
- Vous pouvez interroger une base de données grâce au langage SQL.
- Il existe plusieurs types de drivers JDBC à utiliser selon la façon dont vous souhaitez vous connecter à la BDD.
- Pour vous connecter à votre BDD, vous devez utiliser l'objet `Connection` fourni par l'objet `DriverManager`.
- Celui-ci prend en paramètre une URL de connexion permettant d'identifier le type de base de données, l'adresse du serveur et le nom de la base à interroger, en plus du nom d'utilisateur et du mot de passe de connexion.
- Si une erreur survient pendant la connexion, une exception est levée.

Chapitre 37

Fouiller dans sa base de données

Difficulté :

Nous continuons notre voyage initiatique au pays de JDBC en abordant la manière d'interroger notre BDD.

Eh oui, une base de données n'est utile que si nous pouvons consulter, ajouter, modifier et supprimer les données qu'elle contient.

Pour y parvenir, il était **impératif** de se connecter au préalable. Maintenant que c'est chose faite, nous allons voir comment fouiner dans notre BDD.

Le couple Statement – ResultSet

Voici deux objets que vous utiliserez sûrement beaucoup ! En fait, ce sont ces deux objets qui permettent de récupérer des données de la BDD et de travailler avec celles-ci.

Afin de vous faire comprendre tout cela de façon simple, voici un exemple assez complet (mais tout de même pas exhaustif) affichant le contenu de la table `classe` :

```
//CTRL + SHIFT + O pour générer les imports
public class Connect {

   public static void main(String[] args) {

      try {
         Class.forName("org.postgresql.Driver");

         String url = "jdbc:postgresql://localhost:5432/Ecole";
         String user = "postgres";
         String passwd = "postgres";

         Connection conn = DriverManager.getConnection(url, user, passwd);

         //Création d'un objet Statement
         Statement state = conn.createStatement();
         //L'objet ResultSet contient le résultat de la requête SQL
         ResultSet result = state.executeQuery("SELECT * FROM classe");
         //On récupère les MetaData
         ResultSetMetaData resultMeta = result.getMetaData();

         System.out.println("\n**********************************");
         //On affiche le nom des colonnes
         for(int i = 1; i <= resultMeta.getColumnCount(); i++)
            System.out.print
            ↪ ("\t" + resultMeta.getColumnName(i).toUpperCase() + "\t *");

         System.out.println("\n**********************************");

         while(result.next()){
            for(int i = 1; i <= resultMeta.getColumnCount(); i++)
               System.out.print
               ↪ ("\t" + result.getObject(i).toString() + "\t |");

            System.out.println("\n---------------------------------");

         }

          result.close();
          state.close();
```

```
      } catch (Exception e) {
         e.printStackTrace();
      }
   }
}
```

La figure 37.1 nous montre le résultat de ce code.

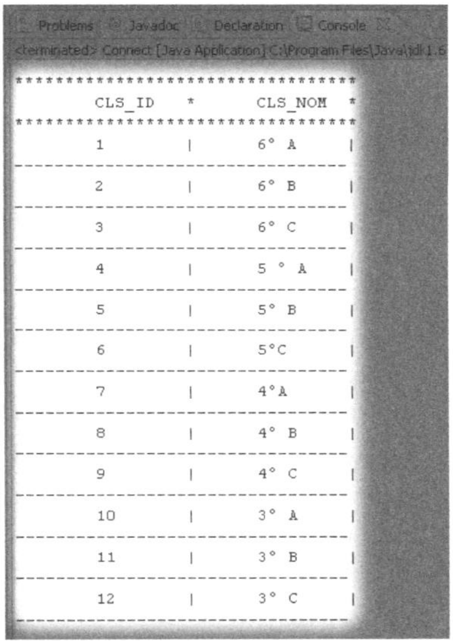

FIGURE 37.1 – Recherche dans la table `classe`

Les *metadatas*[1] constituent en réalité un ensemble de données servant à décrire une structure. Dans notre cas, elles permettent de connaître le nom des tables, des champs, leur type...

J'ai simplement exécuté une requête SQL et récupéré les lignes retournées. Mais détaillons un peu plus ce qu'il s'est passé. Déjà, vous avez pu remarquer que j'ai spécifié l'URL complète pour la connexion : sinon, comment savoir à quelle BDD se connecter ?

Ce dernier point mis à part, les choses se sont déroulées en quatre étapes distinctes :

- création de l'objet `Statement` ;
- exécution de la requête SQL ;
- récupération et affichage des données via l'objet `ResultSet` ;
- fermeture des objets utilisés (bien que non obligatoire, c'est recommandé).

L'objet `Statement` permet d'exécuter des instructions SQL, il interroge la base de données et retourne les résultats. Ensuite, ces résultats sont stockés dans l'objet `ResultSet`, grâce auquel on peut parcourir les lignes de résultats et les afficher. Comme je vous

1. Ou, plus communément, les métadonnées.

l'ai mentionné, l'objet `Statement` permet d'exécuter des requêtes SQL. Ces dernières peuvent être de différents types :

- CREATE ;
- INSERT ;
- UPDATE ;
- SELECT ;
- DELETE.

L'objet `Statement` est fourni par l'objet `Connection` grâce à l'instruction `conn.createStatement()`. Ce que j'ai fait, ensuite, c'est demander à mon objet `Statement` d'exécuter une requête SQL de type SELECT : `SELECT * FROM classe`. Elle demande à la BDD de nous envoyer toutes les classes.

Puisque cette requête retourne un résultat contenant beaucoup de lignes, contenant elles-mêmes plusieurs colonnes, j'ai stocké ce résultat dans un objet `ResultSet`, qui permet d'effectuer diverses actions sur des résultats de requêtes SQL.

Ici, j'ai utilisé un objet de type `ResultSetMetaData` afin de récupérer les métadonnées de ma requête, c'est-à-dire ses informations globales. J'ai ensuite utilisé cet objet afin de récupérer le nombre de colonnes renvoyé par la requête SQL ainsi que leur nom. Cet objet de métadonnées permet de récupérer des informations très utiles, comme :

- le nombre de colonnes d'un résultat ;
- le nom des colonnes d'un résultat ;
- le type de données stocké dans chaque colonne ;
- le nom de la table à laquelle appartient la colonne (dans le cas d'une jointure de tables) ;
- etc.

Il existe aussi un objet `DataBaseMetaData` qui fournit des informations sur la base de données.

Vous comprenez mieux à présent ce que signifie cette portion de code :

```
System.out.println("\n**********************************");
//On affiche le nom des colonnes
for(int i = 1; i <= resultMeta.getColumnCount(); i++)
        System.out.print
        ↪ ("\t" + resultMeta.getColumnName(i).toUpperCase() + "\t *");

System.out.println("\n**********************************");
```

Je me suis servi de la méthode retournant le nombre de colonnes dans le résultat afin de récupérer le nom de la colonne grâce à son index.

Attention : contrairement aux indices de tableaux, les indices de colonnes SQL commencent à 1 !

Ensuite, je récupère les données de la requête en me servant de l'indice des colonnes :

```
while(result.next()){
        for(int i = 1; i <= resultMeta.getColumnCount(); i++)
                System.out.print
                ↪ ("\t" + result.getObject(i).toString() + "\t |");

        System.out.println("\n---------------------------------");
}
```

J'utilise une première boucle me permettant alors de parcourir chaque ligne via la boucle `for` tant que l'objet `ResultSet` retourne des lignes de résultats. La méthode `next()` permet de positionner l'objet sur la ligne suivante de la liste de résultats. Au premier tour de boucle, cette méthode place l'objet sur la première ligne. Si vous n'avez pas positionné l'objet `ResultSet` et que vous tentez de lire des données, une exception est levée !

Je suis parti du principe que le type de données de mes colonnes était inconnu, mais étant donné que je les connais, le code suivant aurait tout aussi bien fonctionné :

```
while(result.next()){
        System.out.print("\t" + result.getInt("cls_id") + "\t |");
        System.out.print("\t" + result.getString("cls_nom") + "\t |");
        System.out.println("\n---------------------------------");
}
```

Je connais désormais le nom des colonnes retournées par la requête SQL. Je connais également leur type, il me suffit donc d'invoquer la méthode adéquate de l'objet `ResultSet` en utilisant le nom de la colonne à récupérer. En revanche, si vous essayez de récupérer le contenu de la colonne `cls_nom` avec la méthode `getInt("cls_nom")`, vous aurez une exception !

Il existe une méthode `getXXX()` par type primitif ainsi que quelques autres correspondant aux types SQL :

- `getArray(int colummnIndex)` ;
- `getAscii(int colummnIndex)` ;
- `getBigDecimal(int colummnIndex)` ;
- `getBinary(int colummnIndex)` ;
- `getBlob(int colummnIndex)` ;
- `getBoolean(int colummnIndex)` ;
- `getBytes(int colummnIndex)` ;
- `getCharacter(int colummnIndex)` ;
- `getDate(int colummnIndex)` ;
- `getDouble(int colummnIndex)` ;
- `getFloat(int colummnIndex)` ;
- `getInt(int colummnIndex)` ;
- `getLong(int colummnIndex)` ;
- `getObject(int colummnIndex)` ;

– `getString(int colummnIndex)`.

Pour finir, je n'ai plus qu'à fermer mes objets à l'aide des instructions `result.close()` et `state.close()`.

Avant de voir plus en détail les possibilités qu'offrent ces objets, nous allons créer deux ou trois requêtes SQL afin de nous habituer à la façon dont tout cela fonctionne.

Entraînons-nous

Le but du jeu est de coder les résultats que j'ai obtenus. Voici, en figure 37.2, ce que vous devez récupérer en premier. Je vous laisse chercher dans quelle table nous allons travailler.

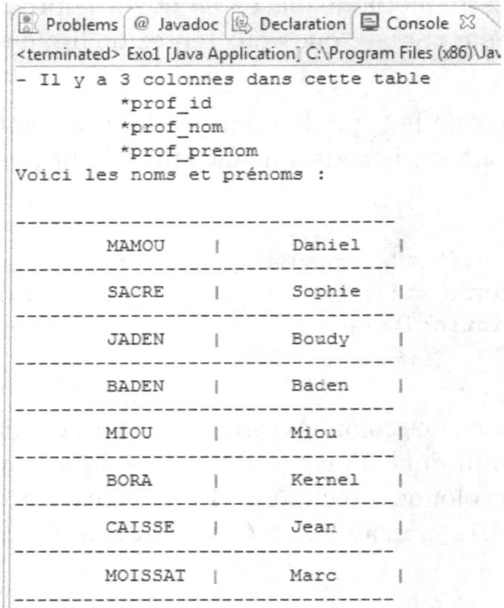

FIGURE 37.2 – Entraînement à la recherche

Cherchez bien... Bon, vous avez sûrement trouvé, il n'y avait rien de compliqué. Voici une des corrections possibles :

```
//CTRL + SHIFT + O pour générer les imports
public class Exo1 {

public static void main(String[] args) {

      try {
         Class.forName("org.postgresql.Driver");

         String url = "jdbc:postgresql://localhost:5432/Ecole";
         String user = "postgres";
         String passwd = "postgres";
```

```
         Connection conn = DriverManager.getConnection(url, user, passwd);
         Statement state = conn.createStatement();

         ResultSet result = state.executeQuery("SELECT * FROM professeur");
         ResultSetMetaData resultMeta = result.getMetaData();

         System.out.println("- Il y a " + resultMeta.getColumnCount()
         ↪ + " colonnes dans cette table");
         for(int i = 1; i <= resultMeta.getColumnCount(); i++)
            System.out.println("\t *" + resultMeta.getColumnName(i));

         System.out.println("Voici les noms et prénoms : ");
         System.out.println("\n---------------------------------");

         while(result.next()){
            System.out.print("\t" + result.getString("prof_nom") + "\t |");
            System.out.print("\t" + result.getString("prof_prenom") + "\t |");
            System.out.println("\n---------------------------------");

         }

         result.close();
         state.close();

      } catch (Exception e) {
         e.printStackTrace();
      }
   }
}
```

Allez : on complique la tâche, maintenant ; regardez la figure 37.3.

Ne vous faites pas exploser la cervelle tout de suite, on ne fait que commencer ! Voici un code possible afin d'obtenir ce résultat :

```
//CTRL + SHIFT + O pour générer les imports
public class Exo2 {
   public static void main(String[] args) {

      try {
         Class.forName("org.postgresql.Driver");

         String url = "jdbc:postgresql://localhost:5432/Ecole";
         String user = "postgres";
         String passwd = "postgres";

         Connection conn = DriverManager.getConnection(url, user, passwd);
         Statement state = conn.createStatement();
```

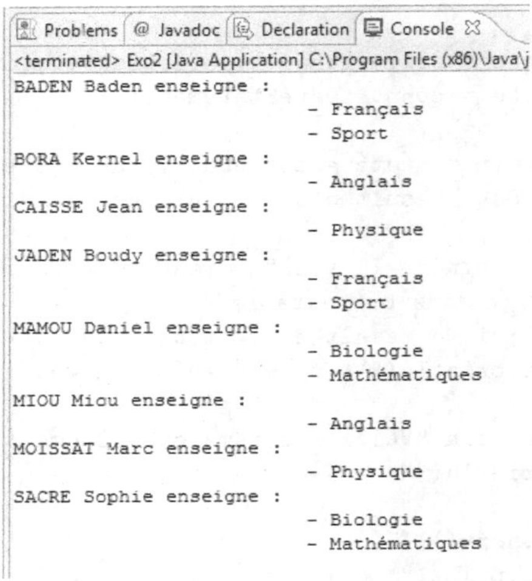

FIGURE 37.3 – Autre recherche

```
         String query = "SELECT prof_nom, prof_prenom, mat_nom FROM professeur"
         query += " INNER JOIN j_mat_prof ON jmp_prof_k = prof_id"
         query += " INNER JOIN matiere ON jmp_mat_k = mat_id ORDER BY prof_nom"

         ResultSet result = state.executeQuery(query);
         String nom = "";

         while(result.next()){
            if(!nom.equals(result.getString("prof_nom"))){
               nom = result.getString("prof_nom");
               System.out.println(nom + " " + result.getString("prof_prenom")
               + " enseigne : ");
            }
            System.out.println("\t\t\t - " +  result.getString("mat_nom"));
         }

         result.close();
         state.close();

      } catch (Exception e) {
         e.printStackTrace();
      }
   }
}
```

Allez, un dernier exemple en figure 37.4.

```
//CTRL + SHIFT + O pour générer les imports
public class Exo3 {
```

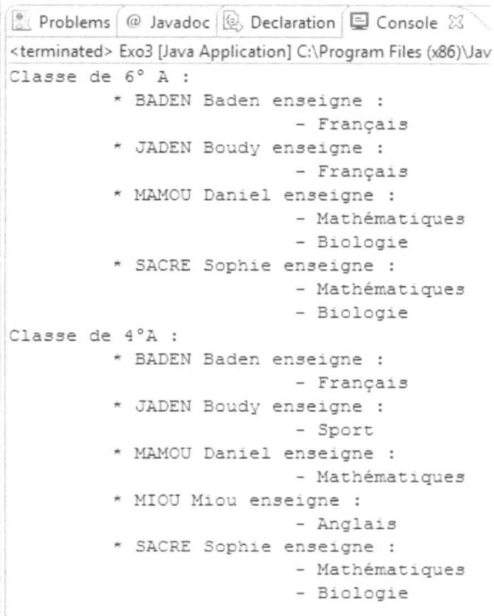

FIGURE 37.4 – Dernière ligne droite

```
public static void main(String[] args) {

   try {
      Class.forName("org.postgresql.Driver");

      String url = "jdbc:postgresql://localhost:5432/Ecole";
      String user = "postgres";
      String passwd = "postgres";

      Connection conn = DriverManager.getConnection(url, user, passwd);
      Statement state = conn.createStatement();

      String query = "SELECT prof_nom, prof_prenom, mat_nom, cls_nom
      ↪ FROM professeur";
      query += " INNER JOIN j_mat_prof ON jmp_prof_k = prof_id";
      query += " INNER JOIN matiere ON jmp_mat_k = mat_id";
      query += " INNER JOIN j_cls_jmp ON jcm_jmp_k = jmp_id";
      query += " INNER JOIN classe ON jcm_cls_k = cls_id AND cls_id IN(1, 7)";
      query += " ORDER BY cls_nom DESC, prof_nom";

      ResultSet result = state.executeQuery(query);
      String nom = "";
      String nomClass = "";

      while(result.next()){
         if(!nomClass.equals(result.getString("cls_nom"))){
```

```
                nomClass = result.getString("cls_nom");
                System.out.println("Classe de " + nomClass + " : );
            }

            if(!nom.equals(result.getString("prof_nom"))){
                nom = result.getString("prof_nom");
                System.out.println("\t * " + nom + " "
                 + result.getString("prof_prenom") + " enseigne : ");
            }
            System.out.println("\t\t\t - " +  result.getString("mat_nom"));
        }

        result.close();
        state.close();

    } catch (Exception e) {
        e.printStackTrace();
    }
  }
}
```

Statement

Vous avez vu comment obtenir un objet Statement. Mais je ne vous ai pas tout dit... Vous savez déjà que pour récupérer un objet Statement, vous devez le demander gentiment à un objet Connection en invoquant la méthode createStatement(). Ce que vous ne savez pas, c'est que vous pouvez spécifier des paramètres pour la création de l'objet Statement. Ces paramètres permettent différentes actions lors du parcours des résultats via l'objet ResultSet.

Le premier paramètre est utile pour la lecture du jeu d'enregistrements :

- TYPE_FORWARD_ONLY : le résultat n'est consultable qu'en avançant dans les données renvoyées, il est donc **impossible** de revenir en arrière lors de la lecture ;
- TYPE_SCROLL_SENSITIVE : le parcours peut se faire vers l'avant ou vers l'arrière et le curseur peut se positionner n'importe où, mais si des changements surviennent dans la base pendant la lecture, il ne seront pas visibles ;
- TYPE_SCROLL_INSENSITIVE : à la différence du précédent, les changements sont directement visibles lors du parcours des résultats.

Le second concerne la possibilité de mise à jour du jeu d'enregistrements :

- CONCUR_READONLY : les données sont consultables en lecture seule, c'est-à-dire que l'on ne peut modifier des valeurs pour mettre la base à jour ;
- CONCUR_UPDATABLE : les données sont modifiables ; lors d'une modification, la base est mise à jour.

Par défaut, les ResultSet issus d'un Statement sont de type TYPE_FORWARD_ONLY pour le parcours et CONCUR_READONLY pour les actions réalisables.

Ces paramètres sont des variables statiques de la classe `ResultSet`, vous savez donc comment les utiliser. Voici comment créer un `Statement` permettant à l'objet `ResultSet` de pouvoir être lu d'avant en arrière avec possibilité de modification :

```
Statement state = conn.createStatement(ResultSet.TYPE_SCROLL_INSENSITIVE,
                                ↪ ResultSet.CONCUR_UPDATABLE);
```

Vous avez appris à créer des `Statement` avec des paramètres, mais saviez-vous qu'il existait un autre type de `Statement` ?

Les requêtes préparées

Il va falloir vous accrocher un tout petit peu... De tels objets sont créés exactement de la même façon que des `Statement` classiques, sauf qu'au lieu de cette instruction :

```
Statement stm = conn.createStatement();
```

... nous devons écrire ceci :

```
PreparedStatement stm = conn.prepareStatement("SELECT * FROM classe");
```

Jusqu'ici, rien de spécial. Cependant, une différence est déjà effective à ce stade : la requête SQL est précompilée ! Cela a pour effet de réduire le temps d'exécution dans le moteur SQL de la BDD. C'est normal, étant donné qu'il n'aura pas à compiler la requête. En règle générale, on utilise ce genre d'objet pour des requêtes contenant beaucoup de paramètres ou pouvant être exécutées plusieurs fois. Il existe une autre différence de taille entre les objets `PreparedStatement` et `Statement` : dans le premier, on peut utiliser des paramètres à trous !

En fait, vous pouvez insérer un caractère spécial dans vos requêtes et remplacer ce caractère grâce à des méthodes de l'objet `PreparedStatement` en spécifiant sa place et sa valeur (son type étant défini par la méthode utilisée).

Voici un exemple :

```
//CTRL + SHIFT + O pour générer les imports
public class Prepare {

   public static void main(String[] args) {
      try {
         Class.forName("org.postgresql.Driver");

         String url = "jdbc:postgresql://localhost:5432/Ecole";
         String user = "postgres";
         String passwd = "postgres";

```

```
            Connection conn = DriverManager.getConnection(url, user, passwd);
            Statement state = conn.createStatement(
            ↪ ResultSet.TYPE_SCROLL_INSENSITIVE, ResultSet.CONCUR_UPDATABLE);

            //On crée la requête
            String query = "SELECT prof_nom, prof_prenom FROM professeur";
            //Premier trou pour le nom du professeur
            query += " WHERE prof_nom = ?";
            //Deuxième trou pour l'identifiant du professeur
            query += " OR prof_id = ?";

            //On crée l'objet avec la requête en paramètre
            PreparedStatement prepare = conn.prepareStatement(query);
            //On remplace le premier trou par le nom du professeur
            prepare.setString(1, "MAMOU");
            //On remplace le deuxième trou par l'identifiant du professeur
            prepare.setInt(2, 2);
            //On affiche la requête exécutée
            System.out.println(prepare.toString());
            //On modifie le premier trou
            prepare.setString(1, "TOTO");
            //On affiche à nouveau la requête exécutée
            System.out.println(prepare.toString());
            //On modifie le deuxième trou
            prepare.setInt(2, 159753);
            //On affiche une nouvelle fois la requête exécutée
            System.out.println(prepare.toString());

            prepare.close();
            state.close();

        } catch (Exception e) {
            e.printStackTrace();
        }
    }
}
```

Cela nous donne la figure 37.5.

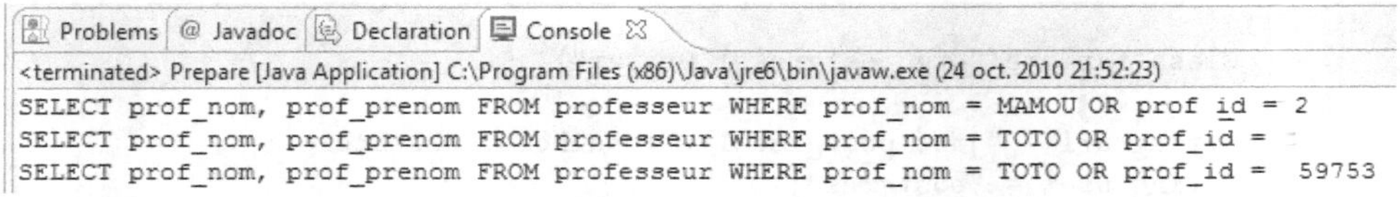

FIGURE 37.5 – Requête préparée

Effectivement ; mais quelles méthodes d'affectation de valeur existe-t-il ?

C'est simple : vous vous souvenez de la liste des méthodes de l'objet `ResultSet` récupérant des données ? Ici, elle est identique, sauf que l'on trouve `setXXX()` à la place de `getXXX()`.

Tout comme son homologue sans trou, cet objet peut prendre les mêmes types de paramètres pour la lecture et pour la modification des données lues :

```
PreparedStatement prepare = conn.prepareStatement(
                    query,
                    ResultSet.TYPE_SCROLL_INSENSITIVE,
                    ResultSet.CONCUR_READ_ONLY
                );
```

Sachez enfin qu'il existe aussi une méthode retournant un objet `ResultSetMetaData` : il s'agit de `getMetaData()`.

Pour en terminer avec les méthodes de l'objet `PreparedStatement` que je présente ici (il en existe d'autres), `prepare.clearParameters()` permet de réinitialiser la requête préparée afin de retirer toutes les valeurs renseignées. Si vous ajoutez cette méthode à la fin du code que je vous ai présenté et que vous affichez à nouveau le contenu de l'objet, vous obtenez la figure 37.6.

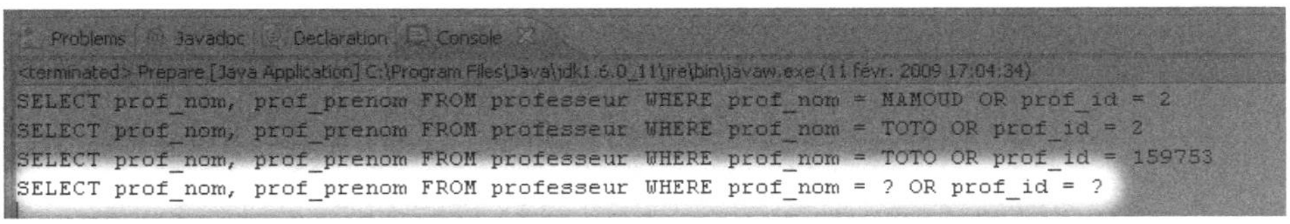

FIGURE 37.6 – Nettoyage des paramètres

`ResultSet` : le retour

Maintenant que nous avons vu comment procéder, nous allons apprendre à nous promener dans nos objets `ResultSet`. En fait, l'objet `ResultSet` offre beaucoup de méthodes permettant d'explorer les résultats, à condition que vous ayez bien préparé l'objet `Statement`.

Vous avez la possibilité de :

- vous positionner avant la première ligne de votre résultat : `res.beforeFirst()` ;
- savoir si vous vous trouvez avant la première ligne : `res.isBeforeFirst()` ;
- vous placer sur la première ligne de votre résultat : `res.first()` ;
- savoir si vous vous trouvez sur la première ligne : `res.isFirst()` ;
- vous retrouver sur la dernière ligne : `res.last()` ;

- savoir si vous vous trouvez sur la dernière ligne : **res.isLast()** ;
- vous positionner après la dernière ligne de résultat : **res.afterLast()** ;
- savoir si vous vous trouvez après la dernière ligne : **res.isAfterLast()** ;
- aller de la première ligne à la dernière : **res.next()** ;
- aller de la dernière ligne à la première : **res.previous()** ;
- vous positionner sur une ligne précise de votre résultat : **res.absolute(5)** ;
- vous positionner sur une ligne par rapport à votre emplacement actuel : **res.relative(-3)**.

Je vous ai concocté un morceau de code que j'ai commenté et qui met tout cela en œuvre.

```
//CTRL + SHIFT + O pour générer les imports
public class Resultset {
   public static void main(String[] args) {
      try {
         Class.forName("org.postgresql.Driver");
         String url = "jdbc:postgresql://localhost:5432/Ecole";
         String user = "postgres";
         String passwd = "postgres";

         Connection conn = DriverManager.getConnection(url, user, passwd);
         Statement state = conn.createStatement(ResultSet.TYPE_SCROLL_SENSITIVE,
                                    ResultSet.CONCUR_UPDATABLE);

         String query = "SELECT prof_nom, prof_prenom FROM professeur";
         ResultSet res = state.executeQuery(query);
         int i = 1;

         System.out.println("\n\t---------------------------------------");
         System.out.println("\tLECTURE STANDARD.");
         System.out.println("\t---------------------------------------");

         while(res.next()){
            System.out.println("\tNom : "+res.getString("prof_nom")
            ↪ +" \t prénom : "+res.getString("prof_prenom"));
            //On regarde si on se trouve sur la dernière ligne du résultat
            if(res.isLast())
               System.out.println("\t\t* DERNIER RESULTAT !\n");
            i++;
         }

         //Une fois la lecture terminée, on contrôle si on se trouve bien
         //à l'extérieur des lignes de résultat
         if(res.isAfterLast())
            System.out.println("\tNous venons de terminer !\n");

         System.out.println("\t---------------------------------------");
         System.out.println("\tLecture en sens contraire.");
         System.out.println("\t---------------------------------------");
```

```
        //On se trouve alors à la fin
        //On peut parcourir le résultat en sens contraire
        while(res.previous()){
           System.out.println("\tNom : "+res.getString("prof_nom")
           ↪ +" \t prénom : "+res.getString("prof_prenom"));

           //On regarde si on se trouve sur la première ligne du résultat
           if(res.isFirst())
              System.out.println("\t\t* RETOUR AU DEBUT !\n");
        }

        //On regarde si on se trouve avant la première ligne du résultat
        if(res.isBeforeFirst())
           System.out.println("\tNous venons de revenir au début !\n");

        System.out.println("\t---------------------------------------");
        System.out.println("\tAprès positionnement absolu du curseur
        ↪ à la place N° "+ i/2 + ".");
        System.out.println("\t---------------------------------------");
        //On positionne le curseur sur la ligne i/2
        //peu importe où on se trouve
        res.absolute(i/2);
        while(res.next())
           System.out.println("\tNom : "+res.getString("prof_nom")
           ↪ +" \t prénom : "+ res.getString("prof_prenom"));

        System.out.println("\t---------------------------------------");
        System.out.println("\tAprès positionnement relatif du curseur
        ↪ à la place N° "+(i-(i-2)) + ".");
        System.out.println("\t---------------------------------------");
        //On place le curseur à la ligne actuelle moins i-2
        //Si on n'avait pas mis de signe moins, on aurait avancé de i-2 lignes
        res.relative(-(i-2));
        while(res.next())
           System.out.println("\tNom : "+res.getString("prof_nom")
                       ↪ +" \t prénom : "+res.getString("prof_prenom"));

        res.close();
        state.close();

     } catch (Exception e) {
        e.printStackTrace();
     }
   }
}
```

La figure 37.7 montre le résultat obtenu.

Il est très important de noter l'endroit où vous vous situez dans le parcours de la requête !

```
----------------------------------------
LECTURE STANDARD.
----------------------------------------
Nom : MAMOU      prénom : Daniel
Nom : SACRE      prénom : Sophie
Nom : JADEN      prénom : Boudy
Nom : BADEN      prénom : Baden
Nom : MIOU       prénom : Miou
Nom : BORA       prénom : Kernel
Nom : CAISSE     prénom : Jean
Nom : MOISSAT    prénom : Marc
        * DERNIER RESULTAT !

Nous venons de terminer !

----------------------------------------
Lecture en sens contraire.
----------------------------------------
Nom : MOISSAT    prénom : Marc
Nom : CAISSE     prénom : Jean
Nom : BORA       prénom : Kernel
Nom : MIOU       prénom : Miou
Nom : BADEN      prénom : Baden
Nom : JADEN      prénom : Boudy
Nom : SACRE      prénom : Sophie
Nom : MAMOU      prénom : Daniel
        * RETOUR AU DEBUT !

Nous venons de revenir au début !

----------------------------------------
Après positionnement absolu du curseur à la place N° 4.
----------------------------------------
Nom : MIOU       prénom : Miou
Nom : BORA       prénom : Kernel
Nom : CAISSE     prénom : Jean
Nom : MOISSAT    prénom : Marc
----------------------------------------
Après positionnement relatif du curseur à la place N° 2.
----------------------------------------
Nom : JADEN      prénom : Boudy
Nom : BADEN      prénom : Baden
Nom : MIOU       prénom : Miou
Nom : BORA       prénom : Kernel
Nom : CAISSE     prénom : Jean
Nom : MOISSAT    prénom : Marc
```

FIGURE 37.7 – Utilisation d'un ResultSet

Il existe des emplacements particuliers. Par exemple, si vous n'êtes pas encore positionnés sur le premier élément et que vous procédez à un `rs.relative(1)`, vous vous retrouvez sur le premier élément. De même, un `rs.absolute(0)` correspond à un `rs.beforeFirst()`.

Ce qui signifie que lorsque vous souhaitez placer le curseur sur la première ligne, vous devez utiliser `absolute(1)` quel que soit l'endroit où vous vous trouvez ! En revanche, cela nécessite que le `ResultSet` soit de type `TYPE_SCROLL_SENSITIVE` ou `TYPE_SCROLL_INSENSITIVE`, sans quoi vous aurez une exception.

Modifier des données

Pendant la lecture, vous pouvez utiliser des méthodes qui ressemblent à celles que je vous ai déjà présentées lors du parcours d'un résultat. Souvenez-vous des méthodes de ce type :

- `res.getAscii()` ;
- `res.getBytes()` ;
- `res.getInt()` ;
- `res.getString()` ;
- etc.

Ici, vous devez remplacer `getXXX()` par `updateXXX()`. Ces méthodes de mise à jour des données prennent deux paramètres :

- le nom de la colonne (`String`) ;
- la valeur à attribuer à la place de la valeur existante (cela dépend de la méthode utilisée).

Comment ça, « cela dépend de la méthode utilisée » ?

C'est simple :

- `updateFloat(String nomColonne, float value)` prend un `float` en paramètre ;
- `updateString(String nomColonne, String value)` prend une chaîne de caractères en paramètre ;
- et ainsi de suite.

Changer la valeur d'un champ est donc très facile. Cependant, il faut, en plus de changer les valeurs, valider ces changements pour qu'ils soient effectifs : cela se fait par la méthode `updateRow()`. De la même manière, vous pouvez annuler des changements grâce à la méthode `cancelRowUpdates()`. Sachez que si vous devez annuler des modifications, vous devez le faire avant la méthode de validation, sinon l'annulation sera ignorée.

Je vous propose d'étudier un petit exemple de mise à jour :

```
//CTRL + SHIFT + O pour générer les imports
public class Modif {
   public static void main(String[] args) {
      try {

         Class.forName("org.postgresql.Driver");
         String url = "jdbc:postgresql://localhost:5432/Ecole";
         String user = "postgres";
         String passwd = "postgres";

         Connection conn = DriverManager.getConnection(url, user, passwd);
         //On autorise la mise à jour des données
         //et la mise à jour de l'affichage
         Statement state = conn.createStatement(
         ↪ ResultSet.TYPE_SCROLL_INSENSITIVE, ResultSet.CONCUR_UPDATABLE);

         //On va chercher une ligne dans la base de données
         String query = "SELECT prof_id, prof_nom, prof_prenom FROM professeur
         ↪ " + "WHERE prof_nom = 'MAMOU'";
         ResultSet res = state.executeQuery(query);
         res.first();

         //On affiche ce que l'on trouve
         System.out.println("NOM : " + res.getString("prof_nom"  + "
         ↪ " - PRENOM : + res.getString("prof_prenom"));

         //On met à jour les champs
         res.updateString("prof_nom", "COURTEL");
         res.updateString("prof_prenom", "Angelo");
         //On valide
         res.updateRow();

         //On affiche les modifications
         System.out.println("********************************" ;
         System.out.println("APRES MODIFICATION : ");
         System.out.println("\tNOM : " + res.getString("prof_nom") +
         ↪ " - PRENOM : " + res.getString("prof_prenom") + "\n");

         //On remet les informations de départ
         res.updateString("prof_nom", "MAMOU");
         res.updateString("prof_prenom", "Daniel");
         //On valide à nouveau
         res.updateRow();

         //Et voilà !
         System.out.println("********************************" ;
         System.out.println("APRES REMODIFICATION : ");
         System.out.println("\tNOM : " + res.getString("prof_nom") +
         ↪ " - PRENOM : " + res.getString("prof_prenom") + "\n");
```

```
         res.close();
         state.close();

      } catch (Exception e) {
         e.printStackTrace();
      }
   }
}
```

La figure 37.8 représente ce que nous obtenons.

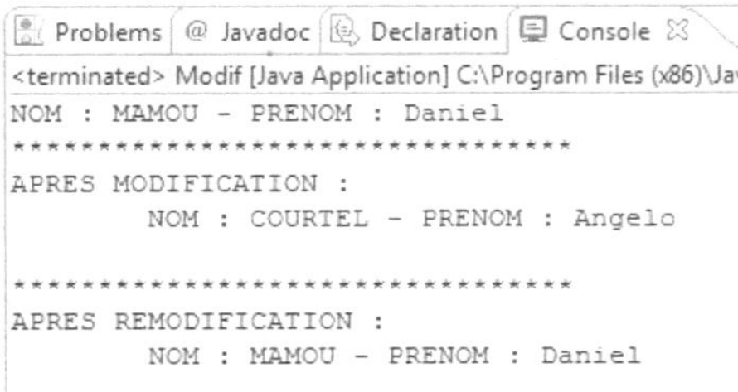

FIGURE 37.8 – Mise à jour d'une ligne pendant la lecture

En quelques instants, les données ont été modifiées dans la base de données, nous avons donc réussi à relever le défi !

Nous allons voir comment exécuter les autres types de requêtes avec Java.

Statement, toujours plus fort

Vous savez depuis quelque temps déjà que ce sont les objets `Statement` qui sont chargés d'exécuter les instructions SQL. Par conséquent, vous devez avoir deviné que les requêtes de type `INSERT`, `UPDATE`, `DELETE` et `CREATE` sont également exécutées par ces objets. Voici un code d'exemple :

```
//CTRL + SHIFT + O pour générer les imports
public class State {

   public static void main(String[] args) {

      try {
         Class.forName("org.postgresql.Driver");
         String url = "jdbc:postgresql://localhost:5432/Ecole";
         String user = "postgres";
         String passwd = "postgres";

         Connection conn = DriverManager.getConnection(url, user, passwd);
         //On autorise la mise à jour des données
```

```
        //et la mise à jour de l'affichage
        Statement state = conn.createStatement(
        ↪ ResultSet.TYPE_SCROLL_SENSITIVE,ResultSet.CONCUR_UPDATABLE);
        PreparedStatement prepare = conn.prepareStatement(
                          "UPDATE professeur set prof_prenom = ? "+
                          "WHERE prof_nom = 'MAMOU'");

        //On va chercher une ligne dans la base de données
        String query = "SELECT prof_nom, prof_prenom FROM professeur "+
                       "WHERE prof_nom ='MAMOU'";

        //On exécute la requête
        ResultSet res = state.executeQuery(query);
        res.first();
        //On affiche
        System.out.println("\n\tDONNEES D'ORIGINE : ");
        System.out.println("\t-------------------");
        System.out.println("\tNOM : " + res.getString("prof_nom") +
                    " - PRENOM : " +  res.getString("prof_prenom"));

        //On paramètre notre requête préparée
        prepare.setString(1, "Gérard");
        //On exécute
        prepare.executeUpdate();

        res = state.executeQuery(query);
        res.first();
        //On affiche à nouveau
        System.out.println("\n\t\t APRES MAJ : ");
        System.out.println("\t\t * NOM : " + res.getString("prof_nom") +
                    " - PRENOM :" + res.getString("prof_prenom"));

        //On effectue une mise à jour
        prepare.setString(1, "Daniel");
        prepare.executeUpdate();

        res = state.executeQuery(query);
        res.first();
        //On affiche une nouvelle fois
        System.out.println("\n\t\t REMISE A ZERO : ");
        System.out.println("\t\t * NOM : " + res.getString("prof_nom") +
                    " - PRENOM :" + res.getString("prof_prenom"));

        prepare.close();
        res.close();
        state.close();
    } catch (ClassNotFoundException e) {
        e.printStackTrace();
    } catch (SQLException e) {
        e.printStackTrace();
```

```
        }
    }
}
```

Cela correspond à la figure 37.9.

```
DONNEES D'ORIGINE :
-------------------
NOM : MAMOU - PRENOM : Daniel

         APRES MAJ :
         * NOM : MAMOU - PRENOM : Gérard

         REMISE A ZERO :
         * NOM : MAMOU - PRENOM : Daniel
```

FIGURE 37.9 – Mise à jour des données

Ici, nous avons utilisé un `PreparedStatement` pour compliquer immédiatement, mais nous aurions tout aussi bien pu utiliser un simple `Statement` et invoquer la méthode `executeUpdate(String query)`.

Vous savez quoi ? Pour les autres types de requêtes, il suffit d'invoquer la même méthode que pour la mise à jour. En fait, celle-ci retourne un booléen indiquant si le traitement a réussi ou échoué. Voici quelques exemples :

```
state.executeUpdate("INSERT INTO professeur (prof_nom, prof_prenom)
↪ VALUES('SALMON', 'Dylan')");
state.executeUpdate("DELETE FROM professeur WHERE prof_nom = 'MAMOU'");
```

Gérer les transactions manuellement

Je ne sais pas si vous êtes au courant, mais certains moteurs SQL comme PostgreSQL vous proposent de gérer vos requêtes SQL grâce à ce que l'on appelle des *transactions*.

Par où commencer ? Lorsque vous insérez, modifiez ou supprimez des données dans PostgreSQL, il se produit un événement automatique : la **validation des modifications par le moteur SQL**. C'est aussi simple que ça... Voici un petit schéma en figure 37.10 pour que vous visualisiez cela.

Lorsque vous exécutez une requête de type `INSERT`, `CREATE`, `UPDATE` ou `DELETE`, le type de cette requête modifie les données présentes dans la base. Une fois qu'elle est exécutée, le moteur SQL valide directement ces modifications !

Cependant, vous pouvez avoir la main sur ce point (figure 37.11).

Comme cela, c'est vous qui avez le contrôle sur vos données afin de maîtriser **l'intégrité de vos données**. Imaginez que vous deviez exécuter deux requêtes, une modification et

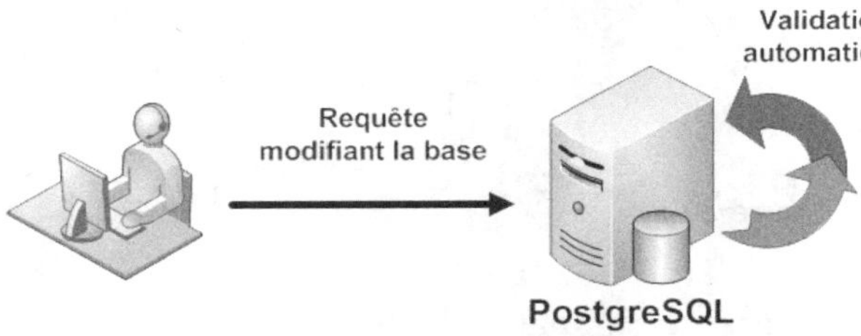

FIGURE 37.10 – Validation automatique d'une transaction

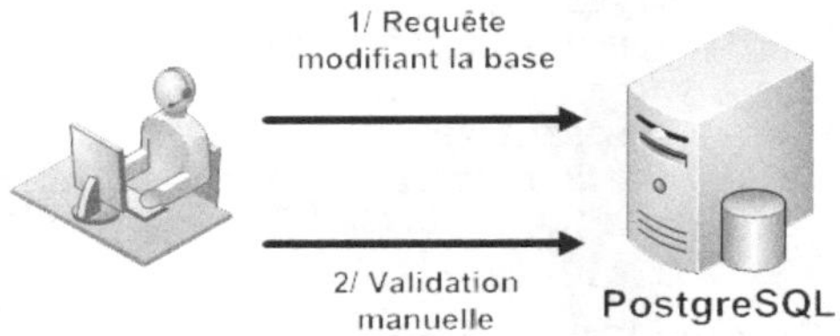

FIGURE 37.11 – Gestion manuelle des transactions

une insertion, et que vous partiez du principe que l'insertion dépend de la mise à jour... Comment feriez-vous si de mauvaises données étaient mises à jour ? L'insertion qui en découle serait mauvaise. Cela, bien sûr, si le moteur SQL valide automatiquement les requêtes exécutées.

Pour gérer manuellement les transactions, on spécifie au moteur SQL de ne pas valider automatiquement les requêtes SQL grâce à une méthode (qui ne concernera toutefois pas l'objet `Statement`, mais l'objet `Connection`) prenant un booléen en paramètre :

```
//CTRL + SHIFT + O pour générer les imports
public class Transact {

   public static void main(String[] args) {
      try {
         Class.forName("org.postgresql.Driver");

         String url = "jdbc:postgresql://localhost:5432/Ecole";
         String user = "postgres";
         String passwd = "batterie";

         Connection conn = DriverManager.getConnection(url, user, passwd);
         conn.setAutoCommit(false);

      } catch (Exception e) {
         e.printStackTrace();
      }
   }
}
```

Lorsque vous souhaitez que vos requêtes soient prises en compte, il vous faut les valider en utilisant la méthode `conn.commit()`.

En mode `setAutoCommit(false)`, si vous ne validez pas vos requêtes, elles ne seront pas prises en compte.

Vous pouvez revenir à tout moment au mode de validation automatique grâce à `setAutoCommit(true)`.

Voici un exemple :

```
//CTRL + SHIFT + O pour générer les imports
public class Transact {

   public static void main(String[] args) {
      try {
         Class.forName("org.postgresql.Driver");

         String url = "jdbc:postgresql://localhost:5432/Ecole";
         String user = "postgres";
         String passwd = "batterie";

         Connection conn = DriverManager.getConnection(url, user, passwd);
         conn.setAutoCommit(false);
         Statement state = conn.createStatement(ResultSet.TYPE_SCROLL_SENSITIVE,
                                 ResultSet.CONCUR_UPDATABLE);
         String query = "UPDATE professeur SET prof_prenom = 'Cyrille' "+
                        "WHERE prof_nom = 'MAMOU'";

         ResultSet result = state.executeQuery("SELECT * FROM professeur"+
                        " WHERE prof_nom = 'MAMOU'");
         result.first();
         System.out.println("NOM : " + result.getString("prof_nom") +
                  " - PRENOM : " + result.getString("prof_prenom"));

         state.executeUpdate(query);

         result = state.executeQuery(
                  "SELECT * FROM professeur WHERE prof_nom = 'MAMOU'");
         result.first();
         System.out.println("NOM : " + result.getString("prof_nom") +
                  " - PRENOM : " + result.getString("prof_prenom"));

         result.close();
         state.close();
      } catch (Exception e) {
         e.printStackTrace();
      }
   }
```

```
}
```

Vous pouvez exécuter ce code autant de fois que vous voulez, vous obtiendrez toujours la même chose que sur la figure 37.12.

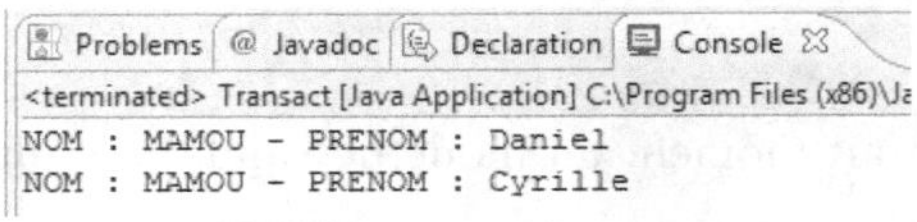

FIGURE 37.12 – Transaction manuelle

Vous voyez que malgré sa présence, la requête de mise à jour est inopérante. Vous pouvez voir les modifications lors de l'exécution du script, mais étant donné que vous ne les avez pas validées, elles sont annulées à la fin du code. Pour que la mise à jour soit effective, il faudrait effectuer un `conn.commit()` avant la fin du script.

En résumé

- Les recherches se font via les objets `Statement` et `ResultSet`.
- L'objet `Statement` stocke et exécute la requête SQL.
- L'objet `ResultSet`, lui, stocke les lignes résultant de l'exécution de la requête.
- Il existe des objets `ResultSetMetaData` et `DataBaseMetaData` donnant accès à des informations globales sur une requête (le premier) ou une base de données (pour le second).
- Il existe un autre objet qui fonctionne de la même manière que l'objet `ResultSet`, mais qui précompile la requête et permet d'utiliser un système de requête à trous : l'objet `PreparedStatement`.
- Avec un `ResultSet` autorisant l'édition des lignes, vous pouvez invoquer la méthode `updateXXX()` suivie de la méthode `updateRow()`.
- Pour la mise à jour, la création ou la suppression de données, vous pouvez utiliser la méthode `executeUpdate(String query)`.
- En utilisant les transactions manuelles, toute instruction non validée par la méthode `commit()` de l'objet `Connection` est annulée.

Chapitre 38

Limiter le nombre de connexions

Difficulté :

Vous savez désormais comment vous connecter à une BDD depuis Java. Je vous ai montré comment lire et modifier des données.

Après vous avoir fait découvrir tout cela, je me suis dit que montrer une approche un peu plus objet ne serait pas du luxe.

C'est vrai, établir sans arrêt la connexion à notre base de données commence à être fastidieux. Je vous propose donc d'y remédier avec ce chapitre en découvrant le pattern singleton.

Pourquoi ne se connecter qu'une seule fois ?

Pourquoi veux-tu absolument qu'on ait une seule instance de notre objet Connection ?

Parce que cela ne sert pas à grand-chose de réinitialiser la connexion à votre BDD. Rappelez-vous que la connexion sert à établir le pont entre votre base et votre application. Pourquoi voulez-vous que votre application se connecte à chaque fois à la BDD ? Une fois la connexion effective, pourquoi vouloir l'établir de nouveau ? Votre application et votre BDD peuvent discuter !

Bon, c'est vrai qu'avec du recul, cela paraît superflu... Du coup, comment fais-tu pour garantir qu'une seule instance de Connection existe dans l'application ?

C'est ici que le **pattern singleton** intervient ! Ce pattern est peut-être l'un des plus simples à comprendre même, s'il contient un point qui va vous faire bondir. Le principe de base de ce pattern est d'interdire l'instanciation d'une classe, grâce à un constructeur déclaré `private`.

Le pattern singleton

Nous voulons qu'il soit impossible de créer plus d'un objet de connexion. Voici une classe qui permet de s'assurer que c'est le cas :

```
//CTRL + SHIFT + O pour générer les imports
public class SdzConnection{

   //URL de connexion
   private String url = "jdbc:postgresql://localhost:5432/Ecole";
   //Nom du user
   private String user = "postgres";
   //Mot de passe de l'utilisateur
   private String passwd = "postgres";
   //Objet Connection
   private static Connection connect;

   //Constructeur privé
   private SdzConnection(){
      try {
         connect = DriverManager.getConnection(url, user, passwd);
      } catch (SQLException e) {
         e.printStackTrace();
      }
```

```
    }

    //Méthode qui va nous retourner notre instance
    //et la créer si elle n'existe pas
    public static Connection getInstance(){
        if(connect == null){
            new SdzConnection();
        }
        return connect;
    }
}
```

Nous avons ici une classe avec un constructeur privé : du coup, impossible d'instancier cet objet et d'accéder à ses attributs, puisqu'ils sont déclarés `private` ! Notre objet `Connection` est instancié dans le constructeur privé et la seule méthode accessible depuis l'extérieur de la classe est `getInstance()`. C'est donc cette méthode qui a pour rôle de créer la connexion si elle n'existe pas, et seulement dans ce cas.

Pour en être bien sûrs, nous allons faire un petit test... Voici le code un peu modifié de la méthode `getInstance()`.

```
public static Connection getInstance(){
    if(connect == null){
        new SdzConnection();
        System.out.println("INSTANCIATION DE LA CONNEXION SQL ! ");
    }
    else{
        System.out.println("CONNEXION SQL EXISTANTE ! ");
    }
    return connect;
}
```

Cela nous montre quand la connexion est réellement créée. Ensuite, il ne nous manque plus qu'un code de test. Oh ! Ben ça alors ! J'en ai un sous la main :

```
//CTRL + SHIFT + O pour générer les imports
public class Test {

    public static void main(String[] args) {

        try {

            //Nous appelons quatre fois la méthode getInstance()
            PreparedStatement prepare = SdzConnection.getInstance()
                    .prepareStatement("SELECT * FROM classe WHERE cls_nom = ?");

            Statement state = SdzConnection.getInstance().createStatement();

            SdzConnection.getInstance().setAutoCommit(false);
```

```
         DatabaseMetaData meta = SdzConnection.getInstance().getMetaData();

      } catch (SQLException e) {
         e.printStackTrace();
      }
   }
}
```

La méthode en question est appelée quatre fois. Que croyez-vous que ce code va afficher (voir la figure 38.1) ?

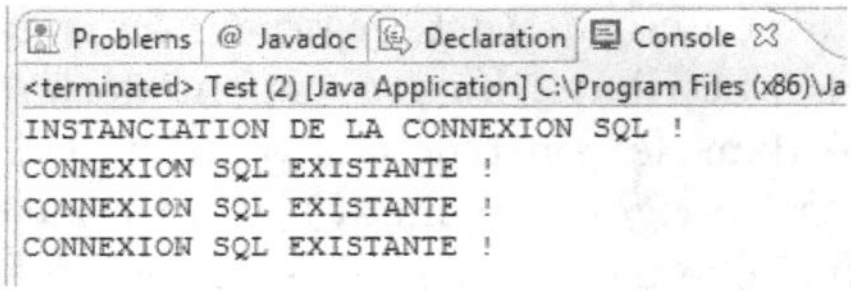

FIGURE 38.1 – Utilisation d'un singleton

Vous avez la preuve que l'instanciation ne se fait qu'une seule fois et donc que notre connexion à la BDD est unique ! La classe `SdzConnection` peut être un peu simplifiée :

```
//CTRL + SHIFT + O pour générer les imports
public class SdzConnection{

   private static String url = "jdbc:postgresql://localhost:5432/Ecole";
   private static String user = "postgres";
   private static String passwd = "postgres";
   private static Connection connect;

   public static Connection getInstance(){
      if(connect == null){
         try {
            connect = DriverManager.getConnection(url, user, passwd);
         } catch (SQLException e) {
            e.printStackTrace();
         }
      }
      return connect;
   }
}
```

Attention toutefois, vous devrez rajouter la déclaration `static` à vos paramètres de connexion.

Vous pouvez relancer le code de test, vous verrez qu'il fonctionne toujours J'avais commencé par insérer un constructeur privé car vous deviez savoir que cela existait, mais remarquez que c'était superflu dans notre cas...

Par contre, dans une application **multithreads**, pour être sûrs d'éviter les conflits, il vous suffit de synchroniser la méthode `getInstance()` et le tour est joué. Mais – parce qu'il y a un mais – cette méthode ne règle le problème qu'*avant* l'instanciation de la connexion. Autrement dit, une fois la connexion instanciée, la synchronisation ne sert plus à rien.

Le problème du **multithreading** ne se pose pas vraiment pour une connexion à une BDD puisque ce **singleton** sert surtout de passerelle entre votre BDD et votre application. Cependant, il peut exister d'autres objets que des connexions SQL qui ne doivent être instanciés qu'une fois ; tous ne sont pas aussi laxistes concernant le multithreading.

Voyons donc comment parfaire ce pattern avec un exemple autre qu'une connexion SQL.

Le singleton dans tous ses états

Nous allons travailler avec un autre exemple et vu que j'étais très inspiré, revoici notre superbe singleton :

```
public class SdzSingleton {

    //Le singleton
    private static SdzSingleton single;
    //Variable d'instance
    private String name = "";

    //Constructeur privé
    private SdzSingleton(){
        this.name = "Mon singleton";
        System.out.println("\t\tCRÉATION DE L'INSTANCE ! ! !");
    }

    //Méthode d'accès au singleton
    public static SdzSingleton getInstance(){
        if(single == null)
            single = new SdzSingleton();

        return single;
    }

    //Accesseur
    public String getName(){
        return this.name;
    }
}
```

Ce n'est pas que je manquais d'inspiration, c'est juste qu'avec une classe toute simple, on comprend mieux les choses... Et voici notre classe de test :

```
public class TestSingleton {

   public static void main(String[] args) {
      for(int i = 1; i < 4; i++)
         System.out.println("Appel N° " + i + " : "
               + SdzSingleton.getInstance().getName());
   }
}
```

Cela nous donne la figure 38.2.

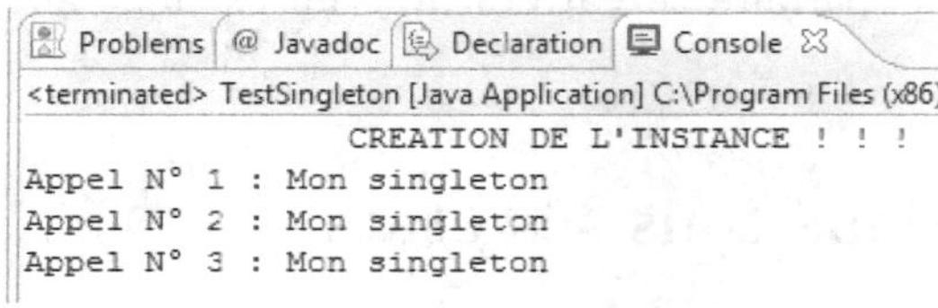

FIGURE 38.2 – Un petit singleton

La politique du singleton est toujours bonne. Mais je vais vous poser une question : quand croyez-vous que la création d'une instance soit la plus judicieuse ? Ici, nous avons exécuté notre code et l'instance a été créée lorsqu'on l'a demandée pour la première fois ! C'est le principal problème que posent le singleton et le multithreading : la première instance... Une fois celle-ci créée, les problèmes se font plus rares.

Pour limiter les ennuis, nous allons donc laisser cette lourde tâche à la JVM, dès le chargement de la classe, en instanciant notre singleton lors de sa déclaration :

```
public class SdzSingleton {
   //Le singleton
   private static SdzSingleton single = new SdzSingleton();
   //Variable d'instance
   private String name = "";

   //Constructeur privé
   private SdzSingleton(){
      this.name = "Mon singleton";
      System.out.println("\t\tCRÉATION DE L'INSTANCE ! ! !");
   }

   //Méthode d'accès au singleton
   public static SdzSingleton getInstance(){
      if(single == null)
         single = new SdzSingleton();

      return single;
   }

   //Accesseur
```

```
    public String getName(){
        return this.name;
    }
}
```

Avec ce code, c'est la machine virtuelle qui s'occupe de charger l'instance du singleton, bien avant que n'importe quel thread vienne taquiner la méthode `getInstance()`...

Il existe une autre méthode permettant de faire cela, mais elle ne fonctionne parfaitement que depuis le JDK 1.5. On appelle cette méthode « le verrouillage à double vérification ». Elle consiste à utiliser le mot clé `volatile` combiné au mot clé `synchronized`. Pour les lecteurs qui l'ignorent, déclarer une variable `volatile` permet d'assurer un accès ordonné des threads à une variable (plusieurs threads peuvent accéder à cette variable), marquant ainsi le premier point de verrouillage. Ensuite, la double vérification s'effectue dans la méthode `getInstance()` : on effectue la synchronisation **uniquement** lorsque le singleton n'est pas créé.

Voici ce que cela nous donne :

```
public class SdzSingleton {
    private volatile static SdzSingleton single;
    private String name = "";

    private SdzSingleton(){
        this.name = "Mon singleton";
        System.out.println("\n\t\tCRÉATION DE L'INSTANCE ! ! !");
    }

    public static SdzSingleton getInstance(){
        if(single == null){
            synchronized(SdzSingleton.class){
                if(single == null)
                    single = new SdzSingleton();
            }
        }
        return single;
    }

    public String getName(){
        return this.name;
    }
}
```

En résumé

- Pour économiser les ressources, vous ne devriez créer qu'un seul objet de connexion.
- Le pattern singleton permet de disposer d'une instance unique d'un objet.
- Ce pattern repose sur un constructeur privé associé à une méthode retournant l'instance créée dans la classe elle-même.

- Afin de pallier au problème du multithreading, il vous suffit d'utiliser le mot clé `synchronized` dans la déclaration de votre méthode de récupération de l'instance, mais cette synchronisation n'est utile qu'une fois. À la place, vous pouvez instancier l'objet au chargement de la classe par la JVM, avant tout appel à celle-ci.

Chapitre 39

TP : un testeur de requêtes

Difficulté :

Vous avez appris un tas de choses sur JDBC et il est grand temps que vous les mettiez en pratique !

Dans ce TP, je vais vous demander de réaliser un testeur de requêtes SQL. Vous ne voyez pas où je veux en venir ? Lisez donc la suite...

Cahier des charges

Voici ce que j'attends de vous :

- créer une IHM permettant la saisie d'une requête SQL dans un champ ;
- lancer l'exécution de la requête grâce à un bouton se trouvant dans une barre d'outils ;
- si la requête renvoie 0 ou plusieurs résultats, les afficher dans un `JTable` ;
- le nom des colonnes devra être visible ;
- en cas d'erreur, un pop-up (`JOptionPane`) contenant le message s'affichera ;
- un petit message en bas de fenêtre affichera le temps d'exécution de la requête ainsi que le nombre de lignes retournées.

Voilà : vous avez de quoi faire ! Si vous ne savez pas comment procéder pour le temps d'exécution de la requête, voici un indice : `System.currentTimeMillis()` retourne un `long`...

Quelques captures d'écran

Les figures 39.1, 39.2 et 39.3 vous montrent ce que j'ai obtenu avec mon code. Inspirez-vous-en pour réaliser votre programme.

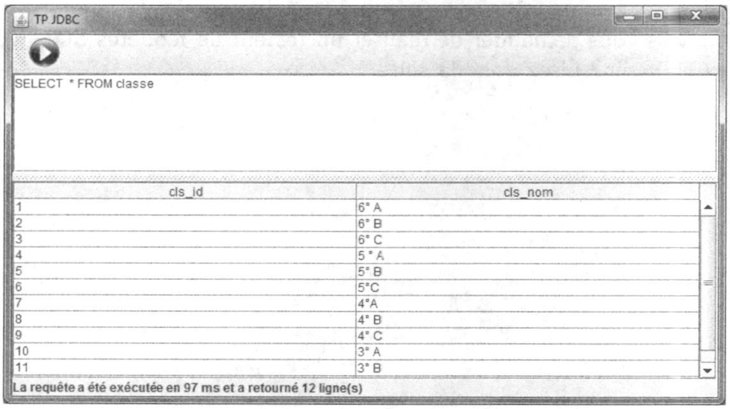

FIGURE 39.1 – Au lancement

Je n'ai plus qu'à vous souhaiter bonne chance et bon courage ! Let's go !

Correction

Pour la correction du TP, je vous invite à utiliser le code web suivant

▷ Copier la correction
Code web : 962726

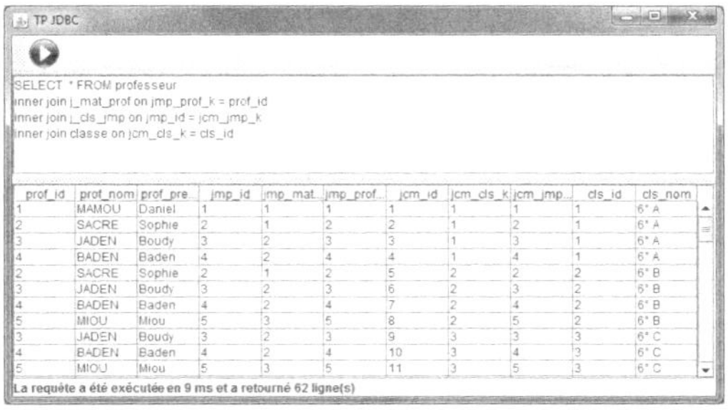

FIGURE 39.2 – Exécution d'une requête

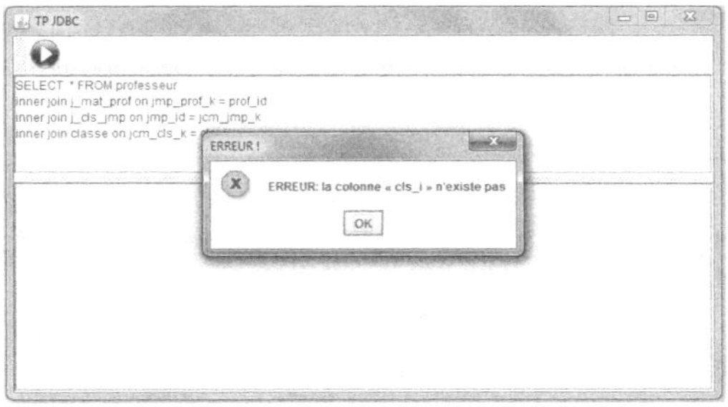

FIGURE 39.3 – Erreur dans une requête

Bien sûr, ce code n'est pas parfait, vous pouvez l'améliorer ! Voilà d'ailleurs quelques pistes :

- vous pouvez utiliser un autre composant que moi pour la saisie de la requête, par exemple un `JTextPane` pour la coloration syntaxique ;
- vous pouvez également créer un menu qui vous permettra de sauvegarder vos requêtes ;
- vous pouvez également créer un tableau interactif autorisant la modification des données.

Bref, ce ne sont pas les améliorations qui manquent !

Chapitre 40

Lier ses tables avec des objets Java : le pattern DAO

Difficulté :

Vous voulez utiliser vos données dans des objets, et c'est normal ! Vous avez sans doute essayé de faire en sorte que les données de votre base collent à vos objets, à l'aide des méthodes de récupération, de création, de mise à jour et (ou) de suppression, sans obtenir le résultat escompté.

Avec le pattern DAO [1], vous allez voir comment procéder et surtout, comment rendre le tout stable !

1. Data Access Object.

Avant toute chose

Vous voulez que les données de la base puissent être utilisées via des objets Java. En tout premier lieu, il faut créer une classe par entité (les tables, exceptées celles de jointure), ce qui nous donnerait les classes suivantes :

- `Eleve`;
- `Matiere`;
- `Professeur`;
- `Classe`.

Et, si nous suivons la logique des relations entre nos tables, nos classes sont liées suivant le diagramme de classes correspondant à la figure 40.1.

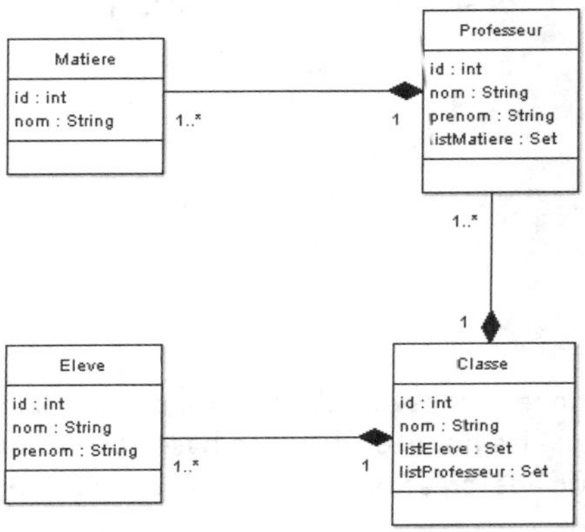

FIGURE 40.1 – Diagramme de classe de notre BDD

Grâce à ce diagramme, nous voyons les liens entre les objets : une classe est composée de plusieurs élèves et de plusieurs professeurs, et un professeur peut exercer plusieurs matières. **Les tables de jointures de la base sont symbolisées par la composition dans nos objets.**

Une fois que cela est fait, nous devons coder ces objets avec les accesseurs et les mutateurs adéquats :

- getters et setters pour tous les attributs de toutes les classes;
- méthodes d'ajout et de suppression pour les objets constitués de listes d'objets.

On appelle ce genre d'objet des POJO, pour *Plain Old Java Object*! Ce qui nous donne ces codes source :

Classe Eleve.java

```
package com.sdz.bean;

public class Eleve {
```

```
    //ID
    private int id = 0;
    //Nom de l'élève
    private String nom = "";
    //Prénom de l'élève
    private String prenom = "";

    public Eleve(int id, String nom, String prenom) {
        this.id = id;
        this.nom = nom;
        this.prenom = prenom;
    }
    public Eleve(){};

    public int getId() {
        return id;
    }

    public void setId(int id) {
        this.id = id;
    }

    public String getNom() {
        return nom;
    }

    public void setNom(String nom) {
        this.nom = nom;
    }

    public String getPrenom() {
        return prenom;
    }

    public void setPrenom(String prenom) {
        this.prenom = prenom;
    }
}
```

Classe Matiere.java

```
package com.sdz.bean;

public class Matiere {

    //ID
    private int id = 0;
    //Nom du professeur
    private String nom = "";
```

```
    public Matiere(int id, String nom) {
        this.id = id;
        this.nom = nom;
    }

    public Matiere(){}

    public int getId() {
        return id;
    }

    public void setId(int id) {
        this.id = id;
    }

    public String getNom() {
        return nom;
    }

    public void setNom(String nom) {
        this.nom = nom;
    }
}
```

Classe Professeur.java

```
package com.sdz.bean;

import java.util.HashSet;
import java.util.Set;

public class Professeur {

    //ID
    private int id = 0;
    //Nom du professeur
    private String nom = "";
    //Prénom du professeur
    private String prenom = "";
    //Liste des matières dispensées
    private Set<Matiere> listMatiere = new HashSet<Matiere>();

    public Professeur(int id, String nom, String prenom) {
        this.id = id;
        this.nom = nom;
        this.prenom = prenom;
    }
```

```
    public Professeur(){}

    public int getId() {
        return id;
    }

    public void setId(int id) {
        this.id = id;
    }

    public String getNom() {
        return nom;
    }

    public void setNom(String nom) {
        this.nom = nom;
    }

    public String getPrenom() {
        return prenom;
    }

    public void setPrenom(String prenom) {
        this.prenom = prenom;
    }

    public Set<Matiere> getListMatiere() {
        return listMatiere;
    }

    public void setListMatiere(Set<Matiere> listMatiere) {
        this.listMatiere = listMatiere;
    }

    //Ajoute une matière à un professeur
    public void addMatiere(Matiere matiere){
        this.listMatiere.add(matiere);
    }

    //Retire une matière à un professeur
    public void removeMatiere(Matiere matiere){
        this.listMatiere.remove(matiere);
    }

}
```

Classe Classe.java

```
package com.sdz.bean;

//CTRL + SHIFT + O pour générer les imports
public class Classe {

   //ID
   private int id = 0;
   //Nom du professeur
   private String nom = "";
   //Liste des professeurs
   private Set<Professeur> listProfesseur = new HashSet<Professeur>();
   //Liste des élèves
   private Set<Eleve> listEleve = new HashSet<Eleve>();

   public Classe(int id, String nom) {
      this.id = id;
      this.nom = nom;
   }
   public Classe(){}

   public int getId() {
      return id;
   }

   public void setId(int id) {
      this.id = id;
   }

   public String getNom() {
      return nom;
   }

   public void setNom(String nom) {
      this.nom = nom;
   }

   public Set<Professeur> getListProfesseur() {
      return listProfesseur;
   }

   public void setListProfesseur(Set<Professeur> listProfesseur) {
      this.listProfesseur = listProfesseur;
   }

   public void addProfesseur(Professeur prof) {
      if(!listProfesseur.contains(prof))
         listProfesseur.add(prof);
   }
```

```
    public void removeProfesseur(Professeur prof ) {
        this.listProfesseur.remove(prof);
    }

    public Set<Eleve> getListEleve() {
        return listEleve;
    }

    public void setListEleve(Set<Eleve> listEleve) {
        this.listEleve = listEleve;
    }

    //Ajoute un élève à la classe
    public void addEleve(Eleve eleve){
        if(!this.listEleve.contains(eleve))
            this.listEleve.add(eleve);
    }

    //Retire un élève de la classe
    public void removeEleve(Eleve eleve){
        this.listEleve.remove(eleve);
    }

    public boolean equals(Classe cls){
        return this.getId() == cls.getId();
    }
}
```

Nous avons des objets prêts à l'emploi. Maintenant, comment faire en sorte que ces objets puissent recevoir les données de notre base ? Au lieu de faire des essais à tâtons, nous allons définir le pattern DAO et voir comment il fonctionne avant de l'implémenter.

Le pattern DAO

Contexte

Vous disposez de données sérialisées dans une base de données et vous souhaitez les manipuler avec des objets Java. Cependant, votre entreprise est en pleine restructuration et vous ne savez pas si vos données vont :

- rester où elles sont ;
- migrer sur une autre base de données ;
- être stockées dans des fichiers XML ;
- ...

Comment faire en sorte de ne pas avoir à modifier toutes les utilisations de nos objets ? Comment réaliser un système qui pourrait s'adapter aux futures modifications de supports de données ? Comment procéder afin que les objets que nous allons utiliser restent tels qu'ils sont ?

Le pattern DAO

Ce pattern permet de faire le lien entre la couche d'accès aux données et la couche métier d'une application (vos classes). Il permet de mieux maîtriser les changements susceptibles d'être opérés sur le système de stockage des données ; donc, par extension, de préparer une migration d'un système à un autre (BDD vers fichiers XML, par exemple...). Ceci se fait en séparant accès aux données (BDD) et objets métiers (POJO).

Je me doute que tout ceci doit vous sembler très flou. C'est normal, mais ne vous en faites pas, je vais tout vous expliquer... Déjà, il y a cette histoire de séparation des couches métier et des couches d'accès aux données. Il s'agit ni plus ni moins de faire en sorte qu'un type d'objet se charge de récupérer les données dans la base et qu'un autre type d'objet (souvent des POJO) soit utilisé pour manipuler ces données. Schématiquement, ça nous donne la figure 40.2.

Les objets que nous avons créés plus haut sont nos POJO, les objets utilisés par le programme pour manipuler les données de la base. Les objets qui iront chercher les données en base devront être capables d'effectuer des recherches, des insertions, des mises à jour et des suppressions ! Par conséquent, nous pouvons définir un super type d'objet afin d'utiliser au mieux le polymorphisme... Nous allons devoir créer une classe abstraite (ou une interface) mettant en œuvre toutes les méthodes sus-mentionnées.

Comment faire pour demander à nos objets DAO de récupérer tel type d'objet ou de sérialiser tel autre ? Avec des cast ?

Soit avec des cast, soit en créant une classe générique (figure 40.3) !

Classe DAO.java

```
package com.sdz.dao;

import java.sql.Connection;
import com.sdz.connection.SdzConnection;

public abstract class DAO<T> {

   protected Connection connect = null;

   public DAO(Connection conn){
      this.connect = conn;
   }
```

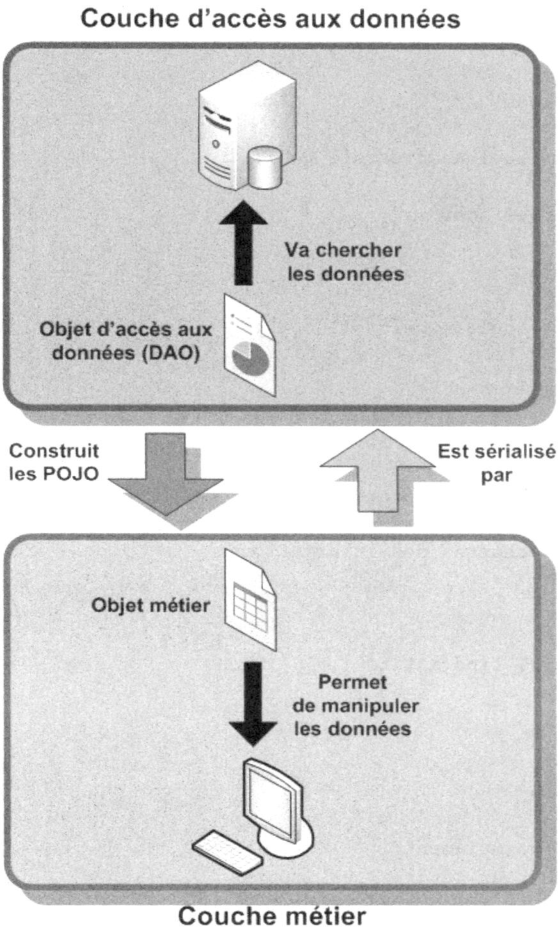

FIGURE 40.2 – Fonctionnement du pattern DAO

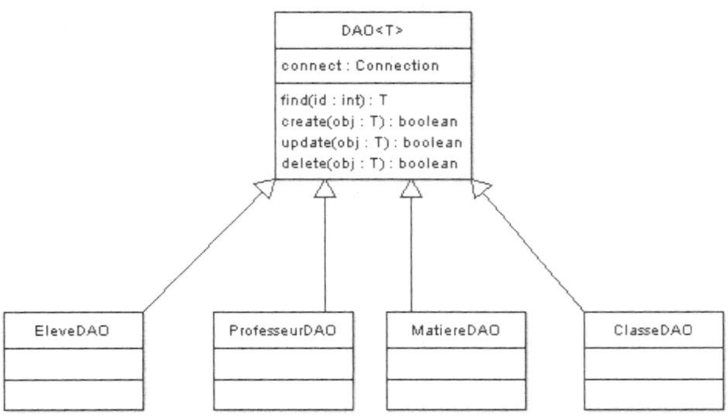

FIGURE 40.3 – Classe DAO

```
   /**
    * Méthode de création
    * @param obj
    * @return boolean
    */
   public abstract boolean create(T obj);
   /**
    * Méthode pour effacer
    * @param obj
    * @return boolean
    */
   public abstract boolean delete(T obj);
   /**
    * Méthode de mise à jour
    * @param obj
    * @return boolean
    */
   public abstract boolean update(T obj);
   /**
    * Méthode de recherche des informations
    * @param id
    * @return T
    */
   public abstract T find(int id);
}
```

Classe EleveDAO.java

```
package com.sdz.dao.implement;
//CTRL + SHIFT + O pour générer les imports
public class EleveDAO extends DAO<Eleve> {

   public EleveDAO(Connection conn) {
      super(conn);
   }

   public boolean create(Eleve obj) {
      return false;
   }

   public boolean delete(Eleve obj) {
      return false;
   }

   public boolean update(Eleve obj) {
      return false;
   }

   public Eleve find(int id) {
```

```
        Eleve eleve = new Eleve();

        try {
            ResultSet result = this.connect.createStatement(
                    ResultSet.TYPE_SCROLL_INSENSITIVE,
                    ResultSet.CONCUR_READ_ONLY
            ).executeQuery(
                    "SELECT * FROM eleve WHERE elv_id = " + id
            );
            if(result.first())
                eleve = new Eleve(id,
                    result.getString("elv_nom"),
                    result.getString("elv_prenom"));
        } catch (SQLException e) {
            e.printStackTrace();
        }
        return eleve;
    }
}
```

Classe MatiereDAO.java

```
package com.sdz.dao.implement;
//CTRL + SHIFT + O pour générer les imports
public class MatiereDAO extends DAO<Matiere> {

    public MatiereDAO(Connection conn) {
        super(conn);
    }

    public boolean create(Matiere obj) {
        return false;
    }

    public boolean delete(Matiere obj) {
        return false;
    }

    public boolean update(Matiere obj) {
        return false;
    }

    public Matiere find(int id) {

        Matiere matiere = new Matiere();

        try {
            ResultSet result = this.connect.createStatement(
```

```
            ResultSet.TYPE_SCROLL_INSENSITIVE,
            ResultSet.CONCUR_READ_ONLY
         ).executeQuery(
            "SELECT * FROM matiere WHERE mat_id = " + id
         );
         if(result.first())
            matiere = new Matiere(id, result.getString("mat_nom"));
      } catch (SQLException e) {
         e.printStackTrace();
      }
      return matiere;
   }
}
```

Classe ProfesseurDAO.java

```
package com.sdz.dao.implement;
//CTRL + SHIFT + O pour générer les imports
public class ProfesseurDAO extends DAO<Professeur> {

   public ProfesseurDAO(Connection conn) {
      super(conn);
   }

   public boolean create(Professeur obj) {
      return false;
   }

   public boolean delete(Professeur obj) {
      return false;
   }

   public boolean update(Professeur obj) {
      return false;
   }

   public Professeur find(int id) {

      Professeur professeur = new Professeur();
      try {
         ResultSet result = this.connect.createStatement(
            ResultSet.TYPE_SCROLL_INSENSITIVE,
            ResultSet.CONCUR_READ_ONLY
         ).executeQuery(
            "SELECT * FROM professeur "+
            "LEFT JOIN j_mat_prof ON jmp_prof_k = prof_id " +
            "AND prof_id = "+ id +
            " INNER JOIN matiere ON jmp_mat_k = mat_id"
         );
```

```
         if(result.first()){
            professeur = new Professeur(id,
               result.getString("prof_nom"),
               result.getString("prof_prenom")
            );
            result.beforeFirst();
            MatiereDAO matDao = new MatiereDAO(this.connect);

            while(result.next())
               professeur.addMatiere(matDao.find(result.getInt("mat_id")));
         }
      } catch (SQLException e) {
         e.printStackTrace();
      }
      return professeur;
   }

   public boolean update(Professeur obj) {
      return false;
   }
}
```

Classe ClasseDAO.java

```
package com.sdz.dao.implement;
//CTRL + SHIFT + O pour générer les imports
public class ClasseDAO extends DAO<Classe> {

   public ClasseDAO(Connection conn) {
      super(conn);
   }

   public boolean create(Classe obj) {
      return false;
   }

   public boolean delete(Classe obj) {
      return false;
   }

   public boolean update(Classe obj) {
      return false;
   }

   public Classe find(int id) {

      Classe classe = new Classe();
      try {
         ResultSet result = this.connect.createStatement(
```

```
            ResultSet.TYPE_SCROLL_INSENSITIVE,
            ResultSet.CONCUR_READ_ONLY
         ).executeQuery(
            "SELECT * FROM classe WHERE cls_id = " + id
         );

         if(result.first()){
            classe = new Classe(id, result.getString("cls_nom"));

            result = this.connect.createStatement()
              .executeQuery(
                "SELECT prof_id, prof_nom, prof_prenom from professeur " +
                "INNER JOIN j_mat_prof ON prof_id = jmp_prof_k " +
                "INNER JOIN j_cls_jmp ON jmp_id = jcm_jmp_k
                ↪ AND jcm_cls_k = " + id
              );

            ProfesseurDAO profDao = new ProfesseurDAO(this.connect);

            while(result.next())
               classe.addProfesseur(profDao.find(result.getInt("prof_id")));

            EleveDAO eleveDao = new EleveDAO(this.connect);
            result = this.connect.createStatement().executeQuery(
               "SELECT elv_id, elv_nom, elv_prenom FROM eleve " +
               "INNER JOIN classe ON elv_cls_k = cls_id AND cls_id = " + id
            );

            while(result.next())
               classe.addEleve(eleveDao.find(result.getInt("elv_id")));
         }

      } catch (SQLException e) {
         e.printStackTrace();
      }
      return classe;
   }
}
```

Pour ne pas compliquer la tâche, je n'ai détaillé que la méthode de recherche des données, les autres sont des coquilles vides. Mais vous devriez être capables de faire ça tout seuls.

Premier test

Nous avons réalisé une bonne partie de ce pattern, nous allons pouvoir faire notre premier test.

Je tiens à préciser que j'utilise toujours le singleton créé il y a quelques chapitres !

Voici un code de test :

```
import com.sdz.bean.Classe;
//CTRL + SHIFT + O pour générer les imports
public class FirstTest {

   public static void main(String[] args) {

      //Testons des élèves
      DAO<Eleve> eleveDao = new EleveDAO(SdzConnection.getInstance());
      for(int i = 1; i < 5; i++){
         Eleve eleve = eleveDao.find(i);
         System.out.println("Elève N°" + eleve.getId() +
            "  - " + eleve.getNom() + " " + eleve.getPrenom());
      }

      System.out.println("\n********************************\n");

      //Voyons voir les professeurs
      DAO<Professeur> profDao = new ProfesseurDAO(SdzConnection.getInstance());
      for(int i = 4; i < 8; i++){
         Professeur prof = profDao.find(i);
         System.out.println(prof.getNom() + " " + prof.getPrenom() + "
         ↪ enseigne : ");
         for(Matiere mat : prof.getListMatiere())
            System.out.println("\t * " + mat.getNom());
      }

      System.out.println("\n********************************\n");

      //Et là, c'est la classe
      DAO<Classe> classeDao = new ClasseDAO(SdzConnection.getInstance());
      Classe classe = classeDao.find(11);

      System.out.println("Classe de " + classe.getNom());
      System.out.println("\nListe des élèves :");
      for(Eleve eleve : classe.getListEleve())
         System.out.println("  - " + eleve.getNom() + " " + eleve.getPrenom());

      System.out.println("\nListe des professeurs :");
      for(Professeur prof : classe.getListProfesseur())
         System.out.println("  - " + prof.getNom() + " " + prof.getPrenom());
   }
}
```

Ce qui me donne la figure 40.4.

```
Elève N°1  - HERBY Cyrille
Elève N°2  - COURTEL Angelo
Elève N°3  - PITON  Thomas
Elève N°4  - COQUILLE Olivier

******************************************

BADEN Baden enseigne :
         * Français
         * Sport
MIOU Miou enseigne :
         * Anglais
BORA Kernel enseigne :
         * Anglais
CAISSE Jean enseigne :
         * Physique

******************************************

Classe de 3° B

Liste des élèves :
         - MONIN Gérald
         - NAEMI Toufic
         - DROUIN Albert

Liste des professeurs :
          - SACRE Sophie
          - MAMOU Cyrille
          - MOISSAT Marc
          - MIOU Miou
```

FIGURE 40.4 – Test de notre DAO

Vous avez compris comment tout ça fonctionnait ? Je vous laisse quelques instants pour lire, tester, relire, tester à nouveau... Nous utilisons des objets spécifiques afin de rechercher dans la base des données. Nous nous en servons pour instancier des objets Java habituels.

Le pattern factory

Nous allons aborder ici une notion importante : la fabrication d'objets ! En effet, le pattern DAO implémente aussi ce qu'on appelle **le pattern factory**. Celui-ci consiste à déléguer l'instanciation d'objets à une classe.

En fait, une fabrique ne fait que ça. En général, lorsque vous voyez ce genre de code dans une classe :

```
class A{
   public Object getData(int type){
     Object obj;
     //----------------------
     if(type == 0)
        obj = new B();
     else if(type == 1)
        obj = new C();
     else
        obj = new D();
     //----------------------
     obj.doSomething();
     obj.doSomethingElse();
   }
}
```

... vous constatez que la création d'objets est conditionnée par une variable et que, selon cette dernière, l'objet instancié n'est pas le même. Nous allons donc extraire ce code pour le mettre dans une classe à part :

```
package com.sdz.transact;

public class Factory {

   public static Object getData(int type){
    if(type == 0)
       return new B();
    else if(type == 1)
       return new C();
    else
       return new D();
   }
}
```

Du coup, lorsque nous voudrons instancier les objets de la fabrique, nous l'utiliserons à présent comme ceci :

```
B b = Factory.getData(0);
C c = Factory.getData(1);
//...
```

Pourquoi faire tout ça ? En temps normal, nous travaillons avec des objets concrets, non soumis au changement. Cependant, dans le cas qui nous intéresse, nos objets peuvent être amenés à changer. Et j'irai même plus loin : le type d'objet utilisé peut changer ! L'avantage d'utiliser une fabrique, c'est que les instances concrètes (utilisation du mot clé `new`) se font à **un seul endroit !** Donc, si nous devons faire des changements, il ne se feront qu'à un seul endroit. Si nous ajoutons un paramètre dans le constructeur, par exemple… Je vous propose maintenant de voir comment ce pattern est implémenté dans le pattern DAO.

Fabriquer vos DAO

En fait, la factory dans le pattern DAO sert à construire nos instances d'objets d'accès aux données. Du coup, vu que nous disposons d'un super type d'objet, nous savons ce que va retourner notre fabrique (figure 40.5).

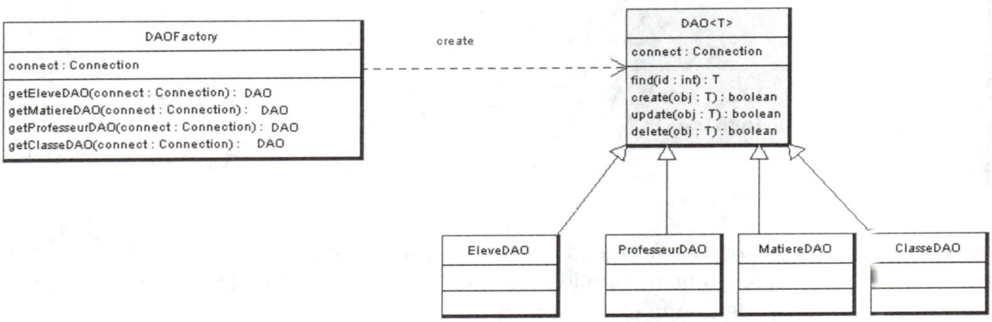

FIGURE 40.5 – Diagramme de classe de notre factory

Voici le code de notre fabrique :

```
package com.sdz.dao;
//CTRL + SHIFT + O pour générer les imports
public class DAOFactory {

   protected static final Connection conn = SdzConnection.getInstance()

   /**
    * Retourne un objet Classe interagissant avec la BDD
    * @return DAO
```

```
	 */
	public static DAO getClasseDAO(){
		return new ClasseDAO(conn);
	}
	/**
	 * Retourne un objet Professeur interagissant avec la BDD
	 * @return DAO
	 */
	public static DAO getProfesseurDAO(){
		return new ProfesseurDAO(conn);
	}
	/**
	 * Retourne un objet Eleve interagissant avec la BDD
	 * @return DAO
	 */
	public static DAO getEleveDAO(){
		return new EleveDAO(conn);
	}
	/**
	 * Retourne un objet Matiere interagissant avec la BDD
	 * @return DAO
	 */
	public static DAO getMatiereDAO(){
		return new MatiereDAO(conn);
	}
}
```

Et voici un code qui devrait vous plaire :

```
//CTRL + SHIFT + O pour générer les imports
public class TestDAO {

	public static void main(String[] args) {
		System.out.println("");
		//On récupère un objet faisant le lien entre la base et nos objets
		DAO<Eleve> eleveDao = DAOFactory.getEleveDAO();

		for(int i = 1; i < 5; i++){
			//On fait notre recherche
			Eleve eleve = eleveDao.find(i);
			System.out.println("\tELEVE N°" + eleve.getId() +
				" - NOM : " + eleve.getNom() + " - PRENOM : "
				↪ + eleve.getPrenom());
		}

		System.out.println("\n\t*****************************************");

		//On agit de même pour une classe
		DAO<Classe> classeDao = DAOFactory.getClasseDAO();
		//On cherche la classe ayant pour ID 10
```

```
      Classe classe = classeDao.find(10);

      System.out.println("\tCLASSE DE " + classe.getNom());

      //On récupère la liste des élèves
      System.out.println("\n\tCelle-ci contient " +
         classe.getListEleve().size() + " élève(s)");
      for(Eleve eleve : classe.getListEleve())
         System.out.println("\t\t - " + eleve.getNom() +
            " " + eleve.getPrenom());

      //De même pour la liste des professeurs
      System.out.println("\n\tCelle-ci a " +
         classe.getListProfesseur().size() + " professeur(s)");
      for(Professeur prof : classe.getListProfesseur()){
         System.out.println("\t\t - Mr " + prof.getNom() +
            " " + prof.getPrenom() + " professeur de :");

         //Tant qu'à faire, on prend aussi les matières
         for(Matiere mat : prof.getListMatiere())
            System.out.println("\t\t\t * " + mat.getNom());
      }

      System.out.println("\n\t****************************************");

      //Un petit essai sur les matières
      DAO<Matiere> matiereDao = DAOFactory.getMatiereDAO();
      Matiere mat = matiereDao.find(2);
      System.out.println("\tMATIERE " + mat.getId() + " : " + mat.getNom());
   }
}
```

Le résultat que nous donne ce code se trouve à la figure 40.6.

Vous pouvez être fiers de vous ! Vous venez d'implémenter le pattern DAO utilisant une fabrique. C'était un peu effrayant, mais, au final, ce n'est rien du tout.

On a bien compris le principe du pattern DAO, ainsi que la combinaison DAO - factory. Cependant, on ne voit pas comment gérer plusieurs systèmes de sauvegarde de données. Faut-il modifier les DAO à chaque fois ?

Non, bien sûr... Chaque type de gestion de données (PostgreSQL, XML, MySQL...) peut disposer de son propre type de DAO. Le vrai problème, c'est de savoir comment récupérer les DAO, puisque nous avons délégué leurs instanciations à une fabrique. Vous allez voir : les choses les plus compliquées peuvent être aussi les plus simples.

De l'usine à la multinationale

Résumons de quoi nous disposons :

```
ELEVE N°1 - NOM : HERBY - PRENOM : Cyrille
ELEVE N°2 - NOM : COURTEL  - PRENOM : Angelo
ELEVE N°3 - NOM : PITON  - PRENOM : Thomas
ELEVE N°4 - NOM : COQUILLE - PRENOM : Olivier

**********************************************
CLASSE DE 3° A

Celle-ci contient 3 élève(s)
         - TARTUFE Thérèse
         - FERNAT Fernand
         - JOUBERT Aline

Celle-ci a 4 professeur(s)
         - Mr MOISSAT Marc professeur de :
                 * Physique
         - Mr BORA Kernel professeur de :
                 * Anglais
         - Mr BADEN Baden professeur de :
                 * Sport
                 * Français
         - Mr MIOU Miou professeur de :
                 * Anglais

**********************************************
MATIERE 2 : Français
```

FIGURE 40.6 – Test du pattern DAO avec une factory

- des objets métiers (nos classes de base) ;
- une implémentation d'accès aux données (classes DAO) ;
- une classe permettant d'instancier les objets d'accès aux données (la Factory).

Le fait est que notre structure actuelle fonctionne pour notre système actuel. Ah ! Mais ! Qu'entends-je, qu'ouïs-je ? **Votre patron vient de trancher ! Vous allez utiliser PostgreSQL ET du XML !**

C'est bien ce qu'on disait plus haut... Comment gérer ça ? On ne va pas mettre des `if(){...}else{}` dans la fabrique, tout de même ?

Vous voulez insérer des conditions afin de savoir quel type d'instance retourner : ça ressemble grandement à une portion de code pouvant être déclinée en fabrique !

Tu veux créer des fabriques de fabriques ?

Oui ! Notre fabrique actuelle nous permet de construire des objets accédant à des données se trouvant dans une base de données PostgreSQL. Mais maintenant, le défi consiste à utiliser **aussi** des données provenant de fichiers XML.

Voici, en figure 40.7, un petit schéma représentant la situation actuelle.

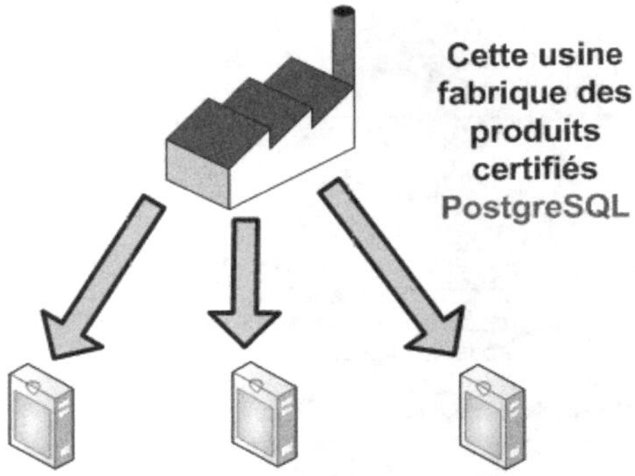

FIGURE 40.7 – Notre situation actuelle

Et la figure 40.8 correspond à ce qu'on cherche à obtenir.

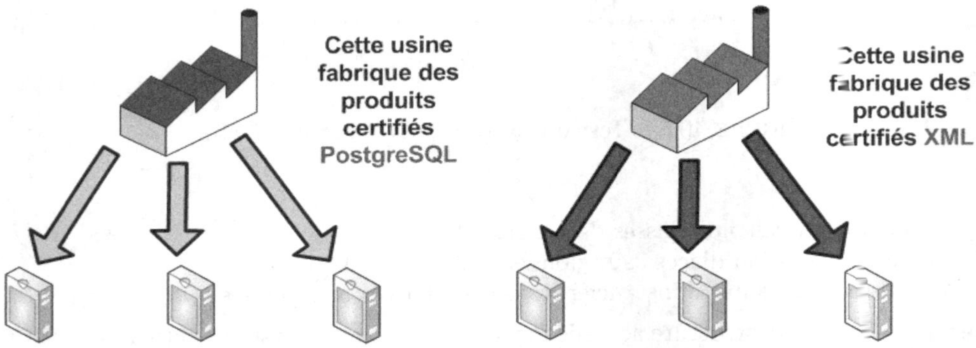

FIGURE 40.8 – Nos deux factory

Je pense que vous êtes tous d'accord pour dire que ces deux usines ont un processus de fabrication très similaire. Par là, j'entends que nous allons utiliser les mêmes méthodes sur les objets sortant de ces deux usines. Voyez ça un peu comme une grande marque de pain qui aurait beaucoup de boulangeries dans tous les pays du monde ! Cette firme a un savoir-faire évident, mais aussi des particularités : le pain ne se fait pas à l'identique dans tous les endroits du globe. Pour vous, c'est comme si vous passiez commande directement au siège social, qui va charger l'usine spécialisée de produire ce qui répondra à vos attentes. Schématiquement, ça donne la figure 40.9.

Lorsque je vous dis ça, vous devez avoir une réaction quasi immédiate : **héritage - polymorphisme !** Ce qui va changer le plus, par rapport à notre ancienne fabrique, c'est que nous n'utiliserons plus de méthodes statiques, mais des méthodes d'une instance concrète, et pour cause : **il est impossible de créer une classe abstraite ou une interface avec des méthodes statiques destinée à la redéfinition !**

Nous allons donc créer une classe abstraite pour nos futures fabriques. Elle devra avoir les méthodes permettant de récupérer les différents DAO **et** une méthode permettant

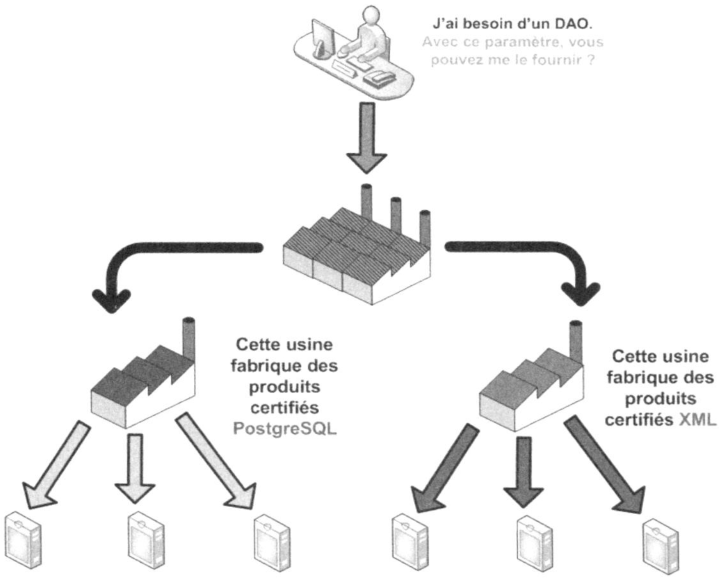

FIGURE 40.9 – Une factory de factory

d'instancier la bonne fabrique ! Je vous ai préparé un diagramme de classe (figure 40.10), vous comprendrez mieux.

Je vous ai même préparé les codes source :

Classe AbstractDAOFactory.java

```
package com.sdz.dao;

public abstract class AbstractDAOFactory {

   public static final int DAO_FACTORY = 0;
   public static final int XML_DAO_FACTORY = 1;

   //Retourne un objet Classe interagissant avec la BDD
   public abstract DAO getClasseDAO();

   //Retourne un objet Professeur interagissant avec la BDD
   public abstract DAO getProfesseurDAO();

   //Retourne un objet Eleve interagissant avec la BDD
   public abstract DAO getEleveDAO();

   //Retourne un objet Matiere interagissant avec la BDD
   public abstract DAO getMatiereDAO();
```

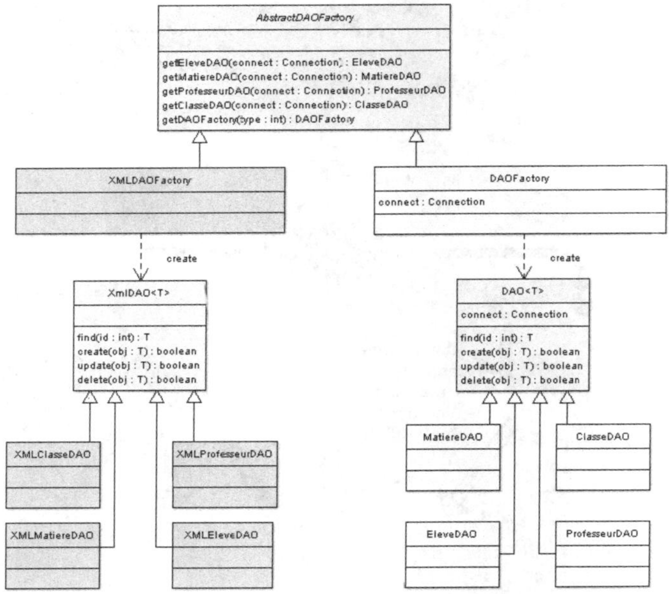

FIGURE 40.10 – Diagramme de classe de nos factory

```
   //Méthode permettant de récupérer les Factory
   public static AbstractDAOFactory getFactory(int type){
      switch(type){
         case DAO_FACTORY:
            return new DAOFactory();
         case XML_DAO_FACTORY:
            return new XMLDAOFactory();
         default:
            return null;
      }
   }
}
```

Classe DAOFactory.java

```
package com.sdz.dao;
//CTRL + SHIFT + O pour générer les imports
public class DAOFactory extends AbstractDAOFactory{

   protected static final Connection conn = SdzConnection.getInstance();

   public DAO getClasseDAO(){
      return new ClasseDAO(conn);
```

```
    }

    public DAO getProfesseurDAO(){
        return new ProfesseurDAO(conn);
    }

    public DAO getEleveDAO(){
        return new EleveDAO(conn);
    }

    public DAO getMatiereDAO(){
        return new MatiereDAO(conn);
    }
}
```

Classe XMLDAOFactory.java

```
package com.sdz.dao;

public class XMLDAOFactory extends AbstractDAOFactory {

    public DAO getClasseDAO() {
        return null;
    }

    public DAO getEleveDAO() {
        return null;
    }

    public DAO getMatiereDAO() {
        return null;
    }

    public DAO getProfesseurDAO() {
        return null;
    }
}
```

Vous devez y voir plus clair : même si la classe `XMLDAOFactory` ne fait rien du tout, vous voyez le principe de base et c'est l'important ! Nous avons maintenant une hiérarchie de classes capables de travailler ensemble.

Je reprends le dernier exemple que nous avions réalisé, avec quelques modifications...

```
//CTRL + SHIFT + O pour générer les imports
public class TestDAO {

    public static void main(String[] args) {
        System.out.println("");
```

```
        AbstractDAOFactory adf = AbstractDAOFactory
              .getFactory(AbstractDAOFactory.DAO_FACTORY);
        //On récupère un objet faisant le lien entre la base et nos objets
        DAO<Eleve> eleveDao = adf.getEleveDAO();

        for(int i = 1; i < 5; i++){
           //On fait notre recherche
           Eleve eleve = eleveDao.find(i);
           System.out.println("\tELEVE N°" + eleve.getId() + " - NOM : "
                     + eleve.getNom() + " - PRENOM : " + eleve.getPrenom());
        }

        System.out.println("\n\t********************************** *");

        //On fait de même pour une classe
        DAO<Classe> classeDao = adf.getClasseDAO();
        //On cherche la classe ayant pour ID 10
        Classe classe = classeDao.find(10);

        System.out.println("\tCLASSE DE " + classe.getNom());

        //On récupère la liste des élèves
        System.out.println("\n\tCelle-ci contient "
                   + classe.getListEleve().size() + " élève(s)");
        for(Eleve eleve : classe.getListEleve())
           System.out.println("\t\t - " + eleve.getNom() + " "
           ↪ + eleve.getPrenom());

        //De même pour la liste des professeurs
        System.out.println("\n\tCelle-ci a " +
                   classe.getListProfesseur().size() + " professeur(s ");
        for(Professeur prof : classe.getListProfesseur()){
           System.out.println("\t\t - Mr " + prof.getNom() +
                     " " + prof.getPrenom() + " professeur de :");

           //Tant qu'à faire, on prend aussi les matières
           for(Matiere mat : prof.getListMatiere())
              System.out.println("\t\t\t * " + mat.getNom());
        }

        System.out.println("\n\t***********************************");

        //Un petit essai sur les matières
        DAO<Matiere> matiereDao = adf.getMatiereDAO();
        Matiere mat = matiereDao.find(2);
        System.out.println("\tMATIERE " + mat.getId() + " : " + mat.getNom());
    }
}
```

Et le résultat est le même qu'avant ! Tout fonctionne à merveille ! Si vous utilisez un jour l'usine de fabrication XML, vous n'aurez qu'une seule ligne de code à changer :

```
AbstractDAOFactory adf =
    AbstractDAOFactory.getFactory(AbstractDAOFactory.XML_DAO_FACTORY);
```

Voilà : vous en savez plus sur ce pattern de conception et vous devriez être à même de coder le reste des méthodes (insertion, mise à jour et suppression). Il n'y a rien de compliqué, ce sont juste des requêtes SQL. ;-)

En résumé

- Le pattern DAO vous permet de lier vos tables avec des objets Java.
- Interagir avec des bases de données en encapsulant l'accès à celles-ci permet de faciliter la migration vers une autre base en cas de besoin.
- Afin d'être vraiment le plus souple possible, on peut laisser la création de nos DAO à une factory codée par nos soins.
- Pour gérer différents types de DAO (BDD, XML, fichiers...), on peut utiliser une factory qui se chargera de créer nos factory de DAO.

Aller plus loin

Voilà : cet ouvrage touche à sa fin. J'espère que celui-ci vous a plu et vous aura permis d'aborder Java en toute simplicité. Cependant, malgré son contenu, Java offre encore beaucoup de fonctionnalités que ce livre n'aura pas abordé, notamment :

- `RMI` ou *Remote Method Invocation*, API qui permet de développer des objets pouvant être appelés sur des machines distantes. En fait, vous appelez un objet comme s'il était instancié depuis votre application alors qu'il se trouve en réalité quelque part sur le réseau. Ceci permet, entre autre, de développer des applications dites client - serveur ;
- `JMF` ou *Java Media Framework*, collection d'objets qui permet de travailler avec des fichiers multimédia (vidéo et son) ;
- `Java 3D`, API qui permet de réaliser des applications en trois dimensions ;
- `JOGL`, API qui permet, tout comme `Java 3D`, de faire de la 3D mais cette fois en faisant un pont entre Java et la très célèbre bibliothèque `OpenGL` ;
- `Java EE` ou *Java Enterprise Edition*, API de conception de sites web dynamiques très utilisée ;
- `J2ME` ou *Java 2 Micro Edition*, API dédiée aux appareils mobiles (comme les smartphones) ;
- `LWJGL` ou *Lightweight Java Game Library*, API qui offre la possibilité de créer des jeux vidéo.

Je ne peux pas tout nommer, mais vous êtes désormais en mesure de faire vos propres recherches pour découvrir toutes ces autres fonctionnalités de Java !

J'espère sincèrement que ce livre vous a permis de mieux comprendre le fonctionnement du langage Java et qu'il vous permettra d'aborder toutes ces API plus facilement et plus sereinement.

Index

Notes

Notes

Notes

Notes

Notes

Notes

Dépôt légal : mars 2010
ISBN : 978-2-9535278-3-4
Code éditeur : 978-2-9535278
Imprimé en France

Achevé d'imprimer le 30 mars 2011
sur les presses de Corlet Imprimeur (Condé-sur-Noireau)
Numéro imprimeur : 131160

Mentions légales :
Crédit photo 4e de couverture : J-C Castel
Conception couverture : Fan Jiyong
Illustrations chapitres : Yannick Piault